Harald Stuntebeck

Canudos

Kirchen in der Weltgesellschaft

herausgegeben von

Prof. Dr. Dieter Becker (Neuendettelsau)
und
Prof. Dr. Andreas Nehring (Erlangen-Nürnberg)

Band 9

LIT

Harald Stuntebeck

CANUDOS

Eine sozial-religiöse Volksbewegung in Brasilien
und ihre pastorale Wirkungsgeschichte

LIT

Umschlagbild: José Lopes Assunção, Pacatuba – Ceará, Brasilien

Gedruckt mit Unterstützung des Bistums Limburg

Bibliografische Information der Deutschen Nationalbibliothek
Die Deutsche Nationalbibliothek verzeichnet diese Publikation in der
Deutschen Nationalbibliografie; detaillierte bibliografische Daten sind
im Internet über http://dnb.d-nb.de abrufbar.

ISBN 978-3-643-13021-1
Zugl.: Frankfurt am Main, PTH St. Georgen, Diss., 2013

© LIT VERLAG Dr. W. Hopf Berlin 2016
  Verlagskontakt:
  Fresnostr. 2   D-48159 Münster
  Tel. +49 (0) 2 51-62 03 20   Fax +49 (0) 2 51-23 19 72
  E-Mail: lit@lit-verlag.de   http://www.lit-verlag.de

Auslieferung:
Deutschland: LIT Verlag Fresnostr. 2, D-48159 Münster
Tel. +49 (0) 2 51-620 32 22, Fax +49 (0) 2 51-922 60 99, E-Mail: vertrieb@lit-verlag.de

Österreich: Medienlogistik Pichler-ÖBZ, E-Mail: mlo@medien-logistik.at
E-Books sind erhältlich unter www.litwebshop.de

Für Rejane und Anna Emília

Conselheiro sonhou
com a partilha do pão
com seu povo andou
conquistando seu chão

Der Conselheiro träumte
von dem Teilen des Brotes
er ging mit seinem Volk
und erkämpfte seinen Erdboden

Instituto Popular Memorial de Canudos

Inhaltsverzeichnis

Geleitwort von Michael Sievernich SJ   13
Vorwort   17

Einleitung   21
A.   Fragestellung und Zielsetzung   21
B.   Forschungsstand   24
C.   Quellen   28
D.   Zur Methode   32
E.   Orte der Forschung in Brasilien   35
F.   Zur Gliederung der Arbeit   36

I.   Der historische Kontext   39

1.1   Brasilien im 19. Jahrhundert   39
1.1.1   Portugiesische Kolonisation   39
1.1.2   Herrschaftsstrukturen – „coronelismo"   45
1.1.3   Landvergabe   47
1.1.4   Unabhängigkeit 1822 – die brasilianische Monarchie   49
1.1.5   Ökonomische Faktoren   54
1.1.6   „Abolição" 1888 – das Ende der Sklaverei   58
1.1.7   Die Erste Brasilianische Republik   60
1.1.8   Prägende philosophische Richtungen   65

1.2   Die Bundesstaaten Ceará und Bahia im 19. Jh.   68
1.2.1   Ceará, die Heimat Antônio Conselheiros   68
1.2.2   Bahias politische Entwicklung   72
1.2.3   Bahias Ökonomie während der Ersten Republik   77
1.2.4   Leben im „Sertão" des 19. Jahrhunderts   80

1.3	*Die Kirche in Ceará und Bahia*	83
1.3.1	Kirche in der Kolonialzeit	83
1.3.2	Kirche im brasilianischen Kaiserreich	88
1.3.3	Organisation der Kirche im 19. Jahrhundert	94
1.3.4	Orden und Missionen im 19. Jahrhundert	97
1.3.5	Das Erste Vatikanische Konzil 1869-1870	102
1.3.6	Kirche in der Zeit der Ersten Republik	104
1.4	*Formen der Volksreligiosität im „Sertão"*	106
1.4.1	Entwicklung der Volksreligiosität	106
1.4.2	„Beatos" (Asketen)	110
1.4.3	„Conselheiros" (Ratgeber)	111
1.4.4	„Penitentes" (Büßer)	112
1.4.5	„Fanáticos" (religiöse Eiferer)	114
1.4.6	Heiligenverehrung und Gelübde	115
1.4.7	Prozessionen und Wallfahrten	117
1.4.8	Märkte als Orte religiöser Vermittlung	118
1.5	*Sozial-religiöser Messianismus*	118
1.5.1	Padre Ibiapina	120
1.5.2	Padre Cícero	123
1.5.3	„Caldeirão" und „Pau de Colher"	129
1.5.4	Sebastianismus	133
1.5.5	Weitere messianische Bewegungen	134
1.5.6	Soziologie messianischer Bewegungen	137
1.6	*Zusammenfassung*	140
II.	**Antônio Conselheiro und Canudos**	145
2.1	*Leben und Werk Antônio Conselheiros*	145
2.1.1	Biographie, Kindheit und frühe Erwachsenjahre	145
2.1.2	Die Entwicklung der Bewegung von Canudos	149
2.1.3	Charakterliche Eigenschaften und Vorbilder	170
2.1.4	Predigten und Schriften Antônio Conselheiros	176

2.2	***Die soziale Organisation in Canudos***	191
2.2.1	Zusammensetzung der Bevölkerung	192
2.2.2	Leitungsstruktur	200
2.2.3	Wehrkräfte, medizinische Versorgung und Schule	205
2.2.4	Besitzverhältnisse	209
2.2.5	Ökonomische Aspekte	218
2.2.6	Religiosität und Pazifismus	226
2.2.7	Canudos – eine sebastianistische Gemeinschaft?	232
2.2.8	Ergebnisse	234
2.3	***Canudos in der öffentlichen Meinung***	235
2.3.1	Die Landoligarchie	235
2.3.2	Der Bundesstaat Bahia und Interessengruppen	238
2.3.3	Die brasilianische Regierung und Interessengruppen	241
2.3.4	Die katholische Kirche	244
2.3.5	Die Rolle der Presse	248
2.3.6	Der Vernichtungskonsens	256
2.4	***Der Krieg von Canudos***	257
2.4.1	Gründe für die Entstehung des Krieges	258
2.4.2	Die vier Militärexpeditionen	267
2.4.3	Gründe für Widerstand und Durchhalten in Canudos	280
2.4.4	Die Überlebenden	284
2.4.5	Reaktionen nach dem Krieg	291
2.5	***Canudos in der theologischen Reflexion***	293
2.5.1	Gottesbild und Anthropologie	300
2.5.2	Eschatologie und Prophetie	316
2.5.3	Soteriologische Aspekte	326
2.5.4	Ekklesiologische Aspekte	331
2.5.5	Katholizität von Canudos	344
2.6	***Zusammenfassung***	349

III.	**Die Wirkungsgeschichte von Canudos**	361
3.1	*Überlieferungsgeschichte von Canudos*	362
3.1.1	Publikationen kurz nach Ende des Krieges	362
3.1.2	Euclides da Cunha	365
3.1.3.	„Canudensische Wende" – mündliche Überlieferung	372
3.1.4	José Calasans	374
3.1.5	Schriften Antonio Conselheiros und neuere Publikationen	376
3.2	*Soziale und kulturelle Wirkungsgeschichte*	377
3.2.1	„Movimento dos Trabalhadores Rurais sem Terra" (MST)	378
3.2.2	Gemeinsame Weideflächen „fundo de pasto"	395
3.2.3	Der Staatliche Park von Canudos	399
3.2.4	Volksliteratur - „literatura de cordel"	402
3.2.5	Kulturelle Rezeptionen	405
3.2.6	Instituto Popular Memorial de Canudos"	418
3.2.7	Sozialistische und kommunistische Deutungen	421
3.2.8	Presse und Internet	427
3.3	*Pastorale Wirkungsgeschichte*	432
3.3.1	Brasilianische Bischofskonferenz (CNBB)	433
3.3.2	Publikationen der Diözesen	440
3.3.3	Basisgemeinden (CEBs)	442
3.3.4	„Revista Eclesiástica Brasileira" (REB)	449
3.3.5	„Comissão Pastoral da Terra" (CPT)	455
3.3.5.1	Entstehung, Selbstverständnis, Ziele, Arbeitsweise	456
3.3.5.2	Rezeptionen von Canudos im Rahmen der CPT	461
3.3.6	„Movimento Popular Histórico de Canudos" (MPHC)	470
3.3.6.1	Enstehung, Selbstverständnis, Entwicklung	471
3.3.6.2	Rezeptionen von Canudos im Rahmen der MPHC	476
3.3.7	„Romaria de Canudos"	482
3.3.8	Formen religiöser Verehrung zu Canudos	491
3.3.9	Religiöses Liedgut in und zu Canudos	503
3.3.10	Wirkstätten und Bauwerke Antônio Conselheiros heute	508

3.4	*Der Spiegel mündlicher Quellen: Interviews*	511
3.4.1	Methodische Überlegungen	511
3.4.2	Tabellarische Interviewauswertung	516
3.4.2.1	Werte, die in der Bewegung von Canudos gesehen werden:	516
3.4.2.2	Bereiche, in denen die Bewegung von Canudos heute von Bedeutung ist:	522
3.4.2.3	Konkrete Rezeptionen der Bewegung von Canudos:	526
3.4.3	Zusammenfassung der Interviewergebnisse	535
3.5	*Zusammenfassung*	546
IV.	**Gesamtergebnis**	563
Abkürzungsverzeichnis		580
Glossar		583
Verzeichnis besuchter Archive, Bibliotheken, historischer Stätten		599
Quellen und Literaturverzeichnis		601
Anhang		641

Geleitwort von Michael Sievernich SJ

Der Sertão, eine Region im Nordosten Brasiliens, ist der Schauplatz einer religiösen Sozialbewegung, die nach dem Ort „Canudos" benannt wird. Sie gewann in der zweiten Hälfte des 19. Jahrhunderts an Bedeutung, weil sie Landlose und andere Bedrängte anzog, aber kirchlich beargwöhnt und militärisch bekämpft wurde. Doch blieb diese Bewegung kein bloß historisch interessantes Phänomen, sondern entfaltete eine memoriale und pastorale Wirkungsgeschichte, die bis in die Gegenwart anhält. Diese dramatische Geschichte und ihre Rezeption sind Gegenstand des vorliegenden Buches von Harald Stuntebeck, der die umfangreichen portugiesischsprachigen Quellen und Publikationen systematisch bearbeitet und ausgewertet hat. Damit liegt eine umfassende deutschsprachige Darstellung über Canudos vor, welche der theologischen und pastoralen Dimension ein besonderes Augenmerk schenkt und damit zugleich einen Blick auf die soziale und religiöse Situation der Gegenwart in Brasilien wirft.

Die hier zur Frage stehende religiöse Sozialbewegung wurde von dem Laienprediger Antonio Vicente Mendes Maciel (1830-1897) ins Leben gerufen, der als „Antônio Conselheiro" (Ratgeber) die karge Gegend als Wanderprediger durchstreifte und viele Anhänger anzog, wie auch andere messianisch gestimmte Prediger dieser Region. Auf der aufgelassenen Fazenda Canudos im heutigen Bundesstaat Bahía sammelte er seine Anhänger und nannte die Ansiedlung „Belo Monte". Sie beruhte stark auf religiösen und sozialen Motiven, die in der armen Region große Anziehungskraft besaßen. Was diese spirituelle und fraternale Kommune anzog, war der umgebenden Gesellschaft eher ein Dorn im Auge. Die Landoligarchie befürchtete das Abtriften der Bevölkerung aus der Landarbeit und Aufruhr; die Kirche befürchtete mangelnde Orthodoxie bei einem predigenden Laien, wenngleich der über eine solide, auch religiöse Bildung verfügte; der Staat fürchtete Unordnung, da Canudos Steuern und andere staatliche Forderungen wie die Zivilehe verweigerte. Die Republik entsandte vier Militärexpeditionen, um die unbotmäßige Kommune mit großem Einsatz zu bekämpfen. Der Krieg endete mit einer völligen Zerstörung von Canudos (1897), dem Tod des Conselheiro und der Hinrichtung der Überlebenden.

Als wolle man auch den historischen Ort und die historische Erinnerung auslöschen, wurde zur Zeit der brasilianischen Militärdiktatur im 20. Jahrhundert ein Stausee errichtet, in dessen Fluten die Überreste von Canudos versanken.

Doch die Erinnerung an die Bewegung von Canudos und seines charismatischen Gründers verschwand keineswegs aus dem Gedächtnis des Volkes. Vielmehr markierte sie den Anfang einer neuen Wirkungsgeschichte, die bis in die Gegenwart den gesellschaftlichen Kampf um das Land prägt. Die Kirche Brasiliens ist in dieser bewegenden sozialen Frage mit ihrer „Landpastoral" prägend. Damit ist nicht wie in Deutschland eine Pastoral der ländlichen Räume gemeint, sondern eine kraftvolle Organisation der "Comissão Pastoral da Terra" (CPT), die auch für Landreform, demokratische Strukturen und die Beachtung der Menschenrechte eintritt. Wie konfliktiv diese Tätigkeit werden kann, zeigen die zahlreichen Opfer dieses Einsatzes. Dass es überdies eine „Landlosenbewegung" gibt, zeigt das soziale Erfordernis einer Agrarreform, die diesen Namen verdient.

Auch die Künste halten die Erinnerung an Canudos wach und haben durch die deutsche Übersetzung zweier großer historischer Romane das Interesse im deutschsprachigen Raum geweckt. Es handelt sich um den militärfreundlichen Roman *Krieg im Sertão* des Brasilianers Euclides da Cunha und den kritischen Roman *Der Krieg am Ende der Welt* des peruanisch-spanischen Literaturnobelpreisträgers Mario Vargas Llosa. Auf wissenschaftlicher Ebene ist in den letzten Jahrzehnten eine verstärkte interdisziplinäre Aufarbeitung des Phänomens Canudos zu konstatieren. Dass nun auch die lange vernachlässigte theologische Perspektive zum Zuge kommt, ist nicht zuletzt der Theologie der Befreiung zu verdanken, die seit den 80er und 90er Jahren in Brasilien und anderen Ländern Lateinamerikas an Bedeutung gewann. Auf diesem Hintergrund beleuchtet das vorliegende Buch eine wichtige Entwicklungsperiode Brasiliens im späten 19. Jahrhundert, das gesellschaftlich von Modernisierung, politisch vom Werden der Republik, ökonomisch vom Abschied von der Sklavenwirtschaft und kirchlich von der Romanisierung der Kirche Brasiliens geprägt war. Die Kirche sah sich besonders im Nordosten religiösen Volksbewegungen wie Canudos und einem starken Volkskatholizismus gegenüber, der nicht zuletzt Strukturschwächen der Kirche widerspiegelte. Die Wirkungsgeschichte von Canudos in der Gegenwart stellt die Kirche in Gestalt der Landpastoral vor kaum geringere Herausforderungen.

Dass man nun über eine verlässliche Gesamtdarstellung von Canudos in theologischer und pastoraler Perspektive verfügt, ist das Verdienst des Verfassers, der mit seiner Arbeit eine bedeutsame Facette des brasilianischen Katholizismus ausgeleuchtet hat.

Frankfurt am Main, 6. Januar. 2015

Prof. Dr. Michael Sievernich SJ

Vorwort

Es gibt Menschen, die anderen einen neuen Horizont eröffnen. Von einem solchen Menschen und von denen, die sich ihm anschlossen und damit heute noch Menschen bewegen, handelt diese Arbeit. Der Mensch, von dem ich spreche, heißt Antônio Vicente Mendes Maciel und wurde Antônio Conselheiro (Antônio der Ratgeber) genannt. Die Menschen die sich ihm anschlossen, bildeten mit ihm die Gemeinschaft von Canudos.

Durch den Roman „A guerra do fim do mundo" (Der Krieg am Ende der Welt) von Mario Vargas Llosa begegnete ich erstmals der Bewegung von Canudos. Das Buch weckte in mir die Frage, welche historische Begebenheit Vargas Llosa für seinen fiktiven Roman aufgegriffen hatte. Es folgten verschiedene Aufenthalte im Sertão des Nordostens Brasiliens, Begegnungen mit der Bevölkerung, Wissenschaftlern, Künstlern, Vertretern der Kirche und sozialen Bewegungen sowie die Lektüre der historischen Literatur. Die Erfahrungen die ich dabei mit der historischen und heutigen Bedeutung der Bewegung von Canudos machte, die Religiosität und Kultur der Menschen des Nordostens, insbesondere in der Dürreregion, dem „Sertão" bewegten mich dazu diese Dissertation zu verfassen.

Diese Arbeit verfolgt den Aspekt der pastoralen Wirkungsgeschichte von Canudos, um ihn für wissenschaftliche Forschungen und für interessierte Menschen, insbesondere in Deutschland zugänglich zu machen. Ich widme sie in besonderer Weise meiner Frau Rejane Maria Stuntebeck und meiner Tochter Anna Emília, für die vielen Stunden und Tage, die sie mir in den letzten Jahren gaben, damit ich diese Arbeit schreiben konnte. Meiner Frau danke ich auch für Ihre Unterstützung bei der Übersetzung von portugiesischen und altportugiesischen Texten, mit der sie zum tieferen Verständnis von Canudos beitrug.

Im Jahr 2008 stellte ich während einer dreimonatigen Studienzeit die Literatur in den verschiedenen Bibliotheken, Archiven und Forschungsstätten in Brasilien zusammen und führte dort zahlreiche Interviews. Eine Reise führte mich von Fortaleza-Ceará zum Geburtsort Antônio Vicente Mendes Maciels Quixeramobim-Ceará, dann nach Salvador-Bahia, zur größten Bibliothek zum Thema Canudos, dem „Nucleo Sertão" im Centro de Estudos Baianos an der „Universidade Federal da Bahia". Die Reise führte weiter zu den Wirkstätten Antônio Conselheiros im Sertão von Bahia: Monte Santo, Euclides da Cunha, Uauá und Canudos. An diesen Orten traf ich Interviewpartner, die mir aus ihrer je eigenen Perspektive wichtige Antworten und Einblicke zur Bedeutung und den Werten von Canudos gaben. Das Aufsuchen dieser Studienorte, die Begegnungen mit Interviewpartnern, Bewohnern und Wissenschaftlern verschiedener wissenschaftlicher Disziplinen schufen eine breite Basis, auf der diese Arbeit entstehen konnte. Die Bearbeitung der Literatur, die Aufarbeitung der Interviews, sowie die Niederschrift erfolgten in meiner Freizeit, parallel zu meiner Arbeit als Pastoralreferent in den Gemeinden St. Ignatius und St. Antonius sowie St. Pius, St. Gallus und Maria Hilf in Frankfurt am Main, und während meiner Zeit als Referatsleiter für Katholiken anderer Muttersprache im Bistum Limburg. Aus diesem Grund entstand diese Arbeit als Komposition von Einzelabschnitten, die auch für sich selbstständig lesbar und verstehbar sind. Der Leser möge verzeihen, wenn er aus diesem Grund manchen Informationen mehrmals begegnet. Dass diese Arbeit nun vorliegt, war nur dank meiner Familie, meiner Frau Rejane und meine Tochter Anna Emília, sowie vieler weiterer Menschen möglich. Lediglich einen Teil von ihnen kann ich hier namentlich dankend erwähnen:

Ich danke in besonderer Weise Prof. Dr. Michael Sievernich SJ, der mich mit großer fachlicher Kompetenz und seiner menschlichen Art als Doktorvater begleitete. Mein Dank gilt auch allen, die mich bei der Erstellung dieser Arbeit unterstützten: Dom José Luiz Ferreira Salles (damals Weihbischof der Erzdiözese Fortaleza) für die Sichtweise, Canudos als pastorale Inspiration zu sehen. Nininha Maciel, Roberto Malvezi, Ruben Siqueira, Lia (Maria) Alves Lima, Pe. Jefferson Carneiro da Silva für deren Offenheit, mir den Blick der „Comissão Pastoral da Terra" (CPT) auf Canudos zu vermitteln. Danken möchte ich der Landlosenbewegung „Movimento dos Trabalhadores sem Terra" (MST), Flávio Barbosa, Toninho (Fancisco Antônio) Pereira, Carlosandro Pereira da Silva, Zé Aírton, den Bewohnern des „Acampamentos Júlio Campos" in Quixeramobim-Ceará, Samuel und Geraldo Fontes, die mir wie einem „companheiro" die Bedeutung von Canudos für die Landlosen erläuterten. Ich danke Ana Maria Freitas, Irmã Tereza Cristina, Pe. Antônio Caetano Evangelista, Valter Cardoso (und seiner Familie, insbesondere Dauria und André), Maria Fátima Barbosa de Jesus, Pe. Lívio Picolini, Sandoval Carvalho de Macedo, Irmã Ana Zélia de Menezes und Rejane Maria Stuntebeck für deren Blick aus kirchlicher Perspektive auf Canudos. Mein Dank gilt außerdem Prof. João Arruda, José Carlos Pinheiro, Prof.

Luíz Paulo Neiva, Prof. Manoel Neto, Prof. Luitgarde Barros Oliveira Cavalcanti für die wissenschaftlichen Erörterungen zu Canudos. Coronel Jerônimo Rodrigues Ribeiro danke ich sehr. Mit 92 Jahren und seiner großen zeitlichen und thematischen Nähe zu den Überlebenden von Canudos gab er ein Interview, in dem er historisch bedeutsame Aussagen zu Canudos traf. Für den Einblick in die Welt der Literatur zu Canudos danke ich besonders Prof. Ângela Gutiérrez, die intensiv mit und über den Literaturpreisträger Mario Vargas Llosa arbeitete. Pingo de Fortaleza, Descartes Gadelha, Antônio Olavo, Gildemar Sena und Dedega (Hildegardo Cordeiro) danke ich für die Hineinnahme in die künstlerische Bearbeitung von Canudos. Ein herzlicher Dank gebührt auch Antenor Simões Santana Junior, José Enoque de Oliveira und Osmar Pereira, die mir historische, politische und gewerkschaftliche Perspektiven zu Canudos vermittelten. Für das Titelbild danke ich José Lopes Assunção.

Danken möchte ich den Bibliotheken und Archiven [siehe Verzeichnis] und deren Mitarbeiterinnen und Mitarbeitern, die mich bei der Zusammenstellung, dem Auffinden und Kopieren der Literatur unterstützten. Ich danke dem Bistum Limburg, das mich bei der Publikation dieser Arbeit unterstützte und es mir ermöglichte, meinen Fortbildungsanspruch und Urlaub zusammenzulegen und dazu 10 Sonderurlaubstage genehmigte. Damit wurde die dreimonatige Forschungszeit in Brasilien 2008 möglich. Ein besonderer Dank gilt P. Jörg Dantscher SJ, der mir mit Rat und Tat und als Freund zur Seite stand. Ich danke Waltraud Lechner Rau, Michael Kosubek sowie Martin Ufer für das Korrekturlesen und ebenso meiner Tochter Anna Emília, die dabei mit unterstützte. Monika und Joachim Winter, Carlo und Isabel Tursi sowie Nils Köbel danke ich für die reflektierenden Gespräche, die hilfreich waren, um unterschiedliche Standpunkte kritisch einzuordnen.

Danken möchte ich auch allen, die hier nicht namentlich erwähnt sind und die mir auf verschiedenste Weisen Unterstützung gaben und dazu beitrugen, dass diese Arbeit entstehen konnte.

Harald Stuntebeck

Einleitung

A. Fragestellung und Zielsetzung

Diese Arbeit widmet sich der Bewegung von Canudos, die um den charismatischen[1] Laienprediger Antônio Vicente Mendes Maciel (*13.03.1830, †22.09.1897)[2] entstand. In den 70er Jahren des 19. Jahrhunderts begann er seinen Weg durch die von periodischen Dürreperioden, Sklavenarbeit und einem semioligarchischen Herrschaftssystem geprägten Regionen des Sertão,[3] in den brasilianischen Bundesstaaten Ceará, Bahia, Pernambuco und Sergipe. Aufgrund seines der armen Sertãobevölkerung gewidmeten Lebens, in dem Mendes Maciel die Bevölkerung zu Gebeten zusammen rief, die Heilige Schrift auslegte, predigte und Rat gab, nannte man ihn Antônio Conselheiro (Antônio der

---

[1] Zur Verwendung des Begriffs „Charisma" bzw. „charismatisch" in Bezug auf Antônio Conselheiro in dieser Arbeit: Antônio Conselheiro besaß ein „Charisma" im Sinne des Sprachgebrauchs von Max Weber wie auch in der sprachlichen Verwendung des Apostels Paulus (1 Kor 12,10-31). In der Regel werden in dieser Arbeit die Begriffe „Charisma", „charismatisch" so verwendet, dass sie im weberschen und im paulinischen Sinn gemeint ist. Wird von diesem Sprachgebrauch abgewichen, so ist dies gekennzeichnet oder geht aus dem Kontext hervor. Im biblischen Sinn tritt bei Antônio Conselheiro besonders das „prophetische Charisma" hervor (1 Kor 12,10). Max Weber verwendet den Begriff Charisma in Bezug auf eine Herrschaftsausübung, „charismatische Herrschaft": „‚*Charisma*' soll eine als außeralltäglich (ursprünglich, sowohl bei Propheten wie bei therapeutischen wie bei Rechtsweisen wie bei Jagdführern wie bei Kriegshelden: als magisch bedingt) geltende Qualität einer Persönlichkeit heißen, um derentwillen sie als mit übernatürlichen oder übermenschlichen oder mindestens spezifisch außeralltäglichen, nicht jedem andern zugänglichen Kräften oder Eigenschaften oder als gottgesandt oder als vorbildlich und deshalb als ‚*Führer*' gewertet wird." Weber, Wirtschaft und Gesellschaft, 1972, 140, vgl. 141ff.

[2] Levine, O sertão prometido, 1995 (1992), 181, 265.

[3] Der brasilianische Begriff „sertão" bezeichnet im Allgemeinen das Landesinnere, Hinterland. Im hier gebrauchten Sinn bezeichnet „sertão" das heißtrockene Hinterland Nordostbrasiliens und eines Teils des brasilianischen Bundesstaates Minas Gerais. Der Sertão umfasst rund 1 Million km², die stärkste dort anzutreffende Vegetation ist die „caatinga", eine Dornbuschwüste mit Kakteen und anderen Dornengewächsen. Vgl. Zilly, Glossar, in: Cunha, Krieg im Sertão, Übersetzung aus dem brasilianischen Portugiesisch in die deutsche Sprache von Berthold Zilly, Frankfurt, 1994 (1902), 742, 752.

Ratgeber). Maciel unterwies die Landbevölkerung im katholischen Glauben, wie er in der Tradition des Sertão praktiziert wurde. Viele Sertãobewohner, die sogenannten „sertanejos",[4] schlossen sich ihm an, zogen mit ihm und errichteten zusammen mit der örtlichen Bevölkerung Kirchen, Friedhöfe, Wasserspeicher und andere Bauten für das Gemeinwesen. Maciel überzeugte die Menschen im Sertão durch seine Lebensweise, die durch eine Verbindung von caritativem Engagement, asketischem Leben und überzeugender Schriftauslegung geprägt war. Durch die Ausrufung der Ersten brasilianischen Republik (1889) ergaben sich tiefgreifende politische Veränderungen, die die Kirche und die Landbevölkerung betrafen. Es kam zur Trennung von Kirche und Staat und dadurch zum Ende des portugiesischen „padroados" (Portugiesisches Patronat über die Kirche in Brasilien), der Einführung der Zivilehe, der Steuererhebung der Bezirke u.a. Auf der verlassenen „fazenda[5] Canudos" gründete Maciel 1893 die Gemeinschaft von „Belo Monte" bzw. „Canudos", deren Zusammenleben auf den christlichen Grundwerten und den kirchlichen Traditionen im Sertão beruhte. Canudos entwickelte sich in kurzer Zeit zu einer Stadt mit eigenständiger Organisationsstruktur.

Für die verarmte und stark religiös geprägte Sertãobevölkerung stellte Canudos eine neue Lebensalternative dar, in der u.a. durch die Solidarität von reichen und armen Bewohnern, ein besserer Lebensstandard und ein menschenwürdigeres Leben entstand. So stellte Canudos eine Anfrage an das oligarchische Herrschaftssystem im Sertão dar. Es kam zu Spannungen mit der Landoligarchie und zu einem Krieg, durch den die Stadt und die Lebensgemeinschaft von Canudos zerstört wurden. Nach langem Widerstand der Bewohner von Canudos, die als „jagunços"[6] bezeichnet

---

[4] Der Begriff „sertanejo" – die weibliche Form „sertaneja" – bezeichnet die Bewohner des Sertão. Die Begriffe "sertanejo" bzw. „sertaneja" und "Sertãobewohner" werden synonym verwendet. Vgl. Zilly, Glossar, in: Cunha, Krieg im Sertão, 1994, 752.

[5] „Fazenda" = Landgut

[6] Der Begriff „jagunço" bezeichnet die Kämpfer aus Canudos, die Canudos im Krieg gegen die Truppen des brasilianischen Heeres verteidigten. „Jagunço" wird im Allgemeinen mit Bandit, Messerheld, Schläger übersetzt, der in der Regel Mitglied in einer Bande ist oder im Dienst eines Großgrundbesitzers steht. Der Begriff „jagunço" wurde despektierlich gebraucht. Verwendet wurde er meist in der Region südlich des Rio São Francisco, z.B. in den Bundesstaaten Bahia und Minas Gerais. „Cangaçeiro" ist ein ähnlicher Begriff, der aber eine

wurden, endete das Leben in Canudos mit dem Tod seiner letzten Verteidiger. Die Bedeutung der Bewegung von Canudos hat sich seitdem immer wieder verändert. Durch die Aufarbeitung der Geschichte von Canudos wurde die Bewegung zu einem Symbol, das insbesondere für die caritativen und politisch engagierten kirchlichen Gruppierungen von großer pastoraler Bedeutung ist. Genannt seien insbesondere die kirchlichen Basisgemeinden und die pastoralen Gruppen, die sich in der Frage um eine gerechte Landverteilung in Brasilien engagieren. Entscheidend für die Kirche von heute und die sozial-caritativen Organisationen ist das Beispiel, das die Bewegung von Canudos in ihrer Zeit gegeben hat. Dieses Beispiel und ihre Ideale wirken bis heute fort und sind mit den Jahren nicht schwächer, sondern eindeutiger geworden.

In den letzten Jahrzehnten erschien eine übersichtliche Zahl an theologischen Publikationen zum Thema Canudos, die u.a. die religiöse Botschaft Antônio Conselheiros,[7] die ekklesiologischen[8] oder die historischen und spirituellen Aspekte[9] untersuchen. Diese Arbeit widmet sich der pastoralen Wirkungsgeschichte von Canudos, einem weitgehend unbearbeiteten Gebiet. Eine systematische Untersuchung und Reflexion der pastoralen Wirkungsgeschichte von Canudos liegt bislang nicht vor. Das Ziel dieser Arbeit besteht darin, die pastorale Wirkungsgeschichte der Bewegung von Canudos darzustellen und deren Bedeutung hinsichtlich der im Folgenden genannten pastoralen Fragestellungen zu analysieren. Im Rahmen der Darstellung der pastoralen Wirkungsgeschichte werden die Schritte aufgezeigt, durch die die Bewegung von Canudos von einer innerkirchlich abgelehnten Bewegung zu einem Symbol mit Beispielcharakter wurde. Unter Berücksichtigung der bereits vorliegenden Forschungsergebnisse, die den Beiträgen verschiedener wissenschaftlicher Disziplinen entstammen, soll diese Arbeit einen Beitrag zur Diskussion um die pastorale Wirkungsgeschichte der Bewegung von Canudos und deren heutigen pastoralen Bedeutung leisten. Es handelt sich daher um eine Arbeit mit interdisziplinären Bezügen.

Konnotation von Sozialbanditentum hat. Vgl. Zilly, Glossar, in: Cunha, Krieg im Sertão, 1994, 747.

[7] Vgl. Otten, Só Deus é grande, 1990.

[8] Vgl. Andrade, A experiência religiosa e sociopolítica de Canudos, 2006.

[9] Vgl. Hoornaert, Eduardo, Os anjos de Canudos, 1997.

Die Erkenntnisse, die sich aus dieser Arbeit ergeben, sollen eine Basis abgeben, die weitere Rezeption und Reflexion hinsichtlich der pastoralen Bedeutung der Bewegung von Canudos zu verfolgen. Im deutschsprachigen Raum ist die Anzahl der Publikationen zum Thema Canudos, insbesondere derer, die den Bereich der Theologie einbeziehen, sehr begrenzt. Daher soll diese Arbeit zur pastoralen Wirkungsgeschichte von Canudos auch einen Beitrag zur Erschließung der Bewegung von Canudos für den deutschsprachigen Raum leisten. Bei der Betrachtung der Wirkungsgeschichte gibt es zwei zentrale Aspekte: Zum einen ist zu betrachten, in welchem Kontext und aus welchem geschichtlichen Prozess die Bewegung von Canudos entstanden ist. Der andere Aspekt besteht in der Wirkung und den Rezeptionen, die die Bewegung von Canudos im Laufe der Zeit hervorgebracht hat. Diese Arbeit setzt daher in der Epoche der Eroberung und Kolonialisierung Brasiliens an und erarbeitet daraus die gesellschaftlichen Strukturen sowie den religiösen, politischen, sozialen und kulturellen Kontext, in dem sich Canudos ereignete. Die vorliegende Arbeit untersucht:

1. wie die Bewegung von Canudos auf der Basis der katholischen Volksfrömmigkeit im Nordosten Brasiliens entstand und auf welche Weise sie bis heute Teil der Volksfrömmigkeit wurde. Darauf aufbauend wird das Modell der solidarischen Lebensweise auf Basis christlicher Werte untersucht, das die Bewegung von Canudos verwirklichte.

2. wie die Bewegung von Canudos zu einem Symbol mit Beispielcharakter für die heutigen sozialpastoralen Bewegungen wurde und ein Orientierungspunkt und Bindeglied für innerkirchliche und soziale Bewegungen ist. Weiterhin wird der geschichtliche Überlieferungsprozess untersucht, durch den die Bewegung von Canudos zu einer innerkirchlich akzeptierten katholischen Bewegung geworden ist.

B. Forschungsstand

In den vergangenen Jahrzehnten entstanden zahlreiche Publikationen zu Canudos in verschiedenen wissenschaftlichen Bereichen: Geschichte, Soziologie, Linguistik, Philosophie, Literatur, Theologie u.a. Die Forschung zu Canudos hat dazu beigetragen, dass heute ein immer exakteres Bild über Canudos vorliegt. Eines der wenigen theologischen Werke stellt die 1987 an der Gregoriana in Rom eingereichte Dissertation von

Alexandre Otten „Só Deus é grande"[10] dar. Es ist die erste umfassende Arbeit, die sich explizit der Theologie Antônio Conselheiros widmet. Otten stellt die unterschiedlichen Interpretationen von Canudos dar und erstellt anhand der ihm vorliegenden Dokumente und Fakten seine Interpretation der Geschichte und theologischen Leitlinien von Antônio Conselheiro und der Bewegung von Canudos. Der Kirchenhistoriker Eduardo Hoornaert unternimmt mit dem Buch „Os anjos de Canudos"[11] eine Interpretation von Canudos, der die Familie als Grundschema des Zusammenlebens und der religiösen Entfaltung zugrunde liegt. Einen weiteren theologischen Beitrag leistete José Wilson Andrade[12] mit seiner Lizenziatsarbeit zu den ekklesiologischen Aspekten von Canudos. Eine wissenschaftliche Arbeit, die für die theologische Weiterbearbeitung von Bedeutung ist, stellt die linguistische Analyse der Predigtmanuskripte Antônio Conselheiros von José Luiz Fiorin dar, die den Titel, „A ilusão da liberdade discursiva – uma análise das prédicas de Antônio Conselheiro"[13] (1980) trägt. Er vertritt die These, dass die Predigten eine politisch wie religiös konservative Einstellung Antônio Conselheiro widerspiegeln. Der Conselheiro sei ein „konservativer Rebell", der traditionelle Werte wiederbelebte und nicht die ökonomischen Fundamente der brasilianischen Gesellschaft in Frage stellte.

Zur Beurteilung der pastoralen Rezeptionen geben die Veröffentlichungen der Comissão Pastoral da Terra (CPT) und des Movimento Popular Histórico de Canudos (MPHC) gute Informationen. Darüber hinaus gibt es zur Pastoraltheologie einzelne Arbeiten, die pastorale Aktionen zu Canudos aufgreifen und darstellen[14] sowie Arbeiten aus anderen Fachbereichen, die theologische Fragestellungen zu Canudos behandeln.[15] Canudos wurde nach seiner Zerstörung im Krieg gegen das brasilianische Militär zunächst als ein Aufstand von religiösen Fanatikern dargestellt und historisch so überliefert. Der Krieg wurde, abgesehen von den militärischen Exzessen an den Gefangenen, als gerechtfertigt angesehen. Prägenden Einfluss hatte dabei das Werk „Os sertões"[16] von Euclides da

---

[10] Otten, Só Deus é grande, 1990.
[11] Hoornaert, Os anjos de Canudos, 1997.
[12] Andrade, A experiência religiosa e sociopolítica de Canudos, 2006.
[13] Fiorin, A ilusão da liberdade discursiva, 1999.
[14] Z.B. Santana Pinho, Revisitando Canudos hoje no imaginário popular, 1996.
[15] Z.B. Bartelt, Nation gegen Hinterland, Stuttgart, 2003, 92ff.
[16] Cunha, Os sertões, 2001 (1902).

Cunha, das zu einem nationalen Epos avancierte und wie eine „Bibel" zur Beurteilung von Canudos angesehen wurde. 1994 wurde dieses Werk von Berthold Zilly ins Deutsche übersetzt.[17] Dabei gab es bereits Werke wie die von Emídio Dantas Barreto,[18] João Brígido,[19] Favilla Nunes[20] und anderen, die wichtige Fakten bezüglich Canudos vermittelten.

In den 1940er Jahren begann mit Odórico Tavares[21] (1947) eine Aufarbeitung der Geschichte durch die Erfassung der mündlichen Überlieferungen der ehemaligen Bewohner von Canudos, die eine neue Sichtweise auf Canudos eröffneten. Ab den 1950er Jahren begann durch Veröffentlichungen von José Calasans Brandão da Silva[22] (1950), Abelardo Montenegro[23] (1954) u.a. eine Revision der Einschätzung von Canudos und eine Aufklärung der stark eingefärbten Geschichtsschreibung. Ataliba Nogueira[24] edierte 1974 das erste Predigtmanuskript von Antônio Conselheiro aus dem Jahr 1897. Im Jahr 2002 wurde das zweite Predigtmanuskript aus dem Jahr 1895 in Auszügen publiziert.[25] Die Veröffentlichung der Predigtmanuskripte erschlossen Maciel als einen theologisch gebildeten Laien, der jeglichem Fanatismus fern stand. Die erste genuin geschichtswissenschaftliche Gesamtdarstellung von Canudos veröffentlichte im Jahr 1992 Robert Levine,[26] ein Brasilienhistoriker aus den USA. Levine vertritt die These, dass die Anziehungskraft des Conselheiros nicht in erster Linie messianischer Natur war. Anhand der historischen Fakten durchdringt er das Weltverständnis Antônio Conselheiros, indem er die nationalen und lokalen Ereignisse sowie die Texte des Conselheiros analysiert. Er bringt ebenso die Blickwinkel der anderen, am Phänomen Canudos beteiligten Gruppierungen und Protagonisten zur Sprache, z.B. die Bewohner von Canudos, die regionalen und nationalen Eliten, die Vertreter der politischen und staatlichen Einrichtungen, den Klerus, das Militär. Levine sucht nach ihren Motiven und nach Gründen, durch die Canudos

---

[17] Cunha, Krieg im Sertão, 1994, Übersetzung von „Os Sertões" ins Deutsche von Bertold Zilly.
[18] Barreto, Última expedição a Canudos, 1898.
[19] Brígido, Ceará, homens e factos, 2001 (1919).
[20] Favila Nunes, Guerra de Canudos, fascículo n. 3, volume1, 1898.
[21] Tavares, Canudos cinquenta anos depois (1947), 1993.
[22] Calasans, O ciclo folclórico do Bom Jesus Conselheiro. 2002 (1950).
[23] Montenegro, Antônio Conselheiro, 1954.
[24] Nogueira, Antônio Conselheiro e Canudos, 1974.
[25] Nogueira Galvão, Rocha Peres, Breviário de Antônio Conselheiro, 2002.
[26] Levine, O sertão prometido, 1995.

mit seiner Lebensweise, die Theologie des Conselheiros u.a. eine Bedrohung darstellen konnte. In diesem Zusammenhang stellt er auch die Spannung zwischen den Lebensmodellen und Idealen der Großstadteliten, die in den Küstenstädten wohnten (litoral) und der Gesellschaft im Sertão dar. Auf brasilianischer Seite publizierte Marco Antônio Villa[27] 1995 seine historische Gesamtdarstellung von Canudos, geht jedoch nicht auf Levines Werk ein. Villa vertritt die These, dass man in Canudos weder auf einen Messias noch auf die Wiederkehr des verschollen portugiesischen Königs „Dom Sebastião" gewartet habe. Insofern bekräftigt er Levines Aussage und spitzt sie zu. Villa versteht Canudos als einen großen Moment der Geschichte des Nordostens Brasiliens, wobei die „sertanejos" für die Errichtung einer „neuen Welt" gegen den Staat der „landlords" (Großgrundbesitzer) gekämpft hätten.[28]

Dawid Danilo Bartelt publizierte 2003 in deutscher Sprache[29] das sehr detaillierte Werk „Nation gegen Hinterland".[30] Bartelt, der mit diesem Werk im Bereich der Geschichts- und Kulturwissenschaft promovierte, untersucht darin den diskursiven Prozess, der zum Vernichtungskonsens von Canudos führte. Auf Basis von Literatur und Zeitungsartikeln führt er die Analyse des Diskurses. Ein wichtiges Ergebnis seiner Arbeit besteht darin, dass zur Führung des Krieges von Canudos keine rechtliche Rechtfertigung vorlag. Im Bereich der Soziologie wurde Canudos zunächst klar dem Phänomen des Messianismus in Brasilien zugeordnet. Im Zuge der Forschungen wurden insbesondere die Entstehung des Messianismus, dessen Begleitumstände, der religiöse wie soziale Kontext und die zeitgenössische Volksreligiosität untersucht. Soziale Not – z.B. aufgrund von Nahrungsmangel oder politischer Unterdrückung – war ein wichtiger Aspekt für die Entstehung des Messianismus, der sich in Brasilien in unterschiedlich ausgeprägten Bewegungen konkretisierte. Bedeutende

---

[27] Villa, Canudos, o povo da terra, 1995. Vgl. Villa, Canudos, campo em chamas, 1992.

[28] Vgl. Villa, Canudos, o povo da terra, 1995, 7-13.

[29] Im Literaturverzeichnis befindet sich, um einen Einblick zu geben, eine Liste mit weiterer deutschsprachiger Literatur zu Canudos, die im Rahmen dieser Arbeit bearbeit, jedoch nicht zitiert wurde. Dies lag in der Regel daran, dass es andere portugiesischsprachige Werke gab, die eine zutreffendere Darstellung boten. Manchmal lagen die Schwerpunkte dieser Werke auf Bereichen, die nicht im zentralen Fokus dieser Arbeit stehen.

[30] Bartelt, Nation gegen Hinterland, 2003.

Werke zu diesem Bereich sind „O messianismo no Brasil e no mundo"[31] (1965) von Maria Isaura Perreira de Queiroz und „Messianismo e conflito social"[32] (1993, 2006) von João Arruda. Vor der Publikation der Predigten des Conselheiros im Jahr 1974 war Canudos soziologisch eindeutig dem Messianismus zugeordnet.

Die Predigtmanuskripte verdeutlichen die konservative katholische theologische Ausrichtung des Conselheiros. Dies übte starken Einfluss auf die darauf folgenden Publikationen aus. Queiroz (1965) ordnet Canudos eindeutig als messianische Bewegung ein, während Arruda (1993, 2006) und andere deutlich differenzieren. Rui Facó[33] (1963) und Edmundo Moniz[34] (1978) beschreiben Canudos als eine Art politischer Befreiungsbewegung, die sich der Religiosität als Mittel bediente und tendieren zu einer sozialistischen bzw. kommunistisch ausgerichteten Deutung von Canudos, die heute eine weniger große Zustimmung erhalten. Bedeutsam an Rui Facós Werk „Cangaçeiros e fanáticos"[35] ist, dass es die erste Arbeit ist, die das Zusammenleben der Gemeinschaft von Canudos stark in den Mittelpunkt rückt und sehr positiv bewertet.

C. Quellen

Zur Erschließung der pastoralen Wirkungsgeschichte von Canudos sind Quellen notwendig, die zum einen die Entwicklung von Antônio Conselheiro und Canudos, zum anderen dessen pastorale Rezeptionen nach dem Ende des Krieges wiedergeben. Zur Beurteilung der aktuellen pastoralen Bedeutung kommen folgende Quellen in Betracht:

Gedruckte Quellen

In gedruckter Form liegen Quellen vor, die im Folgenden aufgeführt werden. Zur Beurteilung der Theologie des Conselheiros sind seine handschriftlichen Predigtmanuskripte[36] (1895 und 1897) Quellen von un-

---

[31] Pereira de Queiroz, O messianismo no Brasil e no mundo, 2003 (1965).
[32] Arruda, Canudos, messianismo e conflíto social, 1993; 2. überarbeitete und erweiterte Auflage 2006.
[33] Facó, Cangaçeiros e fanáticos, 1978 (1963).
[34] Moniz, Canudos, a guerra social, 1987.
[35] Facó, Cangaçeiros e fanáticos, 1978 (1963).
[36] Mendes Maciel, Antônio Vicente (Antônio Conselheiro), Handschriftliches Manuskript von 1895, in: Nogueira Galvão, Rocha Peres, Breviário de Antônio Conselheiro, 2002. Mendes Maciel, Antônio Vicente (Antônio Conselheiro),

schätzbarem Wert. Einige wichtige Informationen über das Zusammenleben in Canudos liefert der Bericht des Missionars João Evangelista de Monte Marciano,[37] der 1895 mit dem Auftrag Canudos aufzulösen, nach Canudos kam und mit seinem Auftrag scheiterte. Eine sehr unabhängige Darstellung der Ereignisse nach dem Krieg, insbesondere zum Umgang mit den Gefangenen, liefert der Bericht von Lélis Piedade für das „Comitê Patriótico da Bahia" (1897-1901),[38] das sich für einen humanen Umgang mit den Kriegsgefangenen, insbesondere mit den Kriegswaisen einsetzte. Das Engagement des „Comitês" unterstützen zwei deutsche Franziskanermissionare, darunter Petrus Sinzig OFM,[39] der über Canudos und seine Arbeit für das Comitê schrieb.

Bereits im Forschungsstand erwähnt sind die Schriften von Euclides da Cunha: „Diário de uma expedição" (1939), „Cadernata de campo" (1975)" und „Os sertões" (1902).[40] Die bahianische Historikerin Novais Consuelo Sampaio[41] edierte im Jahr 1999 Briefe aus der Korrespondenz von Cícero Dantas Martins, dem „Barão de Jeremoabo".[42] Er war der einflussreichste Großgrundbesitzer und Politiker in der Region von Canudos zur Zeit Antônio Conselheiros. Ein vollständiger Zugang zu den

---

Handschriftliches Manuskript von 1897, in: Nogueira, Antônio Conselheiro e Canudos, 1974.

[37] Marciano, Relatório, apresentado pelo reverendo Frei João Evangelista de Monte Marciano ao arcebispado da Bahia sobre Antônio Conselheiro e seu sequito no arraial de Canudos – 1895, 1987, (1895).

[38] Piedade, Olavo, Comité Patriótico da Bahia 1897-1901, 2002, (1901).

[39] Sinzig, Reminiscências d´um frade, 1925.

[40] Von Euclides da Cunha sind folgende Quellen zu benennen: Cunha, Diário de uma expedição, verfasst 1897, 2003 (1939). Cunha, Caderneta de campo, (Aufzeichnungen von seinem Aufenthalt in und um Canudos 1897), 1975. Cunha, A nossa Vendéia, 14.3. und 17.7.1897, in: Diário de uma expedição, verfasst 1897, 2003, (1939), 121-132. Cunha, Os sertões, 2001, (1902).

[41] Sampaio (Org.), Canudos, cartas para o barão, 1999.

[42] Der heutige Ort „Jeremoabo" liegt im brasilianischen Bundesstaat Bahia und gehört zum „município" Itapicuru. Bis zum Jahr 1943 wurde der Ortsname „Geremoabo" geschrieben. In der Literatur finden wir beide Schreibweisen. Auch für den „Barão de Jeremoabo" gibt es beide Schreibweisen. Im Folgenden wird die aktuelle Schreibweise „Jeremoabo" verwendet, nur in Zitaten wird die vom jeweiligen Autor gewählte Schreibweise beibehalten.
Vgl. http://salvadorhistoriacidadebaixa.blogspot.de/2010/01/barao-de-geremoabo.html, Zugriff am 14.05.2012.

Dokumenten ist der Öffentlichkeit bislang nicht möglich. Dies könnte für die Geschichtsschreibung neue Erkenntnisse bereithalten.

Artikel, die in zeitgenössischen Zeitungen über Canudos erschienen, sind weitere historische Quellen. Auf diese wird aufgrund des sehr umfangreichen Materials nur in begrenzter Weise zugegriffen. Viele originale Zeitungsartikel aus der Zeit des Krieges von Canudos hat z.b. Walnice Nogueira Galvão in ihrem Werk „No calor da hora"[43] (1974) ediert. Weitere wichtige Quellen, die kurz nach dem Krieg erschienen, sind die Werke von Alvim Horcades[44] (1899), Aristides Milton[45] (1902) und Manoel Benício[46] (1899). Wichtige Bildquellen sind die Fotos, die der Fotograf Flavio Barros[47] (1897) während des Krieges von Canudos machte.

Archivalien (ungedruckte Quellen)

Im historischen Bereich wurden die zahlreiche Dokumente zum Thema Canudos, die zur Zeit Antônio Conselheiros entstanden, gesichert. Dazu zählt die Korrespondenz der Erzdiözese Salvador, bezüglich Antônio Conselheiro und Canudos, die sich im Archiv der Erzdiözese Salvador-BA (ACAS) befindet. Hierbei ist anzumerken, dass D.D. Bartelt bei seinen Recherchen im ACAS feststellte, dass ab dem Jahr 1890 praktisch keine Korrespondenz mehr in den Akten zu Canudos zu finden ist. Er vermutet, dass die Dokumente aus den entsprechenden Akten entfernt wurden.[48] Dies ist zur Beurteilung der Quellen aus dem ACAS und der Rolle der Erzdiözese Salvador in Bezug auf Canudos und den dortigen Krieg zu berücksichtigen. Es handelt sich hierbei um die sensible Korrespondenz, die in den Jahren vor dem Krieg von Canudos ausgetauscht wurde. In den Archiven der „Movimento dos Trabalhadores sem Terra" sowie der „Comissão Pastoral da Terra" in Fortaleza-Ceará und Salvador-Bahia befinden sich Materialien (Liedblätter u.a.) zu einzelnen Veranstaltungen, bei denen Canudos rezipiert wurde.[49]

---

[43] Nogueira Galvão, No calor da hora, 1974.
[44] Horcades, Descrição de uma viagem a Canudos, 1996, (1899).
[45] Milton, A campanha de Canudos, 2003, (1902).
[46] Benício, O rei dos jagunços, 1997 (1899).
[47] Barros, Flavio de, Fotos von Canudos (fotografiert 1897), in: Veja n. 1.511, 3.9.1997, 64-87.
[48] Vgl. Bartelt, Nation gegen Hinterland, 2003, 132.
[49] Vgl. Liste der Dokumente, Artikel und anderer Materialien aus den angegeben Archiven im Quellen- und Literaturverzeichnis dieser Dissertation.

Mündliche Quellen

Wichtige mündliche Quellen stellen die Interviews mit den Überlebenden von Canudos dar, z.B. die von Odórico Tavares[50] (1947) und Nertan Macedo[51] (1964) dokumentierten. José Aras[52] hat in seinem Werk „Sangue de irmãos" (Blutsbrüder) Aussagen von Zeitgenossen von Canudos publiziert. Als Mündliche Quelle einzuordnen sind die „Quase biografias de jagunços: o séquito de Antônio Conselheiro" (1986) die José Calasans[53] aufgrund eigener Interviews mit Überlebenden von Canudos erstellte und veröffentlichte.

Mündliche Quellen stellen die 37 von mir geführten Interviews mit Vertretern der Kirche, sozialer Organisationen, Wissenschaftlern und Künstlern dar, die in dieser Arbeit erstmals bearbeitet und ausgewertet werden. Es handelt sich um qualitative Interviews. Die Interviewpartner stehen als einzelne Stimme für eine jeweilige Organisation oder einen Bereich. Diese von mir geführten Interviews befinden sich in einem eigenen Interviewband zu dieser Dissertation.

Eine Schwierigkeit stellt die Beurteilung der Zuverlässigkeit der mündlichen Quellen dar. Die interviewten Personen und deren inhaltliche Schwerpunkte sind bekannt. Daher können diese Aussagen gut gewichtet werden. Der Schwierigkeit zur Beurteilung älterer mündlicher Quellen wird in dieser Arbeit so begegnet, dass geprüft wird, ob die getätigten Aussagen von anderen Quellen bestätigt werden bzw. in Einklang mit zuverlässigen Informationen stehen.

Kulturelle Quellen

Im Bereich der Kultur und Literatur gibt es zahlreiche Lieder, Theaterstücke, Kunstwerke und literarische Werke, die zu Canudos und Antônio Conselheiro entstanden. Der berühmteste Roman ist zweifelsohne Mario Vargas Llosas Werk „La guerra del fin del mundo",[54] der 1981 erschien und 1985 mit dem Ernest-Hemingway-Preis ausgezeichnet wurde. Ein anderes Beispiel ist das Buch „Luzes de Paris e o fogo de Canu-

---

[50] Tavares, Canudos, cinquenta anos depois (1947), 1993.
[51] Macedo, Memorial de Vilanova, 1964.
[52] Aras, Sangue de irmãos. ohne Jahresangabe, vermutlich 1974 (vor 1977, nach der Errichtung der "açude" Cocorobó, d.h. zwischen 1965-1977).
[53] Calasans, Quase biografias de jagunços, 1986.
[54] Vargas Llosa, A guerra do fim do mundo. 1990 (1981), deutsche Ausgabe: Der Krieg am Ende der Welt, Berlin, 1984.

dos"[55] von der brasilianischen Literaturprofessorin Angela Gutiérrez. In der Volksliteratur, der „literatura de cordel", wird Canudos auch heute noch in kleinen Heften in Gedicht- oder Geschichtsform verarbeitet. Künstler, die sich Canudos mit plastischen Werken oder Gemälden widmeten, sind z.B. Descartes Gadelha aus Fortaleza-CE oder Tripoli Gaudenzi[56] aus Salvador-BA. Auch in Liedern wurde Canudos besungen, so z.B. von den Liedermachern Zé Vicente, Pingo de Fortaleza[57] oder Roberto Malvezzi[58].

Aufgrund der Quellenlage kann vieles, was die Bewegung von Canudos, deren Entstehung, Zusammenleben und Leiter Antônio Conselheiro betrifft, mit großer Sicherheit gesagt werden. Hinsichtlich des Zusammenlebens in Canudos im Zeitraum von 1893-1897 liegen nur wenige Dokumente vor, so dass es diesbezüglich verschiedene Grundannahmen gibt.

D. Zur Methode

Ausgehend von der These, dass Canudos im Laufe seiner pastoralen Wirkungsgeschichte zu einer Bewegung geworden ist, die innerkirchlich anerkannt ist und Symbolcharakter für kirchliche wie soziale Organisationen in Brasilien hat, bedarf es einer wissenschaftlich angemessenen Methode, mit der dieser Erweis erbracht werden kann. Diese muss zur Darstellung der pastoralen Wirkungsgeschichte zum einen der Vielschichtigkeit der Bewegung von Canudos, deren historischen Kontext und dessen Entstehung Rechnung tragen. Zum anderen ist das Aufspüren der Orte zu integrieren, an denen Canudos heute im Bereich der Pastoral von Bedeutung ist. Die Ausprägung des Symbolcharakters und die Bedeutung von Canudos erschließen sich anhand der konkreten Rezeptionen.

Zur Darstellung der Bewegung von Canudos sowie für seine angemessene Beurteilung und die Beantwortung der Fragestellungen dieser Arbeit sind Beiträge aus verschiedenen wissenschaftlichen Disziplinen notwendig. Im Bereich der geschichtlichen Darstellung von Canudos ist auf die historische Literatur zurückzugreifen.[59] Zur Beschreibung der

---

[55] Gutiérrez, Luzes de Paris e o fogo de Canudos, 2006.
[56] Gaudenzi, Canudos rediviva, 1993.
[57] Fortaleza, Pingo de, CD Cantares, 1995.
[58] Malvezzi, CD 100 Canudos, (ohne Jahresangabe).
[59] Z.B. Levine, O sertão prometido, 1995.

Einbettung von Canudos in die Gesellschaft des Sertão des 19. Jh. sind zum einen die allgemein historische und soziologische Literatur, zum anderen auch Werke einzubeziehen, die sich der Volksreligiosität widmen. Im Bereich des historischen Kontextes sind bei dessen Darstellung auch die zeitgenössisch prägende Philosophie und die innerkirchlich relevanten Prozesse einzubeziehen. Erst auf dieser, verschiedene wissenschaftliche Bereiche umfassenden Basis, wird Canudos als Bewegung in seiner Zeit und Umwelt verständlich. In Brasilien gehen viele soziale Bewegungen auf kirchliche Ursprünge zurück. Auch wenn eine Bewegung kirchlich unabhängig ist, kann sie doch geschichtlich aus kirchlichen Gruppen entstanden sein und eine inhaltliche Zusammenarbeit mit der Kirche führen. Daher ist zur Beschreibung der Rezeptionen, die eine pastorale Bedeutung haben, auf kirchliche Dokumente sowie auf die Darstellungen der Rezeptionen von kirchlichen und sozialen Bewegungen sowie kultureller Art zurückzugreifen, die mit dem kirchlichen Umfeld in Verbindung stehen bzw. in den pastoralen Bereich hineinwirken.

Der Umfang und die Aktualität der schriftlichen Dokumente zu den Rezeptionen von Canudos sind sehr unterschiedlich. Zur Ergänzung der schriftlichen Quellen wurden eigene Interviews geführt, um zu einer ausgewogenen Informationserhebung zu gelangen. Die Gesprächspartner stammten aus unterschiedlichen Bereichen. Dazu zählen Vertreter der Kirche, sozialer Organisationen, Wissenschaftler und Künstler. Die Auswertung der Interviews erfolgt nach verschiedenen Kriterien, bei der die zentralen Aussagen der Interviewpartner herausgestellt werden. Die geführten Interviews dienten als Erdungspunkt für alle theoretischen Erarbeitungen dieser Dissertation und unterstützen eine realistische Beurteilung der Bedeutung von Canudos.

Es wird deutlich: Zur Bearbeitung der Fragestellung dieser Arbeit ist eine interdisziplinäre[60] Vorgehensweise notwendig, die die Beiträge der verschiedenen wissenschaftlichen Disziplinen entsprechend zuordnet und gewichtet, um die Thesen dieser Arbeit zu überprüfen und zu begründen. Die verschiedenen Textgattungen werden mit den üblichen hermeneutischen (u.a. Übersetzung, Erklärung, Auslegung) und analytischen Verfahren (u.a. vergleichende Quellen- und Textbearbeitung) bearbeitet.

---

[60] Vgl. Van der Ven, Praktische Theologie und Humanwissenschaften, in: Haslinger, Bundschuh-Schramm (Hg.), Handbuch Praktische Theologie, Band 1, 1999.

Die detaillierte Bearbeitung der historischen Quellen stellt die Grundlage für die weiteren Schritte dar. Auf ihr basiert die Darstellung des historischen Kontextes, der Ereignisse um die Entwicklung von Canudos, die Herausarbeitung der Lebensweise in Canudos und der Überlieferungsgeschichte der Bewegung. Auch zur theologischen Einordnung tragen die vorliegenden historischen Quellen bei. Die Predigtmanuskripte des Conselheiros werden hinsichtlich ihrer theologischen und pastoralen Leitlinien untersucht. Auch in Bezug auf das Zusammenleben in Canudos und die gelebten Werte geben sie Aufschluss.

Eine eigene Textgattung stellen die lehramtlichen Dokumente dar. Die offiziellen kirchlichen Veröffentlichungen z.B. der brasilianischen Bischofskonferenz (CNBB), der Lateinamerikanischen Bischofskonferenz (CELAM), des Zweiten Vatikanischen Konzils sowie Hirtenbriefe brasilianischer Bischöfe, werden zum einen zur Darstellung und Überprüfung der kirchlichen Überlieferungsgeschichte, der kirchlichen Rezeption, der theologischen Reflexion sowie zur Beurteilung der Katholizität der Bewegung von Canudos verwandt. Ein eigenes Schrifttum haben die pastoralen und sozialen Bewegungen hervorgebracht. Die kirchlichen Basisgemeinden (CEBs), die CPT auf kirchlicher Seite und die Landlosenbewegung MST im Bereich der sozialen Bewegungen sind Beispiele für Gruppierungen, die die Bewegung von Canudos in ihren Anliegen rezipieren. Veröffentlichungen dieser Bewegungen, auch „graue Literatur",[61] werden zur Darstellung und Analyse der pastoralen Wirkungsgeschichte bearbeitet. Die vorliegenden Veröffentlichungen und Materialien, werden hinsichtlich der folgenden Kriterien untersucht und ausgewertet:

- Erfassung der Art und des Umfangs der Rezeption der Bewegung von Canudos im jeweiligen zeitlichen Kontext,
- Aufnahme der Werte, die an der Bewegung von Canudos vom jeweiligen Rezipienten geschätzt bzw. kritisiert werden,
- Zeichen der Anerkennung oder Ablehnung der Werte der Bewegung von Canudos in der katholischen Kirche,
- Theologische und spirituelle Implikationen.

Die selbst geführten Interviews fließen in die Darstellung und Analyse der pastoralen Wirkungsgeschichte von Canudos ein. Durch die Interviews werden der Bedeutung von Canudos Namen und Gesichter gege-

---

[61] Mit dem Begriff „graue Literatur" werden Texte und kleine Veröffentlichungen bezeichnet, die nicht öffentlicht registriert sind.

ben. Es handelt sich um Referenzpersonen, die für die jeweilige Aussage stehen. Als Interviewpartner wurden Personen ausgewählt, die um die Geschichte von Canudos und dessen Bedeutung wissen und eine repräsentative Aussage für einen abgegrenzten Bereich treffen können. Die Interviews haben exemplarischen Charakter. Die Anzahl entspricht dem im Rahmen dieser Dissertation bearbeitbaren Umfang. Alle Texte werden im Licht der einschlägigen Literatur aus verschiedenen wissenschaftlichen Bereichen bearbeitet.

E. Orte der Forschung in Brasilien

Die Quellen, Literatur, Interviewpartner, sowie die pastoralen und sozialen Bewegungen, die die Bewegung von Canudos rezipieren, befinden sich zum größten Teil im Nordosten Brasiliens. Bei meinen Studienreisen in den Jahren 2008 (für 3 Monate), 2009 (1 Monat) und 2010 (2 Wochen) auf denen ich die Quellen, Literatur und andere Materialien zusammenstellte und Interviews führte, besuchte ich die für die Bewegung von Canudos relevanten Orte und Stätten: Fortaleza (Ceará), Quixeramobim (Ceará), Salvador (Bahia), Euclides da Cunha (Bahia), Monte Santo (Bahia), Canudos (Bahia) und Uauá (Bahia). Der Besuch der historischen Orte gab einen guten ergänzenden Eindruck zu den als Quelle oder Literatur vorhandenen Materialien. Dies eröffnete einen Verstehenshorizont für die Geschehnisse von und um die Bewegung von Canudos, für die Geographie, sowie für das Verständnis der Volksreligiosität und -kultur. Begegnungen mit Menschen an den einzelnen Orten, mit Wissenschaftlern, Angestellten oder Bewohnern trugen dazu bei. Einige haben mir Ihr Verständnis oder eine Episode zu Canudos erzählt und mir damit viele kleine Beiträge gegeben, die in das Gesamtbild von Canudos in dieser Arbeit eingegangen sind. Der „Nucleo Sertão"[62] (NUSERT) im „Centro de Estudos Baianos" (CEEC) der Universidade Federal da Bahia (UFBA) in Salvador stellt eine der wichtigsten Bibliotheken für das Thema der Arbeit dar. Die Originale des Schriftverkehrs der Erzdiözese Salvador in

---

[62] Prof. José Calasans hat zum Ende seiner mehr als 50jährigen Forschungsarbeiten und Sammlung von Büchern, Materialien und Interviews im Bereich von Canudos und der Volkstraditionen im Nordosten Brasiliens sein Archiv der Universidade Federal da Bahia (UFBA) übereignet, damit es zu Forschungszwecken zur Verfügung steht. Die UFBA hat diese Sammlung als „Nucleo Sertão" im „Centro de Estudos Baianos" (CEEC) eingegliedert und der Öffentlichkeit zugänglich gemacht.

Bezug auf Canudos befinden sich in deren Archiv (ACAS), von dem ich mir einen stichprobenhaften Einblick verschafft habe [siehe Anhang 11].[63] Zu dem Schriftverkehr zählen Briefe bezüglich Canudos, die örtliche Priester, Vertreter politischer Parteien u.a. an den Erzbischof geschrieben haben. Die Bibliothek der Universidade Federal de Ceará (UFC) in Fortaleza war ein weiterer bedeutsamer Ort für die Zusammenstellung des Forschungsmaterials. Alle besuchten Bibliotheken und Archive sind vor dem Quellen- und Literaturverzeichnis aufgelistet.

F. Zur Gliederung der Arbeit

Diese Arbeit stellt die Bewegung von Canudos in deren historischen Kontext und fragt danach, warum diese auch heute noch von Bedeutung ist. Die Dissertation ist in vier Kapitel aufgeteilt: Kapitel I. stellt den historischen Kontext dar. Kapitel II. bearbeitet das Leben Antônio Conselheiros, die Entwicklung der Bewegung von Canudos und deren theologischen Implikationen. Das III. Kapitel widmet sich der pastoralen Wirkungsgeschichte von Canudos. In Kapitel IV befindet sich das Gesamtergebnis, das eine Bewertung der aktuellen pastoralen Bedeutung der Bewegung von Canudos entwickelt.

Das I. Kapitel widmet sich dem historischen Kontext, dem Umfeld, in dem Antônio Conselheiro aufwuchs, wo er mit seinem Wirken begann und in dem Canudos entstand. Es wird zunächst ein Überblick über die Kolonialgeschichte Brasiliens sowie die Entstehung und Entwicklung des brasilianischen Staates gegeben. In einem zweiten verfeinernden Schritt wird der Blick auf die Bundesstaaten Bahia und Ceará sowie auf das direkte Umfeld Antônio Conselheiros, seine Heimatstadt Quixeramobim geworfen. Daraufhin wird die Entwicklung der Kirche in Brasilien und insbesondere die Situation kirchlichen Lebens im Sertão erörtert. Dem folgt eine Darstellung der Ausprägung der Volksfrömmigkeit im Sertão, die insbesondere die Rolle der kirchlichen Laien betrachtet. In einem weiteren Schritt wird der sozial religiöse Messianismus, eine in Brasilien existierende Besonderheit, erläutert und dessen bedeutendste Bewegungen differenziert dargestellt. Der dargestellte geschichtliche Kontext, in dem sich Antônio Conselheiro bewegte, bildet die Grundlage für das Verständnis der folgenden Kapitel.

---

[63] Von einem Canudos betreffenden Brief im ACAS (Arquivo da cúria da arquidiocese de Salvador da Bahia) habe ich eine handschriftliche Kopie angefertigt, die sich in Anhang 12 befindet.

Aufbauend auf dem historischen Kontext widmet sich das II. Kapitel dem Phänomen Canudos und seiner charismatischen Leitfigur Antônio Conselheiro. Im ersten Schritt wird das Leben und Werk Antônio Conselheiros dargestellt. Dies umfasst seine Biographie, die Entstehung von Canudos, ein Blick auf seine Vorbilder und seine Predigten. Der zweite Abschnitt arbeitet die Organisation und das Zusammenleben in Canudos heraus. Im nächsten Abschnitt folgt die Wahrnehmung von Canudos in der öffentlichen Meinung, die in einen Vernichtungskonsens mündete. Die Gründe für den Krieg, seinen Verlauf und die direkte Zeit nach dem Krieg werden im vierten Abschnitt erläutert. Den vorherigen Abschnitten folgt eine Analyse der theologischen Implikationen von Canudos.

Die Wirkungsgeschichte von Canudos wird im III. Kapitel anhand der Überlieferungsgeschichte und der Rezeptionen von Canudos im kirchlichen und daran angrenzenden Raum erörtert. Im ersten Schritt erfolgt die detaillierte Darstellung der Überlieferungsgeschichte, bis in die heutigen Tage. Diese beginnt mit der ersten Erwähnung des Wirkens Antônio Conselheiros im Jahr 1874 in der Wochenzeitung „O Rabudo",[64] aus der Stadt Estância-SE. Im zweiten Abschnitt erfolgt eine Darstellung der sozialen und kulturellen Wirkungsgeschichte von Canudos. Dazu zählen Rezeptionen von sozialen Organisationen, Künstlern u.a. Im dritten Abschnitt folgt die Darstellung der Pastoralen Wirkungsgeschichte von Canudos. Dazu gehört eine kritische Erarbeitung der Rezeptionen von Canudos im kirchlichen Raum. Darin sind öffentliche kirchliche Schreiben und Äußerungen, ebenso wie Aktivitäten und Publikationen kirchlich orientierter Gruppen eingeschlossen. Der vierte Abschnitt umfasst eine Analyse der mündlichen Rezeptionen d.h. der von mir geführten Interviews zu Canudos in anonymisierter Form. Diese Interviews stellen neue Quellenmaterialien dar und sind vollständig in einem separaten Interviewband dokumentiert.

Im IV. Kapitel befindet sich die Gesamtauswertung. Die bereits zu Anfang formulierten zwei Thesen dieser Dissertationsarbeit werden in Unterthesen unterteilt und anhand der Ergebnisse dieser Arbeit analysiert. Da es sich um eine Arbeit mit interdisziplinären Bezügen handelt, werden in der abschließenden Auswertung auch die Ergebnisse dokumentiert, die diese Arbeit für andere wissenschaftliche Bereiche, wie z.B. den der Soziologie, unter Einbeziehung des Bereiches der Pastoraltheologie erbracht hat.

---

[64] Calasans, Cartografia de Canudos, 1977, 11.

In dieser Arbeit bezeichnet der Begriff „Canudos" nicht nur den geographischen Ort, sondern die Bewegung um Antônio Conselheiro, die sich 1893 in Canudos angesiedelt hat, die Personen, Ideen und Ideale, die mit dem soziorelegiösen Gefüge zu ihr gehören,. Entgegen dem in Brasilien üblichen Verfahren, die Orthographie alter Texte zu aktualisieren, habe ich bei Zitaten aus den Originaltexten die Schreibweise der Entstehungszeit belassen. Alle Übertragungen aus dem Portugiesischen wurden, soweit nicht anders gekennzeichnet, von mir vorgenommen. Alle Zitate, die mehr als 50 Jahre alt sind, können in den dazugehörigen Fußnoten mit dem portugiesischen Original verglichen werden. Auf die Angabe aller Zitate im portugiesischen Originaltext wurde aus Platzgründen verzichtet. Die verwendeten Abkürzungen entsprechen dem Abkürzungsverzeichnis des LThK.[65] Alle weiteren verwendeten Abkürzungen sind im Abkürzungsverzeichnis aufgelistet. Angaben der jeweiligen Originalübersetzungen, Jahreszahlen und Abkürzungen wurden in runde Klammern gesetzt ( ). Hinweise und Anmerkungen des Verfassers zu einzelnen Punkten sind durch in rechteckige Klammern [ ] gekennzeichnet.

Bezüglich der von mit geführten Interviews ist anzumerken: Alle Interviewpartner haben vor der Führung der Interviews ihre mündliche Zustimmung gegeben, ihre Aussagen im Rahmen dieser Qualifikationsschrift zu zitieren und auszuwerten.

Bei einigen Grafiken waren die Urheber leider nicht zu ermitteln. Sie mögen sich ggf. an den Autor wenden.

---

[65] Vgl. Lexikon für Theologie und Kirche (LThK), Abkürzungsverzeichnis, 1993.

I. Der historische Kontext

1.1 Brasilien im 19. Jahrhundert

Zum Verständnis des historischen Kontextes Brasiliens im 19. Jahrhundert, wird der Blick zunächst auf die Kolonialgeschichte gerichtet. Diese ist die Grundlage zum Verständnis der einzelnen Themenbereiche und Fragestellungen bezüglich des historischen Kontextes.

1.1.1 Portugiesische Kolonisation

Die Kolonisation Brasiliens beginnt mit seiner Entdeckung am 22. April 1500 durch den portugiesischen Seefahrer Pedro Álvares Cabral, der auf der „Ilha de Vera Cruz" im heutigen Bundesstaat Bahia landete.[66] Portugal ist zu dieser Zeit eine Seemacht, die mit der anderen großen Seemacht Spanien um die Vorherrschaft kämpft. Nach der Entdeckung Amerikas durch Kolumbus im Jahr 1492 vereinbarten Portugal und Spanien mit dem Vertrag von Tordesillas im Jahr 1494[67] eine Demarkationslinie, die 370 Léguas (ca. 2286,5 Km) westlich der Kapverdischen Inseln verlief. Gebiete, die westlich der Demarkationslinie lagen, gehörten zu Spanien, die östlich gelegenen Gebiete zu Portugal. Daher fiel Brasilien an Portugal.[68] Durch die Bulle „Romanus Pontifex"[69] von Papst Nikolaus V. im Jahr 1455 hatte Portugal das Patronatsrecht, das sogenannte „padroado", für die von ihm entdeckten Gebiete erhalten. Danach verpflichtete sich Portugal in seinen Kolonialgebieten den katholischen Glauben zu verbreiten und erhielt im Gegenzug u.a. das Recht, Bischöfe und Missionare selbst auszuwählen. Das „padroado" prägt die Mission in Brasilien maßgeblich und wurde erst im Jahr 1890,[70] nach der Ausrufung der Ersten Brasilianischen Republik, beendet. Da man in Brasilien zunächst keine wertvollen Gewürze oder Mineralien antraf, konzentrierten sich die Portugiesen bis 1530 auf die Kolonialisierung anderer Regionen. Einzige

---

[66] Vgl. Wehling, Formação do Brasil colonial, 1999, 42.
[67] Prien, Das Christentum in Lateinamerika. Kirchengeschichte in Einzeldarstellungen IV/6, 2007, 81.
[68] Der Längengrad der Demarkationslinie: 46° 37′, vgl. Venard (Hg.), Die Geschichte des Christentums, Band 7, 1995, 561-562.
[69] Vgl. Prien, Die Geschichte des Christentums in Lateinamerika, 1978, 124.
[70] Mit dem Dekret 119, vom 07.01.1890 beendet der brasilianische Staat offiziell das "padroado" und nahm damit die Trennung von Kirche und Staat vor. Vgl. Villa, Canudos, o povo da terra, 1995, 104.

Ausnahme war der Export des „Brasil-Holzes", durch das Brasilien seinen Namen bekam.[71] Die Kolonisierung Brasiliens erfolgte durch Expeditionen, die von den an der Küste gelegenen Städten aus ins Landesinnere hineingingen. Ausgangspunkte waren z.b. Porto Seguro und Salvador[72] in Bahia. Die Expeditionen wurden häufig von Missionaren begleitet, womit kirchliche und staatliche Interessen verbunden wurden.

Nach der Landung der Portugiesen in Brasilien, wurde Salvador da Bahia zum ersten Regierungssitz Portugals in Brasilien.[73] 1534 teilte Portugal Brasilien in 15 „capitanias hereditárias"[74] (erbliche Kapitanien) auf, die einem lehnsrechtlichen System entsprachen. Damit war das Ziel verbunden Brasilien zu kolonisieren. Adelige erhielten vererbliche Landtitel für die „capitanias". Mit der Schenkung waren hoheitliche Rechte wie Pflichten verbunden. Der Besitzer des Titels durfte das Land nutzen und ausbeuten, hatte aber auch dafür zu sorgen, dass die „capitania" besiedelt wurde und musste Steuern entrichten. Die Herren der „capitanias" hatten dem Prinzip der „sesmarias"[75] gemäß, die Befugnis, Landtitel an portugiesische Bürger zu vergeben.[76] Der Staat behielt jedoch bis ins 19. Jh. hinein das Letztbestimmungs- und Eigentumsrecht.

---

[71] Vgl. Farias, História da sociedade cearense, 2004, 22.
[72] Vgl. Wehling, Formação do Brasil colonial, 1999, 76.
[73] Vgl. Alencar, Carpi, Ribeiro, História da sociedade brasileira, 1990, 22.
[74] Sogenannte „capitanias hereditárias". Vgl. Prien, Die Geschichte des Christentums in Lateinamerika, 1978, 94.
[75] Vgl. Adam, Romaria da Terra, 2005, 25.
[76] Vgl. Morissawa, A história da luta pela terra e o MST, 2001, 57.

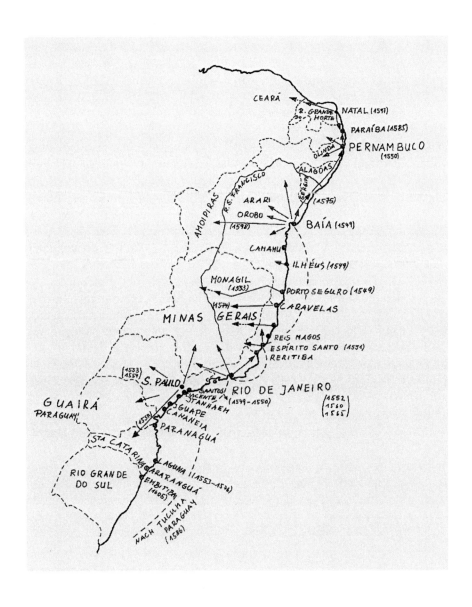

Landkarte 1: Fortschreitende Kolonisierung und Christianisierung Brasiliens. Die Pfeile und Jahreszahlen kennzeichnen die Expeditionen.[77]

---

[77] Dussel, Die Geschichte der Kirche in Lateinamerika, 1988, 411.

Zu Anfang waren für die Kolonisierung insbesondere der Zuckerrohranbau und die Viehzucht [besonders von Rindern] von großer Bedeutung.[78] Später kamen der Anbau von Baumwolle, Tabak, Kaffee, Kakao und anderen landwirtschaftlichen Produkten hinzu. Es wurde vom Grundsatz ausgegangen, dass das Land niemand gehöre und daher vom portugiesischen Staat vergeben werden könne. Tatsächlich wurde das Land gegen den Widerstand der indigenen Urbevölkerung gewaltsam besetzt, wobei viele Indios starben.[79] Da Handarbeit als nicht standesgemäß galt, waren Sklaven für die Bewirtschaftung der Großgrundbesitze notwendig. Mit den Expeditionen zur Eroberung des Landes nahmen die „conquistadores" (Eroberer) die indigene Urbevölkerung gefangen, um sie als Sklaven auf den Landgütern arbeiten zu lassen. Sie löschten dabei ganze Indianerstämme durch Vertreibung und Mord aus. Die Indios eigneten sich nicht sehr für die schwere Arbeit auf den Zuckerrohrplantagen. Ein großer Teil der Urbevölkerung starb durch Krankheiten und Epidemien, die von den Kolonisatoren eingeschleppt wurden.[80] Bis zur Entdeckung Brasiliens waren die Indios vom Rest der Menschheit getrennt und hatten daher keine Abwehrkräfte gegen deren Krankheiten. Insbesondere die Jesuiten setzten sich für die Freiheit der Indios ein und errichteten „Reduktionen" oder sogenannte „aldeiamentos",[81] kleine Dörfer in denen die indigene Bevölkerung, unter der Leitung der Jesuiten, geschützt leben konnte und eine Subsistenzwirtschaft aufbaute. Seit 1549[82] wirkten die Jesuiten in Brasilien, ihr erster Provinzial war Manuel de Nóbrega SJ (1553-1570).[83] In Bezug auf die Freiheit der Indios gab es einen Machtkampf zwischen den Interessensgruppen: Großgrund- und Fabrikbesitzer sowie die Expeditionen betrieben eine Versklavung der Indios. Die Jesuiten auf der anderen Seite setzten sich mit ihren „aldeiamentos" für die Freiheit und die Katechese der indigenen Bevölkerung ein. Dabei wurden

---

[78] Vgl. Prien, Die Geschichte des Christentums in Lateinamerika, 1978, 94.
[79] Adam, Romaria da Terra, 2005, 25.
[80] Vgl. Levine, O sertão prometido, 1995, 157.
[81] „Aldeiamentos" bzw. „aldeias" (im spanischen Bereich als Reduktionen bezeichnet) sind Dörfer der Jesuiten, in denen die indigene Urbevölkerung vor der Versklavung durch die „bandeirantes" geschützt wurden, die mit Erlaubnis der portugiesischen Kolonialverwaltung Indios versklavten.
[82] Venard (Hg.), Die Geschichte des Christentums, Band 8, 1992, 862. Von 1549-1580 waren die Jesuiten der einzige in Brasilien vertretene Orden.
[83] Hoornaert, Kolonisation und Evangelisation, in: Meier (Hg.), Zur Geschichte des Christentums in Lateinamerika, 1988, 27.

die in den „aldeiamentos" lebenden Indios auch für Arbeiten der Großgrundbesitzer und in den Städten eingesetzt, insbesondere dann, wenn die „aldeiamentos" in der Nähe der Städte lagen. So entstanden regional sehr unterschiedliche Situationen. Im 16. und 17. Jh. waren versklavte Indios in der „capitania" São Vicente und Rio de Janeiro die Hauptarbeitskräfte. Im Süden Brasiliens wurden Indios durch die Expeditionen der „bandeirantes",[84] in der Amazonasregion durch die sogenannten „tropas de resgate" (Truppen zur Eroberung) gefangen genommen und versklavt.[85] Es gab einen Unterschied zwischen rechtlicher Grundlage und Praxis, denn bereits 1570[86] wurde die Indianersklaverei per königliches Dekret verboten. Eine Ausnahme bildete der Zustand eines „gerechten Krieges". 1680 wurde der Indianerfang gesetzlich verboten.[87] Die Gesetze wurden jedoch meist im eigenen Sinn ausgelegt bzw. nicht beachtet, so dass es *de facto* doch zur Versklavung der Indios kam. Mit der Vertreibung der Jesuiten aus Brasilien im Jahr 1759[88] wurden die meisten „aldeiamentos" aufgelöst, damit entfiel der Schutz für die Indios.

Die größte Zahl an Sklaven wurde von Afrika nach Brasilien verschleppt. Bis ins 19. Jh. hinein kamen Millionen Sklaven, insbesondere aus Guinea, Mosambik und Angola. Im 16. und 17. Jh. lagen die Haupthäfen, an denen die Sklaven ankamen, in Bahia [Salvador] und Pernambuco [Olinda]; im 18. Jh. kam Rio de Janeiro als weiterer Hafen dazu.[89]

---

[84] „Bandeirantes" = Eroberungstruppen, die mit Erlaubnis der portugiesischen Krone in Expeditionen das Land durchforschten, Indios versklavten, Land und anderes in Besitz nahmen.
[85] Vgl. Wehling, Formação do Brasil colonial, 1999, 199.
[86] Vgl. Hoornaert, Kirchengeschichte Brasiliens aus der Sicht der Unterdrückten 1550-1800, 1982, 9-10.
[87] Hoornaert, Kirchengeschichte Brasiliens aus der Sicht der Unterdrückten 1550-1800, 1982, 10.
[88] Hoornaert, Kirchengeschichte Brasiliens aus der Sicht der Unterdrückten 1550-1800, 1982, 10.
[89] Zum Vergleich einige Zahlen: Im 16. Jh. wurden allein aus Guinea 50.000-100.000 Sklaven, im 17. Jh. allein aus Angola ca. 600.000 Sklaven, im 18. Jh. allein von der Costa da Mina (Golf von Guinea) ca. 1.300.000 Sklaven nach Brasilien verschleppt. Vgl. Wehling, Formação do Brasil colonial, 1999, 199. Im 16. Jh. wurden ca. 100.000 Sklaven aus Afrika nach Brasilien verschleppt. Im 17. Jh. waren es bereits 600.000, im 18. Jh waren es 1.300.000. Vgl. Alencar, Carpi, Ribeiro, História da sociedade brasileira, 1990, 26.
[89] Vgl. Prien, Die Geschichte des Christentums in Lateinamerika, 1978, 124.

Bereits 1538[90] begann die Sklavenverschleppung aus Afrika nach Brasilien. Die Sklaven wurden eingesetzt, um mit den Zuckerrohrplantagen und der Viehzucht Gewinn zu erzielen und das Land zu erschließen. Die größten ethnischen Gruppen der afrikanischen Sklaven stellten die „Bantos" und „Sudanesen"[91] dar. Die Kirche wollte die indigene Bevölkerung vor der Versklavung schützen, akzeptierte jedoch die Versklavung von Afrikanern. Die ethnische Durchmischung von indigener Urbevölkerung, Afrikanern und Europäern, die sich im Laufe der Jahrhunderte vollzog, prägte die Entwicklung der brasilianischen Gesellschaft in soziologischer, sozialer, kultureller, religiöser und politischer Hinsicht. Dabei spielte das Fehlen europäischer Frauen eine große Rolle.[92] Das erste Gold wurde 1695[93] in Brasilien von Rodrigues Arzão in der „capitania" Minas Gerais gefunden.[94] Edelsteine und andere Edelmetalle wurden ab dem Ende des 17. Jh. auch in anderen Bundesstaaten Brasiliens, wie z.B. in Mato Grosso und Bahia entdeckt.[95] Dadurch nahm die Bedeutung Brasiliens für die portugiesische Krone enorm zu und erweiterte deren politischen Möglichkeiten. Bei der Suche nach weiteren Edelstein- und Metallvorkommen überschritten die portugiesischen Expeditionen die Grenze, die der Vertrag von Tordesillas Portugal zugestand.[96] Dies verursachte über viele Jahrzehnte große Spannungen zwischen Spanien und Portugal, die erst mit dem „Vertrag von Madrid" vom 13. Januar 1750[97] und am 01. Oktober 1777[98] durch den „Vertrag von Santo Ildefonso" beigelegt wurden. Edelmetall- und Edelsteinfunde gab es hauptsächlich im Süden

---

[90] Hoornaert, Kirchengeschichte Brasiliens aus der Sicht der Unterdrückten 1550-1800, 1982, 9.
[91] Vgl. Wehling, Formação do Brasil colonial, 1999, 228.
[92] Der erste jesuitische Provinzial von Brasilien, Manuel de Nóbrega, bittet schon im 16. Jh., dass Frauen aus Europa gesandt werden, selbst wenn sie ein „falsches Leben" führten. Vgl. Wehling, Formação do Brasil colonial, 1999, 231, 242.
[93] Hoornaert, Kirchengeschichte Brasiliens aus der Sicht der Unterdrückten 1550-1800, 1982, 10.
[94] Vgl. Wehling, Formação do Brasil colonial, 1999, 157.
[95] Wehling, Formação do Brasil colonial, 1999, 157-158.
[96] Vgl. Wehling, Formação do Brasil colonial, 1999, 161.
[97] Der Vertrag von Madrid wurde zwar im Jahr 1761 von Seiten Spaniens annulliert, lieferte jedoch die Basis für das spätere Abkommen Spaniens und Portugals vom 01.10.1777: der „Vertrag von Santo Ildefonso". Vgl. Wehling, Formação do Brasil colonial, 1999, 188-189.
[98] Vgl. Wehling, Formação do Brasil colonial, 1999, 191.

Brasiliens. Dies führte zu einer Diversifizierung der Ökonomie des brasilianischen Südens und verringerte die Bedeutung des Nordostens im kolonialen Szenarium. Eine der Folgen war, dass Rio de Janeiro im Jahr 1763[99] zur Hauptstadt Brasiliens wurde und Salvador[100] ablöste. In der zweiten Hälfte des 18. Jh. begann für Portugal und Brasilien eine Reihe massiver Veränderungen, die das politische Gefüge prägte.

1.1.2 Herrschaftsstrukturen – „coronelismo"

Durch die mit der Kolonialisierung Brasiliens im 16. Jh. beginnende und über drei Jahrhunderte andauernde Vergabe von Landnutzungsrechten nach dem Prinzip der „sesmarias" entstanden Großgrundbesitze von enormer Ausdehnung. Dies prägte den Aufbau der Gesellschaft und der Herrschaftsstrukturen in Brasilien, deren Folgen bis in das 21. Jahrhundert hineinreichen. Es entstand ein oligarchisches Herrschaftssystem, der sogenannte „coronelismo"[101]. Den Großgrundbesitzern gehören Plantagen, Minen oder andere Produktionsorte. Sie sind die Oberhäupter von Familienclans und beherrschen nicht nur ihren Besitz und die dort lebenden Menschen, sondern nehmen starken Einfluss auf die Politik. Sie besaßen viele Sklaven, enorme Ländereien und Viehherden und wurden mit dem militärischen Dienstgrad „coronel" benannt. Die politische Gewalt war auf eine kleine Zahl einflussreicher Familien aufgeteilt und in der Regel mit dem Landeigentum begründet.[102] Die „coroneis" nahmen Einfluss darauf, dass öffentliche Aufgaben und politische Posten an ihre Familienmitglieder vergeben wurden. Daraus entstand ein Herrschaftssystem, in dem familiäre, politische, soziale und andere Interessen und Abhängigkeiten miteinander verflochten waren. Die „coroneis" hatten eigene bewaffnete Truppen, die aus angeheuerten „jagunços" bestanden, die sie und ihre Familien beschützten aber auch den Willen der

---

[99] Hoornaert, Kirchengeschichte Brasiliens aus der Sicht der Unterdrückten 1550-1800, 1982, 10.
[100] Salvador da Bahia war bis 1763 die erste Hauptstadt Brasilien. Vgl. Wehling, Formação do Brasil colonial, 1999, 178.
[101] „Coronelismo" = Oligarchisches Herrschaftssystem mit dem die einfache Landbevölkerung zumeist ausgebeutet und dominiert wurde. Als „coronel" (Mehrzahl „coroneis") wurden einflussreiche Personen, z.B. Großgrundbesitzer bezeichnet. In der Kolonialzeit vergab die portugiesische Krone diesen militärischen Titel an einflussreiche Personen.
[102] Vgl. Levine, O sertão prometido, 1995, 178.

„coroneis" andernorts durchsetzten. Interessenkonflikte und Spannungen, z.B. aufgrund von Gebietserweiterungen, wurden oft mit Waffengewalt ausgetragen. Robert M. Levine erläutert:

„Der ‚coronelismo' präsentiert sich als eine Form, die politische Kontrolle im privaten Umfeld sicherzustellen; dies geschieht durch – wie L. Love es nennt – eine Rangliste von Anreizen und Bedrohungen, die zwischen politischem Klientelismus und Morden variierte."[103]

Von den „coroneis" ging, insbesondere für die einfache Bevölkerung, eine dominierende und einschüchternde Wirkung aus, mit der sie das politische und soziale Geschehen in ihrer Region bestimmten. So wurden die „coroneis" zu einer Art „absolutistischen Herrschern" in ihrer Region. In der Zeit des brasilianischen Imperiums (1822-1889)[104] wurden z.B. in Olinda-PE die einflussreichsten Großgrundbesitzer in die Abgeordnetenkammer von Olinda berufen und bildeten da die sogenannte Gruppe der „principais da terra" (Hauptvertreter des Landes). Bis in die Zeit der Ersten Brasilianischen Republik (1889-1930)[105] hinein wurden Adels- und militärische Titel an die Großgrundbesitzer vergeben. Die einflussreicheren erhielten Adelstitel, wie z.B. Baron, Graf, die weniger bedeutsamen erhielten den militärischen Titel „coronel" und bildeten mit ihren „jagunços" die nationale Schutztruppe „Guarda Nacional"[106]. In der Regel waren dies die Besitzer der Zuckerrohrplantagen.[107] Die „coroneis" waren in den jeweiligen regionalen oder auch in landesweit entscheidenden politischen Gremien vertreten und bestimmten maßgeblich das politische Geschehen. Robert M. Levine beschreibt den Einfluss der „coronel"-Familien:

„Die mächtigsten lokalen Familien, geführt von einem ‚coronel', dominierten die Lokalpolitik, kontrollierten die Wahlen durch eine Kombination von Manipulation und Zwang."[108]

---

[103] Vgl. Levine, O sertão prometido, 1995, 146. Levine gibt ein Beispiel, in dem der Pächter die Hälfte des Ertrages des Landes an den Großgrundbesitzer abgeben musste und zusätzlich die Produktionskosten trug.
[104] Vilaça, Cavalcanti de Albuquerque, Coronel, coroneis, 2003, 24.
[105] Vilaça, Cavalcanti de Albuquerque, Coronel, coroneis, 2003, 24.
[106] Die „guarda nacional" blieb bis zum Beginn des 2. Weltkriegs bestehen. Vgl. Vilaça, Cavalcanti de Albuquerque, Coronel, coroneis, 2003, 25.
[107] Vgl. Vilaça, Cavalcanti de Albuquerque, Coronel, coroneis, 2003, 24.
[108] Levine, O sertão prometido, 1995, 147.

Kleinbauern, die ein Stück des Landes eines Großgrundbesitzers gepachtet hatten, wurden auf diese Weise kontrolliert. Die Kleinbauern hatten einen beträchtlichen Anteil ihrer Ernte an den „coronel" abzuliefern.[109] Die „coroneis" nahmen Einfluss auf alle Bereiche des öffentlichen Lebens und prägen sie. Dies betraf auch die Bereiche der Gesetzgebung, der Justiz und der Durchführung von Wahlen. Robert M. Levine erläutert einzelne, das „coronelistische" System prägende Elemente, am Beispiel der Region von Canudos:

„*Im ländlichen Nordosten, insbesondere im Sertão waren der ‚coronelismo' und die mächtigen Landeigentümer, wie der Barão de Geremoabo verantwortlich für die Erhaltung eines Systems, in dem die patriarchalen Werte [Loyalität, Aufnahme der Verbündeten, Respekt der Autoritäten] unterstützt wurden durch Faktoren wie die Armut, die Großgrund Monokultur, der Arbeitszwang, die Vetternwirtschaft, die klientenabhängige Polizeibehandlung und Bevorzugung. Inmitten dieser Welt tauchte Antônio Conselheiro auf...*"[110]

Im oligarchischen Herrschaftssystem Brasiliens im 19. Jh. hatte sich eine deutliche Stufung der Gesellschaft herausgebildet. Zum einen gab es die kleine Schicht der „coroneis" und einflussreichen Familien, die einen enormen Reichtum anhäuften und über enorme Ländereien verfügten. Zum anderen gab es eine Schicht von freien Kleinbauern und Arbeitern, die in starker Abhängigkeit von den „coroneis" lebten, über keine Bildung verfügten und verarmt waren. Darüber hinaus gab es die Sklaven, die Eigentum der Großgrundbesitzer und „coroneis" waren und wie „Sachen" behandelt wurden. Durch die Art ihrer Dominanzausübung trugen die „coroneis" maßgeblich dazu bei, dass die Machtverteilung, das Fehlen von Bildung und weitere Abhängigkeiten – und daher die gesellschaftliche Stufung von Reich und Arm – erhalten blieben.

1.1.3 Landvergabe

Die Landvergabe in Brasilien vollzog sich nach dem System der „sesmarias". Dadurch konnte sich jeder Weiße, der portugiesischen Sprache mächtige, katholische Bürger ein Stück Land in Brasilien nehmen

---

[109] Levine, O sertão prometido, 1995, 171. Levine gibt ein Beispiel, in dem der Pächter die Hälfte des Ertrages des Landes an den Großgrundbesitzer abgegeben musste und zusätzlich die Produktionskosten trug.
[110] Levine, O sertão prometido, 1995, 178-179.

und dies später in den „capitanias" legitimieren lassen. Der portugiesische König blieb letztlich Besitzer des Landes. Derjenige, der das Land „in Besitz genommen" hatte, bekam die vererbbare Lizenz, das Land zu nutzen und auszubeuten. Dadurch entstanden in Brasilien Landgüter von enormer Größe. Robert M. Levine erläutert:

„Die portugiesische Krone vergab ‚sesmarias', weit sich erstreckende Landflächen bis zu sechs ‚léguas'[111] Länge – mehr als 35 km – an Privatpersonen. Mitglieder einiger Familien insbesondere des Clans Garcia d'Ávila erhielten Landeigentum, in Bahia 200 ‚léguas' oder mehr."[112]

Im Jahr der Unabhängigkeit Brasiliens 1822 gab es eine gesetzliche Änderung. Die brasilianische Monarchie ließ nur noch von reinrassigen weißen mit katholischer Konfessionszugehörigkeit eine Landinbesitznahme legalisieren. Damit waren Schwarze, Indios und Mestizen vom Landbesitz ausgeschlossen.[113] Am 18. September 1850[114] wurde das Landgesetz („lei da terra", Gesetz n. 601/1850) erlassen. Es verfügte, dass das Nutzungsrecht und der Besitz von Land zu einer Rechtsbestimmung zusammengelegt wurden. Der brasilianische Staat, d.h. die Monarchie, übertrug sein Verfügungs- und Besitzrecht des Landes an die privaten Nutzer, die dadurch zu Landbesitzern wurden. Das nach der Regelung der „sesmarias" zugeteilte Land, bzw. die jeweiligen faktischen Besitzverhältnisse, waren die Basis für die Anerkennung des jeweiligen Landes als privates Eigentum.

Das „lei da terra" von 1850 wurde bereits mit dem Blick auf das sich anbahnende Ende der Sklaverei erlassen. Indios, Mestizen, Schwarze und freie Kleinbauern konnten als Landbesitz nur bei einem der Großgrundbesitzer eine Parzelle Land pachten nicht aber erwerben. Durch diesen geschichtlichen Prozess blieben in Brasilien die Großgrundbesitze enormen Ausmaßes dauerhaft erhalten. Die landwirtschaftliche Nutzung des Landes ist im 19. Jahrhundert fast ausschließlich mit der Zustimmung der Großgrundbesitzer möglich. Da die einfache Landbevölkerung größtenteils aus Analphabeten bestand, und die Landwirtschaft für sie die einzige

---

[111] "Légua", spanisches und südamerikanisches Längenmaß; spanische Légua = 6,687 km, portugiesische Légua = 5,00 km, argentinische Légua = 5,196 km, brasilianische Légua = 5,590 km. Vgl. Ausländische und alte Messeinheiten, www.hug-technik.com/inhalt/ta/sondereinheiten.htm, Zugriff am 15.08.2012.

[112] Levine, O sertão prometido, 1995, 144.

[113] Vgl. Adam, Romaria da Terra, 2005, 25.

[114] Telles Melo (Org.), Reforma Agrária quando, 2006, 240.

Erwerbsquelle darstellte, entstand ein Landmonopol. Ob im direkten Arbeitsverhältnis oder als Pächter: Der Großgrundbesitzer konnte den Lohn bestimmen. Die Landarbeiter blieben billige abhängige Arbeitskräfte.[115] Die Aufteilung großer Flächen an wenige einflussreiche Familien führte dazu, dass große Ländereien ungenutzt blieben. Robert M. Levine beziffert:

„Bis zum 19. Jahrhundert blieben fast 80% des Landes der Großgrundbesitzer unproduktiv."[116]

Die Konsequenzen dieser Entwicklung reichen bis in die Gegenwart hinein. Große Landflächen in Brasilien sind unproduktives und durch die Besitzverhältnisse nicht nutzbares Land, während große Teile der Landbevölkerung keine Möglichkeit haben, Land für den eigenen Lebensunterhalt zu erhalten. Brasilien ist bis heute eines der Länder mit der weltweit größten Landkonzentration [siehe Anhang 1].[117]

1.1.4 Unabhängigkeit 1822 – die brasilianische Monarchie

Der Bewegung, die zur Unabhängigkeit Brasiliens führte, gingen eine Fülle von Veränderungen in Europa und Brasilien voraus, die in der Mitte des 18. Jh. einsetzten. Die Ausrufung der Unabhängigkeit Brasiliens vom portugiesischen Königreich erfolgte am 7. September 1822[118] durch den portugiesischen Kronprinzen Dom Pedro I. Brasilien wurde von Portugal seit den Anfängen der Kolonisierung in der Weise einer absolutistischen Monarchie regiert. Dabei ist die Kirche durch den „padroado" in die politischen Prozesse innerhalb Brasiliens integriert.

Ein wichtiges Ereignis war die um 1750-1760[119] in England einsetzende industrielle Revolution, deren Auswirkungen auf die Politik und

---

[115] Vgl. Adam, Romaria da Terra, 2005, 24-27.

[116] Levine, O sertão prometido, 1995, 144.

[117] Marcelo de Barros Souza und José Luis Caravias geben folgende Zahlen zur Landkonzentration in Brasilien für das Jahr 1986 an: 1,2% der Landbesitzer (Besitz von 1.000 Hektar oder mehr) haben 45,8% der landwirtschaftlich nutzbaren Landfläche in ihrem Besitz. 50,4% der Landbesitzer (Besitz unter 10 Hektar) verfügen über 2,4% der landwirtschaftlich nutzbaren Fläche. Vgl. Brasilianische Bischofskonferenz CNBB, in: Barros Souza, Caravias, Theologie der Erde, 1990, 14.

[118] Alencar, Carpi, Ribeiro, História da sociedade brasileira, 1990, 92.

[119] Wehling, Formação do Brasil colonial, 1999, 323. Ein wegweisendes Ereignis ist die Konstruktion der Dampfmaschine durch James Watt, konstruiert im Jahr

Produktionsweise zunächst in Europa und Jahrzehnte später auch in Brasilien spürbar wurden. Neue Produktionsmethoden, eine bessere Verfügbarkeit des Kapitals und andere Faktoren führten zur Entstehung vieler kleiner Unternehmen, zu anderen Arbeits- und Produktionsweisen, einer stärkeren Vermarktung und zur Bildung neuer politischer Interessensgruppen. So bildete sich in Europa im 18. Jh. die Schicht des Bürgertums stark aus.[120] Auch im Sektor der Landwirtschaft, kam es ab 1730[121] durch die Anpflanzung der Winterwurzeln auf dem Brachland zu einer besseren Bodennutzung und der maßgeblichen Erhöhung der landwirtschaftlichen Produktion. Durch die größere Menge an Lebensmitteln, die Mensch und Vieh zur Verfügung standen, sank die Kindersterblichkeitsrate. Auch im Gesundheitssektor gab es Fortschritte, z.B. durch Impfungen. Alle diese Faktoren zusammen führten zu einer steigenden Bevölkerung. Diese bereits genannten Prozesse und Umbrüche in Europa hatten politische Konsequenzen, die in der französischen Revolution 1789 gipfelten und das Ende der absolutistischen Staatsform einleiteten. Parallel zu diesem sich über Jahrzehnte erstreckenden Prozess, bildete sich die Philosophie der Aufklärung heraus.[122] Die Französische Revolution war ein Schock für die präindustriellen Gesellschaften von Portugal, seiner Kolonie Brasilien und dem dort mittelalterlich geprägten Weltbild. Dies führte zu einer Krise, die Arno und Maria José Wehling wie folgt erläutern:

„Die Krise der Kolonisation und die Unabhängigkeit Brasiliens erklären sich durch diesen Schock, zwischen einer sich wandelnden Welt, die die Kolonie mit seinen Produkten, ihren Ideen und Interessen invadiert auf der einen Seite und der alten Ordnung eines niedergehenden Imperiums auf der anderen Seite."[123]

Im Zentrum stand die Auseinandersetzung eines finanziell gut gestellten aufstrebenden Bürgertums mit seinen Produktionsstätten, Intellektuellen und neuen philosophischen Strömungen mit dem autokratischen Herr-

---

1769. Vgl. Hoornaert, Kirchengeschichte Brasiliens aus der Sicht der Unterdrückten 1550-1800, 1982, 10.
[120] Vgl. Wehling, Formação do Brasil colonial, 1999, 323, 325.
[121] Wehling, Formação do Brasil colonial, 1999, 324.
[122] Einige für die Aufklärung wichtige Philosophen seien an dieser Stelle genannt: Voltaire (1694-1778), Jean-Jaques Rousseau (1712-1778), Charles de Secondad Montesquieu (1689-1755), Immanuel Kant (1724-1804). Vgl. Rehfus (Hg.), Handwörterbuch Philosophie, 2003, 54-64, 13-142, 227.
[123] Wehling, Formação do Brasil colonial, 1999, 329.

schaftssystem, in dem Adel und Klerus die maßgeblichen Rollen hatten. Parallel zu diesem Prozess nahmen die Erträge durch Edelmetalle und landwirtschaftliche Güter in Brasilien seit 1760 stark ab.[124] Ein weiterer Grund für die Krise bestand darin, dass sich Portugal in der Zeit von 1750-1808 mit seiner ökonomischen Politik nicht an die neuen Marktgegebenheiten mit anderen Ländern anpasste. So wurden z.b. wichtige ökonomische Entscheidungen ohne Beteiligung des aufstrebenden Bürgertums getroffen. Ende des 18. Jh. stellte sich in aufklärerischen Kreisen eine Unzufriedenheit mit den Konditionen in Brasilien unter der portugiesischen Krone ein, die in antiportugiesische Bewegungen einmündete.[125] Hierzu trugen auch historische Ereignisse wie z.B. die Unabhängigkeit der USA im Jahr 1776[126] bei. Portugal war auf Englands Schutz gegen Spanien angewiesen und stand daher in intensiven Handelsbeziehungen mit England. 1807 wurde Portugal im Zuge der Bemühungen Napoleons, England auszugrenzen, von Frankreich und Spanien aufgefordert, die Häfen für englische Schiffe zu sperren. Dieser Aufforderung konnte Portugal, das bemüht war eine neutrale Rolle einzunehmen, nicht nachkommen. Im Gegenteil, Portugal schloss mit England ein Geheimabkommen (convenção segreda), das u.a. vorsah, dass das portugiesische Königshaus (Bragança) nach Brasilien umzog. Vor den Truppen Napoleons fliehend, verließ Dom João VI. mit der portugiesischen Königsfamilie am 29. November 1807 Lissabon[127] und kam im Januar 1808[128] in Rio de Janeiro an.

---

[124] Zum Vergleich: Lagen die Einnahmen in Brasilien aus der Goldförderung bei 2.200.000 Pfund im Jahr 1760, gibt es im Jahr 1775 nur einen Ertrag von 700.000 Pfund, im Jahr 1806 sind es nur 400.000 Pfund. Im Bereich der Zuckerrohrproduktion fällt der Ertrag von 2.300.000 Pfund im Jahr 1760 auf 1.400.000 Pfund im Jahr 1776 und erholt sich in den folgenden Jahren nur einmal kurzfristig. Vgl. Wehling, Formação do Brasil Colonial, 1999, 330-331.
[125] Es gab verschiedene Verschwörungen, die die Unabhängigkeit Brasiliens zum Ziel hatten, so z.B. die „Conjuração Mineira" (1789) in Minas Gerais, dessen Anführer „Tiradentes" am 21.04.1792 hingerichtet wurde. Noch heute begeht man diesen Tag als Nationalfeiertag in Brasilien. Weitere Unabhängigkeitsbewegungen waren die „conjuração Carioca" (1794) und die „conjuração Baiana" (1798). Vgl. Wehling, Formação do Brasil colonial, 1999, 338-343.
[126] Noll, Das Christentum in Nordamerika. Kirchengeschichte in Einzeldarstellungen IV/5, 2000, 262.
[127] Vgl. Alencar, Carpi, Ribeiro, História da sociedade brasileira, 1990, 80-81.
[128] Farias, História da sociedade cearense, 2004, 122.

Durch die Präsenz des portugiesischen Königs entstand eine eigenständige Verwaltungsstruktur in Brasilien. Wenngleich diese durch Korruption und den Einfluss von Seilschaften sehr geprägt war, so wurde Brasilien dadurch auf die Zeit der Unabhängigkeit verwaltungsmäßig vorbereitet. Der autokratische Herrschaftsstil Dom João VI., der starke Einfluss Englands, die fehlende Beteiligung des aufstrebenden Bürgertums und der Großgrundbesitzer an politischen Reformen, verstärkten die politische Unzufriedenheit innerhalb der bürgerlichen Schichten in Brasilien, die sich in Konspirationen und Unabhängigkeitsbemühungen manifestierten.[129] Nach der Niederlage Napoleons 1815[130] eröffnete sich für Dom João VI. die Möglichkeit nach Portugal zurückzukehren. Auf Druck des Militärs verabschiedete Dom João VI. im Februar 1821[131] die erste portugiesische Verfassung. Es kam zu den ersten Wahlen. Der portugiesische König zog sich im April 1821[132] mit seinem Königshaus nach Portugal zurück und ließ den Kronprinzen Dom Pedro I. als Statthalter zurück. Aufgrund des enormen politischen Druckes von Aristokraten und Bürgerlichen, die Reformen anstrebten, setzte sich Dom Pedro I. an die Spitze der Unabhängigkeitsbewegung und erklärte am 7. September 1822 in Ipiranga die Unabhängigkeit Brasiliens mit den Worten „indepedência ou morte"[133] (Unabhängigkeit oder Tod). Tatsächlich entstanden durch die Unabhängigkeitserklärung keine großen Veränderungen. Francisco Alencar erläutert:

„Die neue Nation wurde geboren und dieselben Strukturen der drei Jahrhunderte kolonialen Lebens setzten sich fort: Der Großgrundbesitz – konzentriert in wenigen Händen; die Monokultur – die die externe Abhängigkeit aufrecht erhielt; und die Sklaverei – die das Leben so vieler

---

[129] Als Beispiel: Die Liberale Revolution im brasilianischen Bundessaat Pernambuco-Olinda (Revolução Liberal Pernambucana) im Jahr 1817 wurde nach einer Dauer von 75 Tagen niedergeschlagen, war jedoch die am längsten anhaltende Bewegung zur Unabhängigkeit Brasiliens. Vgl. Alencar, Carpi, Ribeiro, História da sociedade brasileira, 1990, 89.

[130] Im Juni 1815 verliert Napoleon in der Schlacht bei Waterloo sein letztes Heer. Dadurch entsteht in Europa eine Zeit der politischen Restauration. Das Gleichgewicht der fünf Großmächte wird durch den Wiener Kongress wieder hergestellt. Vgl. Kinder, Hilgemann, DTV-Atlas zur Weltgeschichte, Band 2, 1987, 37-38.

[131] Alencar, Carpi, Ribeiro, História da sociedade brasileira, 1990, 90-91.

[132] Vgl. Alencar, Carpi, Ribeiro, História da sociedade brasileira, 1990, 90-91.

[133] Alencar, Carpi, Ribeiro, História da sociedade brasileira, 1990, 92.

Menschen unterdrückte und degradierte, Erbauer des nationalen Reichtums."[134]

Auch nach der Unabhängigkeit Brasiliens blieb es bei intensiven Beziehungen zu Portugal. Im Gegensatz zum spanischen Kolonialgebiet in Südamerika blieb Brasilien als ehemaliges portugiesisches Kolonialgebiet geeint. Die 18 „capitanias",[135] in die Brasilien aufgeteilt war, schlossen sich 1825 zu einem Staat zusammen. So entstand die „Fiktion eines Nationalstaates".[136] 1829 erkannte der Papst den Übergang der Patronatsrechte von Portugal auf den brasilianischen Kaiser an und errichtete eine Nuntiatur in Rio de Janeiro.[137] Am 7. April 1831[138] dankte Dom Pedro I. zugunsten seines 7jährigen Sohnes Dom Pedro II. ab. Bis zur Mündigkeit Dom Pedro II. führte der Priester Diego Antônio Feijóo die Regentschaft.[139] Dom Pedro I. kehrte nach Portugal zurück und bestieg als „Dom Pedro IV." den portugiesischen Thron.[140] Es war Dom Pedro I. (1821-1831) nicht gelungen, seinen autoritären Führungsstil mit den Forderungen nach politischen Reformen und Mitbestimmung seitens des Bürgertums und der Großgrundbesitzer in Einklang zu bringen.

In dieser Zeit wurde Antônio Conselheiro geboren.[141] Dom Pedro II. (1831-1889) bestieg 1840,[142] vor seiner Volljährigkeit, im Alter von 15 Jahren den brasilianischen Thron. Auf der Basis der brasilianischen Verfassung von 1824[143], die dem Kaiser in seiner Rolle als „Macht-

---

[134] Alencar, Carpi, Ribeiro, História da sociedade brasileira, 1990, 92.

[135] „Capitanias" sind die regionalen Verwaltungseinheiten, die Vorgänger der Provinzen. Vgl. Bartelt, Nation gegen Hinterland, 2003, 36.

[136] Vgl. Bartelt, Nation gegen Hinterland, 2003, 36.

[137] Vgl. Meier, Die Kirche in den lateinamerikanischen Nationalstaaten bis zur Konferenz von Medellín, in: derselbe (Hg.), Zur Geschichte des Christentums in Lateinamerika, 1988, 69.

[138] Bartelt, Nation gegen Hinterland, 2003, 36.

[139] Vgl. Meier, Die Kirche in den lateinamerikanischen Nationalstaaten bis zur Konferenz von Medellín, in: derselbe (Hg.), Zur Geschichte des Christentums in Lateinamerika, 1988, 69.

[140] Vgl. Alencar, Carpi, Ribeiro, História da sociedade brasileira, 1990, 109.

[141] Antônio Vicente Mendes Maciel, geboren gem. des Taufscheins, am 13. März 1830 in Quixeramobim-CE. Vgl. Calasans, Cartografia de Canudos, 1997, 25.

[142] Prien, Die Geschichte des Christentums in Lateinamerika, 1978, 424.

[143] In der Brasilianischen Verfassung von 1824 hat der Kaiser eine Moderatorenrolle gegenüber Senat und Abgeordnetenhaus. Das Parlament war wenig repräsentativ für die Bevölkerung. Das aktive Wahlrecht beschränkte sich noch zu

Moderator" die exekutive und legislative Macht zukommen ließ, regierte Dom Pedro II. Brasilien in den folgenden Jahrzehnten mit politischem Geschick.[144]

1.1.5 Ökonomische Faktoren

Die Ökonomie Brasiliens im 19. Jh. durchlief einen Prozess mit großen Veränderungen. Prägende Momente waren u.a. die Unabhängigkeitserklärung Brasiliens, die Umstellung der Sklavenarbeit auf bezahlte Arbeit, die Entstehung eines internen Marktes, die Modernisierung der Produktionsweisen und der Aufstieg des Kaffeeanbaus. Zur Zeit der Unabhängigkeitserklärung im Jahr 1822 befand sich die Wirtschaft Brasiliens in einer Krise. Eine starke Veränderung brachte der zunehmende Kaffeeanbau. Ab den 1840er[145] Jahren wurde der Kaffee zum Hauptexportprodukt Brasiliens, das die Wirtschaft wieder aufbaute.

Prozentuale Aufteilung der Exporterträge Brasiliens[146]					
Produkte	1841/50	1851/60	1861/70	1871/80	1881
Kaffee	41,4	48,8	45,5	56,6	61,5
Zucker	26,7	21,2	12,3	11,8	9,9
Baumwolle	7,5	6,2	18,3	9,5	4,2
Tabak	1,8	2,6	3,0	3,4	2,7
Kakao	1,0	1,0	0,9	1,2	1,6
Gesamt	**78,4**	**79,8**	**80,00**	**82,5**	**79,9**

Die Anbaugebiete des Kaffees befanden sich hauptsächlich im Süden Brasiliens, in den Bundesstaaten São Paulo, Rio de Janeiro, Espirito Santo und Minas Gerais.[147] Durch den Kaffeeanbau stellte das Tal des „Rio Paraíba do Sul"[148] von 1830-1870[149] das wirtschaftliche Zentrum Brasi-

---

Ende der Kaiserzeit 1889 auf 1% der Bevölkerung. Insofern repräsentiert die Zusammensetzung des Parlaments nur die lokalen Oligarchien sowie die gebildeten und einflussreichen Gruppierungen Brasiliens. Vgl. Prien, Die Geschichte des Christentums in Lateinamerika, 1978, 424.

[144] Vgl. Alencar, Carpi, Ribeiro, História da sociedade brasileira, 1990, 152.
[145] Vgl. Alencar, Carpi, Ribeiro, História da sociedade brasileira, 1990, 136.
[146] Canabrava, Alice, zitiert in: Alencar, Carpi, Ribeiro, História da sociedade brasileira, 1990, 137.
[147] Vgl. Alencar, Carpi, Ribeiro, História da sociedade brasileira, 1990, 169.
[148] Der Rio Paraiba do Sul verläuft in den Brasilianischen Bundesstaaten Rio de Janeiro und São Paulo.

liens dar. Mit der Zunahme des Kaffeeanbaus stieg die Nachfrage an Arbeitskräften, die nicht mit den vorhandenen Sklaven abgedeckt werden konnte. Noch dazu war mit Sklaven die Anwendung neuer Technologien nur schwer möglich. Parallel dazu verlief der Prozess, der schrittweise zur Abschaffung der Sklaverei in Brasilien, der „abolição", am 13. Mai 1888[150] führte. Die ersten europäischen Migranten kamen kurz nach der Ankunft des portugiesischen Königshauses im Jahr 1808 in Rio de Janeiro nach Brasilien. Aufgrund der starken Abhängigkeit der Migranten von den Großgrundbesitzern und der fehlenden Unterstützung durch den Staat hatten die Migranten einen schweren Stand und produzierten nur für die eigene Subsistenz.

Wegen des Arbeitskräftemangels auf den Kaffeeplantagen kamen ab 1860[151] und verstärkt nach der Abschaffung der Sklaverei europäische Migranten[152] unter verbesserten Bedingungen nach Brasilien. Ab der Mitte des 19. Jh. formte sich der Arbeitsmarkt im Südwesten Brasiliens um. Das System der Sklavenarbeit wurde durch das der bezahlten Arbeitskräfte abgelöst. Gleichzeitig bildeten sich in den Küstenstädten im Süden Brasiliens – São Paulo, Rio de Janeiro, u.a. – kleine industrielle Produktionsstätten.[153] Dort vollzog sich der Einstieg Brasiliens in das

---

[149] Vgl. Alencar, Carpi, Ribeiro, História da sociedade brasileira, 1990, 138.
[150] Farias, História da sociedade cearense, 2004, 199.
[151] Aufgrund der fast sklavenartigen Situation der deutschen Auswanderer in Brasilien verbot die preußische Regierung im Jahr 1859 die weitere Auswanderung von Deutschen nach Brasilien. Um 1860 begann dann eine vom brasilianischen Staat subventionierte Einwanderung von europäischen Arbeitskräften, die schwerpunktmäßig in den Kaffeeplantagen arbeiten sollten und ein festes Jahreseinkommen zugesichert bekamen plus einem Zuschlag, der sich nach der jeweiligen Jahresernte richtete. Gleichzeitig erhielten die Einwanderer deutlich mehr Freiheiten, z.B. zum Wechsel des Arbeitsplatzes u.a. Vgl. Alencar, Carpi, Ribeiro, História da sociedade brasileira, 1990, 146-147.
[152] Im 19. Jh. kamen z.B. Migranten aus Deutschland, der Schweiz, Portugal, Spanien und Italien nach Brasilien. Städte, die auf die Gründung von deutschen Emigranten zurückgehen, sind z.B. Blumenau, im heutigen Bundesstaat Santa Catarina und Nova Hamburgo in Rio Grande do Sul. Im Jahr 1888 kamen allein aus Italien mehr als 200.000 Einwanderer nach Brasilien. Vgl. Alencar, Carpi, Ribeiro, História da sociedade brasileira, 1990, 144-147.
[153] Zwischen 1850 und 1860 entstehen in Brasilien 70 Fabriken, die Produkte wie Hüte, Seife, Baumwolle und Bier herstellen. Darüber hinaus werden 14 Banken, drei ökonomische Banken, 20 Dampfschiffgesellschaften, 23 Versiche-

Zeitalter der industriellen Produktion. Die Ökonomie im Nordosten blieb jedoch bei der traditionellen Landwirtschaft durch Sklavenarbeit. Die Zuckerrohrnachfrage nahm im Laufe des 19. Jh. stark ab [s. Tabelle auf S. 53]. Auf diese Weise verlagerte sich das wirtschaftliche Zentrum vom Nordosten in den Süden Brasiliens. Damit ging der größte politische Einfluss in Brasilien auf die Kaffeeplantagenbesitzer über. Es entstanden Konflikte zwischen den Großgrundbesitzern aus dem Nordosten und den Kaffeeproduzenten im Süden.[154]

Ab 1870 ging ein neuer ökonomischer Impuls von der industriellen Erzgewinnung und -verarbeitung aus, der bis zu den Anfängen der Ersten Republik andauerte. Die ständige Zuwanderung und das Anwachsen der bezahlten Arbeitsverhältnisse schufen in der zweiten Hälfte des 19. Jh. einen Binnenmarkt, dessen Schwerpunkt im Süden des Landes lag.[155] Ab 1880[156] intensivierte sich in Amazonien die Kautschukgewinnung und der Export in die Industrieländer. Insgesamt gesehen entstand eine wirtschaftliche Diversifikation. Dennoch befand sich Brasilien, zur Zeit der Republikausrufung 1889, in einer tiefen ökonomischen Krise. Die Historikerin Angelina Nobre Rolim Garcez erläutert die Gründe:

„An erster Stelle erbte die kurz zuvor geborene Republik vom alten Regime eine Wirtschaft, die sich im Niedergang befand. Ein anderer Faktor war die Erfolglosigkeit der Finanzpolitik des ‚encilhamentos', die vom Finanzminister Rui Barbosa am Anfang der Dekade 1890 eingeführt wurde."[157]

Mit dem Dekret zur Finanzreform vom 17. Januar 1890, dem sogenannten „encilhamento", wollte Rui Barbosa, der erste „Ministro da Fazenda" (Finanzminister), auf die wirtschaftlichen Schwierigkeiten, insbesondere auf den Niedergang des traditionellen Landwirtschaft reagie-

---

rungsgesellschaften und acht Eisenbahnlinien eröffnet. Die erste Eisenbahn, die „Baronesa" fährt ab 1854 in Rio de Janeiro mit einem Streckennetz von 18 km. Vgl. Alencar, Carpi, Ribeiro, História da sociedade brasileira, 1990, 148-149.

[154] Alencar, Carpi, Ribeiro, História da sociedade brasileira, 1990, 149.

[155] Alencar, Carpi, Ribeiro, História da sociedade brasileira, 1990, 150.

[156] Im Zuge des „Kautschukbooms" blüht die Stadt Manaus in Amazonien im 19. Jh. besonders auf. Dort entstehen viele herrschaftliche Gebäude und die weltbekannte „Oper von Manaus". Vgl. Alencar, Carpi, Ribeiro, História da sociedade brasileira, 1990, 169.

[157] Garcez, Aspectos econômicos de Canudos, in: Bloch Didier (Org.), Canudos 100 anos de produção, 1997, 58.

ren.[158] Durch eine einfachere Vergabe von Krediten zum Aufbau der internen Produktion und der Infrastruktur sollte die Wirtschaft angeregt werden. Aufgrund der „abolição" war plötzlich eine Masse an zu bezahlenden Arbeitern auf den Markt. Brasilien hatte faktisch nicht genügend Geld, um so viele Menschen zu bezahlen. Es kam zu einer Erhöhung der Bargeldemission, die jedoch keinen Gegenwert hatte und zu einer starken Inflation und Staatsverschuldung führte. Dadurch entstand ein Teufelskreis, mit dem die Politik des „encilhamentos" in einem wirtschaftlichen Chaos endete.

Es fehlte an Bildung, denn ein großer Teil der brasilianischen Bevölkerung bestand aus Analphabeten. Der brasilianische Binnenhandel hatte noch immer eine nur geringe Bedeutung. Der Aufbau der wirtschaftlichen Infrastruktur, wie z.B. der Ausbau von Eisenbahnstrecken, Straßen und Telegrafenleitungen ging nur langsam voran.[159] Die Abschaffung der Sklaverei 1888 war insgesamt gesehen eine soziale und ökonomische Belastung. Die dynamischen Bereiche der Wirtschaft hatten bereits weitgehend auf bezahlte Arbeitskräfte umgestellt. Betroffen war die Ökonomie im Nordosten, die sich schon zuvor in einer Krise befand. Die Republik musste in den ersten Jahren ihres Bestehens schwerwiegenden Problemen entgegentreten: Den Bürgerkriegen, die in einigen Landesteilen zwischen 1893-1895 herrschten, der Inflation sowie der durch die „abolição" abgesunkenen Inlandsproduktion.[160] Die armen Bevölkerungsschichten waren am stärksten betroffen. Ihr Lebensstandard sank weiter ab. Zusammenfassend kann festgehalten werden: Brasilien befand sich in den zwei letzten Jahrzehnten des 19. Jh. in einer Situation großer sozialer, politischer und ökonomischer Umbrüche und Krisen.

---

[158] Vgl. Garcez, Aspectos econômicos do episódio de Canudos, in: Bloch (Hg.), Canudos 100 anos de produção, 1977, 7. Vgl. Alencar, Carpi, Ribeiro, História da sociedade brasileira, 1990, 180-181.

[159] Vgl. Bello, História da república, primeiro período 1889-1902, 1940, 17-18.

[160] Der Zuckerexport hatte sich zwischen 1890 und 1900 um 30 Prozent reduziert. Der Import von Grundnahrungsmitteln musste erhöht werden. Im Zeitraum 1891-1895 erhöhte sich z.B. die Einfuhr von Mais von 60.000 auf eine Million Säcke. Gleichzeitig stieg der Preis von Mais auf das dreifache an. Im Zeitraum 1888-1890 lag die Preiserhöhung für Grundnahrungsmittel bei 62%, von 1891-1894 stieg sie auf 118%. 1896 tritt erstmals eine Überproduktion beim Kaffee, dem größten brasilianischen Exportprodukt auf.
Vgl. Facó, Cangaçeiros e fanáticos, 1978, 72-73.

1.1.6 „Abolição" 1888 – das Ende der Sklaverei

Der Prozess, der zur „abolição", d.h. zur Abschaffung der Sklaverei in Brasilien führte, setzte bereits am Anfang des 19. Jh. ein. England, der Hauptwirtschaftspartner Brasiliens, hatte schon 1807 den Sklavenhandel in seinen Kolonien abgeschafft und 1833 die Sklavenarbeit auf seinem gesamten Territorium verboten.[161] Höhere Preise der eigenen Produkte, die Notwendigkeit neue Märkte für industrielle Produkte zu eröffnen u.a. Gründe bewegten England zu einer weltweiten Kampagne gegen die Sklaverei. Eine Folge davon war, dass der brasilianische Imperator Dom Pedro I. 1831[162] ein Gesetz erließ, das die Einführung von Sklaven nach Brasilien verbot. Die faktische Nichtbeachtung des Gesetzes führte in den folgenden Jahren zu Spannungen zwischen den beiden Ländern.

Erst das im Jahr 1854[163] ratifizierte Gesetz „lei Nabuco de Araújo", das eine Bestrafung der Sklaveneinfuhr, sowie das Kaufen von Sklaven durch die Marine vorsah, griff tatsächlich. Am 28. September 1871[164] wurde das „lei do ventre livre" (Gesetz des freien Bauches) erlassen, das den neu geborenen Kindern von Sklaven mit dem 21. Lebensjahr die Freiheit garantierte. Das Gesetz enthielt auch einen Fond, mit dem jährlich eine gewisse Anzahl an Sklaven in jeder Provinz freigekauft werden sollte.[165] Es war der Versuch, einen Übergang aus dem System der Sklaverei zu schaffen, die Sklaverei jedoch noch über Jahrzehnte weiter zu erhalten.[166] 1878 begann die Bewegung zur Beendigung der Sklaverei (movimento abolicionista) unter der Leitung des Senators Joaquim de Nabuco (1849-1910)[167], die von einigen Politikern und aus der städtischen Mittelschicht unterstützt wurde, insbesondere von intellektuellen Liberalen und Studenten. Viele davon bejahten auch die republikanische Bewegung, die philosophisch dem Positivismus anhing. Ab 1880 wurde die Bewegung stärker. Es gründeten sich in allen Landesteilen Bewegungen gegen die Sklaverei. Die Kirche verhielt sich in Bezug auf die Be-

---

[161] Vgl. Alencar, Carpi, Ribeiro, História da sociedade brasileira, 1990, 141.
[162] Vgl. Alencar, Carpi, Ribeiro, História da sociedade brasileira, 1990, 142.
[163] Vgl. Alencar, Carpi, Ribeiro, História da sociedade brasileira, 1990, 142.
[164] Alencar, Carpi, Ribeiro, História da sociedade brasileira, 1990, 164.
[165] Alencar, Carpi, Ribeiro, História da sociedade brasileira, 1990, 164.
[166] Vgl. Levine, O sertão prometido, 1995, 153.
[167] Prien, Die Geschichte des Christentums in Lateinamerika, 1978, 424.

endigung der Sklaverei zurückhaltend.[168] Am 13. Mai 1888[169] beendete das brasilianische Imperium mit dem von Prinzessin Isabel verkündeten „lei áurea" (goldenes Gesetz) offiziell die Sklaverei und setzte damit ca. 750.000[170] ehemalige Sklaven in die Freiheit, was etwas weniger als 5% der brasilianischen Gesellschaft[171] entsprach. Es war einer der letzten vergeblichen Versuche, die sich im Abschwung befindende Monarchie zu retten. Bereits am 15. November 1889[172] endete die Monarchie mit der Ausrufung der Ersten Brasilianischen Republik. Vorreiter bei der Abschaffung der Sklaverei war die Provinz Ceará, die schon im Jahr 1884[173] die Sklaverei auf ihrem Territorium beendete und zu einem nationalen Vorbild wurde. Für die ehemaligen Sklaven begann mit der „abolição" eine schwierige Zeit. Ohne Arbeit und ohne staatliche Hilfen mussten sie nach einem neuen Lebensunterhalt suchen. Darüber hinaus verweigerten die Großgrundbesitzer meist die Bildung kleiner Landbesitze. Dies führte zur Abwanderung der ehemaligen Sklaven in die Städte und Regionen, in denen es Arbeit gab, z.B. in die Kaffeeanbaugebiete.[174] Für den Nordosten Brasiliens bedeutete dies einen Aderlass auf dem Arbeitsmarkt.

---

[168] Prien stellt bezüglich der Frage der Beteiligung der Kirche am Prozess, der zur „abolição" führte, unterschiedliche Standpunkte dar. Hoornaert vertritt die These, dass es nicht die kirchlichen Institutionen, sondern hauptsächlich die Freimaurerei gewesen sei, die sich um die Abschaffung der Sklaverei bemühte. Der brasilianische Historiker Werneck Sodré vertritt die These, dass sich die Kirche ostentativ in den Jahren ab 1869 nicht am Prozess zur Abschaffung der Sklaverei beteiligte, sondern sich dem Standpunkt der Großgrundbesitzer verpflichtet sah. Dem gegenüber misst da Silveira der Sklavenbefreiung durch die Benediktiner und dem Aufruf des brasilianischen Primas vom 28.07.1887, Sklaven freizulassen und Hilfsorganisationen zu gründen, signalgebende Wirkung zu. Vgl. Hoornaert, Sodré, u.a., zitiert in: Prien, Die Geschichte des Christentums in Lateinamerika, 1978, 424-425.
[169] Farias, História da sociedade cearense, 2004, 199.
[170] Alencar, Carpi, Ribeiro, História da sociedade brasileira, 1990, 164.
[171] Gemäß der Bevölkerungsstatistik von Brasilien aus dem Jahr 1890 hatte Brasilien 14.333.915 Einwohner. Vgl. IBGE, Censo Demográfico 1872/2010. Daten bezogen aus: Estatísticas do século XX. Rio de Janeiro, IBGE, 2007. http://seriesestatisticas.ibge.gov.br/series.aspx?vcodigo=CD90&t=populacao, Zugriff am 14.08.2011.
[172] Farias, História da sociedade cearense, 2004, 236.
[173] Vgl. Farias, História da sociedade cearense, 2004, 199.
[174] Alencar, Carpi, Ribeiro, História da sociedade brasileira, 1990, 169.

1.1.7 Die Erste Brasilianische Republik

Die ökonomischen, sozialen und politischen Prozesse in Brasilien im 19. Jh. mündeten 1889 in der Ausrufung der Ersten Brasilianischen Republik. Insbesondere für das Agrar-Bürgertum, das sich hauptsächlich im politisch einflussreichen Süden und Südwesten Brasiliens befand, stellte die Republik eine Zukunftsalternative dar. Sie ermöglichte eine Dezentralisierung der politischen Administration und eine eigene Interessensvertretung der einzelnen Provinzen.[175]

Im Jahr 1870[176] präsentierte die „Partido Republicano" (Republikanische Partei) ihre politischen Ideen in einem Manifest, in dem sie ihre Unzufriedenheit mit der Monarchie zum Ausdruck brachte. In den 1880er Jahren verstärkte sich der Zulauf zur republikanischen Idee. Das Militär hatte nach dem Paraguaykrieg (1864-1872) bei der Regierung deutlich an Bedeutung verloren. Die fragwürdige Bestrafung zweier Offiziere[177] in den Jahren 1883 und 1886 sorgte für weitere Verstimmung in Militärkreisen, wo die republikanische Idee ebenfalls Akzeptanz fand. Hierzu trug u.a. der Einfluss des von Auguste Comte geprägten Positivisten, Republikaners und Abolitionisten Benjamin Constant Botelho de Magalhães (1836-1881)[178] bei, der an der Militärschule „Colégio Aquino"[179] in Rio de Janeiro lehrte.[180] Nachdem Dom Pedro II. 1873[181] die Bischöfe von Recife und Belém – aufgrund des Ausschlusses von Freimaurern aus den katholischen Bruderschaften – zu vier Jahren Haft mit schwerer Arbeit verurteilt hatte [vgl. 1.3.2], kühlte sich auch die Beziehung von Monar-

---

[175] Vgl. Alencar, Carpi, Ribeiro, História da sociedade brasileira, 1990, 170-171.

[176] Alencar, Carpi, Ribeiro, História da sociedade brasileira, 1990, 168.

[177] Im Jahr 1884 wird der Oberst-Leutnant Sena Madureira unehrenhaft aus dem Militär ausgeschlossen, weil er den „abolicionista" Francisco do Nascimento, (genannt „Dragão do Mar" – Meeresdrache) ehrte, der in Fortaleza-Ceará den Transport von Sklaven ablehnte. 1886 wurde Oberst Cunha Matos bestraft, weil er die Unterschlagung von Militärmaterialien im Bundesstaat Piauí öffentlich anklagte. Vgl. Alencar, Carpi, Ribeiro, História da sociedade brasileira, 1990, 171-172.

[178] Auch Euclides da Cunha war Schüler vonConstant Botelho de Magalhães an der Militärakademie „Colegio Aquino" und war von seinen Idealen geprägt. Vgl. Levine, O sertão prometido, 1995, 46.

[179] Levine, O sertão prometido, 1995, 46.

[180] Vgl. Villa, Canudos, o povo da terra, 1995, 93. Vgl. Alencar, Carpi, Ribeiro, História da sociedade brasileira, 1990, 172.

[181] Alencar, Carpi, Ribeiro, História da sociedade brasileira, 1990, 171.

chie und Kirche stark ab. Die Monarchie hatte Ende der 1880er Jahre keinen Rückhalt mehr bei den politischen Interessensgruppen. Nach einem schnellen Militärputsch, der praktisch keinen Widerstand vorfand, kam es am 15. November 1889 zur Ausrufung der Ersten Brasilianischen Republik, deren erster Präsident Marschall Deodoro de Fonseca wurde.[182] Dawid Bartelt erläutert:

„Kein Elitenaustausch fand statt, sondern eine inneroligarchische Rochade, der der Systemwechsel vom Zentralstaat einer konstitutionellen Monarchie zum Föderalstaat mit liberaler Verfassung nach US-amerikanischem Modell Mittel zum Zweck war. Die wichtigste Veränderung bestand darin, dass die mit dem Kaffeeexport verbundene regionale Elite aus São Paulo die Macht im Bundesstaat übernahm."[183]

Brasilien rief die Republik aus, ungefähr 70 Jahre nachdem dies seine Nachbarländer vollzogen hatten.[184] Am 24. Februar 1891[185] wurde die neue brasilianische Verfassung verabschiedet, die eine Präsidialdemokratie mit 20 Bundesstaaten und freien Wahlen vorsah. Die Bundesstaaten hatten eine weitreichende Autonomie. Sie konnten eine eigene Verfassung verabschieden, ihre eigenen Gouverneure und legislativen Vertreter auf allen Ebenen direkt vom Volk wählen lassen, eigene Streitkräfte haben, im Ausland Kredite aufnehmen und eigene Steuern erheben. Damit war insbesondere den Anliegen der Kaffeeanbauer Rechnung getragen.[186] Ein Eingreifen föderaler Kräfte, zur Wiederherstellung der Ordnung, war nur auf Anfrage des Gouverneurs des jeweiligen Bundesstaates möglich.[187]

---

[182] Vgl. Alencar, Carpi, Ribeiro, História da sociedade brasileira, 1990, 173.

[183] Bartelt, Nation gegen Hinterland, 2003, 48. Die Erste Brasilianische Republik wurde Zug um Zug international anerkannt. Als Beispiele: Bolivien sprach seine Anerkennung der Ersten Brasilianischen Republik am 03.01.1890 aus, Frankreich am 20.06.1890, Portugal am 10.09.1890, Deutschland am 25.11.1890. Vgl. Ferreira, 500 anos de história do Brasil, 2005, 443-444.

[184] Vgl. Levine, O sertão prometido, 1995, 35.

[185] Alencar, Carpi, Ribeiro, História da sociedade brasileira, 1990, 181.

[186] Von den Wahlen waren jedoch alle Analphabeten, Frauen, Soldaten und Minderjährige ausgeschlossen.
Vgl. Alencar, Carpi, Ribeiro, História da sociedade brasileira, 1990, 181.

[187] Vgl. Villa, Canudos, o povo da terra, 1995, 101.

Landkarte 2: Brasilien zur Zeit der Ersten Brasilianischen Republik.[188]

Durch das Dekret 119A vom 7. Januar 1890[189] trennte die brasilianische Regierung Kirche und Staat und beendete damit den „padroado". Dawid Danilo Bartelt erläutert dies und die Reaktion Antônio Conselheiros:

„Die Republik schaffte das Staatskirchenrecht des Kaiserreiches ab, trennte Staat und Kirche, strich der katholischen Kirche (zunächst) sämtliche Privilegien, erwog die Säkularisierung ihres Vermögens, führte die obligatorische Zivilehe ein (die zugleich die Möglichkeit einschloss, nicht mehr kirchlich zu heiraten und doch verheiratet zu sein) und stellte die Friedhöfe unter staatliche Verwaltung.

---

[188] Bartelt, Nation gegen Hinterland, 2003, 57.
[189] Villa, Canudos, o povo da terra, 1995, 104.

Damit wurde aus dem Theologen Maciel, dessen religiöse Praxis ihn in innerkirchliche Doktrin- und Autoritätskonflikte mit der Amtskirche brachte, der Antirepublikaner Maciel."[190]

Antônio Conselheiro lag mit seiner ablehnenden Haltung auf der gleichen Linie wie viele Pfarrer und die brasilianischen Bischöfe, die in einem Hirtenbrief[191] vom 17. März 1890 die Trennung von Kirche und Staat zurückwiesen. Aufgrund der päpstlichen Anerkennung der brasilianischen Republik mussten die Bischöfe später die neue Ordnung akzeptieren [vgl. 1.3.6, 2.1.2]. Deodoro de Fonseca trat am 23. November 1891[192] vom Amt des Präsidenten zurück und wurde von Marschall Floriano Peixoto abgelöst. Edmundo Moniz charakterisiert den Regierungsstil Florianos:

„Charakteristisch für die Regierung von Floriano war die Respektlosigkeit gegenüber der Verfassung, dem Kongress und der juridischen Gewalt... Floriano respektierte weder die Immunität von Parlamentariern, noch die Pressefreiheit. Oppositionelle Kongressmitglieder und Militärs wurden in eine unwirtliche Gegend in Amazonien deportiert."[193]

Ökonomisch spitzte sich die Lage Brasiliens unter Floriano Peixoto weiter zu.[194] Gegen seinen Regierungsstil bildeten sich zwei Aufstände, die in regionale Bürgerkriege einmündeten. Es handelte sich um die „Revolta Armada" 1893[195] im Bundesstaat Bahia und die „Revolução Federalista" im Bundesstaat Rio Grande do Sul.[196] Am 1. März 1894[197] wurde Floriano Peixoto auf Druck der mächtigen Regierung des Bundesstaates São Paulo unter Bernardino de Campos, durch den ersten zivilen Präsidenten Brasiliens Prudente de Morais und seinen Stellvertreter Manuel Vitorino abgelöst. Prudente de Morais beendete die Bürgerkriege und stärkte die Verfassung. Er musste sich aber auch mit Aufständen von

---

[190] Bartelt, Nation gegen Hinterland, 2003, 53.
[191] Hirtenbrief der brasilianischen Bischöfe vom 17.03.1890, formuliert vom Bischof von Pará, Dom Antônio Costa. Vgl. Dornas, zitiert in: Prien, Die Geschichte des Christentums in Lateinamerika, 1978, 552.
[192] Villa, Canudos, o povo da terra, 1995, 107.
[193] Moniz, Canudos, a guerra social, 1987, 61.
[194] Vgl. Facó, Cangaçeiros e fanáticos, 1978, 71-74.
[195] Freitas Neto, Tasinafo, História geral e do Brasil, 2006, 569.
[196] Villa, Canudos, o povo da terra, 1995, 107.
[197] Villa, Canudos, o povo da terra, 1995, 108.

Anhängern Floriano Peixotos auseinandersetzen.[198] Das erste Jahrzehnt der Republik war von politischen, ökonomischen und militärischen Krisen gezeichnet. Die Landesentwicklung kam kaum voran. Es gab einen Gegensatz zwischen dem ökonomisch und gesellschaftlich zurückgebliebenen Nordosten (sertão) und den stark an Europa orientierten, wirtschaftlich sich entwickelnden Städten an der Küste (litoral) mit den Kaffeeanbauregionen im Süden. Bei der Regierung des Präsidenten Prudente de Morais fand der wirtschaftlich abgehängte Nordosten kaum Beachtung, wie Robert M. Levine erläutert:

„Prudente de Morais widmete sich während der tiefen ökonomischen Depression einem ambitionierten Programm des nationalen Wiederaufbaus und der städtischen Entwicklung. In beiden Plänen gab es jedoch keinen Platz für den Nordosten: nicht alles hatte sich verändert."[199]

Die Besteuerung war eines der größten Probleme der Ersten Brasilianischen Republik. Die Staaten schaffen es nicht, sich auf eine einheitliche Regelung zu einigen. So wurde das Recht der Festlegung der Steuern dem jeweiligen Bundestaat und den „municípios" (Gemeindebezirken) zugeordnet.[200] Die hochverschuldeten Landesregierungen verlangten eine Beteiligung an den Einnahmequellen der „municípios". Auf diese Weise entstanden immer neue Steuern, Gebühren und Abgaben, die letztlich auf den Schultern der armen Bevölkerung lasteten[201] [vgl. 2.1.2]. Ab dem 10. November 1896[202] vertrat Manuel Vitorino für eine Übergangszeit den erkrankten Prudente de Morais im Amt des Präsidenten. Dies war eine in Bezug auf Canudos entscheidende Zeit [vgl. 2.4.2, Ausführungen zur dritten Militärexpedition gegen Canudos].[203] Vitorino näherte sich

---

[198] In Rio de Janeiro organisieren im Jahr 1895 Parteigenossen des ehemaligen Präsidenten Marschall Floriano Peixoto, der im Juni 1895 starb, zwei Aufstände in der Militärschule, die den zivilen Präsidenten Prudente de Morais jedoch nicht stürzen konnten. Prudente de Morais hatte zuvor den an den Aufständen der Marine und der Föderalisten Beteiligten eine Amnestie gewährt. Vgl. Alencar, Carpi, Ribeiro, História da sociedade brasileira, 1990, 183.
[199] Levine, O sertão prometido, 1995, 39.
[200] Vgl. Levine, O sertão prometido, 1995, 38-39.
[201] Vgl. Bartelt, Nation gegen Hinterland, 2003, 50.
[202] Otten, Só Deus é grande, 1990, 16.
[203] Die militärischen Auseinandersetzungen um Canudos beginnen am 21.11.1896, beim Zusammentreffen der ersten Militärexpedition [bahianische Polizei] unter der Führung von Leutnant Pires Ferreira auf die „jagunços" aus Canudos, im Ort Uauá-BA. Vgl. Villa, Canudos, o povo da terra, 1995, 142.

politisch der Partei von Floriano Peixoto an, deren Mitglieder in Anlehnung an die Französische Revolution auch „Jakobiner"[204] genannt wurden und dem Militär nahe stand. Gesellschaftlich war Brasilien ein Land vieler Gegensätze. Noch 1901 sagte der liberale Republikaner und Bruder des Präsidenten Alberto Sales:

„Dieser Staat ist keine Nation; dieses Land ist keine Gesellschaft, diese Leute sind kein Volk. Unsere Menschen sind keine Bürger."[205]

Den größten politischen Einfluss behielt die Gruppe der Kaffeanbauer im Süden Brasiliens, da der Kaffee die Hauptdevisenquelle Brasiliens darstellte.[206] Prudente de Morais, der der 1893 gegründeten „Partido Republicano Federal" angehörte, repräsentierte am stärksten die Vorstellungen des Kaffeebürgertums. Im Parlament vertreten waren aber auch die republikanischen Anhänger Floriano Peixotos sowie die Monarchisten, deren Anliegen es war, die Monarchie wieder herzustellen. Canudos sollte im Zuge der politischen Machtkämpfe eine wichtige Rolle spielen, die die jeweiligen Parteien für ihre Zwecke nutzen wollten [vgl. 2.3.3].[207]

1.1.8 Prägende philosophische Richtungen

Mit der industriellen Entwicklung in Europa bildeten sich neue philosophische Richtungen aus, die auch im Brasilien des 19. Jh. Widerhall fanden, insbesondere in den Städten des „litoral" (Küste), in denen die gebildeteren und führenden Schichten wohnten. Alfredo Bosi erläutert:

„Der Weg des Bürgertums, gebildet oder ungebildet, hat nun ein neues Idol kennengelernt: den Fortschrittsglauben. Überwinden des am Rande stehenden, altertümlichen, ignoranten und abergläubischen Brasiliens, dessen Todeskampf man ohnehin mit genauen Beobachtungen in Universitätsuntersuchungen prüft."[208]

Wissenschaftlichkeit und Fortschrittsglaube beeinflussten das Denken. Die gesellschaftlich prägende philosophische Richtung, die in der 2. Hälfte des 19. Jh. eine besondere Bedeutung annahm, war der Positivismus,

---

[204] Otten, Só Deus é grande, 1990, 16.
[205] *„Este estado não é uma nacionalidade; este país não é uma sociedade; esta gente não é um povo. Nossos homens não são cidadãos."* Sales, Alberto, zitiert in: Levine, O sertão prometido, 1995, 36.
[206] Vgl. Alencar, Carpi, Ribeiro, História da sociedade brasileira, 1990, 184.
[207] Vgl. Bartelt, Nation gegen Hinterland, 2003, 172-217.
[208] Bosi, Alfredo, zitiert in: Otten, Só Deus é grande, 1990, 62.

der im französischen Philosophen Auguste Comte (1798-1857)[209] seinen Hauptvertreter fand. Mit der Republik erhielt Brasilien eine neue Flagge, die die von Comte geprägte positivistische Devise „Ordem e Progresso" (Ordnung und Fortschritt) trug.[210] Fortschrittsglaube, Wissenschaft und Republikanismus gehen mit dem Positivismus einher. Metaphysik und Religion werden als überholt betrachtet. Dazu Wilson Andrade:

„*Der französische Positivismus, der orthodoxe Marxismus und seine Fortführer in Brasilien hatten fast immer einen ‚schielenden' Blick für das religiöse Phänomen und die Volksreligiosität. Die Geschichte des Positivismus wurde mit dem Empiristen D. de Hume geboren, aber hatte in dem Franzosen Augusto Comte seinen Hauptrepräsentanten, von dem unsere brasilianischen Intellektuellen Erben sind. Das Verständnis der Religion als ‚Opium fürs Volk' oder als zu überwindend durch die ‚positivistische Wissenschaft' kennzeichnet das akademische Denken in Brasilien und verzögerte das Verständnis der Rolle der Religion in der Geschichte der Menschen.*"[211]

Religiosität wurde im Positivismus als Kompensationsmechanismus angesehen, der letztlich durch die Wissenschaft aufgeklärt und überholt würde. Daher stellten der Positivismus und die damit erwachsende Republik eine große Herausforderung für die Kirche in Brasilien dar. Für Auguste Comte gab es drei Entwicklungsstufen, die von der natürlichen Gesellschaft durchlaufen werden mussten: Die theologische Stufe, die metaphysische Stufe und der Positivismus, die mit den Stufen der Sklaverei, des Feudalismus und des Kapitalismus korrespondierten. Der Fortschritt konnte nicht durch einen Klassenkampf, sondern nur durch die Versöhnung der Klassen herbeigeführt werden. Die Wissenschaften nahmen dabei eine wichtige Rolle ein. Miguel Lemos und Teixeira Mendes waren die Hauptvertreter, die den Positivismus in der zivilen brasilianischen Gesellschaft verbreiteten.

Im militärischen Bereich war es der Republikaner und Abolitionist Benjamin Constant Botelho de Magalhães (1836-1881).[212] Er vertrat die

---

[209] Gessmann (Hg.), Philosophisches Wörterbuch, 2009, 136-137.
[210] Die positivistische Devise "Ordem e Progresso" geht auf Auguste Comte zurück, der gesagt hatte: „*L'amour pour principe et l'ordre pour base; le progrès pour but*". („Liebe als Grundsatz und Ordnung als Grundlage; Fortschritt als Ziel"). Vgl. Alencar, Carpi, Ribeiro, História da sociedade brasileira, 1990, 174.
[211] Andrade, A experiência religiosa e sociopolítica de Canudos, 2006, 180.
[212] Vgl. Levine, O sertão prometido, 1995, 46.

Idee einer vom Militär geführten Republik.[213] Für viele Militärkadetten, so auch für Euclides da Cunha, stellte Benjamin Constant Botelho de Magalhães ein großes Vorbild dar, das eine neue Perspektive für die Zukunft Brasiliens vorgab. Mit Europa wurde in Brasilien eine Überlegenheit verbunden, die als nachahmenswertes Ideal galt.[214]

Auch das Gedankengut der Dominanz der weißen Rasse über die der Schwarzen und Mestizen wurde aus Europa übernommen. Dies wurde angewandt, um die Sklaverei und später, nach der „abolição", den Führungsanspruch der weißen Bevölkerung zu rechtfertigen.[215] Insbesondere galt dies in Bezug auf die Machtverteilung, bei der der Süden und das „litoral" für sich eine Vorrangstellung gegenüber dem Nordosten beanspruchten. Die hauptsächlich aus Mestizen bestehende Bevölkerung und das wenig entwickelte Land des Sertão galten als zurückgeblieben, abergläubisch und minderwertig. Euclides da Cunha schreibt z.B. in „Os sertões" über den „sertanejo":

„...nomadisch oder wenig sesshaft, wie er ist, fehlt dem 'sertanejo' eigentlich noch die organische Fähigkeit, sich einer höheren Zivilisationsstufe anzuverwandeln. Die Enge seines Wirkungskreises hat seine psychische Höherentwicklung verzögert. Religiös gesehen befindet er sich in der Phase eines unbegriffenen Monotheismus, durchsetzt mit einem überspannten Mystizismus[216], worin die Fetischverehrung des Afrikaners und des Indios nachwirkt. Er ist der Urwüchsige, Kühne und Starke, doch zugleich der Leichtgläubige, der ohne weiteres von den unsinnigsten Ausgeburten des Aberglaubens sich hinreißen lässt."[217]

Zusammenfassend kann gesagt werden: In der Zeit der Ersten Brasilianischen Republik von 1889 bis 1900 ist Brasilien ein ökonomisch,

---

[213] Vgl. Villa, Canudos, o povo da terra, 1995, 93. Vgl. Alencar, Carpi, Ribeiro, História da sociedade brasileira, 1990, 172.

[214] Vgl. Nogueira, Antônio Conselheiro e Canudos, 1974, 31.

[215] Vgl. Alencar, Carpi, Ribeiro, História da sociedade brasileira, 1990, 168. Vgl. Otten, Só Deus é grande, 1990, 44-45.

[216] Der Begriff „Mystizismus" steht für ein mystisches Gebaren, eine Neigung zur Mystik. Der Begriff Mystizismus wird auch als abwertende Bezeichnung für unkritisches, schwärmerisches und religiös überhöhtes Verhalten verwendet. In Bezug auf den Sertão umfasst der Begriff Mystizismus auch eine Art der unkritischen Wundergläubigkeit und den Glauben an die Erfüllung mythologischer Geschichten [z.B. Sebastianismus]. Zur Bedeutung des Begriffs „Mystik" siehe die Erläuterung in Abschnitt 1.4.1.

[217] Cunha, Krieg im Sertão, 1994, 160.

politisch, gesellschaftlich, philosophisch und sozial geteiltes Land, das sich schematisch in folgendes Gegenüber aufteilen lässt:

> Rückständiger unterentwickelter Sertão im Nordosten (vernachlässigt von der Bundesregierung)

> Eine sich entwickelnde europäisch geprägte Gesellschaft im Süden, insbesondere in den dortigen Küstenstädten (litoral)

In dieser Zeit mit den genannten Spannungsfeldern ereignen sich Canudos und der dortige Krieg.

1.2 Die Bundesstaaten Ceará und Bahia im 19. Jahrhundert

Dieser Abschnitt untersucht den regionalen Lebenskontext, in dem Antônio Conselheiro heranwuchs, wirkte und in dem die Bewegung von Canudos entstand. Die Schwerpunktregionen bilden dabei die Bundesstaaten Ceará und Bahia. Antônio Conselheiro wurde im Bundesstaat Ceará geboren und lebte dort mehr als 38 Jahre. Bahia ist der Bundesstaat in dem Canudos liegt und in dem der Conselheiro lange Zeit wirkte.

1.2.1 Ceará, die Heimat Antônio Conselheiros

Die Heimatstadt von Antônio Vicente Mendes Maciel (1830-1897)[218] ist Quixeramobim. Sie liegt im zentralen Sertão des Bundesstaates Ceará.[219] Während die Kolonialgeschichte Brasiliens in Bahia beginnt, wird der Bundesstaat Ceará erstmals im Jahr 1603[220] durch die von Pero Coelho de Souza angeführte Expedition erkundet, die sich aber nur kurze Zeit dort halten konnte. Coelho de Souza hatte das Recht erwirkt, eine „capitania Ceará" zu errichten, die der „capitania Pernambuco"[221] untergeordnet war. Die ersten Missionare in Ceará kamen im Jahr 1607[222]. Es

---

[218] Farias, História da sociedade cearense, 2004, 226-227.
[219] Zu Anfang der Kolonialzeit nannte man Ceará „Siará". Vgl. Farias, História da sociedade cearense, 2004, 24.
[220] Arruda, Canudos, messianismo e conflito social, 2006, 58.
[221] Vgl. Brígido, Ceará, homens e factos, 2001, 189.
[222] Farias, História da sociedade cearense, 2004, 25.

waren die beiden Jesuiten Francisco Pinto und Luis Figueiras. Als Gründer von Ceará ist Martim Soares Moreno zu bezeichnen, der 1609[223] nach Ceará kam und das Fort „São Sebastião" an der „Barra do Ceará" (Flussmündung des Ceará ins Meer bei Fortaleza), mit dauerhafter Präsenz errichtete. Im Gegensatz zu Pero Coelho de Souza, der die indigene Urbevölkerung versklavte, setzte Martim Soarez Moreno[224] auf den Dialog, baute Freundschaften zu den Indianerstämmen auf und lernte deren Dialekte und Gebräuche kennen.[225] In der Zeit der Unterordnung unter die „capitania Pernambuco" wurde das Areal der „capitania Ceará" von ca. 200 indigenen Völkern in der Regel friedlich bewohnt.[226] Am 17. Januar 1799[227] erhielt die „capitania Ceará" ihre Unabhängigkeit von der „capitania Pernambuco". Die Eroberung Cearás erfolgte, wie an anderen Orten, durch die Vertreibung der Indios und die Errichtung großer Landgüter, auf denen Zuckerrohr angebaut und Rinderherden aufgezogen wurden. Im letzten Viertel des 17. Jh. wurde die Rinderzucht verstärkt betrieben, um den gestiegenen Bedarf an Arbeitstieren, Fleisch und Leder zu bedienen. Die „fazendas" betrieben in der Regel eine Selbstversorgung und widmeten sich hauptsächlich der Rinderzucht und dem Anbau von Baumwolle. Die Kolonisierung verlief zunächst entlang der Flüsse Jaguaribe und Acaraú in Richtung des Kariri-Tals [Nähe der Städte Crato und Juazeiro do Norte] und erst später in den zentralen Sertão hinein, in dem z.B. Quixeramobim liegt.[228]

Aracati war aufgrund der Rinderzucht, der Pökelfleisch- und Lederherstellung bis ins 19. Jh. hinein die „Lunge der cearensischen Ökonomie". Mit seinem Hafen am Meer und dem Zugang zum Sertão durch den Fluss Jaguaribe war Aracati ein Umschlagplatz von Waren.[229]

---

[223] Brígido, Ceará, homens e factos, 2001, 31.
[224] Eine der Hauptpersonen im Romanwerk „Iracema" des cearensischen Schriftstellers José de Alencars (1829-1977) ist der weiße Krieger „Martim", der seinen Namen in Anlehnung an Martim Soares Moreno erhielt. Der weiße Krieger Martim verliebt sich im Roman in die indigene „Jungfrau mit den Lippen aus Honig" Iracema. Der Roman Iracema stellt ein bedeutendes Werk der brasilianischen Romantik dar. Vgl. Alencar, Iracema, 1999 (1865).
[225] Vgl. Farias, História da sociedade cearense, 2004, 26.
[226] Namen der indigenen Völker waren z.B. Tabajara, Potigar, Kariri, Canindé, Baturité, u.a. Vgl. Arruda, Canudos, messianismo e conflito social, 2006, 58.
[227] Brígido, Ceará, homens e factos, 2001, 41.
[228] Arruda, Canudos, messianismo e conflito social, 2006, 59.
[229] Vgl. Farias, História da sociedade cearense, 2004, 50.

Landkarte 3: Brasilianischer Bundesstaates Ceará, Stand 2011.[230]

Antônio Conselheiro lebte von 1830 bis ungefähr 1868 in der Stadt Quixeramobim, danach in deren Region. Landwirtschaft, Rinderzucht und kleine Händler prägten die dortige Ökonomie. Die Region war von Großgrundbesitzern beherrscht, wobei die Familie Araújo[231] dominierte. João Arruda erläutert die Situation:

---

[230] Landkarte des brasilianischen Bundesstaates Ceará, aktueller Stand 2011, http://www.aab-streb.de/images/ceara_map.jpg, Zugriff am 14.08.2011.
[231] Vgl. Arruda, Canudos, messianismo e conflito social, 2006, 79.

„Es gab in diesem System keinen Platz für den kleinen Grundbesitz, was die absolute Herrschaft der Großgrundbesitzer über die ausgeschlossene Bevölkerung zum Resultat hatte, die sich in deren Schutz und damit in eine halbversklavte Beziehung unterwerfen musste."[232]

Das Leben im Sertão war von Emigrationswellen geprägt. Gründe dafür waren die periodisch eintretenden Dürrewellen, Hunger, Seuchen und gewalttätige Auseinandersetzungen und kriegsähnliche Zustände, die z.B. durch Banden von „cangaçeiros" hervorgerufen wurden. Im Jahr 1825[233], 5 Jahre vor der Geburt des Conselheiros, gab es in Ceará eine solche Emigrationswelle. Bereits vor der Dürreperiode von 1877[234], die die schlimmste aller Zeiten im Nordosten war, gab es eine geringe Emigration von „cearenses" in den Bundesstaat Pará.

Mit der Dürreperiode verstärkte sich die Emigration stark und dehnte sich auf das Gebiet des Amazonas aus.[235] Ceará beendete als erste brasilianische Provinz die Sklaverei bereits im Jahr 1884[236] und gab damit ein nationales Beispiel ab. Am 30. August 1881 scheiterte, aufgrund des Streikes der Hafenarbeiter, der letzte Versuch im Hafen von Fortaleza Sklaven zu verladen. João Brígido erläutert zur Arbeitssituation Ende 1881:

„Aufgrund des niedrigen Lohns wurde die Landwirtschaft von Ceará fast ausschließlich mit freien Arbeitskräften geleistet."[237]

Wie aus dem Zitat João Brígidos hervorgeht, war in Ceará die Umstellung der Arbeitsweise auf Lohnkräfte weitgehend vollzogen. Und nachdem die Einführung von Sklaven aus Afrika 1850 verboten wurde, machten viele Sklavenbesitzer in Ceará zudem ein gutes Geschäft, indem sie

---

[232] Arruda, Canudos, messianismo e conflito social, 1993, 52.

[233] Vgl. Brígido, Ceará, homens e factos, 2001, 198.

[234] In der Dürreperiode von 1877-1879 verließen insgesamt ca. 54.875 Personen Ceará und zogen in andere Provinzen. 1877 verlor Ceará 1/3 seiner Bevölkerung durch Emigration oder Tod. Zwischen 1869 und 1900 emigrierten aus Ceará insgesamt 300.902 Personen, davon gingen 255.526 nach Amazonien und 43.376 in den Süden Brasiliens. Vgl. Girão Raimundo, zitiert in: Farias, História da sociedade cearense, 2004, 221.

[235] Es fielen 1877 nur 473 mm Regen, allein in Fortaleza starben 2965 Menschen, nur über den Hafen in Fortaleza emigrierten 6.106 Personen mit 202 Schiffen. Vgl. Brígido, Ceará, homens e factos, 2001, 188, 535.

[236] Farias, História da sociedade cearense, 2004, 199.

[237] Brígido, Ceará, homens e factos, 2001, 538.

ihre Sklaven in den Süden verkauften.[238] Am 1. Januar 1883[239] kam es in Ceará zur ersten Massenfreisetzung von Sklaven in Brasilien. Alle 116 Sklaven aus dem „município Acarape"[240] wurden freigelassen. Andere „municípios" folgten schon bald. Auch Antônio Conselheiro setzt sich in seinen Predigten für die Abschaffung der Sklaverei ein.

Die Ausrufung der Republik traf auf ein kaum vorbereitetes Ceará. Erst im Juli 1889 hatte die republikanische Idee größeren Widerhall in Ceará gefunden, was in der Gründung des „Centro Republicano do Ceará" (Republikanisches Zentrum von Ceará) am 26. Juli 1889[241] deutlich wird. Mit der Republikausrufung wurden die bisherigen Parteien aus den politischen Gremien entfernt. Das Militär und die Republikaner übernahmen die Provinzregierung. „Coronel" Jerônimo Rodrigues de Moraes Jardim wurde am 15. November 1889[242] der erste Gouverneur von Ceará in der brasilianischen Republik. Bereits am 1. Dezember 1889[243] wurde er als Gouverneur von Luis Antônio Ferraz, dem Kommandanten des 11. Bataillons abgelöst. Die Folgejahre in Ceará waren von politischer Instabilität geprägt, von Gouverneurswechseln, Putschversuchen und einer neuen Machtverteilung.

1.2.2 Bahias politische Entwicklung

Auch der Bundesstaat Bahia war stets monarchistisch ausgerichtet und nicht auf die Ausrufung der Republik vorbereitet. Erst 10 Monate vor der Ausrufung der Republik bildete sich in Bahia eine republikanische Partei.[244] Die Republik wurde in Bahia, ebenso wie in Rio de Janeiro, durch einen Teil des Militärs durchgesetzt.[245] Nachdem der Widerstand der „Camara Municipal de Salvador" (Bezirksparlamentskammer von Salvador) überwunden war, wurde am 17. November 1889[246] erneut die Re-

---

[238] Zwischen 1871 und 1881 wurden ca. 7.000 Sklaven in den Süden verkauft, im Jahr 1877 allein 3.000 Sklaven über den Hafen von Fortaleza. Vgl. Farias, História da sociedade cearense, 2004, 205.
[239] Vgl. Brígido, Ceará, homens e factos, 2001, 539.
[240] Der Name von Acarape wurde geändert in "Redenção" (Rettung, Einlösen, Loskaufen). Vgl. Farias, História da sociedade cearense, 2004, 211.
[241] Farias, Aírton, História da sociedade cearense, 2004, 239.
[242] Farias, Aírton, História da sociedade cearense, 2004, 240.
[243] Farias, Aírton, História da sociedade cearense, 2004, 241.
[244] Vgl. Bartelt, Nation gegen Hinterland, 2003, 58.
[245] Vgl. Villa, Canudos, o povo da terra, 1995, 109.
[246] Vgl. Villa, Canudos, o povo da terra, 1995, 112.

publik ausgerufen und Vigílio Damásio als erster Gouverneur von Bahia eingesetzt. Am 22. November 1889[247] erkannte der Erzbischof von Bahia, Dom Luiz Santos, die Republik mit einem förmlichen Telegramm an den Präsidenten der Republik an und wünschte ihm Gottes Segen für sein Wirken. Als sich die politische Situation gefestigt hatte, übernahm der Arzt Manuel Vitorino am 23. November 1889[248] das Amt des Gouverneurs von Bahia. Auch in der Folge kam es zu zahlreichen Wechseln im Amt des Gouverneurs und zu ständigen politischen Spannungen.[249] Nach den Widerständen bei der Einführung der Republik, die es insbesondere in der konservativen ländlichen Gesellschaft und Elite gab, sowie nach der „Revolta Armada" (1893)[250], hing der Bevölkerung des Bundesstaates Bahia stets der Ruf an, keine echten Republikaner, sondern verdeckte Monarchisten zu sein.

Im Jahr 1890[251] hatte Bahia 1.919.802 Einwohner, bis zum Jahr 1900 wuchs die Einwohnerzahl auf 2.117.956 an. Das Bildungsniveau im Bundesstaat Bahia war sehr niedrig. Im Jahr 1890 waren 8% der Bevölkerung alphabetisiert, 1920 waren es nur noch 5%. Im Jahr 1891 waren von 292.335 Kindern im Schulalter nur 23.196 in einer Schule angemeldet und 15.534 gingen regelmäßig zum Unterricht, nur 251 machten den Schulabschluss. Im „município" Monte Santo, das in der Nähe von Canudos liegt, gab es im Jahr 1890 4.151 Kinder im Schulalter, 144 waren an einer Schule angemeldet, 96 gingen regelmäßig zum Unterricht und zwei machten den Schulabschluss. Die Alphabetisierung war Grundlage

---

[247] Vgl. Villa, Canudos, o povo da terra, 1995, 112.
[248] Manuel Vitorino, Gouverneur von Bahia von 1889-1890. Vgl. Villa, Canudos, o povo da terra, 1995, 112. Vgl. Tavares, História da Bahia, 1979, 190.
[249] Allein im Zeitraum 1889-1892 gab es sieben Gouverneure in Bahia. Vgl. Villa, Canudos, o povo da terra, 1995, 127.
[250] Ferreira, 500 anos de história do Brasil, 2005, 452-454.
[251] IBGE, Censo Demográfico 1872/2010. Daten bezogen aus: Estatísticas do século XX. Rio de Janeiro, IBGE, 2007.
http://seriesestatisticas.ibge.gov.br/series.aspx?vcodigo=CD90&t=populacao, Zugriff am 14.08.2011.
Zum Vergleich die folgenden Analphabetenraten in Brasilien im Jahr 1890 gemäß dem Ministerio de Agricultura 1929, V-XXVII: Brasilienweit 85%, Salvador-BA 76%, Rio de Janeiro-RJ 44%, São Paulo-SP 71%. Vgl. Bartelt, Nation gegen Hinterland, 2003, 161.
http://seriesestatisticas.ibge.gov.br/series.aspx?vcodigo=CD90&t=populacao, Zugriff am 14.08.2011.

für eine Beteiligung an den politischen Wahlen, daher war ein großer Teil der Bevölkerung davon ausgeschlossen.[252]

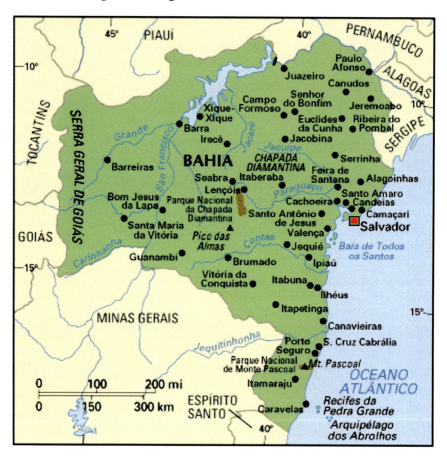

Landkarte 4: Brasilianischer Bundesstaat Bahia, Stand 2011.[253]

Bereits seit dem ersten Jahrzehnt des 19. Jh. kamen europäische Migranten nach Bahia. Viele Einwanderer verließen Bahia wieder und zogen in Richtung Süden.

---

[252] Vgl. Villa, Canudos, o povo da terra, 1995, 114-115.
[253] Landkarte von Bahia, aktueller Stand 2011,
http://www.viagemdeferias.com/mapa/bahia.gif, Zugriff am 25.08.2011.

Der Gouverneur von Bahia, Luis Vianna (1896-1900)[254], gab als Gründe dafür die fehlenden Transportmittel, die Dürreperioden und das Landmonopol der Großgrundbesitzer an, wodurch die Migranten keine Möglichkeit besaßen, eine eigene Ökonomie aufzubauen.[255] Unter verbesserten Bedingungen wurden nach 1850 erneut europäische Immigranten angeworben, die jedoch meist in den Städten blieben. Ein Grund dafür waren die Vorurteile gegenüber der Sertãobevölkerung und die Furcht vor Druck und Konflikten hinsichtlich des Landbesitzes.[256] Mit der brasilianischen Republik gab es eine neue Form der Steuererhebung, die sich in Artikel 125 der bahianischen Verfassung niederschlug. Jedes Jahr wurden die Form und die Höhe der Steuern neu festgelegt. Von der zu erwartenden Steuerhöhe hing es ab, ob ein „município" neu errichtet werden konnte. Die Gruppe, die die meisten Steuern zahlen musste, war laut João Arruda:

„...die Schicht der Ärmsten und Leidenden der Bevölkerung, denn, wie üblich, war niemand so kühn, von den Großbesitzern Steuern zu verlangen, seien es Händler oder Großgrundbesitzer."[257]

Diese Steuerpolitik verursachte immer neue Konflikte und Aufstände in den „municípios". Dazu trug bei, dass einige Steuern von der Republik eingeführt und andere nur unregelmäßig erhoben wurden.[258] Bei den Wahlen der politischen Vertreter der „municípios" bis hin zur Bundesebene gab es häufig Betrug und Korruption.[259] In der Regel setzten sich die einflussreichsten Politiker, Großgrundbesitzer und „coroneis" durch. Diese drängten immer wieder auf die Beibehaltung des Status des

---

[254] „Luis Vianna" [Geburtsname] oder später auch in der Literatur „Luis Viana" geschrieben, war Gouverneur von Bahia von 1896-1900. Vgl. Tavares, História da Bahia, 1979, 168, 190.
[255] Vgl. Villa, Canudos, o povo da terra, 1995, 121-122.
[256] Im Jahr 1897 kamen 508 Immigranten nach Bahia, von denen allein 335 in Salvador blieben. Davon gingen 105 nach Canavieiras, Valença, Iguape und Santo Antonio de Jesus, 68 hatten kein bestimmtes Ziel. Vgl. Villa, Canudos, o povo da terra, 1995, 123.
[257] Arruda, João, Messianismo e conflíto social, 1993, 77.
[258] Vgl. Villa, Canudos, o povo da terra, 1995, 123-124.
[259] Ein Beispiel für Wahlbetrug: Rui Barbosa wurde am 30.12.1896 zum Senator auf föderaler Ebene mit 74.863 Stimmen gewählt. Nach Schätzungen von Marco Antônio Villa hatte es jedoch nur ca. 60.000 Wahlberechtigte gegeben. Vgl. Villa, Canudos, o povo da terra, 1995, 116.

Landbesitzes und auf die Sicherung ihres Landmonopols.[260] Zwischen 1890 und 1897 bildeten sich im bahianischen Parlament, wie auf der Ebene einiger „municípios", zwei politische Gruppen heraus, die um die Macht kämpften. Zum einen gab es die Gruppe um José Gonçalvez da Silva[261] (gonçalvistas), zum anderen die Anhänger von Luiz Vianna (viannistas). Beide stammten aus dem nördlichen Sertão Bahias und gehörten zunächst derselben Partei an, der „Partido Republicano Federalista" (PRF).

Erst später kam es zu einer politischen Entfremdung. 1893 teilte sich die PRF. Es bildeten sich 1894 die „Partido Republicano Federal Bahia", die von Luis Vianna geführt wurde und die „Partido Republicano Constitucional" (PRC), in der José Gonçalvez da Silva und Cícero Dantas Martins, der „Barão de Jeremoabo" führend waren. Die Aristokratie und die „coroneis" des Sertão ordneten sich in der Regel einer dieser Gruppierungen zu. 1896[262] wurde Luis Vianna zum Gouverneur von Bahia gewählt. Die PRC (gonçalvistas) in der Opposition übte jedoch in der Mehrheit der „municípios" in der Region um Canudos den politischen Haupteinfluss aus.[263] Dawid Bartelt erläutert zur politischen Situation:

„Dass sich mit Canudos Ende 1896 Bahias wilder und gewalttätiger Sertão' in den Nordosten des Staates ausweitet, kam der Hegemonialpolitik Viannas äußerst ungelegen."[264]

In der Region um Canudos besaßen Gonçalvez und Dantas Martins die politische Kontrolle; ihnen gehörten die wichtigsten Landgüter.[265] Hinsichtlich des politischen Umgangs mit Canudos und die Entstehung

---

[260] Die politische Interessensvertretung der Großgrundbesitzer hinsichtlich der Landfrage spiegelt sich u.a. im Landgesetz n. 86 aus dem Jahr 1895 und dem Gesetz n. 198 vom 21.08.1897 wider, die den Zugang zum Land für Interessierte verschlechterte und den vorhandenen Großgrundbesitz sicherte. Vgl. Villa, Canudos, o povo da terra, 1995, 124-125.

[261] José Gonçalvez da Silva, Gouverneur von Bahia 1890-1891. Vgl. Tavares, História da Bahia, 1979, 190.

[262] Villa, Canudos, o povo da terra, 1995, 120.

[263] Vgl. Bartelt, Nation gegen Hinterland, 2003, 62-63.

[264] Bartelt, Nation gegen Hinterland, Stuttgart, 2003, 63.

[265] Cícero Dantas Martins war im Besitz von 59 Landgütern (fazendas) in Bahia, die sich in den folgenden „municípios" befanden: Itapicuru, Soure, Bom Conselho, Jeremoabo, Coité (Parigpiranga), Tucano, Cumbe [das heutige Euclides da Cunha], Monte Santo (Araci), Curaçá, Santo Amaro. Vgl. Bartelt, Nation gegen Hinterland, 2003, 63.

und Entwicklung des Krieges spielte diese Rivalität eine große Rolle. Canudos wurde zum Spielball im Machtkampf der beiden politischen Lager.

In dieser Zeit war die Familie „Garçia d'Ávila" die Besitzerin des Landgutes von Canudos. Sie stellte die größten Großgrundbesitzer in ganz Brasilien dar und besaß Landgüter im ganzen Sertão von Bahia. Anfang des 18. Jahrhunderts besaß sie fast 340 Léguas entlang des „Rio São Francisco". Wie andere Großgrundbesitzer dominierte sie die Regionen, in denen ihre Fazendas waren, auch unter Einsatz von Gewalt. Im ganzen Nordosten Brasiliens gab es in der Zeit von 1850-1890 eine Welle von Landkonflikten. Allein die bahianischen juridischen Autoritäten registrierten im Jahr 1889 insgesamt 59 gewalttätige Landkonflikte.[266] Die Anzahl der Polizisten in Bahia war so gering, dass es nicht möglich war, die Einhaltung der Gesetze an allen Stellen zu kontrollieren. Robert Levine bestätigt dies:

„Es gab wenige Polizisten, nur 283 Milizsoldaten und Soldaten der nationalen Garde (Guarda Nacional) patrouillierten 1870 im ganzen bahianischen Sertão, eine offensichtlich ungenügende Anzahl – wie die Eigentümer energisch hervorbrachten – hinsichtlich des gewalttätigen Banditentums, das herrschte."[267]

Eine Veränderung der Situation war von der politisch dominierenden Gruppe im Sertão, den Großgrundbesitzern, nicht gewünscht, da dies ihre Herrschaftsausübung einschränkte. Darüber hinaus war das Bewusstsein für die Existenz des Sertão in der Bevölkerung der Küstenstädte (litoral) kaum vorhanden. Robert Levine erläutert am Beispiel von Canudos:

„Es ist notwendig darauf hinzuweisen, dass die Brasilianer praktisch nichts über die desolate Region im Tal der Flüsse Vaza-Barris und Itapicuru wussten, bevor Ende 1870 die ersten Nachrichten über António Conselheiro verbreitet wurden."[268]

1.2.3 Bahias Ökonomie während der Ersten Republik

Die Entwicklung der Ökonomie ging in Bahia wie in anderen Landesteilen Brasiliens von den Küstenstädten aus. In der Region um die Küstenstädte herum lagen viele der Zuckerrohrplantagen. Tiefer im Landes-

---

[266] Vgl. Levine, O sertão prometido, 1995, 78.
[267] Levine, O sertão prometido, 1995, 121.
[268] Levine, O sertão prometido, 1995, 124.

inneren, im Sertão, wurde verstärkt Viehzucht betrieben. Ökonomisch war Bahia eine wichtige Region im 19. Jh. Der Staat besaß 6,6% der gesamten Landfläche Brasiliens und hatte 1.379.616 Einwohner (13,6% der brasilianischen Gesamtbevölkerung). 1890 war die Bevölkerung Bahias wie folgt verteilt: 58,2% lebten im Landesinneren, der übrige Teil in den Küstenstädten und Salvador-BA. Im Jahr 1800 lebten nur 20,6% der Bevölkerung im Landesinneren.

Grund für den Zuzug ins Landesinnere war die ökonomische Situation. Ziegenleder und Zucker waren gefragte Exportgüter.[269] Der Sertão Bahias hatte an vielen Stellen fruchtbaren Boden, der zum Anbau verschiedener Pflanzen geeignet war und bot daher ein ökonomisches Potential. Der Anbau war jedoch stark von den Regenfällen abhängig, die im Sertão stark variierten.[270] Dennoch gab es im Bundesstaat Bahia deutliche ökonomische Unterschiede zwischen „litoral" und „sertão". Dazu Angela Nobre Rolim Garcez:

„Der Sertão spielte eine zweitrangige Rolle in der Ökonomie des Nordostens. Arm und ökonomisch marginalisiert, war der ‚sertão' ein Lieferant von Rindern für die Zucker-Regionen in der Nähe des ‚litoral'."[271]

Nach der „abolição" 1888 wanderten viele der ehemaligen Sklaven von Bahia in den Süden Brasiliens oder in die Städte ab. Dies führte zu einem wirtschaftlichen Kollaps der Zuckerproduktion wie die folgende Tabelle[272] belegt:

Jahr	1887	1889	1890
Zuckerproduktion (in Tonnen)	60.722	51.600	3.416

In der Zeit der Republikgründung gab es für den Nordosten noch weitere einschneidende Veränderungen, die den Bundesstaat Bahia wirtschaftlich härter trafen als die nationale brasilianische Wirtschaft:[273] Der

---

[269] Vgl. Queirós Matoso, Kátia M. de, zitiert in: Dobroruka, Antônio Conselheiro, o beato endiabrado de Canudos, 1997, 142.
[270] Vgl. Bartelt, Nation gegen Hinterland, 2003, 70.
[271] Garcez, Aspectos econômicos de Canudos, in: Bloch, Didier (Hg.), Canudos 100 anos de produção, 1997, 59.
[272] Villa, Canudos, o povo da terra, 1995, 122.
[273] Vgl. Garcez, Aspectos econômicos de Canudos, in: Bloch, Didier (Hg.), Canudos 100 anos de produção, 1997, 58.

expandierende Kaffeeanbau im Süden Brasiliens, der Kautschukboom, der ab 1880 in Amazonien begann, sowie der verstärkte Anbau von Kakao und Tabak im Süden von Bahia, die zur Migration von Bewohnern des Nordostens und damit zur Verschärfung des Arbeitskräftemangels auf den Latifundien des Nordostens führten.[274] Gesamtwirtschaftlich gesehen verlor Bahia innerhalb Brasiliens immer mehr an Boden gegenüber dem sich wirtschaftlich stark entwickelnden Süden. Wie stark der wirtschaftliche Unterschied zwischen dem Süden und dem Nordosten Brasiliens war, wird am Vergleich der Exportsteuereinnahmen von Bahia mit São Paulo deutlich.

Im Zeitraum von 1894-1897 kam São Paulo auf Steuereinnahmen zwischen 30.000:000$000 und 33.000:000$000 Reis,[275] Bahia kam auf Steuereinnahmen, die zwischen 4.577:000$000 und 6.667:000$000 Reis lagen. São Paulo verfügte über mehr als die vierfachen Einnahmen Bahias.[276] Eine starke humanitäre und ökonomische Belastung stellten die Dürreperioden dar, die insbesondere den Sertão erschütterten und dabei viele Todesfälle und enorme wirtschaftliche Schäden mit sich brachten. Ein Beispiel: Belief sich der Export des Bundesstaates Bahia im Jahr 1893 auf 43.089.000$000 Reis, sank er nach der Dürreperiode von 1893[277] auf 27.022.000$000 Reis ab. Angela Nobre Rolim Garcez erläutert:

„Nach der Dürreperiode von 1877, die die schlimmste aller Zeiten war, bis 1893, dem Gründungsjahr von Belo Monte, gab es eine Serie von längeren Dürreperioden, die die prekäre Situation der Sertãobevölkerung noch verschlimmerten..."[278]

---

[274] Vgl. Alencar, Carpi, Ribeiro, História da sociedade brasileira, 1990, 169.
[275] Die brasilianische Währung von 1808 bis 1892 ist „Real", gezählt in der Stückelung „Tausend Reis". Bsp. Für die Schreibweise: 20$000 Reis = 20 Tausend Reis, Abkürzung RS.
[276] Vgl. Villa, Canudos, o povo da terra, 1995, 126.
[277] Robert M. Levine schildert die Dürre, die von 1888-1892 Bahia heimsuchte, seinerseits als die schlimmste, die es dort jemals gab. Vgl. Levine, O sertão prometido, 1995, 76.
[278] Garcez, Aspectos econômicos de Canudos, in: Bloch, Didier (Hg.), Canudos 100 anos de produção, 1997, 59.

1.2.4 Leben im „Sertão" des 19. Jahrhunderts

Es gab im Sertão des 19. Jh. eine klare gesellschaftliche Pyramide, die sich nach Robert M. Levine wie folgt aufbaut:

„Die Landeigentümer, Händler, Kleriker und Regierungsautoritäten standen an der Spitze der gesellschaftlichen Pyramide,... eine zweite heterogenere Gruppe bestand aus Händlern, Bürokraten, Kleinhändlern und ihren Familien... Eine dritte Schicht bilden 3-4000 Stadtbewohner... eine Art Kleinbürgertum, deren Status von der Regelmäßigkeit der Arbeit abhängt... Die letzte Gruppe, deren Charakteristika die permanente Schwierigkeit des Überlebens ist, umfasst die restlichen 70% der Bevölkerung."[279]

Die von Levine beschriebenen 70% der Bevölkerung, die permanent Schwierigkeiten hatten ihr Überleben zu sichern, setzten sich zu einem großen Teil aus der Bevölkerung des Sertão zusammen. Es waren ehemalige Sklaven, Kleinbauern und Viehhirten. Sie führten in der Regel ein von der Stadt isoliertes Leben. Die Großgrundbesitze und Dörfer, auf denen viele Landarbeiter und Kleinbauern lebten, waren weit über den Sertão verstreut.[280]

Sie bildeten die unterste Stufe im oligarchischen Herrschaftssystem des Sertão, das von den „coroneis" und Großgrundbesitzern dominiert wurde und auf deren Landmonopol beruhte. Neben dem geringen Einkommen, über das die einfache Landbevölkerung des Sertão verfügte, belasteten sie die Steuern, die Pachtabgaben an die Großgrundbesitzer und andere Ausgaben zum Erhalt des Lebens. Kinder begannen aufgrund der großen Armut bereits mit 4-5 Jahren auf den Landgütern mitzuarbeiten.[281] Schulen gab es nur wenige und waren von denen, die auf dem Land lebten, nur schwer zu erreichen. Die Medizinische Versorgung im Sertão war dürftig, wie Robert M. Levine erläutert:

„Die brasilianische Kindersterblichkeitsrate war eine der höchsten auf der Welt. Aufgrund der fehlenden ausgebildeten Ärzte kamen viele Scharlatane ins Landesinnere, die Kliniken und medizinische Praxen einrichteten."[282]

---

[279] Levine, O sertão prometido, 1995, 175.
[280] Farias, História da sociedade cearense, 2004, 215.
[281] Vgl. Levine, O sertão prometido, 1995, 168.
[282] Levine, O sertão prometido, 1995, 154.

Das Leben im Sertão war stark von Gewalt und Unterdrückung geprägt [vgl. 1.1.2]. Generell war die Gewaltbereitschaft im Sertão ausgeprägter als in den Städten.[283] Für die Sertãobevölkerung war das erste Jahrzehnt der Ersten Republik mit großen Leiden verbunden. Sie litt unter der Unterdrückung der „Sertãooligarchie" sowie unter deren gewaltsamen Auseinandersetzungen. Einer der großen Konfliktherde bestand in Streitigkeiten um den Landbesitz.[284] Landkonflikte gab es auch zwischen Missionaren und Großgrundbesitzern, denn es existierte auf dieser Ebene keine Zusammenarbeit zwischen den säkularen Machthabern und der Kirche.[285] Rui Facó sieht im Landmonopol den Grund für die Misere im Sertão, die im 19. Jh. zur Zeit Antônio Conselheiros herrschte:

„Es war das Landmonopol, das uns zu einer beklagenswerten kulturellen Rückständigkeit führte, mit einer Isolierung oder besser zu einer Einkerkerung der Landbevölkerung in Massen, in unserem Hinterland, das wir Sertão nennen und das vier Jahrhunderte lang stagnierte. Der Analphabetismus umfasste fast alle. Es gab eine komplette Ignoranz gegenüber der externen Welt, selbst gegenüber dem externen Sertão, der sich noch in den Grenzen Brasiliens befindet. Die einzige Form des Weltverständnisses, der Natur, der Gesellschaft, des Lebens, die die Bevölkerungen im Landesinneren hatten, war von der Religion oder den Sekten gegeben, die in den eigenen ländlichen Gemeinschaften entstanden, Varianten des Katholizismus."[286]

Zur Religion

Die Religion stellte einen wichtigen Halt für die „sertanejos" dar, um mit der Situation der Unterdrückung, in der sie lebten, umzugehen und Trost zu finden. Dabei differenzierte sich die Art der religiösen Praktiken stark aus [vgl. 1.4].

Zum Banditentum – „cangaço"

Ein Fluchtweg aus der großen Armut, die es im ganzen Nordosten gab, war der „cangaço", der bereits 1834[287] in Ceará erwähnt wird. Straßenräuber gab es zu jeder Zeit, der „cangaço" ist jedoch ein Phänomen

---

[283] Vgl. Levine, O sertão prometido, 1995, 148.
[284] Levine, O sertão prometido, 1995, 114.
[285] Vgl. Levine, O sertão prometido, 1995, 118.
[286] Facó, Cangaçeiros e fanáticos, 1978, 9.
[287] Farias, História da sociedade cearense, 2004, 228.

des Nordostens Brasiliens, das im 19. Jh. und in der ersten Hälfte des 20. Jh. besonders stark war. Der „cangaço" hat verschiedene Phasen. Zunächst gab es Gruppen von bewaffneten Männern (cangaçeiros), manchmal begleitet von Frauen, die von einem Großgrundbesitzer unterstützt wurden, um dessen Gegner [Indios, andere Großgrundbesitzer, Kleinbauern, u.a.] einzuschüchtern, zu bekämpfen oder zu töten. In einer späteren Phase wurden mit dem Begriff „cangaçeiros" unabhängige Gruppen benannt, die einem Anführer unterstanden und unter dessen Regie Überfälle durchführten.

Die „cangaçeiros" beschränkten sich nicht auf wohlhabende Personen, sondern überfielen auch kleine Dörfer, Bauern u.a. Sertãobewohner.[288] „Cangaçeiros" waren keine Revolutionäre, die am Verteilungssystem etwas ändern wollten. Durch ihre Überfälle sicherten sie ihr eigenes Leben und verbreiteten Unsicherheit in der Sertãobevölkerung. In der Regel kamen die „cangaçeiros" aus verarmten Familien und waren selbst Opfer der im Sertão herrschenden Armut und Ungerechtigkeit, in die sie hineingeboren waren. Viele weitere Faktoren trugen dazu bei, dass es zum „cangaço" kam, z.B.: Dürren, Fehlen eigenen Landes, Unterdrückung durch Großgrundbesitzer, selbst erlittene Gewalt, fehlende Bildung, Perspektivlosigkeit.

Zur Rolle der Märkte

Die Märkte spielten im Sertão eine bedeutende Rolle. Jeder Ort hatte in der Woche seinen eigenen Markttag. Dort konnten unterschiedlichste Waren angeboten und gekauft werden. Die Märkte waren Orte des sozialen Zusammenlebens, waren offen für alle und waren auch in religiöser Hinsicht bedeutsam [vgl. 1.4.8]. In Bezug auf religiöse Bedürfnisse stellten die Märkte einen Ort des Austauschs, des Ratsuchens und -gebens dar. Die Praxis der täglichen Märkte blieb im Sertão bis zum Ende des

---

[288] Ein berühmter, insbesondere in Pernambuco aktiver "cangaçeiro" war Vigulino Ferreira da Silva (1897-1938), auch „Lampião" genannt. Ihm und seiner Partnerin „Maria Bonita" wurde der Ruf eines „Robin Hood" des Nordostens angedichtet. Tatsächlich überfiel „Lampião" mit seinen „cangaçeiros" auch arme Dörfer und verbreitete viel Gewalt unter der armen Bevölkerung. Bei Großgrundbesitzern, für die er agierte, fand er Unterschlupf. Vgl. Farias, História da sociedade cearense, 2004, 228-229, 232.

19. Jh. bestehen und stellte ein echtes ökonomisches Handelssystem dar.[289]

Mit der Republikgründung und dem veränderten Steuersystem, wurden die Märkte vielerorts stark besteuert. Dies führte zu Konflikten an vielen Orten des Sertão. Antônio Conselheiro nahm zu den absurden Besteuerungspraktiken auf den Märkten Stellung, was zu Konflikten mit der örtlichen Polizei führte [vgl. 2.1.2].

Technischer Fortschritt

Der technische Fortschritt erreichte den Sertão in der Regel erst Jahrzehnte später. Typische Transportmittel waren im 19. Jh. Esel, Maultiere oder Ochsenwagen.[290] Es gab zwei technische Fortschritte im 19. Jh., die zur Verringerung der Isolation des Sertão von den Städten beitrugen. Zum einen geschah dies durch den Bau der Eisenbahnlinien in den 1870er Jahren, die die bahianische Hauptstadt Salvador mit Queimadas im Sertão von Canudos verband. Damit wurden die Vermarktungsmöglichkeiten, insbesondere von landwirtschaftlichen Produkten, deutlich verbessert. Die Orte, an denen der Zug hielt, wurden zu Verteilungszentren und zu Kontaktpunkten.[291] Gebaut wurde diese Strecke mit Hilfe vieler Migranten aus Europa. Die „sertanejos" erhielten nicht nur ein neues Transportmittel, sondern begegneten dabei auch Menschen anderer Herkunft und Kultur. Die zweite technische Neuerung waren die Telegrafenleitungen, die neue Kommunikationsmöglichkeiten zwischen den Hauptstädten und dem Sertão eröffneten. In der Phase des Krieges von Canudos 1896-1897 bekamen Eisenbahn und Telegrafenleitung eine enorme Bedeutung.[292]

1.3 Die Kirche in Ceará und Bahia

1.3.1 Kirche in der Kolonialzeit

Durch den „padroado" wurde die kirchliche Entwicklung in Brasilien seit dessen Entdeckung im Jahr 1500 von kirchlichen und politischen Interessen geprägt. Der Papst und die Kolonialmächte sahen sich im Recht, den neu entdeckten Kontinent in Besitz zu nehmen und zu

---

[289] Vgl. Levine, O sertão prometido, 1995, 141-142.
[290] Vgl. Farias, História da sociedade cearense, 2004, 215.
[291] Vgl. Levine, O sertão prometido, 1995, 160.
[292] Vgl. Levine, O sertão prometido, 1995, 140.

christianisieren. Deutlich wird dies in der Bulle „Inter caetera", dem ersten Dokument Papst Alexander VI. zur Eroberung Amerikas, vom 3. Mai 1493[293]. Darin schreibt der Papst, die Eroberung Amerikas geschehe *„...zur größeren Ehre Gottes und zur Ausbreitung des christlichen Imperiums".*[294]

Eine wichtige Rolle bei der Christianisierung Brasiliens nahmen die Ordensgemeinschaften ein, zu nennen sind für den Beginn der Kolonialzeit insbesondere Jesuiten, Franziskaner, Benediktiner und Karmeliter.[295] Die Ordensgemeinschaften, die zuerst nach Brasilien kamen, begleiteten z.T. die Expeditionen, die das Land in der Regel unter Einsatz von Gewalt eroberten. Dabei kamen sie in Konflikt zwischen staatlichen Interessen – dem Portugiesischen Kaiser waren sie durch das Patronat untergeordnet – und einer Christianisierung, die sich an der Botschaft des Evangeliums Jesu Christi ausrichtete. João Fagundes Hauck beschreibt die sich daraus ergebende Haltung:

„Die Evangelisierung ist Zusammenleben, Umkehr; aber für die Mentalität der Zeit eines Christentums, das mit dem Kolonialsystem verbunden ist, besteht Evangelisieren darin Christen zu machen, Heiden verringern und zum Christentum zu bringen, Christen zu machen bedeutet taufen nach einer sehr oberflächlichen Katechese."[296]

---

[293] Alexander VI. (Papst), Bulle „Inter caetera" vom 03.05.1493, in: Metzler (Hg.), America Pontificia, Bd. 1, 1991, 71-75.

[294] *„Ad ipsius Dei honorem et imperii christiani propagationem prosequi valeatis"*, Inter Caetera, Alexander VI. vom 03.05.1493, zitiert in: Metzler (Hg.), America Pontificia, Bd. 1, 1991, 72.

[295] Der Jesuitenorden war ab 1549 in Brasilien, der Karmeliterorden ab 1580, der Orden der Benediktiner ab 1581, Vgl. Hoornaert, Kolonisation und Evangelisation, in: Meier (Hg.), Zur Geschichte des Christentums in Lateinamerika, 1988, 26-29.

[296] Vgl. Fagundes Hauck, Fragoso, Beozzo, van der Grijp, Brod, História da igreja no Brasil, Band II/2, 1985, 105. Die Begriffe Evangelisierung und Christianisierung werden in dieser Arbeit wie folgt verwendet: Mit "Christianisierung" wird die Art und Weise beschrieben, wie die kolonialen Mächte in Zusammenarbeit mit der katholischen Kirche die brasilianischen Ureinwohner verschleppten und afrikanischen Sklaven zu "Christen machten", in der Regel ohne eine adequate Katechese. Evangelisierung beschreibt demgegenüber den Prozess der inkulturation des christlichen Glaubens in den jeweiligen geschichtlichen und kulturellen Kontext, der eine Hinführung zu einer bewussten Entscheidung für den christlichen Glauben zum Ziel hat.

Eine „Evangelisierung" im eigentlichen Sinne des Wortes, mit einer freien Entscheidung zum Glauben, war unter diesen Umständen fast ausgeschlossen.[297] Die erste Diözese in Brasilien war die Diözese Salvador-Bahia. Sie wurde am 25. Februar 1551[298] durch die Bulle „Super specula militantis ecclesiae" von Papst Julius III. errichtet und am 16. November 1676[299] durch die Bulle „Inter Pastoralis Officii Curas" von Papst Innozenz XI. zur Erzdiözese und zum zentralen Sitz der Kirchenprovinz Brasilien erhoben. Weitere für den Nordosten bedeutsame Erzdiözesen sind die Erzdiözese Olinda und Recife, die am 15. Juli 1614[300] zunächst als Prälatur gegründet wurde. Die Diözese Ceará wurde 1854[301] errichtet und 1915 zur Erzdiözese (Erzdiözese Fortaleza) erhoben.

Die kirchliche Organisation spielte sich im Rahmen einer absolutistischen Monarchie ab. Die Kirche, organisiert in Diözesen und Pfarrgemeinden, nahm nicht nur religiöse, sondern auch zivile Aufgaben wahr. Die Pfarrgemeinden führten das Geburts- und Heiratsregister für den Staat. Der Klerus war mit der staatlichen Bürokratie verbunden, die wiederum die Gehälter der Priester bezahlte. Die Bischöfe hatten ein kirchliches und politisches Amt. Sie waren gegenüber dem Kaiser nicht nur für die kirchlichen Belange sondern auch für die Umsetzung seiner Politik verantwortlich. Auch kamen den Diözesen richterliche Funktionen in

---

[297] Zur weiteren Vertiefung der Christianisierungsgeschichte Lateinamerikas siehe: Suess, Bekehrungsauftrag und Conquista, in: Sievernich, Camps, Müller, Senner (Hg.), Conquista und Evangelisation, 1992, 201-222.
[298] Erzdiözese Salvador-Bahia, Homepage, http://www.arquidiocesesalvador.org.br/arquidiocese/, Zugriff am 19.08.2011.
[299] Julius III. (Papst), Bulle „Super specula" vom 25.02.1551, in: Metzler (Hg.), America Pontificia, Bd. 1, 1991, 635.
[300] Am 16.11.1676 wird die Prälatur Pernambuco mit der apostolischen Konstitution "Ad sacram Beati Petri sedem" von Papst Inozenz XI. zur Diözese erhoben und in Diözese Olinda umbenannt. Am 05.12.1910 wird sie zur Erzdiözese erhoben. Durch die Bulle „Cum urbs Recife" von Papst Benedikt XV., vom 26.07.1918 erfolgt die Umbenennung in Erzdiözese Olinda und Recife. Vgl. Erzdiözese Olinda und Recife, Homepage, http://www.arquidioceseolindarecife.org/historia/, Zugriff am 19.08.2011.
[301] Am 10.11.1915 wird die Diözese Fortaleza zur Erzdiözese erhoben, durch die Bulle „Catholicae Religionis Bonum", von Papst Benedikt XV. Vgl. Erzdiözese Fortaleza, Homepage, http://www.arquidiocesedefortaleza.org.br/arquidiocese/historia/, Zugriff am 19.08.2011.

bestimmten Bereichen zu.[302] Robert M. Levine betont die gesellschaftliche Dimension der kirchlichen Aufgaben:

„Die Kirche hatte eine fundamentale Aufgabe im brasilianischen Leben. Insbesondere bestand ihre Bedeutung als Überbringerin der religiösen Politik des Vatikans und der brasilianischen kirchlichen Zentren an die katholische Bevölkerung, sie hatte eine zentrale Bedeutung bei der Bildung der ‚Ansichten der Küstenstädte (litoral)'. Die religiösen Termine füllten den Kalender und das familiäre Leben drehte sich um die sakramentalen Zeremonien, die alle Ereignisse prägten von der Geburt bis zum Tod."[303]

Die Kirche in Brasilien befand sich im Spannungsfeld zwischen den Erwartungen und Aufgaben des portugiesischen Kaisers einerseits und dem Papst auf der anderen Seite. Der „padroado" hatte eine zweischneidige Wirkung. Zum einen eröffnete sich für die Kirche die Möglichkeit zur Mission und Glaubensweitergabe an die brasilianische Bevölkerung und zur Einflussnahme auf die gesellschaftlichen Entwicklungen in Brasilien.

Andererseits war damit die starke Abhängigkeit von der Portugiesischen Krone verbunden, die das Handeln der Missionare stark beeinflusste und bestimmte. Der Regularklerus war durch die in Brasilien ansässigen Ordensgemeinschaften vertreten, die eine stärkere Eigenständigkeit hatten und von ihren in Europa ansässigen Ordensleitungen instruiert wurden. Die Ordensgemeinschaften wurden nicht oder nur in geringem Maße vom portugiesischen Staat finanziert, sondern unterhielten sich selbst durch die eigene Arbeit – bzw. die Arbeit auf den Landgütern oder „aldeiamentos" der Ordensgemeinschaften – und durch Spenden. Dadurch hatten sie eine etwas größere Unabhängigkeit von der portugiesischen Kolonialverwaltung als die Diözesangeistlichen.[304] In den jesuitischen „aldeiamentos" waren allgemeine Bildung, Christianisierung und musische Bildung die drei Säulen der Arbeit mit den Indios. Man teilte die Indios in einem „aldeiamento" in drei Gruppen auf: Eine Gruppe die mit den Missionaren ins Hinterland vorrückten, eine Gruppe blieb in den „aldeiamentos" als Schüler, die dritte Gruppe verrichtete die Arbeit für das Gemeinwesen.[305]

---

[302] Vgl. Wehling, Formação do Brasil colonial, 1999, 318-319.
[303] Levine, O sertão prometido, 1995, 86.
[304] Vgl. Wehling, Formação do Brasil colonial, 1999, 319-320.
[305] Vgl. Aymore, Die Jesuiten im kolonialen Brasilien, 2009, 208.

Eine der großen Herausforderungen an die Kirche in der Kolonialzeit war deren Haltung zur Versklavung von Indios und der Verschleppung afrikanischer Sklaven nach Brasilien. Die indigene Urbevölkerung erhielt Schutz vor der Versklavung, durch die „aldeiamentos" und Reduktionen der Jesuiten. Die Indios mussten in den „aldeiamentos" ihre Arbeitskraft einbringen, zum Teil wurden sie auch zur Arbeit an andere Großgrundbesitzer herangezogen, womit die Jesuiten ihre Mission finanzierten. Gleichzeitig nutzten die Jesuiten die Arbeitskraft der afrikanischen Sklaven. Fernando Amado Aymoré erläutert, wie es dazu kam:

„Angesichts dieser finanziellen Unsicherheiten [die Zahlungen der portugiesischen Krone blieben oft lange aus oder kamen gar nicht] wurde eine weitere entscheidende Wende in der Frage der brasilianischen Jesuiten vollzogen: die positive Entscheidung zur Nutzung von Sklavenarbeit durch Schwarzafrikaner und die existenzsichernde Etablierung von produktivem Grundbesitz [fazendas jesuíticas] im ganzen Land. Einmal mehr sollte sich Nóbrega, ein Weichensteller der Brasilienmission in jeder Hinsicht mit seinem Pragmatismus durchsetzen. So entschied sich Nóbrega für den Weg zur Heranziehung schwarzer Sklaven zur Bewirtschaftung des jesuitischen Landbesitzes."[306]

Dabei lehnte Ignatius von Loyola die Sklaverei generell ab und die Ordensverfassung von 1540 verbot sie ebenfalls.[307] Der Katholizismus wurde von den portugiesischen Eroberern mit deren religiösen Praktiken und Devotionsformen vermittelt, die stark mystisch geprägt und mit abergläubischen Zügen behaftet waren. Die theologische Grundausrichtung beschreiben Arno und Maria José Wehling:

„Der koloniale Katholizismus basierte theologisch auf der erneut vom Konzil von Trient bestätigten Lehre, die in Brasilien insbesondere von den Jesuiten angewandt wurde. Auch die Inquisition war eventuell präsent."[308]

Dieser portugiesische und vom Konzil von Trient (1545-1563) geprägte Katholizismus vermischte sich mit religiösen Riten und Traditionen von der indigenen Urbevölkerung und den afrikanischen Sklaven zu

---

[306] Aymore, Die Jesuiten im kolonialen Brasilien, 2009, 101.

[307] Ignatius von Loyola wurde noch in seinem letzten Lebensjahr 1556 befragt und lehnte die Sklaverei ab; ebenso die „Constitutiones Societas Jesu", Teil I, Kapitel 2. Vgl. Aymore, Die Jesuiten im kolonialen Brasilien, 2009, 102.

[308] Wehling, Formação do Brasil colonial, 1999, 248.

einer volkskirchlichen Glaubenspraxis. Insofern stand die offizielle Kirche stets in einem Spannungsfeld zwischen der katholischen Glaubenslehre und den volkskirchlichen Glaubenspraktiken mit deren synkretistischen Elementen. João Arruda weist insbesondere auf die messianischen Glaubensaspekte hin, die die portugiesischen Eroberer in die brasilianische Volksreligiosität einbrachten.[309]

1.3.2 Kirche im brasilianischen Kaiserreich

Die Kirche war direkt oder indirekt von den vielen im 19. Jh. sich ereignenden politischen und gesellschaftlichen Veränderungen betroffen. Dies erläutert Robert Levine:

„Bis 1891, als die republikanische Konstitution formal die römisch katholische Religion vom Staat trennte, besaß die Kirche gesetzliche Funktionen: die Priester schlichteten Dispute zwischen Gemeindemitgliedern, die Bischöfe kümmerten sich um die Bewahrung der öffentlichen Moral, verboten oder zensierten literarische oder theatralische Produktionen, die sie für unangebracht hielten. Die Kirche war auch für die Registrierung von Geburten, Sterbefällen und Heiraten verantwortlich. Selbst vor der Mitte des 19. Jahrhunderts zeigen die Kirchenregister, dass die Steuern, die für die Durchführung einer Hochzeit erhoben wurden – eine notwendige rechtliche Erfordernis für die Erbprozesse – 2 Monatslöhnen entsprachen und ein sehr großer Betrag waren für alle jene, die nicht zur reichsten Schicht der Gesellschaft gehörten."[310]

Das Handeln der Kirche war eingeschränkt, da sie der staatlichen Gewalt unterstellt und von ihr finanziell abhängig war. Aufgrund dieser Abhängigkeit und den aufkommenden liberalen progressiven politischen Bewegungen, die den Einfluss der Kirche ganz abschaffen wollten, befand sich die Kirche am Anfang des 19. Jh. in einer tiefen Krise. Hinzu kam die gegen 1807 beginnende und um 1850 verstärkte Zuwanderung von europäischen Protestanten. Dies stellte eine Anfrage an die Toleranz und den Status der katholischen Staatskirche dar. Ein wichtiges Ereignis war zudem die Unabhängigkeitserklärung Brasiliens im Jahr 1822.

Die Kirche gewährte dem brasilianischen Kaiser durch die Bulle „Praeclara Portugalliae", vom 15. Mai 1827,[311] alle Rechte und Pflichten

---

[309] Vgl. Arruda, João, Padre Cícero, religião, política e sociedade, 2002, 20.
[310] Levine, O sertão prometido, 1995, 98.
[311] Prien, Die Geschichte des Christentums in Lateinamerika, 1978, 428.

des „padroado", die zuvor der portugiesischen Krone zugekommen waren.[312] Die brasilianische Legislative lehnte die Bulle jedoch ab, da die Patronatsrechte inhärenter Bestandteil der Monarchie wären und der Papst diese nur anerkennen, nicht aber verleihen könnte. Auf diese Dissonanz reagierte der Vatikan mit der Errichtung einiger neuer Bistümer,[313] denn er war bemüht, den Einfluss auf die brasilianische Kirche zu vergrößern. 1830[314] errichtete der Heilige Stuhl (santa sede) in Rio de Janeiro eine Apostolische Nuntiatur. Die brasilianische Kirche in der Kaiserzeit tat sich schwer damit, auf die Herausforderungen der Zeit zu antworten. Dies führte zum massiven Rückgang des brasilianischen Klerus. Hans-Jürgen Prien betont den Umgang der Kirche mit der Oberschicht, besonders hinsichtlich der Herausforderungen an die Kirche:

„Die Herausforderungen waren letztlich die Folge der Aufklärung, die zum Unglauben der Oberschicht geführt hatte, die Dogmen, Riten und Moralvorschriften der institutionellen Kirche durch eine ‚natürliche' Religion mit einer ‚natürlichen' Moral ersetzen wollte. Der unbestrittene Triumph der Aufklärung im Kaiserreich fand seinen institutionellen Ausdruck in der Freimaurerei, die die Trägerin der kulturellen Werte der Oberschicht und eines Teils des Klerus wurde, die sie ohne Widerstand der Kirche durchdrungen hatte."[315]

Die brasilianische Kirche wandte sich in der Krisenzeit an Rom. Ab der Mitte des 19. Jh. kamen Kongregationen und Priester aus Frankreich und Italien nach Brasilien und stützten die Kirche in einer schwierigen Epoche. Das hatte zur Folge, dass die Hierarchie und der Klerus seine Anregungen zur Auseinandersetzung mit den gesellschaftlichen und

---

[312] Der römische Katholizismus blieb, gemäß § 5 der Brasilianischen Verfassung von 1824, Staatsreligion Brasiliens, die Glieder des Klerus waren Staatsbeamte. Der Brasilianische Kaiser verfügte über die Prärogativen des Patronats über die Brasilianische Kirche. Z.B. wurden Angriffe auf katholische Dogmen als politische Verbrechen betrachtet. Theologische Handbücher durfte der Kaiser zensieren. Durch die Bulle „Praeclara Portugalliae" vom 15.05.1827 wurde dem Brasilianischen Kaiser das volle Patronatsrecht für die Kirche in Brasilien übertragen. Prien, Die Geschichte des Christentums in Lateinamerika, 1978, 427-428.

[313] Im Jahr 1826 werden die Prälaturen von Goiás und Cuiabá zu Bistümern erhoben, im Jahr 1828 werden Maranhão und Pará eigene Diözesen, im Jahr 1848 erhält Rio Grande do Sul ein eigenes Bistum mit Sitz in Porto Alegre. Vgl. Prien, Die Geschichte des Christentums in Lateinamerika, 1978, 428.

[314] Prien, Die Geschichte des Christentums in Lateinamerika, 1978, 415.

[315] Prien, Die Geschichte des Christentums in Lateinamerika, 1978, 431.

geistigen Strömungen aus den päpstlichen Enzykliken bekamen. Diese waren aber hauptsächlich auf den Kontext Europas abgestimmt und nicht auf die Lebenswirklichkeit Brasiliens.[316] Mit seiner Enzyklika „Quanta Cura"[317] und dem damit veröffentlichten Syllabus[318] vom 8. Dezember 1864[319] verurteilte Papst Pius IX. den Liberalismus sowie die Freimaurerei als unvereinbar mit dem katholischen Glauben. Teile der Freimaurerei hatten eine antikirchliche Einstellung. Darüber hinaus vereinten sich in den Reihen der liberalen Freimaurerei viele politisch progressive Kräfte, die sich für die Gründung einer Republik und die Trennung von Kirche und Staat einsetzten.

Gemäß der päpstlichen Enzyklika sollten die Freimaurer aus den katholischen Bruderschaften ausgeschlossen werden.[320] Dies führte zu weiteren Verstimmungen zwischen Monarchie und Kirche. Die Enzyklika und Bulle erhielten nicht das Plazet Dom Pedro II. und er ließ diese nicht umsetzen. Die Bischöfe von Belém und Recife, Dom Antônio Macedo und Dom Vital Maria, reagierten im Jahr 1873 darauf, indem sie die Freimaurer trotzdem aus den katholischen Bruderschaften ausschlossen. Daraufhin wurden sie von Dom Pedro II. zu vier Jahren Gefängnis mit schwerer Zwangsarbeit verurteilt.

Nach Priesterverfolgungen und Volkserhebungen gegen die Freimaurerei im Sertão des Nordostens, wurden die Bischöfe im September 1875[321] bedingungslos amnestiert. Spannungen zwischen Kirche und Monarchie blieben jedoch erhalten.[322] Zwei bedeutsame Bewegungen kennzeichneten die weiteren Entwicklungen bezüglich des „padroado".

---

[316] Vgl. Prien, Die Geschichte des Christentums in Lateinamerika, 1978, 418.

[317] Die Enzyklika „Quanta Cura" mit Syllabus kritisiert nicht nur die Freimaurerei sondern alle Bestrebungen des Liberalismus und beinhaltet ein Verzeichnis mit den 80 „hauptsächlichen Irrtümern unserer Zeit". Verurteilt wurden auch die Forderung nach Religions- und Meinungsfreiheit, die laizistische Erziehung, die Bildung laikaler Staaten u.a. Vgl. Prien, Die Geschichte des Christentums in Lateinamerika, 1978, 417.

[318] Vgl. Schatz, Syllabus, in: LThK, Band 9, 2000, 1153-1154.

[319] Prien, Die Geschichte des Christentums in Lateinamerika, 1978, 417.

[320] Vgl. Prien, Die Geschichte des Christentums in Lateinamerika, 1978, 431-432.

[321] Es kommt im Zusammenhang mit der Amnestierung der Bischöfe zum Sturz der Regierung Rio Branco am 22.06.1875. Vgl. Prien, Die Geschichte des Christentums in Lateinamerika, 1978, 433.

[322] Vgl. Alencar, Carpi, Ribeiro, História da sociedade brasileira, 1990, 171.

Auf der politischen Ebene wuchsen mit der republikanischen Bewegung, die gegen 1870 einsetzte, liberale Kräfte, die auf eine Trennung von Kirche und Staat hinwirkten. Auf der anderen Seite begann um 1850 ein kirchlicher Prozess, der in den portugiesischsprachigen Regionen als „romanização"[323] (Romanisierung) bekannt ist und sich am Konzil von Trient (1545-1563) orientierte. In diesem Prozess fand eine Zentralisierung der kirchlichen Entscheidungen für die Ortskirchen auf den Vatikan statt. Mit der Romanisierung sollte eine Antwort auf die fortschreitende antiklerikal ausgerichtete Freimaurerei, den Positivismus und den Protestantismus gegeben werden.[324]

Auch verstärkte die brasilianische Kirche ihre Einheit mit der Universalkirche, um den Einfluss des Staates zu verringern. Die brasilianische Kirche befand sich daher im 19. Jh. in einer Zeit der Reform, die sich stark an den Vorgaben des Vatikans orientierte. Alexandre Otten erläutert die Folgen und Schwierigkeiten:

„Man klerikalisierte die Kirche und sakralisierte die Welt. Es war ein europäischer Katholizismus, der nicht mit der brasilianischen Realität übereinstimmte."[325]

Bestimmte Devotionsformen, wie z.B. die eucharistische Anbetung oder die Herz-Jesu-Verehrung[326], wurden in den letzten Jahrzehnten des 19. Jh. stärker betont. Das Lateinamerikanische Plenarkonzil von 1899 benannte Vorgaben für das kirchliche Handeln, die die Leitlinien des Vatikans widerspiegelten. Das Plenarkonzil betonte die exakte Einhal-

---

[323] Mit „romanização" (Romanisierung) wird in der portugiesischsprachigen Literatur der kirchliche Prozess beschrieben, der im deutschsprachigen Raum als „Ultramontanismus" beschrieben wird. Dabei geht es um die Zentralisierung kirchlicher Entscheidungen auf den Vatikan in Rom. Vgl. Schatz, Ultramontanismus, in: LThK, Band 10, 2001, 360-362.

[324] Vgl. Nogueira Galvão, O império do Belo Monte, 2002, 30.

[325] Otten, Só Deus é grande, 1990, 301.

[326] Die Herz-Jesu-Verehrung entstand im 17. Jh., 1856 wird das Herz-Jesu Fest und der monatliche Herz-Jesu-Freitag mit Sakramentenempfang für die Gesamtkirche eingeführt. Vgl. Berger, Rupert, Kleines liturgisches Lexikon, Freiburg, Basel, Wien, 1991, 3. Auflage, 62. Auch das Lateinamerikanische Plenarkonzil von 1899 betont die Bedeutung der Herz-Jesu-Verehrung und die monatliche Feier des Herz-Jesu-Gottesdienstes in einer Messfeier. Vgl. Lateinamerikanische Plenarkonzil von 1899, Abschnitt 43, 362-379, http://multimedios.org/docs/d000021/, Zugriff am 29.08.2011.

tung aller Gebete und Vorgaben für die Feier der Messe.[327] Die Rolle der Heiligen als Fürsprecher und nicht als Vermittler zu Gott wurde klargestellt, da Christus der einzige Mittler ist.[328] Das Plenarkonzil wandte sich gegen jegliche Art des Aberglaubens.[329] Es riet die Präsenz des Priesters auch für Andachtsformen, die von Laien angeleitet werden können und stärkte damit die Rolle des Priesters.[330]

Von Papst Pius IX. (1846-1878)[331] setzten um 1850 ultramontane Bestrebungen in Brasilien ein, die Papst Leo XII. (1878-1897)[332] fortführte. Diese sahen eine stark zentralisierte Vorgabe der kirchlichen Lehre und Leitung der Diözesen von Rom aus vor. Zu den ultramontanen Maßnahmen zählte das 1859[333] von Pius IX. gegründete „Collegium Pio Latinoamericanum", in dem ganze Priestergenerationen herangezogen wurden, um in Brasilien oder anderen Ländern Lateinamerikas als Missionare oder Bischöfe zu wirken. Auf diese Weise verstärkte der Vatikan seine bestimmende Rolle in der lateinamerikanischen Kirche. Die Romanisierung hatte auch in der Erzdiözese Salvador-Bahia und der Diözese Ceará seine Auswirkungen. In der 1854[334] gegründeten Diözese Ceará, errichtete der erste Bischof Dom Luís Antônio dos Santos kurz nach seiner Ankunft in Ceará im Jahr 1861[335] das erste Priesterseminar, das „Seminário da Prainha". Mit dem Priesterseminar schuf er einen Ort, an dem die Priesterausbildung streng gemäß den universalkirchlichen Vorgaben aus Rom durchgeführt wurde. Die Diözese Ceará hatte im Gründungsjahr mit

---

[327] Vgl. Lateinamerikanische Plenarkonzil von 1899, Abschnitt, 338-361, http://multimedios.org/docs/d000021/, Zugriff am 29.08.2011.
[328] Vgl. Lateinamerikanische Plenarkonzil von 1899, Abschnitt, 338-361, http://multimedios.org/docs/d000021/, am 29.08.2011.
[329] Vgl. Lateinamerikanische Plenarkonzil von 1899, Abschnitt, 338-361, http://multimedios.org/docs/d000021/, am 29.08.2011.
[330] Vgl. Otten, Só Deus é grande, 1990, 299-303. Vgl. Hoornaert, Os anjos de Canudos, 1997, 39-41.
[331] Levine, O sertão prometido, 1995, 65.
[332] Levine, O sertão prometido, 1995, 65.
[333] Prien, Die Geschichte des Christentums in Lateinamerika, 1978, 418.
[334] Vgl. Erzdiözese Fortaleza, Homepage, http://www.arquidiocesedefortaleza.org.br/arquidiocese/historia/, Zugriff am 19.08.2011.
[335] Ab 1864 leitete der französische Lazarist P. Pierre Chevallier als Rektor das Priesterseminar der Diözese Ceará. Vgl. Della Cava, Milagre em Joaseiro, 1976, 31-32.

33 Priestern die pastorale Versorgung für die ca. 720.000 Einwohner Cearás anvertraut bekommen.[336] 1883[337] begann in Brasilien ein weit angelegtes Programm zur Verbesserung des Klerus und zur Vereinheitlichung der kirchlichen Praktiken, insbesondere derer in der Liturgie. Damit sollten lokale liturgische Eigenheiten, die z.b. synkretistische Elemente beinhalteten, abgeschafft und eine einheitliche Liturgie eingeführt werden.

In den Seminaren von Fortaleza und Olinda wurde starker Wert auf Disziplin, besonders im liturgischen Bereich, sowie auf die intellektuelle Ausbildung der Seminaristen gelegt. In Olinda führte dies zu Neubesetzungen und Versetzungen von Priestern in Leitungspositionen. Es kam zur verstärkten Entsendung von europäischen Missionaren nach Brasilien, z.B. aus Italien, Belgien und Deutschland. Bei Ihnen wurde besonderer Wert darauf gelegt, dass diese auf die Einhaltung der ultramontanen Prinzipien achteten und diese weitergaben. Besonders betroffen waren von der ultramontanen Ausrichtung der Kirche die Regionen des Sertão, in denen es aufgrund der geringen Zahl an Priestern praktisch kaum religiöse Unterweisungen gab und sich daher eine eigene Art der Volksfrömmigkeit herausgebildet hatte. Die sich im Prozess der Romanisierung befindende Kirche traf Ende des 19. Jh. im Nordosten Brasiliens auf einen devotionalen Katholizismus portugiesischer Tradition, der stark von Laien geprägt war [vgl. 1.4].[338] Alexandre Otten beschreibt die Folgen:

„Mit der Reform ändert sich die Situation. Auch die Kirche betrachtet den Katholizismus der Bevölkerung [des Sertão] als Ausdruck des Fanatismus, des Aberglaubens, der abzuschaffen ist."[339]

Diese Sichtweise galt auch der Bewegung von Canudos, bei der der Volkskatholizismus in der Tradition des Sertão die Grundlage des Zusammenlebens und der religiösen Praktiken war [vgl. 2.3.4]. Der romanisierte Katholizismus war mit dem Volkskatholizismus des Sertão unvereinbar. Dies erläutert Vicente Dobroruka:

„Wir können von einem ‚kolonialen Katholizismus', gegenüber jenem romanisierten, den Ideen des Konzils von Trient näher stehenden, sprechen. Dieser sprach den Laien und der Familie eine große Bedeutung zu:

---

[336] Vgl. Della Cava, Milagre em Joaseiro, 1976, 31.
[337] Levine, O sertão prometido, 1995, 62.
[338] Vgl. Levine, O sertão prometido, 1995, 62-66, 86.
[339] Otten, Só Deus é grande, 1990, 301.

Selbst die kirchliche Autorität war in großem Maße Subjekt im säkularen Arm, wie wir bereits sahen... Es scheint mir unterdessen, dass dies [der romanisierte] nicht der Katholizismus ist, den wir bei Antônio Conselheiro suchen sollten, aus zwei Gründen: An erster Stelle war dies nicht die Tradition, in der er ausgebildet wurde. An zweiter Stelle öffnete der erneuerte Katholizismus [catolicismo renovado] niemals den Raum für die Predigt eines Laien, wie er ihn hatte. In anderen Worten, es wäre Antônio Conselheiro unmöglich gewesen, im Rahmen der Theologie der katholischen Kirche, in ihrer erneuerten (renovada) Form zu bestehen."[340]

1.3.3 Organisation der Kirche im 19. Jahrhundert

Aufgrund der fortschreitenden Kolonialisierung wurden im 18. Jh. viele neue Bistümer in Brasilien errichtet, so z.B. Belém (1719), São Paulo (1745), Mariana (1745), Mato Grosso (1745) u.a. In der Folge entstanden auch neue Pfarreien. Bahia, mit Sitz in Salvador, wurde zur Erzdiözese ernannt.[341] Im 19. Jh. kam es zur Gründung weiterer Diözesen [vgl. 1.3.2]. Insgesamt gesehen war die amtskirchliche Präsenz in Brasilien, insbesondere in den Regionen des Sertão, außerordentlich schwach. Zur Verdeutlichung der Situation das Beispiel der Provinz Bahia: Im Jahr 1800 waren 20% der Pfarreien von Bahia im Landesinneren, im Jahr 1890 waren es 49,5%.

In den Jahren 1808/1812 gab es 336.072 Bewohner Bahias, die auf 89 Pfarreien verteilt waren. 1872 hat Bahia 1.380.186 Einwohner, auf 169 Pfarreien verteilt. 1890 stieg die Zahl der bahianischen Landesbewohner auf 1.903.442 an, die sich auf 196 Pfarreien verteilten.[342] Die Diözese Bahia hatte nur eine geringe Zahl an Priestern. Im Jahr 1887 hatten 124 der 190 Pfarreien keinen Priester, der permanent in der Pfarrei lebte.[343] Dazu kam, dass sich die Priester stärker an der Weltsicht der Eliten des „litoral" orientierten und in den Städten ihren Dienst leisteten.[344] Robert M. Levine erläutert die Folgen:

„Die geringe Zahl der Kleriker, die bereit waren, den Armen in weit entlegenen Pfarreien die Sakramente zu spenden, führte dazu, dass viele

---

[340] Dobroruka, Antônio Conselheiro, o beato endiabrado de Canudos, 1997, 120.
[341] Vgl. Wehling, Formação do Brasil colonial, 1999, 184-185.
[342] Vgl. Dobroruka, Antônio Conselheiro, o beato endiabrado de Canudos, 1992, 90, 341.
[343] Vgl. Levine, O sertão prometido, 1995, 63.
[344] Levine, O sertão prometido, 1995, 64.

brasilianische Katholiken, insbesondere im Sertão, praktisch verlassen und auf sich selbst angewiesen waren."[345]

Im ausgehenden 18. und im 19. Jh. nahm die Zahl der Geistlichen in Brasilien stark ab. Um 1875 hatte Brasilien noch mehr als 3.000 Regular- und Säkularpriester, bei einer Bevölkerung von 3-4 Millionen. Die Zahl der Priester sank bis 1889 auf 700 ab, bei einer Gesamtbevölkerung Brasiliens von 14.333.915[346] im Jahr 1890.[347] Die Kirche kämpfte in Brasilien ums Überleben. Ralph Della Cava schildert zur Situation der Diözese Ceará im Jahr 1854:

„Der Zustand der Diözese konnte nicht schlimmer sein. Mit einer geschätzten Bevölkerung von 720.000 Einwohnern besaß sie nur 33 Priester, von denen zwei Drittel, wie berichtet wird, Familien gegründet hatten und deren Ruf unter den Laien in der Konsequenz seinen Tiefpunkt erreicht hatte."[348]

Viele Priester hatten aufgrund ihrer Lebensführung keinen guten Stand in der Bevölkerung. Zum einen musste die Bevölkerung z.T. sehr hohe Gebühren für die Spendung der Sakramente bezahlen,[349] zum anderen war die Situation, dass Priester eigene Familien hatten, zumindest ambivalent. Kátia de Queirós Mattoso stellt eine Seite der Sichtweise dar:

„...es ist notwendig daran zu erinnern, dass das Bild von verheirateten Priestern mit Kindern so alt in Brasilien war wie die Präsenz der Kirche. Diese Gewohnheit war von der Bevölkerung akzeptiert und war tief verwurzelt im klerikalen Habitus."[350]

Dass Priester ihre eigenen Familien hatten war so verbreitet, dass P. Diogo Antônio Feijó, der 1831-1832 Justizminister und von 1835-1837 alleiniger Regent Brasiliens war, seit 1827 im Parlament forderte, den Zölibat abzuschaffen. Aufgrund des geringen Standes des Zölibates in der öffentlichen Moral wollte er ehrlichere Verhältnisse schaffen, gerade weil

---

[345] Levine, O sertão prometido, 1995, 62.
[346] IBGE, Censo Demográfico 1872/2010. Daten bezogen aus: Estatísticas do século XX. Rio de Janeiro: IBGE, 2007, http://seriesestatisticas.ibge.gov.br/series.aspx?vcodigo=CD90&t=populacao, Zugriff am 14.08.2011.
[347] Vgl. Prien, Die Geschichte des Christentums in Lateinamerika, 1978, 431.
[348] Vgl. Della Cava, Milagre em Joaseiro, 1976, 31.
[349] Vgl. Pereira de Queiroz, O messianismo no Brasil e no mundo, 1995, 98.
[350] Queirós Matoso, Kátia M. de, zitiert in: Dobroruka, Antônio Conselheiro, o beato endiabrado de Canudos, 1997, 148.

er selbst ein streng zölibatär lebender Mensch war.[351] Empörung erregte auch, dass manche Priester Großgrundbesitzer waren und Indios als Sklaven hielten.[352] Maria Isaura Pereira de Queiroz erläutert:

"Es vereinigten sich die Klagen gegen die Priester, die zu jeder Zeit aufgezeichnet wurden und immer dieselben sind: Die Vikare entsprachen nicht dem Ideal der 'caboclos':[353] *sie praktizierten weder Armut, noch lebten sie losgelöst von materiellen Dingen oder enthaltsam und oftmals praktizierten sie auch keine Nächstenliebe."*[354]

Auch Antônio Conselheiro kritisierte die Priester, die sich nicht an ihre Gelübde hielten. Das Lateinamerikanische Plenarkonzil im Jahr 1899 reagierte auf die Zustände im Klerus, indem es verdeutlichte, dass z.B. eine luxuriöse Lebensweise mit Festen, Verhältnissen zu Frauen oder Glücksspiel für das priesterliche Leben nicht akzeptabel sind. Deshalb gab das Lateinamerikanische Plenarkonzil Regeln für das priesterliche Leben vor.[355] Die Missionen von Ordensleuten, die in langen Zeitintervallen und für kurze Zeitabschnitte in die einzelnen Regionen des Sertão kamen, prägten den Volkskatholizismus mit und sorgten für eine geringfügige Verbesserung der kirchlichen Präsenz. Insgesamt entwickelten sich aus der dauerhaften pastoralen Unterversorgung der Sertãobevölkerung ein Volkskatholizismus und Frömmigkeitsformen, die strukturell stark von Laien geprägt waren.

---

[351] Vgl. Prien, Die Geschichte des Christentums in Lateinamerika, 1978. 429.
[352] Vgl. Farias, História da sociedade cearense, 2004, 86.
[353] „Caboclo" = Mestize, aus weißer und indigener Abstammung. Mensch mit kupferfarbener Haut und glattem Haar. Manchmal wird der Begriff „caboclo" abschätzig verwendet für: primitiver, ungebildeter Landbewohner, Kleinbauer, armer Teufel. Vgl. Zilly, Glossar, in: Cunha, Krieg im Sertão, 1994, 742.
[354] Pereira de Queiroz, O messianismo no Brasil e no mundo, 2003, 317. João Arruda schreibt, die Priester: *„ ... forderten Bezahlung für alle religiösen Akte und Amtshandlungen. Kein Dienst, weder Taufe, Ehe, das Wochenamt, die letzte Ölung etc. wurden kostenfrei gehalten. Die Priester verkauften dies, als wären es Waren und berechneten alle geleisteten religiösen Dienste. In Wahrheit war die Kirche im ganzen Nordosten in Misskredit gefallen."* Arruda, Canudos, messianismo e conflito social, 2006, 89.
[355] Vgl Lateinamerikanisches Plenarkonzil 1899, 642-662. Vgl. Concílio Plenario de la América Latina, http://multimedios.org/docs/d000021/, Zugriff am 29.08.2011.

1.3.4 Orden und Missionen im 19. Jahrhundert

Die Orden spielten bei der Christianisierung Lateinamerikas eine wichtige Rolle. Die Art und Weise, wie in Brasilien ab dem 16. Jh. die Christianisierung betrieben wurde, hing stark von den einzelnen Ordensgemeinschaften ab. Die Jesuiten kamen 1549[356] nach Salvador. Sie konzentrierten sich bei ihrer Mission auf zwei Gebiete. Zum einen betrieben sie Schulen,[357] die in den Städten im „litoral" lagen, zum anderen bauten sie Indianersiedlungen („aldeiamentos"[358] oder Reduktionen) auf dem Land auf. Dabei wurden in den Schulen die Missionare ausgebildet, die in den Indianersiedlungen eingesetzt wurden. Die Jesuiten eigneten sich die Sprache der indigenen Bevölkerung an und hielten die Katechese der Indios in deren Stammessprache, z.B. in Tupi. Manoel Benício beschreibt, dass die Jesuiten für ihre Mission einen dritten Orden aus Laienbrüdern schufen, der die Mission unterstützte. Diese Laienbrüder waren ausgestattet mit ...

„...begrenzten ekklesiastischen Befugnissen... mit der Absicht den christlichen Glauben zu verkünden und gewisse Sakramente zu spenden, in den ungebildeten Sertões."[359]

---

[356] Hoornaert, Kolonisation und Evangelisation, 1988, 27.

[357] Die Jesuiten wurden die Pioniere im Aufbau von Bildung und Schulen in Brasilien. Diese Vorreiterschaft behielten die Jesuiten bis zu ihrer Vertreibung aus Brasilien im Jahr 1759. Vgl. Hoornaert, Azzi, van der Grijp, Brod, História da igreja no Brasil, Band II/1, 1983, 213.

[358] In den von den Jesuiten gegründeten „aldeiamentos" bekamen die Indianer Schutz vor der Versklavung. Gleichzeitig mussten sich die Indios an den europäischen Moralvorstellungen orientierten und ihre stammesgeprägten Lebensregeln und Traditionen z.T. aufgeben oder anpassen. Aus vielen „aldeiamentos" entstanden auch heute noch vorhandene Orte und Städte. Die Stadt São Paulo entstand z.B. aus einem „aldeiamento" des Jesuitenordens. In Fortaleza-Ceará entstanden die Stadtteile Parangaba und Messejana (Paupina) sowie die Stadt Caucaia (Soure) aus „aldeiamentos" der Jesuiten. Vgl. Farias, História da sociedade cearense, 2004, 80-81.

[359] *„Iniciadas pelos padres da Companhia e outros mestres da fé cristã, no intuito de subjugar pelo prestígio do Evangelho o espírito bestial dos selvagens, de tal sorte se desenvolveram que os jesuítas tiveram de formar dentre os catecúmenos uma ordem de irmãos leigos com limitados poderers eclesiásticos ...no sentido de propagar o cristianismo e exercer certos sacramtos através dos sertões incultos."* Benício, O rei dos jagunços, 1997, 33.

Manuel de Nóbrega und José de Anchieta waren die maßgeblichen Personen für die Ausbildung und Orientierung dieser „Laien-Apostel".[360] Sie erhielten u.a. den Auftrag zu predigen und in gewissem Rahmen Sakramente[361] zu spenden. Damit trug der Jesuitenorden bereits im 16. Jh. zur Ausprägung des Laienkatholizismus in Brasilien bei. Die Franziskaner stützten ihre Missionsarbeit auf Konvente, die sie in der Küstenregion aufbauten sowie auf „fazendas" und Siedlungen auf dem Land.[362] Auch die Karmeliter gliederten ihre Mission in die Arbeit in Konventen, „fazendas" und Siedlungen. Eduardo Hoornaert trifft folgende Unterscheidungen:

„Die Missionierung der Franziskaner war weniger dynamisch und kritisch als die der Jesuiten; sie bestand vorwiegend aus der religiösen Unterweisung der Herrenfamilien mit ihren Sklaven in den genannten Gebieten. Dabei unterstützten auch sie anfänglich die Indianer. Jedoch war ihre Haltung letztlich eine andere, die deutlich wurde, als sie den ‚gerechten Krieg' gegen die Indianer verteidigten, z.B. im Krieg gegen die ‚caetés'. Zudem akzeptierten sie auch die Verwaltung der Indianersiedlungen durch Staatsbeamte."[363]

Politisch standen die Orden oft im Zwiespalt zwischen den politischen Interessen der Eroberungsmacht Portugal und der Botschaft des Evangeliums. Insbesondere die Praxis der Versklavung der Urbevölkerung durch die Eroberungsexpeditionen – die „bandeirantes" – rief bei Ordensleuten Widerstand hervor.

Die größere Eigenständigkeit der Jesuiten in ihren „aldeiamentos" und Reduktionen, sowie der Schutz, den sie den Indianern dort gaben, führten zu Auseinandersetzungen mit den Kolonialherren.[364] Der Jesuitenorden war ein nicht zu übersehender politischer Machtfaktor im kolonialen

---

[360] Vgl. Benício, O rei dos jagunços, 1997, 33.

[361] Manoel Benício gibt nicht an, von welchen Sakramenten, die durch Laien gespendet wurden, er konkret spricht. Es ist sehr wahrscheinlich, dass es sich um die Taufe, insbesondere die Nottaufe von Kindern handelt, da die Rate der Kindersterblichkeit im brasilianischen Sertão des 19. Jh. sehr hoch war.

[362] José de Anchieta SJ (1534-1597) war der erste Lehrer der Eingeborenensprache. Er schrieb eine Grammatik der Indianersprache und entwickelte Grundkenntnisse in der Tropenmedizin. Vgl. Hoornaert, Kolonisation und Evangelisation, 1988, 28-29.

[363] Hoornaert, Kolonisation und Evangelisation, 1988, 29.

[364] Vgl. Hoornaert, Kolonisation und Evangelisation, 1988, 32-33.

Gefüge, der hinsichtlich der Behandlung der indigenen Urbevölkerung den Interessen der Kolonisatoren entgegenstand. Dies war einer der wesentlichen Gründe, der 1759[365] zur Ausweisung der Jesuiten aus Brasilien führte. Am 7. August 1814[366] rehabilitierte Pius VII. den Jesuitenorden. Erst im Jahr 1842 reisten wieder Jesuiten aus Europa nach Brasilien ein.[367] Die Missionierung des Sertão im Nordosten Brasiliens fand intensiv im 16. und 17. Jh. statt. Kapuziner, Franziskaner, Oratorianer und Jesuiten begleiteten die portugiesischen Konquistadoren auf ihren Expeditionen ins Landesinnere. Dabei stellte der Rio São Francisco einen der Hauptwege in den Sertão dar.[368] Obgleich es schon einige „casas de recolhimento" (Häuser der Einkehr) für Frauen im 16. Jh. gab, so kamen die ersten Frauenorden erst im 17. Jh. nach Brasilien. Die Klarissen waren die erste Frauenkongregation, die am 9. Mai 1677[369] in Salvador-BA ihr Wirken begann. Im Laufe des 17. und 18. Jh. errichteten weitere Frauenorden in Brasilien ihre Niederlassungen, so z.B. die Ursulinen.[370]

Insgesamt handelte es sich um eine kleine Zahl an Ordensschwestern, die es in dieser Zeit in Brasilien gab. Im 19. Jh. befanden sich die bereits in Brasilien ansässigen Orden in einer Dekadenz. Es fehlte ihnen an Kraft und Berufungen zu einer Erneuerung und zur Schaffung einer neuen Vision für die Mission. Viele Konvente waren kaum noch besetzt. Manche Konvente wurden vom Staat geschlossen oder fielen an ihn, wenn der

---

[365] Hoornaert, Kolonisation und Evangelisation, 1988, 34.
[366] Prien, Die Geschichte des Christentums in Lateinamerika, 1978, 418.
[367] Vgl. Prien, Die Geschichte des Christentums in Lateinamerika, 1978., 430.
[368] Der Kapuzinerorden war ab 1649 in Olinda vertreten, ab 1656 in Recife und ab 1653 in Rio de Janeiro. Sie arbeiteten mit den Indianern und hatten Missionen im Landesinneren. Der Oratorianerorden wirkte seit 1669 im Landesinneren von Pernambuco. Jesuiten und Franziskaner arbeiteten ab ca. 1650 im Landesinneren im Bereich des Rio São Francisco. Vgl Hoornaert, Kolonisation und Evangelisation, 1988, 30-31.
[369] Eine Gruppe von vier Klarissen kam vom Kloster Evora in Lissabon zur Gründung des Klosters in Salvador-Bahia. Hoornaert, Azzi, van der Grijp, Brod, História da igreja no Brasil, Band II/1, 1983, 224
[370] Der Ursulinenorden, d.h. die „Ursulinas de Mercês" errichteten 1735 ihren Konvent, die „Ursulinas de Soledade" im Jahr 1739, die „Ursulinas Franciscanas da Lapa" im Jahr 1747. Hoornaert, Azzi, van der Grijp, Brod, História da igreja no Brasil, Band II/1, 1983, 226-227.

letzte Bewohner gestorben war.[371] Hierzu trug bei, dass ausländische Mönche keine Erlaubnis bekamen, den traditionellen Orden beizutreten. 1855 verbot der Justizminister José Tómas Nabuco den traditionellen Orden die Aufnahme neuer Novizen, bis zu einer neuen Regelung der Ordensreform in einem Konkordat. Das Gesetz blieb bis zum Ende des Kaiserreiches bestehen. Damit waren die traditionellen Ordensgemeinschaften zu einem Tod auf Raten verurteilt. Ambivalent war, dass bei dieser Politik gleichzeitig neue Ordensgemeinschaften aus Europa zugelassen wurden.[372]

Im Zuge der Romanisierung der Kirche verfolgte der Vatikan die Strategie eigene Missionare mit ultramontaner Ausprägung in Europa auszubilden und nach Brasilien zu senden. Damit wurde ein neues, auf das Papsttum konzentriertes ekklesiologisches Konzept nach Brasilien gebracht.[373] Nach der Trennung von Kirche und Staat setzte ein Prozess ein, in dem die brasilianische Kirche viele Ordenskongregationen aus Europa [z.B. aus Italien, Frankreich, Deutschland] aufnahm. Ein Beispiel dafür ist der italienische Kapuzinerpater Frei João Evangelista de Monte Marciano, der nach einem Jahr Aufenthalt in Brasilien im Jahr 1895[374] die Mission nach Canudos übertragen bekam [vgl. 2.1.2].

Missionen

Die kirchliche Präsenz im Sertão des 19. Jh. war aufgrund der wenigen dort lebenden Priester sehr gering. In dieser Zeit bildeten verschiedene Orden sogenannte „santas missões" (Heilige Missionen), die in unregelmäßigen Abständen zu den verschiedenen Orten in den Sertão gingen, um die Bevölkerung im Glauben zu unterweisen. Die Missionen blieben für eine bestimmte Zeit an einem Ort, hielten Katechesen und Gottesdienste, spendeten die Sakramente und zogen dann weiter.

Die Bevölkerung in der Region um die Missionsorte war über die Informationswege des Sertão, z.B. die Märkte, über die Ankunft von Mis-

---

[371] Im Jahr 1830 wurden z.B. die Orden der unbeschuhten Karmeliter und Kapuziner in Pernambuco aufgelöst. Vgl. Prien, Die Geschichte des Christentums in Lateinamerika, 1978, 429.
[372] Vgl. Prien, Die Geschichte des Christentums in Lateinamerika, 1978, 429.
[373] Vgl. Prien, Die Geschichte des Christentums in Lateinamerika, 1978. 418. Vgl. Meier, Die Orden in Lateinamerika, in: Sievernich, Camps, Müller, Senner (Hg.), Conquista und Evangelisation, 1992, 27.
[374] Vgl. Arruda, Messianismo e conflito social, 1993, 100-101.

sionen informiert. Daher kamen bei den Missionen viele Personen zusammen. Mit den dabei stattfindenden Hochzeiten und Taufen gehörten zu den Missionen auch Festmomente. Es gab auch Missionen, bei denen die Anwesenden gemeinsam Kapellen oder andere Dinge für das Gemeinwohl bauten.[375] Wilson Andrade benennt die Predigtinhalte der im Nordosten herumziehenden Missionare, die die Volksreligiosität maßgeblich prägten:

„Der von den portugiesischen Missionaren gebrachte Christianismus enthielt eine Mixtur von Inhalten. Zusammen mit den Sakramenten und der Heiligenverehrung gab es große Predigten über den Himmel, die Hölle und das Fegefeuer. Die Bevölkerung nahm dieses devotionale Christentum an, das gemäß Eduardo Hoornaert die Charaktereigenschaften der Buße, der Sakramentalität trug und zutiefst sozial und laikal war. Es war ein Christianismus, der Angst brachte, als Methode, um Anhänger zu gewinnen."[376]

Marco Antônio Villa, verdeutlicht diese Art der Missionspredigt am Beispiel des Kapuziners João Batista de Cingoli:

„Dieser Tag wird unausweichlich kommen, und niemand wird entkommen. Vielleicht ist er nur wenige Jahre entfernt; auch wenn der Antichrist nicht durch die Welt geht, so gehen schon seine Vorboten, um ihm den Weg zu bereiten,..."[377]

Die „Heiligen Missionen", wurden nicht selten von Missionaren durchgeführt, die wenig Bezug zu den Lebensvollzügen im Sertão hatten.[378] Auch gab es sehr unterschiedliche Bildungsgrade unter den Missionaren. Das Motiv der „Rettung der Seelen" nahm bei den Missionen einen zentralen Stellenwert ein. Die Predigten waren oft auf das Jenseits ausgerichtet. Der Weg dahin führte über Umkehr und Buße sowie ein gottgefälliges Leben.[379] Stark apokalyptische Predigten sollten die Bevölkerung zu Umkehr und Buße bewegen. Durch die apokalyptisch geprägten Predigten wurde eine Naherwartung des Weltendes und der Wiederkunft Christi betont. Damit verbunden war der Glaube: Christus entmachtet das Böse und führt die Gläubigen zur ewigen Erlösung. Die Ungläubi-

---

[375] Vgl. Montenegro, Fanáticos e cangaceiros, 1973, 14.
[376] Andrade, A experiência religiosa e sociopolítica de Canudos, 2006, 41.
[377] Costa e Silva, C., zitiert in: Villa, Canudos, o povo da terra, 1995, 31.
[378] Vgl. Villa, Canudos, o povo da terra, 1995, 31.
[379] Vgl. Otten, Só Deus é grande, 1990, 123.

gen fänden die ewige Verdammnis in der Hölle. Es wurde damit jedoch nicht nur an die Frömmigkeit der „sertanejos" appelliert, sondern auch der Mystizismus gefördert.[380]

Die Missionare wurden bei ihren Missionen durch den Sertão oft von Gruppen von Gläubigen, manchmal sogar von ganzen Familien begleitet, die ihre Anwesenheit nutzten, um pilgernd mit ihnen unterwegs zu sein und religiöse Unterweisungen zu erhalten. Dies geschah auch bei pilgernden Laien [beatos, conselheiros, vgl. 1.4.2 und 1.4.3] wie z.b. bei Antônio Conselheiro. Das Vorbild der Missionare, das u.a. durch ihr asketisches Leben, die Bußübungen, den Pilgerweg durch den Sertão und ihre Predigt gekennzeichnet war, prägte die Religiosität der Gläubigen. Buße konnte nicht nur in Form von Entsagung eigener Wünsche und Annehmlichkeiten oder durch Selbstkasteiung[381] geschehen sondern auch in Werken der Nächstenliebe. Dies war eine Art, in der die Sünden in dieser Welt wieder gut gemacht werden konnten.

Eine Besonderheit des Sertão waren die Büßerorden und Bußprozessionen, die aus dieser Entwicklung entstanden und sich insbesondere im 19. Jh. bildeten. In der hohen Bewertung des ewigen Lebens durch die Sertãobevölkerung, kam deren Protest gegenüber der Welt zum Ausdruck, in der sie – großer Armut, Unterdrückung und den Naturgewalten [z.B. Dürreperioden]ausgesetzt – lebten. Die Missionen waren wie ein Ventil, durch das dem Leiden der Bevölkerung Erleichterung geschaffen und die Hoffnung auf die Rettung durch Gott vermittelt wurde. Die Missionen, mit ihren stark apokalyptischen und auf Buße ausgerichteten Predigten, beeinflussten spirituelle Persönlichkeiten des Nordostens, z.B. Pe. Cícero, Pe. Ibiapina, José Lourenço und Antônio Conselheiro.[382]

1.3.5 Das Erste Vatikanische Konzil 1869-1870[383]

Mit dem Ersten Vatikanischen Konzil bezog die Kirche Position gegenüber den weltweit anwachsenden Bewegungen des Liberalismus, der Freimaurerei und Säkularisierung. Generell reagierte das Erste Vatikanische Konzil auf die gesellschaftlichen Prozesse mit einer Zentralisierung und Hierarchisierung der kirchlichen Strukturen. Durch die Konstitution

---

[380] Vgl. Montenegro, Fanáticos e cangaceiros, 1973, 14.
[381] Vgl. Villa, Canudos, o povo da terra, 1995, 32-33.
[382] Vgl. Farias, História da sociedade cearense, 2004, 84.
[383] Denzinger, Hünermann (Hg.), Kompendium der Glaubensbekenntnisse und kirchlichen Lehrentscheidungen, 1991, 811.

„Pastor Aeternus"[384] wurde die Unfehlbarkeit des Papstes bei endgültigen Entscheidungen des Glaubens und der Sittenlehre zum Dogma erhoben. Damit wurden das Amt des Papstes sowie das der Bischöfe innerkirchlich gestärkt. Gleichzeitig wurde damit auch die Unabhängigkeit der Kirche gegenüber dem Staat betont. Alle Katholiken, auch die in Regierungen stehenden, waren den Päpstlichen Lehrentscheidungen gegenüber verpflichtet. Durch das Unfehlbarkeitsdogma wurde diese Verpflichtung verstärkt und nahm somit eine politische Dimension ein. Dies bezog sich auch auf die Machthaber der Monarchie in Brasilien. Das Erste Vatikanische Konzil knüpfte am Kirchenbild des Tridentinischen Konzils an. Die Anwesenheit des Priesters bei religiösen Vollzügen wurde „klerikalisiert". d.h. ein Priester war dazu notwendig oder zumindest war seine Anwesenheit angeraten. Dawid Danilo Bartelt erklärt, wie sich das Erste Vaticanum konkret in Brasilien auswirkte:

„Dem I. Vaticanum von 1869-1870 waren heftige Reformanstrengungen der katholischen Kirche gefolgt. In Brasilien war ein offener Konflikt zwischen Regierung und Amtskirche ausgebrochen. Den Klerus zu reformieren, zu disziplinieren, zugleich seine unabdingbare Autorität gegenüber den Gemeinden und die unabdingbare Autorität der Bischöfe über den niederen Klerus sowie des Vatikans über die Bischöfe wiederherzustellen, bestimmte das Programm der Amtskirche ebenso wie das Bestreben, den sanktionierten katholischen Doktrinen als göttliche Wahrheit universal zur Wirkung zu verhelfen und abweichende Doktrinen und Praktiken des ‚Volkskatholizismus' zu bekämpfen."[385]

Wie aus der Darstellung Bartels hervorgeht, war es ein Ziel der Kirche, mit der Romanisierung Bischöfe und Priester zu formieren, die die Anweisungen Roms strikt in ihren Ortsvollzügen umsetzten, um damit eine stärkere Uniformität und den Einfluss Roms über das religiöse Leben der Gläubigen auszuüben.[386] Das Erste Vatikanische Konzil unterstrich den Ultramontanismus, d.h. die Zentralisierung der kirchlichen Gewalt auf den Vatikan in Rom.[387]

Die Uniformierung der Glaubenspraktiken und die Zentralisierung religiöser Vollzüge auf die Priester trafen im Sertão auf eine stark von

---

[384] Denzinger, Hünermann (Hg.), Kompendium der Glaubensbekenntnisse und kirchlichen Lehrentscheidungen, 1991, (3000-3075).
[385] Bartelt, Nation gegen Hinterland, 2003, 110.
[386] Vgl. Andrade, A experiência religiosa e sociopolítica de Canudos, 2006, 39.
[387] Vgl. Prien, Die Geschichte des Christentums in Lateinamerika, 1978, 418.

Laien geprägte Volksreligiosität, die sich seit Jahrhunderten so entwickelt hatte. Die durch den Ultramontanismus und das Erste Vatikanische Konzil geprägte brasilianische Amtskirche traf daher im Sertão auf eine Realität, die mit den ultramontanen Reformen nicht harmonisierbar war. Schon aufgrund der nicht vorhandenen Priester entwickelten sich laikale Devotionsformen"; die ebenso gut allein von Laien praktiziert werden konnten. Das Aufeinandertreffen der romanisierten Kirchenlehre auf die Volksreligiosität des Sertão betraf auch Antônio Conselheiro und Canudos, die integrale Bestandteile der Volksreligiosität des Sertão waren.

1.3.6 Kirche in der Zeit der Ersten Republik

Nachdem die Kirche ihre noch in der Monarchie verankerten Privilegien durch die von der Republik vorgenommenen Trennung von Kirche und Staat eingebüßt hatte, protestierten die Bischöfe gemeinsam dagegen in ihrem Hirtenbrief vom 17. März 1890, der vom Bischof von Pará, Dom Antônio Macedo Costa verfasst wurde:

„Im Namen der gesellschaftlichen Ordnung, im Namen des öffentlichen Friedens, im Namen der Eintracht der Bürger, im Namen der Rechte des Gewissens weisen wir Katholiken die Trennung von Kirche und Staat zurück; wir fordern die Verbindung beider Gewalten..."[388]

Die brasilianische Kirche war bestrebt, die Verbindung von Kirche und Staat weiter zu erhalten. 1892 kam es zu einem Politikwechsel des Vatikans: die Kirche begann die Trennung von Kirche und Staat in Brasilien zu akzeptieren.[389] Papst Leo XIII. unterwies den brasilianischen Klerus darin, dass zwischen Republik und Kirche keine Unvereinbarkeit bestehe und diese durch die Kirche anerkannt werde.[390]

Der Ultramontanismus traf im Zusammenhang mit den Entwicklungen in der Erzdiözese Salvador-BA auf innerkirchliche Schwierigkeiten. Die Besetzung des Bischofsstuhls in der Erzdiözese Salvador-BA befand sich in einer mehr als 11jährigen Übergangssituation. Der Bischof der Erzdiözese Dom Luís dos Santos war bereits seit 1883 schwer erkrankt und starb im Jahr 1890[391]. Es folgte eine vierjährige Vakanz des Bischofs-

---

[388] Macedo Costa, Dom Antônio, zitiert in: Prien, Die Geschichte des Christentums in Lateinamerika, 1978, 552.
[389] Vgl. Levine, O sertão prometido, 1995, 64.
[390] Vgl. Martins Wilson, zitiert in: Otten, Só Deus é grande, 1990, 318.
[391] Bereits im Jahr 1883 reist Dom Luís dos Santos nach Rio de Janeiro, um aus gesundheitlichen Gründen vom Amt des Erzbischofs zurückzutreten. Sein Ge-

stuhls. Am 26. Februar 1894[392] wurde Dom Jerônimo Tomé zum Erzbischof von Salvador ernannt. In seinen ersten Jahren als Bischof legte Dom Jerônimo Tomé starken Wert auf die Errichtung seiner Autorität.[393]

Durch den ultramontanen Kurs der Kirche war ein guter Grund gegeben, die örtlichen Pfarrer zu übergehen, die zur Toleranz gegenüber Canudos aufriefen, und konkrete Schritte gegen Canudos zu unternehmen. Dom Jerônimo Tomé war nur ein Jahr im Bischofsamt, als er eine Mission nach Canudos sandte. Er kam damit einem Anliegen der Bahianischen Landesregierung nach. Er war bemüht, das noch immer spannungsreiche Verhältnis zu verbessern, obwohl ein großer Teil des Klerus noch immer große Vorbehalte gegenüber dem „freimaurerischen" Staat hatte.[394] Alexandre Otten sieht folgende Motivationen:

„So wird die Bitte der Regierung [von Bahia], zwei Missionare zu erhalten, um das Volk des Conselheiros zu zerstreuen, von der Kirche als Gelegenheit angesehen, als Teilhaberin an der zivilen Macht akzeptiert zu werden und sich erneut in der geistlichen Regierung der Nation zu installieren."[395]

Für die Kirche in Bahia ging es darum, mit dem republikanischen Staat neue Beziehungen aufzubauen und eine neue Rolle der Kirche zu definieren. Beauftragt wurden der erst seit einem Jahr in Brasilien lebende italienische Kapuzinerpater Frei João Evangelista de Monte Marciano (1843-1921) und sein Mitbruder Frei Caetano de S. Leo. Die Mission, die vom 13. April - 21. Mai 1895[396] dauerte, erreichte jedoch nicht ihr Ziel Canudos aufzulösen [vgl. 2.1.2]. Alles in allem führte das Ende des „padroados" dazu, dass die Kirche freier auf die kirchlichen Notwendigkeiten Brasiliens reagieren und die Strukturen kirchlicher Arbeit selbst gestalten konnte.

Bereits 1892 errichtete Papst Leo XIII. mit der Bulle „Ad universas ecclesias orbis" die vier neuen Bistümer Amazonas, Paraíba, Niteroi und Curitiba. Von 1895-1924 wuchs die Zahl der Erzbistümer auf 14, die der

---

such wird abgelehnt. Kurz darauf ist Dom Luís dos Santos gelähmt und Vertreter müssen sein Amt bis zu seinem Tod und in der folgenden Vakanz ausfüllen. Vgl. Levine, O sertão prometido, 1995, 63.

[392] Otten, Só Deus é grande, 1990, 318.
[393] Vgl. Levine, O sertão prometido, 1995, 63.
[394] Vgl. Otten, Só Deus é grande, 1990, 307-319.
[395] Otten, Só Deus é grande, 1990, 319.
[396] Arruda, Messianismo e conflito social, 1993, 100-101.

Bistümer auf 44 an. Die Zahl der großen Priesterseminare stieg von 1890-1927 von 9 auf 15 an, die der kleinen von 11 auf 30. Aufgrund der geringen Zahl an Berufungen zum Priesteramt in Brasilien kamen nach 1889, unterstützt durch den Vatikan, viele Ordensgemeinschaften und Diözesangeistliche aus Europa nach Brasilien, um das kirchliche Leben aufzubauen.[397] Dies war jedoch ein langsamer Prozess. Die Kirche brauchte viele Jahre, um sich nach der Trennung von Kirche und Staat neu zu etablieren. Die brasilianische Kirche richtete sich dabei stark an den Entwicklungen in Europa und den Vorgaben des Vatikans aus. Es kam nicht zu einer Erhebung der pastoralen Gegebenheiten in den einzelnen Regionen, auch nicht zu einer Annäherung im Verständnis der Volksreligiosität. In dieser Phase der großen politischen und kirchlichen Herausforderungen und Schwierigkeiten, begab sich die brasilianische Kirche auf den Weg zur Übernahme des europäischen Katholizismus. Das Ereignis „Canudos", das sich stark an der katholischen Volksfrömmigkeit des Sertão orientierte, fand in diesem kirchenpolitischen Umfeld statt und stellte eine Bewegung dar, die nicht dem von der Amtskirche eingeschlagenen Weg entsprach.

1.4 Formen der Volksreligiosität im „Sertão"

1.4.1 Entwicklung der Volksreligiosität

In diesem Abschnitt wird in einem ersten Schritt ein Abriss über die Ausprägung des Volksglaubens im brasilianischen Sertão des 19. Jh. gegeben und beschrieben, welche Faktoren und Entwicklungen darauf maßgeblich Einfluss nahmen. In einem zweiten Schritt werden die Position und das Handeln der katholischen Kirche in Bezug auf diese Art des Volksglaubens dargestellt. Dies ist eine essentielle Grundlage für das Verständnis der Bewegung von Canudos. Seit der Entdeckung und Eroberung Brasiliens, die mit Pedro Cabral im Jahr 1500[398] begann, kam es in einem über Jahrhunderte andauerndem Prozess zu einer Begegnung und Durchmischung unterschiedlicher Religionen und Kulturen.

---

[397] Die Zahl der Weltpriester stieg von 1889-1964 von 520 auf 4872 (16% Ausländeranteil) an. Die Zahl der Ordenspriester erhöhte sich im selben Zeitraum von 180 auf 7309 (53% Ausländeranteil). Vgl. Prien, Die Geschichte des Christentums in Lateinamerika, 1978, 555-556.
[398] Wehling, Formação do Brasil colonial, 1999, 42.

1. Die indigene Urbevölkerung lebte in zahlreichen Indianerstämmen, in denen viele verschiedene Gottheiten verehrt und unterschiedlichste religiöse Riten ausgeübt wurden. Es gab dabei u.a. die Verehrung von Naturgottheiten und Fetischen. Einige Namen der großen Indianerstämme sind „Jê, Nu-Aruak, Karib und Tupi".[399]
2. Schon im 16. Jahrhundert wurden Sklaven aus Afrika nach Brasilien verschleppt.[400] Auch die afrikanischen Sklaven kamen aus einer Stammeskultur heraus, deren religiöse Ausprägung viele Gottheiten, Mythen und religiöse Praktiken beinhaltete.
3. Die portugiesischen „conquistadores" brachten den christlichen Glauben und die lusitanische Kultur nach Brasilien. Durch das Patronat zur Glaubensverbreitung in Brasilien an den portugiesischen König kam es bei der Mission zu einer Verbindung politischer und religiöser Interessen.

Wie in anderen lateinamerikanischen Ländern, vollzog sich die Christianisierung in Brasilien ähnlich wie eine Eroberung, jedoch im religiösen Bereich.[401] Es gab unterschiedliche Vorgehensweisen und Motive, die die Entwicklung der Volksreligiosität prägten. Z.B. gab es die Motive der „kultischen Überbietung" und der „Kult-Sukzession".[402] Bei der „Kultischen Überbietung wurden an den heiligen Stätten der Indios noch eindrucksvollere christliche Riten [z.B. Prozessionen] vollzogen, Kirchen erbaut oder anderes getan, um die alten Riten der Indios zu überbieten. Verbunden damit war die „Kultsukzession".

Der archaische Glaube der indigenen Bevölkerung war oft an bestimmte heilige Orte [heilige Quellen, Berge o.a.] gebunden. Deshalb wurden genau an diesen Stellen Kirchen errichtet und dort christliche

---

[399] Alencar, Carpi, Ribeiro, História da sociedade brasileira, 1990, 5.
[400] Vgl. Alencar, Carpi, Ribeiro, História da sociedade brasileira, 1990, 26.
[401] Vgl. Delgado, Abschied vom erobernden Gott, 1996, 24-25.
[402] Das berühmteste Beispiel für Kult-Sukzession und kultische Überbietung in Lateinamerika befindet sich in Guadalupe in Mexico Stadt. Die indigene Bevölkerung hatte auf dem Hügel Tepeyac ein Heiligtum für die aztekische Gottheit Tonantzin Cihuacóatl („Unsere Liebe Mutter Frau Schlange") errichtet. Mitte des 16. Jh. begann an diesem Ort die Verehrung der Gottesmutter Maria nach deren viermaligen dortigen Erscheinen (9.-12.12.1531). Vgl. Nebel, Guadalupe in Mexico, in: LThK, Bd. 4, 1995, 1086.
Vgl. zur Kultsukzession auch: Prien, Das Christentum in Lateinamerika, 2007, 121ff.

Gottesdienste gefeiert. Mit der Zeit nahm die Identifizierung des Ortes mit dem christlichen Glauben zu. Man hoffte, damit den Raum für die Praxis des alten Kultes zu nehmen. Der alte Götterkult wurde jedoch unter einem christlichen Deckmantel weiter praktiziert.[403] Durch den direkt oder indirekt ausgeübten „Zwang, den wahren Glauben anzunehmen" mussten sich die Indios mit dem katholischen Christentum arrangieren. Es entstand eine synkretistische Religiosität mit mythischen und magischen Elementen, die aus den indigenen und afrikanischen Religionen stammten.[404] In den indigenen und afrikanischen Religionen gab es gute Gottheiten und Geister, ebenso wie das Böse, verkörpert in schlechten Gottheiten, Dämonen, Werwölfen u.a. Es gab Vorstellungen, dass Menschen die Hilfe der guten, wie der bösen Mächte herabrufen konnten. Man traf [und trifft z.T. auch heute noch] auf Heiler, Gesundbeter, Seher, ebenso auf Menschen, die auf Nachfrage anboten, anderen Personen Krankheiten oder andere Übel durch die Hilfe der Geister- und Götterwelt anzuhängen oder sie davon zu heilen. Diese Elemente, einer mit guten, wie mit schlechten Geistern bestückten Umwelt prägten die Volksreligiosität.[405]

Im Laufe der Jahrhunderte kam es zu einer Durchmischung der Bevölkerungsgruppen, was auch zu einer Durchmischung der tradierten religiösen Mythen führte. Die Synkretismen gab es daher im Brasilien des 19. Jh. und es gibt sie bis in die heutigen Tage.[406] Im Sertão herrschte der Glaube, dass Wohlergehen und Kalamitäten [Krankheiten, Unglück,…] im Leben letztlich vom eigenen guten bzw. schlechten Verhalten abhingen und somit Ausdruck des Willens Gottes seien. So wurden auch die Dürreperioden als Strafe für das schlechte sündhafte Verhalten der Menschen verstanden. Einige kirchliche Missionare unterstützten diese Vorstellung. Daher wurden Regenprozessionen und Bußakte abgehalten, sowie Büßerorden gegründet. João Arruda erläutert:

---

[403] Vgl. Prien, Das Christentum in Lateinamerika, 2007, 120.
[404] Vgl. Aymore, Die Jesuiten im kolonialen Brasilien, 2009, 340.
[405] Diese Art eines mystisch- magischen Weltbildes im Sertão verarbeitet João Guimarães Rosa in seinem Roman „Grande Sertão". Vgl. Guimarães Rosa, Grande Sertão, 1994 (1964), Originalausgabe in Portugiesisch: Grande Sertão.
[406] Z.B. gibt es die synkretistischen Kulte Candomblé und Macumba. Zur Ausübung des Candomblé ist z.B. die Mitgliedschaft in der katholischen Kirche notwendig.

„In diesem sozialen Umfeld war die religiöse Dimension omnipräsent und durchdrang das gesamte kollektive Bewusstsein. Mit diesem Status besaß die Religion auch pragmatische Funktionen hinsichtlich: der Landwirtschaft, der Viehzucht, der Krankheiten, der Dürreperioden und Überschwemmungen, der emotionalen Unausgeglichenheiten, affektiver Zusammenstöße und Verfehlungen, bis hin zu existentiellen Fragen, die mithilfe der übernatürlichen Sphäre gelöst wurden."[407]

Aufgrund der schwierigen Lebenssituation, insbesondere der indigenen Urbevölkerung und der von afrikanischen Sklaven abstammenden Bevölkerung, nahm die durch die Missionare vermittelte Erwartung an einen Messias, der von Hunger und Leid befreit und den Weg zum Heil führt, eine große Bedeutung in der Volksreligiosität ein. Der Mythos vom portugiesischen König „Dom Sebastião" und andere messianische Bewegungen [vgl. 1.5] fanden in der Sertãobevölkerung einen empfänglichen Nährboden. Zum Erhalt der mystischen und synkretistischen Elemente in der Praxis des Volksglaubens trug auch die geringe Zahl der Priester im Sertão bei.

Mystik

In dieser Arbeit wird der Begriff *„Mystik"(mística)* von den zitierten Autoren mit unterschiedlichen Verständnissen verwendet. Zum Teil ist damit eine christlich geprägte Mystik gemeint, zum Teil wird Bezug genommen auf einen anderen Kontext und ein Verständnis von „Mystik" in einem weiter gefassten Sinn. Zum besseren Verständnis sei die religionsgeschichtliche Erläuterung des Begriffs Mystik im LThK genannt:

„Mystik im weitesten Sinn als theoret. u./od. prakt. Lehre bzw. außerliterar. Ausdrucksform des vorübergehenden, unmittelbaren, integralen Ergriffenseins od. -werdens des homo religiosus v. der numinosen anderen Wirklichkeit ist ein universales, kulturübergreifendes Grund-Datum der Religionsgeschichte. Es dürfte bereits den schriftlosen Ethnien der Vorzeit, den Naturvölkern, bekannt gewesen sein u. findet sich bis hin zu den Hochreligionen in Gesch. u. Ggw. der östl. und westl. spirit. Hemisphäre. Verschiedene interpretierende Zugänge od. Wege z. myst. Erfahrung sind durch das hist., soziolog., psychol., gesamt-kulturelle Verbun-

---

[407] Arruda, Messianismo e conflito social, 2006, 64. Vgl. Montenegro, Fanáticos e cangaçeiros, 1973, 121.

densein des Mystikers mit seiner konkreten Lebenswelt bedingt u. führen zu versch. (u.a. hinduist., buddhist., islam., jüd. u. chr.) ‚Mystiken'".[408]

Wenn an anderen Stellen Begriffe wie „Mystik des Sertão" oder „Mystik der MST" genannt werden, so beschreiben diese Begriffe das, was die eigene Identität und Spezifität des Engagements einer Personengruppe ausmacht. Hierzu können im Einzelnen auch religiöse Elemente und Ausdrucksformen gehören, die die jeweilige Personengruppe vereint. Wendet man die gegebene Definition von Mystik auf die bisherigen Darstellungen an, so wird deutlich, dass sich im Sertão des 19. Jh. eine mystisch geprägte Glaubenspraxis entwickelt hatte, die zum größten Teil christliche Elemente enthielt, in die aber auch Einflüsse aus indigenen und afrikanischen Mythen eingingen. Der folgenden Bearbeitungsverlauf erläutert die Ausprägung der Volksreligiosität im Sertão im 19. Jh.[409]

1.4.2 „Beatos" (Asketen)

Unter „beatos" versteht man Laienchristen, Männer (beato) oder Frauen (beata), die ähnlich wie Missionare im kirchlichen Raum wirken, jedoch ohne bischöfliche Aussendung. Es gab jedoch eine Art Beauftragung durch den Pfarrer. Die Tradition der „beatos" ist eine besondere Form missionarischen Lebens, die aus dem portugiesischen Katholizismus[410] nach Brasilien gebracht wurde. Im Sertão des 19. Jh. gab es viele „beatos". In der Regel führten sie ein mystisch[411] ausgerichtetes zölibatäres Leben und widmeten es der Vervollkommnung ihres spirituellen Wirkens.

Dies taten sie durch ihr eigenes Gebet in der Kirche, die Unterweisung von Gläubigen im Gebet, den Besuch kranker Menschen, sowie Beerdigungen u.a. Dienste der Barmherzigkeit. Auch Bußübungen gehörten zu den religiösen Praktiken der „beatos". Sie übten meist keinen anderen Beruf aus und lebten von den Gaben, die die Gläubigen ihnen für ihren Dienst oder aus reiner Barmherzigkeit gaben. Eine typische Bekleidung von „beatos" stellten Sutane und Kreuz dar.[412] Der Katechismus gab für ihre religiösen Dienste die Richtschnur an. Marco Antônio Villa ordnet die „beatos" wie folgt ein:

---

[408] Paus, Mystik I. religionsgeschichtlich, in: LThK, Band 7, 1998, 583-584.
[409] Vgl. Montenegro, Fanáticos e cangaçeiros, 1973, 23-30.
[410] Vgl. Montenegro, Fanáticos e cangaçeiros, 1973, 25-27.
[411] Vgl. Hoornaert, Os anjos de Canudos, 1997, 24.
[412] Vgl. Montenegro, Fanáticos e cangaçeiros, 1973, 25-27.

„Der brasilianische ‚Beatismus' (beatismo) sollte verstanden werden als ein Element der Kontinuität der jüdisch-christlichen prophetischen Tradition."[413]

„Beatos" reihen sich in die Tradition von Laien ein, die ihrer religiösen Berufung folgen und die ihnen gegebenen Begabungen für die im Sertão lebenden katholischen Gemeinschaften einbringen. Sie sind somit, in den Worten von Robert Levine und Luiz Gomes Palacin: *„ ...eine institutionalisierte Form der Volksreligiosität.*"[414]

1.4.3 „Conselheiros" (Ratgeber)

Als „conselheiro" (Ratgeber) wurden die „beatos" bezeichnet, die sich durch besonders gute Kenntnisse in der Bibel, dem katholischen Glauben und den Glaubenspraktiken im Sertão auszeichneten. Sie genossen in der Bevölkerung eine hohe Wertschätzung. Sie gaben auch Rat in schwierigen Lebenssituationen und predigten. Die Bezeichnung „conselheiro" leitet sich von der Art ihrer religiösen Tätigkeiten ab [Rat geben] und ist als Ehrentitel für einen „beato" zu verstehen.[415] Vicente Dobruroka unterscheidet zwischen „conselheiros" und „beatos" wie folgt:

„Nach meiner Einschätzung handelt es sich nur um eine Frage der Intensität, mit der die religiöse Erfahrung gelebt wird, und hinzu kommen die je eigenen charakterlichen Eigenschaften eines jeden Individuums. – der eine hängt stärker der [innerlichen] Einkehr an, der andere widmet sich stärker der Umkehr der Volksmassen."[416]

Die Überzeugungskraft, eines „conselheiros" geht von seiner Lebensführung, seiner Predigt und Ratgebertätigkeit aus und ist für die Bezeichnung als „conselheiro" mit entscheidend. Es gab im Sertão des 19. Jh. verschiedene „conselheiros". José Calasans benennt z.B. den „Conselheiro Guedes" aus Pernambuco und „Francisco Conselheiro", der vermutlich die Kirche in Cumbe gebaut hat.[417]

Die Rolle von „conselheiros" in christlichen Gemeinschaften und die Erwartung, in der Kirche einen „guten Rat" in schwierigen Lebens-

---

[413] Villa, Canudos, o povo da terra, 1995, 39-40.
[414] Levine, O sertão prometido, 1995, 67.
[415] Vgl. Levine, O sertão prometido, 1995, 186.
[416] Dobroruka, Antônio Conselheiro, o beato endiabrado de Canudos, 1997, 56.
[417] Vgl. Calasans, José, zitiert in: Dobroruka, Antônio Conselheiro, o beato endiabrado de Canudos, 1997, 55.

situationen zu bekommen, gibt es auch heute noch. Schwester Ana Zélia de Menezes von der Kongregation „Filhas do Sagrado Coração de Jesus" berichtet von ihren Erfahrungen in der Region von Canudos:

„Der Conselheiro [Antônio Conselheiro] hinterlässt das Zeichen der Orientierung, das sehr stark ist. Dies erkennen wir als Teil der Kultur dieser Region an. Wenn man in die Gemeinschaften (comunidades) geht und sie etwas besser kennenlernt, findet man in jeder Gemeinschaft Personen, die „conselheiros" sind. Sie werden in schwierigen Lebensabschnitten aufgesucht. Sie begleiten Menschen. Sehr stark ist dabei die Rolle der Frau, der Mutterfigur [matriárca] der Gemeinschaft. Dies hebt sich stark von der katholischen religiösen Kultur ab, die sehr männlich chauvinistisch geprägt und städtisch ist. "[418]

Anhand seiner Erfahrungen am größten brasilianischen Wallfahrtsort in Aparecida bestätigt Aloísio Kardinal Lorscheider das Bedürfnis, auf der Grundlage religiöser Erfahrungen auch in der heutigen Zeit Rat zu erfahren:

„Am [Wallfahrts-] Heiligtum in Aparecida singt die Bevölkerung, sie tanzt, ist präsent und wird um Rat bitten. "[419]

1.4.4 „Penitentes" (Büßer)

In der Tradition des katholischen Glaubens und der Bußriten gab es im Nordosten Brasiliens eine ausgeprägte Bußpraxis. Ein wichtiger Grund dafür ist das Verständnis, dass Gott für die Sünden der Menschen schon im Diesseits – z.B. durch Dürreperioden – und im Jenseits, durch die Verbannung der Seele in die Hölle straft. Dieses Verständnis wurde insbesondere von den Missionaren verbreitet, die von Zeit zu Zeit durch den Sertão zogen und an verschiedenen Stellen predigten, mit der Bevölkerung Gottesdienste feierten, Sakramente spendeten [insbesondere das Bußsakrament], Litaneien, den Rosenkranz und andere Gebete sprachen, sangen u.a. religiöse Praktiken begingen. Frei Hugo Fragoso beschreibt:

„Diese Kanalisation in der Form der Buße fand bei den ‚santas missões'[Heiligen Missionen] einen heiligen Moment um dies auszudrücken, wenn sich die ganze Bevölkerung öffentlich auspeitschte, während der Missionar mit seiner Stimme über die Sünde, die Rache Gottes und

---

[418] Interviewband, Interview 20, Schwester Ana Zélia de Menezes, vom 27.06.2008.
[419] Tursi, Frencken (Org.), Mantenham as lâmpadas acesas, 2008, 36.

über die Barmherzigkeit Gottes zu den 'penitentes' predigte. Die gesamte Thematik der „santas missões', bezüglich der Schwere der Sünde und die Drohung der bevorstehenden Strafe, bewegte die Bevölkerung dazu, dass sie die Rache des Himmels durch Selbstkasteiung zu besänftigen suchte...''[420]

Typisch für den Nordosten Brasiliens waren die „penitentes", mystisch geprägte Gläubige, die sich unter der Leitung eines „decurião"[421] in Gruppen, meist nachts, zusammenfanden, um gemeinsam zu singen, zu beten und sich selbst zu kasteien. Robert Levine erläutert:

„Praktiken der Selbstkasteiung – imitatio Christi – die im 16. Jh. von den Jesuiten und Franziskanern eingeführt wurden, überlebten und nahmen eigene Formen in vielen Gemeinden des Sertãos an, in denen sie grundlegend für den Erhalt von Vereinigungen und Gruppen wurden."[422]

Die „penitentes" wollten durch ihre Bußwerke die eigenen Sünden und die anderer Menschen büßen, um so das Wohlwollen Gottes zu erwirken [z.B. Prozessionen, vgl. 1.4.7]. Bußprozessionen begannen meist in der Kirche, zogen sich durch die Ortschaften und endeten wieder in der Kirche. Auf dem Weg geißelten sich die „penitentes" – die Köpfe verhüllt, um nicht erkannt zu werden – mit Peitschen, Stricken und anderen Gegenständen. An vielen Orten des Sertão gründeten sich Büßerorden[423].

Auch Pe. Ibiapina gründete auf seinen Missionsreisen durch den Sertão zahlreiche Büßerorden [vgl. 1.5.1]. Die „penitentes" stammten meistens aus den unteren Schichten der Bevölkerung. Am Karfreitag, an dem man besonders der Leiden Christi am Kreuz gedachte, war die Teilnahme an den Bußakten für die Mitglieder der Büßerorden verpflichtend.[424] Insbesondere in Zeiten von Dürreperioden nahmen die Zahl der Bußgänge und die ihrer Teilnehmer stark zu.[425]

---

[420] Fragoso, Hugo, zitiert in: Arruda, Canudos, messianismo e conflito social, 2006, 75.
[421] Vgl. Arruda, Canudos, messianismo e conflito social, 2006, 74.
[422] Levine, O sertão prometido, 1995, 164.
[423] Beispielsweise gründete der Mulatte Manuel Palmeira im Jahr 1893 den Büßerorden „Ordem dos Penitentes" in Juazeiro do Norte-CE. Vgl. Montenegro, Fanáticos e cangaçeiros, 1973, 59.
[424] Vgl. Montenegro, Fanáticos e cangaçeiros, 1973, 24.
[425] Vgl. Montenegro, Fanáticos e cangaçeiros, 1973, 23-25. Vgl. Villa, Canudos, o povo da terra, 1995, 32-34. Vgl. Arruda, Canudos, messianismo e conflito social, 2006, 74.

1.4.5 „Fanáticos" (religiöse Eiferer)

Den Begriff des religiösen „fanatismo" (Fanatismus) verwenden verschiedene Autoren mit sehr unterschiedlichen wissenschaftlichen Blickwinkeln, z.B. Euclides da Cunha[426], Manoel Benício[427], Ruí Facó[428], Alexandre Otten[429], Marco Antônio Villa[430] und Abelardo Montenegro[431]. Im Rahmen dieser Arbeit kann kein ausführlicher Vergleich der unterschiedlichen Verständnisse des religiösen „fanatismo" erfolgen. Es soll jedoch eine Begriffsdefinition gegeben werden, die als Basis für das Verständnis der Volksreligiosität dient und dabei hilft, die Bewegung von Canudos einzuordnen. Mit dem Begriff „fanático" beschreibt Abelardo Montenegro eine Art von mystisch ausgerichtetem Gläubigen, der religiös sehr aktiv ist. Montenegro schreibt:

„Der ‚fanático' ist der Mystiker in Aktion, der halbautomatisch den Befehlen seines weniger stark ausgebildeten Gewissens folgt."[432]

Der „fanático" kann als eine Art „religiöser Eiferer" beschrieben werden. Er versteht sich als Gläubiger, der in Verbindung mit Gott steht und den Auftrag hat, sich nach seinen Gesetzen zu verhalten und diese Gesetze in der Welt, in der er lebt, umzusetzen. Daher begnügt sich der „fanático" nicht damit, die Lebensumstände so zu belassen wie sie sind, sondern er hat gemäß Abelardo Montenegro…

„…den Wunsch, die Lebensbedingungen zu verbessern, wobei er im Anführer[einer solchen Bewegung] die Kraft sieht, die in der Lage ist, derartige Veränderungen herbeizuführen."[433]

Montenegro erläutert, dass der „fanático" eine Sicherheit im Glauben und ein klares Bild davon hat, was für sein Selbstverständnis leitend ist. Für den „fanático" haben religiöse Anführer eine maßgebliche Bedeutung. Montenegro erläutert:

---

[426] Cunha, Os sertões, 2001.
[427] Benício, O rei dos jagunços, 1997.
[428] Facó, Cangaçeiros e fanáticos, 1978.
[429] Otten, Só Deus é grande, 1990.
[430] Villa, Canudos, o povo da terra, 1995.
[431] Montenegro, Fanáticos e cangaçeiros, 1973.
[432] Montenegro, Fanáticos e cangaçeiros, 1973, 27.
[433] Montenegro, Fanáticos e cangaçeiros, 1973, 27.

„Er [fanático] will zu einem Büßerorden gehören, will den Anordnungen eines religiösen Führers folgen, will Teil von Unternehmen von diesen Führern sein; der ‚fanático' ist sich sicher, dass er seine Seele gerettet hat und dass ihn ein besseres Leben in einer anderen Welt erwartet."[434]

Der „fanático" ist durch Anweisungen des von ihm anerkannten Anführers leicht zu manipulieren. Montenegro bezeichnet ihn daher als den *„cego executor"*[435] (blinden Vollstrecker). Montenegro benennt die folgenden Ursachen für den religiösen „fanatismo":

„a) Versklavung des Menschen im geographischen Rahmen, b) Fehlen von starker Technik, c) Dürren und Epidemien, d) Armut, e) Hunger,

f) Analphabetentum, g) individuelle Unsicherheit, h) öffentliche Heiligtümer."[436]

Der Begriff des „fanáticos" darf nicht mit dem deutschen Begriff „Fanatiker" oder der Definition Rui Facós verwechseln. Facó erläutert zum Begriff des „fanáticos":

„Unter dieser Bezeichnung hat man die Kämpfer von Canudos oder Contestado des Padre Cícero oder des Beato Lourenco eingeordnet: ‚fanático'. Das bedeutet, Anhänger einer Sekte oder einer Vermischung von Sekten, die nicht die dominierende Religion sind."[437]

Der Begriff des „fanáticos" muss differenziert betrachtet werden. Aufgrund der beschriebenen leichten Manipulierbarkeit des „fanáticos" besteht die Gefahr des Abrutschens in fanatische Bewegungen. Gleichzeitig wird am „fanático" auch die vorhandene Ansprechbarkeit für religiöse Bewegungen deutlich, die zum Ziel haben, gesellschaftliche Missstände zu beenden, um eine Verbesserung der Lebensumstände der Bevölkerung zu erzielen. Zum Teil ereignete sich dies in den sogenannten messianischen Bewegungen [vgl. 1.5].

1.4.6 Heiligenverehrung und Gelübde

Die Heiligen wurden im Nordosten Brasiliens des 19. Jh. verehrt und gefürchtet. Sie wurden als Helfer und Zufluchtspersonen in der Not, und

---

[434] Montenegro, Fanáticos e cangaçeiros, 1973, 27.
[435] Montenegro, Fanáticos e cangaçeiros, 1973, 27.
[436] Montenegro, A. F., zitiert in: Montenegro, Fanáticos e cangaçeiros, 1973, 28-29.
[437] Facó, Cangaçeiros e fanáticos, 1978, 39.

z.T. als Vermittler zwischen Gott und den Menschen verstanden. Dieser Aspekt hatte insofern eine große Bedeutung, als die Missionare das Bild eines Gottes, der allmächtig, allwissend und strafend ist, sehr betonten [vgl. 2.5.1].[438] Hier waren die Heiligen als Vermittler, die das menschliche Leben kannten, sehr wichtig. Alexandre Otten erläutert:

„Die Heiligen lebten ein tugendhaftes Leben, erreichten in dieser Welt viele Verdienste, durch die sie belohnt wurden und jetzt zu himmlischen Wesen mit übernatürlichen Mächten wurden. Zusammen am Thron Gottes legten sie Fürsprache für ihre Heiligenverehrer ein."[439]

Sehr verbreitet war der Glaube, mit den Heiligen Abmachungen durch Gelübde – die sogenannten „promessas" –, treffen zu können. Zur Erlangung einer Gnade [z.B. Heilung von einer Krankheit, Regen in der Dürre o.a.] wurden Gelübde abgegeben gegenüber Jesus [nicht gegenüber Gott Vater] oder einem Heiligen, der bei Gott Fürsprache einlegen sollte.[440] Dabei gab es bei den Heiligen unterschiedliche Zuständigkeiten und Gelübdearten.[441] Bei der Erlangung der Gnade, erfüllte der Gläubige sein Versprechen, z.B. die Wallfahrt zu einem bestimmten Ort, ein Bußakt, o.ä.[442]

Eine wichtige Bedeutung bekamen Wallfahrtsorte wie z.B. Canindé-Ceará, wo der Heilige „Francisco das Chagas" (Franziskus der Wunden) verehrt wurde oder Lapa-Bahia, mit der Verehrung des „Bom Jesus da Lapa" (Guter Jesus von Lapa). Man glaubte, dass ein nicht eingehaltenes Versprechen oder ein ungebührliches Verhalten gegenüber einem Heiligen zu Bestrafungen führen konnte. Marco Antônio Villa unterscheidet die kirchliche Lehre zur Heiligenverehrung von der Praxis im Nordosten:

„Für die Mehrheit der Bevölkerung sollte die Religion zum Wiederaufbau der Gemeinden dienen. Mit Davidson waren die Heiligen nicht als Modelle des christlichen Lebens akzeptiert – wie es die Absicht der [katholischen] Kirche war –, sondern als Repräsentanten der Gemeinde, mit der Macht sie zu schützen und zu heilen."[443]

---

[438] Vgl. Otten, Só Deus é grande, 1990, 115.
[439] Otten, Só Deus é grande, 1990, 95.
[440] Vgl. Sievernich, Volkskatholizismus in Lateinamerika, in: Betz (Hg.), RGG, Bd. 8, 2005, 1182-1184.
[441] Vgl. Otten, Só Deus é grande, 1990, 96.
[442] Vgl. Levine, O sertão prometido, 1995, 139. Vgl. Otten, Só Deus é grande, 1990, 97.
[443] Davidson, N. S., zitiert in: Villa, Canudos, o povo da terra, 1995, 44.

Da nur eine kleine gebildete Schicht über das Wissen der katholischen Lehre verfügte, entstand in den Ortsgemeinden im Sertão, eine eigene Glaubenspraxis. Diese bestand darin, dass die Heiligen Vermittler zu Gott waren und man über sie Schutz und Heilung erlangen konnte.

1.4.7 Prozessionen und Wallfahrten

Prozessionen und Wallfahrten haben in der Volksreligiosität im Nordosten Brasiliens im 19. Jh. einen hohen Stellenwert. Wie beschrieben wandten sich die Gläubigen in schwierigen Lebenssituationen jeglicher Art an Gott, wobei diese Bitten oftmals durch Gelübde (promessas) gegenüber Heiligen Gott vorgetragen wurden. Alexandre Otten benennt die Folgen der Ängste der Sertãobevölkerung:

„Weil es so viele Kräfte gab, die den Landarbeiter bedrohten, gab es unzählige Persönlichkeiten der Bosheit, die unter dem Druck der Angst und Unsicherheit erschaffen wurden. Die Angst schaffte dämonische Persönlichkeiten: der Teufel, von dem die Bevölkerung unzählige Synonyme wusste, ein Zeichen seiner Omnipräsenz, große und kleine Dämonen, Werwölfe,…"[444]

Darüber hinaus erläutert Alexandre Otten:

„Die Parusie und das Weltende sind Realitäten mit denen der Gläubige in jener Zeit [19. Jh.] rechnete."[445]

So gab es die Prozessionen der Büßerorden [vgl. 1.4.4] oder auch andere Prozessionen, die insbesondere in Zeiten von Dürreperioden oder bei Überflutungen aufgrund langer Regenfälle gehalten wurden. João Arruda schreibt:

„Der Regen, war für die Bewohner des Nordostens ein so wertvolles Gut, das nicht zufällig fiel. Es wurde als Gabe Gottes verstanden wie eine Belohnung für das gute Verhalten der Menschen. Die periodisch auftretenden Dürreperioden interpretierte man als Strafe Gottes für die sündigen Taten der Menschen. Die einzige Form dies zu vermeiden waren Gebete, Prozessionen, karitative Werke, viel Buße und Kasteiungen."[446]

Durch die Prozessionen als Werke der Buße wollte man Gott, zusammen mit der Fürsprache der Heiligen, gütig stimmen. Zum einen rief man ihn um Verzeihung der Sünden, zum anderen um Beistand gegen die

---

[444] Otten, Só Deus é grande, 1990, 103.
[445] Otten, Só Deus é grande, 1990, 99.
[446] Vgl. Arruda, Canudos, messianismo e conflito social, 2006, 66.

bösen Mächte an. Auch zu bestimmten religiösen Festtagen oder Festen von Heiligen gab es Wallfahrten und Prozessionen. Bei den Prozessionen oder Wallfahrten wurden von den Gläubigen oft Heiligenbilder und -statuen in kleinen Schreinen, sogenannten „andores", herumgetragen um den bzw. die Heilige zu verehren. Dazu wurden z.b. Litaneien oder der Rosenkranz gebetet und Wallfahrtslieder gesungen. Die Gläubigen waren bei den Prozessionen oft tagelang zu dem jeweiligen Wallfahrtsort unterwegs.

1.4.8 Märkte als Orte religiöser Vermittlung

Wichtige Orte der Begegnung und der sozialen Kommunikation im Sertão des 19. Jh. waren die Märkte. Die einzelnen Orte im Sertão hatten einen festen Markttag in der Woche. Auf den Märkten wurden die unterschiedlichsten Waren angeboten. Es gab dort Händler, Spieler, Künstler, Vogelhändler, „cordel"-Sänger u.v.a. Robert Levine ergänzt dazu:

„Eine gewisse religiöse Dimension war auch vorhanden: Es kamen zu den Märkten Prediger wie Missionare und Hausierer, die Bilder verkauften... Die Sertãobevölkerung, die selten einen Gemeinde-Kleriker sah, wurde von evangelisierenden Missionaren, ‚beatos', Laienpredigern, Heilern und im Jahrzehnt von 1890 von Antônio Conselheiro besucht."[447]

Die Märkte waren Orte, an denen die Sertãobevölkerung auch religiöse Unterstützung erhalten konnte, so z.B. durch den Rat oder das Gebet von „beatos" oder „conselheiros" u.a. Auch Vertreter synkretistischer Religionen oder Heiler verbreiteten dort Ihre Lehren und boten ihre Hilfe an bzw. erhielt man die Information, wer angesprochen werden konnte. Die Märkte waren darüber hinaus Orte, an denen Informationen aller Art weiter gegeben wurden. Auch Ankündigungen von Missionen und Predigern in der Region wurden dort verbreitet. Die Märkte waren wichtige Orte für die Verbreitung des Glaubens im Sertão.

1.5 Sozial-religiöser Messianismus

In diesem Abschnitt werden die wesentlichen messianischen Bewegungen in Brasilien des 19. Jh. Und 20. Jh. dargestellt und deren Charakteristika analysiert. Messianische Bewegungen sind keine rein brasilianischen Phänomene. Sie sind historisch weltweit in verschiedenen religiösen, kulturellen und zeitlichen Kontexten vorzufinden. Bereits vor den

---

[447] Levine, O sertão prometido, 1995, 138.

Niederschriften der Erwartung eines Messias im Volk Israel gab es messianische Mythen in Babylon und Ägypten.[448] Bei den nordamerikanischen Indianerstämmen sind messianische Traditionen bereits vor der Ankunft der Kolonisatoren überliefert,[449] ebenso in Afrika,[450] Ozeanien und Europa. Die Rolle eines „Messias" ist in den verschiedenen Kontexten unterschiedlich besetzt. Im Judentum gab es sie, z.b. Bar Kochba, im Mittelalter sind z.b. die Namen des kalabrischen Mönchs Joachim von Fiore (1145-1202)[451] und Thomas Mün(t)zer (1490-1525)[452] zu nennen. Alexandre Otten registrierte in Brasilien des 19. und 20. Jahrhunderts ca. 30 messianische Bewegungen.[453]

Meist bildeten sich diese in Zeiten sozialen und ökonomischen Umbruchs, starker ökonomischer und politischer Unterdrückung oder regionaler Konflikte. Zumeist herrschten große Armut und Verunsicherungen in der Bevölkerung. Als Reaktion darauf wuchs die Hoffnung auf eine neue und gerechtere Welt, die man sich vom Kommen eines messianischen Führers erhoffte. Die messianischen Gestalten, in Brasilien waren es sowohl Laien als auch Kleriker, riefen zu Buße und Umkehr auf und verkündeten häufig das Ende der Welt. Zwischen den sogenannten messianischen Bewegungen gibt es große Unterschiede. Vier von ihnen fanden besonderen Zulauf, wie Joachim G. Piepke berichtet:

„Es handelt sich um die Gemeinschaft der ‚Mucker' in Rio Grande do Sul 1866-1903, den Aufstand des ‚Contestado' in Santa Catarina und Paraná 1912-1917, die Aktivitäten des Padre Cícero in Juazeiro, Ceará,

---

[448] Vgl. Wallis, Wilson D., zitiert in: Pereirade Queiroz, O messianismo no Brasil e no mundo, 2003, 25.

[449] Messianische Mythen finden sich bei den Indianerstämmen Potawatomi, Sauk, Menomini, Passmaquoddy, Shus, Lenape, Pawni u.a., vgl. Perreira de Queiroz, O messianismo no Brasil e no mundo, 2003, 33.
Die messianischen Bewegungen in Nordamerika werden von den Ethnologen auch unter der Rubrik „Ghost-Dance" eingeordnet. Vgl. Arruda, Messianismo e conflíto social, 2006, 36.

[450] U.a. beim Stamm der Banto, vgl. Perreira de Queiroz, O messianismo no Brasil e no mundo, 2003, 34.

[451] Vgl. Villa, Canudos, o povo da terra, 1995, 42.

[452] Iserloh, Thomas Münzer, in: LThK, Band 7, 1962, 690.

[453] Vgl. Otten, Só Deus é grande, 1990, 132. Maria Isaura Pereira de Queiroz stellt 12 messianische Bewegungen ausführlich dar und listet weitere 11 im Anhang ihres Werkes auf. Vgl. Pereira de Queiroz, O messianismo no Brasil e no mundo, 2003, 216-330, 427-430.

1889-1934, und die des Antônio Vicente Mendes Maciel, genannt Antônio 'Conselheiro'(=Ratgeber), in Canudos, Bahia, 1865-1897."[454]

Mit den messianischen Bewegungen verbinden sich verschiedene Ideale:
- das auserwählte [arme] Volk, das den wahren Glauben bewahrt,
- die Gleichheit aller Menschen,
- Gott als Vater, solidarisch mit den Armen,
- Umkehr von Reichtum und Armut,[455]
- Kommen des Reiches Gottes,
- Zusammenleben nach einem religiösen Ideal u.a.

Ein Effekt war der, dass die unterdrückten Menschen selbst aktiv wurden, alternative Lebensmodelle kreierten, darin lebten und so Veränderungen herbeiführten. Der religiöse Führer wurde häufig wie ein Heiliger verehrt und war Symbol der Identität der Unterdrückten und gab ihnen so eine neue Identität.[456] In den folgenden Abschnitten sollen exemplarisch verschiedene messianische Bewegungen in Brasilien dargestellt werden.

1.5.1 Padre Ibiapina

Padre José Maria Ibiapina wurde am 05. August 1806 in Sobral-Ceará geboren.[457] Sein Vater war Notar. Geplant war für ihn eine ehrenvolle Karriere und so lernte er schon früh Latein und studierte von 1823-1825 kirchliche Wissenschaften in Olinda und Recife-PE. Er wechselte das Fach und studierte von 1825-1834 Rechtswissenschaften in Olinda. Nach

---

[454] Es gibt deutlich mehr messianische Bewegungen, als die, die Piepke in diesem Zitat aufführt. Im Folgenden werden einige ausgewählte messianische Bewegungen dargestellt und erläutert. Piepke, Antônio Conselheiro – der Ratgeber der Armen, in: NZM 52/2, 1996, 106.

[455] Hinsichtlich der Umkehr von Reichtum und Armut standen bei den verschiedenen Bewegungen unterschiedlichen Motive und Ziele im Blickpunkt. Dazu zählten z.B. die Veränderung des Machtgefüges, eine Bestrafung der schlecht handelnden ehemaligen „Reichen". Manchen Bewegungnen ging es nur um die Abschaffung der Diskrepanz, wie z.B. in der christlich-kommunistischen Idee oder um ein ausreichendes Auskommen für die verarmte Bevölkerung.

[456] Vgl. Otten, Só Deus é grande, 1990, 134-137.

[457] Macedo, Antônio Conselheiro. A morte em vida do beato de Canudos, 1978, 85. Andrade, A experiência religiosa e sociopolítica de Canudos, 2006, 23.

dem Bakkalaureat wurde er vom 10. Dezember 1834 bis 14. November 1835[458] Richter und Polizeichef in Quixeramobim-CE. Er übte dieses Amt in einer Zeit aus, in der die Familie Antônio Conselheiros „Maciel" mit der Großgrundbesitzerfamilie Araújo eine blutige Familienfede ausfocht. Dabei versuchte Ibiapina, die minderbemittelten Maciels zu schützen. Vermutlich lernte Antônio Conselheiro Pe. Ibiapina bereits in seiner Kindheit kennen.[459]

Von 1838 bis 1850 arbeitete Pe. Ibiapina als Anwalt zunächst in Area-Pernambuco und Recife. In seinem Wirken als Richter und Anwalt erlebte er oft, wie er machtlos vor dem Faktum stand, dass sich die einflussreiche oligarchische Schicht über das Gesetz hinwegsetze. Ibiapina schwieg dazu nicht und geriet öfter in Konflikte mit der traditionellen Elite der Gesellschaft.[460]

1850 nahm er das Theologiestudium auf und wurde 1853 zum Priester geweiht. Im selben Jahr übernahm er das Amt des Generalvikars in der Diözese Olinda und Recife. Bereits 1855 legte er das Amt des Generalvikars nieder und widmete sein Leben von nun an der armen Bevölkerung des Sertão.[461] Er durchquerte den Sertão von Pernambuco, Rio Grande do Norte, Paraíba und Ceará.[462] Dem „povo de Deus" (Volk Gottes), das im Elend lebte und für das sich keiner interessierte, predigte er von der Güte Gottes. Er klagte die Freimaurerei an, die er auch für die Auflösung des Jesuitenordens und die Verfolgung von Bischöfen und Pfarrern verantwortlich machte. Er predigte die Kreuzesnachfolge und den Glauben an die Macht Gottes.

Pe. Ibiapina wurde zu einem „brasilianischen Vinzenz von Paul" und wird daher auch der „Apostel der Nächstenliebe"[463] genannt. Er baute mit der Bevölkerung Schulen, Hospitäler, Wasserreservoirs und Straßen, neue Brunnen, Friedhöfe, Häuser für mittellose Frauen oder Waisenhäuser und verbesserte so die Lebensverhältnisse der Menschen im Sertão. Außerdem gründete er sogenannte „casas de caridade" (Häuser der Mildtätigkeit), die von einem Laienorden geführt wurden. Sie betreuten

---

[458] Macedo, Memorial de Vilanova, 1964, 86.
[459] Vgl. Calasans, O ciclo folclórico do Bom Jesus Conselheiro, 1950, 44.
[460] Vgl. Comblin, Padre Ibiapina, 2011, 20.
[461] Vgl. Hoornaert, Crônicas das casas de caridade, 2006.
[462] Vgl. Macedo, Memorial de Vilanova, 1964, 86.
[463] „Apóstolo da caridade", vgl. Andrade, A experiência religiosa e sociopolítica de Canudos, 2006, 23.

Waisen, Kranke, gaben Hungernden zu essen und leisteten andere karitative Dienste. Die „casas de caridade" hatten eine auf Gemeinschaft und Bildung angelegte Struktur. Es gab dort keine Sklaven. Die Arbeit wurde gemeinschaftlich verrichtet. Sklavinnen, die dort aufgenommen wurden, erhielten die Freiheit und wurden gleichberechtigt behandelt. In den Häusern wurde Kunsthandwerk gelehrt, kunsthandwerkliche Gegenstände wurden gefertigt und vermarktet.

In den Orten, die ihn einluden, hielt er Missionen. Von 1855-1883 stellte er sich in den Dienst der Armen. Eduardo Hoornaert zufolge kann die Struktur seines Vorgehens in drei Phasen aufgeteilt werden:

1. Bei seiner Ankunft rief er die Bevölkerung zusammen und forderte sie auf, alte Streitfälle zu beenden und sich bis zum nächsten Tag zu versöhnen. Damit trug er zur allgemeinen Versöhnung im jeweiligen Ort bei.
2. An den kommenden Tagen untersuchte er mit den Bewohnern, was für die Bevölkerung als wichtigste Maßnahme notwendig war. Er rief zu Spenden auf und die Bevölkerung führte die Arbeiten gemeinschaftlich in der sogenannten „mutirão" durch.[464]
3. Als dritten Schritt war Pe. Ibiapina wichtig, die Volksbildung zu stärken und der Bevölkerung ein Überleben in Würde zu sichern.[465]

Pe. Ibiapina legte großen Wert auf die Spiritualität. Diese orientierte sich am Oratorianerorden und dessen realistischem Pragmatismus. In der Demut und der tätigen Nächstenliebe und dem Dienst am Nächsten sah Pe. Ibiapina die Grundhaltung für das christliche Leben. Er schreibt:

„...die Perfektion der Seele befindet sich in der Demut, im Leiden, im Nicht tun des [eigenen] Willens, ebenso wenig im [daran] Denken und im [darüber] Reden und im Tun von Werken; das sich nur in der Demut und der Nächstenliebe befindet... tags und nachts arbeiten, um den Armen Gutes zu tun, als ob man es für sich selbst täte."[466]

---

[464] Z.B. ließ Pe. Ibiapina am 29.07.1868, unmittelbar nach seiner Ankunft in Barbalha-CE, einen Brunnen graben.
[465] Vgl. Hoornaert, Crônicas das casas de caridade, 2006, 43.
[466] „...a perfeição d´alma que é na humildade, no sofrimento, em não fazer a vontade, nem no pensar, no falar e no obrar; que só está na humildade e Caridade ... trabalhando dia e noite para fazer bem aos miseráveis como se fora para si próprio." Pe. Ibiapina, zitiert in: Hoornaert, Crônicas das casas de caridade, 2006, 142.

Pe. Ibiapina gründete in verschiedenen Städten Büßerorden, unter anderem in der Stadt Barbalha-Ceará, in der er noch heute existiert.[467] Die Arbeit von Pe. Ibiapina wurde von der Kirchenleitung mit Skepsis betrachtet. Die von ihm gegründeten Gemeinschaften wurden von kirchlicher Seite her nicht anerkannt.[468] Als Pe. Ibiapina am 19. Februar 1883[469] starb, hinterließ er ein eindrucksvolles Lebenswerk und Glaubenszeugnis. Er hatte die arme Bevölkerung des Nordostens spirituell begleitet und geprägt. Eine große Anzahl an gemeinnützigen Bauten und Einrichtungen waren durch ihn entstanden. Durch sein überzeugendes christliches Zeugnis wurde Pe. Ibiapina zum Modell für die Bewegungen von Pe. Cícero in Juazeiro do Norte, Antônio Conselheiro in Canudos und Beato Zé Lourenço in Caldeirão.[470] Pe. Ibiapina wird im brasilianischen Volksglauben heute wie ein Heiliger verehrt.

1.5.2 Padre Cícero

Jugend und Ausbildung

Cícero Romão Batista, die zentrale Figur in der Bewegung von Juazeiro do Norte wurde am 24. März 1844[471] in der Stadt Crato, im Süden des Bundesstaates Ceará geboren. Durch den Einfluss seiner Mutter gefördert, entwickelte sich in ihm schon in frühen Jahren der Wunsch Priester zu werden. Leitbilder waren für ihn Pe. Ibiapina, der von seinen beiden Eltern sehr geschätzt wurde und der Heilige Franz von Sales. Die Lektüre der Schriften des Heiligen Franz von Sales bewegte ihn dazu, bereits mit 12 Jahren ein Keuschheitsgelübde abzulegen.[472]

Als der Vater von Pe. Cícero im Juni 1862 starb, bedeutete dies, dass er als einziger Mann im Haus das Studium aufgeben und den Familienunterhalt sichern musste. Schon in dieser Zeit waren bei Pe. Cícero starke mystizistische Tendenzen festzustellen. Er sprach u.a. von Träumen mit Botschaften von Verstorbenen. In einem Traum erschien ihm sein Vater,

---

[467] Vgl. Rios, Dellano, in: Hoeffler, Tavares, Assumpção, Lima, Rios, Padre Cícero, mistérios da fé, 2004, 79-80.
[468] Vgl. Hoornaert, Crônicas das casas de caridade, 2006, 52.
[469] Macedo, Memorial de Vilanova, 1964, 86.
[470] Diese These wird auch von Roberto Malvezzi (CPT) unterstützt, vgl., Interview 2, Roberto Malvezzi, CPT, vom 27.05.2008.
[471] Arruda, Padre Cícero, religião, política e sociedade, 2002, 43.
[472] Vgl. Arruda, Padre Cícero, religião, política e sociedade, 2002, 45.

der ihm sagte, dass er sein Studium nicht aufgeben sollte. Auf Fürsprache seines Firmpaten Antônio Alves Pequeno[473] und durch dessen Freundschaft zum Bischof von Ceará, Dom Luiz, durfte er ab 1865 sein Studium kostenfrei fortsetzen. Auch in dieser Zeit wurde von Pe. Cícero über paranormale Ereignisse wie z.B. die Bilokation[474] oder das Voraussagen von Ereignissen berichtet.[475] Unter anderem waren es diese Dinge, die den Rektor des Priesterseminars, den französischen Lazaristen Pedro Augusto Chevalier dazu bewegten, Pe. Cícero nicht zur Priesterweihe zuzulassen. Der Rektor schrieb, Pe. Cícero sei extrem mystisch und habe eine „Psychose zur Heiligkeit"[476]. Auf Fürsprache seines Firmpaten beim Bischof wurde Pe. Cícero am 30. November 1870[477] dennoch zum Priester geweiht. Er kehrte danach in seine Heimatstadt Crato-CE zurück und feierte am 8. Januar 1871 seine Primiz, im Beisein einflussreicher Persönlichkeiten der Region, wie z.B. seines Firmpaten und des Coronels Joaquim Segundo Chaves.

Das Wunder von Juazeiro do Norte

Auf Einladung der Bewohner von Juazeiro do Norte im Bundesstaat Ceará, die schon lange keinen Seelsorger hatten, feierte Pe. Cícero dort eine Messe, die die Bevölkerung begeisterte. Er ließ sich dazu bewegen, regelmäßig nach Juazeiro do Norte zu kommen, um dort an Sonn- und Feiertagen die Messe zu feiern, Beichten zu hören und Rat zu geben. In einem Traum hörte Pe. Cícero bald darauf Jesus zu sich sprechen. Dieser hätte ihn beauftragt, Verantwortung für die Bevölkerung von Juazeiro do Norte zu übernehmen und dort zu bleiben, um sich um seine Rettung zu kümmern.[478]

---

[473] Antônio Alves Pequeno war einflussreicher Politiker, Händler und Großgrundbesitzer in der Region von Crato-CE, vgl. hierzu Arruda, Padre Cícero, religião, política e sociedade, 2002, 46.
[474] Unter „Bilokation" versteht man die Anwesenheit einer Person zum gleichen Zeitraum an zwei verschiedenen Orten.
[475] Vgl. Arruda, Padre Cícero, religião, política e sociedade, 2002, 46-47.
[476] Arruda, Padre Cícero, religião, política e sociedade, 2002, 49.
[477] Arruda, Padre Cícero, religião, política e sociedade, 2002, 52.
[478] Vgl. Sobreira, Padre Azarias, zitiert in: Arruda, Padre Cícero, religião, política e sociedade, 2002, 54.

Die Bevölkerung von Juazeiro do Norte bestand zu dieser Zeit aus ca. 200 Einwohnern.[479] Maria Isaura de Queiroz beschreibt den Ort: *„sechs Häuser mit Palmendächern, dreißig Hütten, eine kleine Kapelle."*[480] Mit Hingabe widmete sich Pe. Cícero der Seelsorge in Juazeiro do Norte. Beeinflusst von Pe. Ibiapina gründete er Schwesternschaften aus alleinstehenden und verwitweten Frauen, die ihn bei der Katechese, der Gottesdienstvorbereitung und anderen Arbeiten in der Kapelle unterstützten. 1875, drei Jahre nachdem er die Aufgabe in Juazeiro do Norte angenommen hatte, fasste die Kapelle nicht mehr die Anzahl der Gläubigen, die zum Gebet kamen. In den Jahren der großen Dürre 1877-1879 versuchte Pe. Cícero, das Leiden der Bevölkerung zu lindern durch Schreiben an die Landesregierung mit Bitte um Lebensmittel sowie durch Unterweisungen, wie man die ansonsten giftigen Pflanzen „mucunã" und „macambira" zu genießbaren Speisen zubereitet.

Am 18. August 1884 wurde die neue große Kirche „Nossa Senhora das Dores" eingeweiht, die in 9 Jahren Gemeinschaftsarbeit der Bewohner von Juazeiro do Norte entstand. 1888[481] begann eine neue Dürreperiode, der die Bevölkerung u.a. mit Rosenkranzgebeten und Gelübden bei Gebetserhörung begegnete. In dieser Zeit kam es zu einem viel diskutierten und umstrittenen Ereignis: Als Pe. Cícero am 6. März 1889 in der Vigil am ersten Freitag in der Fastenzeit gegen 5 Uhr morgens der Gläubigen Maria de Araújo die heilige Kommunion reichte, soll sich die Hostie in ihrem Mund in Blut verwandelt haben.[482] Dies soll sich mehrmals in der Woche wiederholt haben, immer an den gleichen Tagen. Pe. Cícero hatte zu keinem Moment Zweifel daran, dass es sich bei Maria de Araújo um eine Gläubige mit besonderen Fähigkeiten[483] handele und die Hostie sich zum Blut Jesu Christi verwandelt habe.

---

[479] Arruda, Padre Cícero, religião, política e sociedade, 2002, 55.

[480] Pereira de Queiroz, O messianismo no Brasil e no mundo, 2003, 253.

[481] Vgl. Arruda, Padre Cícero, religião, política e sociedade, 2002, 62. Ein weiteres einschneidendes Ereignis stellte die „abolição", d.h. die gesetzliche Beendigung der Sklaverei am 13.05.1888 dar. Sie zog große gesellschaftliche Veränderungen nach sich. Vielen ehemaligen Sklaven brachte dies nicht nur die Freiheit sondern auch den Verlust des Lebensunterhaltes.

[482] Pe. Cícero berichtete dem Bischof von Fortaleza Dom Joaquim erst in einem Bericht am 07.01.1890 über dieses Phänomen. Vgl. Arruda, Padre Cícero, religião, política e sociedade, 2002, 63.

[483] Es wird berichtet, dass Maria de Araújo die Fähigkeiten der Bilokation, sowie der Voraussehung habe und die Stigmata an ihrem Körper erschienen. Darüber

Juazeiro do Norte war für ihn von Christus auserwählt, ein Zentrum zur Umkehr der Sünder zu sein.[484] Nach vielen Gesprächen und Briefen zwischen Pe. Cícero und der Bistumsleitung begann am 9. September 1891 eine Kommission unter der Leitung von Pe. Clycério Lobo und Pe. Francisco Antero ihre Arbeit. Am 13. Oktober 1891 beendete die Kommission ihre Arbeit und kam zu dem Ergebnis, dass es sich bei Maria de Araújo um übernatürliche Phänomene handelte.[485] Der Bischof von Ceará Dom Joaquim erkannte dieses Ergebnis nicht an. Er verwies darauf, dass dies gegen die kirchliche Lehre sei. Die kirchliche Anerkennung hätte bedeutet zu akzeptieren, dass Christus im Blut der Hostie gegenwärtig sei. Es stellte sich die Frage, ob mit der Anerkennung des Phänomens auch eine zweite körperliche Auferstehung Christi anerkannt würde.

Dom Joaquim ließ am 20. April 1892 eine zweite Kommission unter der Leitung von Monsenhor Antônio Alexandrino de Alencar ihre Untersuchungen aufnehmen. Unter anderem durfte die Gläubige nach dem Empfang der Kommunion nicht ihr traditionelles Tuch vor das Gesicht halten. An mehreren Tagen wurde ihr die Kommunion gegeben, doch nun blieb die Verwandlung der Hostie in Blut aus. So kam die Kommission zu einem negativen Ergebnis. Diese Vorkommnisse veränderten das Leben von Pe. Cícero und von Juazeiro do Norte auf radikale Weise. Pe. Cícero hielt daran fest, dass es sich bei der Hostienverwandlung um ein göttliches Geschehen handele und kam zahlreichen Aufforderungen des Bischofs nicht nach.

Dieser Konflikt führte dazu, dass Pe. Cícero am 5. August 1892 vom priesterlichen Dienst suspendiert wurde.[486] Der Konflikt weitete sich aus und führte auch in Rom zu einer Verurteilung der „Wunder" von Juazeiro do Norte.[487] Die kirchliche Entscheidung ließ die Gläubigen unbeein-

---

hinaus gerate sie häufig in Ekstase und habe Visionen, in denen sie persönlich mit Jesus, der Gottesmutter und dem Heiligen Josef spreche. Vgl. Arruda, Padre Cícero, religião, política e sociedade, 2002, 89-93.

[484] Vgl. Arruda, Padre Cícero, religião, política e sociedade, 2002, 68.
[485] Vgl. Arruda, Padre Cícero, religião, política e sociedade, 2002, 106.
[486] Es wird Pe. Cícero verboten, öffentlich über die „Wunder" von Juazeiro do Norte zu sprechen, zu predigen und Beichten zu hören.
[487] Am 04.04.1894 wird die Verurteilung der „Wunder" von Juazeiro verkündet. In den folgenden Jahren weitet sich der Konflikt von Pe. Cícero mit dem Vatikan aus. Der Vatikan verfügt sogar eine Exkommunikation gegen Pe. Cícero, die dann aber von Bischof Dom Joaquim nicht ausgesprochen wurde. Vgl. Arruda, Padre Cícero, religião, política e sociedade, 2002, 124ff, 182.

druckt. Sie glaubten, dass es sich bei der „Hostienverwandlung" wirklich um das Blut Christi handele. Dies führte zu einer Hysterie. Man sah darin Zeichen des Kommens des Messias und der Apokalypse[488] und es wurde die Errichtung des messianischen Reiches für seine Auserwählten erwartet.[489] Juazeiro do Norte wurde als Tür zum Himmel angesehen und es folgte eine große Zuzugswelle von Pilgern, die sich in Juazeiro do Norte niederließen.[490] Robert M. Levine bezieht sich auf Ralph Della Cava, wenn er schreibt:

„...*der Hauptteil der Andächtigen kam aus der Region am Fluss São Francisco.*"[491]

Das Ansehen von Pe. Cícero seitens der Gläubigen nahm trotz der Auseinandersetzungen mit der Kirchenleitung sehr stark zu. Den Pilgern, die sich in Juazeiro do Norte niederließen, legte Pe. Cícero auf, einer beruflichen Tätigkeit nachzugehen. Pe. Cícero verhandelte mit Großgrundbesitzern, die freiwillig ungenutzte Flächen abtraten, die Pe. Cícero an die Zuzügler in Parzellen zur Bebauung vergab.[492] Auf diese Weise entwickelte sich eine starke Ökonomie in Juazeiro do Norte. Pe. Cícero, auf dessen Namen die Flächen eingetragen waren, wurde zu einem der großen Landbesitzer in der Region.

Als Politiker hatte Pe. Cícero ein Verständnis, das die bestehenden Herrschaftsverhältnisse unterstützte und die Verhandlungen mit den „coroneis" und Großgrundbesitzern der Region erleichterte. Als Politiker übernahm Pe. Cícero auch das Amt des Bürgermeisters und erreichte,

---

[488] Man darf in diesem Zusammenhang nicht vergessen, dass die Landbevölkerung durch die Ausrufung der Republik im Jahr 1889 und die Laisierung des Staates enorme gesellschaftliche Veränderungen erlebte. Dies bedeutete eine starke Veränderung der Paradigmen.
[489] Diese Erwartungshaltung im Volk wird auch von den Priestern, die in der Hostienwandlung ein göttliches Zeichen sahen, der Bevölkerung verkündet, so z.B. durch Pe. Clycério Lobo. Vgl. Arruda, Padre Cícero, religião, política e socˇiedade, 2002, 120.
[490] Täglich kommen ca. 400 Pilger nach Juazeiro do Norte. Vgl. Arruda, Padre Cícero, religião, política e sociedade, 2002, 117.
[491] Levine, O sertão prometido, 1995, 159.
[492] João Arruda spricht in diesem Zusammenhang von einer ersten Erfahrung der Agrarreform. Vgl. Arruda, Padre Cícero, religião, política e sociedade, 2002, 149.

dass Juazeiro do Norte ein eigenständiger Bezirk wurde.[493] Spannungen mit der neuen Landesregierung von Ceará führten 1913/1914 zu militärischen Auseinandersetzungen. Um eine Verteidigungsstrategie zu entwickeln, unterstützte ihn Antônio Vilanova, mit Erfolg. Dieser hatte die Versorgungs- und Verteidigungsstrategie von Canudos maßgeblich geprägt.[494]

Das wichtigste Projekt lag für Pe. Cícero jedoch in der spirituellen Entwicklung von Juazeiro do Norte. Er starb am 20. Juli 1934 und hinterließ ein eindrucksvolles Erbe. Er hinterließ eine Stadt mit ca. 40.000 Einwohnern[495] und einer gut entwickelten Ökonomie. Juazeiro do Norte ist heute der zweitgrößte Wallfahrtsort in Brasilien, zu dem jährlich zwei Millionen Pilger strömen.[496] Obwohl es von offizieller kirchlicher Seite keine Selig- oder Heiligsprechung gibt, wird Pe. Cícero als ein Volksheiliger verehrt. Pe. Cícero ist auch heute noch ein Thema, zu dem wissenschaftliche Werke publiziert werden.[497]

Die Bewegungen von Canudos und Juazeiro do Norte[498]

Über einen Kontakt von Pe. Cícero und Antônio Conselheiro kann nur so viel gesagt werden, dass Pe. Cícero kurz vor der Auseinandersetzung mit der 1. Militärexpedition gegen Canudos in Uauá am 21. November 1896 einen Gesandten nach Canudos schickte. Über die Inhalte und Reaktionen gibt es unterschiedliche Darstellungen. Der Historiker Marco Antônio Villa schreibt, dass nichts weiter bekannt sei.[499] Abelardo Montenegro berichtet von der Anwesenheit des Gesandten während der ersten militärischen Auseinandersetzung in Uauá und schreibt:

---

[493] Am 22.07.1911 erhält Juazeiro do Norte seine Eigenständigkeit als Bezirk. Arruda, Padre Cícero, religião, política e sociedade, 2002, 169.
[494] Vgl. Arruda, Padre Cícero, religião, política e sociedade, 2002, 173-174.
[495] Pereira de Queiroz, O messianismo no Brasil e no mundo, 2003, 253.
[496] Arruda, Padre Cícero, religião, política e sociedade, 2002, 186.
[497] Zu den neueren Publikationen zählt z.B: Neto, Padre Cícero, poder fé e guerra no sertão, 2009.
[498] In diesem Abschnitt ist mit „Juazeiro" der Ort Juazeiro do Norte im brasilianischen Bundesstaat Ceará gemeint. Zu unterscheiden ist dies von der Stadt Juazeiro, die im Bundesstaat Bahia liegt und in Bezug auf den Beginn des Krieges von Canudos eine wesentliche Rolle spielte.
[499] Vgl. Villa, Canudos o povo da terra, 1997.

„Als der Gesandte von Padre Cícero nach Juazeiro zurückkehrte, sagte ihm zuvor der Conselheiro: Sage dem Padre, was ich gesehen habe. Es wird noch drei Feuer geben. Er wird auch sein Feuerchen haben. Es wird nur nicht bundesstaatlich sein wie meines, sondern auf Landesebene."[500]

Auch wenn die Bundesregierung von Brasilien vermutete, dass sich Pe. Cícero mit Antônio Conselheiro zusammenschließen würde, so wurde dies von verschiedenen Seiten dementiert, so z.b. vom Gouverneur von Pernambuco.[501] Tatsächlich besteht ein großer Unterschied im Handeln zwischen Antônio Conselheiro und Pe. Cícero: Letzterer suchte stets den Schulterschluss mit der örtlichen Oligarchie. Abelardo Montenegro schreibt, dass zwischen der Lehre des Conselheiros und den Unterweisungen Pe. Cíceros keinerlei Verbindung existierte. Er sieht einen grundlegenden Unterschied:

„...während der Patriarch von Juazeiro Reichtümer anhäufte, verteilte der Conselheiro die Spenden die er erhielt, an die Armen."[502]

1.5.3 „Caldeirão" und „Pau de Colher"

<u>Caldeirão</u>
Die Bewegung von „Caldeirão" entstand um den „Beato José Lourenço",[503] der gegen 1891,[504] angezogen von Pe. Cícero, nach Juazeiro do Norte kam. Mit Unterstützung von Pe. Cícero zog José Lourenço um 1894[505] mit seiner Familie und Pilgern auf das Landgut „Sítio baixa Dantas", das Eigentum des „coronel" João do Brito war. Aufgrund seines intensiven religiösen Lebens wurde er als „beato" bezeichnet. Er nahm arme Familien, Waisen und ehemalige Straftäter auf, die ihm bei der Landwirtschaft unterstützten und mit ihm das religiöse Leben teilten. Pe.

---

[500] *„Quando o emissário do Pe. Cícero retornou a Juazeiro, disse-lhe antes Conselheiro: Conte ao Padre o que viu. Ainda vai haver três fogos. Ele também terá o seu foguinho. Só não será federal como o meu, mas estadual."* Montenegro, Antônio Conselheiro, 1954, 38.
[501] Vgl. Telegramas transcritos de Bartolomeu, 1923, zitiert in: Villa, Canudos, o povo da terra, 1997, 181.
[502] Montenegro, História do fanatismo religioso no Ceará, 1959, 52.
[503] José Lourenço Gomes da Silva, geboren 1872 in Pilões de Dentro-Paraíba. Vgl. Farias, História da sociedade cearense, 2004, 364.
[504] Sá, Beato José Lourenço, 2000, 16.
[505] Farias, História da sociedade cearense, 2004, 365.

Cícero hatte großes Vertrauen in ihn, besuchte ihn häufig und schenkte ihm Anfang der 1920er Jahre einen Zebu-Bullen, der „Mansinho" (kleiner sanfter) genannt wurde.[506] Es verbreitete sich die Nachricht:

„... *der Bulle sei ‚göttlich', ein Span seiner Hörner und Hufe, sein Urin und seine Exkremente verhelfen zu Wunderheilungen.*"[507]

Viele Gläubige pilgerten zu dem Tier, in der Hoffnung auf Heilung. Es kam sogar zu Verehrungsgebärden. Aufgrund der großen Öffentlichkeit, die der Wunderbulle einnahm und der Auseinandersetzungen, die Pe. Cícero mit Rom zu durchstehen hatte, ließ Dr. Floro Bartolomeu, die rechte Hand Pe. Cíceros, 1926 den Bullen töten und José Lourenço einsperren.[508] „Sítio baixa Dantas" wurde 1926 von seinem Besitzer verkauft. So musste José Lourenço das Anwesen verlassen.[509] Er bekam Unterstützung von Pe. Cícero, der ihm im „Araripe-Gebirge" sein Landgut namens „Caldeirão" zur Verfügung stellte. Dort gründete José Lourenço mit vielen seiner Anhänger eine Lebensgemeinschaft. Maria Isaura Pereira de Queiroz beschreibt diese wie folgt:

„*Die Bevölkerung von Caldeirão setzte sich aus einfachen Arbeitern und Anhängern [fanáticos] von Padre Cícero zusammen, die von José Lourenço geleitet wurden. Alle arbeiteten, inklusive der Beato. Die Produkte der Landwirtschaft wurden in Speichern gelagert und gemäß des Bedarfs jedes einzelnen verteilt. Es gab in Caldeirão etwa 5.000 Seelen.*"[510]

Caldeirão hatte eine autonome Selbstversorgung, deren ziviler und religiöser Leiter José Lourenço war. Die Arbeit war kollektiv organisiert. Die benediktinische Lebensregel „bete und arbeite" wurde auch in Caldeirão als Weg zur Seligkeit praktiziert. Mit dem Eintritt in die Lebensgemeinschaft musste der private Besitz übergeben werden, denn eine weitere Lebensregel lautete: „*Nichts gehörte einem einzelnen*", - „*alles gehörte allen.*"[511]

Während der sogenannten Revolution von 1930 wurde Caldeirão durch Truppen von Getúlio Vargas ausgeraubt, zerstört und im Anschluss

---

[506] Vgl. Farias, História da sociedade cearense, 2004, 366.
[507] Pereira de Queiroz, O messianismo no Brasil e no mundo, 2003, 283.
[508] Vgl. Pereira de Queiroz, O messianismo no Brasil e no mundo, 2003, 283.
[509] Vgl. Farias, História da sociedade cearense, 2004, 367.
[510] Pereira de Queiroz, O messianismo no Brasil e no mundo, 2003, 284.
[511] Pereira de Queiroz, O messianismo no Brasil e no mundo, 2003, 284.

von José Lourenço und seiner Lebensgemeinschaft wieder aufgebaut. In der Dürreperiode 1932 nahm Caldeirão hunderte von Dürre-Flüchtlingen auf und versorgte sie mit Lebensmitteln und Arbeit.[512]

Am 20. Juli 1934[513] starb Pe. Cícero im Alter von 90 Jahren und damit der größte politische Fürsprecher und Besitzer des Landgutes von Caldeirão. Viele sahen im „Beato José Lourenço" seinen spirituellen Nachfolger. Wichtige Vertrauensleute waren für den Beato Severino Tavares und Isaías, die beide predigend umherzogen und durch die neue Mitglieder nach Caldeirão kamen.[514] Insbesondere in den Predigten von Severino Tavares, der sich für einen göttlichen Gesandten hielt, spielten klassische messianische Themen, wie das Verständnis, sich am „Ende der Weltzeit" zu befinden, eine große Rolle.[515]

Obwohl es sich bei Caldeirão um eine pazifistische Lebensgemeinschaft handelte, wurden Befürchtungen eines Kommunismus und eines „zweiten Canudos"[516] [vgl. Kapitel II] wach. Im politischen wie im kirchlichen Umfeld traf Caldeirão auf Widerstand. Der Salesianerorden, dem der Landbesitz von Caldeirão zugekommen war, drängte den Gouverneur von Ceará, Menezes Pimentel, auf die Räumung des Terrains.[517] Am 10. September 1936[518] invadierten Polizeitruppen Caldeirão, um es zu räumen. Es gab keinen Widerstand der Bewohner. Die Polizisten zerstören die ca. 400 Häuser. Die Bewohner wurden in ihre früheren Heimatorte zurückgeschickt.

José Lourenço zog sich mit vielen seiner Anhänger in die Wälder des Araripe-Gebirges zurück und ließ sich dort versteckt nieder. Severino Tavares, der mittlerweile die Leitung der Lebensgemeinschaft von Caldeirão innehatte, plante gegen den Willen von José Lourenço die Rückeroberung des Geländes von Caldeirão mit militärischen Mitteln. Es wurden Polizeitruppen zum neuen Rückzugsort der Gemeinschaft von

---

[512] Vgl. Farias, História da sociedade cearense, 2004, 369.
[513] Sá, Beato José Lourenço, 2000, 39.
[514] Vgl. Pereira de Queiroz, O messianismo no Brasil e no mundo, 2003, 286.
[515] Vgl. Pereira de Queiroz, O messianismo no Brasil e no mundo, 2003, 287.
[516] Parallelen zu Canudos sah man in der von der Landoligarchie unabhängigen und gemeinschaftlich orientierten Lebensordnung. Daraus entwickelte sich die Befürchtung, dass sich um Caldeirão ein Krieg entwickeln könnte, so wie dies bei Canudos ereignete. Vgl. 2.1-2.4.
[517] Vgl. Sá, Beato José Lourenço, 2000, 45. Vgl. Pereira de Queiroz, O messianismo no Brasil e no mundo, 2003, 288.
[518] Farias, História da sociedade cearense, 2004, 373.

Caldeirão gesandt, wo es zu militärischen Auseinandersetzungen kam.[519] Am 12. Mai 1937[520] fand die große Invasion der Militärtruppen statt, die sogar Transportunterstützung von Flugzeugen hatte. Die Lebensgemeinschaft von Caldeirão wurde in einem Massaker zerstört. Zwischen 300 und 1.000 Landbewohner kamen dabei ums Leben. Der Beato José Lourenço entkam.[521]

1938 kehrte er mit einer kleinen Gruppe auf das Gelände von Caldeirão zurück und begann die Felder neu zu bestellen. Die Salesianer erwirken Ende 1938[522] erneut die Räumung. Ohne Widerstand verließ der „Beato José Lourenço" Caldeirão, zusammen mit einigen Familien. Er lebte bis zu seinem Todestag am 12. Februar 1946 auf dem Landgut „União" und wurde 74 Jahre alt.[523] Sein Leichnam wurde in Juazeiro do Norte, neben dem Grab seines Beschützers Pe. Cícero Romão beigesetzt.

Pau de Colher – Circo dos Santos

Durch seine Missionsreisen hatte Severino Tavares auch Kontakte im Ort „Pau de Colher" im Bundesstaat Bahia geknüpft. Dort unterwies José Senhorino, ein gebildeter verheirateter Mann, die Bevölkerung hinsichtlich der Religiosität. Er tat das anhand der Bibel, den Büchern „Missão Abreviada"[524] und „O Caminho reto". Er betete mit der Bevölkerung und gab Rat in schwierigen Lebenssituationen. Als Severino Tavares nach „Pau de Colher" kam beeindruckte er José Senhorino, der ihn als seinen Meister annahm. 1937 kam der „Beato Quinzeiro", ein Überlebender von Caldeirão, nach „Pau de Colher". Er berichtet vom Tode Severinos und erinnerte an Caldeirão. Zur selben Zeit erklärte José Senhorino…

---

[519] Vgl. Pereira de Queiroz, O messianismo no Brasil e no mundo, 2003, 289-290.
[520] Farias, História da sociedade cearense, 2004, 377.
[521] Vgl. Farias, História da sociedade cearense, 2004, 378. Farias bleibt bei der Schätzung der getöteten Lanbewohner sehr ungenau, wenn er von 300-1.000 Toten spricht.
[522] Farias, História da sociedade cearense, 2004, 378.
[523] Farias, História da sociedade cearense, 2004, 380.
[524] Dieses Buch mit Gebeten und religiösen Unterweisungen wurde auch von Antônio Conselheiro verwandt.

„*...einen Auftrag des Beato José Lourenço erhalten zu haben, Menschen zu versammeln und in Richtung des Landgutes Caldeirão zu ziehen.*"⁵²⁵

Quinzeiro entwickelt sich zum religiösen Leiter, José Senhorino zum Unterleiter. Es schlossen sich ihnen Menschen aus der Region an, die mit ihren Habseligkeiten und Heiligenstatuen kamen. Um sie unterzubringen baute José Senhorino an seinem Haus einem großen Laubengang, dem sich eine Halbkreisförmige Fläche anschloss. Dieser wurde der „Circo dos Santos" (Kreis der Heiligen) genannt. Täglich gab es feste Gebetszeiten, jedes Mitglied hatte drei Stunden am Tag zu beten. Die zunächst pazifistische Gruppe überfiel nun viele Landgüter, um Waffen zu erbeuten, die für die Rückeroberung Caldeirãos gebraucht wurden. Bei dem Gegenangriff einer örtlichen Gruppe im „Circo dos Santos" kamen Senhorino und andere leitende Personen ums Leben. Quinzeiro, der auf der Suche nach Kämpfern war, kehrte zurück. Die Gruppe von Kämpfern, die Caldeirão wieder einnehmen wollte wuchs stark an. Den militärischen Kräften aus Pernambuco, die zur Auflösung der Gruppe kamen, widersetzen sich die Kämpfer Quinzeros zwei Tage lang, bevor 400 Kämpfer bei einem großen Gegenangriff starben, die laut „Komm Rettung" schrien. Sie hatten gemäß Maria Isaura Pereira de Queiroz geglaubt:

„*...dass sie nach dem Tod in Caldeirão zum Beato José Lourenço auferstehen würden und den Tod als Mittel akzeptierten, um früher zum irdischen Paradies zu gelangen.*"⁵²⁶

Die Gefangenen der Bewegung wurden in die Hauptstadt Pernambucos gebracht.

1.5.4 Sebastianismus

Der Sebastianismus ist eine Form des Messianismus, der aus Portugal stammt. João Arruda erläutert:

„*Hier in Brasilien wurde die sebastianistische Legende neu interpretiert und an die nationalen Bedingungen angepasst.*"⁵²⁷

Diese Legende handelt vom jugendlichen portugiesischen König „Dom Sebastião", der 1578 in Afrika bei der Schlacht in „Alcácer-

---

⁵²⁵ Pereira de Queiroz, O messianismo no Brasil e no mundo, 2003, 291.
⁵²⁶ O Estado da Bahia, 01.02.1938, zitiert in: Pereira de Queiroz, O messianismo no Brasil e no mundo, 2003, 294.
⁵²⁷ Arruda, Messianismo e conflito social, 2006, 68.

Quibir" umkam. Er war der vorerst letzte portugiesische König. Nach ihm gab es die Personalunion der Kronen Portugals und Spaniens. Im „Sebastianismus" kam die Hoffnung der portugiesischen Bevölkerung zum Ausdruck, dass Portugal neu erstarken und seine Eigenständigkeit wiedererlangen würde. Man erwartete, dass „Dom Sebastião" mit seinem „himmlischen Heer" wiederkehren würde, um das alte Königreich Portugal aufzurichten. In anderen Kontexten verband sich mit dem „Sebastianismus" die Hoffnung, dass „Dom Sebastião" für eine neue, gerechtere Gesellschaft sorgen würde. Auf verschiedene messianische Bewegungen in Brasilien, wie z.b. auf die Bewegung „Pedra Bonita" [vgl. 1.5.5], hatte der „Sebastianismus" großen Einfluss.

1.5.5 Weitere messianische Bewegungen

Anhand einiger anderer messianischer Bewegungen in Brasilien aus dem 19. und 20. Jh. soll der Überblick hinsichtlich der verschiedenartigen Ausprägung des brasilianischen Messianismus an dieser Stelle erweitert und der religiös-kulturelle Kontext Brasiliens verdeutlicht werden.

<u>Pedra Bonita</u>

Um 1836 trat in Pernambuco, in der Region um Flores, der Wanderprediger João Antônio dos Santos auf. Er verkündete die baldige Rückkehr des portugiesischen Königs Dom Sebastião, der unter seinen Anhängern große Reichtümer verteilen würde. Er fand einen großen Zulauf von Menschen, insbesondere aus den unteren Schichten, die ihren Besitz und ihre Arbeit verließen. Der in der Region anerkannte Priester und Missionar Francisco Correa erreichte, dass João Antônio dos Santos die Region verließ.[528]

Zwei Jahre später begann sein Schwager João Ferreira zu predigen. Er verkündete, dass zwei große Felsen das Tor zum „verzauberten Königreich" wären, durch das Dom Sebastião mit seinem Heer zurückkehren würde. Ungefähr 300 Anhänger campierten um diese Felsen, an denen João Ferreira, der sich selbst zum König ernannt hatte, täglich predigte,[529] dass das verzauberte Königreich nur durch Blut käme. Diejenigen, die sich opfern würden, kämen unsterblich wieder zurück. Die Predigten fanden große Resonanz in der Region. Dazu Maria Pereira de Queiroz:

---

[528] Vgl. Perreira de Queiroz, O messianismo no Brasil e no mundo, 2003, 222.
[529] Vgl. Perreira de Queiroz, O messianismo no Brasil e no mundo, 2003, 222.

„Neben den Predigten und Gebeten gibt es regelmäßige Heiratsfeste, jeder Mann kann mehrere Frauen heiraten."[530]

Schließlich legte João Ferreira den Tag für die Menschenopfer auf den 14. Mai 1838 fest.[531] Die Opferungen begannen an diesem Tag mit dem Vater João Ferreiras und gingen in den folgenden Tagen weiter. Am 17. Mai 1838 opferte sich der König selbst. Darüber hinaus wurde über den Felsen das Blut von 30 Kindern, 12 Männern, 11 Frauen und 14 Hunden vergossen.[532] Pedro Antônio, der Schwager von João Antônio dos Santos, wurde der neue König. Er verließ den Ort der Opferungen mit den verbliebenen Anhängern. Eine Polizeistaffel traf auf die Sekte und es kam zu einem blutigen Kampf. Unter Rufen wie „es lebe der König Dom Sebastião" starben 22 Personen, darunter der neue König.[533] Die übrigen Sektenmitglieder flüchteten oder wurden verhaftet.

Andere messianische Bewegungen

Die hier in Kürze dargestellten brasilianischen messianischen Bewegungen stellen nur einen kleinen Ausschnitt dar. Sie stehen beispielhaft für die Unterschiedlichkeit der vielen messianischen Bewegungen, die es allein im 19. und 20. Jahrhundert gab. Um den Überblick zu weiten, seien hier Namen weiterer messianischer Bewegungen genannt, die im Einzelnen nicht genauer untersucht werden:

Name der Bewegung	Jahr	Ort	Leiter
Rodeador	1819	Serra de Rodeador-MG	Silvestre José dos Santos
O português Faria	Um 1857	Campinas	Portugiese Faria
Die Mucker	Um 1872	Bezirk Sapiranga RS	João Jorge und Jacobina Maurer (deutsche Auswanderer)
Os fanáticos de João do Vale	1890	Serra de João do Vale-RN	Joaquim Ramalho

---

[530] Perreira de Queiroz, O messianismo no Brasil e no mundo, 2003, 223.
[531] Perreira de Queiroz, O messianismo no Brasil e no mundo, 2003, 224.
[532] Perreira de Queiroz, O messianismo no Brasil e no mundo, 2003, 224.
[533] Perreira de Queiroz, O messianismo no Brasil e no mundo, 2003, 224.

O Bispo	1897	Region um Contestado-CE	Mann, genannt: O Bispo (der Bischof)
São Miguel	Um 1908	Curitibanos-SC	Mann, genannt: „São Miguel"
Contestado	Um 1910	Santa Catarina	Mönch João Maria
Benedito de Almeida Morais	1914	Morretes-PR	Benedito de Almeida Morais
Monge Jesus Nazareth	1917	Contestado-RS/SC	Mönch Jesus Nazareth
Os fanáticos do „município" de Panelas	1936	Panelas-PE	João Cícero
O Franciscano (Beato Chico)	1938	Quebrângulo-AL	Beato Chico
Nazaré do Bruno	Um 1940	Nazaré do Bruno-MA	José Bruno de Morais[534]
Pratinha de fumaça	Um 1949	Pratinha da Fumaça-ES	Jorcelino Francisco de Paula
Novo movimento de Taquaraçu	1954	Taquaraçu-SC	2 „caboclos" (ohne Namen)[535]

Messianismus und Canudos

Aufgrund der vorherrschenden Wundergläubigkeit und des Mystizismus in der Bevölkerung bot der Sertão im 19. und 20. Jahrhundert den Rahmen, in dem sich messianische Bewegungen gründeten. Unterstützende Faktoren waren die sozio-politischen Gegebenheiten, die Unterdrückung durch die Großgrundbesitzer und die Armut in der Bevölkerung. Es ist anzunehmen, dass der Mythos des Sebastianismus zumindest bei

---

[534] Maria Isaura Pereira de Queiroz stellt weitere 11 von ihr als messianisch eingeordnete Bewegungen vor: O Portugues Faria, O fanáticos de João do Vale, O Bispo, São Miguel, Benedito de Almeida Morais, Monge Jesus Nazareth, Os fanáticos do Município de Panelas, O Franciscano, Pratinha de Fumaça, Novo Movimento de Taquaraçu, Nazaré do Bruno. Vgl. Pereira de Queiroz, O messianismo no Brasil e no mundo, 2003, 427-430.
[535] Montenegro, Antônio Conselheiro, 1954, 20.

einem Teil der Mitglieder von Canudos bekannt war. Offen bleibt jedoch die Frage nach seinem Einflusses, seiner Verbreitung und Ausprägung. Weiterhin stellt sich die Frage, ob man der Bewegung von Canudos damit gerecht wird, dass man sie auf ein rein soziologisches Phänomen begrenzt. Es müssen zunächst die theologischen Grundlagen und die religiöse Wirklichkeit untersucht werden, um das Zusammenleben der Gemeinschaft von Canudos beurteilen zu können. Zu klären sind u.a. die folgenden Fragen:

- Wurde Antônio Conselheiro wirklich als Messias angesehen?
- Was lehrte der Conselheiro? Wie wurde das von der Gemeinschaft rezipiert?
- Welche Hoffnungen wurden geweckt?

Kapitel II bereitet dazu den historischen Hintergrund und die theologischen Implikationen auf. In Kapitel III wird mit der Analyse der Rezeptionen und der Interviews die Grundlage für eine abschließende Beurteilung gelegt.

1.5.6 Soziologie messianischer Bewegungen

Vergleicht man die verschiedenen in diesem Kapitel dargestellten messianischen Bewegungen so treten Parallelen und große Unterschiede hervor. Daher ist es wichtig, zunächst die Bedeutung einiger grundlegender Begriffe zu klären und im Anschluss daran allgemeine Charakteristika für messianische Bewegungen herauszuarbeiten.

Maria Isaura Pereira de Queiroz unterscheidet zwischen den Begriffen „Messianismus" (messianismo) und „messianische Bewegung" (movimento messiânico). Dabei verwendet sie den Begriff Messianismus für die messianische Lehre. Dazu zählt sie das Ersehnen einer Bevölkerungsgruppe und deren Glauben an das Kommen eines Messias, der ein paradiesisches Reich auf der Erde anbrechen lässt. Die Phase des Ersehnens eines Messias' nennt Paul Aphandéry „messianische Erwartung"[536]. Den Begriff „Messianische Bewegung" (movimento messiânico) verwendet Pereira de Queiroz in Anlehnung an Paul Alphandéry als:

„...Aktivität eines Kollektivs unter der Leitung eines göttlichen Gesandten – des Messias – um das Millennium schneller herbeizuführen."[537]

---

[536] Im brasilianischen Portugiesisch: „espera messiânica". Vgl. Pereira de Queiroz, O messianismo no Brasil e no mundo, 2003, 46.
[537] Perreira de Queiroz, O messianismo no Brasil e no mundo, 2003, 46.

Dabei ist der „Messias" der Leiter der Bewegung und das „Millennium" (milênio) das erwartete paradiesische Reich, das auf der Erde beginnen soll. Ziel messianischer Bewegungen ist es, eine Transformation der Welt herbeizuführen, in der sie leben.[538] Pereira de Queiroz stellt zwei zentrale Elemente für messianische Bewegungen dar:

„Der Glaube an das Kommen eines göttlichen Gesandten, der den Menschen das irdische Glück bringt; und eine Aktion einer ganzen Gruppe, die den Anordnungen des göttlichen Gesandten folgt mit dem Ziel, das Glück auf der Erde zu installieren."[539]

Eine allgemeine Definition für messianische Bewegungen gibt der Soziologe João Arruda und bezieht diese auf den brasilianischen Kontext:

„Messianismus bedeutet der Glaube an die Existenz einer Person oder einer Lehre, die durch ihre inneren Qualitäten oder Zauber – Qualität bezeichnet Max Weber mit Charisma – die menschliche Gesellschaft zu einer paradiesischen Situation führt."[540]

João Arruda hält folgende vier Kriterien zur Entstehung des Messianismus für unabdingbar:

„(1) Existenz eines Mythos von der Rückkehr des Messias, (2) Existenz von sozio-politischen Krisen, (3) Erscheinen eines Messias, (4) Zustand der Empörung."[541]

Diese vier generellen Voraussetzungen bzw. Charakteristika für die Entstehung messianischer Bewegungen sollen hier kurz erläutert werden:

1. *Die Existenz eines Mythos, der das Kommen eines Messias beinhaltet.* Innerhalb der jeweiligen Gesellschaft muss es den Glauben an das Kommen einer mythologischen Person geben. Dies ist eine Bedingung „sine qua non" für die Entstehung einer messianischen Bewegung.[542]

2. *Das Bestehen einer sozio-politischen Krise oder eines anomischen gesellschaftlichen Zustands.* Ein derartiger gesellschaftlicher Zustand ist z.B. gegeben in Situationen der inneren oder von außen einwirkenden Unterdrückung gesellschaftlicher Schichten. Daraus resultiert die Motivation dafür, das religiöse Erbe aufzugreifen, das

---

[538] Vgl. Pereira de Queiroz, O messianismo no Brasil e no mundo, 2003, 46.
[539] Pereira de Queiroz, O messianismo no Brasil e no mundo, 2003, 46.
[540] Arruda, Messianismo e conflito social, 1993, 16, 26.
[541] Vgl. Arruda, Messianismo e conflito social, 2006, 23-26.
[542] Vgl. Arruda, Messianismo e conflito Social, 2006, 23-24.

zum Ausgangspunkt für das Entstehen einer messianischen Bewegung wird.[543]

3. *Das Auftreten eines Messias im Zusammenhang mit einer intensiven messianischen Erwartung.* Dem Kommen eines Messias geht meist eine messianische Erwartungshaltung voraus. Der Messias fungiert dabei als „*...katalytisches Element der sozialen Erwartungen der Unterdrückten.*"[544] Mit dem Auftreten des Messias ist der Wunsch nach einer neuen Gesellschaftsordnung, einer „*paradiesischen Gesellschaft*"[545] verbunden.

4. „*Zustand effektiver Empörung*": Das tatsächliche Entstehen einer messianischen Bewegung hängt auch davon ab, dass die Erwartungshaltung hinsichtlich der messianischen Utopie stark genug ist, um eine solche Bewegung ins Leben zu rufen.[546]

In messianischen Bewegungen findet eine Verbindung von religiösen und sozio-politischen Elementen statt. Hinsichtlich der sozio-politischen Ebene weist Arruda auf folgenden Aspekt hin, mit dem auch Max Weber und Friedrich Engels übereinstimmen:

„*Der Messianismus ist ein essentiell sozio-politisches Phänomen und zeigt eine der Möglichkeiten auf, mit der die sozial unterdrückten Schichten ihre materiellen Interessen ausdrücken.*"[547]

Zu klären sind des Weiteren die Begriffe „Millenarismus" oder „Chilialismus", die austauschbar verwendet werden können. Franz Laub erläutert dazu:

„*Chilialismus (χίλια ἔτη, tausend Jahre) bezeichnet die Hoffnung auf ein tausendjähriges irdisches Messiasreich, das der eschatologischen Vollendung von Schöpfung und Geschichte vorausgeht. In dieser letzten Epoche der Weltgeschichte wird Christus zusammen mit den auferweckten Gerechten eine messianische Heilsherrschaft ausüben... Der Nährboden für die christliche chiliastische Tradition ist Offb 20,1-15 im Kontext von Offb 20-22.*"[548]

---

[543] Vgl. Arruda, Messianismo e conflito social, 2006, 24.
[544] Arruda, Messianismo e conflito social, 2006, 25.
[545] Arruda, Messianismo e conflito social, 2006, 25.
[546] Vgl. Arruda, Messianismo e conflito social, 2006, 26.
[547] Arruda, Messianismo e conflito social, 2006, 56.
[548] Laub, Chilialismus, in: LThK, Band 2, 1994, 1045.

In den folgenden Ausführungen werden die hier dargestellten Begriffe im Sinne der dargelegten Definitionen verwendet. Aufgrund der Unterschiedlichkeit der einzelnen, in diesem Abschnitt dargestellten messianischen Bewegungen wird deutlich, dass allgemeine Charakteristika zwar zutreffen, aber für ein eingehendes Verständnis nicht ausreichen sind. Jede einzelne messianische Bewegung ist für sich als eigenes Phänomen auf ihren soziokulturellen und religiösen Kontext hin zu untersuchen, um ihr gerecht zu werden. Dies soll im 2. Kapitel an der Bewegung von Canudos erfolgen.

1.6 Zusammenfassung

Das *I. Kapitel* hat den politischen, ökonomischen, religiösen, kirchlichen und kulturellen Kontext, in dem sich die Bewegung von Canudos im 19. Jh. ereignete, auf der Ebene Brasiliens und dessen Bundesstaaten dargestellt. Die Entstehung des Kontextes wurde aus der Kolonialgeschichte Brasiliens heraus entwickelt. Brasilien hatte im 19. Jh. zahlreiche Umbrüche zu bewältigen. Diese Umbrüche prägen maßgeblich den Gesamtkontext, in dem Canudos stattfand. Nach der Unabhängigkeit von Portugal im Jahr 1822 stellten die „abolição" im Jahr 1888 und die Ausrufung der Ersten Republik im Jahr 1889 Zäsuren in der brasilianischen Geschichte dar, die starke Veränderungen mit sich brachten.

Durch die Machtwechsel in der Regierung ereignete sich eine Verschiebung der Machtverteilung. Die traditionell einflussreichen Großgrundbesitzer des Nordostens mit ihren Zuckerrohrplantagen wurden als ökonomisch und finanziell führende Machtgruppe in der Mitte des 19. Jh. durch die Kaffeeplantagenbesitzer und das sich bildende Bürgertum im Süden, d.h. in der Region um São Paulo abgelöst. Ökonomisch verlor der Nordosten im Laufe des 19. Jh. immer mehr an Bedeutung. Unter dem aus Europa übernommenen philosophischen Einfluss des Positivismus, mit dessen auf Fortschritt ausgerichteten Motto „Ordem e Progresso" (Ordnung und Fortschritt), kam es um 1870 zur Bildung der republikanischen Partei Brasiliens und durch einen Militärputsch, am 15. November 1889, zur Gründung der Ersten Brasilianischen Republik. In der Zeit des Wirkens von Antônio Conselheiro (ca. 1870-1897) und der Bewegung von Canudos, befand sich Brasilien ständig in politischen Krisenzeiten. Zuerst in der Krise der zu Ende gehenden Monarchie, danach in den Krisenjahren der Ersten Brasilianischen Republik, die durch viele politische Wechsel insbesondere im Amt des Präsidenten geprägt war.

Brasilien durchlief im 19. Jh. wirtschaftliche Krisen, die besonders den Nordosten betrafen. Während im Süden der Kaffeeanbau boomte, gingen im Nordosten die Zuckerrohrexporte stark zurück. Die Abschaffung der Sklaverei im Jahr 1888 betraf besonders die landwirtschaftliche Produktion im Nordosten, die stark auf Sklavenarbeitskräfte setzte. Der Süden hatte schon länger bezahlte Arbeitskräfte, so z.B. europäische Immigranten. Auf Bundesebene wurde die Finanzpolitik der Republik ab 1890, das sogenannte „encilhamento", zu einem Fiasko, das Brasilien in eine hohe Inflation hinein führte. Brasilien war ein innerlich geteiltes Land. Zum einen gab es die Städte an der Küste (litoral), in denen die intellektuelle Elite lebte und sich stark an den politischen, ökonomischen und philosophischen Strömungen Europas orientierte. Zum anderen gab es das Hinterland, z.B. den Sertão im Nordosten Brasiliens, der stark landwirtschaftlich geprägt war und im „litoral" als zurückgeblieben galt.

Die Darstellung des historischen Kontextes weist auf, dass sich im Laufe der Kolonialgeschichte im Nordosten Brasiliens das oligarchische Herrschaftssystem des „coronelismo" etabliert hatte, das auch im 19. Jh. den maßgeblichen politischen Einfluss ausübte. Durch das koloniale Landvergabesystem der „sesmarias" waren wenige Familienclans im Besitz von Großgrundbesitzen enormen Ausmaßes gekommen, die aufgrund der gesetzlichen Ausgrenzung von Kleinbauern, Analphabeten, u.a. Volksgruppen vom Landbesitz ein Landmonopol inne hatten. Während es einerseits enorme Latifundien gab, die sich in den Händen einer kleinen Bevölkerungsgruppe befanden, blieb die einfache Landbevölkerung, die den größten Teil der Bevölkerung darstellte, größtenteils vom Landbesitz ausgeschlossen. Ca. 80% des Landes waren ungenutzt und unproduktiv.

In der Region des Nordostens, in der die Landwirtschaft die Haupterwerbsquelle der Bevölkerung war, führte dieses Landmonopol zu einer extremen Abhängigkeit und Unterdrückung der einfachen Bevölkerungsschichten durch die Großgrundbesitzer und „coroneis". Die „coroneis" waren mit ihren Familienmitgliedern in den maßgeblichen politischen Gremien vertreten und übten die politische Herrschaft auf dem Land aus. Hinzu kam, dass sie über bewaffnete Gruppen verfügten, die ihre Interessen notfalls mit Gewalt durchsetzten und von der einfachen Sertãobevölkerung als Bedrohung wahrgenommen wurden. Das System des „coronelismo" führte damit zur Beherrschung des Sertão durch die Großgrundbesitzer und zur Verarmung der einfachen Landbevölkerung des Nordostens, die zu mehr als 90% aus Analphabeten bestand. So ergab sich eine gesellschaftliche Pyramide, an deren Spitze die „coroneis" und Großgrundbesitzer, sowie Kleriker, Regierungsmitarbeiter und große Händler standen. Die kleine Mittelschicht bildeten Kleinhändler, Bürokraten sowie städtische Kleinbürger. Die letzte Stufe der Pyramide stellten Kleinbauern, Landarbeiter und ehemaligen Sklaven dar, die *de facto* ums Überleben kämpften.

Neben den politischen und ökonomischen Herausforderungen hatte die Sertãobevölkerung auch die regelmäßig auftretenden Dürreperioden zu überstehen, die Menschen und Tieren das Leben kosteten und enorme Schäden anrichteten. In der Zeit von Canudos gab es allein in den Jahren 1877 und 1893 zwei schwere Dürreperioden. Ceará war der brasilianische Bundesstaat, der als erster die Sklaverei beendete– Jahre vor der gesetzlichen „abolição".

Antônio Conselheiro wuchs in der Kleinstadt Quixeramobim im zentralen Sertão des Bundesstaates Ceará auf. Ihm war die Lebenssituation des Sertão gut bekannt, das Leiden unter Dürreperioden und dem System des „coronelismo", ebenso wie die vorzeitige Beendigung der Sklaverei in Ceará. Dies prägte sein späteres Handeln.

Die Bundesstaaten Ceará und Bahia waren kaum vorbereitet auf den Beginn der Republik. Die in der Monarchie politisch maßgeblichen Gruppen waren die gleichen wie zur Zeit der Ersten Republik. Das erste Jahrzehnt der Republik in Bahia war von vielen Wechseln in der Politik, insbesondere im Amt des Gouverneurs geprägt. Die Ökonomie im Bundesstaat Bahia befand sich in der Zeit der Gründung der Republik in einer starken Krise. Durch die Republik wurden die Bundesstaaten und „municípios" bevollmächtigt, eigene Steuern zu erheben.

Die krisenhafte Ökonomie sowie die neuen Steuern belasteten am stärksten die einfache Landbevölkerung, die noch weiter verarmte. Ein für die Entstehung des Krieges von Canudos wichtiger Umstand war die Konkurrenz zwischen den politischen Gruppen in Bahia. Die eine Gruppe bildete sich um Gouverneur Luís Vianna, die andere um seinen früheren Parteigenossen José Gonçalvez. Im Machtkampf der beiden politischen Lager wurde Canudos zu einem Spielball. Die Gründung der Stadt Canudos ereignete sich in einer Umbruchszeit, die von politischen und ökonomischen Krisen geprägt war.

Der kirchliche Kontext im Brasilien des 19. Jh. war durch den „padroado" eng mit der Staatsregierung verbunden. Der brasilianische Kaiser war Oberhaupt des Staates und übte die Patronatsrechte über die brasilianische Kirche aus. Durch die zurückgehende Zahl der Diözesan- und Ordenspriester, die aufklärerischen und positivistischen Strömungen in den Küstenstädten und die Trennung von Kirche und Staat befand sich die brasilianische Kirche im 19. Jh. in einer starken Krise, die auch das Verhältnis zu den Regierungen betraf.

Auf dem Land gab es traditionell nur sehr wenige Priester. Der Sertão war eine von Priestern pastoral verwaiste Region. Daher entwickelte sich dort ein Katholizismus, in dem das Engagement der Laien sehr ausgeprägt war. Heiligenverehrung, Prozessionen, Bußübungen und Wallfahrten waren prägende Elemente der religiösen Tradition im Sertão. Durch die Vermischung von indigener Urbevölkerung, portugiesischen Eroberern und afrikanischen Sklaven, entwickelte sich im Laufe der Kolonialzeit eine mystisch geprägte Volksreligiosität mit synkretistischen Elementen.

Die portugiesischen Missionare hatten durch den von ihnen vermittelten Katholizismus mit messianischen Mythen [z.B. Sebastianismus], der stark apokalyptisch geprägte Predigten und Bußaufrufe beinhaltete, einen Aspekt in die Volksfrömmigkeit eingebracht, der gerade in Krisenzeiten seinen starken Widerhall fand. Der Glaube an einen messianischen Retter, der aus der Not des Lebens befreit, hatte in Brasilien zu zahlreichen messianischen Bewegungen unterschiedlichster Ausprägung geführt. In dieser Tradition stand auch der Missionar des Nordostens, Pe. Ibiapina, der Antônio Conselheiro maßgeblich prägte. Die im Volksglauben verwurzelten messianischen Hoffnungen stellten einen wichtigen Aspekt des Kontextes dar, in dem sich Canudos ereignete.

Die sich in der Krise befindende brasilianische Kirche band sich im 19. Jh. stärker an den Vatikan. Gleichzeitig führten die ultramontanen Entwicklungen der Kirche in Europa weltweit zu einer stärkeren Zentralisierung kirchlicher Entscheidungen auf den Vatikan, zu einer stärkeren Betonung des Priesteramtes, zu strengeren Vorgaben für die liturgischen Vollzüge und die Ausbildung von Priestern. Die zentralisierenden Entwicklungen der europäischen Kirche fanden Einzug in die brasilianische Realität und trafen auf den traditionell stark von Laien geprägten Katholizismus im Sertão. Daraus entwickelten sich Spannung mit der Volksreligiosität. Die anfängliche Ablehnung der Republik durch die brasilianischen Bischöfe wurde aufgrund der Anordnung aus Rom abgelegt. Die Republik erhielt die kirchliche Anerkennung. Die bahianische Kirche, mit ihrem neuen Bischof Dom Jerônimo Tomé, trat in einen Prozess ein, der eine Neugestaltung der Zusammenarbeit mit dem bahianischen Staat zum

Ziel hatte. In diesem Zusammenhang kam es 1895, auf Bitte des bahianischen Staates, zur Aussendung einer kirchlichen Mission nach Canudos, die den Auftrag hatte, Canudos aufzulösen. Der sich daraus ergebende Bericht der Mission war einer der Bausteine, der dazu beitrug, den späteren Krieg gegen Canudos zu rechtfertigen [vgl. 2.4].

Dieses Kapitel stellt heraus: Die Errichtung von Canudos ereignete sich in einer Zeit großer Umbrüche und Krisen auf kirchlichen ökonomischen und politischen Ebenen.

II. Antônio Conselheiro und Canudos

2.1 Leben und Werk Antônio Conselheiros

2.1.1 Biographie, Kindheit und frühe Erwachsenenjahre

Gemäß seiner Taufurkunde wurde Antônio Vicente Mendes Maciel am 13. März 1830 in Quixeramobim Ceará geboren und am 22. Mai 1830 in der dortigen Kirche St. Antônio getauft.[1] Er war der Sohn von Maria Joaquina de Jesus und des Kaufmanns Vicente Mendes Maciel.[2] Die Eltern waren zum Zeitpunkt der Geburt von Antônio Vicente nicht verheiratet. So wurde in der Taufurkunde auch nur die Mutter erwähnt. Aus dieser Verbindung gingen noch zwei jüngere Kinder hervor, Maria (geb. 1831) und Francisca (geb. 1833).[3] Die Kindheit von Antônio Vicente Mendes Maciel war von vielen Belastungen und Leiden geprägt. João Brígido beschreibt seinen Vater als einen Mann, der dem Alkohol anhing und zu starken Wutausbrüchen neigte.[4] Vicente Mendes Maciel hatte den Wunsch, dass sein Sohn Priester werden sollte. Der Zugang zur Priesterausbildung war unehelichen Kindern [sogenannte „bastardos"] zur damaligen Zeit verwehrt. Robert M. Levine benennt dies als einen der Gründe für die Eheschließung der Eltern am 31. August 1834, als die Mutter bereits im Sterben lag.[5] 1834, im Alter von 4 Jahren, erlebte Antônio

---

[1] Arruda, Canudos, messianismo e conflito social, 2006, 77. Arruda zitiert aus der Taufurkunde: *„Aos dias 22 de maio de 1830 batizei e pus os Santos óleos nesta Matriz de Quixeramobim do párvulo Antônio, pardo, nascido aos 13 de março do mesmo ano supra, filho natural de Maria Joaquina; foram padrinhos Gonçalo Nunes Leitão e Maria Francisca de Paula. Do que, para constar, fiz esse termo, em que me assinei. Vigário, Domingos Álvares Vieira."* Irrtümlicherweise wird das Geburtsjahr von Antônio Conselheiro von manchen Autoren auf das Jahr 1828 vorverlegt, so z.B. von Benício, O rei dos jagunços, 1997, 19.

[2] Calasans, Cartografia de Canudos, 1997, 25-26. Die Mutter von Antônio Conselheiro war auch unter den Namen Maria Joaquina de Jesus und Maria Joaquina do Nascimento bekannt.

[3] Montenegro, Antônio Conselheiro, 1954, 10. Calasans, Cartografia de Canudos, 1997, 26.

[4] Vgl. Brígido, Ceará homens e fatos, 2001, 297. Vgl. auch Levine, O sertão prometido, 1995, 80-81.

[5] Vgl. Levine, O sertão prometido, 1995, 81. In der Trauurkunde der Eltern von Antônio Vicente Mendes Maciel vom 31.08.1834 erwähnt Vigário Fructuoso

Vicente den Tod seiner Mutter. Am 12. Februar 1836 ging sein Vater eine zweite Ehe mit Maria Francisca de Paula Lessa[6] ein. Aus dieser Ehe gingen die beiden Töchter Dorotéia (geb. 8. Februar 1837[7]) und Rufina hervor. Die zweite Ehe von Vicente Mendes Maciel war ebenso spannungsreich wie die erste. Unter seiner Stiefmutter, die eine rigorose und religiöse Frau war, hatte Antônio Vicente viel zu leiden. Nertan Macedo berichtet von einer Begebenheit in seiner Kindheit:

„Die einzige reale Episode aus seiner Kindheit war das Bad in einem Brunnen, das von João Brígido, seinem Freund und Kameraden aus der Grundschulzeit beschrieben wurde, bei dem Antônio Vicente dem Tod durch Ertrinken entkam."[8]

Antônio Vicente erlebte auch die blutige Familienfehde zwischen der Familie Maciel, die eine angesehene, aber nicht wohlhabende Familie von Viehzüchtern war, sowie der Großgrundbesitzerfamilie Araújo. Diese Familienfehde war ein Kampf mit ungleichen Kräften, der auch in den 1830er Jahren einschneidende Konsequenzen zur Folge hatte. Unter anderem kam der Großvater von Antônio Vicente, Miguel Maciel, bei dieser Fehde ums Leben. In seiner Zeit als Richter in Quixeramobim (1834-1835)[9] beschützte Pe. Ibiapina die Maciels vor den Araújos und war Antônio Vicente bekannt. Aufgrund des väterlichen Wunsches, dass Antônio Vicente Priester werden sollte, ging er in die Schule des Lehrers Manuel Antônio Ferreira Nobre und erhielt dort eine sehr gute, höhere Schulbildung. Unter anderem wurde er in Arithmetik, Geografie, Portugiesisch, Französisch und Latein unterrichtet.[10] Sein Schulkamerad und späterer Journalist João Brígido berichtet:

Dias Ribeiro, dass es sich um ein *„casamento – in articulis mortis"* (Heirat in Todesgefahr) handelte.

[6] Calasans, Cartografia de Canudos, 1997, 26. Arruda, Canudos, messianismo e conflito social, 2006, 78.
[7] Montenegro, Antônio Conselheiro, 1954, 57.
[8] Macedo, Antônio Conselheiro, 1978, 91.
[9] Macedo, Memorial de Vilanova, 1964, 86.
[10] Calasans, Cartografia de Canudos, 1997, 25-29. Levine, O sertão prometido, 1995, 182. João Arruda gibt zur Einschätzung der Schulbildung von Antônio Conselheiro an, dass zur damaligen Zeit ca. 90% der Bevölkerung Analphabeten waren. Vgl. Arruda, Canudos, messianismo e conflito social, 2006, 83.

„Antônio Vicente, so war er in Quixeramobim bekannt, hatte als Kind eine gewisse Kultur und begann Latein zu lernen."[11]

Insbesondere seine lateinischen Sprachkenntnisse wendete Antônio Vicente bei seinen späteren Predigten noch häufig an. Nach dem Tod seines Vaters am 5. April 1855[12] übernahm Antônio Vicente im Alter von 25 Jahren die Verantwortung für die Familie und den verschuldeten Kaufladen seines Vaters.[13] 1857 ging er die Ehe mit seiner 15jährigen Cousine Brasilina Laurentina de Lima ein.[14] Als Kaufmann hatte er jedoch keinen großen Erfolg und musste das Geschäft aufgeben.

Am 3. September 1857 verkauften er und seine Frau das Geschäft seines Vaters für 2.223$000 Réis an den Coronel Antônio Rodrigues da Silva.[15] Antônio Vicente Mendes Maciel verließ Quixeramobim-CE und bestritt den Lebensunterhalt in verschiedenen Berufen und an verschiedenen Orten. Auf der Fazenda Tigre eröffnete er eine Grundschule und unterrichtete Portugiesisch, Arithmetik und Geographie. Er schloss die Schule und kam 1859 nach Tamboril-CE, wo er jedoch keine Arbeit fand. Mit einem Empfehlungsschreiben von Leutnant Coronel Joaquim José de Castro zog er nach Campo Grande-CE, wo er als Kassierer im Geschäft von Major Domingos Carlos arbeitete. In Campo Grande-CE wurden auch seine zwei Kinder mit Brasilina geboren.[16] 1861 schloss das Geschäft. Antônio Vicente verließ Campo Grande-CE und wurde mit Unterstützung seines Freundes João Mendoça Justos Anwalt der Armen

---

[11] *„Antônio Vicente, assim conhecido em Quixeramobim, quando menino, teve certa cultura e começou estudos de latim."* Brígido, Ceará homens e fatos, 2001, 297.

[12] Montenegro, Antônio Conselheiro, 1954, 57.

[13] Für den Misserfolg werden verschiedene Gründe angegeben. Robert M. Levine spricht von unverantwortlichen Spekulationsgeschäften, die der Vater, Vicente Mendes Maciel getätigt haben soll. Marco Antônio Villa benennt, die wirtschaftliche Krise, die durch die Dürreperioden in Ceará entstand, sei ein wesentlicher Aspekt für das geschäftliche Scheitern von Antônio Vicente Mendes Maciel. Vgl. Levine, O sertão prometido, 1995, 184. Vgl. Villa, Canudos, o povo da terra, 1997, 14.

[14] Vgl. Levine, O sertão prometido, 1995, 184.

[15] Vgl. Montenegro, Antônio Conselheiro, 1954, 12.

[16] Die Namen der beiden Kinder sind nicht bekannt. Vgl. Montenegro, Antônio Conselheiro, 1954, 12-13. Vgl. Calasans, Cartografia de Canudos, 1997, 31.

(„rabula") in Ipu-CE.[17] Aufgrund eines Verhältnisses mit einem Korporal, verließ ihn in Ipu-CE seine Frau. Maciel folgte nicht dem Ehrencodex des Sertão, der dem betrogenen Ehemann verpflichtete, seine Ehre durch den Tod des Rivalen wieder herzustellen.[18] Er verließ den Ort und zog sich auf die „fazenda" Santo Amaro in der Nähe von Tamboril-CE zurück, die dem Major José Goncalvez Vera gehörte, einem Angehörigen der Familie, mit der die Maciels die o.g. Familienfehde ausfochten. Dort war er als Lehrer tätig. Seine Kinder ließ Antônio Vicente bei der Mutter seiner Frau.[19]

Daraufhin zog er nach Santa Quiteria-CE, wo er zwei Jahre lang wohnte und ein Verhältnis mit Joana Imaginária einer mystisch geprägten Frau einging. Aus dieser Verbindung ging ein Sohn, Joaquim Aprígio, hervor.[20] Aber auch diese Beziehung ging zu Ende. Antônio Vicente zog es nach Campo Grande-CE, Crato-CE, Quixeramobim-CE und schließlich nach Paus Branco-CE, wo er im Haus seiner Schwester Francisca unterkam. In einem Wutanfall verletzte er dort seinen Schwager Lourenço Correia Lima. Antônio Vicente ging daraufhin nach Crato-CE und schloss sich einigen evangelisierenden Missionaren an.[21] 1867-1868 arbeitete er als fahrender Händler.[22] 1871 lebte er in Varzea da Pedra bei Quixeramobim-CE als Viehhirte („vaqueiro"). Bei seinem Gläubiger José Nogueira de Amorim Garcia hatte Antônio Vicente Schulden in Höhe von 168$268 Reis. Es kam am 18. Juli 1871 zu einem Prozess bei dem sein Eigentum zur Abdeckung der Schulden verkauft wurde.[23] Antônio Vicente verließ danach den Ort. Es ist wenig über die folgende Zeit bekannt. Antônio Vicente Mendes Maciel erlebte in jungen Jahren viele traumatische Ereignisse, daher schreibt Abelardo Montenegro:

„*Die Kindheit und Jugendzeit waren die eines Waisen.*"[24]

---

[17] Vgl. Calasans, Cartografia de Canudos, 1997, 31. Montenegro, Antônio Conselheiro, 1954, 13.
[18] Vgl. Bartelt, Nation gegen Hinterland, 2003, 39.
[19] Vgl. Levine, O sertão prometido, 1995, 185.
[20] Vgl. Calasans, Cartografia de Canudos, 1997, 31.
[21] Vgl. Benício, O rei dos jagunços, 1997, 22.
[22] Levine, O sertão prometido, 1995, 185.
[23] Vgl. Montenegro, Antônio Conselheiro, 1954, 14.
[24] „*A infância e adolescencia haviam sido as de um orfão.*" Montenegro, Antônio Conselheiro, 1954, 13.

Die Versuche das Leben zu organisieren scheiterten alle. So wurde aus Antônio Vicente Mendes Maciel ein heimatloser, gescheiterter Mensch, der nach einer Lebensorientierung im Glauben und am Beispiel der Missionare suchte.[25]

2.1.2 Die Entwicklung der Bewegung von Canudos

Antônio Vicente Mendes Maciel zog sich nach dem Prozess von 1871 in den Sertão von Pernambuco zurück.[26] Er befand sich in einer Existenzkrise, suchte nach Orientierung und einem Neuanfang. Hier nahm die Bewegung von Canudos ihren Anfang. Antônio Vicente schloss sich zeitweilig den evangelisierenden Missionaren an. Einen entscheidenden Eindruck hinterließ bei ihm der Kontakt mit Pe. Ibiapina [vgl. 1.5.1 und 2.1.1], der durch seine pastoralen Missionen und Bauten, die er in Zusammenarbeit mit und für die örtliche Bevölkerung errichtete, im ganzen Nordosten bekannt wurde.[27] Über diese Zeit des Rückzugs schreibt Abelardo Montenegro:

„Die religiöse Bildung und das innerliche Drama wetteiferten um den stärksten Eindruck in seinem Geist. Die brennenden Worte der umherwandernden Prediger fielen wie Samen auf fruchtbares Terrain. Antônio überzeugte sich Stück für Stück, dass er sich von der Welt isolieren müsse. Und je mehr er reflektierte, umso mehr zog er sich in die Einsamkeit zurück und hielt sich für schuldig."[28]

Seine Leiden sah er in der göttlichen Vorsehung begründet und als Sünder hatte er sein Kreuz zu akzeptieren, wie auch Gottes Sohn das seine annahm [vgl. Mk 8,34-38].[29] Aus dieser religiösen Grundhaltung nahm er ein asketisches Leben an. Er wollte es in den Dienst Gottes und des Nächsten stellen, den er in den vom Leben Benachteiligten fand

---

[25] Weitere Literatur zum Zeitraum von Kindheit bis zum Erwachsen werden von Antônio Vicente Mendes Maciel: Macedo, Antônio Conselheiro, 1978.
[26] Vgl. Montenegro, Antônio Conselheiro, 1954, 14.
[27] Vgl. Costa, Canudos, Ordem e Progresso no Sertão, 1990, 54.
[28] *„A formação religiosa e o drama íntimo concorriam para maior impressionabilidade de seu espírito. As palavras ardentes dos pregadores andejos, como sementes, caiam em terreno ubertoso. Antônio convencia-se, pouco a pouco, que precisava isolar-se do mundo. E quanto mais refletia mais se tornava solitário e mais se julgava culpado."* Montenegro, Antônio Conselheiro, 1954, 17.
[29] Vgl. Montenegro, Antônio Conselheiro, 1954, 17.

[„malaventurados" = Unglückselige, vgl. Mt 5,3-12; Lk 6,21-25].[30] Antônio Vicente war ein guter Kenner der Bibel und der Geschichte des Christentums. Das Leben Jesu prägte ihn in besonderer Weise, ebenso das in der Apostelgeschichte beschriebene Leben der Apostel sowie das Gemeindeleben der ersten Christen. All dies waren spirituelle Orientierungspunkte auf seinem Pilgerweg durch den Sertão. Honório Vilanova, einer der Überlebenden der Gemeinschaft von Canudos, beschreibt den Conselheiro wie folgt:

„Er war stark wie ein Stier, die schwarzen Haare fielen auf seine Schultern, die Augen schienen bezaubert von viel Feuer, in einer blauen Soutane, die Füße steckten in einer ‚Alpercata'[31] *aus Rindsleder, ein Strohhut auf dem Kopf. Er war sanftmütig in seinen Worten und gutherzig. Er gab nur Ratschläge, die zum Guten dienten."*[32]

Er durchwanderte als „beato" die armen Gegenden des Sertão von Pernambuco, Sergipe, Ceará und Bahia. 1872 wurde vom Erscheinen Antônio Vicente Mendes Maciels in São Mateus Ceará berichtet.[33] Auf seinem Pilgerweg lernte Antônio Vicente Mendes Maciel 1873 Antônio und Honório Vilanova in Urucu bei Assaré-CE kennen. Zu diesem Zeitpunkt hatte der „peregrino" (Pilger), wie er sich selbst nannte, das Gelübde abgelegt 25 Kirchen zu bauen.[34] Die Brüder Vilanova übernahmen später in Canudos bedeutende Führungsrollen für den Handel und die Versorgung der Stadt. Antônio Conselheiro kam in die Orte des Sertão und agierte im Stil der katholischen Missionare: Er predigte, betete die traditionellen Gebete der Kirche mit der Bevölkerung, bettelte um Spenden, von denen er für sich nur das allernötigste nahm und den Rest an Bedürftige weitergab[35] und er gab Rat.

---

[30] Vgl. Benicio, O rei dos jagunços, 1997, 31.
[31] Alpercata = Sandale.
[32] Macedo, Memorial de Vilanova, 1964, 37.
[33] Vgl. Levine, O sertão prometido, 1995, 185.
[34] Vgl. Macedo, Memorial de Vilanova, 1964, 37. Vgl. Montenegro, Antônio Conselheiro, 1954, 22.
[35] Vgl. Benício, O rei dos jagunços, 1997, 25.

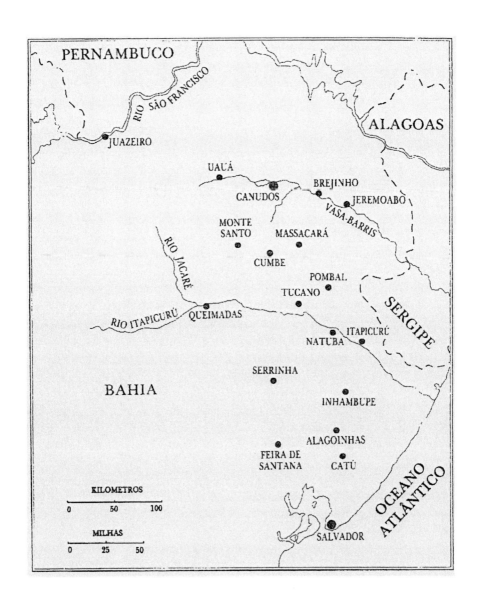

Landkarte 5: Region um Canudos 1893-1897.[36]

---

[36] Levine, O sertão prometido, 1995, 113.

Manoel Benício schreibt bezüglich der Predigten des Conselheiros:

„*Diejenigen, die seine [Conselheiros] Ignoranz kritisieren könnten, taten es nicht, aus Angst davor von seiner Gruppe zurückgewiesen zu werden und wegen dem guten Ruf, den seine Ratschläge genossen, alle waren ehrlich und basierten auf einem Prinzip der altruistischen Moral und der Philanthropie.*"[37]

Darüber hinaus versammelte er die örtliche Bevölkerung und errichtete mit deren Spenden und Arbeitskraft Bauten, die der Allgemeinheit dienten: Friedhöfe, Kapellen, Kirchen, Wasserspeicher u.a. Bereits hier zeigte sich das planerische und organisatorische Talent Antônio Conselheiros. Auch in pädagogischer und pastoraler Hinsicht hatte er gute Fähigkeiten, die zum Beispiel darin deutlich wurden, dass man seinen Rat suchte und seine Predigten und Andachten viele Menschen anzogen. Er traf im Sertão auf einen Klerus, der, wenn überhaupt vorhanden, von der Bevölkerung zum Teil als unglaubwürdig wahrgenommen wurde [vgl. 1.3.3]. Rui Barbosa betrachtet den Klerus vor 1874 als:

„*...sehr zurückgeblieben, ignorant und wechselhaft, ohne moralische Autorität über die gebildete Fraktion der Gläubigen und duldender Verbündeter des Volks-Aberglaubens.*"[38]

João Arruda schreibt, dass die Pfarrer:

„*...in einer offenkundigen Respektlosigkeit die moralischen und religiösen Werte der katholischen Bevölkerung angriffen und Bezahlung für alle zelebrierten religiösen Akte nahmen. Kein religiöser Dienst, sei es Taufe, Heirat, Sonntagsmesse oder letzte Ölung etc., wurde kostenfrei zelebriert*".[39]

Antônio Conselheiro kritisierte offen, dass die Lebensweise der Priester nicht deren Gelübden entsprach, was zur Verstimmung mit den Betroffenen führte. So erreichten den Erzbischof kritische Briefe, die den

---

[37] „*Os que podiam criticar de sua ignorância não o faziam, por temor de ser repelidos do bando e pelo bom conceito em que tinham os seus conselhos, todos honestos e baseados num princípio de moral altruística e filantrópica.*" Benício, O rei dos jagunços, 1997, 50.

[38] „*Antes de 1874, Ruy Barbosa considerava o clero "atradadissimo, ignorante e mudando, sem autoridade moral sobre a mais ilustrada fração dos crentes, indulgente cúmplice das superstições populares.*" Montenegro, Antônio Conselheiro, 1954, 22.

[39] Arruda, Canudos, messianismo e conflito social, 2006, 89.

Conselheiro anklagten, subversive Predigten zu halten und die Autoritäten zu missachten.[40] Manoel Benício bestätigt:

„*Und die Wahrheit ist, dass Antônio Conselheiro das Konkubinat allgemein und speziell das der Priester anklagte...*"[41]

Die Missionare, die die Kirche ab und zu für kurze Zeit in die Dörfer des Sertão schickte, waren meist ausländischer Herkunft. Das amtskirchliche Vakuum auf dem Land war einer der Gründe, der zur Anziehungskraft Antônio Conselheiros – wie er aufgrund seiner Ratgebertätigkeit und Wertschätzung inzwischen genannt wurde – auf die Bevölkerung beitrug. In Itapicuru-BA setzte Antônio Conselheiro 1874 einen ersten Teil seines Gelübdes in die Tat um: Er renovierte mit der Bevölkerung die Kapelle „Rainha dos Anjos" (Königin der Engel) und baute eine Friedhofsmauer. In der Wochenzeitung „O Rabudo" (Sergipe), Ausgabe n. 7 vom 22. November 1874[42] wurde er erstmalig öffentlich erwähnt. Ein gewisser „Antônio dos Mares" gebe der Bevölkerung von Itapicuru-BA Rat und baue die Kapelle „Rainha dos Anjos" auf. Dieser sei eine mysteriöse Person und stelle eine Bedrohung für die Öffentlichkeit dar. José Calasans kommt zu dem Ergebnis:

„*Ohne den Schatten eines Zweifels ist der Antônio dos Mares von ‚O Rabudo' genau derselbe ‚Antônio Conselheiro' oder ‚Santo Antônio Aparecido' des Schriftstellers aus Sergipe.*"[43]

Die Errichtung von Friedhöfen hatte im Sertão eine besondere Bedeutung, denn dem „sertanejo" galt ein eigenes Grab als Garantie für den sicheren Eingang in den Himmel.[44] Der Bau eines Friedhofs war nur mit der Zustimmung der jeweiligen Pfarrer möglich.[45] Der Vikar von Itapicuru-BA „cônego" (Domherr) Agripino da Silva Borges, der der liberalen

---

[40] Vgl. Bandeira de Melo, João Capristano (Conselheiro), in: Benício, O rei dos jagunços, 1997, 26.
[41] „*E a verdade é, que clamando o Conselheiro contra o concubinato em geral e especialmente o dos sacerdotes,...*" Benício, O rei dos jagunços, 1997, 27.
[42] Calasans, Cartografia de Canudos, 1997, 11.
[43] „*Sem sombra de dúvida, o Antônio dos Mares de ‚O Rabudo' é o mesmíssimo Antônio Conselheiro ou Santo Antônio Aparecido do escritor sergipano.*" Calasans, Cartografia de Canudos, 1997, 34. „Schriftsteller aus Sergipe" bezieht sich auf einen Artikel in: „Revista Brasileira", 1879.
[44] Vgl. Piepke, Antônio Conselheiro – der Ratgeber der Armen, in: NZM 52/2, 1996, 108.
[45] Villa, Canudos, o povo da terra, 1995, 18.

republikanischen Partei nahestand, stellte dem Conselheiro 1874 ein leerstehendes Haus zur Verfügung. Eine große Personenzahl kam täglich dort hin, um gemeinsam zu beten. Die Versammlungen um Antônio Conselheiro blieben auf politischer Ebene nicht unbeachtet. Der Polizeivertreter von Itapicuru-BA, Boaventura da Silva Caldas, der auf der gegenüberliegenden Straßenseite wohnte und mit der konservativen republikanischen Partei in Verbindung stand, beauftragte ein Polizeiaufgebot damit, Antônio Conselheiro und seine Gefolgschaft aus dem Ort zu vertreiben.[46] Marco Antônio Villa zieht das Fazit:

„Diese Episode zeigt, dass die Predigten von Antônio Conselheiro sowie deren religiöser und politischer Widerhall nicht von den oligarchischen Konflikten im Sertão getrennt werden kann."[47]

Die Präsenz des Conselheiros hatte schon früh eine politische Relevanz. Antônio Conselheiro durchzog den Sertão der Bundestaaten Bahia, Sergipe, Ceará und Pernambuco und folgte der Tradition von Pe. Ibiapina. Er legte großen Wert auf Buße und ein Leben nach dem Ideal der „Evangelischen Armut".[48] Er aß kein Fleisch und oft schlief er auf dem nackten Boden. Um sie vor Eitelkeiten zu schützen, beauftragte er Frauen damit, sich ihr Haar abschneiden zu lassen, und Kostbarkeiten, wie z.B. teure Schals und Schuhe, Hornkämme zu verbrennen. Auf seinem Pilgerweg traf Antônio Vicente auf unterschiedliche kirchliche Situationen. So berichtet Abelardo Montenegro:

„Beim Durchwandern der Sertões beobachtete Antônio das Fehlen der Sorgsamkeit für die Religion. Die Gemeinden blieben oft verlassen, während die Pfarrer ein ausschweifendes Leben führten. Auf der anderen Seite sah er, dass es einige Pfarrer mochten, dass er in ihren Kirchen und Kapellen predigte, denn das war eine Art, die Bevölkerung zusammenzuführen."[49]

Viele Faktoren machten die Anziehungskraft und das hohe Ansehen des Conselheiros in der Sertãobevölkerung aus: z.B. die Art seiner Pre-

---

[46] Vgl. Villa, Canudos, o povo da terra, 1995, 18-19.
[47] Villa, Canudos, o povo da terra, 1995, 19.
[48] Arruda, Canudos, messianismo e conflito social, 2006, 88.
[49] *„Atravessando os sertões, observava Antônio a falta de zelo pela religião. As paróquias permaneciam, muitas vezes, abandonadas, enquanto os vigários levavam vida dissoluta. Por outro lado, via que alguns parócos gostavam que êle pregasse em suas igrejas e capelas, pois era uma maneira de congregar o povo."* Montenegro, Antônio Conselheiro, 1954, 22.

digten, die die Probleme der „sertanejos" aufgriffen und tief in deren religiösen Traditionen und Praktiken wurzelten und die Überzeugungskraft seines asketischen und caritativen Lebens. Ein wichtiger Aspekt für seine Glaubwürdigkeit war die Art und Weise, wie er die Bevölkerung zum gemeinschaftlichen Bau von Kirchen u.a. Bauten versammelte und anleitete. Abelardo Montenegro beschreibt: *„Er leitet die Herde wie ein bedachter Hirte."*[50] Schon zu Beginn seiner Pilgerschaft durch den Sertão bildete sich eine Gruppe, die Antônio Conselheiro begleitete und die zusammen mit seinem Ansehen in der Bevölkerung stetig zunahm.[51] Die Peregrination Antônio Conselheiros löste in den Jahren 1875-1876 auch Beschwerden der örtlichen Pfarrer aus. João Arruda diesbezüglich:

„ ...allein in den ersten Monaten im Jahr 1876 gab es eine nicht zählbare Anzahl an Briefen von Priestern im Landesinneren an die Autoritäten, die Maßnahmen erbaten, um die religiösen Praktiken des Pilgers zu beenden."[52]

Am 26. Mai 1876 schrieb der Generalvikar der Erzdiözese Bahia einen Brief an den Polizeichef von Bahia mit der Bitte um die Einleitung notwendiger Vorkehrungen gegen Antônio Conselheiro. Er erhielt am 30. Mai 1876 vom Polizeichef João Bernardo de Magalhães die Information, dass dieser ein Sonderkommando beauftragt hatte, um Antônio Conselheiro gefangen zu nehmen.[53] Am 6. Juni 1876 wurde Antônio Conselheiro in Itapicuru-BA vom Polizeivertreter Francisco Pereira Assunção festgenommen. Weder er noch seine Anhänger leisteten Widerstand. Er kam zunächst in das Gefängnis von Itapicuru-BA und von dort nach Salvador-BA. Am 7. Juli 1876 wurde er nach Fortaleza-CE gebracht und am 15. Juli 1876 dem Richter in seiner Heimatstadt Quixeramobim-CE vorgeführt. In dieser Zeit hatte Antônio Conselheiro viele Misshandlungen zu ertragen.[54] Man warf ihm vor, seine Mutter und seine Ehefrau umgeb-

---

[50] *„Dirigia o rebanho como zeloso pastor."* Montenegro, Antônio Conselheiro, 1954, 23.
[51] Vgl. Villa, Canudos, o povo da terra, 1995, 18-24.
[52] Arruda, Canudos, messianismo e conflito social, 2006, 96.
[53] Calasans, Cartografia de Canudos, 1997, 38.
[54] João Arruda berichtet, dass dem Conselheiro der Bart und die Haare abgeschoren wurden und er darüber hinaus ausgepeitscht wurde und nicht genug Nahrung bekam. Vgl. Arruda, Canudos, messianismo e conflito social, 2006, 99.Vgl. Calasans, Cartografia de Canudos, 1997, 38-41.

racht zu haben. Da er durch den Tod der Mutter mit vier Jahren bereits Halbwaise wurde und seine ehemalige Ehefrau noch lebte, fiel die Anklage in sich zusammen. Der Conselheiro wurde wieder frei gelassen.[55] Juristisch lag kein Grund für seine Gefangennahme vor. José Calasans benennt die eigentlichen Gründe:

„*...sein Zwist mit dem bahianischen Klerus, die Gefahr, die er für die Ruhe in den Sertões darstellte. Es galt, die Klagen des Klerus und der Polizeiautoritäten im Landesinneren des Staates zu beenden, denn diese hatten Beachtung bei der Polizeileitung gefunden.*"[56]

Interessanterweise hatte der Polizeichef von Bahia, J. B. Magalhães, am 05. Juni 1876 ein Schreiben an seinen Kollegen in Ceará aufgesetzt, in dem er um folgendes bat:

„*Unterdessen, falls er [Antônio Conselheiro] nicht kriminell ist, bitte ich Sie in jedem Fall darum, dass sie nicht aufhören ihn zu beobachten, damit er nicht in diese Provinz zurückkehrt, an den referierten Ort, wohin seine Rückkehr sicherlich unangenehmste Resultate hervorbrächte,...*"[57]

Antônio Conselheiro kehrte dennoch nach Itapicuru-BA zurück, wo er von 1874 bis 1893 sein Hauptquartier[58] hatte, das Ausgangspunkt für seine Pilgerreisen in die Dörfer des Sertão wurde. Er fuhr fort zu predigen, mit der verarmten Bevölkerung zu beten und ihr Rat zu erteilen. An verschiedenen Orten in Sergipe und Bahia errichtete er insgesamt zwölf Kirchen und Kapellen, acht Friedhöfe und einen Kreuzweg.[59]

Die Peregrination nach dem Gefängnisaufenthalt 1876

Antônio Conselheiros Ansehen nahm nach seiner Rückkehr in den bahianischen Sertão stark zu. Er wurde in der Bevölkerung als Märtyrer und nun noch mehr als Heiliger bzw. Gesandter Gottes angesehen. Dies bestä-

---

[55] Vgl. Calasans, Cartografia de Canudos, 1997, 13. Vgl. Villa, Canudos, o povo da terra, 1995, 23-24.
[56] Calasans, Cartografia de Canudos, 1997, 38.
[57] „*Entretanto, se porventura não for ele aí criminoso peço em todo o caso V.S. que não perca de sobre ele as suas vistas, para que não volte a esta província, ao lugar referido, para onde a sua volta trará certamente resultados desagradáveis,...* " Magalhães, J. B., in: Milton, A campanha de Canudos, 2003, 19-20.
[58] Vgl. Calasans, Cartografia de Canudos, 1997, 45.
[59] Vgl. Calasans, Cartografia de Canudos, 1997, 14, 61-72.

tigt der größte Großgrundbesitzer im Sertão von Bahia[60] und Gegner des Conselheiros, der „Barão de Jeremoabo", der großen Einfluss in der Regional- und Landespolitik hatte:

„(mit der Gefangenschaft des Conselheiros) ...ging die Bevölkerung an ihre gewohnte Arbeit zurück, einige Zeit später tauchte das Individuum unerwarteter Weise wieder auf. Nun ging das Spiel des Fanatismus mit größerer Intensität weiter, und Antônio Conselheiro war nicht mehr ein Büßer, sondern ein Gesandter Gottes, Gott selbst."[61]

1877 suchte eine der größten Dürreperioden den Sertão heim. Die Sertãobevölkerung vertraute in dieser Zeit sehr auf den Conselheiro, so dass der Respekt gegenüber ihm und seinen Anweisungen stark zunahm.[62] Eine einschneidende gesellschaftliche, wie ökonomische Veränderung erfolgte durch das gesetzliche Ende der Sklaverei in Brasilien am 13. Mai 1888 [vgl. 1.1.6].[63] Viele ehemalige Sklaven wurden freigesetzt und in der Phase der Suche nach einer Existenzgrundlage durchlebten sie große Armut. In seinen Predigten und religiösen Praktiken hatte sich Antônio Conselheiro gegen die Sklaverei gewandt.[64] Daher schlossen sich ihm viele ehemalige Sklaven, sogenannte „treze de maios" (13. Mai) an. Der Pilgerweg des Conselheiros verlief durch viele Regionen, einige benennt Robert M. Levine:

„Am Anfang der Dekade 1890 hatte der Conselheiro schon dutzende der Bevölkerungszentren von Bahia, Pernambuco, Alagoas, Ceará und Sergipe besucht, ebenso wie einige Städte außerhalb des Sertão – in der

---

[60] Cícero Dantas Martins, der "Barão de Jeremoabo" besaß 61 Fazendas im Sertão, von denen 59 in Bahia und 2 in Sergipe lagen. Vgl. Sampaio (Org.), Canudos, cartas para o barão, 1999, 18.

[61] *„(com a prisão de Conselheiro) ...reentrou a população no labor costumeiro quando, algum tempo depois reaparece inesperadamente este individuo. Então atuou com maior intensidade o jogo do fanatismo e Antônio Conselheiro já não era um penitente, era um enviado de Deus, o próprio Deus."* Dantas Martins, Cícero, (Barão de Jeremoabo), veröffentlichter Brief, in: Jornal de Notícias, Salvador-BA, 04.03.1897, in: Arruda, Messianísmo e conflito social, 1993, 66.

[62] Vgl. Calasans, Cartografia de Canudos, 1997, 63.

[63] Als Referenz: in der Region von Canudos leben im Jahr 1872 insgesamt 17 235 registrierte Sklaven. Vgl. Levine, O sertão prometido, 1995, 204.

[64] Vgl. Calasans, Cartografia de Canudos, 1997, 81-85.

Region von Tabuleiro und bis hin zur Küste, wie er z.B. 1887 Vila do Conde besucht."[65]

1890-1891 siedelte sich Antônio Conselheiro auf den zwei verlassenen Fazendas „Dendê de Cima" und „Dendê de Baixo", im Bezirk Itapicuru-BA, mit seinem Gefolge an und baute dort die Kirche Bom Jesus [vgl. 2.1.2, Bautenliste].[66] Aus dieser Ansiedlung entstand der heutige Ort Crisópolis-BA. Der Conselheiro verließ den Ort wieder mit großem Ansehen in der Bevölkerung. Deutlich wird dies z.B. daran, dass er von 1880-1892 Pate von 92 Täuflingen wurde.[67] Das gestiegene Ansehen des Conselheiros in der Bevölkerung führte auch zu einer stärkeren Polarisierung. Insbesondere bei den Polizeiautoritäten und Großgrundbesitzern [vgl. 2.4.1] verstärkte sich die Kritik.

Die Meinung im Klerus war geteilt. Einige Priester kooperierten mit Antônio Conselheiro, andere leisteten dem Brief des Erzbischofs von Bahia Dom Luís dos Santos vom 16. Februar 1882[68] Folge und ließen ihn nicht in ihrer Kirche predigen. Die den Conselheiro unterstützenden lokalen Priester bedienten sich seiner Dienste zum Aufbau von Kapellen und Friedhofsmauern. Sie profitierten auch finanziell durch die sich im Zuge der Tätigkeit des Conselheiros ergebenen Taufen und anderen Sakramentenspendungen. Der Einfluss des „peregrinos" traf insbesondere beim höheren Klerus auf Widerstand[69] [vgl. 2.4.1], wie José Calasans erläutert:

„Der Conselheiro war mächtiger als sie [die Pfarrer, die Antônio Conselheiro ablehnten]. Das Volk zog es vor, ihm zuzuhören, keine Wirkung hatten die Worte der Priester, nicht einmal die Androhungen der Exkommunikation."[70]

In der positivistisch ausgerichteten Republik und der Trennung von Kirche und Staat [vgl. 1.1.7, 1.3.6] sah der Conselheiro eine Aktion gegen den Willen Gottes, die Kirche und die einfache Landbevölkerung. Eine Regierung bedurfte, nach der Meinung des Conselheiros, einer göttlichen Legitimation, wie in der Monarchie. Dies beschreibt auch Alexandre Otten:

---

[65] Levine, O sertão prometido, 1995, 194.
[66] Vgl. Levine, O sertão prometido, 1995, 195.
[67] Vgl. Levine, O sertão prometido, 1995, 202.
[68] Montenegro, Antônio Conselheiro, 1954, 24.
[69] Vgl. Calasans, Cartografia de Canudos, 1997, 14-15. Arruda, Canudos, messianismo e conflito social, 1993, 66-67.
[70] Calasans, Cartografia de Canudos, 1997, 14.

„Für ihn [Antônio Conselheiro] war die Republik häretisch: sie entfernte den Kaiser von dem durch göttliches Recht errichteten Thron, nahm der Kirche das Vorrecht, offizielle Staatsreligion zu sein, öffnete den Protestanten die Türen und führte die Zivilehe ein."[71]

Manoel Benício benennt das entscheidende Moment für die Ablehnung der Republik durch den Conselheiro:

„Die Trennung von Kirche und Staat war im Prinzip der Ausgangspunkt, um sich gegen das neue Regime auszusprechen, das die überstürzte Reform eingeführt hatte."[72]

Im Steuerwesen erhielten die örtlichen Gemeinden mit der bahianischen Konstitution vom 2. Juli 1891 das Recht eigene Steuern zu erheben. Diese wurden u.a. auf die bis dahin unversteuerten freien Märkte erhoben und trafen am stärksten die einfache Bevölkerung. Die Gebührentafeln, die an den öffentlichen Kammern und Rathäusern aushingen, führten zu aufständigen Reaktionen an verschiedenen Orten.[73] Hinzu kam, dass die Steuereinnehmer auf den Märkten oft das Unwissen der von weit angereisten ausnutzten, um überhöhte Gebühren zu verlangen.[74] Manoel Benício beschreibt einen Vorfall auf dem Markt in Chorrochó-BA, wo eine alte Frau eine Schlafmatte auf dem Markt verkaufen wollte. Für den Verkaufsplatz sollte sie 100$000 Reis an Gebühren bezahlen, obwohl die Matte nur 80$000 Reis kostete. Die alte Frau beklagte sich lautstark und bekam Unterstützung von der Bevölkerung. In seiner abendlichen Predigt griff der Conselheiro den Vorfall auf:

„Das hier ist die Republik, [das bedeutet] das Gefängnis, [und] Arbeiten nur für den Staat. Es ist die Sklaverei, die durch die Landkarten verkündet wird, und die nun beginnt. Habt ihr nicht Tante Benta (Name der alten Frau) gesehen, sie ist religiös und hellhäutig, aber die Sklaverei respektiert niemanden."[75]

---

[71] Otten, Só Deus é grande, 1990, 161.
[72] *„A separação da Igreja do Estado foi, a princípio, o ponto de partida para se doutrinar em desfavor do regime novo, que tinha estabelecido a precipitada reforma."* Benício, O rei dos jagunços, 1997, 84.
[73] Vgl. Arruda, Canudos, messianismo e conflito social, 1993, 76-77.
[74] Vgl. Benício, O rei dos jagunços, 1997, 86.
[75] *„Eis aí o que é a República, o cativeiro, trabalhar somente para o governo. É a escravidão anunciada pelos mapas, que começa. Não viram a tia Benta (nome da velha), é religiosa e branca, portanto a escravidão não respeita ninguém."* Benício, O rei dos jagunços, 1997, 87.

Gegen die überhöhten Steuern kam es auch in der Region in Soure-BA und Amparo-BA zu Protesten der Bevölkerung. Der Conselheiro kritisierte die positivistische Ausprägung der Republik aufgrund der negativen Auswirkungen für die Kirche und die einzelnen Gläubigen. Abelardo Montenegro weist darauf hin, dass die Priester im Sertão diese Einstellung teilten:

„Priester im Sertão bekämpften das neue Regime. Sie verurteilten die Trennung von Kirche und Staat. Der Conselheiro folgte diesem Beispiel."[76]

Auch für Honório Vilanova stammte die ablehnende Haltung Antônio Conselheiros gegenüber der Republik aus religiösen Gründen.[77] 1893 wurden drei Polizeitruppen gegen Antônio Conselheiro entsandt, die jedoch erfolglos zurückkehren.[78] Gemäß Euclides da Cunha rief Antônio Conselheiro in Bom Conselho-PE die Bevölkerung dazu auf, die Steuergebührentafeln öffentlich zu verbrennen.[79] Aufgrund der Aufstände in der Bevölkerung sandte die bahianische Regierung eine Polizeitruppe. Oberleutnant Virgílio de Almeida hatte die Aufgabe, die „subversiven Kräfte" zu eliminieren.[80] Zwischen Tucano-BA und Cumbe-BA, in einem Ort namens Masseté-BA, kam es am 29. Mai 1893 zu einer gewaltsamen Auseinandersetzung zwischen der Polizeitruppe und den Anhängern Antônio Conselheiros.[81] Dabei kamen fünf Polizisten und fünf Anhänger des Conselheiros ums Leben, zudem gab es viele Verletzte. Aufgrund des Widerstands zog sich die Polizeitruppe zurück.[82] Walnice Nogueira Galvão benennt, wer für die Entsendung der Polizeitruppe verantwortlich war:

„Selbst in der Opposition, und in diesem Moment ohne offizielles Amt, war der Barão [de Jeremoabo] Ausgangspunkt für die Sendung der

---

[76] „Sacerdotes sertanejos combateram o novo regime. Condenaram a separação da Igreja e do Estado. Conselheiro seguiu o mesmo exemplo." Montenegro, Antônio Conselheiro, 1954, 62.
[77] Vgl. Macedo, Memorial de Vilanova, 1964, 70.
[78] Vgl. Milton, A campanha de Canudos, 2003, 23.
[79] Cunha, Os sertões, 2003, 286. Gemäß José Calasans geschah dies in Amaro.
[80] Vgl. Arruda, Canudos, messianismo e conflito social, 1993, 77-79.
[81] Vgl. Arruda, Canudos, messianismo e conflito social, 2006, 126-127.
[82] Vgl. Jornal de Notícias, Salvador-BA, in: Otten, Só Deus é grande, 1990, 165-166.

Truppen durch die Regierung [von Bahia] die 1893 in den Kampf von Masseté eintraten. Er war derjenige, der sie anforderte."[83]

Der Polizist Durval Vieira de Aguiar, ein guter Kenner des Bundesstaates Bahias, der Antônio Conselheiro 1882 kennenlernte, äußert sich besorgt über die Auseinandersetzung:

„...zu erklären, dass dieses Individuum [Antônio Conselheiro] weit davon entfernt ist, ein gefährlicher Bösewicht zu sein, er ist nur ein harmloses Wesen, das einer religiösen Manie hingegeben ist, die ständig irgendeinen Dienst zu leisten sucht bei der Errichtung von Tempeln und Friedhöfen."[84]

Nach dem Vorfall von Masseté-BA suchte Antônio Conselheiro mit seinem Gefolge eine verlassenere und schwieriger zu erreichende Region auf: Canudos. Es begann eine neue Phase für die Bewegung um Antônio Conselheiro. Die bahianische Polizei sandte nach dem Zusammenstoß in Masseté-BA eine weitere Truppe, die jedoch zurückkehrte ohne Antônio Conselheiro angetroffen zu haben.

Die Bauten Antônio Conselheiros

Im Laufe seiner Peregrination durch den Sertão errichtete Antônio Conselheiro in Zusammenarbeit mit der örtlichen Bevölkerung zahlreiche Bauten für das Gemeinwohl. Durch die gemeinsam errichteten Bauten stärkte der Conselheiro den Zusammenhalt in der Bevölkerung und sprach ihr, insbesondere durch den Bau von Friedhöfen Würde zu. Das Vertrauen der Bevölkerung in den Conselheiro und seine Anerkennung als spiritueller Leiter wurden durch die gemeinsamen Bauten gestärkt. Paulo Emílio Dantas listet folgende Bauten Antônio Conselheiros auf, ergänzt durch Paulo Emílio Matos Martins:

1. Kirche „Rainha dos Anjos" (Königin der Engel) in Nossa Senhora de Nazaré von Itapicuru de Cima-BA, 1874-1876;
2. Friedhof von Aporá-BA, 1875, blieb unvollendet;
3. Friedhof von Itapicuru-BA, 1876-1877;

---

[83] Nogueira Galvão, O império do Belo Monte, 2002, 25.
[84] *„...declarar que esse indivíduo, longe de ser facínora perigoso, é apenas um inofensivo ente devotado a uma mania religiosa, que procurava sempre prestar algum serviço na edificação de templos e cemitérios."* Vieira de Aguiar, Durval, zitiert in: Calasans, Cartografia de Canudos, 1997, 16.

4. Kapelle „São João Batista" (Johannes der Täufer), zerstört 1961, in Mocambo, späterer Name Nova Olinda, heute Olindinha-BA;
5. Kirche „Senhor do Bonfim", in Chorrochó, das frühere Capim Grosso-BA, das eindrucksvollste Bauwerk von Antônio Conselheiro Kapelle „Bom Jesus", das heutige Crisópolis, erbaut (wahrscheinlich) 1886, geweiht 1892 durch den Domherrn Agripino da Silva Borges und erbaut auf dem Land der „fazenda" Dendê de Cima, wo der Conselheiro das Areal „Bom Jesus" [im heutigen Bezirk Crisópolis-BA] gründete. Über dem Portal der Kirche steht der Satz „Só Deus é Grande" (Gott allein ist groß), eine der Grundüberzeugungen des Conselheiros.[85]
6. Kirche von Manga, dem heutigen Beritinga-BA;
7. Friedhofsmauer von Entre Rios-BA 1887-1888;[86]
8. Kreuzweg (Verbesserung und Restauration, Mauerumrandung der Treppenstufen[87]) in Monte Santo-BA[88] 1892[89]; renovierte er den „Caminho de Santa Cruz" (Kreuzweg) in Monte Santo-BA. Dieser Weg führt über ca. vier Kilometer und an 23 Kapellenstationen vorbei zur Kirche auf dem Gipfel des Gebirges.[90]
9. Friedhof in Ribeira do Pau Grande, dem heutigen Ribeira do Amparo-BA, 1893;
10. Friedhof von Timbó, heute Esplanada-BA;

---

[85] Vgl. Levine, O sertão prometido, 1995, 188. Vgl. Calasans, Cartografia de Canudos, 1997, 66-67.
[86] Vgl. Calasans, Cartografia de Canudos, 1997, 67.
[87] Vgl. Nogueira Galvão, O império do Belo Monte, 2002, 38.
[88] Der Ort Monte Santo wurde von Frei Apolônio de Todi gegründet, der dort einen Kreuzweg zur Spite des Berges anlegte. Vgl. Gonçalvez, José, Frei Apolônio de Todi, apóstolo dos sertões, http://imbuzeiroverde.blogspot.com/2009/06/frei-apolonio-de-todi-o-apostolo-dos.html, Zugriff am 05.07.2010.
[89] Calasans, Cartografia de Canudos, 1997, 75.
[90] Monte Santo-BA, Beschreibung des Kreuzweges. http://www.visiteabahia.com.br/visite/atracoes/religiao/festasreligiosas/iindex.php?id=20, Zugriff am 31.08.2011. Errichtet wurde dieser Weg 1785 von einem Missionar, dem italienischen Kapuzinerpater Frei Apolônio de Todi, der den Ort „Monte Santo" (Heiliger Berg) am Fuße eines eindrucksvollen Gebirges gründete. Den Kreuzweg widmete de Todi den „Schritten unserer Frau der Schmerzen und den Schritten unseres Herrn" (Passos da Nossa Senhora das dores e passos de Nosso Senhor). Vgl. Calasans, Cartografia de Canudos, 1997, 67-68, 73.

11. Kirche von Sobral in Aporá-BA;
12. Kirche von Esplanada-BA;
13. Friedhof von Vial Cristina-SE, das ehemalige Itabaianinha, heute Cristianópolis, 1897;
14. Kirche in Campos-SE, Renovierung;
15. Kirche von Natuba, dem späteren Soure, heute Nova Soure-BA, unvollendet;
16. Kirche „Santo Antônio" [die im Krieg vollständig zerstört wurde] und das Kreuz davor in Belo Monte, Canudos, 1893; (Kreuzinschrift: Edificada em 1893 A.M.M.C – Erbaut 1893 Antônio Mendes Maciel Conselheiro), geweiht am 13. Juni 1893 durch den Pfarrer von Cumbe, Padre Vicente Sabino dos Santos.[91] Die Kirche Santo Antônio in Canudos ließ Antônio Conselheiro schon vor seinem dauerhaften Umzug nach Canudos bauen. Hinter der Kirche ließ Antônio Conselheiro einen Friedhof errichten.
17. Kirche Bom Jesus, in Belo Monte, Canudos-BA, auch neue Kirche von Canudos genannt, 1896-1897, wurde nicht fertig gestellt;
18. Friedhof von Belo Monte, Canudos-BA 1893.[92]

Die Gründung von Canudos

Es ist nicht endgültig geklärt, wie stark der Zwischenfall in Masseté den Rückzug des Conselheiros nach Canudos auslöste oder nur die Gründung von Canudos als Lebensort des Conselheiros mit seinem Gefolge beschleunigte. Robert Levine argumentiert:

„Es waren die Attacke der staatlichen bahianischen Polizei gegenüber dem Conselheiro und seinem Gefolge 1893 und die anschließende Anordnung seiner Gefangennahme, die unter der Anklage, er habe antirepublikanische Gefühle auf dem Markt von Bom Conselho geschürt, die

---

[91] Vgl. Nogueira Galvão, O império do Belo Monte, 2002, 39, 43.
[92] Matos Martins, A reinvenção do sertão, 2001. 35. José Calasans erwähnte folgende Bauten, jedoch ohne Errichtungsdatum: Friedhof in „Ribeira do Pau Grande", dem heutigen „Ribeira do Amparo"; Friedhof in Timbó im Bezirk Esplanada; Kirche in Sobrado, in Apora; Reparaturen an der Kirche von Esplanada; Friedhof in „Vila Cristina-SE"; Reparaturen an der Kirche in Campos, dem heutigen Tobias Barreto-SE; Reparaturen an der Kirche in Natuba, dem heutigen Nova Soure-BA, Friedhof in „Riacho Seco" im Bezirk Curaçá-BA. Vgl. Calasans, Cartografia de Canudos, 1997, 68-72.

ihn den Rückzugsort in den Bergen aufsuchen ließ, verteidigt von Sicherheitspersonen."[93]

Dem gegenüber muss gesehen werden, dass Antônio Conselheiro schon Jahre zuvor den Auftrag gegeben hatte, die Kirche Santo Antônio in Canudos zu bauen.[94] Diese Kirche, die ebenfalls 1893 eingeweiht wurde, wird später „Igreja Velha" (alte Kirche) genannt.[95] Die Gründung von Canudos ist daher tendenziell als ein von langer Hand vorbereiteter Schritt einzuordnen. Canudos war eine seit 1891 verlassene „fazenda", die im Besitz von Maria Fiel de Cavalho war und auf der nur noch wenige Familien lebten.[96] Verlassen war die Fazenda insofern, als die Besitzer sie nicht ökonomisch nutzten. Die Gemeinschaft von Belo Monte entstand daher als Besetzung unproduktiven Landes.[97] In den ersten Junitagen, vor dem 11. Juni 1893,[98] ließ sich Antônio Conselheiro mit etwa 600 Personen in Canudos nieder und nannte den Ort „Belo Monte" (schöner Berg).[99] Gegen die Zuwanderung des Conselheiros und seines Gefolges nach Canudos und die Aneignung des Landes gab es keinen Widerstand. José Calasans erläutert im Interview:

---

[93] Levine, O sertão prometido, 1995, 106.

[94] Gebaut wurde die Kirche St. Antônio in Canudos von Pe. Paulo José da Rosa, einem Freund Antônio Conselheiros, der den Bau im Auftrag des Conselheiros ausführte. Vgl. Interviewband, Interview 35, Antenor Junior, vom 25.06.2008.

[95] Auch José Calasans kann keine eindeutige Aussage machen, ob der Zwischenfall in Masseté der ausschlaggebende Punkt für den Rückzug nach Canudos war. Der Conselheiro habe sich nach dem Vorfall von Masseté in einen Ort namens Mocambo zurückgezogen, bevor es zur Gründung von Canudos kam. Vgl. Calasans, José, in: Villa, da Costa Pinheiro (colaboração), Calasans, um depoimento para a história, 1998, 107.

[96] Euclides da Cunha berichtet, dass im Jahr 1890 in Canudos 50 Lehmkaten standen. Als der Conselheiro 1893 mit seinem Gefolge dorthin kam, soll es menschenleer und verfallen gewesen sein. Cunha, Krieg im Sertão, 1994, 209. Marco Antônio Villa hält dem jedoch entgegen, dass die 50 Hütten bewohnt waren und es dort sogar zwei Kaufleute gab, namens Antônio da Mota und Joaquim de Macambira. Vgl. Villa, Canudos, o povo da terra, 1995, 55.

[97] Vgl. Bartelt, Nation gegen Hinterland, 2003, 65.

[98] Calasans, Centenário do Belo Monte, in: A Tarde, Salvador-BA, 15.11.1992.

[99] Vgl. Bloch (Org.), Canudos 100 anos de produção, 1997, 38, 41. Vgl. Calasans, Cartografia de Canudos, 1997, 50. Auch in Quixeramobim, dem Geburtsort von Antônio Conselheiro gibt es einen Berg, der den Namen „Belo Monte" trägt. Vielleicht war dieser Berg Anregung für die Namensgebung von Canudos.

"Der Conselheiro schaffte es, diese Menschen miteinander zu verbinden und er vergab Land. Die Personen kamen dorthin und hatten Land, nicht war? Und die Nachbarn sagten nicht, dass das Land genommen wurde, denn Zé Américo,[100] z.B., der Land in der Nähe besaß, sprach nicht davon, dass man ihm Land genommen hätte. Weder in Canudos, noch in Cocorobó, ich habe nie gehört, dass es Klagen wegen des Landes gab."[101]

Canudos bildete einen Verkehrsknotenpunkt, an dem die Straßen aus 6 verschiedenen Richtungen zusammenliefen.[102] Es gab dort zum Zeitpunkt der Ansiedlung Antônio Conselheiros im Jahr 1893 eine kleine Bevölkerung, zu der die zwei Händler Antônio da Mota und Joaquim Macambira zählten.[103] Monte Santo-BA war die nächste größere Stadt, die 14 Léguas (ca. 78 km) von Canudos entfernt lag. In Canudos kamen mehrere Faktoren zusammen, die es zu einem idealen Ort für die Ansiedlung von Antônio Conselheiro und seinem Gefolge machten. Canudos lag inmitten des von Dürreperioden heimgesuchten Sertão, fernab der größeren Städte wie Queimadas-BA oder Juazeiro-BA. Gleichzeitig umfloss es der Fluss Vaza Barris, wodurch der Grundwasserspiegel sehr hoch lag. Es gab große Landflächen um Canudos herum, wovon viele sehr fruchtbar waren, wie Honório Vilanova bezeugt:

"Groß war das Canudos meiner Zeit. Wer ein gerodetes Feld hatte, bearbeitete dieses. Wer Rinder hatte, kümmerte sich darum... Man musste

---

[100] José Américo Camelo de Souza Velho war ein starker und einflussreicher Gegner Antônio Conselheiros, Besitzer mehrerer Landgüter und Cousin des „Barão de Jeremoabo". Vgl. Sampaio (Org.), Canudos, cartas para o barão, 1999, 251.

[101] Villa, da Costa Pinheiro (colaboração), Calasans, um depoimento para a história, 1998, 86-87. Robert Levine schreibt, dass die Eigentümerin der aufgegebenen Fazenda Canudos, weder in der Lage war diese wieder aufzurichten noch die Bevölkerung von Canudos zu vertreiben. Der Onkel der Baronin, der „Barão de Jeremoabo", hatte erfolglos versucht, sie dazu zu bewegen. Vgl. Levine, O sertão prometido, 1995, 214, 216.

[102] Es handelt sich hierbei um die Straßen nach Varzea da Ema (Recife), Jeremoabo, Maçacará (und Cumbe, heute Euclides da Cunha), Monte Santo, Vila Nova da Raínha und Uauá (Juazeiro-BA und Patamuté). Vgl. Cunha, Krieg im Sertão, 1994, 1.

[103] Vgl. Bartelt, Nation gegen Hinterland, 2003, 86.

in Canudos nicht rauben, denn alles gab es im Überfluss, Rinder und gerodetes Land, Vorräte fehlten nicht."[104]

Canudos war umringt von einer dichten Vegetation mit vielen Dornengewächsen und kleinen Gebirgszügen, die den Ort wie einen Schutzwall umgaben. Die Befürchtung, erneut mit der Polizei Konflikte austragen zu müssen, mag für Antônio Conselheiro ein weiterer, jedoch nicht primärer Grund für die Auswahl von Canudos gewesen sein. In erster Hinsicht suchte er einen Ort, der eine Lebensgrundlage für seine Gefolgschaft, sein Ansiedlungsprojekt und ihn bot. Alexandre Otten benennt einen weiteren Motivationsgrund:

„Ein anderer Aspekt ist der der Verantwortung für das Volk (seine Gefolgschaft): Von dem Moment an, in dem er sich nicht mehr vom Volk befreien kann, sieht er sich dazu gedrängt, es zu beschützen. Er akzeptiert es, Pate für viele zu sein, und in Canudos wird er die Verantwortung weiterhin übernehmen."[105]

Die Erfahrungen aus dem Zusammenleben in Crisópolis-BA flossen in den Aufbau von Canudos ein. Orientiert am Evangelium und am Ideal der christlichen Urgemeinde [vgl. Apg 1-8, 3b], errichtete Antônio Conselheiro im Juni 1893 eine Gesellschaft *sui generis*. Antônio Conselheiro rief die Bevölkerung des Sertão auf, mit ihm eine „cidade santa" (heilige Stadt) zu errichten. Die Bevölkerung war gerufen, einen göttlichen Dienst zu verrichten.[106] Die Lebensgemeinschaft in Canudos wurde zu einer Alternativgesellschaft, die insbesondere den einfachen Schichten der Landbevölkerung eine neue Perspektive bot, in der die religiöse Tradition, der Schutz vor Ausbeutung und eine ökonomische Lebensbasis zusammenkamen. João Arruda beschreibt Canudos als:

---

[104] *„Grande era o Canudos do meu tempo. Quem tinha roça tratava da roça na beira do rio. Quem tinha gado tratava do gado... Não havia precisão de roubar em Canudos porque tudo existia em abundância, gado e roçado, provisões não faltavam."* Vilanova, Honório, zitiert in: Macedo, Memorial do Vilanova, 1964, 67, 70.

[105] Otten, Só Deus é grande, 1990, 170.

[106] Canudos wurde auch das "nova Canaan" (neues Kanaan), oder "nova Jerusalem" (neues Jerusalem), oder "Jerusalem de Taipa" (Jerusalem aus Lehm und Holz) genannt. Vgl. Montenegro, Antônio Conselheiro, 1954, 29, 31. Euclides da Cunha bezeichnet Canudos als "Urbs monstrosa, de barro" (monströse Stadt aus Lehm). Cunha, Os sertões, 2001, 291.

„...ein alternativer Ort, an dem die Demütigen und Hoffnungslosen leben können. Eine neue soziale Wirklichkeit, fern von jeglicher Form der Unterdrückung, Misere, Vormacht und sozialer Ungerechtigkeit."[107]

In Abgrenzung zur Republik entstand in Canudos eine religiös orientierte Lebensordnung [vgl. 2.2], auf die weder Großgrundbesitzer noch Steuereintreiber Zugriff hatten. Canudos strahlte stark auf die Sertãobevölkerung aus, so dass viele Menschen ihre Heimat verließen und nach Canudos zogen. Für viele ehemalige Sklaven wurde durch die Besiedlung von Canudos eine echte Lebensbasis geschaffen. Deshalb bestand ein nicht unbeträchtlicher Teil der Bevölkerung in Canudos aus ehemaligen Sklaven. Aus dem Ansiedlungsprojekt Canudos wurde von 1893 bis 1897 die zweitgrößte Stadt im Bundesstaat Bahia nach dessen Hauptstadt Salvador.[108]

Die Mission von Frei João Evangelista de Monte Marciano

Zwischen dem Erzbischof Dom Jerônimo Tomé und dem Gouverneur Dr. Rodrigues Lima kam es zu einer Übereinkunft: Die Kirche erkannte die Trennung von Kirche und Staat sowie die neue republikanische Regierung, an. Damit akzeptierte die Kirche auch, dass der Katholizismus nicht mehr die Staatsreligion war. Beide Seiten hatten Interesse daran, die Gemeinschaft von Canudos aufzulösen. Dazu trug bei, dass beide von verschiedenen Seiten Beschwerdebriefe erhielten, in denen Maßnahmen gegen Canudos eingefordert wurden. Abelardo Montenegro schildert die Konsequenz:

„Nachdem er die Erzdiözese von Bahia übernommen hatte, sandte Dom Jerônimo in Übereinstimmung mit dem Gouverneur Rodrigues Lima, die Missionare João Evangelista de Monte Marciano und Caetano, beide Italiener, nach Canudos. Der Erzbischof betrachtete den Conselheiro als Gehaltsempfänger der Monarchie."[109]

---

[107] Arruda, Canudos, messianismo e conflito social, 1993, 85.
[108] Vgl. Otten, Só Deus é grande, 1990, 170.
[109] *„Assumindo a diocese da Bahia, D. Jerônimo, de acordo com o Governador, dr Rodrigues Lima, enviava a Canudos os missionários João Evangelista do Monte Marciano e Caetano, ambos italianos. O Arcebispo sonsiderava Conselheiro como assalariado da monarquia."* Montenegro, Antônio Conselheiro, 1954, 35.

Der Kapuziner Frei João Evangelista de Monte Marciano (1843-1921) kam am 13. Mai 1895[110] zusammen mit seinem Mitbruder Frei Caetano de S. Leo in Canudos an. Es war der 7. Jahrestag der „abolição". Begleitet wurden beide vom Pfarrer des Ortes Cumbe-BA, Pater Vicente Sabino dos Santos, der Canudos pastoral versorgte und deshalb dort ein Haus hatte. Die Befähigung für eine derart heikle Mission hatte Frei João Evangelistas nicht,[111] wie Euclides da Cunha verdeutlicht:

„Ein nahezu herzlicher Empfang indessen stimmt sie [die drei Missionare] wieder zuversichtlich. Entgegen ihren Erwartungen scheint der Ratgeber [Conselheiro] sich über ihren Besuch zu freuen... Jener Empfang war ein halber Sieg, doch sollte ihn der Missionar [Frei João Evangelista] durch sein Ungeschick verspielen."[112]

Einige Tausend „sertanejos" aus Canudos und der Umgebung waren zu der Mission gekommen, viele mit der Hoffnung auf tröstende und Lebensperspektiven eröffnende Worte. Zu offensichtlich trat jedoch die eigentliche Absicht aus den Predigten des Missionars hervor. Es gab die Chance mit Canudos in einen Dialog einzutreten und zu vermitteln. Dies war jedoch nicht das angestrebte Ziel; vielmehr sollte durch die Mission Monte Marcianos Canudos aufgelöst werden und die Bewohner in ihre Herkunftsorte zurückkehren.[113] Dies schlug jedoch fehl. Das Auftreten des Missionars führte zur Empörung der Zuhörer. Sie ließen sich nicht zurückschicken sondern betonten die Entschiedenheit zu ihrem jetzigen Lebensort und der religiös fundierten Lebensweise, orientiert durch Antônio Conselheiro. Die Ablehnung der Botschaft der Missionare führte zum vorzeitigen Ende der Mission am 21. Mai 1895.[114]

Die Offenheit, mit der man die beiden Missionare aufgenommen hatte, lässt sich aus der großen Zahl an Sakramentenspendungen ablesen: 55 Trauungen, 102 Taufen und 400 Beichten.[115] Die Chance, Canudos in

---

[110] Marciano, Relatório, apresentado pelo reverendo Frei João Evangelista de Monte Marciano ao arcebispado da Bahia sobre Antônio Conselheiro e seu sequito no arraial de Canudos – 1895, 1987 (1895), 3.
[111] Vgl. Calasans, Cartografia de Canudos, 1997, 20.
[112] Cunha, Krieg im Sertão, 1994, 240-241. Vgl. Montenegro, Antônio Conselheiro, 1954, 36. Vgl. Macedo, Memorial de Vilanova, 1964, 127.
[113] Vgl. Villa, Canudos, o povo da terra, 1995, 73.
[114] Arruda, Canudos, messianismo e conflito social, 1993, 101.
[115] Cunha, Krieg im Sertão, 1994, 245.

einen Prozess der kirchlichen Eingliederung zu führen, wurde vergeben. Robert M. Levine erläutert das weitere kirchliche Vorgehen:

"...er [Dom Jerônimo Tomé] war verantwortlich für die Aussendung der zwei italienischen Kapuziner nach Canudos. Ab diesem Moment übte die Kirche starken Druck auf die Regierung aus und bat um ihr Eingreifen und schlug so einen weiteren Nagel in den Sarg des Conselheiros."[116]

Antônio Conselheiro konnte die Zeichen, unter der die Mission stand, deuten. Wie Honório Vilanova berichtet sagte der Conselheiro:

"Dies alles geschah nur, damit es Krieg gibt."[117]

Nach seiner Rückkehr in Salvador-BA schrieb Frei Evangelista de Monte Marciano einen Bericht über seine Mission, in dem er ein vernichtendes Urteil fällte. Canudos beschrieb er als einen Herd des Fanatismus und des Aberglaubens, es stelle ein Schisma in der bahianischen Kirche dar. Canudos sei ein *"Staat im Staat"*, regierungsfeindlich und letztlich ein Fall für die Polizei. Dieser Missionsbericht wurde ein wichtiger Baustein, durch den ein militärisches Eingreifen gegen Canudos und eine kirchliche Abgrenzung gerechtfertigt wurde. Deutlich wird dies auch durch das Faktum, dass die bahianische Landesregierung der Kurie für den Bericht dankte und ihr 1.200 gedruckte Exemplare des Missionsberichtes zusandte.[118] Alexandre Ottens interpretiert dies wie folgt:

"Es ist nicht übertrieben zu sagen, dass Antônio Conselheiro und seine Gefolgsleute auf dem Altar der Wiederannäherung der beiden Mächte [Kirche und Staat] geopfert wurden."[119]

Dem Kapuzinerpater Frei João Evangelista scheint die volle Tragweite seines Berichtes nicht bewusst gewesen zu sein. Tatsache ist, dass ihm jemand zur Seite stand[120], der ihn bei der Formulierung des Berichtes unterstützte. In einem Brief, den er am 6. Mai 1897, d.h. inmitten des Krieges gegen Canudos, an die Redakteure der bahianischen Zeitung

---

[116] Vgl. Levine, O sertão prometido, 1995, 63.
[117] Macedo, Memorial de Vilanova, 1964, 129.
[118] Vgl. Otten, Só Deus é grande, 1990, 320-325.
[119] Otten, Só Deus é grande, 1990, 325.
[120] José Calasans benennt Monsenhor Basílio Pereira (1850-1930) als eigentlichen Verfasser des Berichtes von Frei João Evangelista de Monte Marciano. Vgl. Calasans, José, Apresentação, in: Marciano, Frei João Evangelista, Relatório apresentado pelo reverendo Frei João Evangelista de Monte Marciano ao arcebispado da Bahia sobre Antônio Conselheiro e seu séquito no arraial de Canudos – 1895, 1987 (1895), 7.

„Cidade do Salvador" schrieb, sah Monte Marciano seine Mission und seinen Bericht selbstkritisch:

„*...dass ich nicht das kleinste diplomatische Talent hatte, um mit Antônio Conselheiro den Frieden zu verhandeln... durch krasse Ignoranz oder Anzeichen der Ungeduld kompromittierte ich die Mission, die mir anvertraut war und an die so viele schwerwiegende Interessen der Kirche und des Staates gebunden waren."*[121]

2.1.3 Charakterliche Eigenschaften und Vorbilder

Die Kindheit, Jugend sowie die Jahre als Familienoberhaupt von Antônio Vicente Mendes waren von Brüchen und traumatischen Erlebnissen geprägt [vgl. 2.1.1]. Die Erfahrungen von Trennung, Leid, Unsicherheit, Suche nach Geborgenheit und Sicherheit prägten Mendes Maciel. Er konnte sich dadurch gut in die Situation leidgeprüfter Menschen hineinversetzen. Die Religiosität spielte in seiner Erziehung und bei der Partnerwahl eine große Rolle. Nach der Trennung von Joana Imaginária und dem Prozess von 1871, bei dem sein Eigentum zur Tilgung seiner Schulden aufgelöst wurde, suchte er in der Religiosität eine neue Ausrichtung für sein Leben und begleitete die Missionare, u.a. Pe. Ibiapina.

Padre Ibiapina: Vorbild und Orientierungsfigur für Antônio Conselheiro

Antônio Conselheiro folgte eine Zeitlang Padre Ibiapina. Er wurde eine Orientierungsfigur für ihn. Von Pe. Ibiapinas Missionspraxis übernahm er einige Elemente von seinen eigenen Weg. José Calasans bestätigt mit Bezug auf Inácio Raposo:

„*...Antônio Conselheiro näherte sich dem bedeutenden Prediger (Pe. Ibiapina) der Missionen und arbeitete als Bettelbruder, um Mittel für die geplanten Bauten des alten Lehrers zu erhalten."*[122]

---

[121] „*...de não ter eu a minima parcella de talento diplomatico par negociar a paz com Antônio Conselheiro. ...por crassa ignorancia ou assomos de impaciencia comprometti a missão que me foi confiada e a qual se prendiam tantos graves interesses da Igreja e do Estado.*" Marciano, João Evangelista de Monte, Brief an die Redakteure der Zeitung „Cidade do Salvador", 06.05.1897. Universidade Federal da Bahia UFBA, Sertão, Dokument M 32, Archiv der Erzdiözese Salvador.
[122] „*...Antônio Conselheiro se aproximou do notável Pregador (Pe. Ibiapina) de missões tendo trabalhado como irmão pedinte, agariando fundos para as*

Folgende Parallelen lassen sich bei Antônio Conselheiro und Pe. Ibiapina finden: Beide predigten dem einfachen Volk im Sertão und sahen in ihm das „Volk Gottes". Beide errichteten mit der Bevölkerung Bauten zur Verbesserung der Lebenssituation. Pe. Ibiapina wie Antônio Conselheiro hatten eine sehr ähnliche Theologie. In der Sünde lag für sie der Grund für Not und Elend, dem aufrichtige Akte der Busse als Neuanfang folgen mussten. Sie kämpften beide gegen die Freimaurerei, die sie als Gegnerin ansahen, weil sie das Ziel verfolge, die katholische Kirche auszulöschen. Beide predigten den „Bom Jesus dos pobres e aflitos" (guten Jesus der Armen und Bekümmerten). Für Antônio Conselheiro wie für Pe. Ibiapina würden durch die Größe Gottes und die Kraft des Kreuzes Christi die Gegner bezwungen.[123] Antônio Conselheiro teilte das Gottesverständnis Padre Ibiapinas:

„*Gott allein ist groß! Nur Gott kann so viele Wunder vollbringen.*"[124]

Bei Antônio Conselheiro lautete dieser Satz später etwas verkürzt: „*Só Deus é Grande!*" Auch in der Spiritualität ähnelte sich vieles, z.B. die Gebete zum „Herzen Mariens", der „Rosenkranz zum Beginn der Nacht" oder das zur Mittagszeit gebetete „Salve Regina". Beiden wurden die gleichen Wunder und Prophezeiungen vom Weltende nachgesagt.[125] Abelardo Montenegro erkennt bei Antônio Conselheiro dasselbe Lebensideal wie bei Pe. Ibiapina:

„*Missionar sein wie Ibiapina. Kirchen, Kapellen und Friedhöfe zu errichten, hinter sich die Masse der Gläubigen zu haben, die Anerkennung der Massen des Sertão zu genießen, dies war sein Ideal. Er konkretisierte damit das Ansinnen seines Vaters. Die Maciels müssten Stolz auf ihn sein. Dies wäre die beste Rache an den Araújos.*"[126]

---

projetadas construções do antigo magistrado." Calasans, O ciclo folclórico do Bom Jesus Conselheiro, 1950, 44.
[123] Vgl. Otten, Só Deus é grande, 1990, 265-273.
[124] „*Só Deus é Grande! Só Deus pode obrar tantas maravilhas.*" Crônicas das Casas de Caridade, in: Otten, Só Deus é grande, 1990, 273.
[125] Vgl. Otten, Só Deus é grande, 1990, 272.
[126] „*Ser missionário como Ibiapina. Construir igrejas, capelas e cemitérios, ter atrás de si a massa de fieis, gozar da consideração das massas sertanejas, eis o seu ideal. Concretizaria, assim, a aspiração de seu pai. Os Maceis haviam de orgulhar-se dele. Seria a melhor vingança contra os Araújos.*" Montenegro, Antônio Conselheiro, 1954, 61.

Beweggründe für die Pilgerschaft des Conselheiros

In einem Zitat des Conselheiros, das Honório Vilanova festgehalten hat, kommen seine zentralen Handlungsmotive zum Ausdruck:

„Ich gehe in dieser Welt und imitiere Gott unseren Herrn. Als er durch die Welt ging, folgten ihm 5.000 Personen: Und die guten gingen zusammen mit den schlechten, denn so erhielten sie die Rettung."[127]

Den „mal aventurados" die Rettung durch Jesus Christus zu bringen war das Ziel des Conselheiros. Dazu dienten seine Pilgerschaft und der Aufbau von Canudos als „cidade santa" (heilige Stadt). Diese Grundhaltung bestätigt auch José Calasans:

„Er [der Conselheiro] muss von der Situation im Sertão beeindruckt gewesen sein. Sehen sie, eine Person, die fast 25 Jahre lang eine Leitungsfunktion ausfüllt, ohne Hilfe von jemanden zu erhalten, ohne in die Politik einzutreten wie Padre Cícero oder Frei Damião, das ist nicht üblich. Aber der Conselheiro ist sehr verbunden mit der Idee den Armen zu dienen."[128]

Der Conselheiro war ein gebildeter, erfahrener und verständnisvoller Mensch, der das Leiden der armen Bevölkerung gut nachempfinden konnte. Auch dies war ein motivierender Aspekt für seine Pilgerschaft. Wie bei Pe. Ibiapina, der Büßerorden gründete, gehörte für Antônio Conselheiro die Buße zu einem Neuanfang, den er auch straffällig gewordenen zugesteht. Auch aus der eigenen Biografie erwuchs für den Conselheiro das Bedürfnis nach Buße und Vergebung.

Charakterliche Eigenschaften Antônio Conselheiros

Eine Person, die Antônio Conselheiro persönlich um 1882 in Cumbe kennenlernte, ist der bahianische Polizei-Oberst-Leutnant Durval Vieira de Aguiar. Er beschreibt ihn als:

„…klein, mager, dunkle Hautfarbe, mit dunklen Haaren und einem langen Bart, bekleidet mit einer blauen Tunika ohne Gürtel, alleine

---

[127] *„Ando neste mundo imitando a Deus Nosso Senhor. Quando Êle andava na terra seguiam-No cinco mil pessoas: e as boas andam em companhia das más porque assim ganharam a salvação."* Vilanova, Honório, zitiert in: Macedo, Memorial de Vilanova, 1964, 129.

[128] Calasans, José, in: Villa, da Costa Pinheiro (colaboração), Calasans, um depoimento para a história, 1998, 106.

wohnend in einem leeren Haus, wo ihm religiöse Frauen (beatas) Essen brachten."[129]

Durval Vieira de Aguiar sah wie der Conselheiro Menschen Rat erteilte und zur Bevölkerung predigte, die ihm aufmerksam zuhörte. Dabei kam es zu vielen Taufen, Eheschließungen und anderen religiösen Diensten, die die örtlichen Pfarrer verrichteten. Die kirchliche Verwurzelung und die Sakramente waren für den Conselheiro fundamental. Robert M. Levine benennt einen weiteren Charakterzug Antônio Conselheiros:

„Andere Uninteressierte oder diejenigen die eine positive Voreinstellung besaßen, bewunderten seine Gutherzigkeit und Besorgnis für die Opfer politischer Ungerechtigkeit oder polizeilicher Willkür. Einige sagten, dass er ein Heiliger oder Prophet sei."[130]

Antônio Conselheiros Ansehen wuchs mit zunehmender Zeit seines Pilgerweges. Auch wenn er von verschiedenen Personen und in Zeitungen sogar als „Messias" tituliert wurde, er selbst hielt sich nie dafür. Bis zum Tod bezeichnete er sich als „peregrino" (Pilger).[131] Ataliba Nogueira stellt hinsichtlich der Wunderzuschreibungen an den Conselheiro klar:

„Er tat keine Wunder, nicht einmal seine enthusiastischen Bewunderer schrieben ihm wundertätige Praktiken zu. Er übernahm keine priesterlichen Funktionen, weder von Ärzten noch von Pharmazeuten. Er ist kein Heiler."[132]

Auch Abelardo Montenegro stellt die Selbsteinschätzung des Conselheiros, der in der Bevölkerung entstandenen Mythologisierung entgegen.[133] Trotz der Predigten des Conselheiros sprach man ihm u.a. Wunder, Heilungen, Prophezeiungen zu. Einige glaubten sogar an seine Auferstehung nach drei Tagen.[134]

---

[129] *"...pequeno, magro, moreno, com cabelos escuros e uma longa barba, vestido com uma túnica azul sem sinto morando sozinho numa casa vazia, onde beatas lhe servem comida."* Vieira de Aguiar, Durval, zitiert in: Levine, O sertão prometido, 1995, 206.
[130] Levine, O sertão prometido, 1995, 194.
[131] Vgl. Calasans, José, in: Villa, da Costa Pinheiro (colaboração), Calasans, um depoimento para a história, 1998, 110-111.
[132] Nogueira, Antônio Conselheiro e Canudos, 1974, 8. Vgl. Moniz, A guerra social de Canudos, 1978, 52.
[133] Zur Mythologisierung Antônio Conselheiros siehe Montenegro, Antônio Conselheiro, 1954, 55 ff.
[134] Vgl. Montenegro, Antônio Conselheiro, 1954, 55-61.

Charakterzüge Antônio Conselheiros aus den Schilderungen der Bewohner von Canudos
Von den Überlebenden aus Canudos gibt es zahlreiche Berichte. So beschreibt Honório Vilanova die asketische Lebensweise Antônio Conselheiros:

„Ab und zu kam ich wieder in das Zelt des ‚peregrinos', wo er sich verbarg, und sah das Elend, wo er schlief, den festgelegenen Boden, auf dem die Knie, die auf so vielen Straßen und bei so vielen Ankünften schlecht behandelt wurden, sich jeden Tag und jede Nacht zum Gebet bogen..."[135]

Die Überlebenden von Canudos Pedrão und Manuel Ciriaco berichten, dass Antônio Conselheiro sich selbst nie für Gott oder seinen Stellvertreter hielt. Wenn jemand sich vor ihm niederkniete und den Segen erbat, sagte er:

„Steh auf, denn Gott ist eine andere Person."[136]

Die Überlebenden von Canudos hatten, gemäß Odórico Tavares, eine einheitliche Meinung:

„Der „gute Jesus" [Conselheiro] war ein heiliger Mensch, der nur zum Guten riet."[137]

Daraus entstand ein vertrauensvolles Verhältnis der Bewohner von Canudos zum Conselheiro.[138] Die Überlebenden von Canudos beschreiben Antônio Conselheiro als einfühlsamen Menschen, der keinem Aberglauben anhing. Er hatte einen tiefen Sinn für Gerechtigkeit und übte keinen Zwang aus. So berichtet Mariano, einer der Überlebenden von Canudos, über den Conselheiro: *„er befahl nicht zu Töten"*[139] (não mandava matar). Während der letzten Kampfesphase des Krieges ließ er die Familie Vilanova, die entscheidend für die Versorgung in Canudos war, fortziehen.[140] Der Conselheiro empfand sich auf gleicher menschlicher Stufe mit den Bewohnern von Canudos, er sprach sie als „Geschwister"

---

[135] Macedo, Memorial de Vilanova, 1964, 49.
[136] *„Levante-se que Deus é uma outra pessoa."* Montenegro Abelardo, Antônio Conselheiro, 1954, 32.
[137] *„O Bom Jesus foi um santo homem que sòmente aconselhava para o bem."* Tavares, Canudos, cinquenta anos depois (1947), 1993, 39.
[138] Vgl. Tavares, Canudos, cinquenta anos depois (1947), 1993, 50.
[139] Vgl. Tavares, Canudos, cinquenta anos depois (1947), 1993, 51.
[140] Vgl. Macedo, Memorial de Vilanova, 1964, 150.

(irmãos) an. Trotz seiner Entschiedenheit in Wort und Tat ist Antônio Conselheiro in seiner Abschiedspredigt selbstkritisch:

"Bevor ich mich von euch verabschiede, bitte ich euch um Verzeihung, wenn ich euch mit meinen ‚Ratschlägen' verletzt habe. Obwohl ich in einigen Fällen äußerst harte Worte gebraucht habe..."[141]

<u>Einstellung zu Gewalt, Gegengewalt und Politik</u>
Eine der großen Fragen in Bezug auf Antônio Conselheiro ist dessen Haltung zur Gewalt. Charakterlich ist festzustellen, dass er sich nicht in die Gewaltspirale der Kultur des Sertão einreihte. Er verzichtete z.B. auf die Rache an seinem Rivalen, der ihn mit seiner Frau betrogen hatte. Damit verließ er die Handlungsschemen der Familientradition. Abelardo Montenegro erläutert dazu:

"Die Religion neutralisierte unbezweifelbar das Clan-Bewusstsein und führte zur Sublimierung des Rachebedürfnisses."[142]

Die höhere Schulbildung und moralische Reflexionsfähigkeit des Conselheiros trugen darüber hinaus zu diesem Handeln bei. Pe. F. Montenegro schreibt bezüglich der Predigten:

"Seine [des Conselheiros] Predigten verbreiteten keinen Krieg."[143]

Antônio Conselheiro war von seiner Grundhaltung her ein spiritueller Mensch. Politik war für den Conselheiro nur dann interessant, wenn es um den Bereich des Glaubens oder die Benachteiligungen der einfachen Bevölkerung der „mal aventurados" (Unglückseligen) ging. Robert M. Levine unterscheidet zwischen dem Handeln Antônio Conselheiros und dem von Pe. Cícero Romão:

"Canudos hatte eine unterschiedliche Richtung. Entgegengesetzt zum politischen Scharfsinn Padre Cíceros war der Conselheiro nicht bereit, sein Verständnis des politischen Spiels als Waffe zum Kauf der Immunität seiner Gefolgsleute einzusetzen, die ebenso andächtig und im Blick auf

---

[141] *„Antes de fazer-vos a minha despedida, peço-vos perdão se nos conselhos vos tenho ofendido. Conquanto em algumas ocasiões proferisse palavras exessivamente rígidas..."* Antônio Conselheiro, in: Nogueira, Antônio Conselheiro e Canudos, 1974, 181 (625-626).
[142] *„A religião, indubitavelmente, neutralizava a consciência clânica e operava a sublimação do desejo de vingança."* Montenegro, Antônio Conselheiro, 1954, 18.
[143] Montenegro, Fé em Canudos, 2004, 31.

die externen Elemente kindlich und naiv waren wie die Bewohner von Juazeiro [do Norte]."[144]

Zwischen dem politischen Agieren Antônio Conselheiros und Pe. Cícero Romãos gibt es grundlegende Unterschiede. Pe. Cícero errichtete seine Stadt Juazeiro do Norte durch Verhandlungen mit Politikern. Pe. Cícero kann insofern auch als Politiker bezeichnet werden. Sein politisches Engagement führte bis zur Annektierung der Hauptstadt Cearás, Fortaleza und zur Einsetzung eines neuen Gouverneurs. Die politische Handlungsweise des Conselheiros muss im Vergleich dazu als passiv bezeichnet werden, d.h: Politik ist religiösen Vorgaben unterzuordnen. Deshalb manifestieren sich die politischen Aktivitäten des Conselheiros nur anhand klarer Fragestellungen mit religiösem oder ethischem Bezug. Der Grund, aus dem der Conselheiro Canudos nicht ohne Widerstand aufgab, lag in seiner Ablehnung der Republik, in der er einen Gegner der Religion sah. Er fühlte sich Gott und den Menschen gegenüber verpflichtet, die sich ihm anvertraut hatten [vgl. 2.2.6].

2.1.4 Predigten und Schriften Antônio Conselheiros

Wenn man heute von den Predigten Antônio Conselheiros spricht, muss zwischen seinen handschriftlichen Predigtmanuskripten und den mündlichen, d.h. von Dritten überlieferten Predigtinhalten, unterschieden werden.

Die Predigtmanuskripte

Antônio Conselheiro hatte einen Sekretär namens Leão da Silva, dem er insbesondere seine religiösen Gedanken aufschreiben ließ.[145] Es wurden zwei Manuskripte des Conselheiros gefunden.[146] Das eine, mit dem 12. Januar 1897 datierte Manuskript, wurde 1974 von Ataliba Nogueira herausgegeben und veröffentlicht.[147] [Inhaltsverzeichnis, siehe Anhang 3]. Abelardo Montenegro beschreibt die Entdeckung der schriftlichen Predigtmanuskripts (1897) von Antônio Conselheiro:

---

[144] Levine, O sertão prometido, 1995, 339.
[145] Vgl. Calasans, Quase biografias de jagunços, 1986, 76.
[146] Piepke, Antônio Conselheiro – der Ratgeber der Armen, in: NZM 52/2, 1996, 114.
[147] Nogueira, Antônio Conselheiro e Canudos, 1974.

„*Er [Euclides da Cunha] erwähnte ein Buch, das die Predigten des Conselheiros enthielte und das am 5. Oktober 1897 im Sanktuarium, wo er lebte, gefunden wurde von João de Sousa Pondé, der im sechsten Jahr Medizin studierte und die vierte Expedition als Chirurg begleitete. Dieses Buch wurde Afrânio Peixoto geschenkt, der es in die Hände Euclides' da Cunhas weitergab und heute befindet es sich im Besitz von Aristeu Seixas in São Paulo.*"[148]

João de Sousa Pondé fand das Predigtmanuskript in einer alten Holzkiste und bezeugte, wobei er sich auf einige „conselheiristas" berief, dass es sich hierbei um das Buch handelte, das Antônio Conselheiro in den letzten Jahren mit sich trug.[149] Die Titelseite des Originalmanuskriptes ist mit folgender Aufschrift versehen:

„*Das vorliegende Werk hat der Pilger Antônio Vicente Mendes Maciel schreiben lassen. In der Bevölkerung von Belo Monte, Provinz von Bahia, 12. Januar 1897.*"[150]

Das Gesamtwerk gliedert sich in vier Teile:

1. Stürme, die sich im Herzen Mariens erhoben,

2. Darlegungen über die Zehn Gebote Gottes,

3. Ausgewählte Stellen aus der Heiligen Schrift,

4. Verschiedene Themen.[151]

Das Werk, das im Format von (10 x 14) cm vorliegt, wurde auf 14-zeiligen Seiten mit schwarzer Tinte geschrieben. Eine kalligraphische Untersuchung ergab, dass Antônio Conselheiro selbst der Autor des Manuskriptes ist. Das Werk, umfasst insgesamt 587 Seiten.[152]

Das zweite Manuskript ist mit dem 24. Mai 1895 datiert und wurde 2002 von Walnice Nogueira Galvão und Fernando da Rocha Peres in

---

[148] Montenegro, Antônio Conselheiro, 1954, 44-45.
[149] Vgl. Souza Pondé (1898), zitiert in: Nogueira, Antônio Conselheiro e Canudos, 1974, 22.
[150] „*A presente obra mandou subscrever o peregrino António Vicente Mendes Maciel. No povoado de Belo Monte, província da Bahia, 12 de janeiro de 1897.*" Antônio Conselheiro, in: Nogueira, Antônio Conselheiro e Canudos, 1974, 47.
[151] Vgl. Nogueira, Antônio Conselheiro e Canudos, 1974, 24-25.
[152] Ataliba Nogueira gibt 628 Seiten an, es fehlen im Manuskript jedoch die Seiten 569-600.

Auszügen herausgegeben[153] [Inhaltsverzeichnis, siehe Anhang 2]. Es wird als „Brevier Antônio Conselheiros" (breviário de Antônio Conselheiro) bezeichnet. Es besteht aus zwei Teilen. Der erste beinhaltet Bibeltextabschriften aus dem Matthäus-, Lukas-, und Johannesvangelium, der Apostelgeschichte und dem Römerbrief. Der zweite Teil enthält theologische Abhandlungen u.a. zu folgenden Themen: die Zehn Gebote, das Kreuz, das Leiden unseres Herrn Jesus Christus, die Messe, die Gerechtigkeit Gottes, die Beichte, der Gehorsam, das Ende des Menschen, der Prophet Jonas, der Auszug aus Ägypten, der Zug durch das Rote Meer, die zehn Gebote und der Bund mit Gott, der Bau des Tempels durch Salomon. Darüber hinaus beinhaltet das Manuskript eine Kopie des 1.-5. Kapitels des Matthäusevangeliums aus der Übersetzung von Pe. Antonio Pereira de Figueiredo aus dem Jahr 1857.[154] Diese Ausgabe des Matthäusevangeliums ist zweisprachig gehalten, d.h. in Latein[155] und Portugiesisch. In der editierten Ausgabe des „breviários" befinden sich des Weiteren drei handschriftliche Briefe Antônio Conselheiros.[156] Ein Teil der Texte von 1895 sind mit dem Manuskript von 1897 identisch.[157]

Berichte über Predigten Antônio Conselheiros

Über die Predigten Antônio Conselheiros gibt es mündliche und schriftlich festgehaltene Berichte der Überlebenden von Canudos, die Darstellungen Euclides da Cunhas u.a. Die Darstellungen da Cunhas beruhen jedoch auf Berichten dritter. Euclides da Cunha hat Antônio

---

[153] Nogueira Galvão, da Rocha Peres, Breviário de Antônio Conselheiro, 2002.
[154] Nogueira Galvão, da Rocha Peres, Breviário de Antônio Conselheiro, 2002, 121-135.
[155] Der lateinische Text entspricht der Vulgata nach der Übersetzung des Hl. Hieronymus (347-420); der portugiesische Text liegt in der Übersetzung von P. Antônio Pereira de Figueiredo vor. Vgl. Nogueira Galvão, da Rocha Peres, Breviário de Antônio Conselheiro, 2002, 24, 35.
[156] Nogueira Galvão, da Rocha Peres, Breviário de Antônio Conselheiro, 2002, 139-144.
[157] Parallele Passagen der Skripte sind: 1. Gebot (1895, 1 //1897, 224-225), 5. Gebot (1895, 62//1897, 319-320), 7. Gebot (1895, 86//1897, 363-364), Über das Kreuz (1895, 122//1987, 486-487), über die Messe (1895, 129//1897, 509-510), Über die Beichte (1895, 153//1897, 517-518), Bau und Zerstörung des Tempels Salomons (1895, 217//1897, 531-532).

Conselheiro nie persönlich kennengelernt, geschweige denn einer seiner Predigten beigewohnt.[158]

Andere Berichte über die Predigten Antônio Conselheiros stimmen mit den Inhalten der Predigtmanuskripte überein, z.B. der Aufruf zur Umkehr, die Forderungen des Evangeliums, die Kritik an der Republik, u.a.[159] Honório Vilanova, der in Canudos wohnte und Antônio Conselheiro persönlich kannte, spricht auch von den endzeitlichen Prophezeiungen Antônio Conselheiros. Honório Vilanova berichtet z.B. von der Ankündigung von vier Feuern als Bild für die vier Kämpfe mit dem Militär.[160] Auch Abelardo Montenegro berichtet von einer Ankündigung des „letzten Gerichts" (juízo final) durch Antônio Conselheiro.[161] Auf welche Quellen er sich dabei stützt, gibt er – ebenso wenig wie auch Euclides da Cunha – nicht an. J. P. Favila Nunes bezieht sich bei seinen Darstellungen der Prophezeiungen ebenfalls auf die Dokumente von Euclides da Cunha, die er selbst abgeschrieben habe.[162] José Aras, ist ein weiterer Autor, der von endzeitlichen Prophezeiungen Antônio Conselheiros berichtet. Aras benennt beispielsweise den Coronel Galdino Andrade, der ihm die Predigt des Conselheiros übermittelte. Aras zitiert aus der Predigtdarstellung:

„Wir sind am Ende der Zeiten. Es wird das Königreich des Anti-Christus kommen; und wir werden unter dessen schrecklichen Konsequenzen leiden, aber danach kommen das Königreich des Guten Jesus und das Schwert des Königskinds von Goa. Dom Sebastião verlässt schon den Stein, der auf dem Boden des Meeres liegt. Es ist schon mehr als die Hälfte draußen. Es werden Maultiere mit Feueraugen kommen, die mehr Menschen töten werden als in allen Kriegen der Welt zusammen, aber der, der auf diesem Stückchen des Heiligen Landes sein wird, wird nicht leiden. Fastet und bereitet euch vor."[163]

---

[158] Vgl. Nogueira, Antônio Conselheiro e Canudos, 1974, 28.
[159] Vgl. Piepke, Antônio Conselheiro – der Ratgeber der Armen, in: NZM 52/2, 1996, 108-110.
[160] Vgl. Macedo, Memorial de Vilanova, 1964, 137. Vgl. zu den Prophezeiungen auch: Cunha, Krieg im Sertão, 1994.
[161] Vgl. Montenegro, Fanáticos e cangaçeiros, 1973, 133.
[162] Favila Nunes, Guerra de Canudos, 1898, 36.
[163] *„Estamos nos fins dos tempos. Virá o reino do anti-Cristo; teremos que sofrer as suas terríveis consequências, mas depois virá o reino do Bom Jesus, e a espada do rei Menino de Gôa; D. Sebastião já está saindo da pedra que fica no*

Vicente Dobroruka ordnet diese Predigt in den Zeitraum des Wirkens des Conselheiros zwischen 1876 und 1886 ein.[164] José Calasans berichtet in seinen frühen Veröffentlichungen[165] von endzeitlichen Prophezeiungen des Conselheiros. Calasans nimmt dabei den folkloristischen Aspekt der Tradierung in den Blick.[166] Bei den Berichten über die Prophezeiungen des Conselheiros, die nach 1905, dem Erscheinungsjahr von „Os sertões" veröffentlicht wurden, ist zu berücksichtigen, dass „Os sertões" einen starken Einfluss auf die späteren Arbeiten zu Canudos ausübte.

Bedeutsam ist das Buch „Missão abreviada",[167] das zu Antônio Conselheiros Basisliteratur zählte. Es liegt nahe, dass er dies im Rahmen von Predigten verwandte und daraus zitierte. Dieses Buch war bei den meist ordensgeistlichen Missionaren[168] des 19. Jhs. sehr verbreitet. Es beinhaltet viele apokalyptische Elemente, wie z.B. die Ankündigung des Kommens des „Anti-Christus" und drakonische Bestrafungen von Übertretungen göttlicher Gesetze nach dem Tod.[169] Zur Verdeutlichung das folgende Zitat aus „Missão abreviada":

„Das Ungetüm aus Eisen wird seinen Weg verlassen und wird überall Maultiere mit feurigen Augen verteilen, die zu allen Häusern in den versteckten Ecken des Sertão kommen werden. Sie werden die Menschheit mehr dezimieren als alle Kriege der Welt. Sie werden auch in der Form von den Plagen der Heuschrecken in Ägypten kommen und zu gewissen Gelegenheiten Feuer speien. Ihre Anführer, das werden die schlechten Engel sein, die es wagen überall herumzugehen, denn sie werden keinen

---

fundo do mar. Já está mais da metade fora. Virão mulas de olhos de fogo; que matarão mais gente do que tôdas as guerras que houve no mundo, porém quem estiver neste pedacinho de terra sagrada, nada sofrerá e jejuai e preveni-vos."
Aras, Sangue de irmãos, ohne Jahresangabe, 50-51.
[164] Dobruroka, Antônio Conselheiro, 1997, 72.
[165] In folgenden untersuchten Werken berichtet José Calasans von endzeitlichen Prophezeiungen Antônio Conselheiros: Calasans, O ciclo folclórico do Bom Jesus Conselheiro, 2002. Calasans, No tempo de Antônio Conselheiro, 1959.
[166] Ein Titel von Calasans hierbei betrachteten Werken lautet „O ciclo folclórico do Bom Jesus Conselheiro".
[167] Couto, Pe. Manuel José Gonçalvez, Missão abreviada, Porto, 1867 (5. Edition 1876). Vgl. Calasans, O ciclo folclórico do Bom Jesus Conselheiro, 2002, 46, 48. Missão abreviada, von Manuel José Gonçalvez Couto (Portugal), bis 1879 waren davon in Portugal und Brasilien 92.000 Exemplare verkauft.
[168] Vgl. Macedo, Memorial de Vilanova, 1964, 49.
[169] Vgl. Calasans, O ciclo folclórico do Bom Jesus Conselheiro, 2002, 48-50.

festen Verlaufsplan folgen... Die Eltern werden ihre Kinder nicht wiedererkennen und diese werden ihre Eltern nicht wiedererkennen. Dieses Zeichen und andere kommen im künftigen Jahrhundert."[170]

„Missão abreviada" war ein Werk, das zu starken Bußformen zur Sündenvergebung aufrief. Das Ziel des Buches bestand darin, Menschen zur Umkehr und zur Vermeidung von Sünden zu bewegen und sie zu einer guten Beichte zu führen. Es ist schwierig einzuschätzen, wie stark Antônio Conselheiro die in „Missão abreviada" niedergeschriebenen Befürchtungen bezüglich eines nahen Weltendes, in seinen Predigten verarbeitete. Andere Missionare seiner Zeit taten dies ausgiebig. José Calasans berichtet, dass der Erzbischof von Bahia, Dom Jerônimo Tomé da Silva, „Missão abreviada" für so gefährlich hielt, dass er es nach dem Krieg von Canudos verbot.[171] Eschatologische Elemente wurden bereits im Zuge der Christianisierung Lateinamerikas eingebracht und trafen im Sertão auf großen Widerhall, wie José Wilson Andrade erläutert:

„Das Christentum, das von den portugiesischen Missionaren gebracht wurde, hatte eine Mixtur von Inhalten. Mit den Sakramenten und Devotionen gegenüber den Heiligen erschienen die großen Predigten über den Himmel, die Hölle und das Fegefeuer. Die Bevölkerung nahm dieses devotionale Christentum an, das gemäß Eduardo Hoornaert einen büßerischen sakramentalen Charakter hatte, der zutiefst sozial und durch Laien geprägt war. Es war ein Christentum, das sich der Angst als Methode bediente, um Anhänger zu gewinnen ,,[172]

---

[170] „*A besta de ferro deixará seu caminho e distribuirá por tôda parte mulas de olhos de fogo, que virão a tódas as casas, nos esconderijos do sertões. Elas dizimarão a humanidade mais que todas as guerras do mundo. Virão também em forma de pragas de gafanhotos de Egito, vomitando fogo, em certas ocasiões. Os seus guias, que serão os anjos maus ousarão andar por tôda parte, pois não terão roteiro... Os pais não reconhecerão os filhos, nem êsses reconhecerão os pais. Êsses sinais e outros vêm no século vindouro.*" Couto, Manuel José Gonçalvez, zitiert in: Aras, Sangue de irmãos, ohne Jahresangabe, 11.

[171] Vgl. Calasans, O ciclo folclórico do Bom Jesus Conselheiro, 2002, 50. Calasans berichtet, dass er den Akt des bischöflichen Verbots selbst nicht antraf, sich jedoch auf Informationen von Padre Heitor Otaviano de Araújo und des Kapuzinerpaters Inocêncio beruft.

[172] Andrade, A experiência religiosa e sociopolítica de Canudos, 2006, 41. Andrade bezieht sich auf: Hoornaert, O cristianismo moreno no Brasil, 1990, 49.

Es kann vorausgesetzt werden, dass den Menschen in Canudos diese Art der religiösen Unterweisung bekannt war. Einige Autoren stützen sich auf Zeitzeugen und berichten von endzeitlich-apokalyptisch geprägten Predigten des Conselheiros, z.b. Abelardo Montenegro:

„*Der Conselheiro verkündete das Letzte Gericht. Die Missionen, die die Sertões durchliefen, hatten eine chiliastische Mentalität ausgeprägt. In seinen Predigten prophezeite der Conselheiro.–Ab der Ära 1950 und von da an wird es nur einen Mann geben, der herrscht, so wie wir in der Kirche nur einen Papst in der ganzen Welt haben.*"[173]

Inwiefern die aufgeführten Zitate den Conselheiro korrekt wiedergeben bleibt offen. Generell waren eschatologische Aussagen im Rahmen der Predigten von zeitgenössischen Predigern und Missionaren üblich. Alexandre Otten vertritt daher die Ansicht, dass auch Antônio Conselheiro in dieser Weise predigte.[174]

Die Inhalte der Predigtmanuskripte:

Blickt man auf die Themen der Predigten im Manuskript von 1897, so fällt auf, dass sie biblisch orientiert sind. Einen großen Raum nehmen die Sakramente und Betrachtungen biblischer Szenen ein, wobei die marianische Frömmigkeit stark zum Ausdruck kommt. Darüber hinaus nimmt der Conselheiro Stellung zu politischen und gesellschaftlichen Themen wie z.B. zur Sklaverei, zur Republik und zur königlichen Familie. Auch kritisiert er Missstände im örtlichen Klerus, insbesondere kritisierte er jene Priester, die ihre Gelübde gebrochen hatten und ihr Leben mehr dem eigenen Nutzen als dem Nächsten widmeten. Das Manuskript endet mit der Abschiedsrede Antônio Conselheiros, in der er eigene Fehler eingesteht und um Vergebung bittet.

Einflüsse der von Antônio Conselheiro stark genutzten Werke „Missão abreviada"[175] und „Horas marianas"[176] (marianisches Stunden-

---

[173] „*Conselheiro anunciava o Juizo Final. As missões que percorriam os sertões haviam formado uma mentalidade quiliástica. Nas suas pregações Conselheiro pophetisava. – Da era de 1950 em diante ficará um só homem governando, assim como na Igreja só temos um Papa em todo o mundo.*" Montenegro, Antônio Conselheiro, 1954, 32.

[174] Vgl. Otten, Só Deus é grande, 1990, 289.

[175] Couto, Missão Abreviada, Druckerlaubnis des Bischofs von Porto (Portugal), 1876, zitiert in: Macedo, Memorial de Vilanova, 1964, 51.

buch) sind auch in den Predigtmanuskripten erkennbar. In einem von Gott abgewandten Leben sah Antônio Conselheiro den Hauptgrund für soziale Missstände wie Armut, Versklavung und Ausbeutung. Dabei predigte er als Lebensorientierung die Befolgung der Zehn Gebote Gottes und der im Sertão gelebten traditionellen katholischen Spiritualität. Er rief die Sünder zu einem Neuanfang mit Gott auf, dem eine aufrichtige und angemessene Buße vorausgehen musste.

Ein Leben nach den Geboten Gottes ist in den Predigten die Grundlage für die Rettung der menschlichen Seele. Antônio Conselheiro predigte das Ideal der „Evangelischen Armut", aus der Nächstenliebe, menschliche Solidarität, soziale Gerechtigkeit und die Beachtung der Gebote der Kirche erwachsen. Die Anhäufung von Reichtum war für ihn mit der „Evangelischen Armut" nicht vereinbar. Gegenpol und Konsequenz eines Lebens außerhalb dieses christlichen Lebensideals war der Zorn Gottes, der über die Sünder hereinbricht. Daher kann gesagt werden, dass die Predigten auch eine eschatologische Ausrichtung hatten.

Das Predigtmanuskript von 1897
Abschnitt 1: Stürme, die sich im Herzen Mariens erhoben
Dieser Teil des Manuskriptes beinhaltet 29 Meditationen zu Situationen im Leben von Jesus und Maria. Sie bestehen aus je drei Teilmeditationen, zu jeweils 20 Zeilen. Antônio Conselheiro beschreibt u.a. die folgenden Szenen: Maria bei der Verkündigung des Engels [Meditation 1], Gefühle Mariens, als Jesus sich in die Wüste zurückzog [Meditation 13], Schmerzen Mariens, als Jesus vom Kreuz herab genommen und begraben wurde [Meditation 27].[177]

In diesen Meditationen wird häufig die Größe der Schmerzen, die Jesus und Maria erlitten, den Sünden der Menschen gegenübergestellt. Der Conselheiro wollte, dass sich die Leser in die jeweilige Situation einfühlten und sie zur Einsicht und Umkehr kämen. Die Leiden des eigenen Lebens erhielten so eine Sinndeutung. Es kam zu einer Übertragung der Lebenssituation Jesu in die aktuelle Zeit, z.B: Freimaurer, Protestanten und Republikaner, die der Conselheiro als „falsche Christen" titulierte,

---

[176] Roquete, J. I., Novas Horas Marianas ou Ofício menor da SS. Virgem Maria Nossa Senhora e novo Devocionários mui completo de Orações e Exercícios de Piedade, zitiert in: Nogueira, Antônio Conselheiro e Canudos, 1974, 29.
[177] Vgl. Antônio Conselheiro, in: Nogueira, Antônio Conselheiro e Canudos, 1974, Meditationen 1, 13, 27.

nähmen genauso wenig Rücksicht auf die „wahren Gläubigen" wie zu Lebzeiten Jesu die Juden auf Jesus und seine Mutter.[178]

Abschnitt 2: Darlegungen über die Zehn Gebote Gottes

Dieser Abschnitt besteht aus einer Auslegung zu jedem der Zehn Gebote sowie einem abschließenden Hinweis. Basierend auf den Zehn Geboten sowie Zitaten von Heiligen, Kirchenvätern und -lehrern wie Augustinus, Justinus, Thomas von Aquin, Ignatius von Loyola, Johannes Chrysostomos u.a.[179] erläutert Antônio Conselheiro die moralischen Werte und Lebensweisheiten des im Sertão gelebten Katholizismus. Der Conselheiro gibt eine Erläuterung zur Rechtfertigung des Menschen angesichts seiner Sünden vor Gott. Nur die Liebe und Gnade Gottes, ermöglichen die Rettung des Menschen. Antônio Conselheiro:

„Wer wird jemals das Übermaß dieser Liebe verstehen, durch die du deinen eingeborenen Sohn zur Auslösung des Sklaven geben wolltest? Aus welchem Grund gab uns Gott seinen eigenen Sohn? Allein aus Liebe."[180]

Abschnitt 3: Ausgewählte Stellen aus der Heiligen Schrift

Dieser Teil des Manuskriptes beinhaltet Zitate von Bibelstellen aus dem Alten und Neuen Testament. Die Bibelstellen werden zuerst in lateinischer Sprache, danach mit der portugiesischen Übersetzung zitiert. Die Bibelzitate des ersten Teils[181] widmen sich dem Geheimnis der Liebe Gottes und dessen Bedeutung für die Gläubigen. Der zweite Teil[182] des Abschnitts ist apologetisch belehrend ausgerichtet. Er besteht aus Bibelzitaten, sowie einer Abhandlung über die Polarisation zwischen Gutem und Bösem, die eine Auseinandersetzung mit der säkularisierten Welt einbe-

---

[178] Vgl. Otten, Só Deus é grande, 1990, 210-211.

[179] Vgl. Antônio Conselheiro, in: Nogueira, Antônio Conselheiro e Canudos 1974, 113 (258), 177 (601), 124 (320), 157 (483), 107 (227).

[180] *„Quem poderá jamais compreender o excesso desse amor, pelo qual para resgatar o escravo quisestes dar vosso Filho Unigênito? Deus nos deu seu próprio Filho e porque motivo? Unicamente por amor."* Antônio Conselheiro, in: Nogueira, Antônio Conselheiro e Canudos, 1974, 108 (228).

[181] Antônio Conselheiro, in: Nogueira, Antônio Conselheiro e Canudos, 1974, 147-153 (427-460).

[182] Antônio Conselheiro, in: Nogueira, Antônio Conselheiro e Canudos, 1974, 153-157 (461-485).

zieht. Die eschatologische Botschaft der Bibel wird aufgegriffen und deren Bedeutung konkretisiert.[183] Eines der Vorbilder, die Antônio Conselheiro anführt ist Thomas Morus, der für seine christliche Überzeugung und offene Meinungsäußerung angesichts der mehrfachen Eheschließung Heinrichs VIII. und der folgenden Kirchentrennung in den Tod ging.[184]

Abschnitt 4: Verschiedene Themen

Dieser Teil des Manuskriptes beinhaltet Themen, die für den Conselheiro besondere Bedeutung in theologischer wie spiritueller Hinsicht hatten: Das Kreuz Christi, die Messe, die Beichte, die Wunder Jesu, die Errichtung des Tempels Salomons, der Erhalt des Schlüssels für die Kirche Santo Antônio, die Republik, sowie die Verabschiedungsrede von der Gemeinschaft von Canudos [Vermächtnis]. In der ersten Predigt zum Thema „Über das Kreuz" ruft Antônio Conselheiro zur Akzeptanz des eigenen Leidens auf, weil diese Haltung auf den Weg zum Himmel führe. Die Spiritualität Antônio Conselheiros ist stark durch die „Kreuzesnachfolge" Christi geprägt.[185] Das Thema „Sakramente" kommt insbesondere in der zweiten und dritten Predigt über die Bedeutung der Eucharistie und der Beichte zum Ausdruck. Die vorherige Beichte ist Voraussetzung für den Empfang der Kommunion. Die regelmäßige Teilnahme an der Messe und der Empfang der Eucharistie sind für den Conselheiro sehr bedeutsam. Er schreibt:

„Wenn ein Christ um den Wert der täglichen Teilnahme an der Messe wüsste, würde er die größten Dinge dieser Welt sein lassen, damit ihm nicht ein so hohes spirituelles Gut fehle."[186]

Die vierte Predigt beschreibt den Einzug Jesu in Jerusalem anhand des Lukasevangeliums. Die fünfte Predigt erzählt anhand der 2. Chronik [2 Chr 1,18 ff] den Bau des Tempels in Jerusalem durch Salomon. Der

---

[183] Vgl. Otten, Só Deus é grande, 1990, 219-222.

[184] Antônio Conselheiro, in: Nogueira, Antônio Conselheiro e Canudos, 1974, 156 (479).

[185] Vgl. Antônio Conselheiro, in: Nogueira, Antônio Conselheiro e Canudos, 1974, 161 (486-508).

[186] *„Se bem soubera um cristão o que lucra em assistir e ouvir a missa todos os dias, deixaria os maiores negócios deste mundo para não faltar a tão grande bem espiritual."* Antônio Conselheiro, in: Nogueira, Antônio Conselheiro e Canudos, 1974, 165 (509).

Tempel wird als „figura das nossas igrejas"[187] (Abbild bzw. Vorbild unserer Kirchen) bezeichnet. Antônio Conselheiro dankt in der sechsten Predigt für Gottes Hilfe beim Bau der Kirche „Santo Antônio" in Canudos und den Erhalt des Kirchenschlüssels. Es geht um eine Apologie, die die Schuld Adams, Moses sowie des Judentums - das Jesus nicht als den Messias annahm - einschließt. Es folgt eine Erinnerung an die Gnade Gottes, die den Menschen durch die Erlösungstat Christi zugute kam, und an die Heiligkeit der katholischen Kirche, die das Heil zu den Menschen bringt. Im Folgenden kritisiert Antônio Conselheiro die Gegner der Kirche, u.a. die Freimaurerei, die Protestanten und die Republik. Die Predigt endet mit einem Dank an den „Bom Jesus" (Guten Jesus) für dessen ewige Güte und Gnade.

Die siebte Predigt besteht aus einem Zitat des Gleichnisses vom Sämann [Lk 8,4-8] mit einer anschließenden Auslegung [Lk 8,9-18]. Der „peregrino" ruft als Schlussfolgerung auf, sich den Armen zuzuwenden und ihnen ungesehene Hilfen zukommen zu lassen. Darin sieht er den Weg zur Seligkeit. Die achte Predigt besteht in einer Kritik an der Republik. Der Hauptkritikpunkt ist für den Conselheiro, dass die Republik *„...die Religion beenden will."*[188] *(a República quer acabar com a religião).*

Im Einzelnen kritisiert er die Einführung der Zivilehe, die Ausweisung der königlichen Familie aus Brasilien - die er als legitime Herrscher Brasiliens ansieht - das Verbot des Jesuitenordens und er befürchtet die Wiedereinführung der Sklaverei. Die neunte Predigt ist gleichzeitig die Abschiedsrede und das Testament Antônio Conselheiros. Er bittet darin Gott um seinen Segen für seine Anhänger und bittet alle jene um Vergebung, die sich von ihm angegriffen fühlten. Er bringt sein Hauptanliegen noch einmal zur Sprache: *„...eure Rettung und das Wohl der Kirche."*[189]

---

[187] Antônio Conselheiro, in: Nogueira, Antônio Conselheiro e Canudos, 1974, 170 (536).
[188] Antônio Conselheiro, in: Nogueira, Antônio Conselheiro e Canudos, 1974, 175 (562-563).
[189] *„...a vossa salvação e o bem da Igreja."* Antônio Conselheiro, in: Nogueira, Ataliba, Antônio Conselheiro e Canudos, 1974, 182 (628). vgl. 161-182 (486-628). Vgl. Otten, Só Deus é grande, 1990, 219-232.

Analyse der Predigten

Die Analyse der vorliegenden Predigtmanuskripte ergibt folgende Ergebnisse: Die überlieferten Predigten sind einer der massivsten Beweise gegen die von Euclides da Cunha, J.P. Favila Nunes und anderen geäußerte Einschätzung, dass Antônio Conselheiro ein religiöser sebastianistisch ausgerichteter Fanatiker und psychisch kranker Mensch war. Zwei Aspekte gehen aus den Predigten in besonderer Weise hervor:

1. Antônio Conselheiro besaß ein fundamentiertes theologisches Wissen und eine gut zu verstehende Ausdrucksweise. Seine Predigten haben einen logischen Duktus, der sich an der praktizierten Religiosität im Sertão orientiert.
2. Die Predigten entsprechen der katholischen Lehre und stellen keine abweichende Theologie dar [vgl. 2.5.5].[190]

Antônio Conselheiro verfügte über ein theologisches Grundwissen, das über die traditionelle katholische Verkündigung im zeitgenössischen Sertão hinausging. So verfügte er über ausgeprägte Kenntnisse der Bibel und der Kirchenväter [siehe Anhang 4].[191] Darüber hinaus hatte er gute lateinische Sprachkenntnisse. Antônio Conselheiro war ein spiritueller Mensch, für den insbesondere die Sakramente und die Marienfrömmigkeit von besonderer Bedeutung waren.

Seine Predigten sind biblisch verwurzelt und widmen sich aktuellen sozialen, politischen und religiösen Themen seiner Zeit. In den Predigten kommt das seelsorgliche Selbstverständnis Antônio Conselheiros zum Ausdruck. Wie ein roter Faden sind sie von der Frage nach dem Heil für den einzelnen und die Gemeinschaft durchzogen. Er fühlt sich besonders zu den „mal aventurados", den Benachteiligten der Gesellschaft gesandt, denen er sich durch Rat, gemeinsame Gebete und caritative Taten widmet. Politische Themen griff der Conselheiro auf, wenn es sich z.B. um Ungerechtigkeiten gegenüber der Bevölkerung handelte oder diese die Religiosität betrafen.

Seine Republik-Kritik richtet sich insbesondere gegen die Trennung von Kirche und Staat, worin er einen Angriff auf die Kirche und die Ausübung der Religiosität sah. Die Predigten behandeln nicht den Krieg. Dieses Indiz deutet darauf hin, dass der Conselheiro von sich aus keine

---

[190] Vgl. Montenegro, Fé em Canudos, 2004, 29.
[191] Tabelle der Zitate der Kirchenväter: Vgl. Dobroruka, Antônio Conselheiro, o beato endiabrado de Canudos, 1997, 112.

kriegerischen Auseinandersetzungen plante. Er war auf der Suche nach einem Leben nach dem Prinzip der „Evangelischen Armut". Das, was er besaß, sah er als ihm von Gott gegeben an, so auch die von ihm errichtete Kirche „Santo Antônio" in Canudos. Die Predigtmanuskripte zeigen ihn als einen reflektierten Menschen, der im Bewusstsein um die eigenen Fehler in seiner Abschiedspredigt diejenigen um Vergebung bittet, die er durch seine Worte verletzt hatte.

<u>Verhältnis von mündlichen Predigtberichten und den Predigt-Manuskripten</u>

Zwischen den Darstellungen der mündlichen Predigtberichte und den Predigtmanuskripten des Conselheiros gibt es eine Diskrepanz. Einige mündliche Predigtberichte schildern den Conselheiro als Vertreter des Sebastianismus und Propheten des nahen Weltendes, der die Bevölkerung des Sertão in Schrecken versetzte. Dies findet man in den Predigtmanuskripten so nicht vor. Die Manuskripte geben einen Conselheiro wieder, der eine konservative, zeitgenössische Theologie vertrat. Dabei nahm er, wie andere zeitgenössische Missionare, Bezug auf die Bedeutung sündigen Handelns für das Leben nach dem Tod.

José Calasans [vgl. 3.1.4] hat in seinen frühen Werken dem historischen Wert von „Os sertões" eine sehr hohe Bedeutung beigemessen und brachte den Conselheiro mit dem Sebastianismus und Predigten zum Nahen Weltende in Verbindung. Im Laufe seiner Forschungen wandelte sich seine Einschätzung. Er kommt in den 1990er Jahren zu dem Ergebnis:

„Denn wenn du die Prophezeiungen ansähest, würdest du verstehen, dass es sie gab, aber dass sie nicht vom Conselheiro stammten. Daher kommt die Geschichte mit dem Sebastianismus, diese Erfindungen stammen alle von Euclides da Cunha."[192]

Auch Robert M. Levine und Walnice Nogueira Galvão unterstützen die These Calasans und Villas, dass die in Canudos gefundenen Prophezeiungstexte nicht Antônio Conselheiro zuzuordnen sind.[193] Calasans widerspricht auch der These, dass Antônio Conselheiro den Sebastianis-

---

[192] Calasans, José, in: Villa, da Costa Pinheiro (colaboração), Calasans, um depoimento para a história, 1998, 70.
[193] Vgl. Levine, O sertão prometido, 1995, 284. Vgl. Nogueira Galvão, O império do Belo Monte, 2002, 109.

mus und eine fanatische endzeitliche Prophetie predigte. Aufgrund der schwierigen Quellenlage bleiben viele Fragen hinsichtlich der Beurteilung der Prophezeiungen offen.

José Calasans trägt jedoch begründete Zweifel an der Originalität der Prophezeiungen vor. Dazu kommt, dass viele Autoren, die über die Prophezeiungen schreiben, so z.B. Favila Nunes,[194] stets Euclides da Cunha als Quelle verwandten.

Bei den Wiedergaben mündlicher Predigten durch Augen- und Ohrenzeugen muss berücksichtigt werden, dass diese nicht unmittelbar nach der Predigt eingeholt wurden. Die Interviews wurden zu einer Zeit geführt, in der sich in Bezug auf Canudos, durch die Veröffentlichung von „Os sertões" und folkloristische Entwicklungen, ein gewisses Bild von Canudos und Antônio Conselheiro herausgebildet hatte. Gleichwohl legen sie nahe, dass Antônio Conselheiro – wie viele Missionare im 19. Jh. – eschatologische Elemente in seinen Predigten verwandte. Vicente Dobruroka vertritt die These, dass die Unterschiede zwischen mündlichen und schriftlichen Predigten keinen Widerspruch darstellen. Er unterscheidet zwischen „konkretem eschatologischen Glauben" an ein baldiges Weltende und dem „spiritualisierten eschatologischen Glauben", der ein inneres Geschehen im Menschen sei.[195] Die Predigten des Conselheiros seien zweiterem zuzuordnen.

Es ist ein Faktum, dass das Predigtmanuskript von 1897 eschatologische Elemente beinhaltet, es gibt dort jedoch keinerlei Prophezeiungen oder Worte hinsichtlich eines nahen Weltendes. Eine mögliche Erklärung für die Unterschiede zwischen Predigtmanuskripten und den Überlieferungen zu mündlichen Predigten kann darin liegen, dass Antônio Conselheiro das Buch „Missão abreviada", mit seinen eschatologischen Elementen als Instrument einsetzte, um die Gläubigen aufzurütteln, damit diese den Weg zur Besinnung, zur Buße und letztlich zur „Rettung ihrer Seelen" suchten und fanden. Die theologische Analyse der religiösen Botschaft Antônio Conselheiros [vgl. 2.5.2.] widmet sich dieser Fragestellung weiterführend.

---

[194] Favila Nunes, Guerra de Canudos, 1898.
[195] Vgl. Dobroruka, Antônio Conselheiro, o beato endiabrado de Canudos, 1997, 92-93.

Die Bedeutung von Thomas More für Antônio Conselheiro

Hinsichtlich der Bedeutung von Thomas More für Antônio Conselheiro gibt es unterschiedliche Einschätzungen. Edmundo Moniz vertritt die These, dass sich Antônio Conselheiro von Mores Werk „Utopia", dass an Platons Werk „Republik" anknüpft, bei der Gestaltung der Gemeinschaft von Canudos mit orientierte. Moniz bezieht sich auf den Zeitpunkt im Jahr 1893, zu dem es bereits zur gewaltsamen Auseinandersetzung zwischen Anhängern des Conselheiros und der Polizei in Masseté gekommen war, wenn er schreibt:

„Der Conselheiro begann der Idee eine Gestalt zu geben, eine gemeinschaftliche Stadt zu gründen, in der es keine Ausbeutung und Ungerechtigkeit gäbe. Es ist wahrscheinlich, dass er in dieser Zeit bereits ‚Utopia' von Thomas More gelesen hat."[196]

More beschreibt in „Utopia" eine Gesellschaftsordnung, in der es weder Privatbesitz noch die Beherrschung einer Gesellschaftsschicht durch eine andere gibt. Moniz schreibt zur Bedeutung von Thomas More für Antônio Conselheiro:

„Antônio Conselheiro war ein Leser von Thomas More. In seinen Predigten ordnet er ihn unter den ‚weisen und klugen Männern' ein, deren Bestimmung es war die Religionen zu bereichern, die Wüsten zu bevölkern, die Reichtümer abzulegen und die Welt zu verachten."[197]

José Calasans widerspricht der These Moniz' wenn er schreibt:

„In Wirklichkeit schrieb der Conselheiro so etwas wie ‚die Leute sollen ihren Glauben erhalten, wie es Thomas More tat...', der Opfer der Protestanten war. Aber es gibt nichts, das darauf hinweist, dass der Conselheiro das Werk von More [Utopia] gelesen hat."[198]

Calasans trifft hier eine sehr realistische Einschätzung. Es besteht die Möglichkeit, dass Antônio Conselheiro das Buch „Utopia" kannte. Er bezieht sich jedoch in keiner seiner Predigten auf dieses Werk. Insofern ist der Einfluss von Utopia eher gering einzuschätzen. Die Erfahrungen, die Antônio Conselheiro mit Pe. Ibiapina und den traditionellen Werten im Sertão gemacht hatte, nahmen auf das Zusammenleben in Canudos einen viel stärkeren Einfluss als das Werk Utopia.

---

[196] Moniz, Canudos, a guerra social, 1978, 39.
[197] Moniz, Canudos, a guerra social, 1978, 92.
[198] Calasans, Nóbrega, Solidariedade, sim, igualdade não, in: Bloch, Didier (Org.), Canudos 100 anos de produção, 1997, 44.

2.2 Die soziale Organisation in Canudos

Grundsätzlich muss festgestellt werden, dass die Informationsbasis zur Beschreibung der Lebensweise in Canudos nicht sehr breit ist. Es liegen wenige Dokumente aus Canudos vor, die die Lebensweise direkt beschreiben. Ausnahmen bilden z.B. die Predigten Antônio Conselheiros und der Missionsbericht des Kapuzinerpaters Frei João Evangelista de Monte Marciano.[199] Die Erarbeitung der Lebensweise in Canudos stützt sich außerdem auf die Berichte der Überlebenden von Canudos, sowie auf Daten des Militärs und anderer Beobachter mit unterschiedlichsten Blickwinkeln und Intentionen. Um die Lebensweise in Canudos zu beschreiben, werden in diesem Abschnitt verschiedene Bereiche des Zusammenlebens beleuchtet: Die Organisation der Gemeinschaft, die Bedeutung der Religiosität im täglichen Leben, die ökonomischen Faktoren sowie die Rolle Antônio Conselheiros. Nertan Macedo schreibt dazu grundlegend:

„Canudos war ein Dorf wie jedes andere, mit einer normalen Existenzgrundlage, ihrer eigenen Gemeinschaft und Organisation, in der der Glaube an Gott und die einfachen menschlichen Mysterien zusammenwirkten."[200]

Das Zusammenleben der Gemeinschaft von Canudos setzte stark auf die gemeinschaftliche Zusammenarbeit und bot eine gesicherte Existenz. „Gebet und Arbeit" (ora et labora) waren zwei charakteristische Aspekte des Zusammenlebens monastischer Herkunft, die jedoch Freiraum für die Bedürfnisse des einzelnen ließen. Honório Vilanova, der selbst in Canudos lebte, betont die Freiheiten innerhalb des Zusammenlebens:

---

[199] Nogueira, Antônio Conselheiro e Canudos, 1974. Nogueira Galvão, da Rocha Peres, Breviário de Antônio Conselheiro, 2002. Marciano, Relatório, apresentado pelo reverendo Frei João Evangelista de Monte Marciano ao arcebispado da Bahia sobre Antônio Conselheiro e seu sequito no arraial de Canudos – 1895, 1987.

[200] *„Canudos era uma vila como outra qualquer, levando uma existência normal, com sua comunidade e organizações próprias, onde coabitavam fé em Deus e os mistérios simples e humanos."* Vilanova, Honório, zitiert in: Macedo, Memorial de Vilanova, 1964, 31. Auch José Calasans hält Canudos für einen Ort, der wie andere im Sertão dieser Zeit ist, und von Antônio Conselheiro geleitet wurde. Vgl. Calasans, José in: Villa, da Costa Pinheiro (colaboração), Calasans, um depoimento para a história, 1998, 84.

„Groß war das Canudos meiner Zeit. Wer ein gerodetes Landstück hatte, bearbeitete es am Flussrand. Wer Rinder hatte, kümmerte sich darum... Wer beten mochte, ging beten. Um alles kümmerte man sich, denn es gehörte niemandem allein, sondern allen, Kleine und Große waren in dieser Regel vom Pilger unterwiesen worden."[201]

Canudos schottete sich nicht von der Umgebung ab, sondern fügte sich weitgehend in die vorhandenen Strukturen ein. Bei den Großgrundbesitzern stieß Antônio Conselheiro auf ein geteiltes aber überwiegend positives Echo, das Walnice Nogueira Galvão beschreibt:

„Der Conselheiro war gerne gesehen. Das Areal unterhielt kommerzielle Verbindungen und erhielt Spenden von Großgrundbesitzern der benachbarten Orte, deren Namen die Geschichte einbehielt, wie die Coronels Janjã, unter diesem Namen war João Evangelista aus Juazeiro bekannt, José Leitão, politischer Chef von Santa Luzia und Vater eines Abgeordneten, Ângelo dos Reis, Besitzer der Fazenda Formosa auf der anderen Seite des Vaza Barris, Pedro Simões, Fiel José de Cavalho, Besitzer des Landes um Cocorobó und Poço de Cima, Florisbelo de Morais aus Amparo bei Pombal, Antonio dos Pocinhos, der ein Textilgeschäft hatte."[202]

Zu beachten ist jedoch, dass die staatlichen Organe Distanz zu Canudos hielten. In diesem dargestellten Rahmen entwickelte sich ein durch den Conselheiro geprägtes Zusammenleben ohne einen maßgeblichen Einfluss der Großgrundbesitzer.[203]

2.2.1 Zusammensetzung der Bevölkerung

Canudos: eine Gemeinschaft der Zuwanderer

Nachdem sich Antônio Conselheiro im Juni 1893 mit seinem Gefolge in Canudos niedergelassen hatte, kam es zu einer starken Zuwanderung

---

[201] *„Grande era o Canudos do meu tempo. Quem tinha roça tratava da roça na beira do rio. Quem tinha gado tratava do gado... Quem gostava de reza ia rezar. De tudo se tratava porque a nenhum pertencia e era de todos, pequenos e grandes, na regra ensinada pelo Peregrino."* Vilanova, Honório, zitiert in: Macedo, Memorial de Vilanova, 1964, 67.
[202] Nogueira Galvão, O império do Belo Monte, 2002, 31. Vgl. Villa, da Costa Pinheiro (colaboração), Calasans, um depoimento para a história, 1998, 41-42.
[203] Vgl. Villa, Canudos, o povo da terra, 1995, 68.

aus der Region und weit darüber hinaus, die sich auch während des Krieges fortsetzte. Dazu Abelardo Montenegro:

„*Die Bevölkerungen von Tucano und Itapicurú zogen zum großen Teil nach Canudos. Nach dem Rückzug von Major Febrônio de Brito reisten ‚fanáticos' aus Pernambuco, Piauí, Ceará, Alagoas, Minas Gerais und São Paulo zum Jerusalem des Vaza-Barris.*"[204]

Der Oberstleutnant der Nationalgarde und Vorsteher von Tucano-BA, Marcelino Pereira de Miranda, berichtet in einem Brief an den „Barão de Jeremoabo", datiert am 12. Januar 1894, vom Umfang der Zuwanderung nach Canudos:

„*Es folgten von hier und der näheren Umgebung in dieser Woche zum Conselheiro ungefähr 16-20 Familien, das ist schrecklich!!*"[205]

Eine Untersuchung von 366 Personen, die nach Canudos zogen, erbrachte das Ergebnis, dass davon 80% Mestizen mit heller oder dunkler Hautfarbe waren und 20% Indios oder Schwarze. 40% der untersuchten Zuwanderer kamen aus zehn Orten der näheren Umgebung. Die vier Hauptorte davon waren Itapicuru, Monte Santo, Bom Conselho und Entre Rios.[206] Manoel Benício sieht in der Suche nach Heilung ein wichtiges Zuwanderungsmotiv:

„*Eine große Zahl an Kranken, Nervenkranken, Behinderten und Verrückten kamen auch auf der Suche nach Heilung von ihren Gebrechen nach Belo Monte. Der Conselheiro nahm keine medizinische Behandlung vor, er heilte durch den Glauben und rettete auf diese Weise die Gesundheit vieler und sicherte die wundertätige Kraft zu, von der man sprach und die von göttlicher Gnade zeugte.*"[207]

---

[204] „*As populações de Tucano e Itapicurú, em grande parte, deslocavam-se para Canudos. Depois da retirada de major Febrônio, ‚fanáticos' de Pernambuco, Piauí, Ceará, Alagoas, Minas Gerais e São Paulo viajaram para a Jerusalem do Vaza Barris.*" Montenegro, Antônio Conselheiro, 1954, 38.

[205] „*Seguiu daqui e destas imediações esta semana para o Conselheiro umas 16 a 20 famílias, é um horror!!*" Pereira de Miranda, Marcelino, zitiert in: Sampaio (Org.), Canudos, cartas para o barão, 1999, 90.

[206] Vgl. Bloch (Org.), Canudos 100 anos de produção, 1997, 49.

[207] „*Grande numero de doentes, nervosos, aleijados e loucos chegavam também a Belo Monte em damanda de cura a suas enfermidades. Conselheiro não medicava, curava o milagroso poder de que se dizia investido por graça divina.*" Benício, O rei dos jagunços, 1997, 96.

In Canudos lebte bereits eine kleine Bevölkerungsgruppe, bevor sich Antônio Conselheiro mit seinem Gefolge dort niederließ. José Calasans erwähnt davon folgende Personen:

„Es gab in Canudos vor der Ankunft des Conselheiros zwei wichtige Familien: die Motas und die Macambiras... Antônio da Mota... war laut Manuel Ciríaco Lederhändler und hatte einen Thekenverkauf... Er besaß ein Geschäft auf dem Handelsplatz („praça do comércio"), der später in 'Platz der Kirchen' („praça das igrejas") umbenannt wurde."[208]

Für die Organisation der Gemeinschaft von Canudos bedeutete die starke Zuwanderung, dass dieser Zuzug in großem Stil geordnet und geplant werden musste. Die Gemeinschaft verschloss sich nicht, sondern war offen für neue Mitglieder.[209]

Abgelehnt wurden Menschen, die verdächtigt wurden heimliche Anhänger der Republik, Diebe, Trinker oder Dirnen zu sein.[210] Die Zuwanderung wurde gestaltet, indem die Neuankömmlinge ein Stück Land zur Errichtung eines Hauses zugewiesen bekamen.[211] Diese mussten im Gegenzug einen Teil ihres Besitzes an die Gemeinschaft abtreten und sich an der gemeinschaftlichen Landwirtschaft beteiligen. Der Abgabe- bzw. Geschenk-Anteil wird unterschiedlich eingeschätzt und reicht von einem Drittel bis hin zum Gesamtbesitz.[212] Das Eigentumsrecht war gesichert.

---

[208] Calasans, Quase biografias de jagunços, 1986, 61, 55.
[209] Vgl. Milton, A campanha de Canudos, 2003, 15.
[210] Vgl. Pereira de Queiroz, O Messianísmo no Brasil e no mundo, 2003, 229. Vgl. Montenegro, Fanáticos e cangaçeiros, 1973, 132.
[211] Vgl. Calasans, Cartografia de Canudos, 1997, 46, 52.
[212] Vgl. Calasans, Cartografia de Canudos, 1997, 57-58. Zu dem bei der Ankunft abzugebenden Anteil des Privatbesitzes an die Gemeinschaft gibt es auch andere Thesen: Frei João Evangelista de Monte Marciano 80% (vgl. Relatório, apresentado pelo reverendo Frei João Evangelista de Monte Marciano ao arcebispado da Bahia sobre Antônio Conselheiro e seu sequito no arraial de Canudos – 1895, 1987, 5). Euclides da Cunha ca. 99% (vgl. Cunha, Krieg im Sertão, 1994, 219), Arruda 100% (vgl. Arruda, Canudos, messianismo e conflito social, 1993, 91), Montenegro 50% (vgl. Montenegro, Fanáticos e Cangaçeiros, 1973, 131). Maria Isaura Pereira de Queiroz beziffert die Abgabe auf 1/3 des Besitzes, (vgl. Pereira de Queiroz, O messianismo no Brasil e no mundo, 2003, 234). Honorio Vilanova und Abelardo Montenegro auf 50 % (vgl. Macedo, Memorial do Vilanova, 1964, 196. Montenegro, Antônio Conselheiro, 1954, 31), Ich halte die dargelegte These von José Calasans für die wahrscheinlichste, da

Motivation der Zuwanderung: Lebensalternative und Seele retten

Für die 1888 mit der „abolição" freigesetzten ehemaligen Sklaven waren die folgenden Jahre besonders hart, weil der Unterhalt ihrer früheren Herren wegfiel. Robert M. Levine beschreibt den großen Zuzug nach Canudos als...

„...*eine kollektive Entscheidung, hoffnungslos und eminent praktisch, im Sinne einer Flucht vor nicht tolerablen Lebensumständen.*"[213]

Robert Levine erläutert die Gegebenheiten, die die Zuwanderer vorfanden:

„*Für die Gefolgsleute des Conselheiros, die sich dort einrichteten, war Canudos ein physisch verheißungsvolles Gebiet. Der Hochsertão war umringt von Flüssen: der mächtige São Francisco bildete einen Halbkreis, auf einer der Seiten mit dem gewundenen Itapicuru, auf der anderen und parallel zu beiden, der Vaza Barris...*"[214]

Ein weiterer Grund für den Zuzug nach Canudos bestand in den von den Bezirksverwaltungen erhobenen neuen Steuern, die insbesondere die arme Bevölkerung betrafen. Zu den ökonomischen und soziologischen Gründen kam ein weiterer wichtiger Aspekt hinzu: die Religiosität der „sertanejos". Die Menschen, die nach Canudos kamen, erhofften sich, ihre Seele durch eine Lebensweise nach den Geboten Gottes zu retten. Dies hatte der Conselheiro auf seinem 19jährigen Pilgerweg verkündet. J.P. Favila Nunes zitiert einen Brief vom 15. Mai 1896, geschrieben von José Felix, der aufruft möglichst bald nach Canudos zu kommen, da das „Zeichen des Herrn" (marca do senhor), für die, die in seiner „heiligen Gesellschaft" (santa companhia) sein wollten, schon gegeben sei.[215]

Canudos wurde als das „neue Jerusalem", das „Canaan sertaneja", das „Land in dem Milch und Honig fließen" angesehen. Ein weiterer Grund für die Zuwanderung bestand im Faktum, dass Antônio Conselheiro Taufpate einer großen Zahl von Menschen war, die ihrem Paten in der Anfechtung zur Seite stehen wollten.[216] Tatsächlich ging es den Bewohnern von Canudos wirtschaftlich, hinsichtlich ihrer Grundrechte und der

---

sie der traditionellen Lebensweise der „sertanejos" und dem Charakter des Conselheiros am nächsten steht.

[213] Levine, O sertão prometido, 1995, 110.
[214] Levine, O sertão prometido, 1995, 127.
[215] Vgl. Favila Nunes, Guerra de Canudos, 1898, 31.
[216] Nogueira Galvão, O império do Belo Monte, 2002, 31.

Art des Zusammenlebens besser als den Menschen in der Region. Didier Bloch beschreibt dies:

„Es gab nicht den charakteristischen sozialen Kontrast des Lebens wie außerhalb des Areals. Wer nach Canudos kam, bekam einige Vorteile und dort litt niemand unter Hunger."[217]

Zusammensetzung der Bevölkerung:

Die Bevölkerung in Canudos setzte sich aus Menschen verschiedenen Alters, verschiedener Herkunft, Ethnien und gesellschaftlichen Niveaus zusammen. Darunter war ein hoher Anteil an Familien und Frauen.[218] Nach Canudos zogen wohlhabende Menschen,[219] ebenso wie die Ärmsten der Armen, Indios aus Miranela und Rodelas, ehemalige Sklaven, darunter viele „treze de maios", „caboclos"[220], Mestizen, Mulatten Weiße, eine Durchmischung des Nordostens.[221] Dawid Danilo Bartelt konkretisiert dies mit einigen statistischen Zahlen:

„Der Zensus von 1890 wies unter Zuhilfenahme der rassischen Fiktion im Durchschnitt der Region 23,9 % Weiße, 17,5% Schwarze, 6% ‚caboclos' (indígenas) und 52,6% ‚mestiços' (Mestizen) auf. Die ethnische Zusammensetzung der Bevölkerung von Belo Monte hat dieser Aufteilung weit mehr entsprochen als es die Zeitgenossen glauben wollen."[222]

In die Randbezirke von Canudos zogen auch Indios der Stämme Kiriri, Kainmbe und Tuxá, die in Krieg [vgl. 2.4] mit Pfeil und Bogen an der Seite des Conselheiros kämpften.[223] Zu den Zuwanderern zählten auch

---

[217] Bloch (Org.), Canudos 100 anos de produção, 1997, 52. Vgl. dazu auch Tabellen und Landkarten in: Bartelt, Nation gegen Hinterland, 2003,77, 83.
[218] Pereira de Queiroz, O messianismo no Brasil e no mundo, 2003, 229. Vgl. Levine, O sertão prometido, 1995, 228-231.
[219] Vgl. Nogueira Galvão, O império do Belo Monte, 2002, 43.
[220] Caboclo = Halbblutindianer, Mischling.
[221] Vgl. Montenegro, Antônio Conselheiro, 1954, 29. Weitere Literaturhinweis bezüglich der Bewohner von Canudos: Calasans, Quase biografias de jagunços, 1986.
[222] Ataide, Yara Dulce Bandeira de, zitiert in: Bartelt, Nation gegen Hinterland, 2003, 82.
[223] Die Kiri, Kaimbé und Tuxá entstammten aus den ehemaligen Jesuitenmissionsdörfern Mirandela, Massacará und Natuba im Süden und Osten von Canudos

ehemalige Straftäter, denen der Conselheiro einen Neuanfang ermöglichte. Abelardo Montenegro schreibt, dass zu den Zuzügen auch ehemalige „jagunços" zählten, die für die Verteidigung von Canudos später eine wichtige Rolle einnehmen sollten.[224] José Calasans nennt als Beispiele dazu João Abade [Chef der „guarda católica"] und Pajeú [Chef der „guerrilha"].[225] Für sie begann in Canudos ein neues Leben.

Die bauliche Struktur

Täglich kam es in Canudos zur Errichtung von ca. zwölf Häusern für die Neuankömmlinge.[226] Diese bestanden, wie im Sertão üblich, aus Lehm und Holz (taipa) mit einem Dach aus Palmenzweigen [vgl. Anhang 5]. Die Häuser besaßen Küche, Schlaf- und Wohnzimmer. Zu den Aufgaben die in Gemeinschaftsarbeit, der im Sertão verwurzelten sogenannten „mutirão" verrichtet wurden, gehörten z.B. der Bau von Häusern und Wasserreservoirs, die Landreinigung und Bestellung der Äcker, sowie die Ernte.[227] Der „praça das igrejas" (Platz der Kirchen), oder „praça das casas vermelhas" (Platz der roten Häuser), bildete das Zentrum von Canudos, an dem auch die Kaufläden und die etwas besseren, mit Ziegeln gedeckten Häuser für das Leitungsgremium, die „doze apóstolos" (zwölf Apostel) standen.[228] Dort wohnten auch die Bewohner mit größerem Besitz. Einige der Straßenzüge, die dort begannen und sich in die umringenden Häuser auflösten nennt Walnice Nogueira Galvão:

„Es waren die Straßen ‚monte alegre' (fröhlicher Berg), fast gerade, die vom Platz in Richtung der Straße nach Uauá führte, die Straße der ‚caridade' (Nächstenliebe), die Straße ‚campo das abóboras' (Kürbisfeld), die Straße der ‚professora' (Lehrerin), die Straße der ‚caboclos' (Mischlinge), die Straße der ‚negros' (Schwarze) etc."[229]

---

und Rodelas im Sertão von Pernambuco. Vgl. Bartelt, Nation gegen Hinterland, 2003, 82.
[224] Vgl. Montenegro, Antônio Conselheiro, 1954, 30.
[225] Vgl. Calasans, Quase biografias de jagunços, 1986, 36-37, 41, 48. Weitere ehemalige Straftäter, die in Canudos lebten waren José [Zé] Venâncio, und Bernabé José de Carvalho.
[226] Vgl. Calasans, Cartografia de Canudos, 1997, 60.
[227] Vgl. Villa, Canudos, o povo da terra, 1995, 44, 61-65.
[228] Vgl. Calasans, Cartografia de Canudos, 1997, 51.
[229] Vgl. Nogueira Galvão, O império do Belo Monte, 2002, 44.

Euclides da Cunha berichtet, dass Canudos aus 5 Stadtteilen bestand, die sich am Hügel erstreckten [vgl. Anhang 5].[230] Die Gemeinschaft von Canudos reichte weit über den eigentlichen Ort hinaus.[231] Viele, die sich Canudos und dem Conselheiro verbunden fühlten, wohnten in den umliegenden Ortschaften, zu denen es gute Kontakte und Beziehungen persönlicher und geschäftlicher Art gab. Robert Levine erläutert:

„Die Leute besuchten Canudos, machten ihre Geschäfte und gingen wieder. Viele ‚conselheiristas' arbeiteten außerhalb der Gemeinschaft und gingen täglich zur Arbeit."[232]

Der Wohnort des Conselheiros war ein Zimmer, das sich an der Seite der alten Kirche befand, das „santuário" genannt wurde. Das „santuário" bestand aus der alten Kapelle „Nossa Senhora da Conceição", die schon vor der 1893 eingeweihten Kirche „Santo Antônio" in Canudos stand. Es gab dort einen Altar und zahlreiche Bilder von Heiligen.[233] Das Zimmer des Conselheiros wurde später zu seiner Beerdigungsstätte.

Zusammenleben nach dem Prinzip einer Familie

Eine besondere Art der Rezeption stellt die Interpretation dar, nach der das Zusammenleben in Canudos dem Prinzip einer christlich geprägten Familie folgte. Diese These wird insbesondere von Walnice Nogueira Galvão[234] und Eduardo Hoornaert vertreten, der dies in seinem 1997 erschienenen Werk „Os anjos de Canudos"[235] (die Engel von Canudos)

---

[230] Vgl. Cunha, Diário de uma expedição, 2003, 88.
[231] Vgl. Calasans, José in: Villa, da Costa Pinheiro (colaboração), Calasans, um depoimento para a história, 1998, 97.
[232] Levine, O sertão prometido, 1995, 197.
[233] Vgl. Nogueira Galvão, O império do Belo Monte, 2002, 44.
[234] Vgl. Nogueira Galvão, O império de Belo Monte, 2002, 106.
[235] Hoornaert, Os anjos de Canudos, 1997. Wenn Eduardo Hoornaert das Bild der Familie für das Zusammenleben in Canudos wählt, geschieht das aus verschiedenen, gewichtigen Gründen. Die Familie spielt in Brasilien, insbesondere in der von Dürre bedrohten Region des Sertão, eine wichtige Rolle. In Zeiten der Dürre war und ist es für die Menschen des Sertão von existentieller Bedeutung, auf die Unterstützung der Familie zählen zu können. Die Landwirtschaft wurde in der Regel in Zusammenarbeit der Familienmitglieder bestellt. Auch heute bestehen viele Gemeinschaften des „fundo de pasto" [vgl.3.2.2] aus Familienverbänden. Antônio Conselheiro erlebte die große Bedeutung der Familie in seinem eigenen Leben. Nach dem Tod des Vaters musste er die Verantwortung für den Unterhalt seiner Schwestern übernehmen. In der Familienfehde der Ma-

ausführlich darstellt. Antônio Conselheiro nimmt dabei die Rolle des Vaters ein, der sich um das Wohlergehen der Menschen in Canudos sorgte. Diejenigen, die nichts hatten, wurden mit den Mitteln unterstützt, die die Reicheren beim Zuzug an die Gemeinschaft abgaben oder mit den Erträgen der gemeinschaftlich bewirtschafteten Felder. Hoornaert beschreibt das Verhältnis zwischen dem Conselheiro und den Bewohnern von Canudos:

„Es erscheint fremdartig, aber das Faktum, dass der Conselheiro so einsiedlerisch lebte verhinderte nicht, dass alle ihn als Vater behandelten. Mehr noch: er ist das perfekte Bild des Vaters. Er ist der Abt von Canudos. Wie wir bereits sagten, der Conselheiro nannte alle Geschwister und von allen wurde er 'mein Vater Conselheiro' genannt. Die Bewohner von Canudos sind Kinder des Conselheiros, Geschwister untereinander, Schutzengel des geliebten Vaters. Der Zölibat kennzeichnet und identifiziert: Das ist die Originalität, die spirituelle Klammer. Ausgehend von diesen Parametern wird die Welt zu einer Familie."[236]

Interessant ist, dass Hoornaert ein auf Gegenseitigkeit beruhendes Verhältnis zwischen Antônio Conselheiro und den anderen Bewohnern von Canudos darstellt. Antônio Conselheiro, der die Vaterrolle einnahm, verwandte die Anrede „Geschwister" (irmãos) für die anderen und begab sich damit auf Augenhöhe mit ihnen. Auf der anderen Seite werden die Bewohner von Canudos als „Schutzengel" des Conselheiros bezeichnet, d.h. sie gaben ihm Schutz. Antônio Conselheiro prägte das Zusammenleben in Canudos und gab selbst ein Vorbild für das Handeln ab.[237] Die These Hoornaerts, dass Antônio Conselheiro Verantwortung für die sich ihm anvertrauenden Personen übernahm unterstützt das Faktum, dass er dies bereits in der Zeit seiner Peregrination tat. Alexandre Otten verdeutlicht:

„Er [Antônio Conselheiro] akzeptierte es, Pate zu sein. In dem erforschten Zeitraum von 1880-1892 wurde er Pate von 92 Kindern... Er

---

ciels mit den Araújos, die viele Tote forderte, wird die starke Familienverbundenheit besonders deutlich. Z.B: Zum Ausgleich der Blutschuld beim Tod eines Familienmitglieds war ein anderes Familienmitglied moralisch verpflichtet Rache zu nehmen.

[236] Hoornaert, Os anjos de Canudos, 1997, 49.
[237] Vgl. Hoornaert, Os anjos de Canudos, 1997, 48.

kümmerte sich um das materielle und moralische Wohlergehen seiner Patenkinder und Paten. Diese schuldeten ihm Gehorsam und Respekt."[238] Die Annahme der Patenschaft durch den Conselheiro schuf eine geistliche Verwandtschaft zwischen ihm und den Täuflingen und deren Familien. Nicht blinder Gehorsam, sondern Respekt vor dem Conselheiro prägte das Zusammenleben.[239] Die Wertschätzung, die Antônio Conselheiro von den Bewohnern in Canudos erhielt und die Rolle der Vaterfigur, entstanden bereits während seiner Peregrination durch den Sertão, bei der er sich der Probleme und Bedürfnisse der armen Bevölkerung annahm. Eduardo Hoornaert erläutert:

„Aufgrund des Gefühls der Empörung, der Solidarität und Hoffnung der Sertãobewohner wurde der Conselheiro anerkannt, wie jemand, der in der Lage ist, sie zu repräsentieren, zu verteidigen, zu orientieren und mit ihnen den Verkehr der Werte zu verhandeln... Der Kontakt mit einem Menschen, der so eindeutig ausdrückt, was alle denken ist elektrisierend, setzt Energien frei, die seit langer Zeit angesammelt wurden."[240]

Der Annahme, dass sich durch die asketische Lebensweise des Conselheiros und die Lebensregeln in Canudos ein entbehrungsreiches Leben für die Bewohner ergab widerspricht Hoornaert deutlich:

„Es war ein fröhlicher Rahmen, der einen lebendigen Kontrast mit der Person Antônio Conselheiro, dem Mann des Gebetes, ergab."[241]

Die Bedeutung von Antônio Conselheiro als Vaterfigur ist auch hinsichtlich der Leitungsstruktur bedeutsam, wie der folgende Abschnitt erläutert.

2.2.2 Leitungsstruktur

Die innere Organisation in Canudos entstand in einem Entwicklungsprozess. Auf seinem Pilgerweg durch den Sertão, wie bei der Niederlassung in Canudos, lieferte das Leben Jesu Christi für Antônio Conselheiro den Hauptorientierungspunkt. Ihm wollte er nachleben.[242] Dieses Ideal war Grundlage für die Gestaltung der Lebensordnung in Canudos. Die innere Hierarchiepyramide von Canudos bestand aus drei Ebenen. Die

---

[238] Otten, Só Deus é grande, 1990, 155-156.
[239] Vgl. Hoornaert, Os anjos de Canudos, 1997, 35.
[240] Hoornaert, Os anjos de Canudos, 1997, 111.
[241] Hoornaert, Os anjos de Canudos, 1997, 31.
[242] Vgl. Benício, O rei dos jagunços, 1997, 90.

Spitze bildete Antônio Conselheiro. Während seines Pilgerwegs erhielt der „peregrino" (Pilger), verschiedene Anreden und Bezeichnungen: Bruder Antônio, Antônio Ratgeber, Heiliger erschienener Antônio, Guter Jesus-Ratgeber, mein Vater, Heiliger Ratgeber (irmão Antônio, Antônio Conselheiro, Santo Antônio Aparecido, Bom Jesus Conselheiro, meu pai, Santo Conselheiro).[243] Antônio Conselheiro war der Leiter, der Hirte und Vater und wurde mit der Anrede „meu pai"[244] (mein Vater) von den Mitgliedern der Gemeinschaft direkt angesprochen. Er war die höchste Autorität in Canudos.[245] Joachim G. Piepke schreibt zur Hierarchie in Canudos:

„An der Spitze steht der Ratgeber als Vater und Pate aller. Ihm zur Seite stehen die 'zwölf Apostel', die seinen engeren Rat bilden und mit speziellen Aufgaben der Verwaltung betraut sind. Eine ‚katholische Wachmannschaft' beschützt sein Leben und das der Gemeinschaft. Sie ist in der Form einer religiösen Bruderschaft organisiert. Man nennt sie auch ‚companhia do Bom Jesus'."[246]

Die zweite Hierarchieebene bildete das Leitungsgremium, die „Zwölf Apostel" genannt. Es war verantwortlich für verschiedene Bereiche, wie z.B. Ökonomie, Verteidigung, öffentliches und religiöses Leben.[247] Die einzelnen Mitglieder der Gemeinschaft stellten den Sockel der Hierarchiepyramide dar. Verbunden waren die Gesellschaftsteile durch die vom Conselheiro vorgegebenen Lebensregeln, wobei die gelebte Solidarität mit den Armen von großer Bedeutung war.[248] José Calasans stellt in seinen „Quase biografias de jagunços" u.a. folgende Menschen aus Canudos, mit ihren speziellen Aufgaben vor:[249]

---

[243] Vgl. Calasans, O ciclo folclórico do Bom Jesus Conselheiro, 2002, 27.
[244] Vgl. Pereira de Queiroz, O messianismo no Brasil e no mundo, 2003, 230.
[245] Vgl. Arruda, Canudos, messianismo e conflito social, 2006, 315.
[246] Piepke, Antônio Conselheiro - der Ratgeber der Armen, in: NZM 52/2, 1996, 112.
[247] Vgl. Pereira de Queiroz, O messianismo no Brasil e no mundo, 2003, 232.
[248] Vgl. Pereira de Queiroz, O messianismo no Brasil e no mundo, 2003, 232-234.
[249] Calasans, Quase biografias de jagunços, 1986.

Name	Aufgabe in Canudos
Antônio Beatinho	Einer der „Zwölf Apostel", Hüter der in der Kirche stehenden Heiligenfiguren. Er wohnte in der Nähe des Conselheiros.
Antônio Vilanova	Der größte Händler in Canudos; er war sehr wohlhabend und hatte großen Einfluss in der Leitung von Canudos. Er nahm auch die Aufgabe eines Friedensrichters in Canudos wahr.
Manoel Faustino	Er war Baumeister und Künstler, verzierte den Altar in der Kirche von Canudos.
João Abade	Er führte die Ordnungskräfte in Canudos und die Sicherheitsgruppe des Conselheiros an. Er wurde „Kommandant der Straße" oder „Chef der Bevölkerung genannt". João Abade spielte auch im Krieg eine wichtige Rolle und hatte großen Einfluss in der Leitung von Canudos.
Manuel Quadrado	Er war Sanitäter und Heiler und kümmerte sich um die Kranken in Canudos. Er führte auch Lederarbeiten aus.

In den Leitungsfunktionen gab es Veränderungen, mit dem Anwachsen der Bevölkerung und später durch den Krieg. In einem Interview, das Marco Antônio Villa mit José Calasans führte, antwortet dieser auf die Frage, ob der Händler Antônio Vilanova die Gemeinschaft von Canudos leitete: *„So ist es. Ohne jeden Zweifel."*[250] Antônio Vilanova war der einflussreichste Händler in Canudos. Er hatte auch Geschäfte in Senhor do Bonfim-BA und Santa Lúcia-BA.[251] José Calasans erläutert:

„Es scheint so, dass keine wichtige Entscheidung ohne das Wissen des Conselheiros getroffen wurde. Ich denke, dass Antônio Vilanova Herr der Situation wurde, als man in den Krieg zog. Bis dahin hatte Antônio Conselheiro die ökonomische Leitung des Ortes."[252]

---

[250] Villa, da Costa Pinheiro (colaboração), Calasans, um depoimento para a história, 1998, 89.

[251] Vgl. Calasans, José, in: Villa, da Costa Pinheiro (colaboração), Calasans, um depoimento para a história, 1998, 53, 89, 115. Vgl. Bloch (Org.), Canudos 100 anos de produção, 1997, 53.

[252] Calasans, José, in: Villa, da Costa Pinheiro (colaboração), Calasans, um depoimento para a história, 1998, 89.

Auch andere Personen übernahmen wichtige Leitungsfunktionen. José Aras schreibt zu João Abade, den er „*General des Conselheiros*" nennt:
„*Der Conselheiro selbst fürchtete ihn, so wie andere tapfere Chefs, dazu zählen Vicente da Serra Vermelha, Zé Venancio, Antônio Fogueteiro, Chico Ema, Pajeú selbst und viele andere. Er war der wahre Anführer.*"[253]

Die verschiedenen Einschätzungen ergeben nach Abwägung aller Fakten: Antônio Conselheiro war zunächst die alles ordnende und leitende Person. Später gab er Leitungsbereiche ab und blieb der spirituelle Leiter,[254] der von allen anerkannt wurde. Antônio Vilanova übernahm mit Kriegsbeginn die ökonomische Leitung von Canudos, die bis dahin der Conselheiro ausführte.[255] Bartelt beschreibt die Organisation und Kriterien für die Auswahl der einzelnen Leitungspersonen:

„*Belo Monte wurde also im Wortessinne oligarchisch verwaltet; die Legitimität der kleinen Führungsgruppe erwuchs nicht aus Wahlen, sondern aus ihrem durch eigene Taten, Besitz und/oder Nähe zu Maciel erzielten Prestige. Maciels ‚Herrschaft' funktionierte teilweise analog der coronelistischen Prinzipien – mit einem entscheidenden Unterschied: Sie zog ihre Macht nicht aus Landbesitz und daraus resultierender ökonomischer Abhängigkeit noch aus politischen Einflussstellungen, sondern aus seiner religiösen Legitimation, wenn man so will, aus seiner Heiligkeit, seiner Nähe zu Gott.*"[256]

---

[253] Aras, Sangue de irmãos, ohne Jahresangabe, 53.
[254] Vgl. Facó, Cangaçeiros e fanáticos, 1978, 48.
[255] Vgl. Calasans, José, in: Villa, da Costa Pinheiro (colaboração), Calasans, um depoimento para a história, 1998, 89.
[256] Bartelt, Nation gegen Hinterland, 2003, 88. Die Bezeichnung „oligarchisch" für die Verwaltung in Canudos ist zumindest fragwürdig. Bartelt hat Recht, wenn er sagt, dass es keine freien Wahlen der Leitungspersonen gab. Da der Conselheiro das Wohl, insbesondere das religiöse Wohl, der sich ihm anvertrauten Personen im Fokus hatte und dem Leitbild der Nächstenliebe folgte, zog er aus der Ausführung seiner Leitungsrolle keine essentiellen persönliche Vorteile. Insofern ist diesbezüglich der von Bartelt verwendete Begriff „oligarchisch" nicht zutreffend. Das Verhältnis von eigenem Nutzen, der aus einer Leitungsrolle entstammte und den damit verbundenen Arbeiten und Aufgaben bei anderen Leitungspersonen in Canudos war sehr unterschiedlich. Es liegen keine Berichte vor, in denen der Eigennutz von Leitungspersonen in Canudos angeklagt wurde.

Paulo Emílio Matos Martins vertritt demgegenüber die These, dass Antônio Conselheiro seine Leitungsfunktion der Gemeinschaft von Canudos in kollegialer Absprache ausgeführt hat.[257] Er zitiert verschiedene Personen, die dies untermauern, z.B. Dona Zefinha (geb. 1916), Nachkommin eines Bewohners von Canudos:

„*[Antônio Conselheiro] ...rief die Personen zusammen, um über das Leben des Areals zu entscheiden... Conselheiro vereinbarte alles mit seiner Gruppe und ging zum Handeln über.*"[258]

Matos Martins verweist auf den Chronisten und Reporter Manoel Benício der über folgendes Vorgehen berichtet, das sich ereignete, als sich die Kämpfer von Canudos auf das Aufeinandertreffen mit der vierten Militärexpedition vorbereiteten:

„*Der Conselheiro rief den ‚Hohen Rat' (senhedrin)*[259] *zusammen und befragte die Anführer.*"[260]

Aus den vorliegenden Darstellungen wird deutlich, dass der Conselheiro, trotz seiner Dominanz als Leiter von Canudos, den Rat seiner Berater schätzte und sie zur Entscheidungsfindung heranzog.

Die Bedeutung von Antônio Conselheiro für die Bewohner von Canudos

Antônio Conselheiro sah sich selbst nicht als Messias oder Mensch mit göttlichen Vollmachten an. Er selbst nannte sich schlicht den „peregrino", den Pilger, der Gottes Botschaft zu den Menschen brachte, der für und mit ihnen lebte. In seinem Leben sah er sich als von Gott beauftragt an, woraus er auch den Anspruch zu predigen und zu orientieren ableitete. Antônio Conselheiro war für einige Bewohner von Canudos mehr als eine Vaterfigur [vgl. 2.2.1]. Manche sahen in ihm einen Gesandten

---

Der Conselheiro selbst schätzte den Rat anderer bei seinen Entscheidungen. Auch dies widerspricht einem "oligarchischen" Leitungssystem in Canudos.

[257] Vgl. Matos Martins, A reinvenção do sertão, 2001, 105-108.

[258] Bispo dos Santos, Ana Josefa (Dona Zefinha), zitiert in: Matos Martins, A reinvenção do sertão, 2001, 106.

[259] „Senhedrin", abgeleitet von „Sanhedrin": Der „Hohe Rat", dies war lange Zeit die oberste jüdische religiöse und politische Instanz und gleichzeitig das oberste Gericht. Im Sinne von Canudos ist damit das Leitungsgremium von Canudos gemeint.

[260] „*Conselheiro reunira o senhedrin e interrogou os maiorais.*" Benício, O rei dos jagunços, 1997, 133.

Gottes, einen Messias,[261] andere einen „Heiligen".[262] Es entstand gemäß João Arruda ein „...*Geist der Solidarität und Brüderlichkeit unter Geschwistern...*"[263] Eine weitere Erwartung beschreibt Maria Isaura Pereira de Queiroz:

„*Als der Conselheiro gestorben war, erwartete man, gemäß dem was angekündigt war, dass er am dritten Tag aufersteht...*"[264]

Hieran wird deutlich: In den Conselheiro wurden Erwartungen und Bilder hineinprojiziert, die er selbst nicht unterstützte und die seinem Selbstbild widersprachen.

2.2.3 Wehrkräfte, medizinische Versorgung und Schule

Die Wehrkräfte

Zum Schutz des Conselheiros gab es eine Gruppe, die „guarda católica".[265] Zu dieser Gruppe durften nur Personen hinzutreten, die das besondere Vertrauen des Conselheiros genossen. Sie mussten ihren ganzen Besitz abtreten und erhielten im Gegenzug ein Stück Land für die gemeinschaftliche Bebauung. Zu der Gruppe zählten ca. 800 Mitglieder, darunter auch Frauen und diejenigen, die bei religiösen Aktivitäten verantwortlich mitarbeiteten.[266] Selten kam es in Canudos zu kriminellen Delikten; der Conselheiro legte hohe moralische Maßstäbe für das Zusammenleben fest: Mord, Raub, Lüge, wurden nicht geduldet, ebenso wenig Paare, die ohne kirchliche Trauung zusammenlebten.[267] Cesar Zama beschreibt den Umgang mit kriminellen Delikten in Canudos:

---

[261] Vgl. Pereira de Queiroz, O messianismo no Brasil e no mundo, 2003, 240.
[262] Levine, O sertão prometido, 1995, 303.
[263] Arruda, Canudos, messianismo e conflito social, 1993, 93.
[264] Pereira de Queiroz, O messianismo no Brasil e no mundo, 2003, 240.
[265] Die „guarda católica" wurde auch „companhia de Bom Jesus" oder „santa companhia" genannt, vgl. Pereira de Queiroz, O messianismo no Brasil e no mundo, 2003, 232.
[266] Vgl. Pereira de Queiroz, O messianismo no Brasil e no mundo, 2003, 232-233.
[267] Vgl. Pereira de Queiroz, O messianismo no Brasil e no mundo, 2003, 235.

"...die polizeigerichtlichen Delikte bestrafte Antônio Conselheiro dort nach seiner Weise. Die schweren Straftäter übergab er an die Autoritäten des Bezirksgerichts."[268]

Daher errichtete man in Canudos auch ein Gefängnis, das aufgrund der – verglichen mit den Nachbarorten – deutlich geringeren Anzahl an Straftaten, wenig genutzt wurde.[269] Honório Vilanova erläutert dazu:

"Es war in Canudos nicht nötig zu stehlen, denn es gab alles in Überfluss, Rinder und kultivierbares Land, an Vorräten fehlte es nicht."[270]

Antônio Conselheiro gab ehemaligen Straftätern die Chance zu einem Neuanfang in Canudos, z.T. wirkten sie in den Wehrkräften mit.[271] Abelardo Montenegro erläutert die Zusammensetzung der Polizei- und Wehrkräfte:

"Die Presse rechnet damit, dass sich die Streitkräfte des Conselheiros aus echten ‚fanáticos' zusammensetzten, die ihn als gesandten Gottes betrachteten, ‚fanáticos', die ihn verehrten weil sie daran interessiert waren, dass später die Landgüter mit Rindern und die Felder aufgeteilt werden; Deserteure des Militärs und der Polizei; Mörder und Straftäter aus Bahia und den Staaten Sergipe, Minas [Gerais], Alagoas, Ceará, Pernambuco und Piauí."[272]

---

[268] *"Havia ali escola publica e tal ou qual policiamento, Os delictos correccionaes Antônio Conselheiro os punia lá a seu modo. Os crimes graves elle os entregava ás auctoridades da comarca."* Zama, Libelo republicano acompanhado de comentários sobre a guerra de Canudos, 1989, 53. Vgl. Moniz, A guerra social de Canudos, 1978, 43. Vgl. Benício, O rei dos jagunços, 1997, 51. Vgl. Piepke, Antônio Conselheiro – der Ratgeber der Armen. in: NZM 52/2, 1996, 112. Vgl. Aras, Sangue de irmãos, ohne Jahresangabe, 55.
[269] Vgl. Levine, O sertão prometido, 1995, 244.
[270] Macedo, Memorial de Vilanova, 1964, 70.
[271] Vgl. Libânio, Luchetti, Bingemer M.C., Christliche Eschatologie, Düsseldorf, 1987, 44.
[272] *"A imprensa calculava que as forças do Conselheiro se compunham de fanáticos verdadeiros que o consideravam enviado de Deus; fanáticos interesseiros, que o veneraram na esperança de que viesse a dividir depois as fazendas de gado e lavouras; desertores do exército e polícia; e de assassinos e malfeitores da Bahia e dos Estados de Sergipe, Minas, Alagoas, Ceará, Pernambuco e Piauí."* Montenegro, Antônio Conselheiro, 1954, 39.

Die Aufgabe der „guarda católica" bestand darin, den Conselheiro zu beschützen, für die innere Ordnung der Gemeinschaft von Canudos zu sorgen und diese nach außen hin zu verteidigen.[273] João Arruda erläutert:

„Die Bildung der ‚guarda católica' war weit davon entfernt, eine Kriegsaufgabe für den Conselheiro und seine Gefolgsleute zu übernehmen, wie es die Gegner von Canudos offen verkündeten..."[274]

Demgegenüber argumentiert Bartelt, dass die Existenz einer Zone, die frei von Staatsvertretern war, zu einem Anziehungspunkt für viele Straftäter wurde, die nicht nur aus Reue und Umkehr nach Canudos kamen. Der Conselheiro habe diesen Zuwachs an militärischem Wissen akzeptiert, weil er Auseinandersetzungen mit dem Staat befürchtete.[275] Laut Bartelt verdankt sich die erfolgreiche Verteidigung von Canudos gegen das brasilianische Militär in den Jahren 1896 und 1897 zu einem guten Teil der intensiven Vorbereitung und durchdachten Organisation.[276] Diese Vorbereitungen dienten allein der Verteidigung von Canudos und nicht zur Gewinnung von Gelände.

Medizinische Versorgung und Schule

Es gab im Sertão generell nur wenige Ärzte. Zur Behandlung vieler Krankheiten gingen die Sertãobewohner deshalb oft zu Personen, die Erfahrung damit hatten, sogenannte „tratadores" (Behandler). Auch in Canudos war dies die Realität. Für die medizinische Versorgung war Manuel Quadrado zuständig. José Calasans schreibt über ihn:

„Er arbeitet mit Leder... Bekannt wurde er jedoch durch seine Aktivität als Sanitäter. Man nannte ihn deshalb den ‚Behandler des Conselheiros' (tratador do Conselheiro). In Friedenszeiten war seine Aufgabe, die Kranken medizinisch zu betreuen, während des Krieges die Verletzten zu versorgen."[277]

Rui Facó vertritt die Ansicht, dass Manuel Quadrado nicht der einzige war, der in Canudos Kranke versorgte. Das Gesundheitswesen habe sogar

---

[273] Vgl. Arruda, Canudos, messianismo e conflito social, 1993, 82-85.
[274] Arruda, Canudos, messianismo e conflito social, 1993, 85.
[275] Vgl. Bartelt, Nation gegen Hinterland, 2003, 86-87.
[276] Vgl. Bartelt, Nation gegen Hinterland, 2003, 86.
[277] Calasans, Quase biografias de jagunços, 1986, 78. Vgl. Vilanova, Honório, zitiert in: Montenegro, Antônio Conselheiro, 1954, 41. Vgl. Benício, O rei dos jagunços, 1997, 46.

noch im Krieg, während der vollständigen Umkreisung des Ortes und dem täglichen Kanonenbeschuss bestanden.[278] In Canudos gab es eine für die kurze Zeit des Bestehens sehr gute Bildungsarbeit. Levine führt zur Schule und hinsichtlich der medizinischen Versorgung in Canudos aus:
 „Jungen und Mädchen gingen täglich zur Schule... Jedes Kind zahlte eine jährliche Gebühr von 2$000 Reis. Es gab zahllose Lehrer und Lehrerinnen, einer von ihnen entkam dem Schlussgefecht und flüchtete nach Salvador, wo er 1944 starb. ‚Fanáticos' oder nicht, die Gefolgsleute des Conselheiros wurden ermutigt ihren Kindern eine privilegierte Bildung zu geben, die keines in ihren Geburtsstädten und -orten gehabt hätte. Es gab mindestens einen Arzt, den die ‚jagunços' Heiler nannten... Dr. Fortunato Raimundo de Oliveira."[279]

Die Schulausbildung der Kinder war Antônio Conselheiro ein wichtiges Anliegen. Er selbst war als Lehrer tätig gewesen und unterrichtete die Fächer Portugiesisch, Arithmetik und Geografie.[280] In Bom Jesus-BA, Bom Conselho-BA und Canudos errichtete Antônio Conselheiro bereits Schulen. In Canudos begleitete er die von ihm errichtete Schule. Der Name des ersten Schulleiters war Moreira.[281] Die Schulleitung übernahm später, gemäß Manoel Benício, eine Lehrerin namens Maria Francisca de Vasconcelhos aus dem Ort Soure-BA, die sich um die Alphabetisierung kümmerte.[282] Edmundo Moniz erwähnt die Lehrerin Marta Figueira, die die Schule gemeinsam mit Vasconselhos leitete. Es wurden Kinder, Jugendliche und Erwachsene unterrichtet.[283] José Calasans berichtet, dass es beim Händler Antônio Vilanova Schulhefte zu kaufen gab und dass der Besuch der Schule bezahlt werden musste.[284]

---

[278] Vgl. Facó, Cangaçeiros e fanáticos, 1978, 95.
[279] Levine, O sertão prometido, 1995, 243. Vgl. Calasans, Quase biografias de jagunços, 1986, 74. Vgl. Zu den Schulgebühren: Cunha, Caderneta de campo, 1975, 23.
[280] Vgl. Montenegro, Antônio Conselheiro, 1954, 12.
[281] Calasans, Quase biografias de jagunços, 1986, 73-74.
[282] Vgl. Benício, O rei dos jagunços, 1997, 91-92. Laut José Calasans sagte die Überlebende von Canudos, Maria Francisca Macambira, dass der Name der Lehrerin Maria Bibinha gewesen sei und diese aus Tucano-BA kam. Calasans bestätigt die Existenz der Lehrerin. Vgl. Calasans, José, in: Villa, da Costa Pinheiro (colaboração), Calasans, um depoimento para a história, 1998, 94.
[283] Vgl. Moniz, Canudos: A guerra social de Canudos, 1978, 129
[284] Vgl. Villa, da Costa Pinheiro (colaboração), Calasans, um depoimento para a história, 1998, 86.

Edmundo Moniz spricht sogar von zwei Schulen, die der Conselheiro in Canudos errichtete und persönlich begleitete.[285]

2.2.4 Besitzverhältnisse

Zur Frage der Besitzverhältnisse und der sozialen Ordnung in Canudos existieren verschiedene Thesen. Aussagen von Überlebenden aus Canudos legen die Interpretation nahe, dass in Canudos eine „Gesellschaft der Gleichheit aller" (sociedade igualtária) existierte, in der das gesamte Eigentum der Gemeinschaft, d.h. allen, gehörte. So sagt z.B. Honório Vilanova:

„Um alles kümmerte man sich, denn es gehörte niemanden, denn es [der Besitz] gehörte allen, kleinen und großen, durch die Regel, die vom Pilger (peregrino) gelehrt wurde."[286]

Gleichzeitig existieren Fakten, die das von Honório Vilanova skizzierte Ideal in Frage stellen und andere Interpretationen in den Blick bringen. Einig ist man sich in der Beurteilung, dass in Canudos die Bürgerrechte stärker geachtet wurden, als in der von der Landoligarchie dominierten benachbarten Region. Im Folgenden sind die einzelnen Positionen dargestellt:

João Arruda

João Arruda weist darauf hin, dass Canudos, durch die Art des dortigen Zusammenlebens, eine „alternative Gesellschaft" darstellte. Arruda formuliert, dass Canudos:

„...eine alternative Antwort zum vorherrschenden sozio-politischen System ist, das stark beeinflusst durch die ersten christlichen Gemeinden war."[287]

Arruda beschreibt eine der Grundorientierungen Antônio Conselheiros, die in der Verbindung von Leben in dieser Welt und über den Tod hinaus bestand:

---

[285] Moniz, A guerra social de Canudos, 1978, 43.
[286] *„De tudo se tratava porque a nenhum pertencia e era de todos, pequenos e grandes, na regra ensinada pelo Peregrino."* Vilanova, Honório, zitiert in: Macedo, Memorial de Vilanova, 1964, 67.
[287] Arruda, Canudos, messianismo e conflito social, 2006, 311.

„*...seine gemeinschaftlichen Erfahrungen suchten auf der Erde das Modell der perfekten Gesellschaft zu leben, die seine Religion in den Himmel projiziert hatte.*"[288]

João Arruda betont dabei die biblische Verwurzelung des Zusammenlebens von Canudos:

„*Alle großen Leitlinien dieser Gemeinschaft haben Ähnlichkeit mit den in der Apostelgeschichte dargestellten Formen. Wenn wir die Geringschätzung, mit der sie auf jegliche Art der Anhäufung materieller Güter reagierten, analysieren, die Motivationen, die sie dazu bewogen das Privateigentum am Landbesitz und an allen Produktionsmitteln zu eliminieren, die Art mit der sie die Gütergemeinschaft einrichteten, verstehen wir, dass diese Fakten keinen zufälligen Ursprung haben, sondern alle finden ihre Begründung und ihre Empfehlung in der Apostelgeschichte (Kapitel 2 Vers 44, und Kapitel 4, Verse 32-37).*"[289]

In seiner soziologischen Analyse schließt Arruda die religiöse Dimension von Canudos als grundlegend für das Zusammenleben der Gemeinschaft mit ein.

Dawid Danilo Bartelt

Auch Dawid Danilo Bartelt widerspricht der These eines in Canudos gelebten Kommunismus [d.h. gegen die Thesen von Moniz und Facó, vgl. 3.2.7]. Im Umstand, dass die Ankömmlinge in Canudos aufgefordert waren einen Teil ihres Vermögens an die Gemeinschaft abzugeben, sieht er den zentralen Grund für eine kommunistische Interpretation von Canudos.[290] Er entgegnet dieser These:

„*Tatsächlich war Privateigentum keineswegs abgeschafft. Der Baugrund wurde kostenlos abgegeben; für das Haus bzw. die Hütte mussten die Siedler selbst aufkommen. Sie konnten sich entweder selbst in Gemeinschaft ein Haus bauen oder ein freistehendes kaufen. Das Haus war frei veräußerbares Privateigentum, ebenso die persönlichen Gegenstände. Es gab einen regen Immobilienhandel in Belo Monte. Gewinne zu erzielen war weder verboten noch moralisch sanktioniert;...*"[291]

---

[288] Arruda, Canudos, messianismo e conflito social, 2006, 308.
[289] Arruda, Canudos, messianismo e conflito social, 2006, 314.
[290] Vgl. Bartelt, Nation gegen Hinterland, 2003, 74.
[291] Bartelt, Nation gegen Hinterland, 2003, 74.

Bartelt bestätigt die Existenz von Privateigentum, wie z.B. Häuser und den Handel, der jedoch auf moralischen Werten basierte. Er schreibt, dass die Wirtschaft in Canudos „merkantil-monetär" [auf Basis des Marktes und des Umlaufs von Geld] organisiert gewesen sei und auf Privatbesitz basierte. Er grenzt ab:

„Die Landwirtschaft trug dagegen deutlich kommunitäre Züge. Die Canudenses trieben Ackerbau in Gemeinschaftsarbeit. Privaten Besitz an Acker- und Weideflächen gab es offenbar nicht, wenn auch Benício [1997 (1899), 92] erwähnt, dass die Kleinbauern in Canudos kleine Obst- und Gemüsegärten oder Mini-Farmen mit etwas Ziegenzucht ihr Eigen nannten."[292]

José Calasans

José Calasans berichtet über den Händler Antônio da Mota, der schon vor der Ankunft Antônio Conselheiros in Canudos lebte:

„Er [Antônio da Mota] besaß ein Geschäft am ‚Platz des Handels'... Antônio da Mota besaß noch einen Anteil am Land, am rechten Ufer des Vaza Barris, der von einem Wasserstrom geteilt wurde, der als ‚riacho da Mota' (Bach von da Mota) bekannt war."[293]

Auch Antônio Vilanova, der mit Antônio Conselheiro nach Canudos kam und ein Handelsgeschäft eröffnete, besaß Landstücke. So schließt Calasans die Existenz einer „Gesellschaft der Gleichheit aller" (sociedade igualtária) aus. Er sieht Canudos als eine Bewegung, die auf den im Sertão bekannten Formen des Zusammenlebens basierte, wie z.B. der „mutirão". Es wurde auf die sozial Schwächeren geachtet und mit ihnen solidarisch agiert. Bedürftige wurden durch großzügige Spenden [Bohnen, Maniokmehl, etc.] versorgt.[294] Calasans ergänzt:

„In anderen Worten, der Besitz des Landes in Canudos war in keinster Weise kollektiv und es existiert viel Phantasie hinsichtlich der Annahme einer Gemeinschaft der Gleichheit... Es gibt diverse Dokumente,

---

[292] Bartelt, Nation gegen Hinterland, 2003, 75.
[293] Calasans, Quase biografias de jagunços, 1986, 55.
[294] Calasans, Nóbrega, Solidariedade sim, igualdade não, in: Bloch, Didier (Org.), Canudos 100 anos de produção, 1997, 44.

schriftliche und mündliche, die berichten, dass Antônio Conselheiro Güter und Geld von wohlhabenden Personen erhielt und diese weiterverteilte."295

Rui Facó

Rui Facó charakterisiert den von ihm angenommen Kommunismus [vgl. 3.2.7] in Canudos wie folgt:

„Gemäß glaubhafter Zeugen, praktizierten die Bewohner von Canudos, zumindest während des bewaffneten Kampfes eine Art primitiven Kommunismus: ...persönliche Aneignung beweglicher Dinge und des Hauses, Gemeinschaft als absolute [Besitzerin] des Landes, der Weideflächen, der Herden und der Produkte der Kulturen, deren Besitzer einen geringen Anteil erhielten und den Rest an die Gemeinschaft gaben."296

Aus Facós Sicht beschränkte sich das Recht auf persönliches Eigentum auf das eigene Haus und beweglichen Besitz, während das Land und dessen Ertrag Gemeinschaftseigentum blieben.

Edmundo Moniz

Edmundo Moniz und Rui Facó sprechen von einer kommunistischen Gesellschaft [vgl. 3.2.7] in Canudos. Die beiden Autoren unterscheiden sich jedoch in ihren Argumentationen. Edmundo Moniz beschreibt seine Vorstellung des in Canudos gelebten Kommunismus wie folgt:

„Der Reisende täuscht sich nicht, wenn er vom Kommunismus Antonio Conselheiros sprach. Aber dieser Kommunismus basierte nicht auf dem dialektischen Materialismus von Marx und Engels, sondern auf der Utopie von Thomas More und auf dem einfachen Christentum der ersten Jahrhunderte der christlichen Kirche."297

An anderer Stelle führt Moniz weiter aus:

„Antônio Conselheiro stellte sich die Bildung einer Gemeinschaft vor, in der die christliche Gleichheit der ersten Jahrhunderte unserer Zeitrechnung vorherrsch."298

---

[295] Calasans, Nóbrega, Solidariedade sim, igualdade não, in: Bloch, Didier (Org.), Canudos 100 anos de produção, 1997, 44-45.
[296] Facó, Cangaçeiros e fanáticos, 1978, 93. Verweis auf: Cunha, Os sertões, 2001, 299.
[297] Moniz, A guerra social de Canudos, 1978, 76.
[298] Moniz, A guerra social de Canudos, 1978, 30.

Die christlichen Wurzeln sowie das Buch „Utopia" von Thomas More bilden für Moniz die Basis der gesellschaftlichen Ordnung in Canudos. Daraus folgert er das Bestehen einer „Gemeinschaft der Gleichheit aller" (comunidade igualtária). Moniz schreibt:

„*Antônio Conselheiro dachte nicht daran sich der Regierung zu widersetzen. Entgegen gewalttätigen Lösungen glaubte er an eine friedliche Form der Gleichheit unter den Menschen mit der Auflösung der sozialen Klassen.*"[299]

Moniz sieht in Canudos das Modell der kollektiven Besitzverhältnisse der Produktionsmittel umgesetzt:

„*Es galt der kollektive Besitz des Landes, der Weideflächen, der Herden und der Plantagen. Das individuelle Eigentum umfasste die Gebrauchsgegenstände, die Möbel und Häuser. Die Produkte des Kunsthandwerks, wie die Produktion der Landflächen und der Viehzucht, gehörten der Gemeinschaft. Die Kunsthandwerker, Landarbeiter und Viehhirten erhielten einen Anteil entsprechend der Notwendigkeit jedes einzelnen.*"[300]

An anderer Stelle beschreibt Edmundo Moniz seine Vorstellung über die Verteilung der aus der Arbeit entstandenen Güter wie folgt:

„*Was er [Antônio Conselheiro] in Canudos aufbauen wollte, wie bereits an anderen Orten, die er gegründet hatte oder gründen konnte, war eine Gemeinschaft, die auf der Arbeit und der gleichheitlichen Verteilung der Güter basierte, in der alle Bewohner geschwisterlich lebten, ohne dass es die Ausbeutung des Menschen durch den Menschen gäbe, damit die Produkte der Arbeit gleichheitlich unter den Bewohnern verteilt würden.*"[301]

Für Moniz liegt eine der stärksten Motivationen für den Aufbau von Canudos in der Solidarität des Conselheiros zur leidenden Sertãobevölkerung, die er über Jahrzehnte auf seinem Pilgerweg begleitet und orientiert hatte.[302]

---

[299] Moniz, A guerra social de Canudos, 1978, 37.
[300] Moniz, A guerra social de Canudos, 1978, 44.
[301] Moniz, A guerra social de Canudos, 1978, 46.
[302] Vgl. Moniz, A guerra social de Canudos, 1978, 53.

Eduardo Hoornaert

Für Hoornaert ist Canudos eine Stadt und Gemeinschaft, die sich in die Normalität des Lebens im Sertão eingliederte. In diesem Kontext hat die Familie eine große Bedeutung. Einen entscheidenden Unterschied zu den umliegenden Orten stellte die Präsenz des Conselheiros dar, der als Vaterperson die Lebensregeln in Canudos in religiöser, sozialer und organisatorischer Weise maßgeblich prägte.[303] Hoornaert führt aus:

„Es gab nichts Besonderes in Canudos, keinen Sozialismus, nicht einmal Gleichheit aller, noch religiöse Übertreibung. Es war ein gesundes und normales Leben, innerhalb der religiösen Parameter des Sertão dieser Epoche."[304]

Die Menschen, die in Canudos lebten, mussten bei der Ankunft einen Teil ihres Besitzes abgeben, der für die Gemeinschaft eingesetzt wurde, insbesondere für die ärmsten der dort lebenden Menschen. Alexandre Otten weist auf einen Aspekt hinsichtlich der Familien hin:

„Es scheint so, dass es [in Canudos] die generelle Regel gab, dass die Familien das behalten konnten, was sie für ihren Selbsterhalt brauchten."[305]

Diese Aussage Ottens unterstützt die These Hoornaerts, dass es in Canudos einen an den Notwendigkeiten der Bewohner orientierten Umgang gab. Es gab unterschiedliche Besitzverhältnisse. Nach dem Zuzug nach Canudos bestand das freie Recht jederzeit wieder wegzuziehen.[306]

Walnice Nogueira Galvão

Walnice Nogueira Galvão wendet sich wie Calasans gegen die Annahme einer „Gesellschaft der Gleichheit aller" (comunidade igualtária) und vertritt demgegenüber eine gleichheitliche Orientierung der Gemeinschaft auf religiöser Basis:

„Obwohl es [Canudos] auf keinen Fall eine Gemeinschaft der Gleichheit aller war, es gab sogar sichtbare Unterscheidungen zwischen den Reichen und den ärmeren, wie das Erscheinungsbild der Häuser, so gab es dennoch einige gleichheitliche Orientierungen, die durch die allgemein vorherrschende Religion gegeben waren, die zumindest die idea-

---

[303] Vgl. Hoornaert, Os anjos de Canudos, 1997, 51.
[304] Hoornaert, Os anjos de Canudos, 1997, 32.
[305] Otten, Só Deus é grande, 1990, 174.
[306] Hoornaert, Os anjos de Canudos, 1997, 38.

listischen Barrieren zwischen den Klassen auslöschten und eine Organisation ‚sui generis' entstehen ließ, die die Geschwisterlichkeit verkündete. Die markanteste dieser Leitlinien war, dass es kein privates Landeigentum gab."[307]

Marco Antônio Villa

Marco Antonio Villa beschreibt die von ihm angenommene Art des Zusammenlebens in Canudos als „Kommunitarismus":

„Es trifft nicht zu, die Existenz eines angenommenen utopischen Sozialismus zu berücksichtigen aufgrund der kostenfreien Übergabe des Landes an die neuen Bewohner. Auf dem Areal gab es das Eigentumsrecht über die Produktion der Familie, ebenso wie einen gemeinschaftlichen Fundus – organisiert mit einer überschüssigen Parzelle, die von der Gemeinschaft bewirtschaftet wurde – der eine Parzelle unterhielt für den Bevölkerungsteil, der sich selbst nicht würdig versorgen konnte. Die Organisation hatte den Kommunitarismus als Basis, das bedeutet, die Verantwortung jedes einzelnen für den Unterhalt des Kollektivs."[308]

Auch Villa verweist auf die im Sertão traditionell verwurzelte gemeinschaftliche Arbeitsweise „mutirão", die die Grundlage der Zusammenarbeit in Canudos gewesen sei.[309] Seit den Jahren der Peregrination des Conselheiros habe man Spenden gesammelt, z.B. Rinder und andere Tiere, man habe gejagt und habe als „mutirão" z.B. bei der Ernte mitgeholfen. Diese Praxis sei auch in Canudos weitergeführt worden. So war die Zusammenarbeit stets ein essentieller Aspekt für das Fortbestehen der Gemeinschaft.[310]

---

[307] Nogueira Galvão, O império do Belo Monte, 2002, 47.
[308] Villa, Canudos, o povo da terra, 1995, 65.
[309] Vgl. Villa, Canudos, o povo da terra, 1995, 65.
[310] Villa, Canudos, o povo da terra, 1995, 64.

Tabelle: Besitzverhältnisse in Canudos; Gesellschaft der Gleichheit aller?

These	Privates Eigentum	Landeigentum	Gleichheit aller Sociedade igualtária
João Arruda	-	gemeinschaftliches	Zusammenleben auf Basis von Apg 2,44; 4,32-37
Dawid Bartelt	existierte [z.B. Häuser]	gemeinschaftliches	Nein
José Calasans	existierte	privates und gemeinschaftliches	Nein
Rui Facó	Häuser und bewegliche Dinge des Hauses	kollektiv	Primitiver Kommunismus, zumindest während des bewaffneten Kampfes
Eduardo Hoornaert	existierte	privates und gemeinschaftliches	Nein
Edmundo Moniz	Gebrauchsgegenstände, Häuser, Möbel u.a.	gemeinschaftliches	Sozialismus, auf urchristl. Basis
Walnice Nogueira Galvão	-	gemeinschaftliches	Überwindung der Klassengrenzen durch gemeinsame Religion
Marco Antonio Villa	existierte	privates und gemeinschaftliches	Kommunitarismus

Fazit:

Zusammenfassend kann festgehalten werden, dass es hinsichtlich des Zusammenlebens in Canudos unterschiedliche Interpretationsrichtungen gibt. Autoren, wie z.B. Edmundo Moniz, Rui Facó und Paulo Emílio Matos Martins halten Canudos für eine Gemeinschaft der Gleichheit aller: „sociedade igualtária". Die Basis für diese These sind z.B. Aussagen von ehemaligen Bewohnern, wie Honório Vilanova, die berichten, dass Land und Erträge allen gemeinsam gehörten.[311]

Demgegenüber steht u.a. die Aussage, dass Antônio Vilanova große Landflächen besaß und er einige Arbeiter angestellt hatte. Große Übereinstimmung herrscht in der Ansicht, dass in Canudos eine Gesellschaftsform vorherrschte, in der solidarisch miteinander gelebt wurde. Für diejenigen, die ihren Lebensunterhalt selbst nicht sichern konnten, wurde gesorgt, u.a. durch die Bewirtschaftung gemeinschaftlicher Felder. Alle Bewohner genossen die gleiche Würde innerhalb der Gemeinschaft und brachten sich nach ihren jeweiligen Möglichkeiten ein.

Für den Conselheiro waren Solidarität und soziale Gerechtigkeit fundamentale christliche Werte, die in Canudos umgesetzt wurden. Eduardo Hoornaert beschreibt hierzu das Ideal des Conselheiros hinsichtlich des Verhältnisses von Reichtum und Armut:

„Der Reichtum ist von Gott gegeben, damit dem Armen geholfen werde. Den Reichen gibt es, damit er dem Armen Almosen gibt. Die Anbetung des Reichen besteht in den Taten der Mildtätigkeit. Die Mildtätigkeit hilft dazu, die Einordnung aller in die Gemeinschaft zu fördern, und bekämpft den Ausschluss der Ärmsten. Aber auf der anderen Seite darf der Arme nicht von der Mildtätigkeit abhängig bleiben, er muss arbeiten und beten, sich organisieren und sich im Leben verteidigen."[312]

Mit den Spenden und dem gemeinschaftlichen Gewinn unterstützte der Conselheiro die Bedürftigen und diejenigen, die nicht arbeiten konnten. Deshalb gab es in Canudos keine Bettler. Im Vergleich zu den Orten in der Umgebung gab es wesentlich höhere individuelle Grundrechte, die insbesondere im Menschenbild des Conselheiros und in dessen sozialer Unterstützung im Bedarfsfall ihr Fundament hatten. Aufgrund der vorhandenen Unterschiede hinsichtlich der Wohn-, Arbeits- und Lebensverhältnisse kann in Bezug auf Canudos nicht von einer „Gesellschaft der Gleichheit aller" (comunidade igualtária) gesprochen werden. Deutlich wird dies unter anderem am Beispiel des Händlers Antônio Vilanova, der auch außerhalb von Canudos zwei Geschäfte unterhielt, gut verdiente und am zentralen Platz von Canudos in einem Ziegelsteinhaus wohnte. Er gab einen Teil seiner Einnahmen an den Conselheiro ab, blieb jedoch Besitzer seines Geschäftes.

---

[311] Vgl. Macedo, Memorial de Vilanova, 1964, 67.

[312] Hoornaert, Os anjos de Canudos, 1997, 21.

Es gab das Recht auf Eigentum und es gab reichere und ärmere Menschen in Canudos. Unterstützung erfahren diejenigen, die die Existenz des Privatbesitzes in Canudos vermuten auch durch Favila Nunes. Er zitiert den Brief des Sargent Jacintho Ferreira da Silva, einem Bewohner von Canudos, der vor Juni 1896 geschrieben wurde und die Möglichkeit, Häuser in Canudos zu kaufen, erwähnte.[313] Unter den Bewohnern gab es keine Diskriminierung aufgrund der Lebensumstände, dies erläutert Edmundo Moniz:

„Die unehelichen Kinder unterschieden sich nicht von denen, die aus einer Ehe stammten. Alle wurden ohne Diskriminierung gut aufgenommen und behandelt."[314]

Im Vergleich zu den im Sertão üblichen Verhaltensweisen bedeutet dies ein Aufbrechen eingeübter Verhaltensmuster. Antônio Conselheiro wurde selbst als uneheliches Kind geboren. Sein Vater hatte erst kurz vor ihrem Tod die Mutter Antônio Conselheiros geheiratet und damit eine Benachteiligung seines Sohnes verhindert.

2.2.5 Ökonomische Aspekte

Die Region um Canudos bestand aus sehr fruchtbaren Ackerflächen.[315] Der Fluss Vaza Barris führte nicht das gesamte Jahr über Wasser. Aufgrund des hohen Grundwasserspiegels war jedoch ohne tiefere Grabungen das ganze Jahr über ausreichend Wasser vorhanden. Der in dieser Hinsicht unbefangene Missionar Frei João Evangelista de Monte Marciano berichtet von seiner Anreise am 13. Mai 1895 nach Canudos:

„Ein Kilometer davor [vor Canudos] entdeckt man eine weite, sehr fruchtbare Ebene, umringt vom Fluss [Vaza Barris], am Fuße eines Berges, vor dem man das alte Haus des Landgutes sehen kann..."[316]

---

[313] Vgl. Favila Nunes, Guerra de Canudos, 1898, 34.
[314] Moniz, A guerra social de Canudos, 1978, 46.
[315] Drei topographische Studien, die zwischen 1955 und 1986 angerfertigt wurden, belegen, dass die Region um Canudos eine der fruchtbarsten Gegenden im Sertão ist. Vgl. Bartelt, Nation gegen Hinterland, 2003, 72.
[316] *„Um kilometro adiante descobre-se uma vasta planicie muito fertil, regado pelo rio, na baixa de um monte, de cuja eminência ja se avistam a casa antiga da fazenda Canudos..."* Marciano, Relatório, apresentado pelo reverendo Frei João Evangelista de Monte Marciano ao arcebispado da Bahia sobre Antônio Conselheiro e seu sequito no arraial de Canudos – 1895, 1987, 4. Vgl. Levine, O sertão prometido, 1995, 196.

Die ausgedehnte landwirtschaftliche Nutzung bemerkte auch der Coronel Emídio Dantas Barreto beim Anmarsch der vierten Expedition auf Canudos. Er schildert:

„Wir waren weniger als eine légua von Canudos entfernt, aber die Nacht näherte sich mitleidig. Es begegneten uns schon einige Rodungen mit süßem Zuckerrohr, Maniok und Mais an den Straßenrändern, in den tieferliegenden Bereichen, wo die Erde zugänglich war für einige Produktion..."[317]

Der Agroingenieur Gumercido Martins bezieht sich auf eine Fruchtbarkeitsstudie des „Departamento Nacional de Obras Contra a Seca", (DNOCS) das 1955, vor der Errichtung des Stausees am Vaza Barris, über dem Areal von Canudos erhoben wurde:

„Diese Studien, die durch die Forschungserhebungen über den Boden, der Embrapa[318] *(1977) bestätigt wurden, bestimmen, dass die Flächen, die vom Originalort [Canudos] bis zur Fazenda Cocorobó reichen, inklusive des bewässerten Durchmessers, ca. 8.000 Hektar an den Ufern des Flusses, tonhaltige Anschwemmungen und fruchtbare Böden („vertissolos') sind. Diese Böden der mittleren und hohen Fruchtbarkeit bilden ein Natur-Patrimonium großen produktiven Wertes, wenn sie gemäß ihrer landwirtschaftlichen Eignung bewirtschaftet werden."*[319]

Canudos bot die Chance, bei einer angemessenen Bewirtschaftung gute Ernten zu erzielen und die Bevölkerung zu ernähren. In einer Zeit in der sich Bahia in einer ökonomischen Krise befand [vgl. 1.2.3], war das umso bedeutsamer.[320] Canudos stand als Stadt nicht isoliert da sondern

---

[317] *„Estavamos menos de uma legua de Canudos, mas a noite approximava-se inexoravelmente. Já então algumas roças de canna doce, manioca e milho, nos appareciam pelas margens da estrada, nos lugares baixos, onde a terra é, ali, susceptível de alguma produção,..."* Barreto, Última expedição a Canudos, 1898, 91.

[318] EMBRAPA = „Empresa Brasileira de Pesquisa Agropecuária" ist ein brasilianisches Forschungsinstitut, das Technologien für die brasilianische Landwirtschaft entwickelt, die die Produktionskosten senken, sowie die Nahrungsmittelproduktion erhöhen, Ressourcen und Umwelt schonen und die Abhängigkeit von externen Technologien, Produkten und genetischem Material reduzieren.

[319] Martins, Gumercido, zitiert in: Matos Martins, A reinvenção do sertão, 2001, 100.

[320] Vgl. Garcez, Aspectos econômicos de Canudos, in: Bloch (Org.), Canudos 100 anos de produção, 1997, 58.

unterhielt Kontakt mit den umliegenden Orten und war integriert in den regionalen Handel. Dazu trug die geoökologische Lage bei, denn in Canudos trafen sich mehrere Handelsstraßen, durch die die Region an die Fernhandelsrouten über den Rio São Francisco, an den Sertão von Pernambuco, Piauí und Ceará sowie an die Küste von Sergipe und Bahia angebunden wurden.[321] Für die Ökonomie von Canudos nahm Antônio Vilanova, der einflussreichste und größte Händler in Canudos, eine wichtige Rolle ein. Er hatte Geschäfte in Senhor de Bonfim-BA und in Santa Lúcia-BA. José Calasans berichtet dazu:

„*Ramos aus Natuba[322] war angestellter von Antônio Vilanova, als eine Art Buchhalter. Das bringt mich auf den Gedanken, dass die ökonomische Organisation Vilanovas sehr effizient war.*"[323]

Antônio da Mota, ein anderer Händler in Canudos, verkaufte Leder, das für den Export bestimmt war.[324] Maria Isaura de Queiroz berichtet davon, dass es Großgrundbesitzer gab, die Canudos unterstützten, da Arbeitskräfte aus Canudos für sie gegen Entlohnung arbeiteten.[325] Paulo Emílio Matos Martins schreibt in seiner Dissertation zur Administration von Canudos, dass Canudos die für das Leben notwendigen und nicht vorhandenen Lebensmittel u.a. Artikel aus den benachbarten Orten, wie z.B. Uauá, Monte Santo einführte.[326]

Es gab einen internen Handel in Canudos, mit den Dingen für die Grundbedürfnisse, sowie den externen Handel mit den Orten der Region.[327] Dawid Danilo Bartelt weist darauf hin, dass das nur möglich war,

---

[321] Vgl. Bartelt, Nation gegen Hinterland, 2003, 65.
[322] Natuba = das heutige Soure.
[323] Calasans, José, in: Villa, da Costa Pinheiro (colaboração), Calasans, um depoimento para a história, 1998, 84.
[324] Calasans, José, in: Villa, da Costa Pinheiro (colaboração), Calasans, um depoimento para a história, 1998, 86, 115. Vgl. Bloch (Org.), Canudos 100 anos de produção, 1997, 53.
[325] Pereira de Queiroz, O messianísmo no Brasil e no mundo, 2003, 237. Vgl. Levine, O sertão prometido, 1995, 196. José Calasans berichtet, dass einige Großgrundbesitzer gute Beziehungen zu Antônio Conselherio unterhielten. Es gab aber auch Gegner, wie z.B. den Coronel José Américo. Vgl. Calasans, José, in: Villa, da Costa Pinheiro (colaboração), Calasans, um depoimento para a história, 1998, 42.
[326] Vgl. Matos Martins, A reinvenção do sertão, 2001, 75. Vgl. Bartelt, Nation gegen Hinterland, 2003, 75.
[327] Vgl. Facó, Cangaçeiros e fanáticos, 1978, 94.

wenn in Canudos ausreichend Geld in der gültigen Währung existierte.[328] Über die Währung in Canudos gibt es unterschiedliche Einschätzungen: Maria Isaura Pereira de Queiroz stellt die These auf, dass innerhalb von Canudos kein republikanisches Geld zirkulierte.[329]

Abelardo Montenegro schreibt, dass es in Canudos republikanisches und kaiserliches Geld sowie Wertscheine des Händlers Antônio Vilanova gab. Diese Wertscheine waren auch in den Nachbarorten als Zahlungsmittel akzeptiert.[330] José Calasans bestätigt, dass es in Canudos republikanisches Geld gab, wobei in jenen Jahren eine starke Geldentwertung vorherrschte und dadurch ein Engpass an Zahlungsmitteln im Sertão entstand. In dieser Situation habe der Händler Antônio Vilanova Wertscheine als Zahlungsmittel ausgegeben.[331]

Insgesamt wird aus den Schilderungen deutlich, dass man in Canudos in den Handel der Region eingebunden war und daher mit republikanischem Geld, wie Wertscheinen aus Canudos umging. Die Einwohnerzahl von Canudos wird sehr unterschiedlich eingeschätzt. Sie schwankt zwischen 7.500 und 35.000 Einwohnern, wie die folgende Tabelle aufweist.

---

[328] Vgl. Bartelt, Nation gegen Hinterland, 2003, 74. Vgl. Benício, O rei dos jagunços, 1997, 96.
[329] Pereira de Queiroz, O messianísmo no Brasil e no mundo, 2003, 238. Vgl. Calasans, O ciclo folclórico do Bom Jesus Conselheiro, 1950, 43. Vgl. Macedo, Memorial de Vilanova, 1964, 40.
[330] Vgl. Montenegro, Antônio Conselheiro, 1954, 31. Auch Marco Antônio Villa berichtet von der Akzeptanz des republikanischen Geldes durch den Conselheiro, der dieses jedoch an die Bedürftigen in Canudos weitergab. Villa, Canudos, o povo da terra, 1995, 67.
[331] Calasans, José, in: Villa, da Costa Pinheiro (colaboração), Calasans, um depoimento para a história, 1998, 111-112. Vgl. Levine, O sertão prometido, 1995, 300.

Autor	Geschätzte Einwohnerzahl in Canudos
Major C. Nery[332]	ca. 7.500 – 9.000
José Américo Camelo de Souza Velho[333]	16.000
Cesar Zama[334]	mehr als 20.000
Dawid Danilo Bartelt[335]	15.000 – 25.000
Emídio Dantas Barreto, Euclides da Cunha[336]	ca. 26.000
Robert Levine[337]	25.000, im Jahr 1895 bis zu 35.000

Berücksichtigt man, dass das Militär ein Interesse daran hatte, einen möglichst starken Gegner zu präsentieren und dass es in Canudos eine starke Zuwanderung gab, halte ich eine Zahl von 15.000 – 20.000 Bewohnern für am zutreffendsten. Ökonomisch hatte Canudos einen Vorteil gegenüber der übrigen Region, weil es keine Steuern zahlte. Dies belegt ein Beispiel von Abelardo Montenegro:

„Der Rechtsrichter des Bezirkes Valença empörte sich gegen die Bezirksregierung und hetzte die Steuerzahler auf, keine Steuern zu zahlen. Er selbst gab ein Beispiel und verweigerte sich als Geschäftsführer von Fabriken in Valença Steuern zu zahlen. Er handelte wie der Conselheiro, sagt der ‚Diário da Bahia' vom 7. März 1896."[338]

---

[332] Nery, A quarta expedição contra Canudos, 1898, 113. Major C. Nery berichtet von 2.500-3.000 Feuern [Häusern]. Bei einer geschätzen Zahl von 5 Personen pro Haus ergibt sich eine Bewohnerzahl von 7.500-9.000.
[333] José Américo, Brief an den „Barão de Jeremoabo", 28.02.1894, in: Sampaio (Org.), Canudos, cartas para o barão, 1999, 97.
[334] Zama, Libelo republicano acompanhado de comentários sobre a guerra de Canudos, 1989, 24.
[335] Bartelt, Nation gegen Hinterland, 2003, 69-70.
[336] Barreto, Última expedição a Canudos, 1898, 237. Vgl. Cunha, Krieg im Sertão, 1994, 683-684. Euclides da Barreto und da Cunha berichten davon, dass am Ende des Krieges 5.200 Häuser in Canudos gezählt wurden. Bei einer geschätzen Zahl von 5 Personen pro Haus ergibt sich eine Bewohnerzahl von 26.000.
[337] Levine, O sertão prometido, 1995, 42.
[338] *„O Juiz de Direito da Comarca de Valença revoltou-se contra o governo municipal, incitando os contribuintes a não pagar impostos e êle mesmo deu o exemplo, recusando-se a pagar os impostos como gerente de fábricas de Valença. Agiu como Conselheiro, diz ‚Diário da Bahia', de 7 de Março de*

Staatliche Steuereintreiber kamen nicht nach Canudos, was zum Ärger bei den Händlern der Nachbarorte führte.[339] Auch Manuel Ciríaco, ein Überlebender und ehemaliger Bewohner von Canudos, bestätigt die ökonomisch gute Situation von Canudos:

„In der Zeit des Conselheiros... gab es alles in dieser Umgebung. Es gab von allem, bis hin zu Zuckerrohr, das man mit den Fingernägeln schälen konnte, es wuchs sehr schön an diesen Stellen. Es gab reichlich Gemüse und Regen nach Belieben."[340]

Manoel Benício berichtet davon, dass man in Canudos am Flussrand des Vaza Barris verschiedene Gemüsearten anpflanzte: Mais, Bohnen, Kartoffeln, Melonen, Zuckerrohr u.a. Ziegen, Rinder und Pferde wurden gezüchtet. Für den Bedarf der Gemeinschaft gab es Schmieden, die Messer, Sensen, Speere u.v.m. produzierten.[341] Hauptsächlich bestand die Ökonomie im Sertão auf Subsistenzlandwirtschaft, wobei die meist geringen Überschüsse im regionalen Handel vermarktet wurden. Dazu zählten insbesondere Mais, Bohnen sowie Ziegen, Schafe und Rinder. Viele lebensnotwendige Produkte erhielt die Bevölkerungsmehrheit aus dem Sertão, so z.B. Holz, Lehm und Icó[342] bzw. Ziegel, die zum Bau von Häusern notwendig waren.[343] Das Ziegenleder hatte, aufgrund der klimatischen Bedingungen, eine besonders hohe Qualität und brachte als Exportware, die u.a. nach Europa und die USA[344] versandt wurde, Einnahmen in die Gemeinschaft, mit denen Produkte, die man nicht selbst

---

1896." Montenegro, Antônio Conselheiro, 1954, 62. Vgl.Villa, Canudos, o povo da terra, 1995, 71.

[339] Calasans, Cartografia de Canudos, 1997, 60.

[340] *„No tempo do Conselheiro..., havia de tudo, por êstes arredores. Dava de tudo e até cana de açúcar de se descascar com a unha, nascia bonitona por êstes lados. Legumes em abundância e chuvas à vontade."* Ciríaco, Manuel, zitiert in: Tavares, Canudos, cinquenta anos depois (1947), 1993, 48.

[341] Vgl. Arruda, Canudos, messianismo e conflito social, 1993, 93-94.

[342] Icó = Ein Wort, das aus der indianischen Sprache Tapuiá stammt. Es bedeutet soviel wie Wasser und Erde, d.h. ein Gemisch von Wasser und Erde, das zum Bau von Häusern verwendet wurde.

[343] Vgl. Bartelt, Nation gegen Hinterland, 2003, 70.

[344] Vgl. Garcez, Aspectos econômicos de Canudos, in: Bloch (Org.), Canudos 100 anos de produção, 1997, 61.

herstellen konnte, gekauft wurden. Eine Studie über den Militärkonflikt belegt, dass es in Canudos einen internen Markt für Lebensmittel gab.[345] Es gab in Canudos Felder, die den Familien gehörten und andere, die gemeinsam für die Gemeinschaft bebaut wurden. Die Erträge der Gemeinschafsfelder waren für diejenigen gedacht, die nicht selbständig ihren Lebensunterhalt sichern konnten. Dabei spielte die Kooperation der Bewohner, insbesondere die „mutirão",[346] eine entscheidende Rolle. Darüber hinaus arbeiteten die Bewohner von Canudos auch für die „fazendeiros" in der Region, wobei die Einnahmen in der Regel für die Gemeinschaft bestimmt waren. Die Frauen in Canudos beteiligten sich am Produktionsprozess, z.B. bei der Herstellung von „farinha" (Maniokmehl) und Hängematten.[347] Die Historikerin Yara Dulce Bandeira de Ataíde erläutert die Arbeitsaktivitäten von Männern, Frauen und Kindern:

„In Belo Monte waren die Aktivitäten der Männer sehr vielseitig: einige betrieben Handel, andere Kunsthandwerk, wieder andere waren Landarbeiter. Diese arbeiteten auf gerodeten Landflächen des Areals oder in außerhalb liegenden Landgütern. Darüber hinaus arbeiteten viele auf den Baustellen des Conselheiros, insbesondere am Bau der neuen Kirche. Die Aktivitäten der Frauen waren jene, die bis heute im Sertão praktiziert werden, und von denen der Männer wohl abgegrenzt sind. Es sind Aktivitäten, die stärker mit dem Haus verbunden sind, wie das Versorgen des Gartens oder eines kleinen gerodeten Feldes und der Kleintierzucht, das Holen von Wasser, wilde Früchte sammeln, Spinnen etc. Hinsichtlich der Kinder, ihre Freizeit war sicherlich nicht von der Arbeit der Erwachsenen getrennt: sie begleiteten die Eltern auf die gerodeten Felder, pflanzten, ritten den Esel, fischten, hüteten die Ziegen und Maultiere. Offensichtlich gab es auch eigene Spiele."[348]

Ein wichtiger ökonomischer Faktor bestand darin, dass Antônio Conselheiro Delegationen aussandte, um in den Nachbarorten Spenden für den Bau der Kirche und den Unterhalt der Gemeinschaft zu sammeln. Es

---

[345] Calmon, Francisco Marques de Góes, zitiert in: Levine, O sertão prometido, 1995, 235.
[346] Vgl. Villa, Canudos, o povo da terra, 1995, 65.
[347] Vgl. Villa, Canudos, o povo da terra, 1995, 67.
[348] Ataide, O cotidiano de Canudos, religião e solidariedade, in: Bloch Didier (Org.), Canudos 100 anos de produção, 1997, 51.

ging dabei um freiwillige Spenden.[349] Eduardo Hoornaert beschreibt das Prinzip der Zusammenarbeit in Canudos mit den Begriffen „esmolas e braços" (Almosen und Arbeitskraft):

„Nicht alle arbeiteten mit dem Conselheiro in derselben Form zusammen: Einige mit Almosen, die Ärmsten mit den Armen. Dies reicht schon aus, um zu zeigen, dass Canudos keine Gesellschaft der Gleichheit aller oder sozialistisch ist. Jede Familie wird sich ‚einstufen', in dem Maße wie sie ankommt und erhält eine Ecke [Ort für den Bau einer Unterkunft]. Die Privilegiertesten werden in einem der ‚12 Häuser mit Ziegeldach' wohnen."[350]

Hoornaert sieht das Leben, die Arbeits- und Gebetszeiten gemäß alter christlicher Tradition geordnet, wobei die Glocke z.B. zu Gebetszeiten rief oder den Tod verkündete. In Canudos war der Tagesverlauf nach der monastischen Zeiteinteilung mit den klösterlichen Gebetszeiten geordnet und nicht nach der englischen Zeiteinteilung.[351] Hoornaert sieht im Arbeitssystem von Canudos eine Modernisierung gegenüber dem vorherrschenden oligarchischen Arbeitssystem. Durch seine Arbeit kommt dem Menschen Würde zu.[352]

Lebensstandard in Canudos im Vergleich zur Region

Der Lebensstandard In Canudos war höher als in der übrigen Region. Die Nachfahren der Bewohner von Canudos, Ana Josefa Bispo dos Santos (Dona Zefina), João Siqueira Santos (Seu Ioiô) und João

---

[349] Vgl. Calasans, José, in: Villa, da Costa Pinheiro (colaboração), Calasans, um depoimento para a história, 1998, 84.
[350] Hoornaert, Os anjos de Canudos, 1997, 20.
[351] Vgl. Hoornaert, Os anjos de Canudos, 1997, 23.
Die englische Zeiteinteilung unterscheidet zwischen den 12 Stunden des Vormittags (a.m. = ante meridiem) und den 12 Stunden des nach Nachmittags (p.m. = post meridiem). Es gibt keine einheitliche Tageseinteilung in den monastischen Klöstern. Generell kann jedoch davon ausgegangen werden, dass die von Eduardo Hoornaert erwähnte monastische Tageseinteilung sich ungefähr an folgendem Tagesrhytmus orientiert: Tagesbeginn gegen 4.30 Uhr mit dem Wecken, erste Gebetszeit Matutin bzw. Vigil (gegen 5.00 Uhr). Es folgen die Gebetszeiten Laudes, Terz, Sext, Non, Vesper (Abendgebet gegen 18.00 Uhr), Komplet (vor der Nachtruhe).
[352] Vgl. Hoornaert, Os anjos de Canudos, 1997, 22.

Reginaldo de Matos (João de Régis), bestätigen dies.[353] Die Ökonomie des Areals und die Art des Zusammenlebens erbrachten einen so großen Ertrag, dass man ohne Hunger zu leiden leben konnte und dass es möglich war, die nicht mehr im Produktionsprozess integrierten Personen [Alte, Behinderte] mit zu unterhalten. Während des Krieges [vgl. 2.4] hielt dieser Zustand an, Canudos hatte so viele Lebensmittel, dass die „jagunços" selbst Lebensmittelladungen, die sie vom Militär erbeutet hatten, in Brand steckten. Dies wäre mit Sicherheit nicht geschehen, wenn es um die Lebensmittelversorgung schlecht gestanden hätte.

2.2.6 Religiosität und Pazifismus

Religiosität in Canudos

Die enge Verbindung zwischen der Religiosität und dem täglichen Leben war eines der stärksten Charakteristika des Zusammenlebens in Canudos.[354] Die Regel „*ora et labora*" galt in Canudos, ohne dabei die Bewohner zu religiösen Praktiken zu verpflichten. Antônio Conselheiro gestaltete das Zusammenleben der Gemeinschaft von Canudos anhand seiner religiösen Ideale. Er orientierte sich dabei an den Evangelien und den ersten christlichen Gemeinden [insbesondere Apg 1,4-5,42] sowie den traditionellen kirchlich-religiösen Praktiken im Sertão. Die Sakramente spielten für ihn eine zentrale Rolle. Zu Taufen und Eheschließungen rief er auf.[355] Pe. Sabino, der Vikar von Cumbe,[356] feierte ca. 14-tägig die Messe in Canudos und spendete auch die anderen Sakramente.[357] Ihm stand ein eigenes Haus in Canudos zur Verfügung.[358]

---

[353] Vgl. Bispo dos Santos, Ana Josefa (Dona Zefinha), Siqueira Santos, João (seu Ioiô), Matos, João Reginaldo de (João de Régis), zitiert in: Matos Martins, A reinvenção do sertão, 2001, 76.
[354] Vgl. Bloch (Org.), Canudos 100 anos de produção, 1997, 53.
[355] Vgl. Piepke, Antônio Conselheiro – der Ratgeber der Armen. in: NZM 52/2, 1996, 112.
[356] Cumbe = das heutige Euclides da Cunha.
[357] Maria Isaura Pereira de Queiroz berichtet an dieser Stelle sogar davon, dass verschiedene Priester der Region die Aufgabe der Sakramentenspendung in Canudos aufteilen wollten, da dies eine lukrative Einnahmequelle darstellte. Vgl. Pereira de Queiroz, O messianismo no Brasil e no mundo, 2003, 239-240. Vgl. Macedo, Memorial de Vilanova, 1964, 69.
[358] Mit dem Pfarrer von Pombal Pe. Ricarte u.a. Priestern gab es bezüglich der Sakramentenspendung in Canudos eine Diskussion um die Zuständigkeit, wobei

Antônio Conselheiro prägte die Organisation des Ortes Canudos durch die Weise der Ansiedlung, durch die errichteten sozialen und religiösen Strukturen und insbesondere durch die von ihm gelebte Spiritualität. Der Conselheiro verstand sich und seine Bewegung als integralen Bestandteil der katholischen Kirche und in deren Lehre stehend. Daher nahm er auch keine sakralen Handlungen vor, wie Frei João Evangelista de Monte Marciano bestätigt:

„Bezüglich der religiösen Pflichten und Praktiken, maßt sich Antônio Conselheiro keinerlei priesterliche Aufgaben an,..."[359]

Er beschränkte sich auf das gemeinsame Beten des Rosenkranzes, der Litaneien, er predigte und wies auf die Einhaltung der kirchlich vorgegeben Fasttage hin.[360] Das religiöse Leben war entsprechend der christlichen Tradition geprägt durch feste Gebets- und Arbeitszeiten. Walnice Nogueira Galvão erklärt:

„Es gab zwei tägliche Gebetszeiten, früh morgens und abends bzw. am Ende des Nachmittags und regelmäßig die des Ratgebens zu festen Zeiten, zu denen sogar Leute aus der Ferne kamen, die begierig waren, das Wort des Pilgers zu hören. Canudos wurde so zu einem Wallfahrtszentrum, das Gläubige anzog, die kamen, um Audienz zu erbitten und Spenden zu geben."[361]

Auch José Calasans untermauert die These, dass Canudos sich zu einem Wallfahrtszentrum entwickelte. Calasans berichtet, dass es regelmäßig Tage gab, an denen der Conselheiro Rat an Ratsuchende erteilte. Täglich gab es den Rosenkranz am Abend, der bis in die Nacht gebetet wurde. Hierzu kamen Leute aus vielen Orten.[362]

Das „santuário" (Heiligtum), in dem der Conselheiro in einem Zimmer wohnte, bildete das spirituelle Herz von Canudos, in dem Antônio

---

die Einnahmen, die es bei Sakramentenspendungen gab, einer der Auslöser waren. Gebietsdiskussion.Vgl. Montenegro, Antônio Conselheiro, 1954, 31.

[359] Marciano, Relatório, apresentado pelo reverendo Frei João Evangelista de Monte Marciano ao arcebispado da Bahia sobre Antônio Conselheiro e seu sequito no arraial de Canudos – 1895, 1987, 5.

[360] Pereira de Queiroz, O messianísmo no Brasil e no mundo, 2003, 228.

[361] Nogueira Galvão, O império do Belo Monte, 2002, 45. Bei den Gebetszeiten handelt es sich um das Offizium am Morgen und der Terz am Nachmittag, aus alter kirchlicher Tradition.

[362] Vgl. Calasans, José, in: Villa, da Costa Pinheiro (colaboração), Calasans, um depoimento para a história, 1998, 63.

Conselheiro und die Gläubigen oft stundenlang meditierten.[363] Von den Kapuzinermissionaren wurde übernommen, dass mit einer Glocke zu den Gebetszeiten gerufen wurde.[364] Frauen und Männer saßen bei den Gebeten voneinander getrennt. Pereira de Queiroz schildert:

„Der Conselheiro predigte, umringt von seinen ‚Zwölf Aposteln' und die Litaneien wurden mit dem ‚Küssen der Bilder' abgeschlossen, während sich die Menschenmenge auflöste."[365]

Die neu zugezogenen mussten bei der Ankunft ihre Heiligenbilder abgeben, die im „santuário" aufbewahrt und verehrt wurden.[366] Zur Verehrung der Heiligenbilder gehörte unter anderem das Küssen der Bilder.[367] Dies war eine typische Ausdrucksform der Frömmigkeit im Sertão und in Canudos.[368] Als Formen der Spiritualität kamen Prozessionen an religiösen Festtagen hinzu. Die Überlebenden von Canudos Pedrão und Manuel Ciriaco berichten:

„Der Conselheiro leitete das religiöse Leben, unterstützt von zwölf Aposteln. Er verpflichtet zum Fasten an den von der Kirche vorgesehenen Tagen. Er ließ zu, dass Missionare den Ort besuchten und die heiligen Missionen durchführten. Am Abend ließ er den Rosenkranz beten."[369]

Der Überlebende von Canudos Honório Vilanova berichtet, dass die Teilnahme am Gebet nicht verpflichtend war. Er gibt einen weiteren Einblick in die religiöse Praxis in Canudos:

---

[363] Vgl. Bartelt, Nation gegen Hinterland, 2003, 92.
[364] Vgl. Hoornaert, Os anjos de Canudos, 1997, 21.
[365] Pereira de Queiroz, O messianísmo no Brasil e no mundo, 2003, 236.
[366] Vgl. Villa, da Costa Pinheiro (colaboração), Calasans, um depoimento para a história, 1998, 65.
[367] Das Küssen von Ikonen ist eine in der orthodoxen Kirche auch heute noch verbreitete Verehrung Gottes und der Heiligen.
[368] Levine bezieht sich hierbei auf die Schilderungen von Euclides da Cunha in „Os sertões". Auch heute noch ist der Akt des Küssens ein Ausdruck religiöser Wertschätzung in der brasilianischen Gesellschaft. Eine Tradition besteht im sich bekreuzigen mit anschließendem Kuss der Hand, beim vorbeigehen oder -fahren an einer Kirche. Vgl. Levine, O sertão prometido, 1995, 164.
[369] *„Conselheiro dirigia o serviço religioso cercado de doze apostolos. Estabelecia o jejum obrigatório nos dias escolhidos pela igreja. Consentia que missionários visitassem o arraial e realizassem santas missões. A noite, mandava tirar o terço."* Montenegro, Antônio Conselheiro, 1954, 32.

„*Die Frommen [beatas] beteten den ganzen Tag über. Auf den Knien waren sie immer im Gebetsraum, die Rosenkranzperlen zählend und Litaneien singend. Sogar bis in die Morgenfrühe. Morgens war das Frühgebet. Die Novenen des Heiligen Antonius. Man sang das Benedictus. Ich habe nicht eine Sache gelernt, denn ich bin nur das eine oder andere Mal in der Kirche gewesen. Ich mochte das Beten nicht sehr.*"[370]

Der Conselheiro hielt, laut Honório Vilanova, die im Sertão gebräuchliche Begrüßung „*louvado seja nosso Senhor Jesus Cristo*"[371] (Gelobt sei unser Herr Jesus Christus) als die einzig passende, die so zur Begrüßungsform in Canudos wurde. Dawid Danilo Bartelt verweist darauf, dass der Conselheiro als Taufpate fast aller in Canudos geborenen Kinder im Taufbuch von Canudos eingetragen ist.[372] Eduardo Hoornaert betont zur Bedeutung religiöser Feste in Canudos:

„*Die Andachten mit der stärksten Beteiligung der Bevölkerung waren der Monat Mai [Marienmonat], die ‚trezena' des Heiligen Antonius, die Könige des Heiligen Antonius, die erhellende Leitlinien unter dem Mantel eines von außen stammenden Büßertums bewahrten, das von der Kirche angeregt wurde.*"[373]

Religiöses Liedgut

Innerhalb der Bewegung von Canudos spielte das religiöse Liedgut für Andachten und andere religiöse Vollzüge eine große Rolle. Bereits Manoel Benício berichtet von den religiösen Liedern der Bewegung von Canudos, die während den vom Conselheiro organisierten caritativen Gemeinschaftsarbeiten und Predigten gesungen wurden:

„*Der Conselheiro und seine nahe stehenden Akolythen stimmten die Litanei an, weckten die Einsamkeit der Wildnis... Wie oft haben sich während der Nacht, in diesem unbevölkerten und einsamen Sertão, die*

---

[370] „*As beatas rezavam o dia inteiro. Estavam sempre ajoelhadas no oratório, desfiando os rosários, cantando as ladainhas. Até mesmo de madrugada. De manhã era o oficio. As novenas de Santo Antônio. Cantavam-se os benedictos. Não aprendi nenhuma, porque só uma vez ou outra aparecia pela igreja. Não gostava muito de reza.*" Vilanova, Honório, zitiert in: Macedo, Memorial de Vilanova, 1964, 68.

[371] Macedo, Memorial de Vilanova, 1964, 39. Vgl. Bartelt, Nation gegen Hinterland, 2003, 92.

[372] Norte, S. José do, zitiert in: Bartelt, Nation gegen Hinterland, 2003, 87.

[373] Hoornaert, Os anjos de Canudos, 1997, 34.

Stimmen der Andächtigen nicht erhoben, um Loblieder (beneditos) zu singen und Gebete zur Mutter Jesu anzustimmen? "[374]

Auch Honório Vilanova, Überlebender von Canudos, spricht von dort gesungenen Liedern.[375] Die Litaneien und Lieder wurden zum einen in Latein gesungen, auf der anderen Seite drückte man den Glauben in Liedern, die in der Sprache der Bevölkerung gehalten waren aus.[376] Generell kann gesagt werden, dass Litaneien, gesungenes Stundengebet und Lobgesänge die prinzipiellen Arten der religiösen Lieder in Canudos darstellten. Es waren zum größten Teil religiöse Volkslieder, die von europäischen Missionaren nach Brasilien gebracht und für die Glaubensvermittlung eingesetzt wurden. Eine weitere Quelle, aus der religiöse Lieder stammten, die in der Gemeinschaft von Belo Monte gesungen wurden, war das Buch „Missão abreviada". Antônio Conselheiro setzte es für die tägliche religiöse Praxis ein.[377] Zum meistgesungenen Liedrepertoire der Gemeinschaft von Canudos gehörten, gemäß der Studie von Eurides de Santos,[378] u.a. die Lieder „Bendito e louvado seja a luz" [gesegnet und gelobt sei das Licht- TM4, Anhang 9), „Queremos Deus" (Wir wollen Gott - TM5), ein alter französischer Lobgesang und „Com minha mãe estarei" (Bei meiner Mutter werde ich sein - TM6[379]).

Antônio Conselheiro hat auch eigene religiöse Lieder komponiert. Im Jahr 1954 erschien in der Zeitung „Notícias de Salvador" ein Artikel mit dem Titel „Alguns beneditos do Conselheiro" (einige Lobgesänge des Ratgebers), der sich auf die Überlebende der Gemeinschaft von Canudos Francisca Guilhermina bezieht, die an vielen Gebeten und Stunden teilgenommen hatte, in denen Antônio Conselheiro Rat gab. Der Journalist Antônio C. Tourinho hat die Texte der Loblieder, jedoch nicht die Melo-

---

[374] „*Conselheiro e seus acólitos mais queridos puxavam a ladainha, acordando as solidões das selvas,... A noite, naqueles sertões despovoados e solidtários, quantas vezes as vozes dos devotos não se ergueram, cantando beneditos e entoando orações à Mãe de Jesus.*" Benício, O rei dos jagunços, 1997, 37.
Auch Honório Vilanova erwähnt die Gesänge der Bewegung von Canudos. Vgl. Vilanova, Honório, zitiert in: Macedo, Memorial de Vilanova, 1964, 68.
[375] Vgl. Vilanova, Honório, zitiert in: Macedo, Memorial de Vilanova, 1964, 68.
[376] Souza Santos, A música de Canudos, 1998, 42.
[377] Souza Santos, A música de Canudos, 1998, 111.
[378] Eurides da Souza stützt sich bei ihren Forschungen auf Aussagen von Josefa Maria dos Santos, Tochter eines Überlebenden des Krieges von Canudos. Vgl. Souza Santos, A música de Canudos, 1998, 83
[379] Souza Santos, A música de Canudos, 1998, 112-113.

dien, registriert. Eines der Lieder des Conselheiros trägt den Titel „Senhor onde estava eu" (Herr wo war ich):

„Senhor onde estava eu	Herr wo war ich, der ich dich
que tanto a vós ofendi antes eu	so sehr verletzte, zuvor wäre
nunca nascesse em que tal	ich nicht geboren in so einem
desgraça cai antes."³⁸⁰	Unglück, ich wäre vorher gefallen.

Maria Marcolina, deren Großvater im Krieg von Canudos starb und die im Bezirk Macururé-BA wohnt, konnte die Melodie rekonstruieren (TM3, Anhang 9).[381] Das religiöse Liedgut der Bewegung von Canudos setzte sich aus drei Teilen zusammen:

1. Es gab viele Lieder aus offiziell katholischen Quellen,
2. in noch größerem Umfang Lieder, die im eigenen Umfeld entstanden,
3. Lieder, die im Umfeld des Katholizismus im Sertão entstanden.

Die religiösen Lieder wirkten integrierend, indem sie den Neuankömmlingen die Gelegenheit gaben, sich in die religiöse Praxis der Gemeinschaft einzustimmen. Das religiöse Liedgut verdeutlicht die Art der Spiritualität, den Glauben und die Normen der Gemeinschaft von Canudos.[382] Die Lieder wurden auch an die benachbarten Orte weitergegeben. Auch bei Festen wurden Lieder gesungen. Zu den Andachten mit besonderer Bedeutung in Canudos zählten die im Marienmonat Mai und die ‚trezena' zum Fest des Heiligen Antonius.[383]

Canudos, eine pazifistische Bewegung

Canudos war von Grund auf eine pazifistische Bewegung. Diese These vertritt João Arruda.[384] Der Vorsteher von Monte Santo João Cordeiro de Andrade beschreibt die Gemeinschaft von Canudos in einem Bericht

---

[380] Souza Santos, A música de Canudos, 1998, 44.
[381] Vgl. Souza Santos, A música de Canudos, 1998, 46.
[382] Eine umfassende theologische Analyse des religiösen Liedgutes kann in dieser Arbeit nicht erfolgen, da sie den Umfang dieser Arbeit sprengen würde. Dies wäre ein interessantes Thema für eine eigene Dissertation.
[383] Vgl. Hoornaert, Os anjos de Canudos, 1997, 34.
[384] Vgl. Arruda, Canudos, messianismo e conflito social, 2006, 315.

an den Bezirksrat als „*...ein sehr friedliches Volk, arbeitsam und ordnungsliebend...*".[385]

Wenn es zu Bedrohungen des Conselheiros oder anderer Mitglieder der Gemeinschaft kam, wie z.b. beim Zwischenfall von Masseté-BA oder beim Beginn der kriegerischen Auseinandersetzungen in Uauá-BA, war man in Canudos bereit, sich auch mit Gewalt zur Wehr zu setzen. Folgende zwei Beispiele verdeutlichen, dass der Conselheiro keine Gewalt suchte: Nach Masseté-BA 1893 zog er sich mit seinem Gefolge nach Canudos zurück und vermied dadurch eine Eskalation der Gewalt. Nimmt man Bezug auf die Schilderungen von Jerônimo Rodrigues Ribeiro[386] [vgl. 2.4.2], kamen die Bewohner von Canudos mit friedlichen Absichten der ersten Militärexpedition nach Uauá-BA 1896 entgegen und wurden angegriffen, wofür auch die große Zahl an Toten unter den Bewohnern von Canudos spricht.

Fakt ist, dass es unterschiedliche Schilderungen gibt, die letztlich nicht mehr verifizierbar, sondern nur hinsichtlich ihrer Schlüssigkeit prüfbar sind. Betrachtet man die Predigtinhalte des Conselheiros, sein Handeln an den Menschen auf dem Pilgerweg durch den Sertão, das friedfertige Zusammenleben in Canudos und andere Stationen seines Lebens, so stellt sich in der Summe eine friedfertige Grundhaltung bei ihm und der Bewegung von Canudos heraus, die nur zur Selbstverteidigung Gewaltmittel zuließ [vgl. 2.5].

2.2.7 Canudos - eine sebastianistische Gemeinschaft?

Wie in Abschnitt 1.5.4 dargestellt, gab es in der Volksreligiosität den Mythos des Dom Sebastião, der mit seinem Heer kommen und die Menschen vom Übel befreien würde. Euclides da Cunha vertritt in seinem einschlägigen Werk „Os sertões" die Einschätzung, dass Canudos eine vom Sebastianismus geprägte Bewegung war.[387] Diese These wurde von anderen Autoren übernommen, so dass der Eindruck entstand, dass mehrere Quellen diese Theorie belegten. Marco Antônio Villa verdeutlicht diesbezüglich:

---

[385] Andrade, João Cordeiro de, in: Villa, Marco Antônio, 1995, 69.
[386] Interviewband, Interview 28, Jerônimo Rodrigues Ribeiro, vom 28.06.2008.
[387] Da Euclides da Cunha nachweislich nicht bis zum Ende des Krieges in Canudos war, ist fraglich, ob er selbst sebastianistische Traktate gefunden hat. Viel wahrscheinlicher ist, dass ihm davon berichtet wurde.

„Wenn Maria Isaura Pereira de Queiroz, Canudos in die messianischen Bewegungen einreiht, verweist sie auf die Existenz des Sebastianismus und nutzt dabei zwei Quellen: Euclides da Cunha und José Calasans. Wenn wir das Buch von Calasans lesen, stellen wir fest, dass die einzige Quelle Euclides da Cunha ist."[388]

Sämtliche neueren Studien basieren auf dieser Erkenntnis und kommen zu dem Ergebnis, dass es sich bei Canudos um keine sebastianistische Bewegung handelte. José Calasans veränderte seine Einschätzung und befand im Jahr 1995, dass die Behauptung des Sebastianismus in Canudos nur eine Erfindung Euclides da Cunhas sei.[389] Villa schreibt, dass weder aus der Zeit der Peregrination des Conselheiros Informationen über Sebastianismus in der Bewegung von Canudos vorliegen, noch Berichte von den von Odórico Tavares und Nertan Macedo interviewten Überlebenden.[390] Auch in den Predigtmanuskripten des Conselheiros gibt es keine Erwähnung von Dom Sebastião.

Die Prophezeiungen, die gemäß Euclides da Cunha in Canudos vom Militär gefunden wurden, stammten ebenfalls nicht von Antônio Conselheiro. José Calasans gibt Abilio de Noronha als Verfasser an und zeigt auf, dass die gefundenen Texte bereits aus dem Jahr 1801 stammen.[391] Eine Verbindung des Sebastianismus mit Canudos wurde nicht vom Conselheiro hergestellt, wenn es sie gab, war sie bei einem Teil der dort lebenden Bewohner bereits vorhanden.[392] Vicente Dobroruka berichtet davon, dass in den 1970er Jahren noch sebastianistische Volksvorstellungen in Brasilien vorhanden waren.[393]

---

[388] Villa, Canudos, o povo da terra, 1995, 233. Vgl. Pereira de Queiroz, O messianismo no Brasil e no mundo, 2003, 226-227. Vgl. Calasans, O ciclo folclórico do Bom Jesus Conselheiro, 2002, 37.
[389] Vgl. Villa, da Costa Pinheiro (colaboração), Calasans, um depoimento para a história, 1998, 70.
[390] Vgl. Villa, Canudos, o povo da terra, 1995, 233-234.
[391] Vgl. Villa, da Costa Pinheiro (colaboração), Calasans, um depoimento para a história, 1998, 69.
[392] Vgl. Dobroruka, Vicente, Antônio Conselheiro, 1997, 85. José Aras vertritt dagegen die These, dass Antônio Conselheiro sogar den Sebastianismus predigte.
[393] Vgl. Dobroruka, Vicente, Antônio Conselheiro, 1997, 86.

Auch Autoren wie João Arruda, Robert M. Levine, Walnice Nogueira Galvão und Vicente Dobroruka widersprechen der Auffassung, dass Canudos sebastianistisch orientiert war.[394]

2.2.8 Ergebnisse

Canudos war ein Hoffnungsort im Sertão, Symbol für ein menschenwürdiges Leben, mit einer ökonomisch guten Basis, die ein einfaches Leben ohne Hunger und Gängeleien seitens der herrschenden Schicht ermöglichte. Die Art des Zusammenlebens stand in Einklang mit den ländlichen Traditionen und der dort gelebten Religiosität bzw. erwuchs daraus. Die Gründe für die Zuzüge nach Canudos waren nicht immer nur religiöser Art. Für ehemalige Straftäter bot Canudos die Möglichkeit eines Neuanfangs, für andere standen die ökonomischen Interessen im Vordergrund. Canudos stand in regem Kontakt zu den umliegenden Orten und fristete kein „Inseldasein". Durch die in Canudos realisierte Lebensform wurde der Ort im übertragenen Sinn für viele Menschen zur *„terra da promissão"* (das verheißene Land), in dem es *„leite e cuscuz"* (Milch und Kuskus) gab.[395] Canudos stellte eine alternative Gesellschaftsform gegenüber der bestehenden oligarchischen, von den Großgrundbesitzern dominierten dar. Das hatte laut Marco Antônio Villa zur Folge:

„Der Conselheiro und das Gelände von Canudos wurden zu Elementen, die die neue republikanische Ordnung destabilisierten."[396]

Canudos bot der einfachen Landbevölkerung die Möglichkeit, sich von den Formen der Unterdrückung und Ungerechtigkeit des oligarchischen Machtgefüges der Coronels und Großgrundbesitzer zu befreien.[397] Antônio Conselheiro hatte nicht nur eine charismatische religiöse Ausstrahlung, er brachte auch gute administrative, organisatorische, planerische, pädagogische und pastorale Fähigkeiten mit, die er in den Aufbau

---

[394] Vgl. Arruda, Canudos, messianismo e conflito social, 2006, 312. Levine, O sertão prometido, 1995, 302; Nogueira Galvão, O império do Belo Monte, 2002, 107-108; Dobroruka, Antônio Conselheiro, 1997, 125.

[395] Vgl. Hoornaert, Os anjos de Canudos, 1997, 49-50.

[396] Villa, Canudos, o povo da terra, 1995, 69.

[397] Vgl. Villa, Canudos, o povo da terra, 1995, 244. Rui Facó interpretiert den Einsatz der Bewohner von Canudos gegen das semioligarchische Machtsystem als eine Art Klassenkampf. Facó sieht in Canudos eine der stärksten Befreiungsbewegungen der „Armen auf dem Land". Vgl. Facó, Cangaçeiros e fanáticos, 1978, 116, 118.

und die Leitung der Bewegung von Canudos einbrachte. Dies manifestiert sich in den ca. 20 von ihm errichteten sozialen Werken, der Gründung der beiden Orte Bom Jesus und Canudos, der Organisation der Produktion in der Dürreregion des Sertão und der Fähigkeit einen 10monatigen militärischen Widerstand zu organisieren und durchzuhalten.

2.3 Canudos in der öffentlichen Meinung

In diesem Abschnitt werden die Entwicklungen der Sichtweisen öffentlicher Interessensgruppen auf Canudos, von dessen Beginn bis zur Vernichtung im Krieg [vgl. 2.4] dargestellt. Im Einzelnen handelt es sich um die Ebenen der folgenden Interessengruppen: Landoligarchie, Bundesstaat Bahia, brasilianische Regierung, katholischen Kirche und Presse.

2.3.1 Die Landoligarchie

Hinsichtlich des Verhältnisses zwischen Canudos und der Landoligarchie stellt sich ein geteiltes Bild dar. Zum einen gab es einen Interessenskonflikt der u.a. in den Punkten Arbeitskraftabwanderung, Einflussverringerung der dominierenden Klasse, Anfrage an die öffentliche Ordnung und politischer Einfluss bei Wahlen bestand.[398] Anderseits pflegte Canudos gute Beziehungen zu angrenzenden Großgrundbesitzern. Die Existenz der neuen Stadt führte auch zu ablehnenden Reaktionen, z.B. bei Cícero Dantas Martins, dem „Barão de Jeremoabo"[399], der der einflussreichste lokale Politiker war, und auch auf Landes- und Bundesebene Ämter innehatte. Robert M. Levine schreibt:

„In dieser Zeit [um 1891] war er [Barão de Jeremoabo] der am stärksten vom Aufstieg des Conselheiros bei der örtlichen Bevölkerung betroffene Großgrundbesitzer und wurde dessen unerbittlichster Feind und trug seine Aversion in die politische Arena."[400]

Dabei wurde der Conselheiro, nach Angaben von Dawid Danilo Bartelt, noch in den 1870-1880er Jahren vom „Barão de Jeremoabo" protegiert. Wendepunkt scheint hierbei die Gründung von Belo Monte gewe-

---

[398] Vgl. Levine, O sertão prometido, 1995, 196.
[399] Der „Barão de Jeremoabo" war im Besitz von 61 Fazendas (59 in Bahia, 2 in Sergipe) und damit wahrscheinlich der größte Großgrundbesitzer in der Region. Vgl. Sampaio (Org.), Cartas para o barão, 1999, 18.
[400] Levine, O sertão prometido, 1995, 200.

sen zu sein.[401] José Calasans berichtet, dass der Hauptspannungspunkt zwischen dem Conselheiro und den Großgrundbesitzern in der Arbeitskraftabwanderung bestand. Die starke Abwanderung der Landbevölkerung nach Canudos hatte in dieser Region eine Desorganisation zur Folge.[402] Viele Großgrundbesitze und Zuckerrohrfabriken hatten Schwierigkeiten und drängten den Barão de Jeremoabo dazu, Maßnahmen gegen Canudos zu ergreifen.[403] Der Brief vom 28. Februar 1894, den der „Barão de Jeremoabo" von seinem Neffen José Américo erhielt, drückt die Vehemenz der Haltung der Landoligarchie gegenüber dem Canudos aus:

„Aber schon heute ist das nicht mehr so, unübersehbar in der Nähe vom Thron des Einsiedlers mit dem Sack auf dem Rücken (dieser Conselheiro Antônio der Niederträchtigkeit), weil es keine Regierung mehr in diesem unglücklichen Land gibt, ist er mächtiger als Napoleon I. ...Wir werden sehr bald schon sehen, wie dieser Sertão von ihm und seinem Volk konfisziert wird, denn er hat mehr als 16.000 Leute; dieses elende Volk, alles was Sklave war, alles was kriminell ist, aus allen Provinzen: es gibt keine einzige Kreatur, die menschlich wäre, und er setzt die Gesetze durch [zwingt sie auf]; er baut ein Heer von Soldaten auf und tut alles, was ihm in den Sinn kommt..."[404]

Nicht nur die landwirtschaftlichen Produktionsstätten ebenso die politische Führerschaft und Machtordnung wird von der Landoligarchie als

---

[401] Bartelt bezieht sich hier auf folgendes Dokument: Pe. Olynto Cesar Daim, Brief an den Governador do Arcebispado, São João Baptista de Geremoabo, 08.05.1884, Archiv der Erzdiözese Salvador-BA (ACAS), UFBA Nucleo Sertão, M 11. Vgl. Bartelt, Nation gegen Hinterland, 47. Eine Aufstellung weiterer historischer Dokumente, die im ACAS zu Canudos vorhanden sind, befindet sich im Quellenverzeichnis zu dieser Arbeit, siehe die Dokumente M 1 - M 31.

[402] Vgl. Calasans, José in: Villa, da Costa Pinheiro (colaboração), Calasans, um depoimento para a história, 1998, 113.

[403] Vgl. Nogueira Galvão, O império do Belo Monte, 2002, 58.

[404] *„...mas já hoje não está assim, à vista de estar perto do trono do retirante de saco as costas (o tal Conselheiro Antônio da malvadeza) que não tendo mais governo nesta infeliz terra está ele mais poderoso que Napoleão I. ...Temos muito breve de ver este sertão confiscado por ele e seu povo; pois está com mais de 16 mil pessoas, povo este miserável, tudo que foi escravo, tudo que é criminoso de todas as Províncias: não tendo uma só criatura que esta seja humana, e ele impondo as leis;criando exército de soldados; e fazendo tudo que lhe vem à vontade..."* Camelo de Souza, Brief an den "Barão de Jeremoabo, 28.02.1894", in: Sampaio (Org.), Canudos, cartas para o barão, 1999, 97.

bedroht angesehen. Der „Barão de Jeremoabo" erklärt am 5. März 1897 im „Jornal de Notícias", er...

„*...erwarte jeden Moment die Zerstörung meines Eigentums und das Aufteilen des selbigen an die Unterchefs der Sekte, deren Doktrin der Kommunismus ist.*"[405]

Begriffe, wie „Sekte" und „Aufteilung des Eigentums", „Kommunismus" hatten in der öffentlichen Meinung, insbesondere auf Landesebene Bahias, eine negative Polarisierung gegenüber Canudos zur Folge. Canudos wurde damit in die politische Ecke des religiösen Fanatismus und Kommunismus gestellt. Canudos stellte mit seinem großen Menschenpotential[406] darüber hinaus eine bedeutende Gruppe bei den Wahlen dar.

Diese Anklagen waren nicht nur Ausdruck der unter den Großgrundbesitzern herrschenden Angst. Sie waren ein wichtiges Instrument der Opposition im Parlament von Bahia, der der „Barão de Jeremoabo" angehörte, um politischen Druck auf die Regierung auszuüben.[407] Robert M. Levine erläutert die Zusammenhänge:

„*Die Großgrundbesitzer im Sertão, die sich auf die Agrarwirtschaft und Viehzucht spezialisiert hatten, suchten viele ortsansässige Arbeitskräfte, Landbesitzer, wie Tagelöhner. Darüber hinaus basierte das republikanische System auf der Existenz einer fügsamen Unterschicht, deren Stimmrecht durch die lokalen Coronels kontrolliert wurde. Canudos destabilisierte beide Systeme. Ohne Zweifel ging das nicht soweit, dass die Republik bedroht wurde, aber durch das Maß, in dem der lokale Status Quo erschüttert wurde, war es natürlich, dass sich die regionalen Interessensgruppe der Gemeinschaft widersetzten.*"[408]

Einen diesbezüglich wichtigen historischen Beitrag liefert die Historikerin Consuelo Novais Sampaio, die in ihrem Buch „Canudos, cartas para o barão"[409] eine Auswahl von 70 Briefen[410] herausgab, die der „Barão de Jeremoabo" in der Zeit von 1893-1899 erhalten bzw. geschrieben hatte.

---

[405] „*Esperando, a todo momento, a devastação de minhas propriedades e a partilha das mesmas aos subchefes da seita, cuja doutrina é o comunismo.*" Dantas Martins, Cícero (Barão de Jeremoabo), in: Jornal de Notícias, Salvador-BA, 05.03.1897, in: Sampaio, Canudos, o jogo das oligarquias, 1994, 249.

[406] Die Schätzungen der Bewohnerzahl von Canudos schwanken zwischen 8.000 und 35.000 Personen, vgl. dazu Abschnitt 2.2.5.

[407] Vgl. Sampaio, Canudos, o jogo das oligarquias, 1994, 25.

[408] Levine, O sertão prometido, 1995, 300.

[409] Sampaio (Org.), Canudos, cartas para o barão, 1999.

2.3.2 Der Bundesstaat Bahia und Interessengruppen

In den ersten Jahren seiner Peregrination verhielten sich die Staatsvertreter gegenüber Antônio Conselheiro meist passiv. Abelardo Montenegro schreibt dazu:

„...*Die Autoritäten sahen keine Missachtung der bestehenden Ordnung in den Praktiken des Conselheiros und überließen den kirchlichen Vertretern die Aufgabe für die Reinheit der Religion zu sorgen und zwischen echten und falschen Aposteln zu unterscheiden.*"[411]

Dawid Danilo Bartelt unterstützt diese These:

„*Maciel galt ihnen [den Staatsvertretern] zunächst als innerkirchliches, nicht als zivil- oder strafrechtliches Problem. Staat und Kirche unterhielten zudem auf nationaler Ebene in dieser Zeit ein ausgesprochen gespanntes Verhältnis;...*"[412]

Canudos zahlte keine Steuern, weder Polizisten, Richter noch Steuerbeamte waren zugelassen. Trotzdem gibt es bis 1897 keinen Hinweis darauf, dass versucht worden wäre, diese gewaltsam oder im Dialog zu erzwingen.[413] Es gab Stimmen, die die Bewegung von Antônio Conselheiro kritisch sahen. So schreibt der Polizeivertreter von Itapicuru-BA, Luiz Gonzaga de Macedo, in einem Brief an den Polizeichef von Bahia, im November 1886:

„*Der ‚fanatismo' hat keine Grenzen mehr und ohne Zweifel kann ich aufgrund der Fakten sagen, dass sie ihn [Antônio Conselheiro] anbeten als ob er ein lebendiger Gott wäre. An den Tagen der Predigt und des Rosenkranzes steigt die Versammlung bis auf tausend Personen an.*"[414]

---

[410] Laut Angaben von Consuelo Novais Sampaio befinden sich im Privatarchiv des „Barão de Jeremoabo" 1.300 Briefe, von denen sich ca. 5,5% dem Thema Canudos widmen. Versendet hat er zwischen 1873 und 1903 insgesamt 44.411 Briefe, was einem Durchschnitt von 1432 Briefen pro Jahr entspricht. Vgl. Sampaio (Org.), Canudos, cartas para o barão, 11, 21.
[411] „*As autoridades não viam, nas práticas de Conselheiro, nenhum desrespeito à ordem constituida e deixavam aos poderes eclesásticos a tarefa de zelar pela pureza da religião e estabelecer a sepração entre verdadeiros e falsos apóstolos.*" Montenegro, Antônio Conselheiro, 1954, 33.
[412] Bartelt, Nation gegen Hinterland, 2003, 43.
[413] Bartelt, Nation gegen Hinterland, 2003, 89.
[414] „*O fanatismo não tem mais limites, e assim é que, sem medo de erro e afirmado nos fatos, posso afirmar que adoram-no como se fosse um Deus vivo. Nos dias de sermões e terços, o ajuntamento sobe a mil pessoas.*" Gonzaga de

Als Maciel 1876 unter dem unbegründeten Verdacht, seine Frau und Mutter ermordet zu haben, verhaftet wurde [vgl. 2.1.2], berichteten die bahianischen Zeitungen darüber.[415] Wie auch aus dem obigen Zitat des Polizeivertreters von Itapicuru-BA hervorgeht, hatte Antônio Conselheiro großes Ansehen und Einfluss an den Orten seines Wirkens. Die Gazeta de Notícias berichtet am 18. Juli 1897:

„*Alle Regierungen [Bahias], ...im Kaiserreich wie in der Republik haben sich Antônio Conselheiros und seines lokalen Einflusses auf das raue Volk des Sertão wie seiner disziplinierenden Haltung bedient und in ihm einen politischen Verbündeten gesucht, einen Stimmenlieferanten, einen Wahlhelfer.*"[416]

Nach der Gründung der Republik und den anschließenden Reformen wie der Trennung von Kirche und Staat 1891,[417] der Einführung der Zivilehe sowie der Erhebung neuer Steuern, die in den Bezirken insbesondere der armen Bevölkerung abverlangt werden, begann eine Phase, in der Maciel öffentliche Kritik an den politischen Verhältnissen übte. Kritik übte er nicht an Steuern schlechthin, sondern an der Überbelastung der Bevölkerung und an den in den ersten Jahren der Republik vorhandenen Missbrauchs- und Betrugsstrukturen.[418] Die öffentliche Zerstörung der Steuertafeln in Soure 1893 sowie die bewaffnete Konfrontation der Anhänger des Conselheiros und der bahianischen Polizei am 27. Mai 1893[419] in Masseté-BA, denen die Gründung von Canudos folgte, bilden eine Zäsur im Verhältnis des Bundesstaates Bahia mit der Bewegung von Canudos.

Fast gleichzeitig kam es am 3. Juni 1893 zur Spaltung der republikanischen Einheitspartei „Partido Republicano Federalista". Der Teil des Sertão um Canudos, zwischen Itapicuru und Chorrochó war Einflussbereich des „Barão de Jeremoabo", der bei der Parteispaltung zum oppositionellen Teil um José Gonçalvez da Silva, den sogenannten „*Gonçalvistas*" gehörte (Parteiname: Partido Republicano Constitutivo,

---

Macedo, Luiz, (Polizeivertreter), zitiert in: Arruda, Canudos, messianismo e conflito social, 1993, 69.
[415] Calasans, José, zitiert in: Bartelt, Nation gegen Hinterland, 2003, 44.
[416] Gazeta de Notícias, Rio de Janeiro-RJ, 18.07.1897, zitiert in: Bartelt, Nation gegen Hinterland, 2003, 47.
[417] Bartelt, Nation gegen Hinterland, 2003, 53.
[418] Vgl. Bartelt, Nation gegen Hinterland, 2003, 49.
[419] Arruda, Canudos, messianismo e conflito social, 2006, 126.

PRC). Der andere Parteiflügel wurde vom „Conselheiro"[420] Luis Vianna geführt, der von 1896-1900[421] auch Gouverneur von Bahia wurde (Parteiname: Partido Republicano Federalista Bahia, PRF). Die beiden republikanischen Parteien PRC und PRF bekämpften sich auf verschiedenen politischen Ebenen. So erkannte die regierende Partei von Luís Vianna, bei einer der ersten Sitzungen des gedoppelten Parlaments im April 1895 u.a. die Wahlen in den Munizipien Itapicuru, Monte Santo, Jeremoabo, Bom Conselho, Serrinha, Juazeiro, Soure und Tucano nicht an, d.h. in den vom gonçalvistischen „Barão de Jeremoabo" dominierten Gebieten.[422] PRC und PRF bekämpften sich auf den Ebenen der Munizipien, der Landes- und Bundespolitik. Es gab im bahianischen Parlament auch Stimmen, die eine friedliche Konfliktlösung suchten. Der Abgeordnete José Justiniano rät dem bahianischen Parlament seit 1894, Canudos mit milden Mitteln zu begegnen und den Erzbischof zu bitten Missionare zu entsenden:

„Wenn die Religion das Motiv dafür ist, dass sich diese Leute Antônio Conselheiro anschließen, wenn er auf alle Fälle ein virtuoser Mensch ist, ein echter Asket, kein Lügner, jedoch ein ‚fanático', so sollten auf jeden Fall vor der Anwendung von Gewalt andere Mittel verwendet werden."[423]

Justiniano blieb mit seinen vermittelnden Worten erfolglos. Canudos wurde im Spannungsfeld der beiden republikanischen Landesparteien zum politischen Spielball. Bereits bei der Entstehung des Konfliktes, der 1896 zur Entsendung der ersten Militärexpedition führte, spielte dies eine wichtige Rolle.

Einen wichtigen Baustein zur Legitimation des Krieges lieferte die Mission der Kapuzinerpaters João Evangelista de Monte Marciano 1895 [vgl. 2.1.2 und 2.4.1]. Zustande gekommen war die Mission durch die Bitte des bahianischen Gouverneurs Luís Vianna an den Erzbischof von

---

[420] Bei diesem Titel „Conselheiro" (Ratgeber) handelt es um eine politische Bezeichnung nicht um eine religiöse, wie die von „Antônio Conselheiro".
[421] Tavares, História da Bahia, 1979, 168, 190.
[422] Vgl. Journal de Notícias, 23.04.1895, zitiert in: Bartelt, Nation gegen Hinterland, 2003, 63.
[423] *„Se a religião foi o motivo que fez ajuntar-se a Antônio Conselheiro esta gente, se ele em todo caso é um homem virtuoso, um verdadeiro asceta, não um hipocrita, mas um fanático, incontestavelmente, devem-se empregar outros recursos antes dos meios violentos."* Justiniano, José, zitiert in: Otten, Só Deus é grande. A mensagem religiosa de Antônio Conselheiro, 1990, 180.

Bahia. Eine Stimme, die sich gegen das bewusste „Missverständnis von Canudos" wandte, ist Cesar Zama, ein Parteigenosse des bahianischen Gouverneurs Luís Vianna. Zama veröffentlichte unter dem Pseudonym „Wolsey" eine Analyse, in der er aufzeigt, dass Canudos ein Opfer falscher Etikettierung war.[424] Detaillierte Darstellungen zu den politischen Vorgängen auf Landesebene geben u.a. Dawid Danilo Bartelt[425] und Consuelo Novais Sampaio.[426]

2.3.3 Die brasilianische Regierung und Interessengruppen

Die Anfangsjahre der Ersten Brasilianischen Republik bis zum Jahr 1897 waren von vielen Umbrüchen geprägt [vgl. 1.1 und 1.2]. Die Landschaft der Bundespolitik Brasiliens bestand aus verschiedenen Flügeln und Interessensgruppen. Dabei waren das Militär, die Paulistaner Elite aus Juristen und finanzstarken Kaffeepflanzern sowie die Monarchisten wichtige Einflussgruppen [vgl. 1.1.7]. Der sogenannte „jakobinische Flügel" im Parlament strebte eine Republik mit einem Militärdiktator an der Spitze an. Prudente de Morais stand dementgegen für einen Kurs der wirtschaftlichen Entwicklung und genoss u.a. die Unterstützung der Kaffeeanbauer. Diese beiden politischen Gruppierungen fochten den Hauptkampf um die Macht aus.

Es gab auch restaurative Bestrebungen, die zur Monarchie zurückkehren wollten. In dieser Auseinandersetzung nahmen die Zeitungen großen Einfluss auf die politische Meinungsbildung. Canudos hatte bis zum Beginn des Krieges auf der Ebene der brasilianischen Bundespolitik keine große Rolle gespielt, wurde aber immer stärker zu einem Mittel, um den politischen Gegner zu schwächen und zu bekämpfen. Robert Levine berichtet:

„Der jacobinische Flügel der Republikaner, der eine radikale Umstrukturierung des politischen Systems immer in nationalistischer Richtung wünschte war es, der den Handstreich gegen Canudos anführte und die antimonarchistische Sache als Rammbock gegen die noch schwache republikanische Verwaltung einsetzte."[427]

---

[424] Zama, Libelo republicano acompanhado de comentários sobre a guerra de Canudos, 1989.
[425] Bartelt, Nation gegen Hinterland, 2003.
[426] Sampaio (Org.), Canudos, cartas para o barão, 1999.
[427] Levine, O sertão prometido, 1995, 52.

Canudos wurde als monarchistisch restaurative Bewegung in der öffentlichen Meinung dargestellt, die die Republik bedrohe. Der Druck auf die monarchistischen Politiker und Institutionen schlug im Frühjahr 1897, nach Bekanntwerden der Niederlage der dritten Militärexpedition, in offene Verfolgung der Monarchisten in Rio de Janeiro um. D. D. Bartelt berichtet über das sich in Rio de Janeiro einstellende Szenario:

„*Am 7. März [1897] verwüsten jakobinische Schlägertrupps die Redaktionen und Druckereien der monarchistischen Zeitungen Gazeta da Tarde, Liberdade und Apóstolo.*"[428]

Den Räumlichkeiten der Zeitung „Comércio de São Paulo" in São Paulo widerfährt dasselbe Schicksal. Gentil de Castro, der Besitzer der Zeitungen „Gazeta da Tarde" und „Liberdade", wurde auf dem Bahnhof von Rio de Janeiro, beim Versuch sich in Sicherheit zu bringen, von einer Gruppe von Offizieren getötet.[429] Die Verfolgung ging soweit, dass den Monarchisten kein polizeilicher Schutz gewährt wurde.[430] Robert M. Levine erläutert, dass es sogar Todeslisten von bekannten Monarchisten gab und Hospitäler angewiesen wurden Monarchisten nicht zu behandeln.[431] Der Krieg in Canudos habe über Rio de Janeiro hinaus u.a. in São Paulo politische Auswirkungen hervorgerufen:

„*Im Oktober 1896 verlor Manuel Ferraz Campos Sales, damals Gouverneur von São Paulo [später Präsident von Brasilien 1898 bis 1902] die Geduld und entschloss sich, der monarchistischen Landespartei ein Ende zu bereiten.*"[432]

Die Anhänger der Monarchie und Mitglieder der monarchistischen Partei erlitten, trotz fehlender gesicherter Informationsbasis, drastische Repressalien. Präsident Prudente de Morais verstärkte den Druck auf die Monarchisten durch seine Regierungserklärung zur Eröffnung der Sitzungsperiode des Kongresses am 5. Mai 1897:

„*Die Wahrnehmung von Canudos hat beachtliche Reaktionen in der Hauptstadt und in den Ländern hervorgerufen. Die Unruhe war umso größer, als der Verdacht entstand, die Aufständigen in den Sertões von Bahia seien nicht nur angetrieben vom religiösen Fanatismus, sondern*

---

[428] Bartelt, Nation gegen Hinterland, 2003, 183.
[429] Vgl. Bartelt, Nation gegen Hinterland, 2003, 184.
[430] Vgl. Levine, O sertão prometido, 1995, 57.
[431] Vgl. Levine, O sertão prometido, 1995, 57-58.
[432] Levine, O sertão prometido, 1995, 55.

dienten auch als Instrument derer, die immer noch von der Wiederherstellung der Monarchie träumen, obwohl diese von der Nation endgültig abgelehnt wurde."[433]

Die politische Bedeutung von Canudos nahm ein Ausmaß an, das die Bemühungen zur Neugestaltung der Politik nach der Ära Floriano Peixoto durch Prudente de Morais massiv behinderte.[434] Für das Ausmaß der politischen Bedeutung, die Canudos auf Bundesebene einnahm, waren die Zeitungen maßgeblich mitverantwortlich, wie Robert Levine erläutert:

"Zum ersten Mal wurden die brasilianischen Zeitungen benutzt mit der Absicht eine allgemeine Panik auszulösen."[435]

Die meisten Zeitungen befanden sich in Besitz von politisch engagierten Personen oder Gruppen. Die öffentliche Meinung wurde bewusst durch Gerüchte und Falschinformationen in die Irre geführt. Robert Levine nennt Beispiele:

"Viele Zeitungen druckten Artikel, die fälschlicherweise Antônio Conselheiro zugeschrieben wurden (alle höchst sarkastisch), bis hin zu einem angeblichen ‚Manifest', in dem sich der Mystiker in einer sehr ungebildeten Sprache rühmt, in Canudos Pökelfleisch im Wert von 500 Reis für nur ‚5 nikeis [Geld] ohne Gesicht des Imperators' verkauft zu haben, d.h. für eine lächerlich kleine Summe."[436]

Walnice Nogueira Galvão beschreibt die Wirkung der Pressedarstellungen in der Bevölkerung wie folgt:

"Es gibt keinen Zweifel, das ganze Land glaubte die Republik gegen eine eminente monarchistische Restauration zu verteidigen, von der Canudos der Brandherd sei... Der conselheiristische Aufstand wurde als ein

---

[433] „*O desastre de Canudos tornou-se notavel pela sensação que a sua noticia produziu nesta capital e nos Estados, sensação aggravada pela supposição de que os revoltosos dos Sertões da Bahia não são simplesmente impulsionados pelo fanatismo religioso, mas tambem instrumentos dos que ainda sonham com a restauração da monarquia apezar de estar esta definitivamente condemnada pela Nação.*" Prudente de Morais, zitiert in: Bartelt, Nation gegen Hinterland, 2003, 187-188.

[434] Vgl. Montenegro, Antônio Conselheiro, 1954, 48.

[435] Levine, O sertão prometido, 1995, 55.

[436] Levine, O sertão prometido, 1995, 54. Manifesto de Antônio Conselheiro, A Notícia, ohne Datum, in: Nogueira Galvão, No calor da hora, 1974, 43-44.

Hereinbrechen der Rückschrittlichkeit, der Ignoranz und des Aberglaubens angesehen..."[437]

Canudos wurde von den politischen Parteien und Interessensgruppen auf Bundesebene für deren Ziele eingesetzt, wozu nicht belegbare Behauptungen in die Welt gesetzt und in den Zeitungen publiziert wurden. Walnice Nogueira Galvão liefert hierzu ein passendes Fazit:

„Der Krieg von Canudos war ein wenig verstelltes Objekt der politischen Manipulation."[438]

2.3.4 Die katholische Kirche

Wie bereits in 2.1.2 dargestellt, gab es in den Anfangsjahren der Peregrination des Conselheiros [ab 1868] durch den Sertão Pfarrer, die ihn unterstützten und ihm erlaubten zu predigen. Ein Teil lehnte ihn ab. Mit zunehmender Anerkennung des Conselheiros in der Bevölkerung nahmen die Beschwerdeschreiben von Priestern, aber insbesondere von Großgrundbesitzern beim Erzbischof von Bahia Dom Luíz zu. Dieser reagierte auf die Situation in einem Rundbrief vom 16. Februar 1882 an die Pfarrer:

„Es kam zu unserer Kenntnis, dass unter den Gemeindemitgliedern im Zentrum dieser Erzdiözese ein Individuum namens Antônio Conselheiro umherzieht, der der Bevölkerung, die sich versammelt, um ihn zu hören, abergläubische Lehren und eine exzessive, rigide Moral predigt, mit der er die Gewissen verwirrt und nicht wenig die Autorität der Pfarrer dieser Orte schwächt; so ordnen wir Ihnen an unter ihren Gemeindemitgliedern keinen ähnlichen Missbrauch zu erlauben und sie wissen zu lassen, dass wir ihnen uneingeschränkt verbieten zusammenzukommen, um solche Predigten zu hören... er hat keine Autorität dies auszuüben."[439]

---

[437] Nogueira Galvão, O império do Belo Monte, 2002, 98.
[438] Nogueira Galvão, O império do Belo Monte, 2002, 81.
[439] *„Chegando ao nosso conhecimento que pela freguesia do centro deste arcebispado anda um indivíduo denominado Antônio Conselheiro, pregando ao povo que se reúne para ouvi-lo doutrinas supersticiosas e uma moral excessivamente rígida com que está pertubando as consciências e enfraquecendo, não pouco a autoridade dos párocos destes lugares, ordenamos a V. Reverendíssima que não consinta em sua freguesia semelhante abuso, fazendo saber aos paroquianos que lhes proibimos, absolutamente de se reunirem para ouvir tais pregações... não tem autoridade para exercê-la."* Moniz, A guerra social de Canudos, 1978, 33.

Sollte es dennoch zu derartigen Predigten kommen, solle sofort Meldung beim Erzbischof gemacht werden, der sich mit dem Chef der Polizei in Verbindung setzen würde.[440] Fünf Jahre nach dem ersten Rundbrief, am 11. Juni 1887, wendete sich der Bischof vom Bahia mit einem zweiten Rundbrief erneut an seine Gemeindepfarrer, mit demselben Anliegen.[441] Pe. F. Montenegro erläutert die Gründe für ablehnende Haltungen:

„Die Kirche fühlte sich bedroht durch das Charisma von Antônio Conselheiro, durch die große Quantität der Gläubigen, die ihn begleitete. Er war sachgemäß, hatte gut Latein gelernt und in seinen Predigten sprach er lateinische Sätze – dies missfiel den Priestern, denn nur sie sollten lateinisch sprechen."[442]

Trotz der Interventionen des Erzbischofs erlaubten viele Pfarrer weiterhin die Predigten des Conselheiros, so z.B. Antônio Porfírio Ramos aus Inhambupe-BA, der Domherr Agripino Silva Borges aus Itapicuru-BA und der Vikar von Cumbe-BA, Vincente Sabino dos Santos. Es blieb bei diesem geteilten Bild im lokalen Klerus.

In seinen Predigten kritisierte er schon Anfang der 1890er Jahre die Republik, ganz konkret die Einführung der Zivilehe, die Trennung von Kirche und Staat, sowie die Religionsfreiheit. Diese Einstellungen wurden von vielen Landpfarrern geteilt, da deren Einfluss und Einnahmen zurückgingen.[443] Jahre zuvor hatte der Erzbischof von Bahia versucht den „peregrino" in eine Nervenheilanstalt abzuschieben. In einem offiziellen Schreiben vom 15. Juni 1887 antwortete João Capistrano de Melo dem Erzbischof, dass er dem Minister des Kaiserreichs „Barão de Marmore" gebeten habe, Antônio Conselheiro in dessen Hospital für geistig verwirrte Menschen einzuliefern. Dieser hatte geantwortet, dass es keinen Platz im Hospital Pedro II. gebe und empfahl, die Internierung in einem Asyl für Verwirrte in Salvador da Bahia vorzunehmen. Dieser Versuch, sich Antônio Conselheiros zu entledigen, lief ins Leere.[444]

Einer der größten Kritiker des Conselheiros war Pe. Júlio Fiorentini, ein italienischer Kapuzinermissionar, der 1881 in die Erzdiözese Bahia kam. Seine Kritik, die er insbesondere in Briefen an den Erzbischof von Bahia und an Politiker äußerte, trug sehr zur kirchlichen Diskreditierung

---

[440] Vgl. Benício, O rei dos jagunços, 1997, 29.
[441] Vgl. Moniz, A guerra social de Canudos, 1978, 33-34.
[442] Montenegro, Pe. F., Fé em Canudos, 2004, 46.
[443] Vgl. Nogueira Galvão, O império do Belo Monte, 2002, 66-67.
[444] Vgl. Montenegro Abelardo, Antônio Conselheiro, 1954, 25.

Antônio Conselheiros und der Bewegung von Canudos bei.[445] Innerkirchlich war Júlio Fiorentini einer derjenigen, der durch seine Briefe an den Erzbischof von Bahia den Conselheiro als Häretiker abstempelte. Fiorentini war als Sondergesandter des Erzbischofs von Bahia im Sertão unterwegs und war Vertreter der Kirchenreform. Er hatte den Auftrag, die örtlichen Pfarrer zu unterstützen, zu schulen und ggf. zu disziplinieren. Durch seinen rücksichtslosen Stil stieß er auch bei den Priestern im Sertão auf Ablehnung. Die Art der Kritik Fiorentinis am Conselheiro wird an folgendem Brief vom 24. Oktober 1886 an den Erzbischof von Bahia deutlich:

„Dieser arme Unglückliche [Antônio Conselheiro] umgibt sich mit mehr als 150 bewaffneten Männern. Er will mit Gewalt sein übles Streben durchsetzen und zwingt derart die leichtgläubigen Katholiken seine perversen Lehren anzuhören. Wie ein Dieb und Bandit fällt er in die Orte ein, wo er die Möglichkeit zur Eroberung und Vergrößerung seines kriminellen Gefolges sieht. Herr Erzbischof, dieser Mann geht so vor, dass er die armen Unwissenden erst fasziniert und anzieht und sie dann dazu verführt, ihm zu folgen. Dadurch wird nicht nur die römisch katholische Religion, die ja auch die des Staates ist, sondern auch das Leben der verbundenen und angegriffenen Bürger bedroht, denn sie, Antonio Conselheiro und seine Kämpfer, bedrohen mit dem Tod alle diejenigen, die die Weisheit haben zu widerstehen oder die teuflischen Pläne des neuen Häretikers anzufechten, ein Häretiker, der entfesselt, wütend und farblos ist. Die Priester und Pfarrer, die den Mut aufbringen, den besessenen Anführer der schrecklichen Diebes- und Mörderbande aus ihren Gemeinden zu vertreiben, sehen sich Verfolgungen, Angriffen und Todesdrohungen ausgesetzt... Es ist von größter Wichtigkeit, dass dieser Mann und seine Handlanger vertrieben werden."[446]

---

[445] Vgl. Briefzitate in: Levine, O sertão prometido, 1995, 199.
[446] *„O pobre infeliz rodiado de mais de cento cinquenta homens armados, pretende sustentar por força o mal que fez, constringindo assim os católicos incantos a ouvirem as suas perversas douctrinas, assaltando como um ladrão e bandido, os lugares onde pensa fazer alguma conquista e ingradecer por esse modo o seo sequito criminoso. Senhor, o tal homem [homem], procede de tal forma, que fascina, attrahe, seduz os pobres ignorantes a segui-lo, ficando assim, não somente a religião catholica Romana, que é tambem a do estado, opprimida; mas a vida dos cidadões [cididadãos] comprommettida e atacada, pois elles Antônio Conselheiro e seos bravos ameaçam de morte todos que tem a*

Im Zitat Fiorentinis werden dem Conselheiro zahlreiche negative Etiketten angeheftet: „Häretiker", „Gewalttäter" u.a. Diese vom historischen Wahrheitsgehalt fragwürdigen Äußerungen trugen maßgeblich zur Verurteilung des Conselheiros durch den Erzbischof von Bahia bei. Begründungen und faktische Belege der Anschuldigungen bleiben bei Fiorentini aus. Bartelt erläutert in seiner Diskursanalyse:

„*Dass die Kriminalisierung axiomisch gesetzt wird, ist aber, wie schon festgestellt, kein Einzelfall, sondern eine Regel dieses Diskurses.*"[447]

Die Beziehungen zwischen staatlichen Stellen und der Kirche waren seit der Trennung von Kirche und Staat stark abgekühlt. Ein großer Teil des Klerus war gegen diese Trennung. Papst Leo XIII. unterwies die brasilianische Kirche darin, dass aus Sicht des Vatikans keine Unvereinbarkeit für Beziehungen zum republikanischen Staat in Brasilien gebe.[448] Dom Jerônimo Tomé da Silva, der am 26. Februar 1894[449] zum Bischof von Bahia ernannt wurde, suchte die Zusammenarbeit mit dem Staat neu aufzubauen. Alexandre Otten schildert:

„*So wird die Bitte der Regierung [von Bahia], zwei Missionare zu erhalten, um das Volk des Conselheiros zu zerstreuen, von der Kirche als Gelegenheit angesehen, als Teilhaberin an der zivilen Macht akzeptiert zu werden und sich erneut in der geistlichen Regierung der Nation zu installieren.*"[450]

Ziel und Prüfstein für die Zusammenarbeit von Staat und Kirche wurde die Auflösung von Canudos. Dies konkretisierte sich in der Aussendung der Mission um Frei João Evangelista de Monte Marciano im Jahr 1895 [vgl.2.1.2]. José Calasans erläutert diesbezüglich:

---

ousadia de resistir ou abstar os planos diabolicos do novo heretico, o herege furibundo e ferino. Os Sacerdotes e parochos, que tem zelo e pretendem espellir de suas freguezias o tal energumeno chefe de horrorosa quadrilha de ladrões e assassino, vem-se perseguido, acatados, ameaçados de morte... é de summa [unleserlich; importância] que o tal homen e seos capangas sejam expelliddos."
Fiorentini, Júlio Pe., Brief an den Erzbischof von Bahia, Inhambupe, 24.10.1886, Archiv der Erzdiözese Salvador da Bahia, UFBA Nucleo Sertão, M 14. Vgl. Bartelt, Nation gegen Hinterland, 2003, 112-113.
[447] Bartelt, Nation gegen Hinterland, 2003, 113.
[448] Martins, Wilson, in: Otten, Só Deus é grande, 1990, 318.
[449] Otten, Só Deus é grande, 1990, 318.
[450] Otten, Só Deus é grande, 1990, 319.

„*Es wurde eine Kommission der Oppositions- und Regierungsparteien zum Gouverneur gesandt, und es entstand die Idee, den Erzbischof zu ersuchen, eine Mission zu entsenden, denn die ursprüngliche Idee war nicht von der Kirche.*"[451]

Die Kirche selbst unternahm bis dahin keine Schritte, den Konflikt mit Maciel im Dialog auszuräumen, sondern signalisierte, dass sie ein repressives Vorgehen unterstützte.[452] 1886 unterbreitete der Hauptmann Aragão in Inhambupe-BA einen friedlichen Lösungsvorschlag: Vier Kapuzinermönche sollten in Maciels Einzugsgebiet gesandt werden, um dort gegen den Conselheiro zu predigen.[453] Der Vorschlag des Hauptmanns wurde nicht aufgegriffen. Eine weitere Erforschung der historischen Bedeutung der Kirche in Bezug auf den Krieg von Canudos wäre eine lohnenswerte Aufgabe, die den Rahmen dieser Arbeit jedoch überschreiten würde. Begrenzt wird diese Aufgabe durch den Umstand, dass sich gemäß D.D. Bartelt im Archiv der Erzdiözese für den Zeitraum ab 1890 praktisch keine Korrespondenz mehr in den Akten zu Canudos befindet. Bartelt vermutet, dass diese Korrespondenz entfernt wurde.[454]

2.3.5 Die Rolle der Presse

In Brasilien existierte zur Zeit der Gründung der Ersten Republik eine Vielzahl von Teil-Öffentlichkeiten, in denen unterschiedliche Informationswege üblich waren. In der Landbevölkerung, die größtenteils aus Analphabeten [vgl. 1.2.2] bestand, waren es stärker die öffentlichen Plätze, wie Märkte, Kirchen, Geschäfte, die einen öffentlichen Kommunikationsraum darstellten und an denen die Informationen meist in mündlicher Form verteilt und weitergegeben wurden. In der Bundeshauptstadt und den Landeshauptstädten stellten die Zeitungen für die gebildeten, und insbesondere für die in der Politik agierenden Gruppierungen die Hauptinformationsquelle dar. Um an der öffentlichen Meinung Teil zu haben, musste man die Zeitung lesen. In der brasilianischen Hauptstadt Rio de Janeiro gab es eine Straße, die die Öffentlichkeitsaspekte idealtypisch

---

[451] Calasans José, in: Villa, da Costa Pinheiro (colaboração), Calasans, um depoimento para a história, 1998, 104.
[452] Vgl. Bartelt, Nation gegen Hinterland, 2003, 121.
[453] José Geraldo de Aragão (Polizeikommandant), Brief an Evaristo Landislau e Silva, Inhambupe, 8.11.1886. Archiv der Erzdiözese Salvador-BA, UFBA Nucleo Sertão, M 3.1.
[454] Vgl. Bartelt, Nation gegen Hinterland, 2003, 132.

darstellte. In der „Rua do Ouvidor" vereinten sich die wichtigsten Zeitungsredaktionen, Intellektuellencafés, Verlage und Buchhandlungen.
Die erste Erwähnung Antônio Conselheiros in der Presse erfolgte durch die Volkszeitung „O Rabudo" am 22. November 1874. Antônio Vicente Mendes Maciel wird in diesem Artikel „Antonio dos Mares" genannt, der ein „...*seltsames Wesen sei, der durch die Lande ziehe und predige*".[455] Zwischen 1874 und dem Kriegsbeginn 1896 kam es zu zahlreichen Erwähnungen Antônio Conselheiros in verschiedenen, meist regionalen Zeitungen. Im Folgenden sollen einige Beispiele ausgewählter Zeitungsartikel aus der für den Krieg entscheidenden Phase gegeben werden.[456] Mit Kriegsbeginn 1896 [vgl. 2.4] nahmen die Berichterstattungen über Canudos stark zu. Zwischen März und September 1897 sandten mindestens acht Zeitungen, insbesondere die national bedeutsamen – zwei aus Salvador, fünf aus Rio de Janeiro und eine aus São Paulo – Kriegsberichterstatter nach Canudos.

Zeitung	Veröffentlichungsort	Reporter
O Estado de São Paulo	São Paulo-SP	Euclides da Cunha
Gazeta de Notícias	Rio de Janeiro-RJ	Favila Nunes
A Notícia	Rio de Janeiro-RJ	Cisneiros Cavalcanti (Soldat in Canudos, bis +18.6.1897) Manuel de Figueiredo (Juli 1897) Alfredo Silva (ab August 1897)
O Jornal de Comércio	Rio de Janeiro-RJ	Manoel Benício

Die ausgesandten Reporter waren sehr bewusst ausgewählte Personen und hatten selbst eine Militärkarriere hinter sich. Die Zeitung „O País" erhielt Berichte vom Chef der Ingenieurskommission, Oberstleutnant

---

[455] O Rabudo, 22.11.1874, in: Souza Silva, Antônio Conselheiro, a fronteira entre a civilização e barbárie, 2001, 52.
[456] Umfassendere Analysen der Zeitungsartikel aus der Zeit vor, während und nach dem Krieg von Canudos, siehe: Bartelt, Nation gegen Hinterland, 2003. Nogueira Galvão, No calor da hora, 1974.

„Siqueira de Menezes", die unter dem Pseudonym „Hoche" veröffentlicht wurden. Das „Journal de Notícias" aus Bahia erhielt Berichte von Lélis Piedade, der für das Comité Patriótico da Bahia im Kriegsgebiet war und dabei half, eine Sanitätsstation in Cansanção-BA aufzubauen und die Kriegswaisen vor der Versklavung zu retten [vgl. 2.4.4].[457] Die Journalisten konnten vom Kriegsort nicht unabhängig berichten, da sie auf das Wohlwollen der Heeresleitung angewiesen waren, um an Informationen zu gelangen. So war vorgegeben, dass die Journalisten in der „Wir-Perspektive" schreiben mussten. Zudem unterlagen alle von Monte Santo-BA ausgehenden Telegramme der Zensur der Heeresleitung, die während der vierten Militärexpedition ihren Höhepunkt erreichte[458] [vgl. 2.4.2]. Favila Nunes schreibt in seiner Reportage vom 18. September 1897 zur Militärzensur:

„Der Telegraf ist weiterhin halb geschlossen. Es ist notwendig nicht die Wahrheit zu sagen, damit die Telegramme wenigstens in der vorgetäuschten Form übertragen werden."[459]

Manoel Benício (Jornal de Comércio) wurde wegen zu kritischer Berichterstattung aus dem Kriegsgebiet ausgewiesen. Seine letzte Reportage stammt vom 24. Juni 1897.[460] Benício hatte u.a. über die Desorganisation der Truppe, den Hunger und Durst im Soldatencamp berichtet und der Hypothese widersprochen, dass Canudos eine monarchistische Konspiration sei.[461] Viele der Korrespondenten, wie z.B. Euclides da Cunha, waren zudem gar nicht selbst oder nur zeitweise in Canudos und hatten ihre Informationen von Dritten.[462] Robert M. Levine beschreibt, zu welch unseriösen Kriegsberichterstattungen dies führte:

---

[457] Vgl. Nogueira Galvão, No calor da hora, 1974, 109-112.
[458] Vgl. Levine, O sertão prometido, 1995, 268.
[459] *„O telégrafo continua meio trancado. E necessário não dizer a verdade para que os telegramas, ainda assim, finjam que são transmitidos."* Favila Nunes, Gazeta de Notícias, 18.09.1897, in: Nogueira Galvão, No calor da hora, 1974, 114.
[460] Nogueira Galvão, No calor da hora, 1974, 113.
[461] Vgl. Nogueira Galvão, No calor da hora, 1974, 114-115. Vgl. Jornal do Comércio, Rio de Janeiro-RJ, 06.10.1897, in: Nogueira Galvão, No calor da hora, 1974, 332-333.
[462] Vgl. Bartelt, Nation gegen Hinterland, 2003, 200. Manoel Benício musste Canudos Ende Juli 1897 verlassen. Sein letzter Brief aus Canudos ist datiert am 24.07.1897. Vgl. Horcades, Descrição de uma viagem a Canudos, 1996, 108.

„Kriegsnachrichten, die täglich von den Korrespondenten geschickt wurden, überfluteten das Land. Die absurdesten Gerüchte verbreiteten sich sehr schnell und wurden als Wahrheit angesehen. So berichtete man z.B., dass Verstärkungen aus Argentinien über Minas Gerais zum Conselheiro gesandt wurden und dass amerikanische und österreichische Soldaten kämen, um die Monarchie zu restaurieren."[463]

Diese Art der Berichterstattung produzierte Panik in der öffentlichen Meinung und hatte gravierende Folgen, wie Walnice Nogueira Galvão erläutert:

„Heute, im Abstand von 100 Jahren... hat man keine Vorstellung über das Ausmaß der Panik, die sich im Land ausbreitete. Man wusste nicht genau, ob die Bedrohung einer eminenten Invasion ausländischer Horden oder einer Sintflut entspräche, in der die Naturkräfte sich entfesselten."[464]

Walnice Nogueira Galvão untersucht in ihrem Werk „No calor da hora"[465] (In der Hitze der Stunde) die Darstellung des Krieges in den Zeitungen während der vierten Militärexpedition [Juni-Oktober 1897]. Sie unterteilt die Veröffentlichungen in vier Gruppen: Scherzhafte Darstellungen (representação galhofeira), sensationalistische Darstellungen (representação sensacionalista), abgewogene Darstellungen (representação ponderada) und Reportagen (reportagens). Zu den scherzhaften Darstellungen zählen u.a. Gedichte, und satirische[466] Bilder und Texte. Sogar einige Geschäfte nutzen Canudos für ihre Werbezwecke, z.B:

„Den Sieg der vierten Expedition schuldete man dem Namen Moreira César, ausgestellt in den schicken Fellhüten für Männer, die das Geschäft Mateus hat, ab 18$000."[467]

Die sensationalistischen Publikationen nahmen einen großen Raum ein und hatten eine starke Wirkung. Sie reichten von Konspirationen, die

---

[463] La Nación, Buenos Aires-Argentinien, 30. 07.1897. A República, Rio de Janeiro-RJ, 20.02.1897, 1; 22.02.1897, 1, in: Levine, O sertão prometido, 1995, 262.
[464] Nogueira Galvão, O império do Belo Monte, 2002, 77.
[465] Nogueira Galvão, No calor da hora, 1974.
[466] Zur Satire während des Krieges von Canudos siehe auch: Alves, Humor e sátira na guerra de Canudos, 1997.
[467] Journal de Notícias, 15.06.1897, in: Nogueira Galvão, No calor da hora, 1974, 51.

von den Zeitungen erdacht waren, bis zu Intrigen. Walnice Nogueira Galvão gibt ein Beispiel:

„*Am 18. Juli 1897 beginnt ‚O País' eine dieser Zeitungsintrigen, indem sie auf der Titelseite einen Artikel mit dem Titel ‚das Monster von Canudos' veröffentlicht... Am Ende attackiert der Artikel den Präsidenten Prudente de Morais dafür, dass er keinen staatsmännischen Blick hätte: Die föderale Bewegung in Rio Grande do Sul [Aufstand], angeführt von Silveira Martins wäre restaurativ, obgleich sie es zu verbergen suche; dasselbe sei bei der Schiffsrevolution gegen Floriano geschehen. Prudente de Morais wolle nicht sehen, dass sich die Milizen schulten und die Waffen aus Buenos Aires kämen und die Zollstellen und Eisenbahnstrecken passierten, unter Mithilfe von Beamten.*"[468]

Das Beispiel der Zeitung „O País" steht repräsentativ für weitere Organe, die in ähnlicher Weise publizierten. Es wurde Stimmung gegen den Präsidenten und andere politische Gegner gemacht und damit bewusst Ängste in der öffentlichen Meinung geschürt. Die Zeitungen wurden als Mittel genutzt, um den politischen Gegner zu diskreditieren, z.B. mit ganzen Artikelserien wie bei „O País".[469] Die Rücksichtslosigkeit und die Berechnung, mit der „O País" und andere Zeitungen Meldungen in die Welt setzten, die bestenfalls auf Gerüchten und Vermutungen basierten, wird deutlich, beim Blick auf die Ermordung des monarchistischen Zeitungsverlegers Gentil de Castro am 8. März 1897 und die Stürmung der Redaktionen der monarchistischen Zeitungen „Gazeta da Liberdade" und „Gazeta da Tarde". Die Monarchisten in Rio de Janeiro wurden darin für die Niederlage der dritten Militärexpedition unter Oberst Moreira Cesar verantwortlich gemacht [vgl.2.4.2]. Berichterstattungen, wie die hier zitierten, hatten einen enormen Einfluss auf die öffentliche Meinung, die sich und die Republik von einem international organisierten monarchistischen Aufstand in Canudos bedroht sahen.[470]

Es gab während der Kampfhandlungen nur wenige Zeitungen, die mit abgewogenen Darstellungen arbeiteten. Walnice Nogueira Galvão zählt hierzu die Zeitung „República". Beispielhaft sei die Ausgabe der República vom 2. Juli 1897 zitiert, die einen Artikel aus der „Times" vom 12. Juni 1897 wie folgt ausführlich dargestellt:

---

[468] Nogueira Galvão, No calor da hora, 1974, 56.
[469] Vgl. Nogueira Galvão, No calor da hora, 1974, 55.
[470] Weitere Einzelheiten über die sensationalistischen Pressedarstellungen, siehe: Nogueira Galvão, No calor da hora, 1974, 54-75.

„Die Bewegung von Antônio Conselheiro hat in sich keine Bedeutung. Die extremistische Fraktion der republikanischen Partei in Rio klagt die Monarchisten an, Komplizen des Messias aus dem Sertão zu sein, aber der Korrespondent ist überzeugt, dass diese Anklagen nicht fundiert sind, und höchstens als Vorwand dazu dienen ‚prominente Monarchisten' zu belästigen, anzugreifen oder sie sogar zu töten. Diese Bewegung aus den Sertões Bahias neigt jedoch dazu eine Gefahr zu werden, weil skrupellose Politiker bereit sind sich der Macht zu bedienen, die ihnen eine große Gruppe bewaffneter Männer geben kann, und es ist diese Möglichkeit des Intrigierens, die man für die Zukunft zu fürchten hat."[471]

Die Zeitung „República" deckt schon in den ersten Tagen der vierten Militärexpedition die Instrumentalisierung des Vorwurfs auf, dass es sich in Canudos um ein monarchistisches Komplott handele und weist zudem auf diejenigen hin, die aus den Verwirrungen des Krieges und den Gerüchten Nutzen ziehen wollten: „skrupellose Politiker". Ein anderes Beispiel für eine abgewogene Berichterstattung stellen die Veröffentlichungen von Júlio César Leal im „Jornal do Brasil" dar, in dessen Ausgaben vom 21., 22. und 26. Februar 1897 sowie vom 1., 3., 4., 7. und 10. März 1897, worin Antônio Conselheiro mit menschlichen Zügen beschrieben wird. Diese Berichtsfolge wurde noch vor der Niederlage der dritten Militärexpedition unter Oberst Moreira Cesar veröffentlicht.[472] Leal klagt die Vorgehensweise der Kirche und der Landesregierung von Bahia an. Wichtige Punkte seiner Argumentation sind die, dass die Landesregierung die Aussagen der Mission des italienischen Missionares Frei João Evangelista de Monte Marciano nicht verifizierte und zum anderen keinen Dialog mit Antônio Vicente Mendes Maciel und der Bewegung von Canudos suchte.[473]

Am Beispiel des Coronel Carlos Teles wird deutlich, wie Zeitungen die Aussagen von Interviewpartnern veränderten und damit das Bild über Canudos maßgeblich verfälschten. Coronel Carlos Teles wehrt sich in

---

[471] *„O movimento de Antônio Conselheiro não tem importância em si. A fracção extremada do partido republicano no Rio acusou os monarquistas de serem cúmplices do Messias sertanejo; mas o respondente está persuadido de que tal acusação não tem fundamento algum, embora servisse de pretexto para molestar, atacar e até matar ‚proeminentes monarquistas'."* O República, 02.06.1897, in: Nogueira Galvão, No calor da hora, 1974, 76-77.
[472] Nogueira Galvão, No calor da hora, 1974, 80.
[473] Nogueira Galvão, No calor da hora, 1974, 84.

einem Brief an die „Folha da Tarde" in Rio de Janeiro gegen die Verfälschung seiner Aussagen. Eine Kopie des Briefes sandte er, um die Sache publik zu machen, auch an andere Zeitungen, z.b. an das „Jornal do Brasil" datiert am 23. August 1897:

„Herr Redakteur. Ich habe in den ‚Kleinnachrichten', die in der Nummer 77 ihrer Zeitung vom 11. dieses Monats veröffentlicht wurden, offenkundige Fehler über Äußerungen, die von mir bezüglich Canudos gemacht wurden, festgestellt... Dass es dort [in Canudos] keine restaurativen Ziele gibt und noch weniger einen Einfluss von fremden Personen mit dieser Absicht; dass es in Canudos keinen Ausländer gibt und noch viel weniger einen italienischen Hauptmann als Ausbilder der Brigaden."[474]

Carlos Teles ist eine der wenigen Stimmen, die versuchten, den tendenziösen Presseäußerungen entgegenzutreten. Diese Stimmen hatten nur geringen Einfluss auf die öffentliche Meinungsbildung.[475] Erst nach Ende des Krieges und dem Bekanntwerden der Abkehlungen[476] einer großen Zahl von Gefangenen aus Canudos, sowie deren Verkauf als Sklaven, schlugen die Pressedarstellungen um. Dies schildert Robert M. Levine:

„...die Praxis der Abkehlung schockierte die Eliten in den Küstenstädten (elites litorâneas) und brachte der Episode von Canudos eine noch größere Offenkundigkeit."[477]

---

[474] *„Senhor redator. Lendo as ‚Notas ligeiras' publicadas 3m o n.° 77 de vosso journal de 11 do corrente, notei enganos manifestos sobre as declarações por mim feitas a respeito de Canudos... que não há ali fim restaurador nem mesmo influência de pessoa estranha nesse sentido; que em Canudos não existe nenhum estrangeiro e muito menos capitão italiano instrutor de brigadas.* Teles, Carlos Coronel, in: Jornal do Brasil, Rio de Janeiro-RJ, 23.08.1897, in: Nogueira Galvão, No calor da hora, 1974, 87-88.

[475] Vgl. Siehe hierzu auch die Sammlung von Pressestimmen, die Canudos als eine friedliche Bewegung darstellen, in: Bartelt, Nation gegen Hinterland, 2003, 121ff.

[476] „Abkehlung" (degola) bezeichnet die bewusste Tötung durch einen Schnitt durch die Halsschlagader. Im Fall von Canudos richtete das brasilianische Militär ein Massaker an, durch das „Abkehlen" der Gefangenen von Caundos, die zuvor noch von General Artur Oscar eine Zusicherung des Lebens im Falle ihrer Aufgabe des Kampfes erhalten hatten.

[477] Levine, O sertão prometido, 1995, 263.

Die „fanáticos" aus Canudos wurden in den Pressedarstellungen zu brasilianischen Brüdern und Schwestern. Ihrem Einsatz und Mut wurde große Anerkennung gezollt. Während des Krieges gab es nur selten derartige Pressedarstellungen. Walnice Nogueira Galvão schreibt:

„In diesem Fall war es so, dass man nur in den letzten Kriegsmomenten, oder nach seinem Ende damit begann die Rebellen ‚Brasilianer' zu nennen, wie man in den vorgelegten Texten sieht; bis dahin lautete die allgemeine Bezeichnung ‚jagunços'. Und um die ‚Aufnahme in die Nation' bitten jene die protestierten, sofort oder Jahre später, im Namen der ausgelöschten ‚sertanejos'. Einmal tot, werden sie zu Geschwistern."[178]

Auch die Presse in Europa berichtete über Canudos. Für die Zeit von März bis Oktober 1897, d.h. in der Zeit der vierten Expedition, gibt die folgende Tabelle zu Artikel über Canudos in drei europäischen Zeitungen Auskunft:[479]

Name der Zeitung	Stadt	Anzahl der Materialien im Zeitabschnitt	
		über Brasilien	über Canudos/ Conselheiro
Les Temps	Paris	28	22 (78,6 %)
The Times	London	22	15 (68,2 %)
Vossische Zeitung	Berlin	17	15 (88,2 %)

Zusammenfassend kann gesagt werden: Verschiedene Interessensgruppen – politische Parteien, Militär, Großgrundbesitzer u.a. – nahmen massiven Einfluss auf die Berichterstattung. Die Presseberichte, insbesondere nach der Niederlage der dritten Militärexpedition, hatten einen enormen Einfluss auf die öffentliche Meinungsbildung. Die Sensationsberichte dominierten über die ausgewogenen Berichterstattungen. In der Bevölkerung entstanden große Ängste vor einer monarchistisch restaurativen Bewegung. Canudos wurde in der städtischen Öffentlichkeit als Gruppe von Fanatikern aus dem Sertão wahrgenommen, die die Existenz der Republik bedrohte.

---

[178] Nogueira Galvão, No calor da hora, 1974, 107-108.
[479] Matos Martins, A reinvenção do sertão, 2001, 88. Zum Beitrag der „Vossischen Zeitung" zu Canudos, vgl. Zilly, Nachwort, in: Cunha, Krieg im Sertão, 1994, 757.

2.3.6 Der Vernichtungskonsens

Betrachtet man die einzelnen Vertreter und Repräsentanten der öffentlichen Meinung, so wird deutlich, dass sich ein umfassender Vernichtungskonsens hinsichtlich Canudos einstellte. In der Veröffentlichung seiner Dissertation „Nation gegen Hinterland" behandelt Dawid Danilo Bartelt den zeitgenössischen Diskurs zum Thema Canudos in der öffentlichen Meinung. Anknüpfend an ein Zitat des brasilianischen Präsidenten Prudente de Morais zieht Bartelt folgendes Fazit:

„Zahlreiche weitere Zitate gleicher Bedeutung lagern sich an und belegen, wie die öffentliche Meinung in Brasilien zwischen März und Oktober 1897 nahezu einmütig die Zerstörung von Canudos forderte. In der Matrix ‚Antônio Conselheiro' ist dieser Vernichtungskonsens bereits angelegt. Wirksame diskursive Strategien tragen diese Linie wie Pfeiler einer Brücke. Die bisherige Analyse hat sie herausgestellt: Häretisierung, Kriminalisierung, Fanatisierung, Pathologisierung, Politisierung über das Monarchismus-Paradigma, Militarisierung, Naturalisierung, Bestialisierung. Diese Strategien verwandelten Katholiken in Abergläubige, Bauern in Soldaten, Frauen in Megären, Männer in Monster, ‚sertanejos' in Feinde, Staatsbürger in Gesetzlose und, wie wir sehen werden, Opfer in Täter und Brasilianer in Ausländer."[480]

Der Vernichtungskonsens ergab sich aus einem Prozess, der sich auf verschiedenen Ebenen abspielte. Beigetragen haben dazu unter anderem Schriften wie die des italienischen Priesters Júlio Fiorentini, der den Conselheiro als gewalttätigen Menschen und Häretiker in zahlreichen Briefen an den Erzbischof von Bahia[481] darstellte, sowie Vertreter der Kirche, der Politik und staatlichen Institutionen, Großgrundbesitzer, Zeitungen u.a. Dawid Danilo Bartelt bestätigt dies, und zeigt auf, dass es nur wenige Hinweise auf kriminelles Handeln des Conselheiros gab. Hinweise auf kriminelles Verhalten seiner Anhänger gebe es gleichwohl. Letztlich lässt die Quellenlage dazu kein eindeutiges historisches Urteil zu. Bartelt kommt zu dem Ergebnis:

„Wenn also die Bewegung von Antônio Maciel vor allem nach 1893 nicht im umfassenden juristischen und ethischen Sinn ‚unschuldig' blieb und reines Opfer des Konflikts wurde, so ist doch ihrem kirchlichen und

---

[480] Bartelt, Nation gegen Hinterland, 2003, 199.
[481] Z.B. Fiorentini, Júlio, Brief an den Arcebispo da Bahia, Inhambupe, 24.10.1886, Archiv der Erzdiözese Salvador-BA, UFBA Nucleo Sertão, M 14.

staatlichen Gegenüber bereits zu einem frühen Zeitpunkt eine dezidiert repressive Absicht nachzuweisen. Die Repression wurde mit diskursiven Mitteln systematisch vorbereitet und legitimiert. Eine der wichtigen Regeln des Canudos-Diskurses bis weit ins 20. Jahrhundert hinein besteht in der ‚Täter-Opfer-Umkehr'. Auch wenn der Opferseite konkrete Täterelemente zuzurechnen sind, ist dieser Begriff hier analytisch zulässig und sinnvoll. Wie wir im Verlauf der Analyse sehen werden, bildet die öffentliche Meinung einen Vernichtungskonsens aus, der sich mit der praktischen Konfliktbewältigung deckt."[482]

Canudos wurde Opfer eines Vernichtungskonsenses, der sich in einem jahrelangen Prozess auf verschiedenen Ebenen eingestellt hatte. Eduardo Hoornaert ordnet die Vernichtung von Canudos in den Rahmen der politischen und gesellschaftlichen Entwicklungen im ausgehenden 19. Jahrhundert wie folgt ein:

„Canudos war eines der vielen Opfer einer Moderne, der es nicht gelang, die Pluralität des Landes zu sehen, und noch weniger diese zu tolerieren, noch dazu, wenn sich diese Pluralität in Armut und rassischer Unterschiedlichkeit kleidete."[483]

2.4 Der Krieg von Canudos

Dieses Unterkapitel beschränkt sich auf die notwendigsten historischen Fakten. Viele Aspekte des Krieges werden wissenschaftlich intensiv diskutiert. Verweisen möchte ich in diesem Zusammenhang u.a. auf die Werke der Historiker José Calasans,[484] Robert M. Levine[485] und Marco Antônio Villa,[486] des Journalisten und Richters Aristides Milton,[487] des Soziologen João Arruda,[488] des Medizinstudenten und Militärsanitäters Alvim Martins Horcades[489] und des Journalisten und Protokollanten des Comitê Patriótico Bahia Lélis Piedade.[490]

---

[482] Bartelt, Nation gegen Hinterland, 2003, 115.
[483] Hoornaert, Os anjos de Canudos, 1997, 89.
[484] Calasans, Cartografia de Canudos 1997 u.a. Publikationen.
[485] Levine, O sertão prometido, 1995.
[486] Villa, Canudos, o povo da terra, 1995.
[487] Milton, A campana de Canudos, 2003.
[488] Arruda, Messianismo e conflito social, 2006.
[489] Horcades, Descrição de uma viagem a Canudos, 1996.
[490] Piedade, Olavo, Comitê Patriótico da Bahia 1897-1901, Histórico e relatório do Comitê Patriótico da Bahia, 2002.

2.4.1 Gründe für die Entstehung des Krieges

Wie bereits dargestellt, wurde die Entwicklung der fast menschenleeren „fazenda" Canudos zu einer Stadt, in der tausende Menschen Heimat, Arbeit und eine Existenz fanden, bei der Kirche, den örtlichen Großgrundbesitzern und bei den benachbarten Händlern kritisch gesehen, da für diese Gruppen z.T. negative Auswirkungen entstanden [vgl. 2.3]. Viele Großgrundbesitzer verbanden mit Canudos den Verlust von Arbeitskäften und die Bedrohung ihres Status quo, so auch der „Barão de Jeremoabo" und sein Vetter José Américo.[491] Der Zuwachs der Bevölkerung von Canudos löste zudem bei der Landelite die Besorgnis aus, dass ihre Landgüter von den Bewohnern von Canudos überfallen werden könnten. Daher setzte die Elite auf dem Land ihren politischen Einfluss ein, um Canudos zu zerschlagen.[492] João Arruda zieht das Fazit:

„Ihre [Canudos] einfache Existenz, in dem Maß wie sie als Beispiel und alternative Referenz für eine autonome soziale Organisation diente, repräsentierte eine konkrete Bedrohung für die existierenden Macht- und Eigentumsstrukturen in den Sertões des Nordostens."[493]

Abelardo Montenegro sieht ähnliche Gründe für den Krieg, wie Arruda. Er verweist jedoch zusätzlich auf die Rolle der Kirche:

„Die ökonomische Konkurrenz, die die eigenen Händler von Canudos gegenüber den großen Kaufmännern der benachbarten Orte darstellten und die ökonomische sowie soziale Situation, die auf einem fremdartigen christlichen Sozialismus basierte, erschreckten die großen Besitzer der Region, die die wahre Ursache für den Krieg in Canudos waren. Es darf nicht das Handeln der Kirche vergessen werden, die in der singulär in Canudos praktizierten Religion eine ernsthafte Gefahr für ihre Evangelisation in den Sertões sah. Es gibt keinen Zweifel, dass es die großen Besitzer, die großen Händler und die katholische Kirche waren, die den Staat überzeugten, den Conselheiro zu liquidieren und Canudos einzu-

---

[491] Vgl. Otten, Só Deus é grande, 1990, 182-183. Vgl.Camelo de Souza, Brief an den "Barão de Jeremoabo", Mosteiro de São José, Rosário, 28.02.1894, in: Sampaio (Org.), Canudos cartas para o barão, 1999, 97.
[492] Vgl. Arruda, Canudos, messianismo e conflito social, 2006, 142.
[493] Arruda, Canudos, messianismo e conflito social, 2006, 317. Milton, A campanha de Canudos, 2003, 39.

ebnen. Und der Staat zauderte nicht und interessierte das Militär für dieses makabere Unternehmen."[494]

Die Entstehung des Krieges in Canudos war mit weiteren politischen Ereignissen verbunden, die brasilienweit auf Bezirks- und Landesebene von Bahia bedeutsam waren. Die Spaltung der Republikanischen Partei von Bahia (Partido Republicano Federalista) im Juni 1893[495] in zwei Flügel (PRF-Viannistas und PRC-Gonçalvistas) ist eine bedeutsame Entwicklung. Cesar Zama schreibt die Entstehung des Krieges der politischen Auseinandersetzung zwischen den Parteiführern Luís Vianna und José Gonçalves zu:

„Der Krieg von Canudos war die Vollendung der menschlichen Perversität. Der Hass zweier alter Glaubensgenossen, spätere Gegner [Gonçalves und Jeremoabo], die es wagten noch dem Herrscher [Gouverneur Luis Vianna] entgegenzutreten und die undankbare Arbeit hatten, sei es wie es sei, einen Wahlbezirk zu erobern, in dem diese Männer einen unanfechtbaren Einfluss ausübten und ausüben, dies waren die Beweggründe, die ihn [den Krieg] auslösten."[496]

Consuelo Novais Sampaio schildert die Abfolge politischer Ereignisse, die sich 1895 ereigneten:

---

[494] „*Não sejamos ingênuos afirmando que a causa fundamental da guerra de Canudos foi o matrimônio infeliz de Conselheiro. A concorrência que os prósperos comerciantes de Canudos faziam aos grandes negociantes das localidades vizinhas, e a organização econômica e social baseada num estranho socialismo cristão, atemorizando os grandes proprietários da região, é que foram as causas verdadeiras da guerra de Canudos. Não convém, ainda, esquecer a atuação da Igreja Católica que viu, na singular religião cristã praticada em Canudos, um sério perigo para a sua evangelização nos sertões. Não há dúvida, portanto, que foram os grandes proprietários, os grandes comerciantes e a Igreja Católica que convenceram o Estado a liquidar Conselheiro e a arrazar Canudos. E o Estado não hesitou, interessando o Exército na empresa macabra.* Montenegro, Antônio Conselheiro, 1954, 67-68.
[495] Sampaio (Org.), Canudos, cartas para o barão, 1999, 46.
[496] „*A guerra de Canudos foi o requinte da perversidade humana. O odio a dous antigos correligionarios, depois adversarios, que ousavam ainda enfrentar o dominador e a faina ingrata de conquistar, fosse como fosse, um districto eleitoral, em que esses homens exerciam e ainda exercem influencia incontestavel, foram os moveis, que a provocaram.*" Zama, Libelo republicano acompanhado de comentários sobre a guerra de Canudos, 1989, 22-23.

„1. Die Regierung [von Bahia] sendet Polizeitruppen nach Bonfim (Bahia), eine politisch von Gonçalves dominierte Region [Januar]
2. Der Gouverneur entzieht den Bezirken das Recht eigene Polizeistaffeln zu organisieren [Januar]
3. Der Polizeisekretär ordnet an, Anhänger von Gonçalves festzunehmen [März]
4. Es geschieht der Wechsel der staatlichen Gesetzgebung [April]
5. Kapuzinerfrater ziehen zu einer Mission nach Canudos [Mai]
6. Die Exekutive Macht in Bahia wird im Wechsel ausgeübt [Oktober]
7. Antônio Conselheiro geht nach Bom Conselho [Dezember]."[497]

Consuelo Novais Sampaio erläutert dazu folgende zeitliche Situation:

„1895 ist deutlich, Canudos war nur ein sekundäres Objekt in den Bemühungen derer, die um die Macht kämpften. Das Wichtige war, die Fraktion des Rivalen zu zerstören."[498]

Der Sertão in der Region von Canudos war von der politischen Gruppe um Gonçalvez und den „Barão de Jeremoabo" (PRC) beherrscht. Die Bezirkswahlen, die für den Dezember 1896 angesagt waren, hatten eine große Bedeutung. Das Wahlrecht stand u.a. Frauen, Bettlern, monastischen Ordensgeistlichen und Analphabeten nicht zu [vgl. 1.2.2]. Canudos stellte eine wichtige Wahlgruppe dar, weil der Conselheiro einen großen Einfluss auf die dortigen Wahlberechtigten hatte und es dort Schulen gab, d.h. auch alphabetisierte Personen. Ein scheinbar unbedeutendes Ereignis wurde zum Auslöser des Krieges.

Im Dezember 1895 kam Antônio Conselheiro nach Bom Conselho um Spenden für den Bau der neuen Kirche zu sammeln. Dies löste Gerüchte aus, die bis nach Juazeiro-BA drangen. Consuelo Novais Sampaio schildert:

„Man sagte, dass die ‚jagunços' des Conselheiros nach Juazeiro gingen, um das Holz für die neue Kirche zu holen, die man baute. Es war schon bezahlt aber noch nicht übergeben worden. Und um die Nachricht noch alarmierender zu machen, wurde hinzugefügt: man wüsste nicht, ob es [das Holz] übergeben werde oder nicht. Deshalb würden sie die Stadt [Juazeiro] angreifen."[499]

---

[497] Sampaio, Canudos, cartas para o barão, 1999, 48.
[498] Sampaio (Org.), Canudos, cartas para o barão, 1999, 49.
[499] Sampaio (Org.), Canudos, cartas para o barão, 1999, 53-54.

Kurz nach seiner Amtsübernahme als Gouverneur von Bahia, am 28. Mai 1896, nahm Luis Vianna einen politisch entscheidenden Schritt vor. Er versetzte den Rechtsrichter des Bezirks Bom Conselho, Arlindo Leoni, einen alten Widersacher des Conselheiros, in den Bezirk Juazeiro, mit dem Ziel die dortige Bevölkerung hinsichtlich bevorstehender Attacken des Gefolges von Antônio Conselheiro zu alarmieren.[500] Consuelo Novais Sampaio erklärt:

„All dies geschah um zu verhindern, dass die Wähler des 3. Wahlbezirks – der unter der absoluten Herrschaft des Barão de Geremoabo und des Ex-Gouverneurs José Gonçalves stand – zu den föderalen Wahlen erschienen, die für den 30. Dezember dieses Jahres terminiert waren."[501]

Zu diesem Zweck sandte der Rechtsrichter Arlindo Leone das folgende Telegramm:

„Juazeiro, den 29. Oktober 1896 – Ratgeber Gouverneur – Es wurden Nachrichten übermittelt, die positiv das Gerücht des Kommens des Perversen Antônio Conselheiro bestätigen, vereint mit Banditen; es werden Canudos zwei Nachhuten verlassen. Bevölkerung ist furchtsam. Stadt kann nicht garantiert werden. Ich erbitte starke Vorkehrungen. – Der Rechtsrichter, Arlindo Leone."[502]

Der Gouverneur Luis Vianna antwortete, dass er nicht aufgrund von Gerüchten Polizeimannschaften beauftragen könne. Am 4. November 1896[503] sandte Arlindo Leone ein weiteres Telegramm,[504] in dem er das Kommen von 1.000 „conselheiristas" ankündigte, die jedoch in friedlicher Mission kämen. Luis Vianna sandte daraufhin eine Truppe mit 100 Polizisten, unter dem Kommando von Leutnant Manuel Pires Ferreira aus, die er dem Kommando von Arlindo Leoni unterstellte.[505]

---

[500] Vgl. Sampaio (Org.), Canudos, cartas para o barão, 1999, 54.
[501] Sampaio (Org.), Canudos, cartas para o barão, 1999, 54.
[502] *„Juazeiro, 29 de outubro 1896- Conselheiro Governador – Notícias transmitidas por positivo confimam boato da vinda do perverso Antônio Conselheiro, reunido a bandidos; partirão Canudos 2 vindouro. População receosa. Cidade sem garantias. Requisito enérgicas providências. – O juiz de direito, Arlindo Leone."* Leone, Arlindo, Telegramm, 29.10.1896, in: Milton, A campanha de Canudos, 2003, 37.
[503] Milton, A campanha de Canudos, 2003, 37.
[504] Milton, A campanha de Canudos, 2003, 38.
[505] Vgl. Milton, A campanha de Canudos, 2003, 38.

Am 7. November 1896, im Vorfeld der Wahlen, kam die Polizeitruppe in Juazeiro-BA an. In den kommenden Tagen war nichts von den „Banditen" aus Canudos zu sehen. Arlindo Leoni beauftragte daraufhin Leutnant Pires Ferreira den 192 km langen Weg in Richtung Canudos anzutreten, was am 12. November 1896 geschah. Diese Anweisung gab Leoni trotz eingehender Warnungen. Dazu Aristides Milton:

„Einige Personen unterdessen erhoben sich gegen den so getroffenen Beschluss, unter ihnen der Coronel João Evangelista, der dem Kommandanten der Streitkraft aufzeigte – dass es ein wahrhaftes Abenteuer sei, einen unfraglich fürchterlichen Kampf zu riskieren, mit Blick auf die ungleichen Bedingungen in denen die zwei gegnerischen Parteien aufeinanderträfen."[506]

Dennoch kam es zum Abmarsch der Polizeitruppe. Am 19. November 1896 lagerte die Truppe an einem Ort namens Uauá-BA, 114 km von Canudos entfernt.[507]

Gab es eine Rechtfertigung für den Krieg in Canudos?

Antônio Conselheiro ging es in seinem Wirken nicht primär um politische Ziele. Sein Handeln war religiös motiviert. Eine Staatsregierung musste in seinen Augen eine göttliche Rechtfertigung besitzen. Diese fand er nicht bei der positivistisch geprägten Republik. Aber auch gegenüber der Monarchie war Antônio Conselheiro in Fragen der Religion kritisch. Robert M. Levine verdeutlicht dies an einem Beispiel:

„Und obwohl er ein Monarchist war, verweigerte der Conselheiro der Monarchie seine Unterstützung, als diese 1870 in einer aggressiven Weise versuchte, die Macht der herausragenden Bischöfe zu reduzieren während der Krise, die die religiöse Frage genannt wurde."[508]

Zieht man alle dargestellten Fakten zusammen, ergibt sich eine Vielzahl an Motiven und Gründen, die letztlich zum Krieg in Canudos führ-

---

[506] *„Algumas pessoas, no entanto, se insurgiram contra a deliberação assim tomada; e dentre elas o coronel João Evangelista, que ao próprio comandante da força fez ver – que era verdadeira aventura arriscá-la numa luta inquestionávelmente temetária, à vista da desigualdade de condições em que as duas partes contendoras se encontrariam."* Milton, A campanha de Canudos, 2003, 39.
[507] Vgl. Milton, A campanha de Canudos, 2003, 39.
[508] Levine, O sertão prometido, 1995, 108.

ten. Cesar Zama schreibt schon im Jahr 1899 ein kritisches Buch, in dem er die Rechtfertigung des Krieges hinterfragt:

„*Warum gab es diesen Krieg in Canudos? Waren sie kriminell und wurde ihnen der Prozess gemacht und waren sie angeklagt, die Bewohner dieses Ortes? Für den Fall, dass es zutrifft, wäre es nur die Aufgabe der staatlichen Macht gewesen, sie zu stellen, zu verurteilen und zu bestrafen, gemäß unseren Kriminalgesetzen. Diese Aufgabe würde nicht zum Militär passen, das geschaffen wurde um die Institutionen, wenn sie angegriffen werden, zu erhalten und die nationale Ehre zu verteidigen, wenn sie sie beleidigt haben. Wenn sie nicht kriminell waren? In diesem Fall, wenn die Union eingreifen hätte müssen, wäre das nur, um die Verfolgten vor den Verfolgern zu schützen.*"[509]

Cesar Zama verweist in diesem Zusammenhang auf das geltende Recht der Republik:

„*Antônio Conselheiro bekannte sich jedoch zur Monarchie. Es war sein Recht, heiliges Recht, das niemand in einem republikanisch demokratischen Regierungssystem anfechten kann. Es gab von seiner Seite und den seinen keine Handlung die vermuten ließe, dass er etwas gegen die Regierung der Republik versuchte.*"[510]

Zama kommt durch seine Analyse zu dem Ergebnis, dass der Krieg von Canudos rechtlich ungerechtfertigt war:

„*Es war mehr als unnormal, was in Bahia geschah: Eine Bevölkerung von mehr als 20.000 Seelen verteidigte – i.S. mit Klauen und Zähnen [wörtlich mit Klauen und Schnauze] – ihr Recht auf Leben und Eigentum*

---

[509] „*Porque essa guerra a Canudos? Eram criminosos e estavam processados e pronunciados os habitantes d'aquella localidade? No caso affirmativo, ao poder estadoal competia só providenciar para a captura, julgamento e punição délles, segundo as nossas leis criminães. Esta tarefa não podia caber ao exercito, creado para manter as instituições, quando atacadas, e defender a honra nacional, se a ultrajam. Não eram criminosos? Neste caso, se a União tivesse de intervir, deveria ser somente para proteger os perseguidos contra os perseguidores.*" Zama, Libelo republicano acompanhado de comentários sobre a guerra de Canudos, 1989, 28.

[510] „*Antônio Conselheiro porém confessava-se monarquista. Era seu direito, direito sagrado, que ninguem podia contestar em um regimen republicano democrático. Não há acto algum por sua parte ou dos seus que fizesse ao menos presumir que elle tentasse contra o governo da Republica.*" Zama, Libelo republicano acompanhado de comentários sobre a guerra de Canudos, 1989, 24.

gegen eine verwegene und selbstgefällige Regierung, die nicht den geringsten Begriff von ihren Pflichten hatte."[511]

Sieht man auf den Hergang und die Entstehung des Krieges von Canudos so stellt sich die Frage, ob dieser unausweichlich war und inwiefern es eine gesetzliche Grundlage für ein staatliches militärisches Eingreifen gab. Dawid Danilo Bartelt analysiert:

„Betrachtet man zunächst etwaige Strafbestände, so war vor allem der Steuerboykott zweifellos illegal. Die Verfassung sanktionierte unmissverständlich: ‚Wer religiöse Motive vorgibt, um sich von sich aus den Gesetzen der Republik ergebenden Bürgerpflichten zu befreien, ... verliert alle politischen Rechte' (Constituição Brasil 1891: Art. 72, §29). Ebenso kam es zu einem Konflikt mit der Entscheidung von ‚canudenses', sich nur kirchlich trauen zu lassen, mit den neuen Normen. Konflikte zivilrechtlicher Zuständigkeit wurden zumeist intern geregelt, schwere strafrechtliche Fälle dagegen der munizipalen Gerichtsbarkeit übergeben. Quasistaatliche Institutionen (Schulen, Gesundheitsversorgung) entstanden. Darüber hinaus blieben die zeitgenössischen Kläger für die Jahre 1893-1896 konkrete Beweise für einen rechtsbrechenden Antirepublikanismus jenseits seiner (nicht strafbaren) Verbalisierung oder eines mittelschweren Strafrechtsbestandes schuldig. Es fehlte hier also die juristische Grundlage für ein repressives Vorgehen der landesstaatlichen Polizei und des bundesstaatlichen Militärapparates... Ein Delikt lag nicht vor, als die Landesregierung im Auftrag der Sertão-Eliten ohne weitere Prüfung, ohne Haftbefehl, ohne Handhabe, Truppen gegen Belo Monte schickte. Dieses Vorgehen war eindeutig illegal."[512]

Aus der Analyse Bartelts geht hervor, dass kein juristischer Straftatbestand gegen Canudos vorlag, der ein polizeiliches bzw. militärisches Vorgehen verfassungsrechtlich zuließe. Somit ist der Krieg gegen Canudos als ungerechtfertigtes staatliches Vorgehen einzuordnen.

---

[511] „Era mais que anormal o que se passava na Bahia: uma povoação de mais de vinte mil almas defendia – unguibus et rostris – o seu direito de vida e propriedade contra um governo, audaz, prepotente e sem a menor noção de seus deveres." Zama, Libelo republicano acompanhado de comentários sobre a guerra de Canudos, 1989, 29.

[512] Bartelt, Nation gegen Hinterland, 2003, 99, 101. Eine ausgedehnte juristische Analyse liefert Bartelt auf den folgenden Seiten.

Eduardo Hoornaert betrachtet die Vernichtung von Canudos im Rahmen der politischen und gesellschaftlichen Entwicklungen im ausgehenden 19. Jh. als eines der Opfer einer Moderne, der es nicht gelang, die Pluralität des Landes zu sehen und diese Verschiedenheit zu tolerieren.[513]

---

[513] Vgl. Hoornaert, Os anjos de Canudos, 1997, 89.

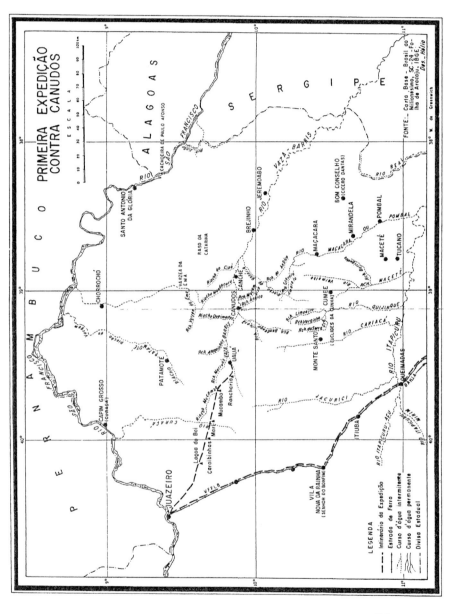

Landkarte 6: Zur ersten Militärexpedition gegen Canudos 1896[514]

---

[514] Bartelt, Nation gegen Hinterland, 2003, 81.

2.4.2 Die vier Militärexpeditionen

Die erste Militärexpedition

Die Polizeitruppe, die unter dem Polizeileutnant Manuel Pires Ferreira von Juazeiro-BA in Richtung Canudos aufbrach, wird auch die erste Militärexpedition genannt. Sie bestand aus 3 Offizieren, 113 Polizeisoldaten, einem Arzt und 2 Führern (Pedro Francisco de Morais und seinem Sohn João Batista de Morais).[515] Am 21. November 1896[516] kam es um 5 Uhr morgens in Uauá-BA, das 114 km von Canudos entfernt liegt, zum Zusammenstoß der Anhänger Antônio Conselheiros mit der ersten Militärexpedition. Zum Hergang des Zusammenstoßes gibt es verschiedene Schilderungen.[517] Der Oberkommandierende Pires Ferreira berichtet von einem Überraschungsangriff von 3.000 Personen aus Canudos. Die Anhänger Antônio Conselheiros wären als religiöse Prozession nach Uauá gekommen. Ein ungleicher Kampf und ein blutiges Massaker ereigneten sich, bei dem 8 Soldaten und über 150 Anhänger von Antônio Conselheiro starben.[518] Während die Soldaten mit Gewehren und Maschinengewehren bewaffnet waren, verfügten ihre Gegner über einfache Gewehre, Messer, Äxte und Sicheln.[519]

Betrachtet man die Angaben, d.h. eine vergleichsweise geringe Zahl an Opfern bei der Polizeitruppe, eine sehr hohe bei den „conselheiristas", die unterschiedliche Bewaffnung und die Schwierigkeit mit einer 3.000

---

[515] Villa, Canudos, o povo da terra, 1995, 141.

[516] Pires Ferreira, Militärbericht vom 10.12.1896, in: Milton, A campanha de Canudos, 2003, 41.

[517] Marco Antônio Villa ist der Meinung, dass Antônio Conselheiro keine Prozession sondern eine maximal 100 Mann starke Kampftruppe nach Uauá gesandt hatte, und dass es sich bei der hohen Anzahl an Toten auf Seiten der „conselheiristas" um eine Rechtfertigungsmaßahme des Oberkommandierenden handelt. Villa beruft sich dabei auf Manuel Ciríaco, einen Überlebenden von Canudos. Vgl. Villa, Canudos, o povo da terra, 1995, 143-144.
Pires Ferreira schildert, dass er von einer Gruppe aus Canudos von ca. 3.000 Personen in einer Prozession überraschend angegriffen worden sei. Vgl. Pires Ferreira, Militärbericht vom 10.12.1896, in: Milton, A campanha de Canudos, 2003, 40-45.

[518] Vgl. Pires Ferreira, Militärbericht vom 10.12.1896, in: Milton, A campanha de Canudos, 2003, 42.

[519] Vgl. Pires Ferreira, Militärbericht vom 10.12.1896, in: Milton, A campanha de Canudos, 2003, 43.

Personen starken Prozessionsgruppe einen „Überraschungsangriff" gegen eine bewachte Polizeitruppe zu starten, so wirft dies Fragen auf. Die Darstellung des Historikers und Bewohners von Uauá-BA, Jerônimo Rodrigues Ribeiro, der sich auf am Zeitzeugen beruft, erscheint dabei am zutreffendsten.[520]

„Sie [Die Leute von Antônio Conselheiro] kamen mit friedlicher Botschaft. Der Beweis ist: Sie wollten einen Dialog führen! Antônio Conselheiro hatte starke und mutige Männer. Aber er hätte nicht 200 bewaffnete Männer geschickt, um mit den bewaffneten Soldaten mit Maschinengewehren zu kämpfen, nur um zu lernen..."[521]

Unterstützt wird diese These durch Aristides Milton, der die Anzahl der „canudenses" auf 130 beziffert.[522] Die Überlebenden von Canudos Honório Vilanova[523] und Manuel Ciríaco[524] berichten dagegen von einer rein militärischen Aktion der „jagunços" von Canudos, mit keinerlei religiösen oder prozessionsähnlichen Elementen. Nach ungefähr fünf Stunden war der Kampf beendet.[525] Der Kommandant Leutnant Manuel da Silva Pires Ferreira ließ die Häuser von Uauá-BA abbrennen, was zur fast vollständigen Zerstörung des Ortes führte.[526] Nach der Auseinandersetzung kehrte die erste Militärexpedition nach Juazeiro-BA zurück. Während Pires Ferreira die Auseinandersetzung in seinem Bericht als großen Sieg beschrieb, wurde die ungeordnete Rückkehr der Polizeitruppe in der Öffentlichkeit von Juazeiro-BA als Niederlage wahrgenommen. Der Überlebende von Canudos Manoel Ciríaco unterstützt die These Aristide Miltons:

---

[520] Jerônimo Rodrigues Ribeiro, Jahrgang 1916, ist Bewohner von Uauá und war dort mehrmals Bürgermeister. Er kannte persönlich Bewohner von Uauá, die heute bereits verstorben sind und dem militärischen Zusammenstoß beiwohnten und Augenzeugen des Geschehens waren.
[521] „*Jerônimo Rodrigues Ribeiro: Vieram em messagem pacífica. A prova é vieram para dialogar! Tinha homens fortes, valentes, mas ele não ia mandar 200 homens para aqui para brigar com os soldados armados de metralhador aqui para aprender...*" Interviewband, Interview 28, Jerônimo Rodrigues Ribeiro, vom 28.06.2008.
[522] Milton, A campanha de Canudos, 2003, 39.
[523] Macedo, Memorial de Vilanova, 1964, 133.
[524] Tavares, Canudos, cinquenta anos depois (1947), 1993, 44.
[525] Pires Ferreira, Militärbericht vom 10.12.1896, in: Milton, A campanha de Canudos, 2003, 42.
[526] Vgl. Rodrigues Ribeiro, Uauá, história e memória, 1999, 26.

„Es kam vom Norden ein Spion, der mitteilte, dass die Truppen auf dem Weg kämen, um Canudos fertig zu machen. Die Kämpfertruppe (jagunços) teilte sich in Regimente ein und morgens kamen wir in Uauá an, wo die Sache sehr gut gemacht wurde."[527]

Es kam daraufhin zu einer großen Zuzugswelle nach Canudos.[528] Der Polizeikommissar vom Pombal Alcides do Amaral Borges schreibt am 22. Dezember 1896 an seinen Vorgesetzten:

„Es scheinen noch einige Tage ohne einen erneuten Kampf zwischen den legalen Kräften und den Anhängern von Antônio Conselheiro zu vergehen, die Bevölkerung dieses und der angrenzenden Bezirke haben sich um die Hälfte reduziert und haben die großen Gruppen im Blick, die in Richtung Canudos aufgebrochen sind, mit der Absicht die ‚fanáticos' von Antônio Conselheiro zu unterstützen... Diese und alle, die dort sind, versichern, dass sie keine Angst haben zu sterben, denn der Tod bedeutet für sie, wie ihnen Antônio Conselheiro garantiert, der Einzug in den Himmel."[529]

Die zweite Militärexpedition unter Febrônio de Brito

Um der Infragestellung der staatlichen Autorität und Moral entgegenzu wirken, organisierte der bahianische Gouverneur Luis Vianna eine zweite Militärexpedition, die deutlich stärker war als die erste. Major Febrônio de Brito vom 9. Bataillon führte die zweite Militärexpedition an mit 8 Militär- und 3 Polizeioffizieren, 300 Militärsoldaten, 100

---

[527] *„Veio do Norte, um espião avisar que as tropas vinham em caminho, acabar com Canudos. A jagunçada arregimentou-se e, de madrugada, chegamos a Uauá, onde a coisa foi bem feita. Moleque que não ficou morto, correu pelas caatingas, que fazia pena."* Ciríaco, Manoel, zitiert in: Tavares, Canudos, cinquenta anos depois (1947), 1993, 44.

[528] Vgl. Nogueira Galvão, O império do Belo Monte, 2002, 45.

[529] *„Parece que se decorrerem mais alguns dias, sem que setrave novo combate entre as forças legais e os sequazes de Antônio Conselheiro, a população deste municipio e a dos limítrofes ficarão reduzidos a menos da metade, tendo em vista os numerosos grupos que têm saído em direção a Canudos, no propósito de reforçar os fanáticos de Antônio Conselheiro... Estes e todos que lá estão asseveram que não têm medo de morrer, porquanto a morte para eles, segundo a garantia que lhes dá Antônio Conselheiro, importa uma mudança para o Céu."* Amaral Borges, Bericht vom 22.12.1896, in: Milton, A campanha de Canudos 2003, 46-47.

bahianischen Polizisten, einem Arzt, einem Pharmazeuten, einem Sanitäter. Am 25. November 1896 brach die zweite Militärexpedition in Richtung Canudos auf. Man hatte zu diesem Zeitpunkt die Information, dass in Canudos ca. 1.000 Kämpfer mit Waffen und in Schützengräben wären. Am 26. November 1896 kam die Expedition in Queimadas-BA an und brach in Richtung Monte Santo-BA auf. 25 km vor Monte Santo-BA, in Cansanção-BA, wurde die Truppe von General Frederíco Solon de S. Ribeiro, gegen Febrônio de Britos Willen, nach Queimadas-BA zurückbeordert.[530] Es kam zu einer Verzögerung, in der die Expedition noch einmal auf insgesamt 600 Soldaten verstärkt wurde.[531] Es wurde jedoch versäumt, sich über die wahre Verteidigungsstärke von Canudos in Kenntnis zu setzen.

Die Expedition zog im Dezember 1896 weiter nach Monte Santo-BA. Zur Bewaffnung zählten u.a. zwei Krupp Kanonen 7,5 sowie drei Nordenfelt Maschinengewehre.[532] Am 16. Januar 1897 bekam die Expedition die Vorhut der „jagunços" von Canudos in den Blick. Am 18. Januar 1897 fanden starke Kampfhandlungen im Gebirgszug Cambaio[533] ca. 6 km vor Canudos statt. Am 19. Januar war der Gegenangriff der „jagunços" aus Canudos so stark, dass Febrônio de Brito den Rückzug in das 104 km entfernte Monte Santo-BA anordnet. Bei den Kampfhandlungen sollen 700 Kämpfer aus Canudos getötet, sowie 60 Soldaten getötet oder verletzt worden sein. Auf dem Rückzug nach Monte Santo-BA verlor Febrônio do Brito weitere 5 Soldaten.[534] Febrônio de Brito bekannte in einem Telegramm vom 25. Januar 1897 aus Queimadas-BA an den internen Kommandanten des Militärdistrikts:

„Die einzigen Männer, die über die Wahrheit informierten, waren der Oberst-Leutnant Antônio Reis und der Viehhirte Joaquim Calumbi, die

---

[530] Vgl. Milton, A campanha de Canudos, 2003, 47-49.
[531] Vgl. Milton, A campanha de Canudos, 2003, 52.
[532] Vgl. Milton, A campanha de Canudos, 2003, 58.
[533] Vgl. Brito, Militärbericht vom 29.01.1897, in: Milton, A campanha de Canudos, 2003, 60.
[534] Vgl. Milton, A campanha de Canudos, 2003, 55-56. Febrônio de Brito gibt in seinem Bericht vom 29.01.1897 eine Gruppe von 900-1.000 „jagunços" aus Canudos an. Vgl. Brito, Militärbericht vom 29.01.1897, in: Milton, A campanha de Canudos, 2003, 62.

angaben, dass es 8.000 ,conselheiristas' gab. Im Mittel kann ich für eine Anzahl, die größer ist als 5.000 garantieren."[535]

Die dritte Militärexpedition unter Coronel Antônio Moreira César

Auf die Niederlage der zweiten Militärexpedition folgte eine weitere starke Zuwanderungswelle nach Canudos. Abelardo Montenegro schreibt:

„Die Bevölkerungen von Tucano, Itapicuru, zogen nach Canudos. Nach dem Rückzug von Major Febrônio reisten ‚fanáticos' aus Pernambuco, Piauí, Ceará, Alagoas, Minas Gerais und São Paulo zum Jerusalem am Vaza-Barris."[536]

Die Siege gegen die beiden Militärexpeditionen stärkten das Ansehen Antônio Conselheiros in der Bevölkerung. Febrônio de Brito erläutert:

„Etwas Übernatürliches und wundersames wurde dem Herrscher von Canudos zugesprochen. Jeder erzählte über ihn eine Episode, eine Einzelheit, eine extravagante oder seltsame Meldung."[537]

Nach den zwei erfolglosen Militärexpeditionen hatte sich die politische Krise verschärft. Deshalb appellierte der Gouverneur von Bahia an die brasilianische Bundesregierung um Beistand und Unterstützung, um eine Lösung auf Bundesebene zu finden.[538] Manuel Vitorino ersetzte zu diesem Zeitpunkt den erkrankten Präsidenten Prudente de Morais. Vitorino beauftragte Oberst Antônio Moreira Cesar mit der Bildung und

---

[535] *„Os únicos homens que informaram a verdade foram o tenente-coronel Antônio Reis e o vaqueiro Joaquim Calumbi, que afirmaram ter conselheiristas 8.000 homens. Pela médida posso garantir número superior a 5.000."* Brito, Militärbericht vom 29.01.1897, in: Milton, A campanha de Canudos, 2003, 59.

[536] *„As populações de Tucano e Itapicurú, em grande parte, deslocavam-se para Canudos. Depois da retirada do major Febrônio, fanáticos de Pernambuco, Piauí, Ceará, Alagoas, Minas Gerais e São Paulo viajavam para a Jerusalem do Vasa-Barris."* Montenegro, Antônio Conselheiro, 1954, 38.

[537] *„Algo de sobrenatural e maravilhoso se atribuía ao dominador de Canudos. Cada qual contava a seu respeito um episódio, uma particularidade, uma notícia extravagante ou curiosa."* Brito, Militärbericht vom 29.01.1897, in: Milton, A campanha de Canudos, 2003, 63.

[538] Vgl. Telegramm des Gouverneurs von Bahia Luis Vianna an den an den einstweiligen Kriegsminister, vom 26.01.1897, in: Milton, A campanha de Canudos, 2003, 67.

Führung der dritten Militärexpedition.[539] Moreira Cesar war ein brasilienweit bekannter Offizier. Wegen seiner brutalen Vorgehensweise bei der Unterdrückung der „revolução federalista" (Föderale Revolution, Februar 1893-August 1895)[540] im Süden Brasiliens wurde er mit dem Spitznamen „Kopfabschneider" (corta cabeça) betitelt. Die Regeln und Gesetze miss-achtend hatte er die Gefangenen abkehlen lassen.[541]

Am 6. Februar 1897 wurde Moreira Cesar von den militärischen Autoritäten und dem Kabinett des Gouverneurs im Hafen von Salvador da Bahia empfangen.[542] Mit einer Truppe von 1.200 Soldaten, davon 700 Infanteristen mit Mannlichergewehren, kam Moreira Cesar am 8. Februar 1897 in Queimadas-BA an.[543] Am 17. Februar 1897 verlegte er das Lager seiner Truppe nach Monte Santo-BA, wo er am 18. Februar 1897 ankam. Auf dem Weg dorthin überkam Moreira Cesar, am Morgen des 18. Februar 1897, an einem Ort zwischen Cansanção und der „fazenda Lagoa de Cima", eine vorübergehende Bewusstlosigkeit, durch die er sich jedoch nicht von der Weiterführung der Militärexpedition abhalten ließ. Am 23. Februar 1897 brach die Militärexpedition in Richtung Canudos auf. José Aras berichtet dazu:

„Der Pater Sabino wurde gezwungen mit den Militärkräften nach Canudos zu gehen, denn der Kommandant akzeptierte nicht seine Entschuldigung. Er setzte ihn auf sein Pferdchen, begleitet vom Sakristan Luíz de França Barbosa,..."[544]

Moreira Cesar wählte als Anreiseweg nicht den Weg durch das Cambaiogebirge, sondern eine Route über Cumbe-BA, die ihn östlicher auf Canudos zuführte. Am Morgen des 3. März 1897 änderte Moreira Cesar seinen ursprünglichen Plan und beschloss Canudos noch am selben Tag, nach 20 km Tagesmarsch anzugreifen.[545] Die Taktik des Obersts forderte

---

[539] Sampaio (Org.), Canudos, cartas para o barão, 1999, 64.
[540] Freitas Neto, Tasinafo, História geral e do Brasil, 2006, 453, 457.
[541] Nogueira Galvão, O império do Belo Monte, 2002, 74-75.
[542] Milton, A campanha de Canudos, 2003, 68.
[543] Vgl. Milton, A campanha de Canudos, 2003, 69-70.
[544] *„O padre Sabino foi obrigado a ir com a Força até Canudos, pois o comandante não desculpou de forma alguma. Montou em seu cavalinho, seguido pelo sacristão Luiz de França Barbosa, o qual foi um dos autores da narração que estou fazendo, ao lado de alguns soldados e guias."* Aras, Sangue de irmãos, ohne Jahresangabe, 91.
[545] Vgl. Milton, A campanha de Canudos, 2003, 72-74.

sehr hohe Verluste. Am Abend waren 200 verletzte Soldaten im Feldlazarett, Moreira Cesar wurde gegen 15.00 Uhr so schwer verletzt, dass er am folgenden Tag starb. Oberst Tamarindo, der Moreira Cesar ersetzte, beschloss gegen 19.00 Uhr das Aus der Kampfhandlungen. Am 4. März 1897 begann die Militärexpedition mit dem Rückzug und der Absicht, sich in Rosário neu zu organisieren.[546] Dabei wurde sie von den „jagunços" aus Canudos verfolgt. Aristides Milton erläutert die weitere Entwicklung:

„Später... entstand eine generelle Flucht. Niemand konnte sich mehr verstehen, weder die Kommandierten noch die Kommandanten. Die militärische Disziplin verschwand vollständig."[547]

Die Kämpfer von Canudos erbeuteten dabei eine Fülle an modernen Waffen, die die Soldaten auf der Flucht zurückließen. Die dritte Militärexpedition endete in einem Desaster für die republikanischen Truppen. Die Nachricht vom Scheitern der dritten Militärexpedition schockierte die regierenden Kreise in Rio de Janeiro und Bahia sowie die Landesoligarchie. Ein Sündenbock wurde im monarchistischen Lager gefunden. Canudos wurde in Rio de Janeiro von nun an als eine monarchistische Verschwörung, insbesondere in der Presse behandelt. Viele Anhänger der Monarchie erlitten daraufhin schwere Repressalien. Es kam zu gewaltsamen Aktionen, bei denen die Polizei den Schutz monarchistischer Politiker aussetzt. Aristides A. Milton schildert:

„Der Hauptsitz der Redaktion der [Zeitungen] ‚Liberdade' und ‚Gazeta a Tarde', beides monarchistische Organe, wurde von einer Welle der Bevölkerung invadiert, der alles wich und die nichts aussparte... ungeachtet der Nacht, um 8.45 Uhr und unter strömenden Regen, zog ein langer Zug der Bevölkerung zum Largo da Carioca zur Rua do Passeio. Dort angekommen hielt die Menge vor dem Wohnhaus des Oberst Gentil José de Castro, dem Eigentümer der ‚Gazeta da Tarde' und Geschäfts-

---

[546] Vgl. Milton, A campanha de Canudos, 2003, 76-77. Vgl. Bericht von Cunha Matos, vom 05.03.1897, in: Milton, A campanha de Canudos, 2003, 81.

[547] *„Depois... uma debandada geral se declarou. Ninguém mais pôde se entender, nem comandantes nem comandados. A disciplina militar desaparecera inteiramente."* Milton, A campanha de Canudos, 2003, 79. Cunha Matos (Major) erläutert in seinem Bericht vom 05.03.1897, die Geschehnisse beim Kampf und Rückzug der dritten Militärexpedition nach Canudos detailliert. Vgl. Cunha Matos, Bericht vom 05.03.1897, in: Milton, A campanha de Canudos, 2003, 79-83.

führer der ‚Liberdade'. Unter lärmenden ‚viva'-Rufen und infamen Beleidigungen wurden Türen und Fenster des Gebäudes zerbrochen und die Menschen, die drinnen waren, beleidigend behandelt... Es war in der Nacht des 8. März. Der Oberst Gentil befand sich an der Zugstation ‚São Francisco Xavier', um den Zug nach Petrópolis zu nehmen, wohin er flüchten wollte. Plötzlich war er von einer großen Gruppe bewaffneter Menschen umringt. Er versuchte noch die Aggression abzuwehren; aber in dem schweren Konflikt wurde der Oberst durch Revolverschüsse schwer verletzt und kurz darauf hauchte er den letzten Atemzug aus."[548]

Es wird deutlich, dass Canudos *de facto* als Mittel zur Bekämpfung des politischen Gegners verwendet wurde. Auch innerhalb der republikanischen Partei versuchten die Nachfolger des verstorbenen ehemaligen Präsidenten Floriano Peixoto ihren Einfluss auszuweiten und das Präsidentenamt wiederzuerlangen. Aufgrund der Einflussnahme der Bundesregierung waren die Aufstände am 11. März 1897 beendet.[549]

Die vierte Militärexpedition unter General Arthur Oscar de Guimarães[550]

Der wegen Krankheit vom Amt pausierende Präsident Prudente de Morais kehrte nach dem Desaster der dritten Militärexpedition in sein Amt zurück und ersetzte seinen Stellvertreter Manuel Vitorino.[551] Es wurde eine vierte Militärexpedition gebildet, die unter dem Oberkommando von General Arthur Oscar de Andrade Guimarães stand, der wie

---

[548] „*...Não obstante, às 8:45 da noite, debaixo da chuva torrncial que então caía, longa fila de populares encaminhou-se pelo Largo da Carioca para a Rua do Passeio. Chegando aí, toda gente parou defronte à casa de residência do coronel Gentil José de Castro, proprietário da Gazeta da Tarde e gerente do Liberdade. E, no meio de vivas estipitosos e de insultos infamantes, foram quebradas as portas e vidraças do prédio, e esacatadas as pessoas que nele se encontravam ... Foi a noite do dia 8. o coronel Gentil achava-se na estação São Franįisco Xavier para tomar o trem que o devia conduzi-lo a Petrópolis, onde era intenção sua de refugiar. De repente, se viu cercado por um magote de pessoas armadas. Ele tentou ainda repelir a agressão; mas travando-se grave conflito, o coronel foi gravemente ferido a tiros de revólver, e pouco depois exalava o derradeiro suspiro.*" Milton, A campanha de Canudos, 2003, 89-90.
[549] Vgl. Milton, A campanha de Canudos, 2003, 91.
[550] Vgl. Zum Verlauf des Krieges: Barreto, Última expedição a Canudos, 1898. Milton, A campanha de Canudos, 2003. Horcades, Descrição de uma viagem a Canudos, 1996. Arruda, Canudos, messianismo e conflito social, 2006.
[551] Vgl. Sampaio (Org.), Canudos, cartas para o barão, 1999, 64-65.

Moreira Cesar ein Anhänger Floriano Peixotos war. Arthur Oscar kam bereits am 21. März 1897[552] in Queimadas-BA an und bereitete in Monte Santo-BA die Militärexpedition vor. Robert M. Levine führt aus:

> *„Man brachte Mittel des gesamten brasilianischen Militärs in Aktion, vereinigte 25 Reihen-Bataillone, Kavallerie, Krupp-Kanonen und 3.000 Soldaten aus 10 Bundesstaaten und dem föderalen Bezirk..."*[553]

In zwei Kolonnen wurde der Angriff auf Canudos geplant. Die erste stand unter dem Kommando von General Silva Barbosa. Die zweite, mit einer Stärke von 2.450 Soldaten,[554] wurde von General Claudio Savaget angeführt. General Arthur Oscar hatte das Oberkommando. Während der Vorbereitungen der vierten Militärexpedition kam es zu weiteren Zuwanderungen von „sertanejos" nach Canudos.[555] Die Vorbereitungen des Militärs lassen viele Fragen offen. Schon beim Abmarsch des Soldatentrupps am 14. Juni 1897[556] von Monte Santo-BA nach Canudos erhielten die Soldaten nur die halbe Lebensmittelration. Darüber hinaus wurden in der Vorbereitungszeit keine Studien über die Beschaffenheit der Region angestellt. Auch über die genaue Anzahl der Verteidiger von Canudos und deren Bewaffnung lagen Arthur Oscar keine genauen Daten vor.[557] Es herrschte die Überzeugung, in Canudos auf wenig Gegenwehr zu stoßen bzw. mit den vorhandenen Kräften die Stadt in Kürze einzunehmen.

Der erste Angriff auf Canudos fand am 28. Juni 1897[558] statt. Nach mehreren Stunden drohte der Kampf für die Soldaten zu einem Fiasko zu werden. Die Verteidiger von Canudos waren gut organisiert und vorbereitet. In einer Art Guerillataktik fügten sie den Soldaten schwere Verluste zu. Der ersten Kolonne unter der Leitung von General Arthur Oscar ging fast die Munition aus, so dass der General die zweite Kolonne unter General Savaget zu Hilfe rief. Bei der Ankunft von Savaget bei Arthur Oscar sagte dieser zu ihm: *„Você salvou-me de uma derrota!"*[559] *(Du hast*

---

[552] Macedo Soares, A guerra de Canudos, 1985 (1897), 49.
[553] Levine, O sertão prometido, 1995, 258.
[554] Zur 2. Kolonne kamen noch 300 Frauen, 80 Kinder und 1.000 Tiere hinzu. Macedo, A guerra de Canudos, 1985, 71.
[555] Vgl. Calasans, Cartografia de Canudos, 1997, 55.
[556] Barreto, Última expedição a Canudos, 1898, 64, 148-152.
[557] Vgl. Barreto, Última expedição a Canudos, 1898, 67.
[558] Barreto, Última expedição a Canudos, 1898, 69.
[559] Barreto, Última expedição a Canudos, 1898, 105.

mich vor einer Niederlage gerettet). Emídio Dantas Baretto beschreibt den vermutlich größten Fehler General Arthur Oscars:

„…denn was man bezüglich des ähnlichen administrativen Bereichs tat, entsprach nicht einmal mittelmäßig den Bedürfnissen der Expedition."[560]

Die „jagunços" nutzen die administrativen Mängel. Es gelang ihnen wirksam die Versorgung der Soldaten mit Munition, Lebensmitteln und Medikamenten zu unterbrechen. Die Soldaten litten unter Hunger, Durst, Krankheiten und fehlenden Aktionsmöglichkeiten. Damit trafen die „jagunços" die „Achillesferse" der vierten Expedition. Chaotische Verhältnisse beherrschten lange Zeit den Favela-Hügel, auf dem die Soldaten ihr Lager aufgeschlagen hatten.[561] Es kam zu zahlreichen Desertionen.[562] Am 29. Juli 1897 registrierte General Arthur Oscar bereits 1.737 gefallene Soldaten.[563] Am 3. August 1897[564] reiste der Kriegsminister Marschall Carlos Machado de Bittencourt von Rio de Janeiro ins Kampfgebiet und kam am 7. September 1897 in Monte Santo-BA an. Weitere 4.400 Soldaten folgten zur Verstärkung. Dantas Baretto, der als Soldat am Krieg beteiligt war, berichtet:

„In kurzer Zeit gelingt es dem Kriegsminister, eine methodische Arbeitsweise der Versorgungszüge zu organisieren und dadurch verbesserte sich unsere Situation erheblich."[565]

Über Monate zog sich der Krieg hin, bis zur endgültigen Zerstörung von Canudos. Auf beiden Seiten kam es zu großem Leid. Die Kämpfer von Canudos verteidigten ihre Stadt mit großem Geschick, Disziplin und dem Vorteil der Kenntnis des Geländes und der Lebensverhältnisse sowie der Überzeugung, für eine gerechte Sache zu kämpfen. Die Bevölkerung

---

[560] „*…porquanto o que se fez a respeito de semelhante ramo administrativo não correspondeu mediocremente sequer, às necesidades da expedição.*" Barreto, Última expedição a Canudos, 1898, 35.

[561] Vgl. Barreto, Última expedição a Canudos, 1898, 105-114.

[562] Nery, A quarta expedição contra Canudos. Cem leguas atravez do sertão, 1898, 101.

[563] Vgl. Milton, A campanha de Canudos, 2003, 112.

[564] Bericht des Kriegsministers von 1898, zitiert in: Milton, A campanha de Canudos, 2003, 119.

[565] „*Em pouco tempo o ministro da guerra conseguiu organisar um serviço methodico de comboios, e dessa forma a nossa situação melhorou consideravél.*" Barreto, Última expedição a Canudos, 1898, 191.

von Canudos hielt, obwohl es auch Abwanderungen gab, bei verheerenden Verhältnissen fast bis zum Schluss an Canudos fest. Antônio Conselheiro starb am 22. September 1897[566] aufgrund eines starken Durchfalls, wegen dem er seit Juni im Bett liegen musste. Am 1. Oktober 1897 hisste einer der Vertrauten des Conselheiros, Antônio Beatinho, die weiße Flagge. Er verhandelte mit General Arthur Oscar, der ihm und denjenigen, die sich ergeben würden, das Leben zusicherte. Einige hundert Bewohner von Canudos, in der Mehrzahl Frauen Kinder und Alte, begaben sich daraufhin als Gefangene in die Hände des Militärs. Viele der kampffähigen Männer blieben in Canudos.[567] Der bahianische Medizinstudent Alvim Martins Horcades, der sich freiwillig als Sanitäter gemeldet hatte, berichtet:

„Am Ende dieses Tages nahm die Zahl der Gefangenen ‚jagunços' auf ungefähr 600 zu."[568]

Bemerkenswert bleibt bis zum Ende des Krieges die Moral der Bewohner und Kämpfer von Canudos. Manoel Benício schreibt dazu:

„Viele Frauen verweigerten sich, den ‚beato' [Antônio Beatinho] aus dem Sertão zu begleiten und bevorzugten es, mit ihren Kindern an der Seite ihrer Ehemänner zu sterben. Tiago, der eine Gruppe von Frauen und Kindern begleitete, um zu sehen, welches Schicksal sie nehmen würden, kehrte erschüttert und verschreckt zurück, als er auf dem Areal zu der Grube kam, wo sie die ‚jagunços' hineinlegten. – Sie sterben, aber sie ergeben sich nicht denen, die ihnen den Hals durchschneiden...! berichtete er.[569]

---

[566] Montenegro, Antônio Conselheiro, 1954, 40.
[567] Vgl. Barreto, Última expedição a Canudos, 1898, 222ff.
Horcades, Descrição de uma viagem a Canudos, 1996, 82-87.
Favila Nunes berichtet, dass Antônio Beatinho am 04.10.1897 die weiße Flagge hisste und mehr als 1.000 Menschen aus Canudos sich nach den Verhandlungen und der Lebenszusicherung durch General Arthur Oscar de Guimarães in dessen Hände begaben. Favila Nunes, Bericht vom 08.10.1897, in: Gazeta de Notícias, Rio de Janeiro-RJ, 28.10.1897, in: Nogueira Galvão, No calor da hora, 1974, 208.
[568] *„No fim deste dia o numero de jagunços prisioneiros elevou-se approximadamente a 600."* Horcades, Descrição de uma viagem a Canudos, 1996, 89.
[569] *„Muitas mulheres negaram-se a acompanhar ao beato sertanejo. Preferindo morrer com suas filhas ao lado dos seus maridos. Tiago, que acompanhara um grupo de mulheres e crianças para ver que destino lhes era dado, voltou*

Am Ende des Krieges gab es ca. 800 Gefangene aus Canudos.[570] Am 5. Oktober 1897 fiel Canudos mit dem Tod seiner letzten Verteidiger. Euclides da Cunha schildert:

"Canudos hat sich nicht ergeben. Einzigartig in der Geschichte, hat es bis zur vollständigen Ausblutung Widerstand geleistet. Fußbreit für Fußbreit, im wahrsten Sinne des Wortes, fiel es am 5. Oktober, als seine letzten Verteidiger bis auf den letzten Mann fielen. Es waren ihrer nur vier: ein Alter, zwei ausgewachsene Männer und ein Knabe, vor denen fünftausend Soldaten wütend brüllten."[571]

Die ganze Stadt Canudos wurde verbrannt und dem Erdboden gleich gemacht.[572] Zuvor wurden die Häuser gezählt. Man kam auf eine Anzahl von 5.200.[573] Insgesamt kamen im Krieg von Canudos 5.000 Soldaten um oder wurden verletzt.[574] Über die genaue Anzahl der gefallenen Kämpfer von Canudos liegen keine endgültigen Zahlen vor. Favila Nunes berichtet über den Umgang mit den Gefangenen aus Canudos:

"Es gibt mehr als 160 Gefangene, die meisten sind Frauen und Kinder, ich habe gesehen wie der General angeordnet hat keine Männer als Gefangene zu nehmen, die revoltierend schweigen oder zynisch sind... General Artur Oscar, in dem sich die Tapferkeit des Soldaten und das gute Herz des Vaters vereinen, gibt liebevollerweise diese Kinder [Kinder-Gefangene aus Canudos] an diejenigen, die sie versorgen können und deshalb werde ich meine arme Josefa mitnehmen. Fast alle Offiziere

---

horrorizado e espavorido, e enfiou pelo arraial ao buraco onde se meteram os jagunços! – Morram, mas não se entreguem, que estão cortando os pescoços dos que se entregam...! avisou ele." Benício, O rei dos jagunços, 1997, 213.

[570] Vgl. Horcades, Descrição de uma viagem a Canudos, 1996, 90.

[571] *"Canudos não se rendeu. Exemplo único em toda a história., resisitiu até ao esgotamento completo. Expugnando palmo a palmo, na precisão integral do termo, caiu no dia 5, ao entardecer, quanto caíram os seus últimos defensores, que todos morreram. Eram apenas: um velho, dois homens feitos e uma criança, na frente dos quais rugiam raivosamente cinco mil soldados."* Cunha, Os sertões, 2001, 778. Cunha, Krieg im Sertão, 1994, 682. Vgl. Barreto, Última expedição a Canudos, 1898, 230.

[572] Barreto, Última expedição a Canudos, 1898, 233 ff.

[573] Barreto, Última expedição a Canudos, 1898, 237. Vgl. Cunha, Krieg im Sertão, 1994, 683-684. Major C. Nery berichtet dem hingegen von nur 2.500-3.000 Feuern (Häusern). Vgl. Nery, A quarta expedição contra Canudos, 1898, 113.

[574] Vgl. Barreto, Última expedição a Canudos, 1898, 241.

haben schon ein solch armes Ding, um es zu beschützen, was man mit der größten Liebe und Hingabe tut."[575]

Aus der Berichterstattung Favila Nunes' geht hervor, das männliche Gefangene, die keine Auskunft gaben, getötet und die gefangenen Kinder unter den Offizieren aufgeteilt wurden. Der „liebevolle Umgang" mit den Kindern wird vom Comitê Patriótico da Bahia stark in Frage gestellt. In vielen Fällen wurden die Kinder wie Sklaven behandelt. Laut Abelardo Montenegro wurde die Leiche des Conselheiro nach dem Ende des Krieges[576] exhumiert und ins Feldlazarett gebracht. Dort wurde ihm der Kopf abgetrennt und nach Salvador zur Untersuchung bei dem anerkannten Medizin-Professor Nina Rodrigues geschickt. Rodrigues untersuchte den Kopf, konnte jedoch keine Anomalitäten feststellen.[577]

Der Überlebende von Canudos Pedrão gab demgegenüber zur Aussage, dass es sich bei der Exhumierung um eine Verwechslung gehandelt hätte. Nicht der Conselheiro sondern Manuel Quadrado, einer seiner religiösen Anhänger, der ein ähnliches Aussehen hatte und ähnliche Kleidung trug, sei exhumiert worden. Gestützt wird dies durch die Aussage seiner Tochter Adalgisa. Honório Vilanova, der der Exhumierung nicht beiwohnte, sowie Alvim Martins Horcades halten dem jedoch entgegen, dass Augenzeugen Antônio Conselheiro bei der Exhumierung wiedererkannt hätten.[578] Rui Facó zieht ein Fazit zum Widerstand, den Canudos leistete:

---

[575] *„Os prisioneiros sobem a 160, na maior parte mulheres e crianças, visto ter o general ordenado não aprisionar homens que são de uma mudez revoltante e cínica... O General Artur Oscar, que sabe aliar à bravura denodada de soldado um belo coração de pai, dá gostosamente estas crianças a quem as possa tratar, e por isso eu levarei a minha pobre Josefa. Quase todos os oficiais já tem uma desgraçadinha destas para proteger, o que se faz com o maior carinho e deoicação."* Favila Nunes, in: Gazeta de Notícias, Rio de Janeiro-RJ, 12.10.1897, verfasst am 26.09.1897, in: Nogueira Galvão, No calor da hora, 1974, 115-116.

[576] Alvim Horcades datiert die Exhumierung des Conselheiros auf den 6.10.1897. Horcades, Descrição de uma viagem a Canudos, 1996, 97. Aristides Milton bestätigt die Tötung der Besiegten. Es waren fast nur Frauen und Kinder, die die Soldaten aus Canudos mitbrachten. Vgl. Milton, A campanha de Canudos, 2003, 133, 142.

[577] Vgl. Otten, Só Deus é grande, 1990, 37.

[578] Montenegro, Antônio Conselheiro, 1954, 41. Horcades, Descrição de uma viagem a Canudos, 1996, 98.

„*Während eines ganzen Jahres widerstand es vier regulären Expeditionen der Kräfte des Heeres und der Militärpolizei, eingeschlossen Truppen der Kavallerie und Artellerie, insgesamt mehr als 12.000 Männern... Circa 5.000 Soldaten und Offiziere der Regierungstruppen starben.*"[579]

Rückkehr nach Canudos

Im Jahr 1909 kamen einige Überlebende nach Canudos zurück, wodurch es zum erneuten Aufbau von Canudos kam. In der Dekade von 1930 siedelten sich auch Arbeiter an der Transnordost-Straße im Zuge der Bauarbeiten in Canudos an. In den 1940er Jahren besuchte der brasilianische Präsident Getúlio Vargas die Region von Canudos und brachte die Idee eines Staudammbaus ins Gespräch, um den Wassermangel bei der Bevölkerung des Sertão zu beheben. Die brasilianische Militärregierung errichtete in den 1960er Jahren den Stausee und siedelte die Bevölkerung von Canudos ins nahegelegene „Cocorobó" um, das in „Canudos" umbenannt wurde. Das Gebiet von Canudos - zur Zeit Antônio Conselheiros - befindet sich heute unter den Wassern des Stausees des „Rio Vaza Barris", den die Militärregierung Brasiliens 1969 einweihte.[580]

2.4.3 Gründe für Widerstand und Durchhalten in Canudos

Die Durchhaltekraft der Bewohner von Canudos im Krieg gegen die vier Expeditionen des brasilianischen Militärs beruhte auf mehreren Faktoren. Im Zentrum stand die religiöse Überzeugung, in Canudos in Einklang mit dem Willen Gottes zu leben und damit seine „Seele zu retten". Diese Botschaft war von Antônio Conselheiro im Laufe seiner ganzen Peregrination verkündet worden. Auf diesem Pilgerweg und im Zusammenleben in Canudos hatte sich ein großes Vertrauen der Sertãobevölkerung zu Antônio Conselheiro sowie eine tiefgreifende Spiritualität und Solidarität unter den Bewohnern von Canudos aufgebaut. Canudos wurde zur neuen Heimat, dafür hatten viele alles aufgegeben. Religiös motiviert war auch die Ablehnung der Ersten Brasilianischen Republik, die der Conselheiro schon kurz nach deren Gründung aussprach. Der starke Durchhaltewillen in Canudos fand seinen Ausdruck auch in den fast bis zum Ende des Krieges eingehaltenen Gebetszeiten. Das gemeinsame

---

[579] Facó, Cangaçeiros e fanáticos, 1978, 117.
[580] Vgl. Nogueira Galvão, O império do Belo Monte, 2002, 101-102.

Gebet stärkte den Durchhaltewillen, um Canudos auch in der immer schwieriger werdenden Situation zu verteidigen. Dantas Barreto berichtet dazu:

„Man hatte schon fast die Front der alten Kirche zerstört und die Glocke lag auf der Erde, die niemals aufhörte zu den Ave Marias zu läuten, ebenso wie zum Rufen der 'fanáticos', zur Meditation und zum Gebet, deren Ausübung ihre Seele stärkte und in ihnen das Gefühl der Religion entzündete."[581]

Canudos bot darüber hinaus ein menschenwürdigeres Zusammenleben und ein Leben fern von Hunger und Not, in Sicherheit vor gewalttätigen Ausschreitungen und der Unterdrückung durch die Großgrundbesitzer. Die Erfolge gegen die ersten drei Militärexpeditionen bestätigten die Bewohner von Canudos in ihrem Handeln. Dies alles trug dazu bei, dass Canudos Widerstand bis zur totalen Zerstörung leistete. Der Conselheiro war aus religiösen Gründen überzeugt, sich rechtmäßig zu verteidigen. Dies bestätigt Abelardo Montenegro:

„Der Conselheiro dachte nicht daran aufzugeben, denn er erkannte die Regierung, die befahl Canudos anzugreifen, nicht an."[582]

Dabei konnte Canudos auf eine breite Unterstützung in der Bevölkerung bauen und von Seiten einiger Priester zählen. Abelardo Montenegro gibt ein Beispiel:

„In Petrolina war der spanische Priester Martinez Codeço in Gefangenschaft, weil er den Conselheiro mit Schießpulver versorgt haben sollte."[583]

Auch die Menschen in Canudos waren überzeugt von dem vor Gott bestehenden Recht, Ihre Stadt und ihre auf dem katholischen Glauben beruhende Lebensweise zu verteidigen. Dies hatte der Conselheiro ihnen vermittelt. Auch Gefangene aus Canudos, die befragt wurden, weshalb

---

[581] *„Já então se havia demolido quasi toda a frontaria da igreja velha, deitando-se por terra o sino que nunca deixou de dar ás ave marias, como para chamar os fanáticos á meditação e a prece, cujo exercício lhes fortalecia a alma e inflammava-lhes o sentimento da religião."* Barreto, Destruição de Canudos, 1912, (1898, Última Expedição a Canudos), 241.
[582] *„Conselheiro não pensava em rendição, pois não reconhecia o Governo que mandara atacar Canudos."* Montenegro, Antônio Conselheiro, 1954, 39.
[583] *„Em Petrolina, era preso o padre espanhol Martinez Codeço y Martinez sob fundamento de que fornecia pólvora a Conselheiro."* Montenegro, Antônio Conselheiro, 1954, 39.

sie nicht Canudos verlassen hätten, bestätigten, dass sie sich im Recht sahen. Emídio Dantas Barreto gibt folgende Gegenfrage eines Gefangenen aus Canudos wieder:

„Die Herren eignen sich unsere Häuser und Töpfe an, unsere Kleidung und alles, was wir besaßen, und jetzt gehen wir unter der Sonne in der Ruhe ohne etwas zu haben, mit dem man einen Tropfen Wasser tragen kann, ohne etwas zum Ankleiden, ohne Essen. Weshalb haben sie sich auch unsere Bohnen, unser Mehl und unseren Mais genommen?"[584]

Canudos war zur Heimat geworden, dafür hatten viele „sertanejos" alles verlassen, was sie besaßen. Dies gibt auch ein Gespräch zwischen einem Leutnant und einer Gefangenen aus Canudos wieder, das Dantas Barreto festgehalten hat:

„ Und warum seid ihr nicht geflüchtet, als es noch Zeit war? fragte der Leutnant Avila. Wir hatten nichts wohin wir gehen konnten, wir waren [lebten] in unseren Häusern angenehm und ihr kamt, um uns zu töten. Also tötet mich schnell."[585]

Dantas Barreto schildert, dass die Gefangenen aus Canudos so sehr am Conselheiro festhielten, dass sie sogar die Soldaten bewegen wollten, sich dem Conselheiro anzuschließen:

„Die Gefangenen dieser Zeit sagten noch, dass wir [Soldaten], wenn wir zum Conselheiro gingen, er uns alle begangenen Verbrechen gegen die Heiligkeit seiner Person vergeben würde und uns in Frieden in unsere Häuser zurückschicken würde."[586]

---

[584] *„Os senhores se apoderaram das nossas casas, dos nossos potes, das nossas roupas, de tudo quanto tinhamos e agora andamos ao sol, ao sereno, sem termos em que carregar uma gota da agua, nem que vestir, nem o que comer. Porque ficaram também com nosso feijão, a nossa farinha e o nosso milho?"* Barreto, Última expedição a Canudos, 1898, 197.
[585] *„E porque não fugiram emquanto era tempo? perguntou o tenente Avila. – Nós não tinhamos para onde ir, estavamos em nossas casas socegados e voces vieram nos matar. Pois matem-me logo."* Barreto, Última expedição a Canudos, 1898, 202.
[586] *„Os prisioneiros desse tempo ainda diziam que, se nos apresentassemos ao Conselheiro, este nos perdoaria todos os crimes commetidos contra a santidade da sua pessoa, e nos mandaria em paz para nossas casas."* Barreto, Última expedição a Canudos, 1898, 196-197.

Maria Isaura Pereira de Queiroz vertritt die These, dass der Conselheiro den „jagunços" aus Canudos versprach, dass sie im Falle ihres Sterbens im Krieg auferstehen würden:

„...der Tod war für sie [die Anhänger Antônio Conselheiros] entsprechend der Garantie, die Antônio Conselheiro ihnen gab, eine Einführung eines Umzugs in den Himmel... wenn sie stürben, würden sie schnell auferstehen, um in dieser oder einer anderen besseren Welt eine geruhsame Existenz inmitten von Entzückungen und schwindlig machenden Freuden zu genießen."[587]

Auch José Calasans vertritt die These, dass die „jagunços" von Canudos an eine Auferstehung glaubten, falls sie im Krieg sterben würden. Er schreibt:

„Man hatte keine Angst vor dem Tod, denn der charismatische Leiter würde für alle auferstehen und würde die Feinde verwirren... Die Wunder des Conselheiros erfolgten in den Kriegstagen. Die Siege wurden unveränderlich als Beweise von übernatürlichen Gaben des heiligen Gesandten verstanden, dem der Allerhöchste einen besonderen Schutz gewährte."[588]

Tatsächlich wurden dem Conselheiro in der Bevölkerung Wunder zugesprochen, obgleich er selbst und die ihm näher stehenden von keinen Wundern sprachen. Euclides da Cunha berichtet z.B. von der Befragung eines ca. 14jährigen „jagunços" namens „Agostinho", den man gefangen genommen hatte. Agostinho berichtet, entgegen der These von Calasans, dass er keine Wunder kenne, die Antônio Conselheiro vollbracht hätte. Ebenso wenig hätte er den Kämpfern von Canudos versprochen, dass diejenigen, die im Krieg fallen, auferstehen würden. Auf die Frage, was Antônio Conselheiro denen versprochen hätte, die sterben, antwortete Agostinho: *„Die Seele zu retten."*[589] Dies war das zentrale Predigtmotiv des Conselheiros und die Klammer, die Canudos zusammen hielt. Alvim Martins Horcades nennt die Eingeschränktheit der Wahrnehmung der „sertanejos" – er nennt es Ignoranz:

---

[587] Pereira de Queiroz, O messianismo no Brasil e no mundo, 2003, 240. Milton, A campanha de Canudos, 41, 51-52. Vgl. Montenegro Abelardo, Antônio Conselheiro, 1954, 39.
[588] Calasans José, O ciclo folclórico do Bom Jesus Conselheiro, 2002, 55-56.
[589] Cunha, Diário de uma expedição, 2003, 52, 55.

„*...vielleicht bleibt bei ihnen [den Bewohnern von Canudos] die Ignoranz das ‚größte aller Übel'. Nicht einmal der Name eines einzigen Sohnes von Bahia fungierte hier als Komplize monarchistischer Ideen... Canudos war nicht mehr als eine Höhle der Ignoranz, die die Angst und Niedertracht einiger in ein fast nicht einnehmbares Bollwerk verwandelte.*"[590]

2.4.4 Die Überlebenden

Die ca. 800 Gefangenen aus Canudos erlitten ein schweres Schicksal.[591] Alvim Horcades, der als Sanitäter im Krieg auf der Seite des Militärs mitarbeitete, schildert:

„*Und mit Aufrichtigkeit sage ich es: In Canudos wurden fast alle Gefangenen abgekehlt.*"[592]

Auch der Cousin des „Barão de Jeremoabo" José Américo Camelo de Souza Velho, der Helfer und Freund der Militärtruppen war, berichtet:

„*Es gab mehr als 200 Abgekehlte in zwei oder drei Tagen in Folge und so ging es weiter. Viele Frauen und Kinder folgten nach Bahia, um den Staat größte Ausgaben zu machen!! Alle sollten abgekehlt werden, aber so will es dieser Marschall nicht, der alle Kräfte zurückzuziehen befiehlt und den Sertão mit mehr als 2 bis 3.000 ‚jagunços' verseucht lässt...*"[593]

---

[590] „*‚...talvez que a ignorancia ainda lhes continue a ser o ‚maior dos males'. Nem siquer o nome de um só filho da Bahia figurou como cumplice de ideias monarchistas... Canudos não era mais do que um antro de ignorancia, que o medo e a corvadia de alguns tornaram em um reducto quasi inexpugnável.*" Horcades, Descrição de uma viagem a Canudos, 1996, 95-96.

[591] Für das Durchschneiden der Kehle, auf Portugiesisch „*degolamentos*", gab es die besondere Bezeichnung: „*Gravata vermelha*" = jemandem die rote Krawatte anlegen.

[592] „*E com sinceridade o digo: Em Canudos foram degolados quase todos os prisioneiros.*" Horcades, Descrição de uma viagem a Canudos, 1996, 103. Abelardo Montenegro spricht demhingegen von nur 200 abgekehlten Gefangenen. Vgl. Montenegro, Antônio Conselheiro, 1954, 40. Auch Petrus (Pedro) Sinzig berichtet von den Abkehlungen. Vgl. Sinzig, Reminiscências d'um frade, 1925, 190.

[593] „*Houve para mais de duzentos degolados de dois para três dias seguindo assim, e assim tem seguido. Muitas mulheres e crianças, seguindo para Bahia para dar maior dispêndio ao Estado!! Que deveria era tudo ser degolado mais assim não quer o tal marechal que diz retirar as forças deixando o sertão*

Das Massaker an den Gefangenen von Canudos wurde nicht von allen zeitgenössischen Schriftstellern erwähnt, insbesondere nicht bei denen, die dem Militär nahe standen. Euclides da Cunha berichtet in keinem seiner Werke von dem Massaker, ebenso wenig Emídio Dantas Barreto[594] und Constantino Nery.[595] Aristides Milton und Alvim Martins Horcades klagen die Abkehlungen der Gefangenen an.[596] Alvim Martins Horcades:

„Nach dem Aufruf organisierte sich dieses Bataillon der Märtyrer mit gebundenen Armen, einer an den anderen aneinander gepfercht, jeder hatte zwei Wachen und folgten... folgten, um noch einmal ihren unerschrockenen Mut vollständig zu prüfen... Sie gingen ein kleines Stück auf dem Land und dort wurden sie ermordet, einer nach dem anderen... Diesen Dienst hatten zwei Gefreite und ein Soldat unter dem Kommando des blutrünstigen Leutnant Maranhão. Die zwei Fachmänner in der Kunst nahmen ihre üblicherweise geschärften Säbel auf die Weise, dass bei der Berührung der Halsschlagader das Blut begann auszutreten. Auf diese Weise wurde diese ganze Region abgeschnitten, um einen Blutstrahl hervorzurufen, der mehr oder weniger 25 Zentimeter Dicke im Umfang hatte. Es wurden vor ihrem Angesicht die größten Schmähungen abgegeben, aber sie traten ihnen mit der Ernsthaftigkeit des Wehrlosen entgegen; sie versuchten ihnen Enthüllungen zu entreißen, aber sie reagierten mit Schweigen; schließlich befahlen sie ihnen ‚Es lebe die Republik' zu rufen, aber sie sagten, sie bevorzugten den Tod und gaben von sich ‚Es lebe der gute Jesus Conselheiro' und Belo Monte und fielen dann getroffen vom Dolch der Legalität (wenn ich mich recht ausdrücke), diese Menschen, würdig des Namens Brasilianer!! Jawohl!"[597]

---

contaminado com mais de 2 a 3 mil jagunços..." Camelo de Sousa Velho, José Américo, Brief an den „Barão de Jeremoabo" vom 15.10.1897, in: Sampaio (Org.), Canudos, cartas para o barão, 1999, 221.
[594] Barreto, Última expedição a Canudos, 1898.
[595] Nery, A quarta expedição contra Canudos, 1898.
[596] Milton, A campanha de Canudos, 2003. Horcades, Descrição de uma viagem a Canudos, 1996.
[597] „Depois de feita a chamada organisava-se aquelle batalhão de martyres, de braços atados, arrochados um ao outro, tendo cada qual dous guardas, e seguiam... seguiam para ainda uma vez provar cabalmente a sua coragem intimorata... Caminhavam um pequeno pedaço de terra e lá ia sendo assasinado um após outro... Eram encarrgados deste serviço dous cabos e um soldado ao mando do sanguinario Alferes Maranhão os quaes peritos na arte, já traziam os seus sabres convenientemente amolados, de maneira que ao tocarem a carotida,

Ebenso berichtet Lélis Piedade von dem gräulichen Verhalten der Soldaten gegenüber den Gefangenen, die sie teilweise auf dem Weg ermordeten, oder wie Sklaven behandelten.[598] Für die geflüchteten Überlebenden von Canudos war der Krieg am 5. Oktober 1897 nicht zu Ende. Abelardo Montenegro:

„Die Verfolgung der Conselheiristas setzte sich selbst nach der Eroberung des Areals fort. Im ‚Jornal de Notícias' bestätigt Lélis Piedade, dass Briefe von bestimmten ‚sertanejos' ihm den Auftrag vermittelten, die Aufmerksamkeit des Conselheiros Luis Vianna nach Pombal und Tucano zu lenken, wo ‚conselheiristas', die in ihr zu Hause zurückgekehrt waren, ausgeplündert oder so sehr bedroht wurden, dass sie sich tagsüber in den Gebüschen versteckten und nur nachts, dank des Mitgefühls von Verwandten, ein wenig Essen bekamen."[599]

Viele versteckten sich, um nicht nachträglich noch gefangen genommen oder getötet zu werden bzw. andere Repressalien zu erleiden. So war es für die Überlebenden ein „Muss", über den Krieg zu schweigen.[600] Der deutsche Franziskanerpater Bruder Pedro (Petrus) Sinzig OFM, der für das „Comité Patriótico da Bahia" arbeitete, schreibt rückblickend:

---

o sangue começava extravasar-se, sendo então decepada toda aquella região, de modo a produzir um jorro de sangue, tendo pouco mais ou menos 25 centimetros de espessura, em circumferencia. Eram atirados á sua face, os maiores vituperios, mas elles os enfrentavam com a serenidade do indefeso; procuravam arrancar-lhes revelações, mas elles as faziam com o mutismo; finalmente mandavam-n'os dar vivas á República, mas elles diziam preferir a morte, e era dando vivas ao ‚Bom Jesus Conselheiro' e Bello Monte que cahiam fulminados pelo punhal da legalidade (se bem me exprimo) aquelles homens dignos do Nome brasileiro!! Sim!" Horcades, Descrição de uma viagem a Canudos, 1996, 114-115.

[598] Barreto, Última expedição a Canudos, 1898, 237.

[599] *„A perseguição contra os conselheiristas continuava mesmo depois de expugnado o arraial. Pelo Jornal de Notícias, da Bahia, Lélis Piedade afirmava que caras de distintos sertanejos lhe conferiam a incubência de chamar a atenção do conselheiro Luis Viana para Pombal e Tucano, onde conselheiristas, que retornavam a seus lares, eram explorados, ou então, ameaçados de tal sorte que se escondiam nos matos durante o dia, só conseguindo algum alimento à noite, graças à piedade de parentes."* Montenegro, Antônio Conselheiro, 1954, 42.

[600] Vgl. Sampaio (Org.), Canudos, cartas para o barão, 1999, 78.

„Nur 20 Jahre sind vergangen nach der blutigen Revolution von Canudos. Unterdessen spricht man fast nicht mehr von diesem unheilvollen Geschehen im eigenen Land, wo früher die ganze Bevölkerung bedrückt und besorgt die Aufmerksamkeit auf die Hochebene des Staates Bahia richtete, Theater dieses Bruderkampfes, der ein so schreckliches Ende hatte."[601]

Auch die Kirche schwieg zu den Geschehnissen in Canudos. Vom Erzbischof Salvador-Bahias gab es keine Briefe oder andere öffentlichen Äußerungen zu Canudos. Das literarisch hochwertige Werk „Os sertões" von Euclides da Cunha prägte, seit der Veröffentlichung 1902, für fast 50 Jahre unangefochten die Überlieferungsgeschichte von Canudos. Die alternativen historischen Darstellungen, z.B. von Aristides Milton und Alvim Martins Horcades wurden durch „Os sertões" überdeckt. Diejenigen, die etwas sagen konnten, waren zum Schweigen verbannt, andere waren froh, wenn keiner fragte [z.B. die Kirche]. „Os sertões" war für die offizielle Geschichtsschreibung sympathisch, da es das Massaker an den Gefangenen ausließ.

Nach dem Krieg nahm das Militär die nicht ermordeten Gefangenen aus Canudos mit, zum größten Teil waren es Frauen und Kinder. Die Gefangenen wurden den einzelnen Soldaten zugeteilt, die sie zum Teil gut,[602] zum größeren Teil aber unmenschlich behandelten. Initiiert durch einen Zeitungsaufruf des deutschstämmigen bahianischen Geschäftsmanns Franz Wagner, vom 26. Juli 1897,[603] gründete sich in Salvador-BA das Comitê Patriótico da Bahia. Dieses Comitê Patriótico sammelte Geld- und Sachspenden, mit dem Ziel, humanitäre Hilfe für die Soldaten, die in Canudos kämpften, die Verletzten und die Hinterbliebenen zu

---

[601] *„Vinte anos apenas decorreram depois da sanguinolenta revolução de Canudos. Entretanto, quasi já não se ouve falar desse acontecimento calmamitoso, no proprio paiz onde, outróra, toda a população, acabrunhada e apprehensiva, fazia convergir a attenção para o planalto do Estado da Bahia, theatro dessa luta fratricida que teve tão horroroso desfecho."* Sinzig, Reminiscências d'um frade, 1925, 142.

[602] Z.B. beschreibt Lélis Piedade den humanitären Einsatz des Leutnants Gastão Rodrigues de Almeida vom 30. Infantriebataillon. Ebenso berichtet er auch von Soldaten, die Kinder aus Canudos töteten, indem sie sie gegen einen Baum schlugen u.a. Gräueltaten. Vgl. Piedade, Olavo, Comité Patriótico da Bahia 1897-1901, Histórico e relatório do Comité Patriótico da Bahia, 2002, 122.

[603] Piedade, Olavo, Comité Patriótico da Bahia 1897-1901, Histórico e relatório do Comité Patriótico da Bahia, 2002, 47-48.

leisten.[604] Auch der Erzbischof von Salvador-Bahia, Dom Jerônimo, rief die Gemeinden auf, das Comitê zu unterstützen.[605] So wurden u.a. die verletzten Soldaten aus Canudos, die in Salvador ankamen, unterstützt und Ambulanzstationen in Alagoinhas-BA, Queimadas-BA und Cansanção-BA errichtet.

Die Franziskaner Pater Gabriel Grömer OFM und Petrus Sinzig OFM sowie der Kapuzinermissionar Bruder Jeronymo de Montefiore OFM Cap unterstützten das Comitê durch ganz praktische wie seelsorgliche Hilfe.[606] Das Comitê Patriótico wurde zu einem humanitären Licht in der Dunkelheit des Kriegs- und Nachkriegsgeschehens von Canudos und lieferte wichtige historische Fakten, insbesondere über die Rückkehr des Heers und der Gefangenen aus Canudos. Petrus Sinzig OFM, der in der Sanitätsstation des Comitê Patriótico in Cansanção-BA wirkte, berichtet am 10. Oktober 1897:

„Das Bataillon der bahianischen Polizeikräfte unter dem Kommando von Major Salvador Pires brachte heute viele ‚jagunços', ca. 15 oder 20 Männer und ungefähr 100 Frauen und Kinder. Beim Betrachten der Anhäufung dieser Menschen hatte ich den Eindruck, mich vor einem Sklavenmarkt[607] zu befinden... Die Männer waren gefesselt, einige von ihnen so barbarisch, dass die Seile in ihr Fleisch eintraten und erbarmungslos einschnitten."[608]

---

[604] Piedade, Olavo, Comité Patriótico da Bahia 1897-1901, Histórico e relatório do Comité Patriótico da Bahia, 2002, 47-48.
[605] Vgl. Piedade, Olavo, Comité Patriótico da Bahia 1897-1901, Histórico e relatório do Comité Patriótico da Bahia, 2002, 94-95, (Eintrag am 27.08.1897).
[606] Sinzig, Reminiscências d'um frade, 1925, 176. Piedade, Olavo, Comité Patriótico da Bahia 1897-1901, Histórico e relatório do Comité Patriótico da Bahia, 2002, 91.
[607] Lélis Piedade schildert den Fall, dass ihm am 19.10.1897 eine Frau ein Kind zum Kauf angeboten habe. Am folgenden Tag gelang es ihm im Beisein des Majors Manuel José de Freitas das Kind aus den Händen der Frau frei zu bekommen und mitzunehmen. Vgl. Piedade, Olavo, Comité Patriótico da Bahia 1897-1901, Histórico e relatório do Comité Patriótico da Bahia, 2002, 209.
[608] *„O batalhão das forças policiaes da Bahia, sob o commando do Major Salvador Pires, trouxe hoje muitos jagunços, cerca 15 ou 20 homens e umas 100 mulheres e creanças. Ao contemplar toda essa pobre gente agglomerada, tive a impressão de me achar diante de um mercado de escravos."* Sinzig, Reminiscências d'um frade, 1925, 195.

Lélis Piedade berichtet davon, dass viele Kinder und Frauen an Bordelle verkauft und misshandelt wurden, andere Kinder wurden einfach auf der Straße zurückgelassen.[609] Petrus Sinzig OFM schreibt zur Behandlung der Gefangenen:

„*Ich finde es unbegreiflich, dass die Militärärzte sich so wenig um die Gefangenen kümmerten... Eine große Zahl von Gefangenen starb auf dem Weg. Die ‚jagunços' erzählten, dass ein Teil verschwunden sei. Eine schreckliche Misere auf allen Seiten... Der Kapitän Veiga brachte heute erneut ein Kind, das auf dem Weg gefunden wurde, das erzählte, dass es von einem Soldaten verletzt wurde, weil es nicht mehr gehen konnte.*"[610]

Das Comitê hatte zu Anfang seiner Aktivitäten nur die Hilfe für die kämpfenden Soldaten im Blick.[611] Nachdem das Comitê Patriótico den Gefangenen aus Canudos begegnet war, deren Behandlung mit ansehen musste und das Massaker an den Gefangenen von Canudos bekannt wurde, verändert sich der Blick auf die Menschen aus Canudos, die man zu Anfang als „fanatische Rebellen", „Barbaren" oder „Banditen"[612] bezeichnete. Am 2. November 1897 stellt Piedade fest:

„*Der Hauptteil der ‚jagunço'-Frauen kommt aus guten Familien, unter ihnen einige wohlhabende.*"[613]

Lélis Piedade erläutert am 20. Januar 1898:

---

[609] Vgl. Piedade, Olavo, Comité Patriótico da Bahia 1897-1901, Histórico e relatório do Comité Patriótico da Bahia, 2002, 212-213.

[610] „*Acho incomprehensível que os medicos militares tão pouco se tenham incommodado com os prisioneiros... Grande numero de prisionieros morreu pelo caminho. Contavam os jagunços que um parteira havia desapparecido. Uma miseria horrivel por toda a parte!... O Capitão Veiga trouxe hoje novamente uma creança achada no caminho, que contava ter sido ferida por um soldado, quando não podia mais andar.* Sinzig, Frei Pedro OFM, Reminiscências d'um Frade, 1925, 196-199.

[611] Vgl. Piedade, Olavo, Comité Patriótico da Bahia 1897-1901, Histórico e relatório do Comité Patriótico da Bahia, 2002, 56.

[612] Appell an nationale und ausländische wohnende in Bahia, von Franz Wagner, vom 26.07.1897, in: Piedade, Olavo, Comité Patriótico da Bahia 1897-1901, Histórico e relatório do Comité Patriótico da Bahia, 2002, 47, 68.

[613] „*A major parte das mulheres jagunças são de boas famílias, entre elas algumas abastadas.*" Piedade, Olavo Antônio, Comité Patriótico da Bahia 1897-1901, Histórico e relatório do Comité Patriótico da Bahia, 2002, 116, vgl. 216.

„*...als das Comitê den caritativen Aufruf machte, den die bahianische Seele mit der größten Großzügigkeit aufnahm, dachte man weder, dass die Gefangenen massakriert, noch dass Frauen und Kinder verstreut würden, die keine Schuld an dem verdammten ‚fanatismo' hatten... Im Übrigen, diese Gefangenen sind unsere Geschwister, sind Kinder von Bahia, wie kann man sie abgeben zu schlechter Behandlung in ignorante Hände, wie kann man gerade hier in der Hauptstadt auf unterschiedliche Punkte hinweisen, wo man auf Kinder einschlägt, wie früher auf Sklaven?*"[614]

So leistete das Comitê humanitäre Hilfe für alle Opfer des Krieges, unabhängig von ihrer Herkunft. Am 17. November 1897 stellt Lélis Piedade fest, dass

„*...die Anzahl der Kinder unkalkulierbar sei, die verlassen sind oder in den Händen jener, die sie nicht zu erziehen wissen.*"[615]

Das Comitê Patriótico legte fortan einen Schwerpunkt des Engagements auf die Hilfe für die Kinder aus Canudos: Mit den Spendengeldern wurden u.a. Heime für die Waisen gebaut [dies tat z.B. der Salesianerorden], in denen sie Zuwendung und eine Schulbildung erhielten. Es wurden Listen mit den Namen der Kinder angefertigt, die von Soldaten mitgenommen wurden, um die Kinder an nachfragende Angehörige zu vermitteln. Dem traten manche Soldaten entgegen, indem sie die Namen der Kinder veränderten.[616]

---

[614] „*...quando o Comtê fez o caridoso apelo que a alma da Bahia acolheu com a maxima generosidade, não pensava que seriam massacrados os prisioneiros e nem espalhadas mulheres e crianças, que não tinham culpa do maldito fanatismo... Demais estes prisioneiros são nossos irmãos, são filhos da Bahia e, como abandoná-los aos maus tratos de mãos ignorantes, como podemoss apontar aqui mesmo na capital diversos pontos, onde se batem em menores como se batia outrora em escravos?*" Piedade, Olavo, Comité Patriótico da Bahia 1897-1901, Histórico e relatório do Comité Patriótico da Bahia, 2002, 134.

[615] „*...incalculavel o numero de crianças, em abandono ainda, e em poder de mãos que não sabem educá-las.*" Piedade, Olavo, Comité Patriótico da Bahia 1897-1901, Histórico e relatório do Comité Patriótico da Bahia, 2002, 119.

[616] Vgl. Piedade, Olavo, Comité Patriótico da Bahia 1897-1901, Histórico e relatório do Comité Patriótico da Bahia, 2002, 126, 129.

2.4.5 Reaktionen nach dem Krieg

Der Sieg des Heeres in Canudos wurde in ganz Brasilien mit Erleichterung und Freude aufgenommen. Die Soldaten wurden in Bahia und Rio de Janeiro geehrt. Für den Kriegsminister Marschall Carlos Bittencourt hatte der Sieg über Canudos ein tötliches Nachspiel. Bei einer Militärparade in Rio de Janeiro wurde er am 5. November 1897 bei einem Anschlag auf den brasilianischen Präsidenten Prudente de Morais durch den florianistischen Soldaten Marcelino Bispo getötet.[617] Es gab aber auch kritische Stimmen, z.b. zieht Cesar Zama das Fazit:

„Der Brand und das Feuer machten das, was die Kanone und das Gewehr nicht geschafft hatten: Es blieb kein Stein auf dem anderen: es gab keinen Platz, um Gefangene zu verwahren! All dies im 19. Jahrhundert, in einem katholischen Land, nur zur Befriedigung von Parteiinteressen und gewalttätigem Hass."[618]

Nachdem bekannt geworden war, dass Militärtruppen ein Massaker an den Gefangenen von Canudos angerichtet hatten, regte sich auch Protest in Bahia. Von der Rechtsfakultät der Universität Bahia (Faculdade Livre de Direito da Bahia) wurde ein Protest-Manifest veröffentlicht, dass sich an die Nation wendete. Darin erheben die Studenten Anklage gegen das

„...grausame Verbrechen, das, wie die ganze Bevölkerung dieser Hauptstadt schon weiß, an den wehrlosen und gefesselten Gefangenen in Canudos und sogar in Queimadas verübt wurde, und wir beurteilen zur selben Zeit, dass es, dass es – auch wenn er eine harte [strenge] Pflicht erfüllt hat – für den Soldaten einer freien und zivilisierten Nation nicht zulässig [erlaubt] ist, sich über das Gesetz der Menschlichkeit zu stellen... – sie [die Mitpatrioten] betrachten die Verurteilung der erbärmlichen gefangenen ‚conselheiristas' als ein Verbrechen und missbilligen und verurteilen offen dies als eine monströse Abirrung... es ist dringlich, dass wir die frevelhaften Abkehlungen von Canudos brandmarken, damit alle sich überzeugen, damit unzerstörbar verankert bleibt, dass die Republik, wie jede zivilisierte Regierung des 19. Jahrhunderts, die Serie der

---

[617] Vgl. Levine, O sertão prometido, 1995, 64.
[618] „O incendio e o fogo fiseram o que o canhão e o fusil não conseguiram: não ficou pedra sobre pedra: não houve onde guardar prisioneiros! Tudo isto no seculo 19., em um pais catholico, só para satisfação de interesses partidarios e odios violentos." Zama, Libelo republicano acompanhado de comentários sobre a guerra de Canudos, 1989, 55.

blutigen Opferungen mit derselben Empörung und derselben Abscheu abweist, vom unmenschlichen Holocaust des Brutus, bis zur Massenhinrichtung an der Guillotine der brutalen Republikaner von 1789."[619]

Fünf mal Canudos:
Bleibt an dieser Stelle anzumerken, dass es mindestens fünf verschiedene Canudos seit 1890 gab bzw. gibt:
1. Das erste Canudos bestand als verlassene „fazenda" mit wenigen Häusern und Bewohnern bis zur Ankunft von Antônio Conselheiro im Juni 1893.
2. Das zweite Canudos bestand von Juni 1893 bis zum 5. Oktober 1897. Antônio Conselheiro errichtete dort die Lebensgemeinschaft von „Belo Monte" (schöner Berg).
3. Das dritte Canudos entstand ca. 10 Jahre nach dem Ende des Krieges, an selber Stelle. Ehemalige Bewohner von Canudos kehrten an den Ort ihres früheren Zusammenlebens zurück und bauten den Ort neu auf. Das dritte Canudos hatte bis zur Schließung des Stausees im Jahr 1969[620] Bestand. Mit dem Bau des Staudammes, der das ehemalige Gebiet von Canudos unter Wasser setzte, wurde auch ein Teil der Erinnerung an die Geschichte von Canudos ausgelöscht, was ohne Frage von der damaligen Militärregierung mit beabsichtigt war.

---

[619] „*...no cruel massacre que, como toda a população desta capital já sabe, foi exercido sobre prisioneiros indefesos e manietados em Canudos, e até um Queimadas; e, julgando ao mesmo tempo que, nem por haver cumprido um dever rigoroso, é lícito ao soldado de uma nação livre e civilizada colocar-se acima da lei e da humanidade... – que consideram um crime a julgação dos misereos 'conselheiristas', aprisionados, e francamente a reprovam e condenam como um aberração monstruosa... Urge que estigmatizamos as iníquas degolações de Canudos para que todos se convençam para que fique indestrutivelmente assentado que a república, como qualquer governo civilizado do século XIX, repele com a mesma indignação e o mesmo horror a série inteira das oblações sanguinárias, desde o holocausto desnaturado de Bruto, até ao guilhotinamento em massa dos ferozes republicanos de 1789.*" Studenten der Rechtsfakultät von Bahia (Faculdade Livre de Direito da Bahia), Akademisches Manifest zu Canudos, 03.11.1897, in: Milton, A campanha de Canudos, 2003, 143-144.
[620] UNEB (Universidade do Estado da Bahia), CEEC (Centro de Estudos Euclides da Cunha), Arqueologia e reconstituição monumental do Parque Estadual de Canudos, UNEB/CEEC, Salvador-BA, 2002, 93.

4. Das vierte Canudos entstand durch die Umsiedlung der Bewohner des dritten Canudos in den Ort „Cocorobó-BA", der in Canudos umbenannt wurde. Das vierte Canudos liegt ca. 10 km vom ursprünglichen Ort entfernt, direkt an der Staumauer des Stausees.
5. In langen Dürrezeiten trocknet der Stausee, der das ehemalige Gebiet von Canudos überdeckt, so stark aus, dass der ursprüngliche Ort wieder sichtbar wird. Wissenschaftler kamen in den 1990er Jahren zur Vermessung des Areals, zur Dokumentation und anderen Forschungszwecken dorthin. Das Canudos in Dürreperioden ist zu einem Ort der geschichtlichen Erinnerung und der Forschungen verschiedener wissenschaftlicher Disziplinen geworden.[621]

2.5 Canudos in der theologischen Reflexion

Dieser Abschnitt reflektiert die theologischen Aspekte von Canudos. Auf der Basis des Zusammenlebens der Gemeinschaft, der Schriften Antônio Conselheiros und der vorliegenden Literatur wird eine theologische Analyse von Canudos vorgenommen. In einem hinführenden Schritt werden die generellen Eckpunkte der theologischen und spirituellen Ausrichtung von Canudos dargestellt. Diese bilden die Grundlage für die weiteren Erörterungen, die sich in folgende Abschnitte aufteilen:

1. Gottesbild und Anthropologie
2. Eschatologie und Prophetie
3. Christologische und soteriologische Aspekte
4. Ekklesiologische Aspekte
5. Katholizität von Canudos

Eine generelle theologische Einschätzung trifft Eduardo Hoornaert:

„Im Grunde genommen befinden wir uns vor einem originären Christentum, das keine Vermittler braucht, ein devotionales Christentum. Der Conselheiro ist kein Mediator zwischen Gott und den Menschen, aber erleichtert durch sein Lebensbeispiel die freie Kommunikation zwischen dem Sertãobewohner und seinem unmittelbaren Gott..."[622]

---

[621] Vgl. Archäologischen Forschungen, dokumentiert in: UNEB, CEEC, Arqueologia e reconstituição monumental do Parque Estadual de Canudos, 2002.
[622] Hoornaert, Os anjos de Canudos, 1997, 53.

Für das benannte originäre Christentum war das Bild der christlichen Urgemeinde, gemäß Apg 2, 37-47, ein theologischer Orientierungspunkt. Dies bestätigen mehrere Theologen, z.b. Wilson Andrade:

„*Das Beispiel des Lebens der ersten Christen inspirierte die neue Gemeinschaft des Conselheiros... die Gemeinschaft von Canudos träumte von einem besseren Zusammenleben in dieser Welt, im Rahmen dessen wie die ersten christlichen Gemeinden lebten.*"[623]

Der Conselheiro verband biblische Leitmotive mit den traditionellen religiösen Praktiken und Wertvorstellungen im Sertão und schuf damit die Grundlage des Zusammenlebens in Canudos. Auch Franz Weber betont die Bedeutung der Bibel für den Conselheiro:

„*Bei Antônio Maciel und seiner Bewegung ist zutiefst eine neue, in der biblischen Botschaft verwurzelte Theologie und Christologie, besser gesagt, eine persönliche und gemeinschaftliche Erfahrung mit dem Gott und Vater Jesu Christi, der in heutiger Terminologie ausgedrückt, eine Option für die Armen getroffen hat.*"[624]

Grundzüge der Theologie Antônio Conselheiros anhand seiner Predigtmanuskripte

Zur Einordnung der theologischen Grundlagen von Canudos stellen die Predigtmanuskripte des Conselheiros die Dokumente dar, aus denen aufgrund ihrer Authentizität am originärsten die Theologie Antônio Conselheiros hervorgeht. Die Predigtmanuskripte belegen seine theologische Kompetenz und Fundamentierung im katholischen Glauben. Marco Antonio Villa verweist diesbezüglich auf die Verwurzelung des Conselheiros im traditionellen katholischen Glauben:

„*Durch die Analyse der Predigten von Antônio Conselheiro [Veröffentlichte Predigten durch Ataliba Nogueira 1978] ist es möglich festzustellen, dass eine theologische Reflexion sehr traditionell ist und nicht den messianischen Anführern ähnelt.*"[625]

Die Predigtmanuskripte zeigen folgende Elemente der Theologie des Conselheiros:

---

[623] Andrade, A experiência religiosa e sociopolítica de Canudos, 2006, 136. Vgl. Instituto Popular de Canudos, Canudos – uma história de luta e resistência, 1997, 13, 15.
[624] Weber, Gewagte Inkulturation, 1996, 328.
[625] Villa, Canudos, o povo da terra, 1995, 241.

1. Eine starke Marienfrömmigkeit – er schreibt insgesamt 29 Andachten und Betrachtungen zum Leben Mariens.[626] Der Conselheiro betont die Leiden der Gottesmutter an verschiedenen Stellen ihres Lebens und will damit ermutigen, die Schwierigkeiten des eigenen Lebens anzunehmen und im Glauben zu tragen.
2. Die Zehn Gebote haben für die Theologie und das praktische christliche Leben eine zentrale Bedeutung. Zu jedem der Zehn Gebote hat der Conselheiro eine Auslegung für die konkrete Anwendung im Leben eines Christen geschrieben.[627]
3. Biblische Texte: Der Conselheiro hat für das christliche Leben wichtige biblische Zitate in einem Kapitel zusammengefasst, die einen Leitfaden für das Glaubensleben bilden und seine theologische Grundlinie widerspiegeln – Pilger sein im Leben. Die theologische Kompetenz des Conselheiros kommt unter anderem darin zum Ausdruck, dass er die biblischen Zitate zuerst in Latein und dann in Portugiesisch aufschreibt. Die meisten seiner Zeitgenossen waren des Lateinischen nicht mächtig. Für sie könnte diese Praxis, wenn er sie auch in seinen öffentlichen Predigten angewandt hat, unverständlich gewesen sein und ggf. einen verwirrenden Eindruck hinterlassen haben.[628] Eine besondere Bedeutung hat die biblische Parabel vom Sämann, die der Conselheiro in einem eigenen Abschnitt paraphrasierend wiedergibt.[629]
4. Die Sakramente haben für die Theologie und Spiritualität des Conselheiros eine zentrale Bedeutung. In seinen Predigtmanuskripten

---

[626] Vgl. Antônio Conselheiro, in: Nogueira, Antônio Conselheiro e Canudos, 1974, 55-103 (3-223).
[627] Vgl. Antônio Conselheiro, in: Nogueira, Antônio Conselheiro e Canudos, 1974, 107-143 (224-426).
[628] Vgl. Antônio Conselheiro, in: Nogueira, Antônio Conselheiro e Canudos, 1974, 147-157 (427-485). Auch das Matthäusevangelium im Predigtmanuskript des Conselheiros von 1895 ist in Portugiesisch und Latein übersetzt. Vgl. Nogueira Galvão, da Rocha Peres, Breviário de Antônio Conselheiro, 2002, 125ff.
[629] Vgl. Antônio Conselheiro, in: Nogueira, Antônio Conselheiro e Canudos, 1974, 173-174 (554-559).

betont er die Bedeutung der Messe, der Beichte, der Taufe und der Ehe.[630]

Immer wieder zitiert der Conselheiro in den Predigtmanuskripten die Bibel, Kirchenväter, Heilige, Kirchenlehrer und Glaubenszeugen aus der gesamten Kirchengeschichte. Daran erläutert er die christliche Botschaft. Wilson Andrade fasst das wie folgt zusammen:

„Die Gegenwart Jesu im Erleben der Sakramente, die Gewissheit eines mit den Armen mitfühlenden und barmherzigen Gottes, die Gegenwart von Christus, dem Befreier und das Beispiel Marias und der Heiligen bilden eine Art des ‚harten Kerns' des Denkens von Antônio Conselheiro, sie sind der ‚rote Faden' seiner theologischen Reflexion..."[631]

José Luiz Fiorim resümiert in seiner Analyse der Predigten des Conselheiros:

„In den Predigten von Antônio Conselheiro gibt es keine zwei Typen des Diskurses – einen religiösen und einen politischen –, die nebeneinander stehen. Im Gegenteil, es gibt nur einen Typen: den religiösen Diskurs."[632]

Der Conselheiro leitete sein konkretes politisches Handeln aus dem Glauben an Gott ab.

Spiritualität

Die Spiritualität Antônio Conselheiros war stark durch den Laienkatholizismus und die Missionen im Sertão, insbesondere durch Pe. Ibiapina geprägt [vgl. 1.5.1]. Die „Imitatio Christi"[633] ist ein grundlegendes Leitbild für das spirituelle Leben des Conselheiros. Er folgte Jesus nach, hielt sich selbst jedoch nicht für Christus. Dies betont er an verschiedenen Stellen.[634] Sein Selbstverständnis als „Pilger" führte ihn den Weg zu den

---

[630] Antônio Conselheiro, in: Nogueira, Antônio Conselheiro e Canudos, 1974, Messe 509-516, Beichte 517-528, Taufe und Ehe 564-608.
[631] Andrade, A experiência religiosa e sociopolítica de Canudos, 2006, 103.
[632] Fiorin, A ilusão da liberdade discursiva, 1999, 275.
[633] Vgl. Otten, Só Deus é grande, 1990, 180. Vgl. Montenegro, Fé em Canudos, 2004, 29, 210.
[634] Vgl. Otten, Só Deus é grande, 1990, 180. Vgl. Montenegro, Fé em Canudos, 2004, 210.

Armen.[635] Die Grundzüge der Spiritualität des Conselheiros stellt das Instituto Popular Memorial de Canudos in Form eines Dreiecks dar:[636]

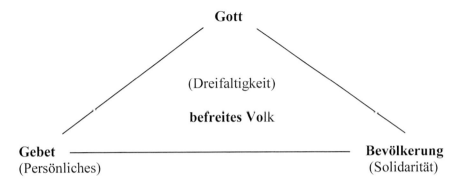

Diese Graphik ist wie folgt zu verstehen: Der Conselheiro und die Gemeinschaft von Canudos lebten keine individualistische Spiritualität. Im Zentrum des Glaubenslebens stand die Rettung der Seelen (befreites Volk). Grundlegend waren folgende spirituellen Elemente:
1. Der Glaube an den *einen, dreifaltigen Gott*, wie er von der katholischen Kirche verkündet wird. Der Conselheiro hatte ein tiefes Vertrauen in Gottes – den Menschen nahe und sie auf ihrem Pilgerweg begleitende – Liebe. In den Predigtmanuskripten, Stunden des Ratgebens, bei Andachten und anderen Anlässen predigte Antônio Conselheiro diesen dreifaltigen Gott.
2. Das persönliche *Gebet*, die persönliche Umkehr zu Gott, die Annahme des Evangeliums und der Gebote. Die Umkehr zu Gott bedeutet für ihn gleichzeitig eine Zuwendung zum Nächsten, dem Unterdrückten und Leidenden.[637] Die Gebetsformen in Belo Monte sind stark vom traditionellen Katholizismus im Sertão geprägt. Dazu zählen Litaneien, Prozessionen, Meditationen und tägliche Gebetszeiten. Eduardo Hoornaert erwähnt u.a.: „*...Vesper- und Matutingesänge,*

---

[635] Vgl. Montenegro, Fé em Canudos, 2004, 29.
[636] Instituto Popular de Canudos, Canudos – uma história de luta e resistência, 1997, 14.
[637] Vgl. Montenegro, Fé em Canudos, 2004, 24, 162.

d.h. der Rosenkranz am Anfang der Nacht, nach alter Tradition der Missionare im Sertão..."[638]

3. Für die Spiritualität in Canudos sind die gelebte Solidarität und Gerechtigkeit in der **Bevölkerung** grundlegend. Auf christlicher Basis gibt es eine Lebensordnung – Grundlage sind die Zehn Gebote –, die den Rahmen für das Zusammenleben darstellt. Dabei ist die Verbindung von Glauben und Werken wichtig [vgl. Lk 2, 14.17.18b]. Auch die Arbeit wurde als Teil der Spiritualität verstanden. Für den Conselheiro wurde der Mensch durch die Arbeit aufgewertet, ihm wurde damit Würde verliehen. Im gemeinsamen Bauen von Häusern für die Neuankömmlinge, das Abgeben eines Teils des Besitzes an die Gemeinschaft, die Sorge um die Minderbemittelten in Canudos wurde dies konkret.

Gemäß Pe. F. Montenegro hatte der Conselheiro folgendes Gebet Ignatius von Loyola übernommen:

„Herr Jesus lehre mich großzügig zu sein und zu geben,
ohne es zu berechnen,
zu kämpfen, ohne mich um Verletzungen zu sorgen,
zu arbeiten, ohne das Ausruhen zu suchen,
mich zu verbrauchen, ohne eine andere Belohnung zu erwarten,
außer zu wissen, dass ich deinen heiligen Willen tue."[639]

In diesem Gebet kommt die Wertschätzung des Conselheiros gegenüber der jesuitischen Spiritualität zum Ausdruck. Die Spiritualität des Conselheiros war auch durch seine asketische Lebensweise geprägt.[640] Seine Vorbilder in der Askese, wie z.B. Antonius von Ägypten, beeinflussten auch das Gemeinschaftsleben von Canudos.[641] Wilson Andrade fasst die spirituellen Charakteristika Antônio Conselheiros wie folgt zusammen:

„Was ihn zu einem Anführer machte und kühn für seine Zeit, war seine Fähigkeit sich selbst zu überwinden, die Mystik der Gerechtigkeit, der Wunsch nach einer besseren Welt für alle, der Traum von einer humane-

---

[638] Hoornaert, Os anjos de Canudos, 1997, 19. Vgl. Cunha, Krieg im Sertão, 1994, 497. Pe. F. Montenegro weist auf die spirituelle Nähe Antônio Conselheiros zum Franziskanerorden hin. Vgl. Montenegro, Fé em Canudos, 2004, 110.
[639] Montenegro, Fé em Canudos, 2004, 232.
[640] Vgl. Montenegro, Fé em Canudos, 2004, 29, 114.
[641] Vgl. Hoornaert, Os anjos de Canudos, 1997, 22, 60.

ren Gesellschaft, die gerechter und solidarischer ist. Er sublimierte die persönlichen Schwächen, lernte von Christus, spürte die Hilfe der Geschwister, sah seinen Traum sich konkretisieren und nährte die Utopie einer Gesellschaft der Gleichheit aller."[642]

Mariologische Implikationen

Im theologischen Denken Antônio Conselheiros hat die Gottesmutter eine große Bedeutung. Die Aussagen zu Maria konzentrieren sich in seinem Predigtmanuskript von 1897, in den 29 Meditationen zu Situationen im Leben Marias und in den Ausführungen zu den Zehn Geboten.[643] Schon die hohe Zahl der Meditationen verdeutlicht die Bedeutung Marias für die Theologie des Conselheiros und seine große Verehrung der Gottesmutter. Die Meditationen sind Betrachtungsbilder, die zur inneren Einkehr, Besinnung und innerlichen Neuorientierung bewegen. Thematisch werden immer wieder das Leiden Mariens, ihre Tugenden und ihre beispielhafte Bereitschaft zur Aufopferung des eigenen Lebens für Gott und ihren Sohn Jesus Christus betont. Sie nimmt verschiedene Rollen ein. Sie ist Jungfrau, sie ist Mutter Jesu und zugleich Mutter des Messias.[644] Der Conselheiro sieht in Maria nicht nur die Mutter Jesu, sondern auch die Mutter aller Menschen.[645] Walnice Nogueira Galvão weist auf folgenden theologischen Aspekt hin:

„*Die Theologie des Conselheiros hebt gemäß den existierenden Analysen die Rolle Marias beim Werk der Rettung hervor, was sie vor allem mit Jesus Christus, ihren Sohn, und Gott verbindet: Jesus Christus ist der Erlöser, und die Kirche ist der einzige Weg zur Rettung. Nichts weicht vom Postulat des Konzils von Trient und dem 1. Vatikanischen Konzil ab...*"[646]

Antônio Conselheiro bezeichnet Maria, aufgrund ihres „Ja" zur Frage Gottes, die Mutter Jesu Christi zu werden und aufgrund ihres Mitleidens

---

[642] Andrade, A experiência religiosa e sociopolítica de Canudos, 2006, 124.
[643] Vgl. Antônio Conselheiro, in: Nogueira, Antônio Conselheiro e Canudos, 1974, 55-103 123 ff (3-486-223, 316 ff).
[644] Vgl. Dobroruka, Antônio Conselheiro, o beato endiabrado de Canudos, 1997, 108.
[645] Vgl. Antônio Conselheiro, in: Nogueira, Antônio Conselheiro e Canudos, 1974, 57 (13).
[646] Nogueira Galvão, O império do Belo Monte, 2002, 106.

beim Kreuzestod Jesu als „co-redemptora" („Mit"-Erlöserin).[647] In einer Betrachtung erläutert der Conselheiro, dass Christus seine Mutter um Zustimmung zu seinem Kreuzesopfer gefragt habe. Diese habe sie ihm gegeben.[648] Maria wird insofern von Jesus als Mutter aber auch als Vertraute und Respektsperson behandelt. Im Aspekt der Respektsperson spiegelt sich u.a. das Rollenverständnis der Eltern im Sertão wider, wo die Eltern bei wichtigen Entscheidungen – dies trifft auch auf erwachsene Personen zu – um Zustimmung und Rat gebeten werden.

2.5.1 Gottesbild und Anthropologie

Das Gottesbild und anthropologische Verständnis von Antônio Conselheiro finden sich gebündelt in seinem zentralen Leitsatz „Só Deus é grande"[649] (Gott allein ist groß) wieder. Der Conselheiro schreibt dies in einem Predigtmanuskript:

„Nur Gott ist reich und allmächtig, weil er Herr des Himmels und der Erde, des Meeres und aller größten Güter und Besitztümer dieser Welt ist; denn er hat sie gemacht und erlaubt, dass man sie vermehre, zur Bewahrung der Kreaturen; diese Güter kann er geben und teilen, mit wem es seine göttliche Vorsehung will: Und er ist ein so guter Belohner, dass er 100 für eins gibt."[650]

Aus Gott geht für den Conselheiro alles hervor, die ganze Schöpfung, auch der Mensch.

---

[647] Vgl. Antônio Conselheiro, in: Nogueira, Antônio Conselheiro e Canudos, 1974, 86 (144-145). Aufgrund der Begrenzung dieser Arbeit kann an dieser Stelle keine detaillierte Erforschung des Begriffs „co-redemptor" bei Antônio Conselheiro erfolgen. Dies ist eine interessante Fragestellung, die im Rahmen einer Arbeit mit dem Schwerpunkt Mariologie und Soteriologie bei Antônio Conselheiro erörtert werden könnte.

[648] Vgl. Antônio Conselheiro, in: Nogueira, Antônio Conselheiro e Canudos, 1974, 79-80 (111-115).

[649] Der Theologe Alexandre Otten war sich dessen bewusst und gab seiner Dissertation zu Canudos den gleichen Titel „Só Deus é grande". Otten, Só Deus é grande, 1990.

[650] *„Só Deus é rico e Todo-Poderoso, por ser Senhor do céu e da terra, do mar e de todos os mais bens e haveres deste mundo; porque os fez e permitiu que se produzissem para conservação das criaturas os quais bens pode dar e repartir com quem sua divina providência quiser: e é tão bom pagador a que dá cento por um."* Antônio Conselheiro, in: Nogueira, Antônio Conselheiro e Canudos, 1974, 156 (477-478).

Anthropologisches Verständnis:

Antônio Conselheiros anthropologisches Verständnis leitet sich aus der Genesis ab. Er versteht den Menschen als Abbild Gottes.[651] Jesus selbst benennt er als Schöpfer Mariens und daher als Schöpfer aller Menschen.[652] Der Linguist José Luis Fiorim führt dazu aus:

„Der Mensch wird in den Predigten des Conselheiros als ein Wesen verstanden, das aus Körper und Seele, Geist und Materie besteht."[653]

Antônio Conselheiro sieht die Begrenzung des Menschen, dem ein hartes Leben bevorsteht und der in der Versuchung steht zu sündigen. Die Lebensrealität der Bevölkerung des Sertão und das Schicksal eines jeden Menschen erkennt er in der Geschichte des Hiob wieder:

„Der Mensch, geboren von einer Frau, lebt wenige Tage und ist unterdrückt von großer Misere. Dies ist das Schicksal, das uns die Sünde bereitet hat. Es hört das Stöhnen der ganzen Menschheit, dessen Abbild Hiob ist."[654]

Obgleich der Mensch Gottes Schöpfung ist, enthält das Menschenbild des Conselheiros die Anlage zu schlechtem Handeln, zur Sünde, die nur durch die Gnade Gottes überwunden werden kann. Er erläutert:

„Wir haben in uns selbst etwas wie ein Bild des Reiches der Schatten, das lebt, es wächst und die zahllose Familie der Süchte pflanzt sich fort, geboren aus der dreifachen Lüsternheit, die das menschliche Leben in seinem Ursprung infiziert. Wer täglich sein Herz prüft, wird darin den Keim von allem, was schlecht ist, finden, einen Hochmut, der mal unverschämt und gewalttätig ist, mal hinterhältig und verschlagen, eine maßlose Neugierde, unstillbaren Hunger, den Hass, begleitet von Beleidi-

---

[651] Vgl. Antônio Conselheiro, in: Nogueira Galvão, da Rocha Peres, Breviário de Antônio Conselheiro, 2002, 90 (165).
[652] Vgl. Antônio Conselheiro, in: Nogueira, Antônio Conselheiro e Canudos, 1974, 75 (91).
[653] Fiorin, A ilusão da liberdade discursiva, 1999, 120. Vgl. Antônio Conselheiro, in: Nogueira, Antônio Conselheiro e Canudos, 1974, 163 (499).
[654] *„O homem nascido da mulher vive poucos dias, e é oprimido de muitas miserias. Está é a sorte que nos fez o peccado. Ouve os gemidos de toda humanidade cuja figura era Job."* Antônio Conselheiro, in: Nogueira Galvão, da Rocha Peres, Breviário de Antônio Conselheiro, 2002, 89 (163).

gung, ... nur die Gnade kann dies mehr oder weniger zähmen und zurückhalten."[655]

Aus diesem Grund sind das Suchen nach der Nähe Gottes, Buße und Umkehr Grundbestandteile der Theologie und der Lebensvollzüge Antônio Conselheiros. Die Sicht des Conselheiros auf das Leben eines Menschen beschreibt Alexandre Otten wie folgt:

„Das Leben in der Welt hat kein eigenes Ziel, es wird als Vorbereitung des Menschen auf das ewige Leben angesehen. Das letzte Ziel ist die ‚visio beatifica', die himmlische Seligkeit. Die Welt erhält auf diese Weise einen starken eschatologischen Aspekt."[656]

Alexandre Otten schreibt, dass das Leben an sich in Canudos als eine Durchgangsstation zur *„pátria celeste"*[657] (himmlischen Heimat) und Ort des Leidens[658] betrachtet wurde. Die verarmte Landbevölkerung im Sertão hatte Unterdrückung, Dürrekatastrophen u.v.m. zu erleiden. Die Schärfe von Ottens These ist jedoch nicht zu halten. In Canudos gab es z.B. Feste und andere Dinge, mit denen man sich das Leben verschönte. Ein gutes Leben vor Gott bedeutete für den Conselheiro auch, ein gutes Leben des einzelnen, in Einklang mit sich selbst und im solidarischen Miteinander der Bewohner. Otten verweist zu Recht auf das Hauptziel des Conselheiros, das er mit dem Begriff „Rettung der Seelen" beschreibt [vgl. 2.5.3]. Die beiden Predigtmanuskripte (1895 und 1897) bestätigen die Zehn Gebote als Grundlage für das Zusammenleben der Menschen seiner Zeit.[659] In seiner Auslegung zu den Zehn Geboten schreibt der Conselheiro:

---

[655] *„Temos em nós mesmos como a imagem do reino das trevas ali vive, cresce e se propaga a inumerável família dos vícios , nascidos da tríplice concupiscência que infetou a vida humana em sua origem. Quem examinar diariamente o seu coração, nele achará o germe de tudo que é mau, uma soberba ora atrevida e violenta, ora disfarçada e astuciosa, uma curiosidade desmedida, apetites insasciáveis, o ódio acompanhado da injúria,... só a graça as pode mais ou menos domar e reprimir."* Antônio Conselheiro, in: Nogueira, Antônio Conselheiro e Canudos, 1974, 166-167 (518-519).

[656] Otten, Só Deus é grande, 1990, 287.

[657] Vgl. Otten, Só Deus é grande, 1990, 243.

[658] Vgl. Otten, Só Deus é grande, 1990, 243.

[659] Vgl Antônio Conselheiro, in: Nogueira, Antônio Conselheiro e Canudos, 1974, 107-143 (224-426). Vgl. Nogueira Galvão, da Rocha Peres, Breviário de Antônio Conselheiro, 2002, 77-79, 98ff (61-121; 99ff).

„Es ist richtig, dass sich ein jeder mit seinem Status in Einklang bringen soll; wenn er unterdrückt von der Last der Armut lebt, soll er geduldig leiden. Das Glück des Menschen besteht darin, sich mit dem Willen Gottes in Einklang zu bringen!"[660]

Antônio Conselheiro ruft damit nicht zur Duldung von Unrecht auf. Im Gegenteil, wie aus seinen Ausführungen[661] und seinem Handeln gegenüber der Republik hervorgeht. Die Annahme des eigenen Lebens sowie das aktive Handeln in Solidarität sowie Gottes- und Nächstenliebe sind notwendig. Eine wichtige Grundlage ist die Suche nach dem Willen Gottes. Das Gebet, insbesondere das „Vater Unser", ist dafür von großer Bedeutung:

„Der heilige Thomas [von Aquin] sagt, dass er mehr durch das Beten als durch das Studieren gelernt habe; daraus erkennt man den großen Nutzen, den man durch das Gebet erreicht. Unser Herr Jesus Christus ließ den Menschen das Medikament des Gebetes, um sie von den Versuchungen zu befreien, in jenen Worten des Vater Unsers."[662]

Mit Bezug auf das Zusammenleben in Canudos, bewertet der Soziologe Luíz Alexandre S. Rossi das Menschenbild des Conselheiros als an den Realitäten der Zeit orientiert:

„In Canudos begegnen wir einem Messianismus mit einem hohen Grad an Realismus. Eine messianische Bewegung, die mit dem Bild des Super-Menschen und seinen übernatürlichen Fähigkeiten bricht. In Canudos taucht Gott nicht auf, um Wunder zu tun. Das Wunder geschieht nicht in der Passivität des unendlichen Wartens auf eine göttliche Tat, sondern durch die Veränderung des Konzeptes des Messias, der den Sinn

---

[660] *„É certo que cada um deve conformar-se com o seu estado; se vive oprimido do peso da indigência, deve sofrer pacientemente. A felicidade do homem consiste em conformar-se com a vontade de Deus."* Antônio Conselheiro, in: Nogueira, Antônio Conselheiro e Canudos, 1974, 141 (416-417).

[661] Vgl. Antônio Conselheiro, in: Nogueira, Antônio Conselheiro e Canudos, 1974, 173-181 (560-623).

[662] *„Diz Santo Tomás que mais tinha aprendido orando que estundando; do que se conhece o grande proveito que se alcança por meio do oração. Nosso Senhor Jesus Christo deixou aos homens o remédio na oração para os livrar das tentações, naquelas palavras do Padre Nosso."* Antônio Conselheiro, in: Nogueira, Antônio Conselheiro e Canudos, 1974, 142 (421).

der historischen Möglichkeiten stark zu einer historischen Realität verhilft."663

Rossi bestätigt damit die aktivierende Rolle des Conselheiros, der darauf hinwirkte, die historischen Möglichkeiten zur Veränderung, insbesondere der Gesellschaft, zu nutzen.

Der Mensch auf dem Pilgerweg zu Gott

In der Pilgerschaft erkennt Antônio Conselheiro ein Leitbild für das Leben des Menschen. Er versteht sich selbst als Pilger und schreibt:

*„Was ist das Leben eines Menschen in dieser Welt? Es ist nicht mehr als reine Pilgerschaft, es geht mit großer Geschwindigkeit zur Ewigkeit. So gibt es für den Menschen weder Sicherheit noch Stabilität, die für lange Zeit andauert. Der Mensch sollte sich darum definitiv zu seiner Bekehrung entscheiden, denn er kennt nicht die Stunde, in der der Tod ihn von seinem Lager herausreißt."*664

In diesem Bild findet sich die bereits erwähnte Ausrichtung auf ein Leben bei Gott wieder, zu der sich der Mensch entscheiden soll. Es weist auf die Unwägbarkeiten menschlichen Lebens hin. Ein wichtiger Aspekt im Bild der Pilgerschaft besteht darin, dass der Mensch den Weg nicht alleine, sondern mit Gott an seiner Seite geht, der ihn durch die Höhen und Tiefen des Lebens begleitet. Dieses Bild der Pilgerschaft hat bis heute Bedeutung, z.B. für die Brüdergemeinschaft von Taizé, die vom „Pilgerweg des Vertrauens"665 spricht. Die Erzdiözese Wien erläutert auf ihrer Homepage zum internationalen Taizé-Jugendtreffen vom 18.-19. März 2011 in Wien:

„Der ‚Pilgerweg des Vertrauens' geht auf Frère Roger Schutz, den Gründer der Gemeinschaft von Taizé, zurück. Es geht um eine Begegnung mit dem auferstandenen Christus und mit anderen Menschen. ‚In den gemeinsamen Gebeten öffnen wir uns für Gott. In Austausch und

---

663 Rossi, Messianismo e modernidade. Repensando o messianismo a partir das vítimas, 2002, 131.

664 „*Que é a vida do homem neste mundo? Não é mais que mera peregrinação, que mera peregrinção, que vai caminhando com tanta pressa para a eternicade. E assim não há no homem firmeza, nem estabilidade, que por muito tempo dure. O homem deve, pois, resolver-se definitivamente sobre sua conversão; porque não sabe a hora em que a morte o arranque do leito.*"Antônio Conselheiro, in: Nogueira, Antônio Conselheiro e Canudos, 1974, 129 (345-346).

665 Taizé, Ateliers et Presses, Taizé, ein Pilgerweg des Vertrauens, 1987.

Gastfreundschaft ist jeder bereit, Grenzen und Unterschiede zu überwinden, um einander willkommen zu heißen und sich gegenseitig zu bereichern', wird der Pilgerweg auf der Website von Taizé beschrieben. In seinem Brief aus Kalkutta schreibt Frère Alois: ‚Unterwegs auf dem ‚Pilgerweg des Vertrauens auf der Erde', der Jugendliche aus zahlreichen Ländern zusammenführt, begreifen wir eines immer tiefer: Alle Menschen bilden ein und dieselbe Familie, und Gott bewohnt ausnahmslos jeden Menschen'."[666]

Ebenso wie der Conselheiro, so verfolgt auch die Gemeinschaft von Taizé das Ziel, Menschen auf den Weg zu Gott und zu einem guten Zusammenleben, das im Glauben an Christus wurzelt, zu führen. Dieses Ziel findet sich in ähnlicher Weise in den Exerzitien[667] von Ignatius von Loyola wieder, der sich ebenfalls als „Pilger" bezeichnete. Auch an der großen Zahl von Pilgern auf dem Jakobsweg wird die Aktualität der Pilgerschaft für den heute lebenden Menschen deutlich.

Gottesbild

„Só Deus é grande" (Gott allein ist groß), auch das Gottesbild Antônio Conselheiros ist in diesem, seinem Leitsatz enthalten. In diesem Abschnitt wird in einem ersten Schritt die Entstehung des im 19. Jh. prägenden Gottesbildes betrachtet, bevor in einem zweiten Schritt das Gottesverständnis des Conselheiros detailliert untersucht und analysiert wird.

Das Gottesbild, das die Eroberer vermittelten

Die christlichen Eroberer und Kolonisatoren aus Portugal und Spanien prägten im Zuge der Eroberung Südamerikas, die mit dessen Christianisierung einherging, das Bild eines allmächtigen Gottes, der in der Regel bedrohlich wirkte. Auch die Christianisierung vollzog sich meist wie eine Art der Eroberung, jedoch in einem anderen Bereich und mit anderen Mitteln. Mariano Delgado erklärt dazu:

„Das Bekenntnis zum messianischen Gott [Jesus] machte die Christen nicht immun gegen den erobernden Gott des politischen Exodus-Messianismus, gegen die Identifizierung von Gott mit der Christenheit

---

[666] Erzdiözese Wien, http://www.erzdioezese-wien.at/content/topnachricht/articles2011/02/21/a25623/, Zugriff am 02.05.2011.
[667] Vgl. z.B. Dantscher, Auf Gottes Spuren kommen. Ignatianische Exerzitien – auch für den Alltag, 2004.

bzw. mit den verschiedenen christlichen Nationen... So ist die Geschichte des Christentums nicht zuletzt von einem neuen – diesmal als Rückwärtsentwicklung des biblischen Monotheismus zu verstehen – Wandel im Gottesgedanken geprägt, nämlich von der Verdrängung des messianischen Gottes Jesu durch den erobernden Gott;..."[668]

Diese Art der Christianisierung vermittelte das Bild eines fernen Gottes, der wie ein Feudalherr oder Richter demjenigen Strafen auferlegte, der wider seinen Willen handelt. Mit der Allmacht Gottes war auch seine Allwissenheit verbunden. In diesem Gottesbild bekam der Aspekt, dass man dem Allmächtigen nicht entkommen kann, ein großes Gewicht. Dürreperioden oder andere Naturkatastrophen und Unwägbarkeiten wurden oftmals als Strafe Gottes gedeutet [vgl. 1.4]. Auch die Vorstellung eines Gottes, der die Menschen retten will, dafür aber seinen eigenen Sohn dem Tod ausliefert, hat in Bezug auf eine emotionale Annäherung zumindest ein ambivalentes Bild hinterlassen.

Das Gottesbild Antônio Conselheiros

Die Gottesvorstellung Antônio Conselheiros war stark durch die Missionare, – oftmals Kapuziner oder Franziskaner – die den Sertão in sogenannten „missões" (Missionen) durchwanderten, insbesondere durch den „Apostel des Sertão" Pe. Ibiapina geprägt [vgl. 1.5.1]. Bei Antônio Conselheiro finden wir die Aspekte des allmächtigen und gerechten Gottes, das Bild des gütigen, sich der Menschen erbarmenden Gottes überwiegt jedoch deutlich. Das trinitarische Gottesbild ist Grundlage seiner Theologie. Dies kommt z.B. in folgendem Predigtmanuskript des Conselheiros zum Ausdruck:

„Hört, die Gabe, die der ewige Vater uns mit seinem Sohn gab, war wahrhaftig eine unentgeltliche Gabe, ohne dass wir sie in irgendeiner Weise verdient hätten. Darum sagt man, dass die Inkarnation des Wortes vom Heiligen Geist gewirkt wurde und dies nur aus Liebe, wie sich derselbe Doktor [Thomas von Aquin] ausdrückt."[669]

---

[668] Delgado, Abschied vom erobernden Gott, 1996, 24-25.
[669] „Ora o Dom que o Eterno Pai nos fez de seu Filho foi verdadeira dom inteiramente gratuito e sem merecimento algum da nossa parte; é por isso que se diz que a Encarnação do verbo teve lugar pela operação do Espírito Santo, isto é unicamente pelo amor, como se exprime o mesmo doutor." Antônio Conselheiro, in: Nogueira, Antônio Conselheiro e Canudos, 1974, 108 (229-230).

Gott als der liebende Vater, dieses Bild ist das Zentrum des theologischen Denkens des Conselheiros.[670] Gott der liebende Vater gibt seinen eigenen Sohn zur Rettung aller Menschen.[671] Antônio Conselheiro wollte die Menschen, die sich ihm anvertrauen, zu diesem liebenden Vater und zu ihrer Rettung führen. Darin sah der Conselheiro den zentralen Auftrag seiner Mission, den er nach Jahren der Pilgerschaft durch den Sertão, am konkreten Ort Canudos, in eine Form des gemeinschaftlichen Zusammenlebens, auf der Basis des katholischen Glaubens, in der Tradition des Sertão umsetzte. Diese These vertritt auch Alexandre Otten:

„Der Glaube an die Güte Gottes bewegt den ‚beato' [Conselheiro], eine Gemeinschaft aufzubauen, die – im Leben der Gleichheit und Geschwisterlichkeit, wobei alle gleich sind ohne Unterschied des Schicksals und alles zum Nutzen aller eingebracht wird, wo die Ärmsten aufgenommen und beschützt sind, wo der Friede regiert, das Verzeihen und die Abweisung von Gewalt – ein Sakrament und Unterpfand der ewigen Rettung ist."[672]

Angesichts des Leidens der Sertãobevölkerung und trotz vieler Schwierigkeiten auf dem eigenen Lebensweg, überwiegt die Größe der Gnade und die Liebe im Gottesverständnis des Conselheiros. Eduardo Hoornaert belegt dies wie folgt:

„Die Theodizee des Conselheiros, die in seinem Kommentar zum ersten Gebot des Gesetzes Gottes zum Ausdruck kommt, repräsentiert ein Bild von einem Gott, der einmalig wohlwollend ist... Der Schlüsseltext ist Römer 5,20: ‚Wo die Sünde mächtig wurde, da ist die Gnade übergroß geworden'."[673]

Gottes Liebe zum Menschen bleibt trotz seiner Verfehlungen und Sünden immer bestehen. Jegliche Sünde konnte in den Augen des Conselheiros von Gott vergeben werden."[674] Der Gott, an den Antônio Conselheiros glaubte, ist den Menschen, insbesondere den Armen nahe.[675]

---

[670] Vgl. Otten, Só Deus è grande, 1990, 235
[671] Vgl. Otten, Só Deus è grande, 1990, 232.
[672] Otten, Só Deus é grande, 1990, 365.
[673] Hoornaert, Os anjos de Canudos, 1997, 117-118. Vgl. Antônio Conselheiro, in: Nogueira, Antônio Conselheiro e Canudos, 1974, 148 (432). Vgl. Montenegro, Fé em Canudos, 2004, 215.
[674] Antônio Conselheiro, in: Nogueira, Antônio Conselheiro e Canudos, 1974, 127 (337-338), vgl. 152 (458).
[675] Vgl. Montenegro, Fé em Canudos, 2004, 85.

Der Gott Antônio Conselheiros ist in der Geschichte wirksam und begleitet ihn auf seinem Pilgerweg durch das Leben. Eduardo Hoornaert formuliert dies wie folgt:

„Der Gott des Conselheiros ist ein Gott, der mit der Geschichte der Menschen in Verbindung steht, in Beziehung des Mitwirkens mit der Welt, der Gott der täglichen Erfahrung. Das Suchen Gottes geht einher mit der Suche des menschlichen Seins, ein Kampf für die Humanisierung der Menschheit."[676]

Der Glaube an die geschichtliche Wirksamkeit Gottes hat für den Conselheiro Konsequenzen, die in den politischen Bereich hineinwirken. Wilson Andrade erläutert dazu:

„Der theologische Diskurs [des Conselheiros] hat einen politisch transformierenden Aufprall. Die Offenbarung Gottes ist historisch und wird vom Menschen in einem determinierten historischen Kontext empfangen. Der christliche Gott hört das Klagen seines Volkes und kommt, um es zu befreien (vgl. Ex 3,7-9)."[677]

Hier tritt das Bild des liebenden Gottes hervor, der den Menschen zu einem befreiten Leben führen will. In diesem Zitat, wie in den Predigtmanuskripten des Conselheiros, kommt der Aspekt der Gerechtigkeit Gottes zum Ausdruck. Er erläutert am Beispiel des Noah:

„Durch dieses furchtbare Beispiel [Noah und die Menschen seiner Zeit] zeigt sich, dass Gott ja geduldig ist; aber dass seine Barmherzigkeit schließlich ein Ende hat, dass es einen Platz für seine Gerechtigkeit gibt, um den Sünder zu strafen, der keine Buße tat und nach der Missachtung seines Gesetzes, seine Anweisungen ablehnt."[678]

Im Gottesbild des Conselheiros gibt es auch das richtende, strafende Antlitz Gottes, das er denen zuwendet, die ungerecht und gegen die Gebote Gottes handeln, z.B. Menschen, die andere unterdrücken, Ungläubi-

---

[676] Montenegro, Fé em Canudos, 2004, 221.
[677] Andrade, A experiência religiosa e sociopolítica de Canudos, 2006, 51.
[678] „Por este tremendo exemplo se mostra que Deus é, sim, paciente; mas que sua misericórdia tem enfim um termo onde há lugar à sua justiça para punir o pecador que não foi penitente e que, depois de menoscabar a sua lei, despreza os seus avisos." Antônio Conselheiro, in: Nogueira, Antônio Conselheiro e Canudos, 1974, 118 (286-287). Vgl. Antônio Conselheiro, in: Nogueira, Antônio Conselheiro e Canudos, 1974, 125 (324).

ge und Häretiker.[679] Aber selbst diese Menschen haben im Gottesbild des Conselheiros die Chance zur Versöhnung mit Gott.

Jesus Christus – Gottes Sohn

Jesus Christus wird von Antônio Conselheiro als Gottes Sohn und zweite Person der Trinität Gottes angesehen, die er trotz seiner Menschwerdung bleibt. Er steht im Zentrum des theologischen Verständnisses des Conselheiro,[680] er ist der…

„ *König der Märtyrer, dessen Größe unendlich ist, dessen Macht über aller Macht steht, während er sich erniedrigt und Mensch wird, jedoch ohne sein Gott-Sein oder Mensch-Sein aufzugeben; er tat dies, um die Strafe auf sich zu nehmen, die durch unsere Sünden wohlverdient war.*"[681]

Jesus hat sich als Sohn Gottes geopfert, um die Menschen von der ewigen Verdammnis zu befreien. Er starb stellvertretend für sie am Kreuz und hebt damit alle Schuld und die unüberbrückbare Trennung zwischen Gott und den Menschen auf. Jesus ist wahrer Gott und wahrer Mensch und als dieser Vorbild für die Menschen. Dies schreibt der Conselheiro in seinen Predigten:

„*Er [Jesus] kam arm, lebte unabhängig, starb nackt und ging weg in seine Heimat mit großer Fülle der Gnaden durch die Verdienste, die er auf Erden in der ganzen Zeit seiner guten Regierung tat und erhielt den Titel König.*"[682]

---

[679] Vgl. Piepke, Antônio Conselheiro – der Ratgeber der Armen, in: NZM 52/2 (1996), 115.

[680] Vgl. Levine, O sertão prometido, 1995, 279. Vgl. Otten, Só Deus é grande, 1990, 269-284. Vgl. Montenegro, Fé em Canudos, 2004, 29.

[681] „*…Rei dos mártires, cuja grandeza é infinita, cujo poder é sobre todo o poder, do qual, entretanto, se abateu tornando-se homem, porém sem deixar de ser Deus e Deus sem deixar de ser homem assim fazendo para tomar sobre si o castigo merecido pelos nossos pecados.*" Antônio Conselheiro, in: Nogueira, Antônio Conselheiro e Canudos, 1974, 102-103 (219).

[682] „*Veio pobre, viveu independente. Morreu despido e patiu-se para a sua pátria com muitas enchentes de Graças; pelos merecimentos que fez na terra em todo tempo do seu bom governo, levando o título de rei.*" Antônio Conselheiro, in: Nogueira, Antônio Conselheiro e Canudos, 1974, 115 (269-270).

Christus ist für den Conselheiro das Vor- und Leitbild für menschliches Handeln. Dies verdeutlicht er in seinen Ausführungen zum 5. Gebot, in denen er sich zur Feindesliebe bekennt:

„*Der Mensch kann sein Vorgehen gegenüber jeglicher Ungerechtigkeit nicht rechtfertigen, so groß auch die Ungerechtigkeit ist, die sein Nächster gegenüber ihm begangen hat, um ihn zu strafen, sei es auch durch legale Mittel, wenn er tief betrachtet, dass Gott so viele Beschimpfungen geduldig ertrug und uns damit ein Beispiel gegeben hat, dass nachgeahmt werden solle. Unser Herr Jesus Christus sagte zu seinen Jüngern: Ihr habt gehört, dass zu den Alten gesagt wurde: Liebe deinen Nächsten und verabscheue deinen Feind. Ich sage euch: Liebt eure Feinde, tut denen gutes, die Hass haben: und betet für die, die euch verfolgen und verleumden: Ego autem dico vobis: diligite inimicos vestros, benefacit his, qui oderunt vos et orate pro persequentibus et caluminatibus vos (Mat 5,44).*"[683]

Die Nächstenliebe erwächst für den Conselheiro aus der Gottesliebe:

„*Der Mensch, der wahrhaftig Gott liebt, kann nicht den Nächsten verletzen, weil er ihn konsequenterweise liebt.*"[684]

Für den Conselheiro war die „Imitatio Christi" das Leitbild für sein Handeln. Jesus Christus ist für ihn der den Menschen nahe Sohn Gottes, der sich aus Liebe für die Menschen hingab, um sie zu retten. Daraus ergab sich für Alexandre Otten folgende Auswirkung auf Canudos:

„*Es wurde die Tradition des Guten Jesus (Bom Jesus) wiederbelebt, der ein dem Armen und leidenden Volk naher Christus ist.*"[685]

---

[683] „*O homem não pode pois justificar o seu procedimento acerca de qualquer injúria, por mais grave que receba do proximo, para punir-lo, ainda que seja pelo meios legais, se considerasse profundamente que nosso Deus sofreu tantas afrontas pacientemente, dando-nos assim o exemplo para que fosse imitado. Nosso Senhor Jesus Cristo disse a seus discípulos: Tendes ouvido o que foi dito aos antigos: Amarás a teu proximo e aborrecerás a teu inimigo. Mas Eu vos digo: amai a vossos inimigos, fazei bem aos que têm ódio: e orai pelos que vos perseguem e caluniam: Ego autem dico vobis: diligite inimicos vestros, benefacit his, qui oderunt vos et orate pro persequentibus et caluminatibus vos (Mat 5,44).*" Antônio Conselheiro, in: Nogueira, Antônio Conselheiro e Canudos, 1974, 126 (331-333), vgl. 150 (444).

[684] „*O homem que verdadeiramente ama a Deus não pode offender ao próximo, porque conseeqüentemente o ama.*" Antônio Conselheiro, in: Nogueira, Antônio Conselheiro e Canudos, 1974, 127 (335-336).

Zwei in Brasilien geübte Devotionsformen betonen diese Nähe Jesu in besonderer Weise:
1. Der „Bom Jesus" (Guter Jesus): Meditation, insbesondere der Leiden Christi; Jesus nimmt sein Kreuz auf sich und stirbt für die Menschen (Karwoche).
2. Der „Menino Jesus" (Kind Jesus); Jesus als Mensch, der in Armut geboren wird. Damit solidarisiert er sich mit den Armen. Er ist Botschafter der Freude und des Lebens (Weihnachten).[686]

In diesem Abschnitt wird deutlich, dass für Antônio Conselheiro Jesus Christus im Zentrum des Erlösungswerkes Gottes steht. Antônio Conselheiro bekennt dies wie folgt:

„*...unser Herr Jesus Christus war und ist der wahre Retter und Erlöser der Welt: Ich hörte, was die Patriarchen und Propheten über ihn sagten, viele Jahrhunderte vor seinem Kommen in die Welt. Zuerst verlautet aus der Heiligen Schrift jenes große Versprechen, das Gott Abraham, Isaak und Jakob gemacht hat, in dem er ihnen verspricht, dass einer ihrer Nachkommen der wahre Messias sei, Jesus Christus: Benedictur in semine tuo omnes gentes terrae (Gen 22,18; 26,4; 23,14). Jesaja gibt Zeugnis dieser Wahrheit an drei Stellen seiner Prophetie...*"[687]

In Jesus Christus ist für Antônio Conselheiro die zweite Person der göttlichen Dreifaltigkeit aus Liebe zu den Menschen inkarniert, um diese zu retten.[688] Der Conselheiro gibt ihm in seinen Predigtmanuskripten u.a. die folgenden christologischen Titel: Sohn Gottes, liebevollster aller Menschensöhne unter den Rohlingen und in der größten Armut, anbetungswürdiger Jesus, geliebter Sohn [Gottes], Guter Jesus, unser Herr

---

[685] Otten, Só Deus é grande, 1990, 370-371.

[686] Vgl. Otten, Só Deus é grande, 1990, 110-115.

[687] „*...Nosso Senhor Jesus Christo foi e é o verdadeiro Salvador e Redentor do mundo: ouvi o que dele disseram os patriarcas e profetas, muitos séculos antes de sua vinda ao mundo. Primeiramente consta a Sagrada Escritura aquela grande promessa, que Deus fes a Abraão, a Isaac e a Jacó, na qual lhes prometeu que seria deles descendente o verdadeiro Messias, Cristo JESUS: Benedictur in semine tuo omnes gentes terrae (Gen 22,18; 26,4; 23,14) Isaías dá testemunho desta verdade em três lugares da sua profecia...*" Antônio Conselheiro, in: Nogueira, Antônio Conselheiro e Canudos, 1974, 154-155 (470-471).

[688] Vgl. Antônio Conselheiro, in: Nogueira, Antônio Conselheiro e Canudos, 1974, 108 (229-230).

Jesus Christus.[689] Diese christologischen Titel unterstreichen die Wertschätzung und die Katholizität der Christologie Antônio Conselheiros. Ein wichtiger Aspekt im Verständnis Jesu ist dessen Identifikation mit den Armen [vgl. Mt 25,35-46]. Pe. F. Montenegro erläutert:

„Der göttliche Jesus, den der ‚beato' [Antônio Conselheiro] predigte, war der Jesus von Gott, der sich an die Seite der Schwachen stellt, der Unterdrückten, der Niedergeschlagenen, der Landlosen, der ausgegrenzten Nordostbewohner, die davon träumen ihre verlorene Würde wiederzuerlangen und in der ‚Heiligen Stadt' das von Gott gewollte Leben in Fülle."[690]

Die Armut im Leben Jesu, sein Handeln an und seine Identifikation mit den Armen versteht der Conselheiro als Aufruf, sich ebenfalls um die Armen zu sorgen und selbst auf die Überwindung und Befreiung von Armut, Unterdrückung und Misere hinzuwirken.

Heiliger Geist

Die Erfahrung des Heiligen Geistes kommt in Canudos insbesondere in dem geglückten solidarischen Zusammenleben auf Basis des christlichen Glaubens zum Ausdruck. In den Predigten erwähnt der Conselheiros den Heiligen Geist selten.[691] Alexandre Otten schreibt:

„Der Geist ist präsent in seinen Erscheinungsformen, selbst wenn er nicht mit Namen erwähnt ist. Er ist repräsentiert im Andenken an den Gott der Liebe im Blick auf die biblischen Quellen, in der Errichtung des ‚Gesetzes Gottes' in Belo Monte, im ‚Gesetz der Gnade', das in Canudos herrscht, in der eschatologischen Gemeinschaft, die durch die Charismen seines Leiters bezeichnet wird, schließlich durch das intensive religiöse Klima."[692]

Die in Canudos lebenden Menschen erwarteten das Wirken Gottes in ihrer Gemeinschaft, so z.B. im Gebet, bei der Arbeit und da, wo sie sich zusammenfanden. Der Heilige Geistes ist in Canudos, wie Otten es

---

[689] Antônio Conselheiro, in: Nogueira, Antônio Conselheiro e Canudos, 1974, (10, 10, 133, 134, 239, 268). Vgl. Andrade, A experiência religiosa e sociopolítica de Canudos, 2006, 106-107.
[690] Montenegro, Fé em Canudos, 2004, 93.
[691] Vgl. Antônio Conselheiro, in: Noueira, Antônio Conselheiro e Canudos, 1974, 108 (229-230).
[692] Otten, Só Deus é grande, 1990, 372.

auslegt, in seinen Erscheinungsformen wahrnehmbar, so z.B. in einer größeren Gerechtigkeit, in einer menschenwürdigeren Lebensweise, insbesondere für diejenigen, die aus der Armut und Unterdrückung stammten und nach Canudos kamen.[693]

Verständnis einer politischen Regierung

Zusammenfassend kann gesagt werden, dass das Weltbild des Conselheiros konservativ, theozentrisch und theokratisch geprägt ist.[694] Das politische Idealbild Antônio Conselheiros ist das einer Theokratie. Ein von Gottes Willen eingesetzter Monarch und dessen Thronfolger sind die einzigen legitimen Regenten eines Staates. Antônio Conselheiro formuliert dies wie folgt:

„Alle legitime Macht ist die Emanation der ewigen Allmacht Gottes und ist ein Subjekt einer göttlichen Ordnung, hinsichtlich der zeitlichen wie der spirituellen Ordnung, so dass wir, wenn wir dem Papst (pontífice), dem Fürst, dem Vater, dem wirklichen Diener Gottes für das Gute gehorchen, auch Gott allein gehorchen... Wer weiß nicht, dass der würdige Fürst, der Herr Dom Pedro III., die legitime von Gott gegebene Macht hat, Brasilien zu regieren?"[695]

Die Weltordnung des Conselheiros geht von Gott aus. Er begleitet die Menschen und leitet das Geschehen durch den Papst und die Monarchie. Die Monarchen haben sich ihrerseits für das Wort Gottes zu öffnen, um seinen Willen in der Welt umzusetzen. Gott handelt durch die Menschen, wie Antônio Conselheiro anhand der Abschaffung der Sklaverei erläutert:

„...Ihre Hoheit [Prinzessin] Dona Isabel befreite von der Sklaverei und machte dabei nichts anderes, als die Anordnung vom Himmel zu

---

[693] Vgl. Otten, Só Deus é grande, 1990, 332.

[694] Vgl. Dobroruka, Antônio Conselheiro, o beato endiabrado de Canudos, 1997, 114.

[695] *„Todo poder legítimo é emanação da Onipotência eterna de Deus e está sujeito a uma regra divina, tanto na ordem temporal como na espiritual, de sorte que, obedecendo ao pontífice, ao príncipe, ao pai, a quem é realmente ministro de Deus para o bem a Deus só obedecemos... Quem não sabe que o digno príncipe o senhor dom Pedro III. tem poder legitimamente constituido por Deus para governar Brasil."* Antônio Conselheiro, in: Nogueira, Antônio Conselheiro e Canudos, 1974, 176 (566, 568).

erfüllen; denn es war die von Gott angegebene Zeit gekommen, um dieses Volk von jenem Status zu befreien."[696]

Aufgrund dieses Verständnisses lehnt der Conselheiro die 1889 ausgerufene Brasilianische Republik, die Kirche und Staat voneinander trennte, ab. Insbesondere die Einführung der Zivilehe und die gleichzeitige Aberkennung der staatlichen Gültigkeit der kirchlichen Ehe bedeuten für Antônio Conselheiro ein Handeln gegen Gottes Willen. Die Eheschließung war für ihn vom Wesen her ein Akt, den zwei Menschen im Angesicht Gottes vollzogen:

„Denn die Heirat (wie alle wissen) ist ein Vertrag von zwei verbundenen Willen, mit der Liebe, die Gott ihnen kommuniziert, gerechtfertigt mit der Gnade, die unser Herr Jesus Christus ihnen gab und autorisiert mit der Zeremonie, mit der sie die Mutter Kirche zusammenführt, damit diese die Wirkung einer wirklichen Hochzeit hat: zwei Seelen in einem Körper zu vereinen... die Eheschließung gehört zur reinen Kompetenz der Kirche, von der nur ihre Amtsdiener die Macht haben, sie zu zelebrieren;... unser Herr Jesus Christus erhob sie [die Ehe] zur Würde eines Sakraments... Darum ist es weise und gerechtfertigt, dass die Eltern der Familie nicht dem Gesetz der Zivilehe folgen, um eine so tiefgreifende Verletzung einer religiösen Materie zu vermeiden, die direkt das Gewissen und die Seele berührt."[697]

Durch das Verständnis der Monarchie als von Gottes Willen eingesetzte Staatsform, distanzierte sich der Conselheiro unbewusst von der

---

[696] „*...sua alteza a senhora Dona Isabel libertou a erscravidão, que não fez mais, do que mais, do que cumprir a ordem do céu; porque era chegado o tempo marcado por Deus para libertar ese povo de semelhante estado.*" Antônio Conselheiro, in: Nogueira, Antônio Conselheiro e Canudos, 1974, 180 (619).

[697] „*Porque é o casamento (como todos sabem) um contrato de duas vontades ligadas com o amor que Deus lhes communica, justificados com a graça que lhes deu Nosso Senhor Jesus Cristo já autorizada com a cerimônia que lhes juntou a santa madre Igreja, que este é o efeito de um verdadeiro desposório: unir duas almas em um corpo... o casamento é puramente da competência da santa Igreja, que só seus ministros têm poder para celebrá-lo;... Nosso Senhor Jesus Cristo o elevou à dignidade de sacramento,... Assim, pois, é prudente e justo que os pais de família não obedeçam à lei do casamento civil, evitando a gravissima ofensa em materia religiosa que toca diretamente a consciência e a alma.*" Antônio Conselheiro, in: Nogueira, Antônio Conselheiro e Canudos, 1974, 178 (605, 607-608).

damaligen offiziellen katholischen Lehre, die ihrerseits die Brasilianische Republik, wenn auch erst nach Zögern, anerkannte. Dies ist ein entscheidender Punkt, der wesentlich für die Entstehung des Krieges wurde.

Kritik

Dawid Bartelt kritisiert insbesondere die Darstellung des Gottesbildes des Conselheiros durch Alexandre Otten als widersprüchliches theologisches Denken:

„*Gott erscheint darin als Scharfrichter wie als Gerechter, als gestrenger Patriarch wie als liebender Vater. Die strafende und verdammende Sündentheologie der ‚Missão abreviada' steht unvermittelt einer Theologie der göttlichen Milde und Gnade gegenüber. Otten sieht den theologischen Schwerpunkt in der Figur des liebenden Gottvaters und ebenso des Gottessohnes. Mit der Vorstellung Gottes als Herrn der Geschichte, der den Satan besiegt und an den Menschen seine Liebeswerke tut, breche er den Rigorismus der missionarischen Sündentheologie. Auch praktisch sei Maciel von den Leitfäden der ‚Missão abreviada' abgewichen... Trotz der Widersprüche will Otten in Maciel eine Art spirituellen Befreiungstheologen entdecken, basis- und durchaus innerweltlich orientiert...*"[698]

Bartelt hält die These für nicht haltbar, dass der Conselheiro einen gütigen und verzeihenden Gott predigte und ganz auf eine endzeitliche Entscheidungssituation verzichtete.[699] Bartelts Kritik leitet in eine Fragestellung über, vor der der Conselheiro stand und die sich letztlich nicht spannungsfrei auflösen lässt: In welchem Verhältnis stehen Gnade und Gerechtigkeit Gottes zueinander? Berechtigt ist die Kritik, den Conselheiro als einen Befreiungstheologen zu interpretieren. Weder der zeitliche Kontext, noch die Argumentationslinien sind identisch. Dennoch muss festgehalten werden, dass Antônio Conselheiro mit Canudos eine vorrangige „Option für die Armen" traf. Er setzte sich für eine gerechtere Gesellschaft und die Rettung der Menschen ein. Daher wird Canudos in befreiungstheologisch orientierten kirchlichen Kreisen, wie z.B. unter den CEBs geschätzt und als eines der Vorbilder für die Befreiungstheologie angesehen. Der Frage nach der endzeitlichen Entscheidungssituation geht der folgende Abschnitt nach.

---

[698] Bartelt, Nation gegen Hinterland, 2003, 94.
[699] Vgl. Bartelt, Nation gegen Hinterland, 2003, 96.

2.5.2 Eschatologie[700] und Prophetie[701]

Dieser Abschnitt untersucht und analysiert die eschatologischen und prophetischen Implikationen von Canudos. Anknüpfungspunkt ist Abschnitt 2.1.4, in dem ein Überblick über die Predigtmanuskripte und die mündlichen Predigtberichte von Antônio Conselheiro gegeben sind. Zur Analyse werden u.a. die folgenden Quellen verwendet:
1. Die Predigtmanuskripte Antônio Conselheiros (1895 und 1897),
2. die mündlichen Überlieferungen über Predigten Antônio Conselheiros,
3. die Volkspoesie,
4. Literatur zum Thema Eschatologie und Prophetie in Canudos.

Abschnitt 2.1.4 zeigt ein geteiltes Bild: Die Predigtmanuskripte des Conselheiros enthielten eschatologische Aussagen, jedoch keine apokalyptische Naherwartung der Rückkehr Jesu und des Weltendes. Diese Aussagen bewegen sich im Rahmen der katholischen Lehre. Demgegenüber standen Aussagen aus Euclides da Cunhas „Os sertões" und andere Darstellungen, die davon berichten, dass der Conselheiro in seinen mündlichen Predigten von einem nahen Weltende sprach. Die gesicherte Originalität der Predigtmanuskripte spricht für deren Glaubwürdigkeit. Bezüglich der Zuverlässigkeit der Aussagen zu den mündlichen Predigten bleiben Fragen offen, die Einschätzungen der Wissenschaftler sind geteilt.

Eschatologie:

In Canudos gab es ein eschatologisches Gemeinschaftsverständnis. Man verstand sich auf dem Pilgerweg zum *„Reich Gottes"* (reino de Deus). Dabei sah man sich stets als Teil der katholischen Kirche [vgl. 2.5.5]. Der Pilgerweg mit Gott bestand im Aufbau einer „alternativen christlichen Gesellschaft" in Canudos, in der das *„Reich Gottes"* anfanghaft Realität wurde. Alexandre Otten formuliert:

„Aber es [Canudos] ist ein fundamental eschatologisches Projekt, das die Aufrichtung einer Gemeinschaft, die das Kommen Gottes erwartet, anvisiert. Dies ist eine kollektive Konzeption der Eschatologie, die, wie es scheint, in sich das Potential birgt, auf dieser Erde eine alternative

---

[700] Vgl. Kehl, Eschatologie, Würzburg, 1996.
[701] Vgl. Hoheisel, Karl, Propheten, Prophetie, I. Religionsgeschichtlich, in: LThK, Band 8, 1999, 627-628.

Gemeinschaft zu erbauen, die dem göttlichen Willen entspricht, der ein heiliges und reines Volk will, das die göttlichen Pläne ausführt,..."[702]

Canudos war nicht das „endgültige Ziel", d.h. der Himmel auf Erden, sondern ein Teil des Pilgerwegs, auf dem das „Reich Gottes" beginnen sollte. Konkret wird dies z.B. in einer geschwisterlichen einer menschenwürdigen Lebensform. Diesbezüglich sind folgende Begrifflichkeiten, die der Conselheiro verwandte, zu unterscheiden:

- *„Lei de Deus já presente"* = das schon (in Canudos) gegenwärtige Gesetz Gottes
- *„Glória de Deus (definitiva)"* = die vollendete, ewige Herrlichkeit Gottes, das eschatologische Ziel des Pilgerwegs von Canudos.[703]

Mit der Peregrination durch den Sertão und der anschließenden Gründung von Canudos eröffnete der Conselheiro eine Lebensalternative, die den religiösen Sehnsüchten der „sertanejos" entsprach. Libânio und Bingemer erklären dass...

„...die traditionelle religiöse Vorstellungswelt von Wünschen nach einem Land der Versöhnung durchtränkt ist, einem Land, das in einer Atmosphäre von Gebet, Predigten, Prozessionen und religiösen Festen vor allem zu Ehren des Göttlichen lebt. Nicht weniger interessant ist es, die Ähnlichkeiten mit dem ‚Zeitalter des Geistes' festzustellen, dass der kalabresische Abt Joachim von Fiore im Mittelalter ankündigte. Die Erwartung einer Zeit, in der sich das Göttliche im Überfluss mitteilt, knüpft aber noch über die mittelalterliche Schriftauslegung und die joachimitische geistliche Tradition hinaus an die Prophezeiungen des Propheten Joel an, die ja auch die Urkirche so ausgiebig aufgenommen hat (vgl. Joel 3,1-5; Apg 2,14f)."[704]

In Canudos war eine Gemeinschaft von Menschen geplant, die bewusst ein Leben nach christlichen Werten [dem *„lei de Deus"*, Gesetz Gottes] führten, den Weg zur „Rettung ihrer Seelen", d.h. gemeinsam den

---

[702] Otten, Só Deus é grande, 1990, 381.
[703] Bei Edward Schillebeeckx Begrifflichkeit entspricht „reino de Deus (já presente) = „soberania de Deus"; „gloria de Deus (definitiva)" = „reino de Deus".Vgl. Otten, Só Deus é grande, 1990, 369-370. Otten bezieht sich auf: Schillebeeckx, Edward, La História de un Viviente, Madrid, 1981, 103-104; 118.
[704] Libânio, Luchetti, Bingemer, Christliche Eschatologie, 1987, 45.

Weg zur „himmlischen Heimat" gingen. Der Conselheiro hatte dies im Blick, wenn er von der Wiederkehr Jesu schrieb:

„*Wenn unser Herr Jesus Christus kommt, um alle Menschen entsprechend der guten und bösen Taten, die sie in ihrem Leben taten, zu richten... Es erfüllt sich, was der Engel sagte, der mit einem Bein auf dem Meer, mit dem anderen auf der Erde stand, als er für den lebendigen Schöpfer aller Jahrhunderte schwor: dass keine Zeit mehr bleiben wird (Offb 10,6), denn von da an wird es nichts mehr als die Ewigkeit geben, die für immer bleibt, ohne Ende.*"[705]

Der Aufbau des „Reiches Gottes" beginnt mit der Peregrination des Conselheiros zu den „mal aventurados" (Unglückseligen), der armen Bevölkerung im Sertão. Antônio Conselheiro traf damit eine „vorrangige Option für die Armen", die sich in der Gemeinschaft von Canudos fortsetzte. Mit den Armen baute der Conselheiro an einer Gemeinschaft, die ihr Leben am „*lei de Deus*" (Gesetz Gottes) ausrichtete, die Gemeinschaft mit Gott vorlebte und sich auf die Vollendung bei Gott vorbereitete. Canudos war nicht das Paradies auf Erden, vielmehr entsprach es im Bild gesprochen der „arca de Noé"[706] (Arche Noahs), der „Arche der Rettung", auf der die Gläubigen den Weg mit und zu Gott gingen. Der Conselheiro wandte sich mit seinem eschatologischen Verständnis gegen eine Vertröstung Leidender auf die Zukunft hin. Vielmehr rief er zur Nachfolge Jesu und zur konkreten Verminderung des Leidens auf, mit dem Ziel der Rettung der Seelen im eschatologischen Horizont.

Die Hochschätzung des ewigen Lebens in der Bevölkerung des Sertão ist Ausdruck der Hoffnung auf die Überwindung der Misere, sei sie durch Naturkatastrophen, wie z.B. Dürreperioden, oder die Ausbeutung durch die herrschende Schicht hervorgerufen. Indirekt kommt darin der Protest der „sertanejos" gegen die bestehenden Lebens- und Herrschaftsverhältnisse zum Ausdruck.[707] In Canudos begegnete man der Situation nicht

---

[705] „*Quando nosso Senhor Jesus Cristo vier a julgar todos os homens, dos bens e males que fizeram em sua vida... E então se cumprirá o que disse o anjo, tendo um pé no mar e outro na terra e, jurando pelo Criador vivente para séculos dos séculos: Que não haveria mais tempo: Quia tempus non erit ampliu (Apoc. 10,6), porque dali por diante não haverá mais que eternidade, a qual permanece para sempre, sem fim.*" Antônio Conselheiro, in: Nogueira, Antônio Conselheiro e Canudos, 1974, 156 (478-479).
[706] Vgl. Otten, Só Deus é grande, 1990, 337.
[707] Vgl. Otten, Só Deus é grande, 1990, 125.

durch das Warten auf das Eingreifen Gottes, sondern durch das aktive Gestalten einer alternativen Lebensweise, zum herrschenden System des „coronelismo", das durch Unterdrückung und Ungerechtigkeiten geprägt war. Es entstand eine Gemeinschaft *sui generis* auf der Basis christlicher Werte. Canudos wurde zu einem Ort der Hoffnung auf ein menschenwürdigeres Leben und zum Unterpfand für die Rettung des Menschen.[708] Alexandre Otten erläutert:

„Obgleich das Reich Gottes bereits begründet wurde, als Belo Monte eine Gemeinschaft wurde, wo sich die Rettung sichtbar und greifbar konkretisierte, bleiben für den Conselheiro das Reich Gottes und die Rettung in der Vollkommenheit als Realitäten der Zukunft und danach."[709]

In der Volkspoesie wird oftmals der Kampf zwischen Canudos und dem brasilianischen Heer als Kampf zwischen den Kräften des Guten [Canudos, Conselheiro] und den Kräften des Anti-Christus [brasilianisches Heer] angesehen. In diesen Texten hielten teilweise sebastianistische Elemente Einzug. Euclides da Cunha zitiert z.B. aus einem Gedicht, das nach seinen Angaben in Canudos, nach dessen Zerstörung gefunden wurde:

„Die Republik war die Herzlosigkeit"	*„A República era a impiedade"*
Es lästern in Gesetzes Schutz *Jene Ruchlosen frechen Mundes.* *Wir halten Gottes Gesetz,* *Sie das des Höllenhundes!*	*Garantidos pela lei* *aquelles malvados estão.* *Nós temos a lei de Deus* *elles tem a lei do cão!*
Sie reden von Ehe gar viel, *Doch nur um das Volk zu belügen.* *Sie wollen das ganze Volk* *Mit der zivilen Ehe betrügen...*	*Casamento vão fazendo,* *só para o povo iludir.* *Vão casar o povo todo,* *no casamento civil...*
Der Antichrist ist geboren, *Zur Regierung Brasiliens bereit,* *Der Ratgeber wird es hindern,* *Der uns vom Bösen befreit!*	*O Anticristo nasceu* *para o Brasil governar* *Mas ahí está o Conselheiro,* *para delle nos livrar!*

---

[708] Vgl. Otten, Só Deus é grande, 1990, 337.
[709] Otten, Só Deus é grande, 1990, 352.

Es besucht uns König Sebastião,	*Visita nos vem fazer*
Gebieter des Erdenrundes.	*nosso rei Dom Sebastião.*
Doch wehe dem armen Wicht,	*Coitado daquelle pobre*
Der folgt dem Gesetz des Hundes!"[710]	*que estiver na lei do cão!"*[711]

In der Volkspoesie haben die Werke Euclides da Cunhas ihre Spuren hinterlassen, auf ihn gehen die Schilderungen des Sebastianismus in Canudos zurück. Viele Wissenschaftler weisen heute die Sebastianismusvermutung in Canudos zurück [vgl. 2.2.7].

Berufungserfahrung

Antônio Conselheiro sieht sich als von Gott berufen, der leidenden Sertãobevölkerung das Wort Gottes zu predigen, mit ihnen zu beten, für und mit den Menschen des Sertão solidarisch zu leben. Er sieht sich in der Nachfolge Jesu wie einer der Apostel. Die Berufungserfahrung des Conselheiros schildert Manoel Benício, indem er eine Predigt des Conselheiros wiedergibt:

„Ja meine Geschwister, ich habe die Gebote der Kirche und Gottes, unseres Herrn befolgt, der unser Vater und ewiger Retter ist, durch den ich auf der Erde ein armer Apostel bin, denn er erschien mir eines Nachts und sagte: Antônio, geh in die Sertões wie dein Namensvetter aus Lissabon, um Buße zu tun, mein Evangelium und die Heiligen Schriften zu predigen; du wirst Verfolgung durch die Bösen und Häretiker erleiden, die du mit ausfließenden Gaben vergelten wirst, wohin du auch gehst; du wirst wie Petrus, Paulus und alle meine Heiligen Jünger dein Volk haben, das dir folgt und von dem du der Leiter sein wirst; ich werde dich mit Macht erfüllen und du und deine Anhänger werden voller Gnade im ewigen Leben sein."[712]

---

[710] Cunha, Krieg im Sertão, 1994, 237-238. Der Übersetzer des Gedichtes in "Krieg im Sertão" entschied sich für eine poetisch Form der Übersetzung. Diese steht in einer gewissen Spannung zu einer wörtlichen Übersetzung des Textes.

[711] Cunha, Os sertões, 2001, 319-320.

[712] *„Sim meus irmãos, obedecei à igreja e aos Mandamentos de Deus Nosso Senhor, nosso pai eterno, de quem sou na terra um miserável apóstolo, porque ele me apareceu uma noite e disse: Antônio, sairás pelos sertões, como o teu xará de Lisboa, a fazer penitência, pregando o meu Evangelho e as Escrituras Sagradas; sofrerás perseguições dos maus e dos hereges, que retribuirás com benefícios derramados por onde passares; teras como Pedro, Paulo e todos os*

Alexandre Otten hält dem entgegen, dass sich der Conselheiro sich als Propheten verstand:

„Linguistische Mittel bestätigen, dass der ‚beato' [Conselheiro] sich als Prophet ansieht, und über eine eigene Erfahrung Gottes verfügt, die ihn dazu bewegt, unter dem Worte Gottes zu stehen."[713]

Letztlich liegen keine schriftlichen Originaldokumente vor, in denen Antônio Conselheiro sich eindeutig zu seinem Berufungsverständnis äußert. Die Manuskripte des Conselheiros und die Schilderungen seines gesellschaftkritischen Handelns zeigen beide Aspekte auf. Der Conselheiro sah sich wie die Apostel in der Nachfolge Jesu Christi, mit dem er aber auch ein prophetisches Wirken verband, indem er z.B. zu ungerechten Situationen Stellung bezog und auf der Basis biblisch-christlicher Werte argumentierte.

Die Verpflichtung gegenüber seiner Berufungserfahrung war für den Conselheiro ein zentraler Punkt seines Selbstverständnisses. Vieles spricht dafür, dass dieses Selbstverständnis dazu beitrug, dass er das Predigtverbot des Erzbischofs von Bahia nicht beachtete und weiter predigte. Auch der Aufforderung Canudos aufzulösen, die der vom bahianischen Bischof beauftragte Missionar Frei João Evangelista de Monte Marciano bei seiner Mission in Canudos im Mai 1895 ausgesprochen hatte, kam er nicht nach, obwohl er die Kirchenautoritäten grundsätzlich anerkannte.

Biblischer Bezug prophetischen Handelns[714]

In der Bibel gibt es viele Beispiele prophetischen Handelns. Antônio Conselheiro bezieht sich in seinen Predigtmanuskripten stark auf Mose, der in der jüdisch-christlichen Tradition auch als Prophet angesehen wird. Es gibt eigene Auslegungen zu den 10 Geboten, die ein zentraler Orientierungspunkt für sein Handeln sind. Auch legen sich Parallelen zwischen

---

meus santos discípulos, o teu povo que te seguirá e de que serás o guia; encherte-ei de poder na terra e serás tu e serão os teus adeptos cheios de graça na vida eterna." Benício, O rei dos jagunços, 1997, 51. Vgl. Hoornaert, Os anjos de Canudos, 1997, 18.

[713] Otten, Só Deus é grande, 1990, 88. Otten bezieht sich auf: Fiorim, A ilusão da liberdade discursiva, 1980, 10, 209.

[714] Vgl. Hossfeld, Propheten, Prophetie, II. Biblisch, 1. Altes Testament in: LThK, Band 8, 1999, 628-632. Vgl. Ernst, Propheten, Prophetie, II. Biblisch, 2. Neues Testament in: LThK, Band 8, 1999, 632-633.

dem Lebensweg von Antônio Conselheiro und der biblischen Beschreibung des Propheten Mose nahe, die kurz umrissen werden sollen:
- Beide haben in ihrem Leben Brüche zu verzeichnen. Während Antônio Conselheiro sich nach zwei gescheiterten Ehen in den Sertão zurückzieht, muss Mose, nachdem er den Aufseher getötet hat, aus Ägypten fliehen.
- Von beiden gibt es einen Bericht über ein Berufungserlebnis mit einem Auftrag. Bei Mose ist dies die Gottesbegegnung im brennenden Dornbusch mit dem Auftrag, das Volk Israel zu befreien. Antônio Conselheiro sieht sich berufen zur Sorge um die „Unglückseligen" (mal aventurados) im Sertão.
- Mose führt das Volk Israel nach vielen Schwierigkeiten aus der Sklaverei heraus nach Kanaan, in das von Gott versprochene Land. Antônio Conselheiro schafft durch Canudos eine Stadt, in der es für alle, insbesondere für die verarmte und unterdrückte Sertãobevölkerung, ein menschenwürdiges Leben gibt. Canudos wird auch das „Kanaan im Sertão" (canaã sertaneja) genannt, womit auf eine weitere Parallele zur biblischen Moseerzählung verwiesen ist.

In einem weiteren Schritt soll nun der Blick auf die neutestamentarischen Aussagen zur Prophetie gerichtet und das Handeln Antônio Conselheiros anhand der Aussagen des 1. Korintherbriefes über prophetisches Wirken reflektiert werden. Dort steht: *„Die prophetische Rede ist eine Gabe des Geistes Gottes, ein Charisma"* (vgl. *1 Kor 12,10).* Wie im Bild des Leibes, der viele Glieder hat [1 Kor 12,12-31], wird die Gemeinde Jesu Christi durch die Gläubigen erbaut, die unterschiedliche Geistesgaben besitzen. Wichtig ist dabei, dass jedes Glied des Leibes seine Geistesgabe zum Aufbau der Gemeinde, aus der Liebe Gottes [1 Kor 13] heraus einbringt. Paulus schreibt:

„(1) Jagd der Liebe nach! Strebt aber nach den Geistesgaben, vor allem nach der prophetischen Rede! (2) Denn wer in Zungen redet, redet nicht zum Menschen, sondern zu Gott; keiner versteht ihn: Im Geist redet er geheimnisvolle Dinge. (3) Wer aber prophetisch redet, redet zu den Menschen: Er baut auf, ermutigt, spendet Trost. (4) Wer in Zungen redet, erbaut sich selbst; wer aber prophetisch redet, baut die Gemeinde auf. (5) Der Prophet steht höher als der, der in Zungen redet, es sei denn, dieser legt sein Reden aus; dann baut auch er die Gemeinde auf." (1 Kor 14,1-5)

Aus der Gegenüberstellung dieses Textes mit dem Handeln des Conselheiros gehen Aspekte hervor, die die Art und Weise seiner prophetischen Rede verdeutlichen. Während seiner jahrzehntelangen „Pilgerschaft" durch den Sertão brachte er die ihm gegebenen „Geistesgaben" ein. Deutlich wurde dies durch: Sein Ratgeben [ermutigen, Trost spenden], das Anleiten zu Gebeten, Schriftauslegungen und Predigten [Aufbau der Gemeinde], die Unterweisung im katholischen Glauben [Lehre], diakonische Werke [Unterstützung Hilfsbedürftiger, Errichtung von Bauten für die Allgemeineinheit, z.B. Kapellen, Wasserspeicher u.a.], die Errichtung von Canudos. Dies trug zum Aufbau des Glaubens der einzelnen Personen, der Gemeinden vor Ort sowie der Gruppe, die sich ihm anschloss, bei. Der Conselheiro stellte sich den caritativen Herausforderungen seiner Zeit und deutete innerkirchliche und gesellschaftliche Vorgänge aus der Perspektive seines katholischen Glaubens. Am Verlauf seiner Peregrination durch den Sertão und an Canudos sind verschiedene Ausprägungen seines Charismas der prophetischen Rede erkennbar:

1. *Diakonisches Charisma* – Sorge um die Armen und Unterdrückten, Orientierung der Menschen, die bei ihm Rat suchten, Aufbau der Gemeinschaft von Canudos.

2. *Kerygmatisches Charisma* – Zeugnis geben vom Wort Gottes, Auslegung der Bibel, Deutung der Zeichen der Zeit, keine Scheu haben auch unbequeme Wahrheiten auszusprechen.

Der Conselheiro wurde zum Sprachrohr für die Belange der „sertanejos", indem er Ungerechtigkeiten öffentlich benannte und die „Zeichen der Zeit" aus dem katholischen Glauben, in der Tradition des Sertão heraus deutete. Im Horizont der politischen Umbrüche und der seelsorglichen Unterversorgung im Sertão stellte der Aufbau von Canudos einen prophetischen Aufbruch dar. Dabei sind in die kirchlichen Sakramente, die Einbindung von Priestern und das Verständnis, Teil der katholischen Kirche zu sein, von großer Bedeutung.

Zusammenfassend kann gesagt werden, dass von Antônio Conselheiro ein spiritueller, prophetischer Impuls ausgeht, der den Kriterien des 1. Korintherbriefes [1 Kor 12-14] entspricht. Wie bei vielen Bewegungen mit charismatischen Persönlichkeiten, stand am Anfang auch der Dialogbedarf mit der Amtskirche. Diesen hat es in der damaligen Zeit aufgrund vieler politischer und kircheninterner Umbrüche nicht gegeben. Unter anderen zeitlichen Umständen hätte die Einbindung des prophetischen

Charismas Antônio Conselheiros in die offizielle katholische Kirche bessere Chancen gehabt.

Prophetisches Wirken

Das Prophetische Wirken Antônio Conselheiros begann mit seiner Peregrination und dem Aufsuchen der „mal aventurados" im Sertão. Damit befand sich der Conselheiro unter anderem auf den Spuren von Priestern wie Pe. Ibiapina und Laien, die ihrer Berufung folgten. Alexandre Otten erläutert den Kern seines Wirkens:

„Es sind drei Grundhaltungen des Conselheiros zu benennen, die seine Spiritualität widerspiegeln: Der Prophet des souveränen Gottes, der Diener des Guten Jesus (bom Jesus) und der Pilger zur ewigen Heimat. Sie unterstreichen und ergänzen sich gegenseitig... Er predigt die Liebe zu und die Furcht gegenüber dem höchsten Gott... Seine Predigt lautet ‚Gott allein ist groß', Gott allein ist die höchste Wahrheit, niemals fehlt das was er versprach, und wird auch niemals fehlen."[715]

Das prophetische Wirken kommt bei Antônio Conselheiro auch in der Anklage und Verurteilung ungerechter und menschenunwürdiger Zustände zum Ausdruck. Alexandre Otten resümiert die kirchliche Situation im Sertão:

„Im Vakuum einer prophetischen Kirche entsteht der Prophet des Sertão... Es war ein Prophet notwendig, der die Zeichen der Zeit interpretieren konnte, der einen Weg aufzeigen konnte, der der Bevölkerung Hoffnung eröffnete, das Joch der Selbstanklage abnahm und die Schuldigen benannte."[716]

Das prophetische Wirken des Conselheiros steht in der Tradition des stark von Laien geprägten Katholizismus im Sertão. Hierin gab es Gläubige, die Stellung zu den gesellschaftlichen und religiösen Fragen der Zeit nahmen. José Wilson Andrade interpretiert die Gründung von Canudos als prophetisch motiviert:

„Als Prophet Gottes fühlte sich der Conselheiro geweiht [beauftragt], eine alternative Gemeinschaft zu errichten, die sich an anderen Regeln orientierte und die imstande war, den Desillusionierten die Tore des

---

[715] Otten, Só Deus é grande, 1990, 329-330.
[716] Otten, Só Deus é grande, 1990, 326.

Himmels zu öffnen und mit ihnen einen Weg zu einem würdigen Leben auf dieser Erde [zu gehen]."[717]

Die Zielrichtung des Conselheiros ist, wie im Abschnitt zur Eschatologie erläutert, die Rettung der Seelen, das Führen der Menschen zum Reich Gottes. Alexandre Otten unterstützt die These von Andrade und ergänzt dazu:

„Ob Antônio Conselheiro sich als ‚Hirte' der eschatologischen Herde betrachtete, ist schwierig zu sagen. Zumindest sieht er sich als eschatologischen Propheten an. In dieser Funktion hat er die Aufgabe, ein heiliges und reines Volk zu vereinen, das das Kommen des Herrn erwartet."[718]

Vicente Dobroruka sieht das prophetische Handeln des Conselheiros, auch im Bereich der Moral:

„...wir können zurecht Antônio Conselheiro als ein ganz besonderes Beispiel für einen Propheten betrachten – nicht notwendigerweise verbunden mit dem kosmischen ‚eschaton', aber besorgt um die Reform der Gewohnheiten und der Moral, sowie mit der Rückkehr zur legitimen politischen Instanz bzw. mit dem Ende der Republik und der Rückkehr zur Monarchie."[719]

Ein prophetisches Wirken geht nicht nur von Antônio Conselheiro aus, sondern auch durch die Gemeinschaft von Canudos und die von ihr vorgelebten christlichen Ideale. Canudos stellte als alternative Gesellschaftsform eine Anfrage an die vorherrschenden Herrschaftsstrukturen dar, die Ungerechtigkeiten und Ausbeutung bewusst akzeptierten. Die Botschaft des Conselheiros „Só Deus é grande" (Gott allein ist groß) ist auf diesem Hintergrund als Protest gegen die Armut und die Ausgrenzung der Armen zu verstehen. Die prophetischen Predigten des Conselheiros richteten sich gegen die antireligiöse Lebensphilosophie der neugegründeten Republik, in der er eine Abkehr vom wahren Glauben und eine Bedrohung der katholischen Kirche sah, durch die allein die Rettung der menschlichen Seelen möglich war. Die Ausrufung der Republik stellte für den Conselheiro eine fundamentale Anfrage an die menschliche und christliche Existenz dar.

---

[717] Andrade, A experiência religiosa e sociopolítica de Canudos, 2006, 112. Vgl. Macedo Soares, A guerra de Canudos, 1985, 42-45.

[718] Otten, Só Deus é grande, 1990, 354.

[719] Dobroruka, Antônio Conselheiro, o beato endiabrado de Canudos, 1997, 49.

2.5.3 Soteriologische Aspekte

Anknüpfend an das in Abschnitt 2.5.1 beschriebene Gottesbild werden in diesem Abschnitt die soteriologischen Aspekte der Theologie des Conselheiros beschrieben und analysiert.

Soteriologie

Die Soteriologie spielt in der Theologie Antônio Conselheiros eine wichtige Rolle. Er erkennt die menschlichen Schwächen gegenüber Versuchungen zu eigennützigem und sündhaftem Handeln [vgl. 2.5.1]. Der Conselheiro benennt dafür als Beispiel den biblischen König David, der Urija, den Ehemann von Batseba in den Tod schickte, um diese für sich als Frau zu gewinnen.[720] Um den Menschen von der in der Ursünde[721] wurzelnden Schuld zu erlösen, bedarf es der Erlösungstat Jesu Christi, durch die den Menschen wieder Versöhnung mit Gott eröffnet wird. José Luíz Fiorim führt anhand seiner linguistischen Analyse der Predigtmanuskripte des Conselheiros aus:

„Die Erlösung kann sich nur als Konsequenz daraus ergeben, dass Christus die menschliche Natur angenommen hat, denn, da Gott weder leiden noch sterben kann, kann er auch nicht die Schuld der Menschen büßen, die von der Ursünde stammt. Das Leiden und der Tod erscheinen als notwendige Elemente, damit die Erlösung geschehen kann."[722]

Jesus stirbt stellvertretend für die Menschen und hebt damit alle Schuld und die unüberbrückbare Trennung zwischen Gott und den Menschen auf. Damit führt er das neue Gesetz ein, das „lei da graça" (Gesetz der Gnade), das Gesetz der Liebe, des Friedens und Verzeihens, das sich für den Conselheiro in der Lehre der katholischen Kirche konkretisiert.[723] Der Tod Jesu bewirkt neues Leben und Vergebung bei Gott:

„Der Tod Jesu ist notwendigerweise, sagt Jesaja, diese versprochene Quelle, die unsere Seelen in den Wassern der Gnade überschwemmt und

---

[720] Antônio Conselheiro, in: Nogueira, Antônio Conselheiro e Canudos, 1974, 143 (425-426).

[721] Vgl. Antônio Conselheiro, in: Nogueira, Antônio Conselheiro e Canudos, 1974, 166-167 (518-519).

[722] Fiorin, A ilusão da liberdade discursiva, 1999, 124. Vgl. Antônio Conselheiro, in: Nogueira, Antônio Conselheiro e Canudos, 1974, 12-13, 19, 31, 86-87, 119, 128, 150.

[723] Vgl. Otten, Só Deus é grande, 1990, 236-239. Vgl. Antônio Conselheiro, in: Nogueira, Antônio Conselheiro e Canudos, 1974, 109 (237).

die durch seine mächtige Tugend die Stacheln der Sünde zu Blumen und Früchten des ewigen Lebens gemacht hat. Wie sehr sind wir Schuldner des ‚Guten Jesus', der sich freiwillig für unsere Sünden seinem ewigen Vater anbot und uns so von der ewigen Strafe befreite."[724]

Als Sohn Gottes verlässt Jesus die ewige Herrlichkeit, wird Mensch, lebt arm, und solidarisiert sich so mit den Armen.[725] Er wird durch die von ihm gelebte Liebe, Geduld und Demut zum Modell für das neue „Mensch-Sein". Er wird auf diese Weise zum Bruder der Armen.[726] Dies ist das Lebensmodell für alle, die sich in die Nachfolge Jesu begeben. Pe. F. Montenegro erläutert:

„Die wahre Religion, die rettende Religion besteht in der Umkehr zu Gott und der vollständigen Annahme des Evangeliums. Die Umkehr zum rettenden Glauben erfordert, dass der Mensch Gott und sein Wort akzeptiert, das bedeutet, den im Nächsten inkarnierten Gott zu akzeptieren, insbesondere im Armen, in dem er leidet."[727]

Ein zentraler Leitgedanke Antônio Conselheiros auf seinem 19jährigen Pilgerweg durch den Sertão, in Canudos und auch noch während des Krieges besteht darin, den ihm anvertrauten Menschen den Weg aufzuzeigen, der sie zur Rettung ihrer Seelen durch Christus führt.[728] Für Antônio Conselheiro war evident, dass Gott die Rettung aller Menschen will:

„Der Wille Gottes ist, dass sich alle retten, dass niemand sich verliert. Aber es ist notwendig, dass sie, wenn sie seinen göttlichen Willen verstehen, sich darum sorgen, die Sünde zu lassen. Der heilige Lukas bestätigt, dass Jesus uns durch seinen Tod viel besser erreicht, als der Dämon uns

---

[724] „*A morte de Jesus é precisamente, diz Isaías, esta fonte prometida que inundou nossas almas nas águas da graça e que por sua virtude poderosa há convertido os espinhos do pecado em flores e frutos de vida eterna. Quanto somos devedores ao Bom Jesus, que voluntariamente se ofereceu por nossos pecados a seu Eterno Pai, livrando-nos assim das penas eternas e, vendo que já estava escrita a sentença dada contra nós por causa dos nossos pecados...*" Antônio Conselheiro, in: Nogueira, Antônio Conselheiro e Canudos ‚1974, 109-110 (238-239).
[725] Vgl. Antônio Conselheiro, in: Nogueira, Antônio Conselheiro e Canudos, 1974, 64 (44).
[726] Vgl. Otten, Só Deus é grande ‚1990, 340.
[727] Montenegro, Fé em Canudos, 2004, 183.
[728] Vgl. Cunha, Diário de uma expedição, 2003, 55.

durch die Sünde Adams schaden kann. Dies sagt der Apostel deutlich an die Römer: Non sicut delictum, ita et donum... Ubi autem abundavit delictum, superbundavit gratia (Röm 5,15.20). Die Sünde war nicht so groß wie die Wohltat, wo die Sünde mächtig wurde, da ist die Gnade übergroß geworden."[729]

Der Conselheiro glaubt an einen gnädigen, liebenden Gott, dessen Liebe und Gnade die Sünden der Menschen bei weitem übersteigt.[730] Die Liebe Gottes erweist sich in besonderer Weise darin, dass Gott seinen Sohn aus freier und den Menschen liebender Entscheidung gibt, um sich mit ihnen zu versöhnen und den Weg zur Gemeinschaft mit ihnen zu eröffnen. Antônio Conselheiro verdeutlicht:

„Um den Sklaven loszukaufen, gabst du den Sohn! Oh! Unendlicher Gott. Wie konntest du eine so große und so liebevolle Zärtlichkeit zu uns haben. Wer wird jemals das Übermaß dieser Liebe verstehen...?"[731]

Das Sakrament der Beichte erhält für die Rettung der Seelen eine sehr hohe Bedeutung.[732] Im soteriologischen Verständnis des Conselheiros spielt auch die Gemeinschaft, als Teil der Kirche, eine bedeutende Rolle. Alexandre Otten erläutert:

---

[729] „*A vontade de Deus é que todos se salvem, que ninguem se perca. Mas é necessário que, compreendendo bem a sua divina vontade, tratem de deixar o pecado. São Lucas afirma, que Jesus Cristo nos alcançou mais bem por sua morte do que o demônio fez mal pelo pecado de Adão. É isto que diz claramente o Apostolo aos romanos: Non sicut delictum, ita et donum .... Ubi autem abundavit delictum, superbundavit gratia (Rom 5,15.20). Não foi tão grande o pecado como o benefício; onde abundou o pecado superabundou a graça.*" Antônio Conselheiro, in: Nogueira, Antônio Conselheiro e Canudos, 1974, 110-111 (244-245).

[730] Vgl. Antônio Conselheiro, in: Nogueira, Antônio Conselheiro e Canudos, 1974, 110 (240-241). Vgl. Otten, Só Deus é grande, 1990, 219.

[731] „*Para resgatar o escravo entregastes o Filho! Oh! Deus infinito! Como pudestes usar conosco de ternura tão amável. Quem poderá jamais compreender o excesso desse amor...?*" Antônio Conselheiro, in: Nogueira, Antônio Conselheiro e Canudos, 1974, 107-108 (228-229).

[732] Vgl. Antônio Conselheiro, in: Nogueira, Antônio Conselheiro e Canudos, 1974, 168 (525).

„Die Gemeinschaft repräsentiert die Konkretisierung der Rettung, sie ist rettendes Sakrament, das Ziel, das die Kirche seit ihren Anfängen umzusetzen versucht."[733]

Im Zusammenleben in Canudos vollzieht sich der Weg der Gemeinschaft mit Gott, an seinen Geboten orientiert. Es ist die Gemeinschaft mit einem begleitenden Gott, der mit den Gläubigen in Canudos den Weg zur Rettung geht. Diese Gemeinschaft hat eine eschatologische Dimension zum Ziel, die sich anfanghaft in Canudos und in Gemeinschaft mit den Gläubigen der Kirche konkretisiert. Im soteriologischen Verständnis des Conselheiros kommen zwei Momente zusammen, eines liegt außerhalb des Menschen und eines hängt von ihm ab. Zum einen sind es die Gnade Gottes und das Erlösungswerk Christi am Kreuz, ohne die es keine Rettung gibt. Zum anderen bedarf es der Entscheidung des Menschen zur Umkehr.[734] Das Leiden Jesu und sein Tod am Kreuz nehmen im Erlösungsverständnis des Conselheiros eine zentrale Rolle ein.[735] Die Symbole dafür sind:

„Kreuz, Fahne der Ehre, Symbol des Glaubens, Schlüssel zum Paradies, göttlicher Regenbogen des Friedens zwischen Gott und den Menschen, Schrecken für die Hölle, Schwert gegen den Dämon, Freude der Christen,... Triumph der Ehre für die Seliggepriesenen."[736]

Der Conselheiro sieht die Kreuzesnachfolge als Teil der „Imitatio Christi" an, dem Lebensprinzip, das den Menschen zur Rettung durch Gott führt:

„Si quis vult post me venire abneget semetipsum et tollat crucem suam et sequatur me (Mt 16,24). Wenn jemand mir nachfolgen will, der verleugne sich selbst, nehme sein Kreuz auf sich und folge mir nach. So

---

[733] Otten, Só Deus é grande, 1990, 350.

[734] Vgl. Fiorin, A ilusão da liberdade discursiva, 1999, 129. Vgl. Otten, Só Deus é grande, 1990, 218, 352. Vgl. Antônio Conselheiro, in: Nogueira, Antônio Conselheiro e Canudos ,1974, 130 (352-356).

[735] Antônio Conselheiro schreibt in seinen Predigtmanuskripten einen eigenen Abschnitt über das Kreuz Jesu. Vgl. Antônio Conselheiro, in: Nogueira, Antônio Conselheiro e Canudos ,1974, 161-165 (486-508).

[736] „*Cruz estandarte da glória, símbolo da fé, chave do paraíso, divino arco-íris da paz entre Deus e os homens, terror do inferno, espada contra o demônio, alegria dos Cristãos,... triunfo de glória para os bem-aventurados.*" Antônio Conselheiro, in: Nogueira, Antônio Conselheiro e Canudos, 1974, 165 (506-508).

sprach unser Herr Jesus Christus. Der Mensch soll sein Kreuz tragen, unter jeglicher Form, die sich ergibt, und soll sich damit jubelnd durchdringen, wissend darum, dass er durch diese Tugend in den Himmel eingeht."[737]

Unter der Kreuzesnachfolge versteht der Conselheiro, dass der Mensch, der Jesus nachfolgen will, die Schwierigkeiten und das Leiden, die es in seinem Leben gibt, annimmt und trägt. Diesbezüglich verweist José Fiorim auf die Bedeutung der Askese:

„...*Christus nachzufolgen bedeutet nicht, gegen gewisse soziale Strukturen zu kämpfen, die ausgrenzen und unterdrücken, sondern eine ständige Askese zu praktizieren, um das Fleisch zu besiegen und mit Ergebenheit die Leiden zu akzeptieren, die Gott sendet."*[738]

In der Askese und dem schlichten Leben sieht der Conselheiro zwei Aspekte, um zu einer lebensbejahenden Grundhaltung im Einklang mit dem Glauben zu gelangen. Mit der Kreuzesannahme geht es dem Conselheiro um eine Geisteshaltung. Er trägt das Leiden nicht allein, sondern in der Gewissheit der Nähe Gottes und der Solidarität in Canudos. Damit ist kein passives Hinnehmen und Ertragen gemeint. Antônio Conselheiro hat sich selbst aktiv für die Verringerung des Leidens derer eingesetzt, die sich an ihn wandten. In dieser Weise versteht er die Kreuzesannahme, verbunden mit dem Auftrag Gottes an jeden einzelnen, sich für die Verringerung des Leidens im Leben des Nächsten und im eigenen einzusetzen. In der Theologie des Conselheiros manifestiert sich im Kreuz ein dreifacher Segen, ein göttliches Symbol und Prinzip, das die Schöpfung von ihrem Anfang bis zu ihrer Vollendung umschließt. Der Conselheiro erläutert dies wie folgt.

„*Es sind drei Segen, die Gott in der Form des Kreuzes schuf. Der erste war die Natur, der zweite die Gnade, und den dritten wird es am*

---

[737] „*Si quis vult post me venire abneget semetipsum et tollat crucem suam et sequatur me (Mat 16,24). Se alguém quer vir apos mim, negue-se a si mesmo, tome seu cruz e siga-me. Assim disse nosso Senhor Jesus Christo. O homem deve carregar sua cruz debaixo de qualquer forma que se apresente, deve penetrar-se assim de júbilo, sabendo que em virtude dela vai ao céu.*" Antônio Conselheiro, in: Nogueira, Antônio Conselheiro e Canudos, 1974, 161 (486).

[738] Fiorin, A ilusão da liberdade discursiva, 1999, 131. Vgl. Antônio Conselheiro, in: Nogueira, Antônio Conselheiro e Canudos, 1974, 164 (35, 56, 61, 86, 100, 101, 132, 179, 207, 213, 345, 395, 416-417, 434, 486, 504, 601).

Ende der Welt geben, wenn wir mit Körper und Seele die Seligpreisungen genießen werden."[739]

Der Begriff „Erlösung" bedeutet für den Conselheiro kein Vertrösten auf das Jenseits. Erlösung ereignet sich da, wo Menschen bewusst den christlichen Glauben annehmen, sich nach seinen Lebensregeln richten, die im „Gesetz der Gnade" [Gottes] (lei de graça), der Unterweisung der Kirche und insbesondere in den Zehn Geboten zum Ausdruck kommen. Canudos wirkt in der kurzen Zeit seines Bestehens wie ein Sauerteig [vgl. Mt 13,33] unter der Sertãobevölkerung. Es verwandelt nicht nur die Menschen in Canudos, sondern wirkt in die Umgebung hinein.

Der einzelne Bewohner von Canudos leistete durch sein Leben und sein Mitwirken am Aufbau der alternativen Gemeinschaft von Canudos einen Beitrag dazu, dass aus Canudos ein Ort der Hoffnung und eines gerechteren und menschenwürdigeren Lebens wurde, an dem Erlösung konkret erfahrbar wurde. Zwei Dimensionen von Erlösung werden deutlich: Die eine ist im konkreten Zusammenleben nach christlichen Lebensregeln in Canudos spürbar. Die andere liegt in der Hoffnung auf die Vollendung der Erlösung nach dem Tod, in der ewigen Gemeinschaft mit Gott [vgl. 2.5.2].

2.5.4 Ekklesiologische Aspekte

Die ekklesiologische Ausrichtung Antônio Conselheiros ist stark von den Ursprüngen des Christentums[740] und dem Beispiel der in der Apostelgeschichte beschriebenen Urgemeinde [Apg 2,37-47] geprägt. Das Faktum, dass bereits Praktiken des gemeinschaftlichen Lebens im Sertão des 19. Jh. existierten [z.B. die gemeinschaftliche Arbeit „mutirão"[741]], die mit dem Beispiel der Apostelgeschichte korrespondieren, unterstützte

---

[739] *„E que pouca devoção têm muitos cristãos à santa cruz, a qual deviam prezar tanto como arma com que nos livra Deus de todos os perigos. E para maior inteligência deste mistério da cruz e suas excelências, digo-vos: que três foram as bênçãos que Deus fez em forma de cruz. A primeira foi a da natureza, a segunda a da graça e a terceira há de ser no fim do mundo, quando em corpo e alma formos gozar da bem-aventurança."* Antônio Conselheiro, in: Nogueira, Antônio Conselheiro e Canudos, 1974, 163 (498-499).
[740] Vgl. Hoornaert, Os anjos de Canudos, 1997, 53.
[741] „Mutirão" bezeichnet das gemeinsame Errichten von Häusern, Stauseen, Kapellen u.a. durch die Bevölkerung, zum Nutzen der Gemeinschaft. Die „mutirão" ist eine traditionelle Arbeitsweise im Sertão.

die Orientierung an der Urgemeinde bei der Gestaltung von Canudos. Alexandre Otten beschreibt dies wie folgt:

„Antônio Conselheiro lebte erneut die religiöse Utopie der ersten Kirche [Urgemeinde], die latent im Ideal des Volkskatholizismus erhalten ist und die die Armen über Jahrhunderte bewahrten."[742]

Es gab in Canudos einen gewissen Wohlstand, der insbesondere durch die gelebte Solidarität und Geschwisterlichkeit entstand.[743] Die Kirche ist für den Conselheiro die „Versammlung der Gläubigen".[744] Seine ekklesiologischen Überlegungen hatten eine „eschatologische Ausrichtung" [vgl. 2.5.2]. Sie waren am Ziel der „Rettung der Seelen" und der Gemeinschaft mit Gott orientiert, die bereits in Canudos erfahrbar war. Damit übernahm Canudos das Ziel, das die Kirche seit ihren Anfängen zu realisieren versucht.[745] Alexandre Otten erläutert:

„Aus dem prophetischen Charisma seiner [des Conselheiros] ‚vita apostolica' wurde das eschatologische Projekt einer ‚vita communis' geboren, mit einfachen, aber wirkungsvollen Strukturen, in den Formen des Zusammenlebens der Urkirche."[746]

Die Ekklesiologie des Conselheiros hatte Christus zum Zentrum[747] [vgl. 2.5.3] und konkretisierte sich in der Nachfolge und „Imitatio Jesu", im Rahmen des Zusammenlebens der Gemeinschaft von Canudos. Antônio Conselheiro sah sein Leben als einen Pilgerweg in Gemeinschaft mit und zu Gott an. Es ist ein Pilgerweg, der in dieser Welt beginnt und nach dem Tod seine Vollendung findet. Canudos verstand der Conselheiro daher als „Pilgergemeinschaft" mit dem gleichen Ziel, als Menschen, die sich für das Leben mit Jesus und die von Gott und der Kirche vorgegebenen Lebensregeln entschieden hatten. Das Verständnis der Pilgergemeinschaft finden wir auch in der aktuellen kirchlichen Ekklesiologie und den Dokumenten des 2. Vaticanums wieder [vgl. den eigenen Unterab-

---

[742] Otten, Só Deus é grande. 1990, 350. Vgl. Libânio,Luchetti, Bingemer, Christliche Eschatologie, 1987, 45.

[743] Vgl. Otten, Só Deus é grande, 1990, 347.

[744] *Congregação dos fieis.* Antônio Conselheiro, in: Nogueira, Antônio Conselheiro e Canudos, 1974, 172 (551).

[745] Vgl. Otten, Só Deus é grande, 1990, 350. Otten bezieht sich dabei auf: Lohfink, Gerhard, Wie hat Jesus Gemeinde gewollt? Zur gesellschaftlichen Dimension des christlichen Glaubens, 1982, 86.

[746] Otten, Só Deus é grande, 1990, 380, vgl. 345.

[747] Vgl. Fiorin, A ilusão da liberdade discursiva, 1999, 138.

schnitt in diesem Kapitel], wo es mit dem Bild des „Volkes Gottes"[748] konvergiert. Medard Kehl erläutert dies und betont dabei die eschatologische Dimension der Kirche:

„...*mit allen anderen Menschen, die auf der Suche nach Frieden, Gerechtigkeit und Leben für die ganze Schöpfung sind, bleibt sie [die Kirche] pilgernd und suchend unterwegs auf die endgültige Erfüllung dieser Verheißung hin. Nur in der Weise einer ‚Weg-Gemeinschaft der Hoffnung' ist die Kirche das Sakrament des Reiches Gottes – und umgekehrt.*"[749]

<u>Familie als ekklesiologisches Grundmodell für Canudos</u>

Auf das ekklesiologische Verständnis Antônio Conselheiros haben die Lebensgewohnheiten und Werte im Sertão des 19. Jh. einen gewichtigen Einfluss. Die Familie hatte damals und hat auch im heutigen Brasilien eine große Bedeutung. Wichtige Entscheidungen werden im Rahmen der Familie, insbesondere mit den Eltern abgestimmt. Dabei hat der Vater in der Regel die Rolle des Familienoberhauptes. Die Familie gibt Schutz und Unterstützung in schweren Lebensphasen, was zeitweise lebens- und überlebensnotwendig ist. Eduardo Hoornaert [vgl. 3.2.11] und Walnice Nogueira Galvão[750] erkennen in Canudos die Familie als Grundmodell. Hoornaert erklärt:

„*Es erscheint fremd, aber das Faktum, dass der Conselheiro so einsiedlerisch lebte verhinderte nicht, dass alle ihn als Vater behandelten. Mehr noch: er ist das perfekte Bild des Vaters. Er ist der Abt von Canudos. Wie wir bereits sagten, der Conselheiro nannte alle Geschwister und von allen wurde er ‚mein Vater Conselheiro' genannt. Die Bewohner von Canudos sind Kinder des Conselheiros, Geschwister untereinander, Schutzengel des geliebten Vaters. Das Zölibat kennzeichnet und identifiziert: Das ist die Originalität. Die spirituelle Klammer. Ausgehend von diesen Parametern wird die Welt zu einer Familie.*"[751]

Die „Familie von Canudos" ist Teil einer größeren Familie, die der römisch katholischen Kirche, was z.B. an der Bedeutung der Sakramente in Canudos deutlich wird. Diesbezüglich erläutert Wilson Andrade:

---

[748] Vgl. Otten, Só Deus é grande, 1990, 371.
[749] Kehl, Die Kirche, 1994, 92.
[750] Vgl. Nogueira Galvão, O império do Belo Monte, 2002, 106.
[751] Hoornaert, Os anjos de Canudos, 1997, 49.

„*Es war deshalb eine Kirche, die von den Sakramenten genährt war. Es fehlten keine essentiellen Elemente der Kirche Jesu Christi. Es war eine samaritanische Kirche, die die Armen aufnahm, eine barmherzige Kirche, tolerant gegenüber den Schwachen; eine arme Kirche, organisiert von den Armen, genährt von den Sakramenten und der Mystik der Zehn Gebote.*"[752]

Gemeinschaft der Armen und Reichen

In Canudos gab es reichere und ärmere Bewohner. Die Sorge um die Armen und die gelebte Solidarität mit den Armen waren Grundzüge der Gemeinschaft von Canudos.[753] Das gelebte Vorbild der Solidarität mit den Armen gab dem Conselheiro die Autorität, in Canudos eine Gemeinschaft zu errichten, die solidarisch mit den Armen lebte.[754] Dawid Danilo Bartelt beschreibt dies wie folgt:

„*Die auch in den Texten Maciels anklingende Forderung nach Gerechtigkeit gegenüber den Armen ist karitativ gemeint. Die Reichen sollen etwas abgeben, die Richter Recht sprechen. Die wirkliche Gerechtigkeit liegt aber allein bei Gott und für den Menschen damit im Jenseits.*"[755]

Die Armen in Canudos waren nicht nur Almosenempfänger. An sie erging die Forderung, sich mit dem was sie hatten, ihrer Arbeitskraft, ihren Gebeten u.a. in die Gemeinschaft einzubringen und sich weiter zu entwickeln. Dazu Wilson Andrade:

„*Die Armen waren die Protagonisten in der Kirche von Canudos… Die Laien waren die Protagonisten in einer Kirche, die die Schmerzen und Freuden, die Hoffnungen und Traurigkeiten, die Ängste und Träume der Sertãobevölkerung übernahmen.*"[756]

Dabei betont Wilson Andrade, dass in Canudos Wert auf die Persönlichkeit und Auskunftsfähigkeit bezüglich des eigenen Glaubens gelegt wurden:

„*Die Kirche der Armen in Canudos war keine parallele ‚andere Kirche'. Es war die wiedererfundene Kirche der Armen von Canudos.*

---

[752] Andrade, A experiência religiosa e sociopolítica de Canudos, 2006, 176.
[753] Vgl. Nogueira Galvão, O império do Belo Monte, 2002, 106.
[754] Vgl. Hoornaert, Os anjos de Canudos, 1997, 111.
[755] Bartelt, Nation gegen Hinterland, 2003, 95.
[756] Andrade, A experiência religiosa e sociopolítica de Canudos, 2006, 171.

Antônio Conselheiro bewirkte, dass sich die Armen in Canudos die Bibel aneigneten, die Werte der Evangelien, der christlichen Lehre, der Ethik der Zehn Gebote, der täglichen Gebete, der spirituellen Handbücher, den Respekt vor den kirchlichen Autoritäten. Er brachte die Kirche, die Spitze einer Geisel und ungeordnet im Kreuzfeuer mit dem Staat war, in die Mitte der Armen."[757]

Leitung der Gemeinschaft

Wie in Abschnitt 2.2.2 dargestellt baute der Conselheiro auf seinem Pilgerweg durch den Sertão und dann in Canudos auch andere Laien in die Leitung ein. Die Organisation des Zusammenlebens, die Gestaltung und der Erhalt von Canudos basierten auf dem Zusammenspiel vieler engagierter Laien in Canudos, die Verantwortung für unterschiedliche Bereiche übernehmen [vgl. 1 Kor 12]. Die von einem Priester zu leistenden Dienste blieben davon unberührt. Der Conselheiro leitete Canudos mit dem Rat der „zwölf Apostel". Er nahm die Rolle des Vaters der Gemeinschaft ein. Antônio Conselheiro orientierte das Zusammenleben in Canudos, indem er regelmäßig predigte, Andachten gestaltete, Lebensregeln aussprach, individuellen Rat gab, darauf achtete, dass die Armen nicht zu kurz kamen u.a. In diesem Sinne grenzt Eduardo Hoornaert den Einfluss des Conselheiros wie folgt ein:

„Die Gemeinschaft, die mit Antônio Vicente lebte, respektierte ihn, aber gehorchte ihm nicht blind und wurde nicht zu einem Bollwerk von Büßern."[758]

Diese Art der Organisation, einer Gemeinschaft von Gläubigen, entsprach der traditionellen volkskirchlichen Praxis in der mit Priestern völlig unterversorgten Region des Sertão. Gleichzeitig stand sie in Spannung zu der ultramontanen Ausrichtung der Kirche im 19. Jh.

Ekklesiologische Einordnung

Der Schwerpunkt der ekklesiologischen Aussagen des Conselheiros befinden sich in seinem Predigtmanuskript von 1897.[759] Sein ekklesiologisches Grundkonzept lautet:

---

[757] Andrade, A experiência religiosa e sociopolítica de Canudos, 2006, 153.
[758] Hoornaert, Os anjos de Canudos, 1997, 35.

„Es war unser Herr Jesus Christus, Gläubige, der seine Kirche gegründet hat, und konsequenterweise ist nur sie die wahrhafte, deren Lehre vom selben Herrn stammt: In ihr gibt es keinen Fehler, denn ihr Gründer ist die Quelle aller Weisheit, Heiligkeit und Perfektion. Denn die Kirche ist die Kongregation der Gläubigen, die sich durch eine unabweisliche Verpflichtung vor Gott ehrfurchtsvoll zu verneigen haben und ihm die geschuldete Anbetung erweisen, seinen Namen mit liebendem Vertrauen anrufen und die Gewissheit haben, dass Gott ihnen gnädig sein wird."[760]

Im Verständnis des Conselheiros ist Jesus der Gründer der Kirche, auf ihn geht alles zurück, auch die Lehre der Kirche. Durch ihn ist die Kirche geheiligt und ein Werk Gottes. Dabei ist die Kirche die Versammlung aller, die an Jesus Christus glauben. Zu den Gläubigen zählt er insbesondere diejenigen, die sich in ihrem Leben konkret zu einem Leben nach den in Canudos praktizierten Lebensregeln bekennen. Jesus hat Petrus die Leitung der Kirche aufgetragen [vgl. Mt 16,18],[761] der diese Aufgabe an seine Nachfolger weitergegeben hat. Daraus leitet der Conselheiro die Legitimität der Ämter in der Kirche ab. Er schreibt:

„Diese Segen [Gottes] strahlen aus über die Päpste, Kardinäle, Bischöfe und alle anderen Personen, die in der ekklesialen Würde gründen, am Ende der Messe und bei anderen Feiern der Kirche, wenn sie das christliche Volk segnen und über sie die drei Personen der Heiligen Dreifaltigkeit erflehen, die sie bildeten und zu unserem Wohl leiteten. Im Stab des ‚Sumo Pontifex' sieht man ausdrücklich diese drei Kreuze, Symbol der höchsten Macht von jenem obersten Dienst Gottes. Dieses Kreuz sieht

---

[759] Vgl. Antônio Conselheiro, in: Nogueira, Ataliba, 1974, 161-181 (486-624). Die Predigten über das Kreuz, über den Empfang des Schlüssels der Kirche „Santo Antônio" und über die Republik.

[760] *„Foi Nosso Senhor Jesus Christo, fiéis, que fundou a sua Igreja e conseqüentemente só ela é a verdadeira, cujo ensino vem do mesmo Senhor: nela não há erro, porque o seu fundador é a fonte de toda sabedoria, santidade e perfeição. Portanto, a Igreja é a congregação dos fiéis que, por dever indeclinável devem curvar-se reverentemente diante de Deus, rendendo-lhe as devidas adorações, invocando seu nome com amorosa confiança, tendo por certo que Deus lhe será propício."* Antônio Conselheiro, in: Nogueira, Antônio Conselheiro e Canudos, 1974, 172 (550-551).

[761] Vgl. Antônio Conselheiro, in: Nogueira, Antônio Conselheiro e Canudos, 1974, 148 (435).

man, tragen alle Erzbischöfe und Bischöfe vor sich her in ihren Erzbistümern: vor den Primas, vor dem ganzen Reich, wo sie sind."[762] Für den Conselheiro ist die Kirche heilig,[763] da sie selbst von Jesus Christus gegründet wurde. Den Papst erkennt er als Oberhaupt der katholischen Kirche an. Vicente Dobroruka benennt folgende Attribute, die der Conselheiro der katholischen Kirche zugeordnet: *„Die Einheit, die Heiligkeit, die Apostolizität, die Katholizität und Romanität.*"[764] Mit den vier Attributen verbindet Dobroruka folgendes: In Bezug auf die Einheit der Kirche gibt es für den Conselheiro nur „die eine Kirche". Diese manifestiert sich, unabhängig von historischen Abspaltungen, in der römisch katholischen Kirche,[765] sie ist katholisch, d.h. universal. Die frohe Botschaft Jesu Christi richtet sich an alle Menschen.[766]

Die Apostolizität der Kirche ergibt sich aus dem Auftrag Jesu an den Apostel Petrus: *„Du bist Petrus und auf diesen Felsen werde ich meine Kirche bauen."* [Mt 16,18] Durch den Auftrag Jesu ist die Erbauung der Kirche in die Hand der Apostel gelegt. Ausgerichtet am Evangelium und dem apostolischen Leben errichtete der Conselheiro in Canudos ein Projekt des kommunitären Lebens.[767] Die Romanität des conselheiristischen Kirchenbildes kommt insbesondere in der Anerkennung des Papstes und aller kirchlichen Ämter und Dienste, Kardinäle, Bischöfe

---

[762] *„Estas bençãos se vêem lançar os papas, cardeais, bispos e todas mais pesoas constituídas em dignidade eclesiástica, no fim da missa e mais cerimonias da Igreja, quando abençoam o povo cristão, invocando nela as três Pessoas da Santíssima Trindade, que as formou e dirigiu para nosso bem. Na vara do sumo pontifice se vêem expressamente estas três cruzes, símbolo do supremo poder daquele supremo ministro de Deus. Esta cruz se vê levarem todos os arcebispos e bispos diante de si nos seus arcebispados:aos primazes por todo o reino onde o são."* Antônio Conselheiro, in: Nogueira, Antônio Conselheiro e Canudos, 1974, 163-164 (500-501).
[763] Vgl. Antônio Conselheiro, in: Nogueira, Antônio Conselheiro e Canudos, 1974, 177 (603).
[764] Dobroruka, Antônio Conselheiro, o beato endiabrado de Canudos, 1997, 109.
[765] Vgl. Antônio Conselheiro, in: Nogueira, Antônio Conselheiro e Canudos, 1974, 172 (550).
[766] Vgl. Antônio Conselheiro, in: Nogueira, Antônio Conselheiro e Canudos, 1974, 163-164 (500-501).
[767] Vgl. Otten, Só Deus é grande, 1990, 363.

zum Ausdruck.[768] Alexandre Otten fasst den ekklesiologischen Orientierungspunkt von Canudos zusammen:

„*...das Ideal des apostolischen Lebens, gemäß Lk 9,1ff... Das Leben in Canudos organisierte man im Hinblick auf die Religion. Der Eingang zum Areal [von Canudos] war mit der Umkehr [zu Gott] verbunden. Die christliche Taufe reichte nicht aus. Um zu den Gläubigen des ‚Bom Jesus' [guter Jesus] zu gehören, war es notwendig umzukehren und sich zu ändern, sich anzuschließen und die ‚wahre Religion' zu bekennen, wie es der Rahmen der Bevölkerung sehr deutlich machte... Die Konvertiten durften nicht mehr in die Sünde zurückfallen, sie sind vorherbestimmt, den Preis der ewigen Herrlichkeit zu erhalten. Sie sollen minutiös dem Gesetz Gottes folgen... Die Religion herrschte in den Zeiten des Friedens: eine Überfülle an Novenen,... Die Religion regulierte das soziale und ökonomische Leben. Belo Monte war eine reiche und fluoreszierende Stadt, in der das Ideal der Kommunion, Solidarität und Geschwisterlichkeit herrschte.*"[769]

Es stellt sich an dieser Stelle die Frage, wie rigide mit sogenannten „Konvertiten", die „rückfällig" geworden waren, umgegangen wurde, und was mit „rückfällig" genau gemeint ist. Vergebung im Alltagsleben musste es auch in Canudos geben und dies entsprach der Aufforderung des Conselheiros zur Nächstenliebe. Insofern wirft die Beschreibung Ottens Fragen auf und ist kritisch zu betrachten. Ebenso ist es mit der These, dass die „Taufe" nicht ausreichte, um in Canudos aufgenommen zu werden. Dem Conselheiro waren die Sakramente wichtig und er achtete sie, wichtig war ihm auch die Lebensführung der einzelnen. Im Tempel Salomons sah er ein Bild für die Kirche.[770] Die Kirche aus Stein bestand für ihn aus den Christen, die die einzelnen Steine des Tempels darstellten. Die Kirche war für den Conselheiro der Ort der Gegenwart Gottes, eine irdische Reflexion der göttlichen Welt, durch die der Mensch seinen Weg zur Rettung der Seele geht.[771]

---

[768] Vgl. Antônio Conselheiro, in: Nogueira, Antônio Conselheiro e Canudos, 1974, 163-164 (500-501).
[769] Otten, Só Deus é grande. 1990, 345-347.
[770] Vgl. Antônio Conselheiro, in: Nogueira, Antônio Conselheiro e Canudos, 1974, 169-170 (531-536).
[771] Vgl. Hoornaert, Os anjos de Canudos, 1997, 16-17

Das Kirchenbild des Zweiten Vatikanischen Konzils im Vergleich zu Canudos

Vergleicht man die Aussagen der Dogmatischen Konstitution des Zweiten Vatikanischen Konzils Lumen Gentium mit dem in Canudos gelebten Kirchenbild, so fallen einige Analogien auf. Diese sollen kurz umrissen werden. Dazu werden zuerst die betreffenden Stellen aus den Dokumenten des Zweiten Vatikanischen Konzils nacheinander aufgeführt. Im Anschluss daran erfolgt eine kurze Erläuterung zu den Analogien mit Canudos:

1. Lumen Gentium betont in Bezug auf das Kirchenverständnis den Begriff des „Volkes Gottes", und greift dabei auf das alttestamentarische Bild von Israel, als das „Volk Gottes" zurück, das Gott durch Mose aus der Gefangenschaft in Ägypten herausführte, ihm Hoffnung gab, es als sein Eigentum betrachtete und zu seinem Heil führte. Dieses Volk Gottes bildet die Kirche, deren Haupt Jesus Christus ist:

   „Die im Volk Gottes versammelten und dem einen Leibe Christi unter dem einen Haupt eingefügten Laien sind, wer auch immer sie sein mögen, berufen, als lebendige Glieder alle ihre Kräfte, die sie durch das Geschenk des Schöpfers und die Gnade des Erlösers empfangen haben, zum Wachstum und zur ständigen Heiligung der Kirche beizutragen. Der Apostolat der Laien ist Teilnahme an der Heilssendung der Kirche selbst. Zu diesem Apostolat werden alle vom Herrn selbst durch Taufe und Firmung bestellt."[772]

2. Lumen Gentium betont den Auftrag der Kirche, mit der Hilfe Gottes sein Reich anfanghaft in der Welt aufzubauen und den Menschen den Weg zum Heil zu vermitteln:

   „Die Kirche, das heißt das im Mysterium schon gegenwärtige Reich Christi, wächst durch die Kraft Gottes sichtbar in der Welt."[773]

   Gemäß Lumen Gentium...

   „...empfängt die Kirche, die mit den Gaben ihres Stifters ausgestattet ist und seine Gebote, der Liebe, der Demut, der Selbstverleug-

---

[772] Vat. II, LG 33. Vgl. Einleitung zu LG (Lumen Gentium), in: Rahner Karl, Vorgrimler Herbert, Kleines Konzilskompendium, 1998, 108.
[773] Vat. II, die dogmatische Konstitution über die Kirche „Lumen Gentium" (LG), 3.

nung treulich hält, die Sendung, das Reich Christi und Gottes anzukündigen und in allen Völkern zu begründen."[774]

3. Lumen Gentium rückt Christus in den Mittelpunkt des Heilsweges für den Menschen. Die Kirche selbst nimmt die Rolle ein, den Weg zum Heil durch Christus zu vermitteln:

   „Gestützt auf die Heilige Schrift und die Tradition, lehrt sie [die Heilige Synode], dass die pilgernde Kirche zum Heil notwendig sei. Christus allein ist Mittler und Weg zum Heil, der in seinem Leib, der Kirche uns gegenwärtig wird;..."[775]

4. Lumen Gentium verwendet den Begriff der „pilgernden Kirche", die eine Hoffnung hat, die über den zeitlichen Charakter der Welt hinausgeht. In dieser Welt ist die Kirche herausgefordert, im Sinne Jesu zu wirken und seine Heilsverheißung zu vermitteln:

   „Bis es aber einen neuen Himmel und eine neue Erde gibt, in denen die Gerechtigkeit wohnt (vgl. 2 Petr 3,13), trägt die pilgernde Kirche in ihren Sakramenten und Einrichtungen, die noch zu dieser Welt gehören, die Gestalt dieser Welt, die vergeht, und zählt selbst so zu der Schöpfung, die bis jetzt noch seufzt und in Wehen liegt und die Offenbarung der Kinder Gottes erwartet (vgl. Röm 8,19-22)."[776]

5. Lumen Gentium benennt den prophetischen Auftrag Jesu an die Kirche, der nicht nur an die kirchliche Hierarchie sondern auch an die Laien ergeht:

   „Christus, der große Prophet, der durch das Zeugnis seines Lebens und in der Kraft seines Wortes die Herrschaft des Vaters ausgerufen hat, erfüllt bis zur vollen Offenbarung der Herrlichkeit sein prophetisches Amt nicht nur durch die Hierarchie, die in seinem Namen und in seiner Vollmacht lehrt, sondern auch durch die Laien. Sie bestellt er zu Zeugen und rüstet sie mit dem Glaubenssinn und der Gnade des Wortes aus..."[777]

6. Mit Bezug auf die Seligpreisungen betont Lumen Gentium den Auftrag der Kirche für die Sorge um die Armen und Unglückseligen:

   „Jeder Laie muss vor der Welt Zeuge der Auferstehung und des Lebens Jesu, unseres Herrn, und ein Zeichen des lebendigen Gottes

---

[774] Vat. II, LG 5.
[775] Vat. II, LG 14.
[776] Vat. II, LG 48.
[777] Vat. II, LG 35.

sein. Alle zusammen und jeder Einzelne zu seinem Teil müssen die Welt mit den Früchten des Geistes nähren (vgl. Gal 5,22), in sie hinein den Geist ausgießen, der jene armen, sanftmütigen und friedfertigen beseelt, die der Herr im Evangelium seligpreist (vgl. Mt 5,3-9)."[778]

In den sechs benannten Punkten legen sich Analogien zwischen Canudos und dem Zweiten Vaticanum nahe. Für den Conselheiro und seine Theologie ist, ebenso wie in LG 14 und LG 48 benannt, das Bild eines pilgernden Gottesvolkes von Bedeutung. Er selbst als Laie sieht einen prophetischen Auftrag Gottes an sich gerichtet [vgl. LG 5, LG 35], sich um die Armen und Unglückseligen [vgl. LG 38] zu sorgen und sie zum Heil durch Christus zu führen.[779] Die elementare Bedeutung der Sorge um die Armen für das Verständnis von Kirche benennt Medard Kehl, wenn er formuliert, dass…

„*…Kirche ihren theologischen Sinn nur in der Relation auf das den Armen und durch sie der ganzen Schöpfung verheißene, in Jesus Christus bereits gekommene Reich Gottes findet.*"[780]

Für den Conselheiro spielten diesbezüglich die Sakramente [vgl. LG 48] eine zentrale Rolle.[781] Damit wollte er zum Wachsen des Reiches Gottes [vgl. LG 3, LG 5] beitragen. Darin spiegelt sich eine fundamentale Aufgabe für das Verständnis von Kirche wider. Hinsichtlich des eschatologischen Verständnisses Antônio Conselheiros gibt es auch Analogien zu Johann Baptist Metz. Die Rede von Gott ist für Metz mit einer zeitlichen Dimension verbunden. Sie ist von einem eschatologischen Vorbehalt geprägt, der sich auf die Zusage der Wiederkunft Jesu am Ende der Zeit bezieht. Der eschatologische Vorbehalt betrifft Gegenwart, Zukunft und auch die Vergangenheit, die als unabgeschlossen im Rahmen der befristeten Zeit hineingestellt werden. Mit diesem Zeitverständnis wendet sich Metz gegen eine Vertröstung ungerecht leidender auf eine bessere

---

[778] Vat. II, LG 38.
[779] Vgl. Benício, O rei dos jagunços, 1997, 51.
[780] Kehl, Die Kirche, 1994, 39.
[781] Vgl. Ausführungen zur Messe, Beichte, Taufe, Ehe in den Predigtmanuskripten Antônio Conselheiros von 1895 und 1897.

Zukunft hin und fordert zum Handeln in der Gegenwart in der Nachfolge Jesu auf.[782]

Antônio Conselheiro sah sich und die Gemeinschaft von Canudos als einen Teil der katholischen Kirche an, deren Leitung [Papst, Kardinäle, Bischöfe u.a.] er anerkannte. Der Conselheiro verstand Canudos als Teil der Kirche, des Leibes Christi [vgl. LG 33], dessen Haupt Christus selbst ist. Im Verständnis von Lumen Gentium ergeht an ihn und Canudos auch ein Anteil am Apostolat der Laien und der Heilssendung der Kirche durch Christus [vgl. LG 5, LG 33]. Mit Canudos wollte der Conselheiro ein Zeuge für den Glauben der Kirche [vgl. LG 38] sein und die Menschen in Canudos zu dem Heil Christi führen, dessen Reich man in Canudos versuchte anfanghaft aufzubauen. José Comblin schreibt diesbezüglich in seinem Buch „Cristãos rumo ao século XXI" (Christen auf dem Weg ins 21. Jahrhundert):

„Die Kirche hat eine begrenzte Rolle in den Umwandlungen der Welt. Diese Rolle kann jedoch wirksam und bedeutend sein. Sie kann wirksam dem Advent des Reiches Gottes dienen. Sie kann jedoch daran vorbeigehen und historische Chancen verpassen."[783]

Canudos war der Versuch, die geschichtliche Chance zu nutzen als Gemeinschaft der Kirche, dem Advent des Reiches Gottes zu dienen. Das Zweite Vatikanische Konzil und der Conselheiro greifen hinsichtlich des ekklesiologischen Verständnisses auf die gleichen Quellen - u.a. die Evangelien, alt- und neutestamentarische Texte - zurück. Man kann daher in gewisser Weise von einer Antizipation[784] verschiedener Aussagen des Zweiten Vaticanums durch Canudos sprechen. Über 70 Jahre vor dem Zweiten Vatikanischen Konzil traf Antônio Conselheiro ähnliche oder gleiche Schlussfolgerungen für das kirchliche Verständnis.[785]

---

[782] Vgl. Brune, Menschenrechte und Menschenrechtsethos, 2006, 131. Brune bezieht sich auf: Metz, Glaube in Geschichte und Gesellschaft, Studien zu einer praktischen Fundamentaltheologie, 4/1984, 102ff.
[783] Comblin, Cristãos rumo ao século XXI, 1996, 17.
[784] Auch Wilson Andrade spricht in Bezug auf Lumen Gentium und Canudos von einer „Antizipation" (antecipou). Vgl. Andrade, A experiência religiosa e sociopolítica de Canudos, 2006, 148.
[785] Weiterführende Ausführungen zu den Parallelen von Canudos und dem 2. Vatikanischen Konzil hat Wilson Andrade in seiner Dissertation niedergeschrieben. Vgl. Andrade, A experiência religiosa e sociopolítica de Canudos, 2006, 134-176.

Das Kirchenbild der Basisgemeinden und das von Canudos

Für die kirchlichen Basisgemeinden hat die in Canudos gelebte Realität in ekklesiologischer Hinsicht Vorbildcharakter. Dazu tragen die folgenden Gründe bei:
- Die kirchlichen Basisgemeinden (CEBs) erkennen in Canudos ähnliche Erfahrung wie die eigenen wieder. Z.B. wird die dort gelebte Solidarität als Vorbild im Bezug auf die „vorrangige Option für die Armen" und auf ein prophetisches Christentum verstanden.
- In Canudos werden die Laien in einer Region, in der es an Priestern fehlt, zu den Protagonisten eines Christentums, das biblisch fundamentiert ist und sich auf das ekklesiologische Beispiel der christlichen Urgemeinde stützt.
- Canudos ist eine kirchlich verwurzelte Bewegung die, in einer Zeit der Misere aus dem katholischen Glauben heraus, einen Weg zur Befreiung der armen Bevölkerung, aus der ökonomischen Not und dem politischen Ausgeliefertsein kreiert. Darin erkennen sich die CEBs wieder.

Wilson Andrade bestätigt das Verständnis der CEBs von Canudos hinsichtlich der „vorrangigen Option für die Armen" und erkennt sie in den kirchlichen Dokumenten wieder:

„Antônio Conselheiro antizipiert die vorrangige Option für die Armen, die durch Medellín (1968) protagonisiert, in Puebla (1979) vertieft und durch die Befreiungstheologie verdeutlicht wurde."[786]

In Bezug auf die „vorrangige Option für die Armen" ordnet Andrade damit Canudos als ein Vorgänger der Beschlüsse der lateinamerikanischen Bischofskonferenz CELAM ein. Die in diesen Dokumenten bestätigten CEBs erhalten durch das apostolische Schreiben Evangelii Nuntiandi, von Papst Paul VI., aus dem Jahr 1975, erstmals eine Anerkennung durch ein päpstliches Dokument.[787] Darin wird insbesondere ihre Bedeutung für die Evangelisierung gewürdigt. Wilson Andrade nimmt Bezug auf Evangelii Nuntiandi, wenn er die Beziehung zwischen den Basisgemeinden und Canudos erläutert:

„Es [die CEBs] sind Gemeinschaften mit ähnliche Erfahrungen wie Canudos: ‚Sie vereinen die Christen an den Orten, an denen aufgrund

---

[786] Andrade, A experiência religiosa e sociopolítica de Canudos, 2006, 183.
[787] Evangelii Nuntiandi, 1975, 58.

eines Mangels an Priestern keine übliche pfarrliche Gemeinde möglich ist'."[788]

Darüber hinaus findet Andrade eine Anerkennung von Canudos im Text der Lateinamerikanischen Bischofskonferenz in Puebla 1979 wieder, wenn er schreibt:

„Die befreiende Praxis der Gemeinschaft von Canudos, die von Sektoren der Kirche mit Misstrauen betrachtet wurde, wurde in Puebla anerkannt. Die Kirche soll ihre Stimme hören, diese Situationen anklagen und verurteilen, insbesondere, wenn die Regierungen oder Verantwortlichen sich als Christen bekennen."[789]

Andrade versteht Canudos daher als Vorbild für die Kirche, in Bezug auf ein prophetisches und politisches Engagement zur Verteidigung der Rechte der Armen und Unterdrückten.

2.5.5 Katholizität von Canudos

Betrachtet man die theologische Analyse der Aussagen des Conselheiros in den Abschnitten 2.5.1-2.5.4, so wird deutlich, dass sich seine Theologie im Rahmen der katholischen Lehre bewegt. Dieses Fazit ziehen viele Theologen und Wissenschaftler anderer Disziplinen. Im Folgenden einige Einschätzungen; Libânio und Bingemer bemerken:

„Seine Predigten unterscheiden sich nicht sehr von vielen anderen, die wir bis vor kurzem in unseren Kirchen hören konnten. Sie drücken eine traditionelle, um den Schmerz kreisende, moralisierende Sicht der Religion aus, aber es fehlen die Übertreibungen, die E. da Cunha ihnen zuschreibt."[790]

Wilson Andrade unterstreicht die Katholizität des Conselheiros:

„Die Theologie, die wir in den Manuskripten [Antônio Conselheiros] vorfinden, unterscheidet sich im theologischen Denken nicht von den

---

[788] Evangelii Nuntiandi, 1975, 58. Vgl. Andrade, A experiência religiosa e sociopolítica de Canudos, 2006, 175.
[789] Andrade, A experiência religiosa e sociopolítica de Canudos, 2006, 175. CELAM, CNBB (Conferência Nacional dos Bispos do Brasil, Hg.), 3. Conferência Geral do Episcopado Latino-Americano, Puebla. A evangelização no presente e no futuro da América Latina, texto oficial da CNBB, Pertrópolis-RJ, 1982, 4. Auflage, 71 (42).
[790] Libânio, Luchetti, Bingemer, Christliche Eschatologie, 1987, 41.

Manualen der Theologie seiner Zeit. Antônio Conselheiro beging keine Häresie."[791]

Auch andere Wissenschaftler wie Alexandre Otten,[792] Ataliba Nogueira,[793] Eduardo Hoornaert,[794] José Luiz Fiorim,[795] Pe. F. Montenegro[796] und Vicente Dobroruka[797] kommen zum Ergebnis, dass sich die von Antônio Conselheiro vertretenen theologischen Positionen innerhalb der Parameter der katholischen Lehre bewegen. Antônio Conselheiro hatte nicht vor, eine eigene Kirche aufzubauen, sondern identifizierte sich mit dem katholischen Glauben und der katholischen Kirche.

Sakramente und Anerkennung der Kirchlichen Leitungsstruktur

Die Katholizität Antônio Conselheiros kommt auch in der Wertschätzung zum Ausdruck, die er den Sakramenten zumisst. Die Eucharistie,[798] Beichte,[799] Taufe[800] und die Ehe[801] sind in den Predigten besonders hervorgehoben und sind fundamentale Elemente der Glaubenspraxis in Canudos. Der Conselheiro schreibt z.B:

„An erster Stelle ist die Messe die beste und heiligste Sache, die Gott seiner Kirche hinterließ,..."[802]

---

[791] Andrade, A experiência religiosa e sociopolítica de Canudos, 2006, 102. Vgl. Montenegro, Fé em Canudos, 2004, 198, 183.
[792] Vgl. Otten, Só Deus é grande, 1990, 367.
[793] Vgl. Nogueira, Antônio Conselheiro e Canudos, 1974, 76.
[794] Vgl. Hoornaert, Os anjos de Canudos, 1997, 114.
[795] Vgl. Fiorin, A ilusão da liberdade discursiva, 1999, 140.
[796] Vgl. Montenegro, Fé em Canudos, 2004, 198, vgl. 183.
[797] Vgl. Dobroruka, Antônio Conselheiro, o beato endiabrado de Canudos, 1997, 105.
[798] Antônio Conselheiro, in: Nogueira, Antônio Conselheiro e Canudos, 1974, 165-166 (509-516).
[799] Antônio Conselheiro, in: Nogueira, Antônio Conselheiro e Canudos, 1974, 165-168 (509-528).
[800] Antônio Conselheiro, in: Nogueira, Antônio Conselheiro e Canudos, 1974, 176 (565).
[801] Antônio Conselheiro, in: Nogueira, Antônio Conselheiro e Canudos, 1974, 178 (607).
[802] „Primeiramente, a missa é a melhor cousa e mais sagrada que Deus deixou à sua Igreja,..." Antônio Conselheiro, in: Nogueira, Antônio Conselheiro e Canudos, 1974, 165 (509), vgl. 166 (515-316), vgl. 165 (511), siehe auch „Über die Beichte", 166-168 (517-528).

Selbst Frei João Evangelista de Monte Marciano spendete während seiner Mission in Canudos im Jahr 1895 zahlreiche Sakramente und bestätigte:

„In Bezug auf die Pflichten und religiösen Praktiken maßte Antônio Conselheiro sich keine priesterlichen Dienste an..."[803]

Auch durch die Anerkennung der kirchlichen Leitungsstruktur wird die Katholizität des Conselheiros deutlich. In seinen Predigtmanuskripten räumt er dem Papst die höchste und absolute Autorität ein.[804]

Ortsklerus und kirchliche Hierarchie

Mit dem Ortsklerus im Sertão hatte der Conselheiro, schon während seiner Peregrination durch den Sertão, z.T. gute, z.T. schwierige Beziehungen.[805] Während der Zeit in Canudos war die Zusammenarbeit mit den Ortsgeistlichen - insbesondere wegen der Sakramentenspendungen - für den Conselheiro sehr wichtig. Abelardo Montenegro betont:

„Der Vikar von Cumbe unterhielt die besten Beziehungen mit dem Conselheiro. Er besuchte regelmäßig das Areal [von Canudos], wo er taufte, Ehen schloss und die Beichte hörte, was ihm ein gutes Zugeld einbrachte."[806]

Montenegro berichtet weiter, dass der Conselheiro, hinsichtlich seiner Predigt gegen die Republik, Rückhalt bei den Pfarrern im Sertão hatte, die ebenfalls das neue Regime bekämpften.[807] Die Unterstützung des Conselheiro von Teilen des Klerus ging so weit, dass sogar der Pfarrer aus Petrolina, Martinez Codeço y Martinez, verhaftet wurde. Der Grund: Er habe während des Krieges Schießpulver nach Canudos geliefert.[808]

---

[803] *"Quanto a deveres e praticas religiosas Antônio Conselheiro não se arroga nenhuma função sacerdotal."* Marciano, Relatório, apresentado pelo revd. Frei João Evangelista de Monte Marciano ao arcebispado da Bahia sobre Antônio Conselheiro e seu sequito no arraial de Canudos – 1895, 1987, 5. Vgl. Hoornaert, Os anjos de Canudos, 1997, 39.

[804] Vgl. Antônio Conselheiro, in: Nogueira, Antônio Conselheiro e Canudos, 1974, 163-164 (500-501), vgl. 176 (566).

[805] Vgl. Montenegro, Fanáticos e cangaceiros, 1973, 33.

[806] *„O vigário de Cumbe mantinha as melhores relações com Conselheiro. Visitava frequentemente o arraial, onde batizava, casava e confessava, o que lhe rendia bom dinheiro."* Montenegro, Fanáticos e cangaceiros, 1973, 35.

[807] Vgl. Montenegro, Fanáticos e cangaceiros, 1973, 62.

[808] Vgl. Montenegro, Fanáticos e cangaceiros, 1973, 39.

Der Conselheiro galt bei Teilen des Ortsklerus als treuer Verfechter der Kirche, wie Joachim G. Piepke erläutert:

„*...er [Antônio Conselheiro] vertritt die Sache der Kirche mit mehr Vehemenz als der Klerus selber und sieht in der Konzilianz der Kirche mit dem neuen laikalen Staat einen Verrat an den Grundfesten des Glaubens.*"[809]

Die theologische Reflexion stellte heraus, dass der Conselheiro keine „abergläubischen Lehren" verbreitete, sondern sich mit seinen Predigten im Rahmen der katholischen Theologie bewegte. Die Probleme des Conselheiros mit der offiziellen katholischen Kirche in Bahia gingen, gemäß Vicente Dobroruka, von Mitgliedern des höheren bahianischen Klerus aus und weniger von den Ortspfarrern.[810] Faktisch war Antônio Conselheiro einer von vielen „beatos" und „conselheiros", die predigten. Andere hatten jedoch nicht eine derart große Resonanz und Akzeptanz. Durch die von ihm getroffene „vorrangige Option für die Armen" im Sertão trat der Conselheiro in Opposition zu der Kirchenleitung der Erzdiözese Bahia, die gemäß Alexandre Otten:

„*...nicht nur durch Abwesenheit versagte, sondern sogar gegen die Armen Partei ergriff und mit den Eliten an der Macht einen Pakt schloss.*"[811]

Die stärkere Klerikalisierung der Kirche im 19. Jh. unterstützte diese Tendenz noch mehr.[812]

Berufung und Gehorsam gegenüber kirchlichen Entscheidungen

Der Conselheiro sah sich von Jesus selbst beauftragt, den Armen und der unter Unterdrückung lebenden Sertãobevölkerung das Evangelium zu verkünden [vgl. 2.5.2]. Die Treue zu seinem Gewissen und zu diesem Auftrag hatte für ihn Vorrang vor kirchlichen Anordnungen. Sein Wirken sah Antônio Conselheiro als Gnade Gottes an:

„*Ich habe die Freude euch bekannt zu geben, dass ich schon die richtigen Gnaden vom Guten Jesus [Bom Jesus] erhalten habe, womit er mir*

---

[809] Piepke, Antônio Conselheiro – der Ratgeber der Armen, in: NZM 52/2, 1996, 116.
[810] Vgl. Dobroruka, Antônio Conselheiro, o beato endiabrado de Canudos, 1997, 110.
[811] Otten, Só Deus é grande, 1990, 375.
[812] Vgl. Hoornaert, Os anjos de Canudos, 1997, 52, 124.

seine große Hilfe gegeben hat, damit ich tatsächlich das Werk seines Dienstes tue und wäre er [Jesus] nicht eine so großartige Person, hätte ich das sicher nicht verrichten können. "[813]

Dawid Danilo Bartelt benennt den Zeitpunkt, zu dem die theologischen Haltungen des Conselheiros mit denen der Kirche nicht mehr übereinstimmten:

„Maciels Theologie entsprach den päpstlichen Doktrinen im späten 19. Jahrhundert und somit auch der Haltung der katholischen Kirche Brasiliens – allerdings nicht mehr zum Zeitpunkt der Gründung von Belo Monte... Doch schon 1890 erkannte Rom die brasilianische Republik an. Die Kirchenführung in Brasilien erklärte ihre Neutralität gegenüber politischen Systemen... Wir wissen, dass Maciel die neue kirchenpolitische Haltung bekannt war. Doch obwohl er Paulus zitierte, vollzog Maciel den paulinischen Kompromiss nicht mit und stand jenseits der offiziellen Linie der Amtskirche – deren Autorität er nie öffentlich in Frage stellte."[814]

Der Conselheiro ging den Schritt der offiziellen kirchlichen Anerkennung[815] der Republik nicht mit, sondern verharrte auf der vorhergehenden Kirchenlehre und dem Verständnis, dass eine politische Macht eine Legitimation Gottes besitzen muss [vgl. 2.5.1].

Zusammenfassend kann gesagt werden, dass die von Antônio Conselheiro vertretenen theologischen Positionen der katholischen Lehre seiner Zeit entsprachen.[816] Der katholischen Kirche Bahias gelang es nicht, die Gemeinschaft von Canudos und deren Weise den katholischen Glauben zu leben, zu integrieren. Berücksichtigt man die Veränderungen die durch das Zweite Vatikanische Konzil angestoßen wurden, so spricht vieles für die These Ataliba Nogueiras, dass Canudos, wenn man es nicht zerstört hätte, sicherlich *„...zu einer Pfarrei geworden wäre. Der neue Erzbischof würde ohne Zweifel seinen Pastoralbesuch machen.*"[817]

---

[813] „Cabe-me ainda o prazer de declarar-vos que já rendi as devidas graças ao Bom Jesus por me ter prestado o seu poderoso auxílio a fim de eu levar a efeito a obra de seu servo, que a não ser tão belíssima pessoa, certamente não conseguiria realizá-la." Antônio Conselheiro, in: Nogueira, Antônio Conselheiro e Canudos, 1974, 173 (552-553).

[814] Bartelt, Nation gegen Hinterland, 2003, 98.

[815] Vgl. Montenegro, Fanáticos e cangaceiros, 1973, 35.

[816] Vgl. Hoornaert, Os anjos de Canudos, 1997, 122. Vgl. Otten, Só Deus é grande, 1990, 372.

[817] Nogueira, Antônio Conselheiro e Canudos, 1974, 44.

2.6 Zusammenfassung

Dieses Kapitel leistete einen Beitrag zur historischen, religiösen und soziologischen Einordnung der Bewegung von Canudos. Dabei wird im *ersten Abschnitt* die Biographie Antônio Vicente Mendes Maciels, des Gründers der Bewegung von Canudos dargestellt. Viele Schicksalsschläge begleiten die Kindheits- und Jugendjahre, bis zum Scheitern seines Ehelebens. Dies führt Mendes Maciel in eine Lebenskrise und zur Neuorientierung seines Lebens, das er fortan ganz Gott und der armen Bevölkerung des Sertão widmet.

Eine prägende Person für seinen späteren Pilgerweg durch den Sertão ist Pe. Ibiapina. Wie im I. Kapitel dargestellt, gab es im Sertão nur wenige Priester, die in vielen Fällen nicht entsprechend ihrer Gelübde lebten. Dies führte zur Unglaubwürdigkeit des Ortsklerus und zur Suche der einfachen Bevölkerung nach überzeugenden religiösen Leitfiguren. Dieses Vakuum an Glaubwürdigkeit füllte Antônio Vicente Mendes Maciel durch seine religiöse und den Armen gewidmete Lebensweise aus. Die Sertãobevölkerung gab ihm deshalb den Ehrentitel „conselheiro" (Ratgeber). In der Tat gab Mendes Maciel vielen Menschen in ihren jeweiligen Lebenssituationen Rat auf der Basis des katholischen, im Sertão gelebten Glaubens. Durch seine asketische Lebensweise in „Evangelischer Armut", als Prediger und Erbauer von Kirchen und Friedhöfen, orientierten sich viele Menschen an ihm und schlossen sich ihm an. Die überlebenden Bewohner von Canudos schildern den Conselheiro als einfühlsamen Menschen, als Seelsorger. Mit zunehmender Anerkennung in der Bevölkerung nahmen die Spannungen mit der offiziellen Kirchenleitung zu. Der Erzbischof von Salvador-Bahia verfügte, dass er nicht mehr in den Kirchen predigen durfte, woran sich jedoch nicht alle Ortspfarrer hielten.

Die Gründung der Ersten Brasilianischen Republik 1889 hatte die Trennung von Kirche und Staat 1891, die Einführung der Zivilehe und die Erhebung überhöhter Steuern auf der Ebene der Munizipien zur Folge. Antônio Conselheiro sprach sich – wie viele Priester– offen gegen die Republik und deren negativen Folgen aus. Dabei standen religiöse Motive im Vordergrund. Eine Regierung musste für Maciel eine göttliche Rechtfertigung haben, was er in der Monarchie, nicht aber bei der positivistisch ausgerichteten Republik vorfand. Aufgrund dieser Spannungen und einem von Gewalt begleiteten Konflikt mit den bahianischen Ordnungskräften in Massété 1893, gründete der Conselheiro nach einem 19jährigen Pilgerweg die Gemeinschaft von „Belo Monte" in Canudos, inmitten des abgelegenen Sertão von Bahia. Dort entstand eine alternative Gesellschaft, die nach dem Beispiel der christlichen Urgemeinde und in Harmonie mit den Lebensweisen im Sertão zusammenlebte, unabhängig von staatlichen und coronelistischen Einflüssen.

Canudos war auf ein friedliches Zusammenleben ausgerichtet. Eigene Ordnungskräfte dienten dem Schutz des Conselheiros und der Bevölkerung. Die Gründung von Canudos bedeutete für die Menschen im Sertão, insbesondere für die einfache Landbevölkerung, die Möglichkeit eines Lebens in Würde und Solidarität, entsprechend ihren religiösen Traditionen sowie mit einer ökonomisch besseren Perspektive als in den umliegenden Ortschaften. Canudos war unabhängig vom Einfluss der Großgrundbesitzer und stellte daher eine Anfrage an das coronelistische Herrschaftssystem dar. Die Zehn Gebote hatten für das Zusammenleben eine wichtige Bedeutung. Antônio Conselheiro war ein Prediger, der tausende von Menschen mit seinen Worten anzog. Spirituelle Orientierung gaben ihm insbesondere das Vorbild Pe. Ibiapinas, die Evangelien, das marianische Stundenbuch, das Buch „Missão abreviada" und Texte von Kirchenvätern und Heiligen. Mit seinen Predigten gab er eine spirituelle Orientierung, sprach aber auch kirchliche Missstände offen an und setzte sich für die Abschaffung der Sklaverei ein.

Er selbst nannte sich nie „conselheiro" (Ratgeber), vielmehr verstand er sich als einfachen „Pilger" (peregrino), der sich keine priesterlichen Handlungen anmaßte, aber großen Wert auf Kirchlichkeit und die Sakramente legte. Sein Ziel war es, „Seelen zu Gott zu führen". Aus den Predigtmanuskripten des Conselheiros wird deutlich, dass er, um sein Ziel zu erreichen, die traditionelle katholische Theologie seiner Zeit pflegte und weitergab. Die Predigtmanuskripte belegen, dass der Conselheiro weder ein übertriebener eschatologischer Prediger war, noch dem Sebastianismus anhing.

Der *zweite Abschnitt* macht deutlich, dass Canudos ein Hoffnungsort im Sertão war, ein Symbol für ein menschenwürdiges Leben, mit einer ökonomisch guten Basis, die ein einfaches Leben ohne Hunger und Gängeleien seitens der herrschenden Schicht [Großgrundbesitzer u.a.] ermöglichte.[818] Canudos war ein erfolgreiches Ansiedlungsprojekt mit einer klar

---

[818] Vgl. Villa, Canudos, o povo da terra, 1995, 244. Rui Facó interpretiert den Einsatz der Bewohner von Canudos gegen das semioligarchische Machtsystem als eine Art Klassenkampf. Facó sieht in Canudos eine der stärksten Befreiungs-

strukturierten Lebensweise, bei der die traditionelle katholische Religiosität die Grundlage bildete. Es gab in Canudos eine eigene Organisationsstruktur, die auf der Basis der christlichen Traditionen des Sertão beruhte. Canudos war als solidarische Gemeinschaft organisiert, man kann jedoch nicht von einer „Gemeinschaft der Gleichheit aller" (comunidade igualtária) oder der Existenz eines Kommunismus sprechen. Die Stadt war in der Region integriert. Mit den angrenzenden Orten und Großgrundbesitzern wurde in der Regel kooperiert und Handel getrieben. Für ein breites Spektrum an Bevölkerungsgruppen – die arme Landbevölkerung, ehemalige Sklaven, Händler, Indios, wohlhabende Menschen u. a. – stellte Canudos eine neue Lebensalternative dar. Auch ehemalige Straftäter fanden in Canudos einen Neuanfang, wenn sie umkehrten und die Lebensregeln in Canudos annahmen.

Innerhalb von Canudos gab es wohlhabende und arme Menschen, solidarisch wurde für die Armen gesorgt. Die z.T. nicht tolerablen Lebensumstände der einfachen Sertãobevölkerung führten zu kollektiven Entscheidungen des Zuzugs nach Canudos.[819] Der Lebensstandard in Canudos war höher als in der Umgebung. Darüber hinaus gab der Conselheiro einen religiösen Lebensrahmen vor, der sich an der traditionellen katholischen Spiritualität und Gebetsformen im Sertão orientierte. Die traditionelle Zusammenarbeitsform „mutirão" bildete eine der Grundpfeiler des Gemeinwesens. Eine andere Orientierung bot die monastische Lebensregel „ora et labora". Privater Besitz war erlaubt. Es gab Land in privatem und gemeinschaftlichem Besitz. Bei der Ankunft mussten die Zuwanderer einen Teil ihres Besitzes an die Gemeinschaft abtreten.

Geleitet wurde die Stadt durch das Leitungsgremium der „Zwölf Apostel", dem zunächst allein Antônio Conselheiro vorstand; später, insbesondere in den Kriegszeiten, gab es eine Machtverschiebung hin zu anderen Leitungspersonen, wie z.B. auf den Händler Antônio Vilanova oder den Polizeikommandanten João Abade. Das Gemeinwesen umfasste Schulen, Geschäfte, regelmäßige Gottesdienste, die Sakramentenversorgung durch den Priester eines Nachbarorts u.a. Einrichtungen. Bildung hatte in Canudos eine große Bedeutung, was an der Existenz mehrerer Schulen abzulesen ist.

---

bewegungen der „Armen auf dem Land". Vgl. Facó, Cangaçeiros e fanáticos, 1978, 116, 118.

[819] Vgl. Levine, O sertão prometido, 1995, 110.

Obwohl es eine eigene Polizei- und Verteidigungstruppe gab, war Canudos eine friedliche Gemeinschaft. Canudos bildete einen Knotenpunkt vieler aufeinander zulaufender Landstraßen. An diesem für den Handel vorteilhaften Ort entstand in kurzer Zeit ein gutes ökonomisches System mit dem Schwerpunkt auf Kleintierzucht und Landbau. Dabei wurden die guten Möglichkeiten des Bodens um Canudos adäquat genutzt. Da in Canudos keine Steuern gezahlt wurden, hatte der Ort ökonomische Vorteile gegenüber den Dörfern und Städten der Region. Canudos wurde zum Hoffnungsort für viele. Er wurde als „terra da promissão" (verheißenes Land) angesehen, in dem es „leite e cuscuz" (Milch und Kuskus) gäbe.[820] Die Person Antônio Conselheiros war für die religiös orientierten Zuwanderer ein starker Anziehungspunkt. Robert M. Levine erläutert:

„*...die Anziehungskraft des Conselheiros war nicht exklusiv oder zumindest nicht hauptsächlich messianisch. Vielleicht hatten die Gläubigen Sertãobewohner, die nach Canudos umzogen, um dort unter dem persönlichen Schutz des Conselheiros zu leben, zahllose Gründe, um dies zu tun. In erster Linie sahen sie ihn als religiöse Leitfigur, der konform war, mit der katholischen Volkstradition der Region.*"[821]

Die Gemeinschaft von Canudos reichte weit über den Ort hinaus, bis tief in den Sertão hinein. Canudos gewann in kurzer Zeit den Status eines Wallfahrtsortes, zu dem man pilgerte, um den Conselheiro zu hören. Die Analyse des Zusammenlebens ergibt, dass Canudos keine sebastianistische Gemeinschaft war.

Der **dritte Abschnitt** widmet sich Canudos in der öffentlichen Meinung, d.h. auf staatlicher Seite auf Bundes- und Landesebene von Bahia, bei der Kirche, der Landoligarchie und der Presse. Die Existenz von Canudos stellte eine Grundanfrage an das coronelistische, oligarchische Herrschaftssystem dar. Hinzu kamen die ökonomischen Einbrüche auf Seiten der Großgrundbesitzer, die durch die Abwanderung großer Bevölkerungsgruppen entstanden. Dies trug zu einem Klima bei, in dem sich ein Vernichtungskonsens gegenüber Canudos einstellte, der von verschiedenen Interessensgruppen – Landespolitik von Bahia, Bundespolitik Brasiliens, Kirche, Landoligarchie – mithilfe der Presse herbeigeführt wurde.

---

[820] Vgl. Hoornaert, Os anjos de Canudos, 1997, 49-50.
[821] Levine, O sertão prometido, 1995, 32.

Die katholische Kirche sah sich durch die religiösen Praktiken des Conselheiros und das Vertrauen, das er in der Bevölkerung genoss, angefragt. Dies war für die bahianische Kirchenleitung nicht akzeptabel. Durch die Trennung von Kirche und Staat sowie die Reformen der neu errichteten Republik befand sich die Kirche zudem in einer Krise und in Spannung zu den Staatsorganen. In dieser Situation entstand auf Bitte des Gouverneurs von Bahia die von der bahianischen Kirche entsandte Mission des Kapuzinerpaters Frei João Evangelista de Monte Marciano, der den Auftrag hatte Canudos aufzulösen. Der Bericht dieser Mission lieferte für die öffentliche Meinung einen wichtigen Beitrag zur Rechtfertigung, Canudos als Sekte und Ort von Fanatikern abzustempeln, der eine öffentliche Bedrohung darstelle.

Der Abschnitt zeigt darüber hinaus, dass Canudos als Mittel zur Bekämpfung des politischen Gegners [Monarchisten, Regierung, Opposition] auf Landes- wie auf Bundesebene eingesetzt wurde. Viele Zeitungen trugen bewusst zu einer Verfälschung des Bildes von Canudos bei. Canudos wurde dadurch in der öffentlichen Meinung als monarchistischer Aufstand mit internationaler Verknüpfung angesehen. Während des Krieges verhinderte die Militärzensur weitgehend eine objektive Berichterstattung. Mit dem Ende des Krieges und dem Bekanntwerden der näheren Kriegsumstände, wie z.B. den Abkehlungen und dem sklavenartigen Umgang mit den Gefangenen von Canudos, wurden in der Presse aus den „fanáticos de Canudos" wieder „Brasilianer", „Schwestern" und „Brüder", deren heroischer Einsatz zu würdigen sei.

Der *vierte Abschnitt* zeigt auf, wie aus politischen Machtinteressen und Konflikten auf Bundes-, Landes- und regionaler Ebene sowie durch die kirchliche Ablehnung von Canudos, der Krieg in Canudos entstand. Dabei spielten die im Dezember 1896 anstehenden Wahlen in Bahia eine bedeutende Rolle, da Canudos aufgrund des dortigen Bildungsniveaus eine nicht unbeträchtliche Wählergruppe darstellte. Es wurde aufgezeigt, dass der Krieg in Canudos nicht mit den Gesetzen Bahias und Brasiliens zu vereinbaren war und daher als juristisch ungerechtfertigt einzuordnen ist. Vier Militärexpeditionen, zusammengesetzt aus brasilianischen Militär- und Polizeitruppen führten zur endgültigen Zerstörung von Canudos.

Canudos hat sich nicht ergeben, sondern endete mit dem Tod der letzen vier Verteidiger. Dies ist ein historisches Faktum. Die Menschen in Canudos waren friedliebend und verteidigten im Krieg ihr zu Hause und ihre auf dem traditionellen Katholizismus beruhende Lebensweise.

Deutlich wurde die geschickte Kriegsführung der „conselheiristas", deren Identifikation mit Canudos und Antônio Conselheiro, deren Mut und Durchhaltewillen, der bis zur endgültigen Zerstörung des Lebensraums Canudos reichte. Die aufgezeigten geschichtlichen Fakten bilden die Grundlage dafür, dass Canudos zum Symbol für den Widerstand und den Einsatz für eine gerechte Sache wurde, das bis heute sozialen Bewegungen zum Vorbild dient [vgl. Kapitel III].

Ebenso wurde auf das Massaker eingegangen, das das Militär an den Gefangenen von Canudos anrichtete und auf den Verkauf von gefangenen Kindern und Frauen, die als Kriegstrophäen angesehen wurden. In diesem Zusammenhang stellte das Comitê Patriótico da Bahia eine humane Lichtinsel im Umfeld eines dunklen und entarteten Krieges dar. Das Comitê baute mehrere Ambulanzstationen für die Verwundeten des Krieges auf und setzte sich für die Bewahrung der „verschenkten Kinder und Frauen" ein, indem es sie registrierte, Familienzusammenführungen organisierte, Waisenhäuser errichtete und Gefangene aus Sklavereiverhältnissen befreite. Lélis Piedade vom Comitê Patriótico da Bahia berichtet darüber hinaus von den Gräueltaten des Militärs, die auch nach dem Krieg noch stattfanden. Damit stellt der Bericht des Comitê Patriótico eine unersetzbare, unabhängige historische Quelle dar. 1909 begann die Neuansiedlung in Canudos nach dem Krieg.

Der *fünfte Abschnitt* ist eine theologische Reflexion von Canudos. Aus der Untersuchung der Predigtmanuskripte Antônio Conselheiros sowie der in Canudos realisierten Lebensweise ergeben sich theologische und anthropologische Leitlinien und Aspekte. In den Predigtmanuskripten kommen die theologische Kompetenz und traditionelle katholische Grundhaltung des Conselheiros zum Ausdruck. Canudos lebte ein originäres Christentum, das sich an der christlichen Urgemeinde [Apg 2,37-47] orientierte. Eine Leitlinie des Conselheiros war der Pilgerweg zu und mit den Armen im Sertão, denen er das „Evangelium verkünden" und mit denen er solidarisch leben wollte.

Für die Spiritualität Antônio Conselheiros war die persönliche Begegnung mit Gott im Gebet und im Nächsten zentral. Spirituelle Vorbilder des Conselheiros waren die Praxis des traditionellen Laienkatholizismus im Sertão sowie der Apostel des Nordostens Pe. Ibiapina. Antônio Conselheiro war ein Charismatiker und spirituell verwurzelter Mann, der asketisch lebte. Solidarität mit und Gerechtigkeit für die Armen, Nächstenliebe und die verzeihende Liebe Gottes zu den Menschen waren wichtige Werte und Botschaften, die der Conselheiro verkündete und praktisch lebte. Eine starke Marienfrömmigkeit war ein weiteres Element der Spiritualität des Conselheiros und in Canudos. Grundlegend gab es eine friedliche Gesinnung in Canudos; man sah sich jedoch im Recht, in Notwehr zu handeln und die eigene Lebensweise zu verteidigen.

Das Weltbild des Conselheiros war biblisch sowie konservativ, theozentrisch und theokratisch geprägt. Auf diesem Verständnis gründete seine Ablehnung der positivistischen Republik. Sein Gottesbild kommt im Satz „Só Deus é grande" zum Ausdruck. Gott ist der Allmächtige, der Schöpfer und Urgrund der ganzen Welt und daher auch des Menschen. Antônio Conselheiro hatte ein trinitarisches Gottesverständnis. Gott ist in der Geschichte des Menschen wirksam, er begleitet den Menschen in seinem Leben. Der Conselheiro verstand Gott im Bild eines den Menschen liebenden und gerechten Vaters, der die Rettung aller Menschen will. Dieser Gott ist barmherzig, gnädig und insbesondere den Armen nahe [vgl. Mt 25,31-46]. Er gibt den reuigen Sündern immer die Chance zu einem Neuanfang.

Das anthropologische Verständnis des Conselheiros orientierte sich an Gen 1,27, der Mensch als „Abbild Gottes". In Jesus erkannte er den Schöpfer wieder. Der Mensch besteht aus Körper und Seele – Geist und Materie. Im Verständnis des Conselheiros trägt der Mensch viele gute Gaben in sich, aber auch die Anlage schlecht zu handeln und zu sündigen. Durch seine Arbeit kommt dem Menschen Würde zu.

Der „Pilgerweg zu Gott" ist eines der Leitbilder des Conselheiros für das Leben des Menschen. Die Welt verstand er als eine Durchgangsstation mit dem Ziel der himmlischen Heimat bei Gott. Um diesem Ziel entgegen zu gehen, hat der Mensch auf die Suche nach der Nähe und des Willens Gottes zu gehen. Er sollte sein eigenes Leben überdenken, Buße und Umkehr tun und seinen Lebensweg in Einklang mit dem Willen Gottes bringen. Die „Imitatio Christi", Christus in der aktuellen Zeit nachzufolgen, war daher ein weiteres Leitbild für das menschliche Handeln. Insbesondere die Aspekte der Nächsten- und Feindesliebe waren dabei bedeutsam. Die Zehn Gebote gaben eine weitere Orientierung für ein Leben in Einklang mit Gott vor. Ziel des Conselheiros war es, die Seelen der Menschen zu ihrer Bestimmung, d.h. zu Gott zu führen. Die Rettung sah er, wenn sich der Mensch auf ein Leben im Einklang mit den Geboten Gottes einließ. Dies vollzog sich im Lauf der Peregrination des

Conselheiros und am konkreten Ort Canudos, wo die Bereitschaft dazu eine Voraussetzung für den Zuzug war.

In den Predigtmanuskripten Antônio Conselheiros gibt es eschatologische Aussagen, jedoch keine bezüglich einer apokalyptischen Naherwartung der Wiederkehr Jesu. Canudos war auf einen eschatologischen Horizont hin ausgerichtet. Dies beinhaltete das aktive Gestalten einer alternativen christlichen Gesellschaft und war Ausdruck des Protestes gegen die bestehenden Herrschafts- und Lebensverhältnisse und die damit verbundenen Missstände im Sertão. Canudos wurde daher wie eine „Arche Noah" für ein menschenwürdiges Leben und als Unterpfand der Rettung des Menschen angesehen. Das Gemeinschaftsverständnis von Canudos war eschatologisch geprägt. Canudos wurde als Zwischenstation auf dem Pilgerweg zum „Reich Gottes" verstanden, das dort anfanghaft begann. Der Conselheiro beabsichtigte einen Schritt zum Aufbau des „Reiches Gottes" mit seinem Pilgerweg zu und mit den Armen im Sertão. Damit traf er eine „vorrangige Option für die Armen".

Die Predigtmanuskripte des Conselheiros beinhalten keine sebastianistischen Elemente. Daher ist davon auszugehen, dass der Conselheiro dem Sebastianismus keine Bedeutung beigemessen hat. In der Bevölkerung von Canudos wird der Sebastianismus nicht größer gewesen sein als in anderen Orten der Region.

Antônio Conselheiros Handeln hatte prophetische Züge. Er sah sich von Gott berufen, in dieser Weise zu handeln. Parallelen zeigen sich beim Vergleich des alttestamentarischen Propheten Mose mit dem Lebenslauf von Antônio Conselheiro auf. Die Art und Weise, wie Antônio Conselheiro solidarisch mit der verarmten Sertãobevölkerung lebte und dabei das Evangelium verkündete, sowie seine Stellungnahmen zu Fragen der Zeit auf Grundlage des christlichen Glaubens, korrelieren mit der neutestamentlichen Gabe der „prophetischen Rede" [vgl. 1 Kor 14,1-5]. So wurde der Conselheiro zum Sprachrohr für die Anliegen der verarmten Sertãobevölkerung.

Von Canudos und Antônio Conselheiro gingen und gehen auch heute spirituelle prophetische Impulse aus. Der Conselheiro verkündete einen Gott, der an der Seite der verarmten Sertãobevölkerung steht und für sie ein „gutes Ende" (bom fim) bereithält. Die Botschaft des Conselheiros „Só Deus é grande" ist auch als prophetischer Protest gegen Armut, Ausbeutung und Ausgrenzung sowie gegen die antireligiöse Lebensphilosophie der Ersten Brasilianischen Republik zu verstehen. Einen prophetischen Impuls stellen auch das Wirken der Gemeinschaft von Canudos und deren solidarische Lebensweise nach christlichen Werten dar.

Theologie und Spiritualität des Conselheiros sind christozentrisch geprägt. In Jesus Christus erkannte der Conselheiro die zweite Person der göttlichen Dreifaltigkeit, Gottes Sohn und Mensch, Messias und Erlöser. Die Identifikation Christi mit den Armen [Mt 25,35-46] war eines der zentralen Motive für den Conselheiro, sich um die Armen im Sertão und deren Befreiung aus der Unterdrückung zu sorgen. Die „Imitatio Christi" beinhaltete die Kreuzesnachfolge, das bedeutete für ihn eine Liebe, die bereit ist zu verzichten, sowie die Annahme des eigenen Leidens. Dies bedeutete kein passives Ertragen, sondern aktiven Einsatz zur Verringerung des Leidens. Den Weg zur Rettung des Menschen sah er nur durch die Gnade Gottes ermöglicht. Diese Gnade begegnet dem Menschen in Christus und wird durch die Umkehr und Hinwendung des Menschen zu Gott angenommen.

Die Analyse der Predigtmanuskripte ergibt, dass sich im soteriologischen Verständnis des Conselheiros die Erlösung nur dadurch ereignen konnte, dass Christus die menschliche Natur annahm. Dabei waren das Leiden und der Tod notwendige Elemente. Kreuzestod und Auferstehung Christi eröffneten die Möglichkeit zur Rettung des Menschen und seiner Versöhnung mit Gott. Dem einzelnen Menschen wie der Gemeinschaft gilt das Erlösungsangebot Gottes, das er annehmen kann, indem er sich zu Gott bekehrt, Buße tut und sein Leben am Evangelium und den Lebensregeln Gottes, orientiert. Zur Umkehr war der Empfang des Sakramentes der Beichte notwendig.

In der Gemeinschaft von Canudos kamen diejenigen zusammen, die sich für diesen Glaubensweg entschieden hatten. Canudos war ein Ort der Hoffnung und des menschenwürdigen Lebens, an dem Erlösung spürbar wurde. Die Menschen in Canudos lebten zum einen außerhalb des Systems des „coronelismo", zum anderen in der Hoffnung auf die Vollendung nach dem Tod bei Gott. Dies und das solidarische Zusammenleben in Canudos trugen dazu bei, dass Erlösung anfanghaft erfahrbar wurde. Dabei war das Bild des Conselheiros von einem gnädigen und liebenden Gott [Röm 5,15.20] von großer Bedeutung. Zur Rettung des Menschen waren im Verständnis des Conselheiros zwei soteriologische Momente notwendig: die Gnade Gottes und die Umkehr des Menschen zu Gott aus freier Entscheidung.

Das ekklesiologische Verständnis des Conselheiros orientierte sich an den Ursprüngen des Christentums, an der Urgemeinde, wie sie in Apg 2,37-47 beschrieben ist. Die Kirche verstand er als die Versammlung der Gläubigen, die Christus zur Mitte hatten. Canudos war eine Pilgergemeinschaft, die sich an Jesus Christus orientierte. Diese Pilgergemeinschaft konvergiert mit dem Bild des „Volkes Gottes" im Zweiten Vatikanischen Konzil.[822] Canudos lebte ähnlich wie eine Familie der an Christus Glaubenden zusammen, die Teil der größeren Familie, der katholischen Kirche war. In Canudos realisierte sich eine „samaritanische Kirche" [orientiert am biblischen Vorbild des bramherzigen Samariters, vgl. Lk 10,25-37], eine solidarische Kirche der Armen und mit den Armen. Reichen und armen Menschen kamen in Canudos Aufgaben und Pflichten der Solidarität und der Sorge um soziale Gerechtigkeit zu, nach dem Prinzip der „esmolas e braços" (Almosen und Arbeitskraft). Den Reichen oblag die Pflicht der Sorge für die Armen, den Armen die Pflicht, sich mit ihrer Arbeitskraft und ihren Gebeten in die Gemeinschaft einzubringen. Die Armen wurden zu den Protagonisten der Kirche in Canudos, die sich im Einklang mit der katholischen Kirche und deren Tradition im Sertão sah. Canudos war eine eschatologisch geprägte Gemeinschaft: Alexandre Otten beschreibt Canudos daher als *„...rettendes Sakrament, das Ziel, das die Kirche seit ihren Anfängen umzusetzen versucht."*[823]

Die Leitung in Canudos gründete auf dem Zusammenspiel eines Laiengremiums, den „Zwölf Aposteln", dem Antônio Conselheiro vorstand. Jesus war für den Conselheiro der Gründer der katholischen Kirche, auf den alles, auch die Lehre der Kirche, zurückgeht. Der Conselheiro erkannte den Papst, die Kardinäle, Bischöfe und kirchlichen Leitungsträger an. Er schrieb der Kirche die Attribute der Einheit, der Heiligkeit, der Apostolizität, der Katholizität und Romanität zu.

Im Vergleich zwischen den theologischen Leitlinien des Conselheiros und dem zweiten Vatikanischen Konzil fällt auf, dass beide für das ekklesiologische Verständnis auf dieselben Quellen [z.B. Evangelien, neu- und alttestamentarische Schriften) zurückgriffen. Es gibt noch weitere Analogien zum Zweiten Vatikanischen Konzil, z.B. hinsichtlich des Begriffes des „pilgernden Volkes Gottes", dem anfanghaften Aufbau des Reiches Gottes in der Welt, dem prophetischen Auftrag der Kirche, der Laien in der Kirche. Unter Berücksichtigung des unterschiedlichen historischen

---

[822] Vgl. Otten, Só Deus é grande, 1990, 371.
[823] Otten, Só Deus é grande, 1990, 350.

Kontextes kann bei Canudos in gewisser Weise von einer Antizipation verschiedener Aussagen des zweiten Vatikanischen Konzils gesprochen werden.[824]

Antônio Conselheiro praktizierte z.B. eine „vorrangige Option für die Armen". Die lateinamerikanischen Bischofskonferenzen von Medellín 1968 und Puebla 1979 betonen ebenfalls den Auftrag der Kirche zu einer „vorrangige Option für die Armen". Bei der Suche nach Orten, an denen heute ähnliche Erfahrungen des gemeinschaftlichen Lebens auf Basis christlicher Werte gemacht werden, sind die christlichen Basisgemeinden (CEBs) zu nennen.

Spannungen mit der Erzdiözese Salvador-BA ergaben sich, als das Ansehen des Conselheiros im Sertão zunahm. Sie gingen zum größten Teil vom höheren Klerus aus. Die Kritik richtete sich insbesondere darauf, dass der Conselheiro als Laie predigte. Auch die von Antônio Conselheiro gelebte und in Canudos realisierte „vorrangige Option für die Armen" rief Spannungen mit der Kirchenleitung der Erzdiözese Salvador-BA hervor. Antônio Conselheiro predigte und solidarisierte sich mit der armen Sertãobevölkerung, weil er sich von Gott dazu berufen fühlte. Aus diesem Grund setzte er das Predigen fort, trotz des Verbotes des Erzbischofs von Salvador-Bahia. Dabei ist zu berücksichtigen, dass der Conselheiro mit seinen Predigten nur das praktizierte, was auch viele „beatos" im fast priesterleeren Sertão auch in den Landgemeinschaften taten.

Fragt man nach einer Perspektive, die Canudos unter heutigen Umständen hätte, so könnte sie lauten: Mit Blick auf die kirchlichen Veränderungen (z.B. das Zweite Vatikanische Konzil 1962-1965, Medellín 1968 und Puebla 1979) gäbe es gute Chancen, dass Canudos heute z.B. als Pfarrei in der katholischen Kirche integriert wäre.

---

[824] Vgl. Andrade, A experiência religiosa e sociopolítica de Canudos, 2006, 134-176.

III. Die Wirkungsgeschichte von Canudos

Canudos ist eine Narbe im Geschichtsbewusstsein der brasilianischen Gesellschaft. Auch in der sozialen, kulturellen und pastoralen Wirkungsgeschichte der Bewegung ist diese Narbe vorhanden. Lange Zeit als Bewegung von religiösen Fanatikern oder primitiven Hinterwäldlern abgetan, entwickelt sich nach der historischen Ablösung der Geschichtsschreibung von Euclides da Cunhas „Os sertões" eine neue Bedeutung der Bewegung von Canudos in vielen Bereichen, so auch bei sozialen Bewegungen, in Kultur und Pastoral. Diese Entwicklung war kein linearer Prozess sondern verlief auf verschiedenen Ebenen und mit unterschiedlichen Schritten. Der historischen Aufarbeitung, die mit der Erfassung der mündlichen Überlieferung in den 1940er Jahren begann, folgten wissenschaftliche Arbeiten in verschiedenen Disziplinen. Auf dieser Grundlage entstanden neue soziale, pastorale, künstlerische u.a. Rezeptionen und Aktionen in Verbindung mit Canudos, die Anerkennung im kirchlichen Umfeld erhielten. Dabei sind unterschiedliche Aspekte der Geschichte von Canudos bedeutsam geworden, die João Arruda wie folgt benennt:

„*Canudos ist nicht gestorben. Seine Ideale eines kommunitären Lebens bleiben bestehen und sind gegenwärtig in der Utopie derer, die an eine Lebensform glauben, die sozial, frei von den Fesseln eines Unterdrückungssystems ist und die als Logik der Vervielfältigung den Ausschluss von Ungleichheiten und Ungerechtigkeiten hat.*"[1]

Die Lebensweise in Canudos und ihre Werte wurden zum Vorbild z.B. für pastorale und soziale Bewegungen. Daraus entwickelte sich eine Wirkungsgeschichte. Die verschiedenen, zu dieser Wirkungsgeschichte von Canudos gehörenden Rezeptionen werden in diesem Kapitel in zwei Bereiche unterteilt:
1. Soziale und kulturelle Wirkungsgeschichte, u.a. in den Bereichen Literatur, Wissenschaft, soziale Fragen Brasiliens, Kunst sowie weitere Deutungsmöglichkeiten von Canudos,
2. Pastorale Wirkungsgeschichte, d.h. Verarbeitungen von Canudos im kirchlichen Raum und deren pastorale Bedeutung.

---

[1] Arruda, Messianismo e conflito social, 2006, 317.

Es gibt Verarbeitungen von Canudos, die dem Bereich „soziale und kulturelle Wirkungsgeschichte" zuzuordnen sind, die in den pastoralen Bereich direkt oder indirekt hineinwirken. Wichtige Rezeptionen von Canudos beziehen sich auf die Forderung nach einer Agrarreform in Brasilien.

Auf der Basis des dargestellten Kontextes [Kapitel I] und der historischen Fakten [Kapitel II] widmet sich Kapitel III der Wirkungsgeschichte von Canudos. Dargestellt wird in einem ersten Schritt die Überlieferungsgeschichte von Canudos nach Ende des Krieges [3.1]. Danach wird die soziale und kulturelle Wirkungsgeschichte der Bewegung von Canudos bearbeitet, ggf. mit deren Anknüpfungspunkt zur Pastoral [3.2]. Dem schließt sich die pastorale Wirkungsgeschichte an [3.3]. Diese Untersuchungen, die auf Basis der dazugehörigen Fachliteratur geführt wurden, werden im vierten Abschnitt durch Interviews mit exemplarischen Gesprächspartnern aus verschiedenen Bereichen erweitert [3.4]. Die Bewertung der Ergebnisse erfolgt in Bezug auf die Grundthesen dieser Arbeit in Kapitel IV.

3.1 Die Überlieferungsgeschichte von Canudos

Die Abschnitte 2.1-2.4 stellten die Geschichte von Canudos dar. Die Darstellung begann mit der Biographie von Antônio Conselheiro und endete mit der Zerstörung von Canudos durch das brasilianische Heer am 5. Oktober 1897. Dieser Abschnitt schließt dort an und widmet sich der Überlieferungsgeschichte von Canudos ab dem Ende des Krieges bis in die heutigen Tage.

3.1.1 Publikationen kurz nach Ende des Krieges

Kurz nach Beendigung des Krieges gab es einige Publikationen zum Krieg in Canudos. Die öffentliche Meinung war während des Krieges auf Seiten des Militärs, d.h., der Krieg wurde als eine patriotische Aufgabe angesehen, um die Republik vor der monarchistisch unterlaufenen und „fanatischen" Gruppe um Antônio Conselheiro zu beschützen. Selbst die nach Salvador in die Hospitäler zurückgebrachten verletzten Soldaten hatten eine patriotische Einstellung, wie Euclides da Cunha am 10. August 1897 festhält:

„Die moralische Verfasstheit der Verletzten [Soldaten] ist gut und alle schätzen sich glücklich um das Opfer, das sie für die Republik gebracht haben."[2]

Viele Medizinstudenten aus Salvador-BA, u.a. Alvim Martins Horcades, erklärten sich aus patriotischen Gründen bereit, als freiwillige Sanitäter für die Soldaten ins Kriegsgebiet von Canudos zu gehen. Nach dem Ende des Krieges wurden durch Berichte von Augenzeugen und Publikationen die genaueren Kriegsumstände bekannt; so z.B., dass es sich bei Canudos nicht um einen monarchistischen Aufstand gehandelt hatte. Insbesondere die Massenhinrichtungen der Gefangenen aus Canudos führten zu einem Wandel in der öffentlichen Meinung. Die zunächst als bäuerliche Unruhestifter und „fanáticos" betrachteten „jagunços" wurden nun zu Märtyrern in einem ungleichen Kampf. Das Ansehen des Militärs nahm dadurch großen Schaden. Kurz nach dem Krieg entstanden Publikationen von großer historischer Bedeutung. Im Folgenden ein Überblick:

Emídio Dantas Barreto war als Offizier des brasilianischen Heers in Canudos und Zeitzeuge des Krieges. In seinem Buch „Última expedição a Canudos"[3] (Letzte Expedition nach Canudos) berichtet er 1898 vom Kriegsgeschehen in Canudos. Er schildert sehr detailliert die Geschehnisse des Krieges, lässt aber wie Euclides Cunha und Constantino Nery[4] die Abkehlungen und Misshandlungen an den Gefangenen völlig aus. Dabei muss gesagt werden, dass Nery nicht bis zum Ende des Krieges in Canudos war und somit auch kein Augenzeuge des Massakers an den Gefangenen war. Euclides da Cunha bezieht sich in „Os sertões" oftmals auf die Angaben von Dantas Barreto.

Eine wichtige Quelle, die unverblümt von den Missständen im brasilianischen Militär spricht, ist der Medizinstudent und Militärsanitäter Alvim Martins Horcades. Nach seiner Rückkehr beschreibt er in seinem 1899 veröffentlichten Werk „Descriçao de uma viagem a Canudos"[5] (Beschreibung einer Reise nach Canudos) zum einen den Verlauf des Krieges, zum anderen die unhaltbaren Zustände unter denen das Militär und

---

[2] *„O estado moral dos feridos è bom, e todos julgam ser felizes, pelo sacrificio que fazem pela República."* Cunha, Telegramm an den "Estado de São Paulo", São Paulo-SP, 10.08.1897, in: Cunha, Diário de uma expedição, 2003 (1939, verfasst 1897,), 33.

[3] Barreto, Última expedição a Canudos, 1898.

[4] Nery, A quarta expedição contra Canudos, 1898.

[5] Horcades, Descrição de uma viagem a Canudos, 1996.

insbesondere die Verletzten leben bzw. vegetieren mussten. Er berichtet davon, wie die Kämpfer und Bewohner von Canudos, die sich in den letzten Kriegstagen ergaben und das Leben zugesichert bekamen, schon kurz darauf mit einem Schnitt durch die Kehle hingerichtet wurden.

Der kritische Militärberichterstatter Manoel Benício schilderte 1899 in seinem Buch „O rei dos jagunços"[6] (der König der „jagunços") schonungslos den Verlauf des Krieges und das Handeln des Militärs. Aufgrund seiner kritischen Berichterstattung wurde Benício während des Krieges aus Canudos verwiesen. „O rei dos janqunços" ist eine Komposition aus Roman und historischen Fakten. Zur Unterscheidung sind beide Bestandteile gekennzeichnet.

Aristides A. Milton stellt 1902 mit seinem Buch „A campanha de Canudos"[7] (Die Kampagne von Canudos) die Entstehung der Bewegung um Antônio Conselheiro, deren Ansiedlung in Canudos, ihre Entwicklung und den Verlauf des Krieges dar. Das Werk hat eine hohe Aussagekraft, da sich Milton auf Originaldokumente bezieht und diese originalgetreu abdruckt. So beinhaltet „A campanha de Canudos" z.B. die Berichte des Missionars Frei João Evangelista de Monte Marciano von seiner Mission in Canudos 1895, die Telegramme, die zwischen dem Militärkommando der einzelnen Expeditionen und dem Kriegsminister während des Kriegsgeschehens gesandt wurden, sowie die Berichte der Kommandanten der einzelnen Militärexpeditionen. Dadurch erhält das Buch einen hohen historischen Wert. Auch wenn Milton nicht ausführlicher auf das Massaker an den Kriegsgefangenen von Canudos eingeht, so erwähnt und verurteilt er es.

Genannt werden muss auch der Bericht des „Comitê Patriótico da Bahia"[8] (Patriotisches Komitee von Bahia - 1901), in dem der Verfasser Lélis Piedade wichtige Informationen über die Stimmung während des Krieges in Salvador-BA und über die Zeit nach dem Krieg gibt. Insbesondere die Behandlung der überlebenden Gefangenen aus Canudos und deren Schicksal werden dokumentiert.

Favila Nunes, Journalist für die Zeitung „Jornal de Notícias", veröffentlichte Berichte vom Krieg sowie im Jahr 1898 unter dem Titel „Guerra de Canudos" (Krieg von Canudos) wichtige Dokumente, z.B. Briefe,

---

[6] Benício, O rei dos jagunços, 1899.
[7] Milton, A campana de Canudos, 2003.
[8] Piedade, Olavo, Comité Patriótico da Bahia 1897-1901, Histórico e relatório do Comité Patriótico da Bahia, 2002.

die aus Canudos stammten. Von dem Werk existiert nur noch einer von drei Bänden.

Zu nennen ist auch Euclides da Cunhas Werk „Os sertões", das über fast ein halbes Jahrhundert prägend für die Geschichtsschreibung zu Canudos war. José Calasans erläutert in seinem Werk von 1950:

„Das Renommee des Werkes von Euclides wirkte so, als würde es alle erschrecken, die dasselbe Thema studieren. Die absolute Mehrheit der Veröffentlichungen über Canudos erschien vor ‚Os sertões'. Nach der Veröffentlichung des großen Essays ist alles, was angefertigt wurde, außer Artikel über Einzelheiten des berühmten Zusammenpralls, (nur) eine hilfreiche Kopie von Euclides da Cunha oder eine Interpretation der Darlegungen des unglücklichen Schriftstellers. Man studiert Canudos über Euclides da Cunha. Es war, wie wenn das renommierte Werk die Kapazität der Forschung über den schmerzlichen Moment der historischen Evolution Brasiliens auslöschte. Alle, die Antônio Conselheiro und seine Einflüsse studierten, kannten fast nur ‚Os sertões', welches der größte, aber nicht der einzige Beitrag ist. Es ist notwendig, die anderen Quellen zu kennen."[9]

Eine – zwar nicht vollständige – aber die wichtigsten Werke enthaltende Aufstellung der wesentlichen Publikationen von 1895-1949 hat José Calasans in seinem Buch „O ciclo folclórico do Bom Jesus Conselheiro" veröffentlicht.[10] Außerdem gibt es die Aufstellung der Chronisten zum Thema Canudos von Paulo Emílio Matos Martins, beginnend mit der ersten Erwähnung des Conselheiros in „O Rabudo" am 22.11.1874 bis zur Veröffentlichung von „Reminescências d´um frade" von Petrus Sinzig OFM im Jahr 1917.[11] Matos Martins hat darüber hinaus die Werke, mit Originalinterviews von Überlebenden zusammengestellt.[12]

3.1.2 Euclides da Cunha

Euclides da Cunha war ein Republikaner der ersten Stunde. Er war geprägt von seinem Lehrer an der Militärakademie, Benjamin Constant (1836-1881).[13] Wie Constant, so vertritt auch Euclides da Cunha eine

---

[9] Calasans, O ciclo folclórico do Bom Jesus Conselheiro, 2002, 14-15.
[10] Calasans, O ciclo folclórico do Bom Jesus Conselheiro, 2002, 15-17.
[11] Matos Martins, A reinvenção do sertão, 2001, 135-152.
[12] Matos Martins, A reinvenção do sertão, 2001, 171-176.
[13] Levine, O sertão prometido, 1995, 46.

positivistische Wissenschaftsgläubigkeit[14] und ist Anhänger des französischen Philosophen August Comte, der die Religion ablehnte.[15] Da Cunha ist Kind eines Koloniallandes und vertritt eine Rassentheorie,[16] die eine Deklassierung der Bevölkerung des Sertão einschließt.[17] Als Journalist für die Zeitung „Estado de São Paulo"[18] begleitete er den brasilianischen Kriegsminister Marschall Bittencourt, auf dessen Reise ins Kriegsgebiet von Canudos. Euclides kam erst am 16. September 1897[19] in Canudos an. Seine Schilderungen des Krieges in „Os sertões" basieren bis zu diesem Zeitpunkt auf Angaben Dritter. Da Cunha zog sich am 3. Oktober 1897[20] aus Canudos zurück. Er erlebte selbst, die letzten „degolhamentos" und Kriegstage in Canudos nicht mit.[21]

Euclides da Cunha hat mit seinem Buch „Os sertões", das im Dezember 1902[22] erschien, ein Werk geschaffen, das über Jahrzehnte prägend für die Überlieferungsgeschichte der Bewegung von Canudos war und bis heute zur klassischen brasilianischen Literatur zählt. „Os sertões" stellte die übrigen Werke, wie die von Emidio Dantas Barreto, Constantino Nery, Alvim Martins Horcades, Lélis Piedade u.a. in den Schatten und prägte die Überlieferung für ein halbes Jahrhundert. Da Cunha schildert zu Anfang seines Buches „Os sertões" die Geologie und Geographie, die Kargheit und Trockenheit des Sertão und seiner Vegetation. Er erläutert die Geschichte der Besiedelung des Nordostens und seiner Missionierung durch den Jesuitenorden. Dabei sei die Bevölkerung durch das Zusammentreffen dreier Rassen geprägt, der indigenen Urbevölkerung, den europäischen Eroberern und den aus Afrika verschleppten Sklaven.

---

[14] Zilly, Nachwort, in: Krieg im Sertão, 1994, 767. Vgl. Levine, O sertão prometido, 1995, 46.
[15] Vgl. Levine, O sertão prometido, 1995, 23, 46. Prägende positivistische Autoren sind z.B. Herbert Spencer, Henry T. Buckle, Hippolyte A. Taine, Lord James Bryce, Charles Darwin.
[16] Vgl. Cunha, Os sertões, 2001, 199 ff. Zu den Autoren der von Constant und da Cunha vertretenen Rassentheorie zählen Ludwig Gumplowitz und Arthur Gobineau. Vgl. Levine, O sertão prometido, 1995, 46.
[17] Vgl. Levine, O sertão prometido, 1995, 25.
[18] Dantas, Antologia euclidiana, in: Cunha, Diário de uma expedição, 2003, 170.
[19] Dantas, Antologia euclidiana, in: Cunha, Diário de uma expedição, 2003, 171.
[20] Cunha, Os sertões, 2001, 56. Calasans, José, in: Villa, da Costa Pinheiro (colaboração), Calasans, um depoimento para a história, 1998, 117.
[21] Levine, O sertão prometido, 1995, 48.
[22] Cunha, Os sertões, 2001, 58.

Euclides da Cunha schildert den „sertanejo" als Abbild der Landschaft des Sertão:

„*Der Mensch ist unstet wie die Natur. Dies leuchtet ein, Leben heißt sich anpassen. Sie formte ihn nach ihrem Bilde: barbarisch, ungestüm, schroff...*"[23]

In der Durchmischung der drei Rassen sieht da Cunha nachteilige Folgen,[24] die sich in seiner Charakterisierung des „sertanejo" wie folgt niederschlagen:

„*Er ist der Urwüchsige, Kühne und Starke, doch zugleich der Leichtgläubige, der sich ohne weiteres von den unsinnigsten Ausgeburten des Aberglaubens hinreißen lässt.*"[25]

Und an anderer Stelle schreibt er fast satirisch:

„*Er ist ungeschlacht, ungelenk, krumm. Dieser Herkules Quasimodo verrät die typische Hässlichkeit des Schwachen. Sein kraftloser, haltungsloser, beinahe schaukelnder und torkelnder Gang erscheint wie die Fortbewegung ausgerenkter Gliedmaßen.*"[26]

Aufbauend auf der Schilderung des Umfeldes des Sertão, erzählt Euclides die Biographie von Antônio Vicente Mendes Maciel, seine Geburt, Jugendzeit, die gescheiterte Ehe, die Zeit als Pilger durch den Sertão und das Anwachsen seiner Popularität, bis zur Gründung von Canudos. Für da Cunha ist der Conselheiro ein nervenkranker unter einer Psychose leidender Mann.[27] Die Gesellschaft des Sertão mit ihren mystischen Bestrebungen habe den Conselheiro zu dem gemacht, was sie in ihm begehrte:

---

[23] „*É incostante como ela. É natural que o seja. Viver é adaptar-se. Ela talhou-o à sua imagem: bárbaro, impetuoso, abrupto ...*" Cunha, Os sertões, 2001, 215. Cunha, Krieg im Sertão, 1994, 138.

[24] Vgl. Cunha, Os sertões, 2001, 199. Cunha, Krieg im Sertão, 1994, 125.

[25] „*É o homem primitivo, audacioso e forte, mas ao mesmo tempo credulo, deixando-se facilmente arrebatar pelas superstições mais absurdas.*" Cunha, Os sertões, 2001, 238. Cunha, Krieg im Sertão, 1994, 160

[26] „*È desgracioso, desgonçado, torto. Hércules-Quasimodo, reflete no aspecto a fealdade típica dos fracos. O andar sem fimeza, sem aprumo, quase gigante e sinuoso, apparenta a translação de membros desarticulados.*" Cunha, Os sertões, 2001, 207. Cunha, Krieg im Sertão, 1994, 131.

[27] „*Isolado, ele se perde na turba dos nervróticos vulgares. Pode ser incluído numa modalidade qualquer de psicosi progressiva.*" Cunha, Os sertões, 2001, 252. Cunha, Krieg im Sertão, 1994, 171.

„Sein Milieu im Gegenteil stärkte ihn. Er war der Prophet, der Sendbote des Himmels,... Dort im Sertão, wo die Neurose im Einklang mit der Gefühlswelt seiner Umgebung stehe und der Mystizismus alle sich darum scharenden Seelen ergriffen hatte, wurden beide zur Normalität."[28]

Euclides da Cunha erklärt das Entstehen der Bewegung von Canudos als Folge der Psychose eines Menschen, der durch sein gesellschaftliches Umfeld in die Rolle eines göttlichen Gesandten gedrängt wurde. Da Cunha unterstützt dieses Bild durch die Beschreibung der Predigten des Conselheiro, wenn er z.B. schreibt:

„Eine barbarische und haarsträubende Beredsamkeit, die verstümmelte Auszüge aus dem 'Marianischen Stundenbuch' aneinander reihte, zusammenhanglos, unsinnig, mitunter verschlimmert durch höchst verwegene lateinische Zitate; abgehackte Sätze; ein unauflöslicher Wirrwarr aus engstirnigen Ratschlägen, platten Moralvorschriften und wunderlichen Prophezeiungen... Er war närrisch, und er war entsetzlich."[29]

Die innere Ordnung in Canudos sei von der Frömmigkeit des Conselheiros geprägt gewesen, zu der sich eine Bevölkerung aus *„entgegengesetzten Elementen"*[30] zusammenfand. Das gemeinsame Eigentum sei auf die Spitze getrieben worden. Es habe eine absolute Gütergemeinschaft an Land, Weiden, Herden und Feldfrüchten bestanden. Den Eigentümern sei ein winziger Teil zugekommen, das übrige habe die Gemeinschaft bekommen. Neuankömmlinge hätten dem Conselheiro 99% ihrer mitgebrachten Habe übergeben müssen. Die Promiskuität habe es im großen Stile gegeben und berüchtigten Bluttätern habe Canudos als Schlupfwinkel gedient. Den Elenden gab Antônio Conselheiro Almosen aus dem gemeinsamen Landbau.[31] Euclides kommt zu dem Urteil, dass die Bevöl-

---

[28] „*Ao contrário, este fortlesceu-o. Era o profeta e emissário das alturas,... Ali vibrando a primiera uníssona com o sentimento ambiente, difundido o segundo pelas almas todas em torno se congregavam, se normalizaram.*" Cunha, Os sertões, 2001, 256. Cunha, Krieg im Sertão, 1994, 175.

[29] „*Uma oratória bárbara e arrepiadora, feita de excertos truncados das Horas Marianas, desconexa, astrusa, agravada, às vezes, pela ousadia estrema das citações latinas; transcorrendo em frases sacudidas; misto inextricável e astruso de conselhos dogmáticos, perceitos vulgares da mortal cristã e de profecias esdrúxulas... Era truanesco e era pavoroso.*" Cunha, Os sertões, 2001, 274. Cunha, Krieg im Sertão, 1994, 194.

[30] „*Dispares elementos.*" Cunha, Os sertões, 2001, 298.

[31] Vgl. Cunha, Os sertões, 2001, 298-306.

kerung in Canudos und die in den Städten an der Küste drei Jahrhunderte trennten.[32] Da Cunha beschreibt die gesamte Kriegsentwicklung, von den Spannungen, die zum Rückzug Antônio Conselheiros und seinem Gefolge nach Canudos führten, die Auslöser des Krieges, die verschiedenen Militärexpeditionen, bis zur endgültigen Vernichtung von Canudos durch den Tod der letzten Verteidiger. Im Zuge der Kriegsschilderung wachsen bei da Cunha die „jagunços" von Canudos über sich hinaus. Er beschreibt sie als geschickt agierende und heldenhafte Kämpfer, die für ihre Überzeugung bis zum Ende einstehen.

Die Armee habe in ihrem strategischen Vorgehen viele kapitale Fehler begangen, die da Cunha für ihr großes Scheitern verantwortlich macht. Er schildert nicht die Abkehlungen der Gefangenen „jagunços" durch die Armee, die von der Heeresleitung und dem Kriegsminister angeordnet oder zumindest wissend geduldet wurden. „Os sertões" spielt für die Überlieferungsgeschichte der Bewegung von Canudos eine ambivalente Rolle. Der Krieg von Canudos geriet dadurch nicht in Vergessenheit, sondern ist bis heute im geschichtlichen Bewusstsein Brasiliens erhalten, eine Fülle an historischen Daten blieb erhalten. Jedoch auch ohne *„Os sertões"* wüssten wir alles das über Canudos, was wir heute wissen.[33]

Euclides da Cunha hatte den Mut auch Kritik an der Rolle der Armee, der Presse und staatlicher Institutionen zu formulieren. Euclides achtet die Heldenhaftigkeit und treue Aufopferungsbereitschaft der „jagunços" von Canudos. Es bleibt jedoch dabei, dass sie für das Projekt eines „fanáticos" [Antônio Conselheiro] kämpften und damit in ihrer Zurückgebliebenheit einem riesengroßen Trugschluss erlagen. Das Zusammenleben in Canudos, insbesondere die gemeinschaftlichen Elemente werden von Euclides kaum gewürdigt, sondern als überzogen kritisiert. So vermittelt „Os sertões" zwar anerkennende Aspekte und die Erkenntnis, dass der Krieg gegen Canudos ein Verbrechen war, jedoch bleibt das Fazit, dass letztlich eine Gruppe von religiösen „fanáticos" und kriminellen „jagunços" dem Krieg zum Opfer fielen.

Der Blick auf die Werke Euclides da Cunhas in ihrer Reihenfolge zeigt, dass sich seine Bewertung des Krieges von Canudos veränderte. Seine ersten zwei Veröffentlichungen zum Thema Canudos sind die am 14. März und 17. Juli 1897 in der Zeitung „O Estado de São Paulo"

---

[32] Cunha, Os sertões, 2001, 274.
[33] Vgl. Cunha, Krieg im Sertão, 1994, 766-777.

erschienenen Artikel „A nossa Vendéia".[34] Darin vergleicht da Cunha die Auseinandersetzungen um Canudos mit dem Bauernaufstand in der französischen Vendée im Jahre 1793.[35] Die Bauern in der Vendée verbündeten sich dabei u.a. mit Vertretern des Klerus und wandten sich gegen die in der Folge der französischen Revolution angeordneten staatlichen Verordnungen und Veränderungen.[36] Im ersten dieser Artikel bezeichnet da Cunha die Menschen in Canudos als *„Horde fanatischer Anhänger von Antônio Conselheiro."*[37]

In seinem Tagebuch, das er während seiner Reise zum Kriegsort Canudos anfertigte, finden sich viele Stellen, in denen der Enthusiasmus zur Verteidigung der Republik zum Ausdruck kommt, z.B. im Text, den Euclides am 29. September 1897 aus Monte Santo-BA an den „Estado do São Paulo" sendet:

„In wenigen Stunden wird Canudos unter der Macht der republikanischen Truppen stehen. Alle ,fanáticos' befinden sich im ,Heiligtum' der neuen Kirche. Es lebe die Republik."[38]

Er schreibt aber schon kurz darauf, im Tagebucheintrag vom 1. Oktober 1897:

„Seien wir aufrichtig – es gibt etwas großartiges und feierliches in diesem stoischen und nicht unterdrückbaren Mut, im souveränen und starken Heldentum unserer groben und vornehmen Irregeführten und ich glaube immer mehr, dass der schönste Sieg, die wahre Eroberung darin bestehen wird, sie in Kürze, morgen, in unsere politische Existenz definitiv aufzunehmen."[39]

---

[34] Cunha, A nossa Vendéia, vom 14.3. und 17.7.1897, in: Cunha, Diário de uma expedição, 2003, 121-132.

[35] Schieder (Hg.), Handbuch der Europäischen Geschichte, Europa von der Französischen Revolution zu den nationalstaatlichen Bewegungen des 19. Jahrhunderts, Band 5, 1981, 213-214.

[36] Weis (Hg.), Propyläen Geschichte Europas, Band 4, 1978, 139-142.

[37] *„Horda dos fanáticos sequazes de Antônio Conselheiro."* Cunha, A nossa Vendéia, vom 14.3.1897, in: Cunha, Diário de uma expedição, 2003, 121.

[38] *„Dentro de poucas horas Canudos estará em poder das tropas republicanas. Os fanáticos estão todos concentrados no Santuário da igreja nova. Viva a República."* Cunha, Diário de uma expedição, 2003, 103.

[39] *„Sejamos justos – há uma coisa de grande e solene nessa coragem estóica e incoercível, no heroísmo soberano e forte dos nossos rudes patrícios transviados e cada dia acredito que a mais bela vitória real consistirá no incorporá-los*

Zwischen diesen Aufzeichnungen und dem Erscheinen von „Os sertões" liegen fünf Jahre. In diesen fünf Jahren ereignet sich in der öffentlichen Meinung eine Wende im Blick auf den Krieg von Canudos, durch das Bekanntwerden des Abkehlens vieler Kriegsgefangener und den Verkauf von gefangenen Frauen und Kindern aus Canudos durch das Militär. Auch in Euclides da Cunhas „Os sertões" wird das deutlich. Es gibt keine Einträge über das Abkehlen von canudensischen Gefangenen in seinem Tagebuch, jedoch schreibt er im Vorwort zu „Os sertões":

„Jener Feldzug mutet an wie ein Rückfall in die Vergangenheit. Und er war – im vollen Sinne des Wortes – ein Verbrechen. Prangern wir es an."[40]

„Os sertões" ist ein Buch, das den kriminellen Charakter des Krieges gegen Canudos benennt und Canudos einen historischen Platz sichert. Gleichzeitig führen die republikanische Identität, die rassentheoretische Ausrichtung und positivistische Gesinnung Euclides da Cunhas dazu, dass die Menschen in Canudos, bei allem Respekt über deren heroischen Kampf, als zurückgebliebene und von einem armen psychisch kranken religiösen „fanático" Fehlgeleitete waren. Letztlich wird die Erinnerung an Canudos durch „Os sertões" *„positivistisch verfälscht"*.[41] Eduardo Hoornaert sieht die Notwendigkeit von „Os sertões" in folgendem begründet:

„Wir sind der Meinung, dass ‚Os sertões' als ein Exorzismus für die brasilianische Intellektualität funktionierte und in verschiedenen Bereichen immer noch funktioniert. Es war notwendig, den Conselheiro auf dem Altar der Ehrbarkeit Brasiliens zu opfern, damit sich die Elite des Landes vom Trauma erholen konnte, das durch das Andenken an eine so niederträchtige Aktion, von einem Teil der Landesregierung gegen eine Gemeinschaft armer ‚sertanejos', verursacht wurde."[42]

Viele angesehene Historiker, wie z.B. José Maria Bello übernahmen die Argumentation von „Os sertões" ohne die Publikationen anderer

---

amanha em breve, definitivamente, à nossa existência política." Cunha, Diário de uma expedição, 2003, 108.

[40] *„Aquila campana lembra um refluo para o passado. E foi, na significação integral da palava, um crime. Denunciemo-lo."* Cunha, Os sertões, 2001, 67. Cunha, Krieg im Sertão, 1994, 8.

[41] Weber, Canudos, in: Betz (Hg.), RGG, Bd. 2, 1999, 57.

[42] Hoornaert, Os anjos de Canudos, 1997, 81-82. Vgl. Levine, O sertão prometido, 1995, 45.

Zeitzeugen, wie z.B. Alvim Martins Horcades ausreichend zu berücksichtigen.[43]

3.1.3 „Canudensische Wende" – mündliche Überlieferung

Es gibt viele Werke, die historisch umfassender von den Geschehnissen in Canudos berichten als „Os sertões", insbesondere hinsichtlich des vom Militär verübten Massakers. Dennoch drangen diese Werke nicht so sehr an die Öffentlichkeit. Sérgio Guerra erläutert die Situation am Beispiel des Berichts des Comitê Patriótico da Bahia:

„Wir können sagen, dass die Geschichte und der Bericht des Comité Patriótico in jenen Buchtypus eingereiht werden kann, der viel zitiert und wenig gelesen wurde. In der Realität ist er Teil einer Reihe von Arbeiten, die zum Vergessen verurteilt waren. Sie entkamen dem [diesem Schicksal] nur und kamen zu unserer Bearbeitung, nach einer langen Reise durch die Dunkelheit, dank ein paar weniger durchhaltender Mönche der Gelehrsamkeit und ‚Canudofilos', und haben so, den von Meister Calasans zutreffend bezeichneten 'euclidianischen Käfig aus Gold' aufgebrochen."[44]

Eine grundlegende Veränderung in den überlieferten historischen Datenbestand brachten die Interviews mit Überlebenden der Bewegung von Canudos. Dies führte zu einem Wandel in der Beurteilung der Bewegung von Canudos. Ich nenne diese Veränderung die *„Canudensische Wende"*, da hierdurch ein grundlegender Wandel in der weiteren Canudosforschung eingeleitet wurde. Die ersten Interviews führte in den 1940er Jahren der pernambucanische Schriftsteller und Journalist Odórico Tavares. Begleitet wurde er von dem französischen Fotografen Pierre Verger.[45] Tavares wollte verstehen, wie die Überlebenden des Krieges gegen Canudos die Zerstörung ihrer Lebensheimat beurteilten. In Canudos sprach er u.a. mit den Überlebenden Manuel Ciríaco, „jagunço" José Travessia und Maria Guilherma. Sie beschrieben die Gemeinschaft von Canudos sehr positiv, über Antônio Conselheiro sprachen sie mit großem Respekt. Tavares kommt zu dem Ergebnis:

---

[43] Levine, O sertão prometido, 1995, 49.
[44] Guerra, Prefácio, in: Piedade, Olavo, Comité Patriótico da Bahia 1897-1901, Histórico e relatório do Comité Patriótico da Bahia, 2002, 31ff.
[45] Oliveira Cavalcanti Barros, Cem anos de violência na literatura e na realidade social brasileira, in: Revista do livro, n. 46, ano 14.12.2002, 64.

„*Unter den Überlebenden von Canudos kann es die eine oder andere Reserviertheit gegenüber Antônio Conselheiro geben; aber nach fünfzig Jahren gab es keine Meinung, die sich dagegen wendete: Der ‚Bom Jesus' war ein heiliger Mann, der nur zum Guten riet.*"[46]

So berichtet die Kriegsüberlebende Francisca Guilhermina dos Santos:
„*Ich sah den Ratgeber, den wir alle den ‚Bom Jesus' nannten, sanft am Nachmittag zum Volk sprechen und er riet nur Gutes.*"[47]

Mit Tavares' Buch „Bahia Imagens da Terra e do Povo" (1951) trat ein neues Moment in die Geschichtsschreibung von Canudos ein: die mündliche Überlieferung.[48] 1964 erschien das Interview, das Nertan Macedo[49] mit dem Überlebenden Bewohner von Canudos Honório Vilanova führte, dessen Bruder Antônio die Versorgung von Canudos mit Lebensmitteln und Waffen organisierte. Eine Reihe von Wissenschaftlern knüpfen ihre Forschungen an den mündlichen Zeugnissen der überlebenden Bewohner von Canudos an.

In den 1950er Jahren begann der Historiker José Calasans seine Forschungen, mit denen er die Geschichte des Sertão durch die Aufdeckung der Lebenskonzepte der Gemeinschaft von Canudos offenlegte. Auch Calasans führte viele Interviews mit Überlebenden von Canudos. In den mehr als 50 Jahren seiner Forschungen wurde er zu der maßgeblichen historischen Größe in der Geschichtsschreibung von Canudos. Weitere Wissenschaftler, die das Verständnis der Bewegung von Canudos unter Beachtung der mündlichen Überlieferung erforschten, sind z.B. Paulo Dantas,[50] Luciano Carneiro und Abelardo Montenegro.[51] Einen wichtigen

---

[46] „*Entre os sobreviventes de Canudos, pode haver maior ou menor reserva sôbre Antônio Conselheiro; mas depois de cinquenta anos, não há uma opinião em contrário: ‚O Bom Jesus' foi um santo homem que sómente aconselhava para o bem.*" Tavares, Canudos cinqüenta anos depois (1947), 1993, 39.

[47] „*Eu via o Conselheiro, que nós tôdas chamávamos de Bom Jesus, falando manso, de tarde, para o povo e só dava conselhos bons.*" Santos, Francisca Guilhermina dos, zitiert in: Tavares, Canudos cinqüenta anos depois (1947), 1993, 40.

[48] Vgl. Calasans, Cartografia de Canudos, 1997, 107-108.

[49] Macedo, Memorial de Vilanova, 1964.

[50] Werke von Paulo Dantas sind u.a.: O capitão jagunço, 1959, Antologia euclidiana, 1967.

[51] Oliveira Cavalcanti Barros, Cem anos de violência na literatura e na realidade social brasileira, in: Revista do livro, n. 46, ano 14.12.2002, 65.

historischen Beitrag leistete auch José Aras, der die Geschichte von Canudos anhand der Aussagen von Zeitzeugen darstellt.[52] Zu nennen ist auch Rui Facó, der der erste ist, der mit seinem Werk „Cangaçeiros e Fanáticos"[53] den beispielhaften Wert der Gemeinschaft in Canudos betont und Canudos als kommunistische Gemeinschaft umschreibt.

Der Erforschung der mündlichen Überlieferung ist ein umso größerer Wert beizumessen, als viele der Überlebenden Zeitzeugen von Canudos Angst vor Repressalien hatten. Robert M. Levine bestätigt:

„...*viele Bewohner des Ortes [Canudos] bekannten, dass sie Angst hatten, über den ‚Heiligen Conselheiro' zu sprechen – acht Jahrzehnte nach seinem Tod 1897.*"[54]

Insgesamt ist festzustellen, dass durch die mündlichen Überlieferungen der Überlebenden von Canudos ein wesentlich positiveres und historisch fundierteres Bild von Canudos entstand, wodurch das Interpretationsmonopol von „Os sertões" endete und eine neu ausgerichtete Geschichtsschreibung begann.

3.1.4 José Calasans

José Calasans Brandão da Silva wurde am 14. Juli 1915[55] in Aracaju-Sergipe geboren und starb am 28. Mai 2001 in Salvador da Bahia. Er schloss 1937 sein Jurastudium in Salvador ab. 1951 promoviert er in Geografie und Historie; der Titel seiner Dissertation lautet „O ciclo folclórico do Bom Jesus Conselheiro"[56] (Der folkloristische Kreis des „guten Jesus Ratgebers"). 1959 erhielt Calasans den Lehrstuhl für moderne und zeitgenössische Geschichte an der Universidade Federal da Bahia in Salvador-BA.

Schwerpunkt vieler seiner Forschungen bildeten die Bewegung von Canudos sowie die Folklore des Sertão. Er wurde zum anerkanntesten Historiker der Geschichte von Antônio Conselheiro und Canudos. In den 1950er Jahren ist es José Calasans, der den Weg der Aufarbeitung der Geschichte von Canudos weiter geht und unter Berücksichtigung der

---

[52] Aras, Sangue de irmãos, ohne Jahresangabe.
[53] Facó, Cangaçeiros e fanáticos, (1963) 1978.
[54] Levine Robert, O Sertão Prometido, 1995, 29.
[55] Barreto, José Calasans, um mestre da história, vom 14.09.2004, in: http://www.infonet.com.br/luisantoniobarreto/ler.asp?id=27405&titulo=Luis_Antonio_Barreto, Zugriff am 11.03.2008.
[56] Calasans, O ciclo folclórico do Bom Jesus Conselheiro, 2002.

mündlichen Überlieferungen einen wesentlichen Beitrag dazu leistete, dass das Gedächtnis an Canudos in neuer, historisch zutreffenderer Form hergestellt wurde. Er ist einer der ersten, der die „Bibel des Euclides da Cunha" verlässt und ein neues Bild von Canudos aufzeigt. Canudos findet in José Calasans seinen ersten eigenen Historiker,[57] mit dem eine Generation weiterer Forscher der mündlichen Überlieferung entstand.

In über 50 Jahren seiner Forschungen stellte José Calasans eine Bibliothek zum Schwerpunkt Canudos und Sertão zusammen, die 1983[58] als „Nucleo Sertão" (Kern des Sertão) als eigener Bereich in die Bibliothek der Universidade Federal da Bahia integriert wurde. Der Nucleo Sertão stellt die umfassendste existierende Literatursammlung zum Thema Canudos dar. Wichtige Publikationen von José Calasans sind „O ciclo folclórico do Bom Jesus Conselheiro" (1950), „No tempo de Antônio Conselheiro" (1959), „Canudos: origem e desenvolvimento de um arraial messiânico" (1974), „Quase biografias de jagunços" (1986), „Cartografia de Canudos" (1997).[59] Calasans bereiste die Orte, an denen Antônio Conselheiro gewirkt hatte. Er interviewte selbst viele der Bewohner von Canudos, die den Krieg überlebt hatten. Seine Forschungen heben sich deutlich von den tendenziösen Interpretationen in „Os sertões" ab und bringen eine neue Qualität in die historische Aufarbeitung der Geschichte von Canudos.

José Calasans zählte zu den Wissenschaftlern, die der Schriftsteller Mario Vargas Llosa als Referenz[60] für seinen fiktiven Roman zu Canudos „La guerra del fin del mundo"[61] heranzog. Eine weitere herausragende Leistung José Calasans´ lag darin, dass es ihm gelang immer wieder junge Wissenschaftlerinnen und Wissenschaftler für das Thema Canudos zu

---

[57] Barreto, José Calasans, um Mestre da História, 14.09.2004, in: http://www.infonet.com.br/luisantoniobarreto/ler.asp?id=27405&titulo=Luis_Antonio_Barreto, Zugriff am 11.03.2008.
[58] Gutemberg, José Calasans, 23.08.2007, in: http://blogdogutemberg.blogspot.com/2007/08/Jos-calasans.html, Zugriff am 11.03.2008.
[59] Barreto, José Calasans, um Mestre da História, 14.09.2004, in: http://www.infonet.com.br/luisantoniobarreto/ler.asp?id=27405&titulo=Luis_Antonio_Barreto, Zugriff am 11.03.2008.
[60] Costa, Textos de José Calasans, in: http://www.usp.br/revistausp/n20/fcalasanstexto.html, Zugriff am 14.07.2006.
[61] Vargas Llosa, La guerra del fin del mundo, 1981, Original in spanischer Sprache. Im Jahr 1985 erhält Mario Vargas Llosa für diesen Roman den Ernest-Hemmingway-Preis.

interessieren und zu Forschungsarbeiten zu ermutigen. Die Anthropologin Luitgarde Oliveira schreibt:

„*Mit sanftem Lächeln, gütigem und scharfsinnigem Blick begeisterte Calasans Studierende aus der ganzen Welt mit seinen Geschichten über das Leben seiner Freunde der Überlebenden oder Nachkommen von Anhängern des Conselheiros.*"[62]

So unterstützte José Calasans auch eine Studiengruppe an der Universidade do Estado da Bahia (UNEB) bei der Gründung des „Studienzentrums Euclides da Cunha" (Centro de Estudos Euclides da Cunha, CEEC).[63] Dadurch entstanden wissenschaftliche Arbeiten in verschiedenen wissenschaftlichen Bereichen mit dem Ziel, die Tragödie von Canudos besser zu verstehen. Calasans schildert das normale Leben in Canudos innerhalb der Parameter der Religion „sertaneja" und deckt das grausame Gesicht des Krieges auf.

3.1.5 Schriften Antônio Conselheiros und neuere Publikationen

Den Arbeiten von José Calasans sowie den Interviews mit den Überlebenden folgte eine Reihe von Publikationen, aus denen eine immer detailliertere Beschreibung der Bewegung von Canudos resultierte. Es wäre für den Rahmen dieser Arbeit zu umfangreich, die komplette Quellen- und Literaturentwicklung zum Thema Canudos darzustellen. In der Einleitung dieser Arbeit [Abschnitt III] befindet sich eine Übersicht über die wesentlichen Quellen und neueren Publikationen.

Eine wichtige Rolle spielen die Predigtniederschriften Antônio Conselheiros (datiert 1897), die Ataliba Nogueira 1974 editierte und herausgab.[64] Diese Predigten wurden nach dem Krieg in Canudos gefunden und blieben lange Zeit unveröffentlicht. Das zweite, nach dem Krieg in Canudos gefundene Manuskript Antônio Conselheiros (datiert 1895), wurde 2002 von Walnice Nogueira Galvão und Fernando da Rocha Peres editiert und herausgegeben.[65] Diese Originalquellen stellen die wichtigsten

---

[62] Oliveira Cavalcanti Barros, Cem anos de violência na literatura e na realidade social brasileira, in: Revista do livro da Fundação Biblioteca Nacional, n. 46, ano 14.12.2002, 65.

[63] Vgl. Oliveira Cavalcanti Barros, Cem anos de violência na literatura e na realidade social brasileira, in: Revista do livro da Fundação Biblioteca Nacional, n. 46, ano 14.12.2002, 65.

[64] Nogueira, Antônio Conselheiro e Canudos, 1974.

[65] Nogueira Galvão, da Rocha Peres, Breviário de Antônio Conselheiro, 2002.

Dokumente zur Beurteilung der Theologie Antônio Conselheiros dar. Die Veröffentlichung der ersten Originaldokumente Antônio Conselheiros 1974 gaben wichtige neue Einblicke und prägten die später folgenden Publikationen maßgeblich.

3.2 Soziale und kulturelle Wirkungsgeschichte

In verschiedenen wissenschaftlichen Disziplinen gibt es bereits mehr als 1.000 Veröffentlichungen zum Thema Canudos.[66] Dieser Abschnitt konzentriert sich auf die exemplarische Darstellung von Rezeptionen im sozialen und kulturellen Bereich. Zum Teil gibt es direkte oder indirekte Anknüpfungspunkte mit der Pastoral. Dieser Abschnitt erweitert die Darstellung der Überlieferungsgeschichte von Canudos. In den einzelnen Unterkapiteln werden die Bearbeitungen von Canudos, die zur sozialen und kulturellen Wirkungsgeschichte von Canudos zählen, dargestellt und auf ihre Bedeutung hinsichtlich der Pastoral untersucht. Folgende Bereiche werden untersucht:

1. Movimento dos Trabalhadores Rurais sem Terra (MST)
2. Gemeinsame Weideflächen „fundo de pasto"
3. Der Staatliche Park von Canudos
4. Volksliteratur „literatura de cordel"
5. Kulturelle Rezeptionen
6. Instituto Popular Memorial de Canudos (IPMC)
7. Sozialistische und kommunistische Deutung
8. Presse und Internet

---

[66] Vgl. Interviewband, Interview 23, João Arruda, vom 27.05.2008.

3.2.1 „Movimento dos Trabalhadores Rurais sem Terra" (MST)

Die Landlosenbewegung MST ist eine soziale Bewegung, die sich als Nicht-Regierungs-Organisation (NGO), für die Rechte der Landarbeiter in Brasilien einsetzt, insbesondere für jene, die kein Land besitzen. Dieses Engagement basiert auf der Tatsache, dass Brasilien ein Land mit einer extrem hohen Land- und Besitzkonzentration [vgl. Anhang 1, Tabellen 1+2] ist. Zur Gründung der MST hat die zunächst katholische, später ökumenische „Comissão Pastoral da Terra" (CPT) wesentlich beigetragen. Für die MST ist die Bewegung von Canudos ein wichtiges Vorbild im Einsatz für eine menschliche Gesellschaftsordnung und das Recht auf Land für die Landarbeiter. In einem ersten Schritt wird die Entstehung und Zielsetzung der MST dargestellt. In einem zweiten Schritt wird erläutert, in welcher Weise die MST Canudos rezipiert und welche Bedeutung Canudos für die MST hat. Aktuelle Interviews werden dabei zur Verifizierung und Ergänzung herangezogen.

Entstehung und Zielsetzung

Die Anfänge der MST liegen in der Zeit der brasilianischen Militärdiktatur (1964-1985).[67] Im Zusammenhang mit der Besetzung der „fazenda Macali" in Ronda Alta-RS im Jahr 1979 und bei anderen Landkonflikten, wuchs bei den in der Landfrage engagierten Gruppierungen das Bewusstsein, dass eine Organisation notwendig ist, die sich für das Ziel einer Agrarreform einsetzt. Die CPT stellte den Rahmen, in dem sich dieser Bewusstseinsprozess abspielte durch Versammlungen mit anderen in der Landfrage engagierten Gruppen. Ein wichtiger Aspekt bestand darin, dass in der Zeit der Militärdiktatur die katholische Kirche die einzige unabhängige Institution war, die der Regierung entgegentreten konnte. Dieser Handlungsspielraum wurde von der CPT zur Zusammenführung der in der Landfrage engagierten Gruppen und Gewerkschaften genutzt. Im Januar 1984 – eines der letzten Jahre der Militärdiktatur – wurde die MST in Cascavel-PR offiziell auf nationaler Ebene als Organisation mit politisch definierten Zielen gegründet.[68] Eines der zentralen Ziele der MST war und ist die Durchsetzung einer Agrarreform, die eine Umverteilung des Landbesitzes vorsieht, den einfachen Landarbeitern eine menschenwürdige Existenz ermöglicht und ökologisch geprägt ist. 1985

---

[67] Farias, História da sociedade cearense, 2004, 419.
[68] Vgl. Poletto, Canuto, Nas pegadas do povo da terra. 25 anos da Comissão Pastoral da Terra, 2002, 119.

fand der erste Nationalkongress der MST in Curitiba-PR statt, der unter dem Leitwort „ocupação é a única solução" (Besetzung ist die einzige Lösung)[69] stand. Bezüglich der bei der Gründung der MST maßgeblichen Gruppierungen schreibt Antônio Câmara:

„*In der Dekade von 1980 entsteht die Bewegung der Landlosen mit der Hilfe der CPT (Comissão Pastoral da Terra), der Arbeiterpartei (Partido dos Trabalhadores, PT) und der CUT (Central Única dos Trabalhadores, Gewerkschaftsverband). Mit dem Plan der Agrarreform erhält die Bewegung 1984 nationale Protektion, die die Besetzung von Landflächen anregt, die zur Enteignung vorgesehen waren und erreichte, die Regierung zur schnelleren Ansiedlung der campierenden Familien zu bewegen.*"[70]

Die MST hat eine demokratische Organisationsstruktur, mit folgenden Koordinations- und Aktionsgremien:

1. Nationale Koordination („coordenação nacional", 65 Mitglieder aus 21 Bundesstaaten)
2. Nationale Leitung („direção nacional", Kollektiv, zusammengesetzt aus 15 Mitgliedern)
3. Landeskoordinationen („coordenações estaduais", 22 „coordenações" auf Landesebene)
4. Regionale Leitungen („direções regionais", 10 Mitglieder)
5. Koordinationen der Camps („coordenações dos acampamentos", bis zu sieben Personen, die die Camps zur Landenteignung koordinieren)

Die MST legte bei ihrer Gründung die Ansiedlung landloser Landarbeiter auf ungenutzten Landflächen sowie eine umfassende Agrarreform als Hauptziele fest [vgl. Anhang 1 Tabelle 3]. Dies belegt der Nationalkongress der MST 1995 in Brasília, bei dem sich die MST wie folgt definiert:

„*Wir sind eine Bewegung der Massen mit gewerkschaftlichem, volksnahem und politischem Charakter. Wir kämpfen für das Land, die Agrar-*

---

[69] MST-Homepage, http://www.mst.org.br/mst/pagina.php?cd=1, Zugriff am 18.05.2007.

[70] Câmara, A atualidade da Reforma Agrária – de Canudos aos Sem-Terra: a utopia pela terra, in: UFBA, O olho da história, Revista de História Contemporânea, volume 2, n. 3, 1996, 34.

reform und Veränderungen in der Gesellschaft. Generelle Ziele: 1. Aufbau einer Gesellschaft ohne Ausbeuter, in der die Arbeit Vorrang vor dem Kapital hat. 2. Das Land ist ein Gut, das allen gehört und soll im Dienst der gesamten Gesellschaft stehen. 3. Garantie der Arbeit für alle mit einer gerechten Verteilung des Landes, des Gewinns und der Reichtümer. 4. Dauerhafte Suche nach sozialer Gerechtigkeit und Gleichheit der ökonomischen, politischen, sozialen und kulturellen Rechte. 5. Einbringen der humanistischen und sozialistischen Werte in die sozialen Beziehungen. 6. Bekämpfung aller Formen von sozialer Diskriminierung und Suche nach der gleichwertigen Partizipation der Frau."[71]

Im Laufe der Zeit wuchs in der MST das Bewusstsein, dass ohne eine Diskussion in den Städten, die sich der Problematik der Armut und Landflucht widmet, keine Lösung für das Land möglich ist.[72] Im Jahr 2007 schrieb die MST zu Ihrem Selbstverständnis:

„Wenn wir heute das 22-jährige Bestehen betrachten, versteht die MST, dass ihre Aufgabe als soziale Bewegung darin besteht, die Armen auf dem Land weiterhin zu organisieren, sie über ihre Rechte in Kenntnis zu setzen, damit sie sich für Veränderungen einsetzen. In den 23 Bundesländern, in denen die Bewegung agiert, geht es nicht nur um den Einsatz für die Agrarreform, sondern um die Errichtung eines Volksprojektes für Brasilien, das auf sozialer Gerechtigkeit und Menschenwürde basiert."[73]

Zur Erreichung der genannten Ziele agiert die MST auf verschiedenen Ebenen, die kurz umrissen werden sollen. Zur Ansiedlung von Landarbeitern sucht die MST nach ungenutzten Agrarflächen, die eine landwirtschaftliche Existenzbasis bilden. Es werden landlose Familien in eigenen Seminaren auf den Prozess einer Landzuteilung und die einzelnen, notwendigen Schritte vorbereitet. Die MST organisiert mit den Familien Zeltstädte („acampamentos") auf öffentlichem Terrain in der Nähe der angestrebten, brach liegenden Landfläche und stellt mit ihnen die Anträge auf Enteignung des Landes und eine spätere Zuteilung an die bedürftigen Familien.[74] Während der Phase in den Zeltstädten, die über ein Jahr bis

---

[71] Morissawa, A história da luta pela terra e o MST, 2001, 153.
[72] MST-Homepage, http://www.mst.org.br/mst/pagina.php?cd=1, Zugriff am 18.05.2007.
[73] MST-Homepage, http://www.mst.org.br/mst/pagina.php?cd=1, Zugriff am 18.05.2007.
[74] Bis zur Gesetzesnovelle der brasilianischen Bundesregierung 1.577/97, durch die besetzte Landflächen nicht enteignet werden können, führte das MST auch

zur rechtskräftigen Entscheidung andauern kann, begleitet die MST die Familien [Organisation der Lebensmittelversorgung, Schule für Kinder, etc.]. Bei einem positiven Verlauf der Enteignungs- und Landzuteilungsanträge unterstützt die MST die Familien bei der Erschließung des Landes und der Arbeitsorganisation.

Die MST agiert auf verschiedenen politischen Ebenen. Zum einen als Anwalt in Rechtsfragen auf der regionalen Ebene der Camps, zum andern auf Landes- und Bundesebene, z.B. durch Demonstrationen, Kongresse, Fasten, Hungerstreiks, Märsche und Aktionen für eine Agrarreform. Ein wichtiger Teil der Arbeit der MST befindet sich im Bildungssektor. Die MST unterhält eigene Schulen,[75] in denen insbesondere landwirtschaftliche Methoden und Staatsbürgerkunde unterrichtet werden. Darüber hinaus werden die Familien, die für die Enteignung ungenutzten Landes und dessen Zuteilung kämpfen, in Kursen vorbereitet.

Die Lobbyvertretung der Großgrundbesitzer und damit ein Gegenüber der MST ist die „União Democrática Ruralista" (UDR). Hauptziel der UDR ist es, Einfluss auf den nationalen Kongress Brasiliens auszuüben, um Gesetzgebungen, die eine Agrarreform unterstützen, zu verhindern. Die UDR war insbesondere in den 1980er Jahren in gewaltsame Auseinandersetzungen auf dem Land verwickelt. Die CNBB formulierte in ihrem „Boletim" vom 19. Mai 1988, dass die UDR eine Eliminierungs- und Diffamierungskampagne in der Presse gegen den Gewerkschaftsführer der Kautschukzapfer Chico Mendes (1944-1988) betrieb.[76] Carlos Alberto Feliciano bezeichnet die UDR als:

„*...eine Kraft, die gewaltsame Methoden anwendet, um die Demonstrationen der sozialen Bewegungen zurückzuhalten, die eine Demokratisierung des Zugriffs auf das Land fordern.*"[77]

Beim Einsatz der MST und der Landlosen, zur Enteignung ungenutzter Landflächen, kam und kommt es immer wieder zu gewaltsamen

---

Landbesetzungen durch. Vgl. Morissawa, A história da luta pela terra e o MST, 2001, 132.

[75] In Guararema bei São Paulo unterhält das MST die Bundesschule für Landlose „escola nacional Florestan Fernandes". Vgl. http://www.mst.org.br/node/1379, Zugriff am 12.09.2012.

[76] Shoumatoff, Chico Mendes. Der Regenwald brennt, München, 1992, 128. Weitere Literatur: Revkin, Chico Mendes, Tod im Regenwald, 1991.

[77] Feliciano, Movimento camponês rebelde. A Reforma Agrária no Brasíl, 2006, 41.

Auseinandersetzungen. Oft haben es die Bewohner der Camps mit Gewalttätern und mit Revolvern ausgerüsteten Kopfgeldjägern zu tun, die von den Großgrundbesitzern beauftragt werden, um sie zu vertreiben. Auch mit der Polizei kam es in vielen Fällen [bei Demonstrationen, Campauflösungen, u.a.] zu Gewaltszenen, bis hin zum Einsatz von Maschinengewehren[78] seitens der Polizeitruppen. Eine der wichtigen Herausforderungen der MST ist daher, die Rechte der Landlosen angesichts dieser Bedrohung durch Gewalt einzufordern und zu verteidigen.

Rezeption von Canudos und Bedeutung für die MST

Canudos – Vorgänger und Ursprung der MST
Die MST sieht sich selbst in einer Traditionslinie mit den historischen sozialen Bewegungen wie z.B. Canudos. Auf Ihrer Homepage beschreibt die MST dies wie folgt:

„Wenn man über den Weg der MST sprechen will, muss man auch über die Geschichte der landwirtschaftlichen Konzentration reden, die Brasilien seit dem Jahr 1500 prägt. Aus diesem Grund gab es die unterschiedlichsten Formen des Widerstandes, wie die ‚quilombos' [Widerstandsdörfer der geflohenen Sklaven], Canudos, die ‚ligas camponesas' [Bauernbündnisse], die Kämpfe von Trombas und Formoso,[79] die Guerilha von Araguaia,[80] unter vielen anderen."[81]

---

[78] So z.B. bei der Demonstration der Landlosen am 17.04.1996 in Eldorado dos Carajás-PA, als durch die Militärpolizei des Bundesstaates Pará 19 Landlose bei der Räumung der Landesstraße PA-150 ums Leben kamen.
[79] In Trombas und Formoso, im Norden des brasilianischen Bundesstaates Goiás, fanden in den 1950er Jahren die Kämpfe der Bauern gegen Kampftruppen statt, die von den Großgrundbesitzern beauftragt waren, um die Landbevölkerung zu vertreiben. Grund war der enorme Wertanstieg des Landes in der Region, der durch den Bau der brasilianischen Hauptstadt Brasilia und die brasilianische Bundesstraße BR 153 zwischen Brasilia und Belém zustande kam. Vgl. http://www.anovademocracia.com.br/index.php/Trombas-e-Formoso-o-triunfo-campones.html, Zugriff am 18.05.2007.
[80] Die Guerrilha do Araguaia (Araguaia = Fluss in den brasilianischen Bundesstaaten Pará und Goiás) bestand aus mehreren Guerilha-Aktionen, die in der Dekade von 1970 geschehen sind und gegen das Militärregime in Brasilien gerichtet waren. Die Bewegung war von der kommunistischen Partei Brasiliens PCdoB (Partida Comunista do Brasil) organisiert, die aus einer Abspaltung der PCB (Partido Comunista Brasileiro) hervorging. Ziel war es den Kommunismus

João Pedro Stédile, der in Pressekreisen als „Ideologe der MST" bezeichnet wird, sieht in der Bewegung von Canudos einen der historischen Vorgänger der MST:

„*Die historischen Vorgänger der MST beziehen sich auf die Kämpfe von Canudos, Contestado, Porecatu,*[82] *die Bauernbündnisse [ligas camponesas]*[83] *und die konkreten Erfahrungen der Besetzungen zwischen 1978 und 1984.*"[84]

Luciola Andrade Maia beschreibt Antônio Conselheiro als eine Ikone für die MST:

„*Es sind mehr als 100 Jahre vergangen, Antônio Conselheiro ist eine Ikone in der brasilianischen Geschichte und im Einsatz der MST; er ist eine Person mehr, des Volkswiderstands im Einsatz für Land, Arbeit und Bildung im ländlichen Bereich Brasiliens.*"[85]

---

in Brasilien einzuführen. Die Bewegung begann auf dem Land, nach dem Vorbild Chinas (1949) und Kubas (1959). Vgl. Joffily, Oswaldão e a saga do Araguaia, 2008. Vgl. Ribeiro, Helenira Resende, e a guerilha do Araguaia, 2007.

[81] MST-Homepage, http://www.mst.org.br/mst/pagina.php?cd=1, Zugriff am 18.05.2007.

[82] Der Krieg von Porecatu (Bundesstaat Paraná) war ein Konflikt zwischen der Polizei und Landarbeitern, die Land im Besitz des Bezirks von Porecatu besetzten. Die kriegerischen Auseinandersetzungen dauerten von 1944-1951 an. Dabei war die kommunistische Partei PCB maßgeblich beteiligt. 270 Familien, die eine Gemeinschaft der Landarbeiter bildeten, lebten auf dem Gebiet von Porecatu, das ca. 40 km² umfasste. Die kriegerischen Auseinandersetzungen von Porecatu mündeten in das ein, was später „ligas camponesas" genannt wurde. Vgl. Oikawa, Porecatu, a guerilha que os comunistas esqueceram, 2011.

[83] Die „ligas camponesas" sind „Zusammenschlüsse der Landarbeiter". Die ersten „ligas camponesas" wurden 1945 unter der Führung der kommunistischen Partei PCB in Pernambuco gegründet und hatten bis 1947 Bestand. Diese „Bünde der Landarbeiter" setzten sich für ihre Rechte gegenüber den Großgrundbesitzern ein und nahmen damit eine politische Aufgabe wahr; z.B. bezüglich der zusätzlichen unentgeltlichen Arbeitstage und überzogener Pachtzahlungen, zu denen die Landarbeiter verpflichtet waren.

[84] Stédile, João Paulo, zitiert in: Câmara, Antônio, A atualidade da Reforma Agrária – de Canudos aos Sem-Terra: a utopia pela terra in: UFBA, O olho da história, Revista de História Contemporânea, volume 2, n.3, 1996, 35.

[85] Andrade Maia, Mística, educação e resistência no movimento dos Sem-Terra-MST, 2008, 27.

Antônio Câmara, Soziologe an der Universidade Federal da Bahia (UFBA), geht einen Schritt weiter und bezeichnet Canudos als einen der Ursprünge der MST.[86] Im Vergleich der MST mit der Bewegung von Canudos gibt es Parallelen und Unterschiede. Dazu Eliane Domingues:

„*Wenn wir Canudos und Contestado mit der MST vergleichen sehen wir, dass diese Bewegung [MST] bereits eine Organisation, Strategien und sehr ausgearbeitete Programme besitzt. Außerdem ist sie nicht zentral auf die Figur eines Leiters ausgerichtet, dem Einen, wie die Bewegungen, die ihr vorhergehen. In der MST gibt es nicht diese Figur des großen Menschen, des Einen, obgleich es Leiter gab und gibt, die herausragen.*"[87]

Auch der Historiker Antônio Fernando de Araújo Sá ordnet die Bewegung von Canudos in Bezug auf die Landfrage als einen Vorläufer der MST ein. Canudos steht für ihn in der Tradition der brasilianischen Revolutionsbewegungen:

„*In diesem Sinn ist Canudos ein Teil der revolutionären Tradition Brasiliens, die in den Kämpfen von Contestado wiedergeboren wird, in der Teilung von Santa Catarina und Paraná, in den Bauernbündnisse [ligas camponesas], in den Vereinigungen der Landarbeiter [ULTAB = União dos Trabalhadores Agrícolas do Brasil], die von der kommunistischen Partei in den Dekaden von 1950 und 1960 angeführt wurden, in den Gewerkschaften der Landarbeiter und in der MST. Innerhalb dieser komplexen Helden-Galerie, die die Mystik*[88] *der MST zusammenstellt, lebt Antônio Conselheiro an der Seite von Emiliano Zapata, Che Guevara, Zumbi dos Palmares und Jesus Christus, wie in einem der von den MST-Mitgliedern viel gesungenen Liedern, das ‚adelante companheiros' [lasst uns gehen Weggefährten] genannt wird.*"[89]

---

[86] Vgl. Câmara, A atualidade da Reforma Agrária – de Canudos aos Sem-Terra, in: UFBA, O olho da história, Revista de História Contemporânea, volume 2, n.3, 1996, 30.
[87] Domingues, Movimento dos Trabalhadores Rurais Sem Terra, Contestado e Canudos. Algumas reflexões sobre a religiosidade, Memorandum, 08.04.2005, 47.
[88] Vgl. Zum Begriff "Mystik" Abschnitt 1.4.1.
[89] Araújo Sá, Antônio Fernando, Memória coletiva e Memória histórica, in: http://br.monografias.com/trabalhos/memorias-confronto-comemoracoes-centenarios-canudos/memorias-confronto-comemoracoes-centenarios-canudos2.shtml, Zugriff am 14.06.2007.

Antônio Conselheiro und die Bewegung von Canudos sind für die MST wie ein „Ferment und Ideal"[90] für deren Wirksamkeit im aktuellen Kontext. Canudos ist ein Vorbild für die Agrarreform und eine gerechtere, vom Gleichheitsprinzip geleitete Gesellschaftsform in Brasilien. Bei der „Romaria de Canudos 1993" wirkte das „Secretaria nacional do MST" (die nationale Vertretung der MST) mit und verwandelte die Bewegung von Canudos zu einem nationalen „Symbol für die Agrarreform".[91] Im selben Jahr richtete die MST in Zusammenarbeit mit der Universidade Federal de Sergipe (UFSE) und der Gewerkschaft der Bankangestellten in Sergipe ein Seminar zum Thema Canudos aus: „100 anos de Canudos: A conquista da terra." (100 Jahre Canudos: die Eroberung des Landes). Mit wissenschaftlichen Vorträgen, Filmen, Musik und anderen kulturellen Beiträgen wurde auf das Beispiel hingewiesen, das Canudos, durch die Erfahrung des Gleichheitsprinzips der Mitglieder für die Agrarreform gibt.[92] Walnice Nogueira Galvão sieht diesbezüglich Unterschiede zwischen Canudos und der MST:

„Erstens, die MST fordert für das Hier und Heute, während man in Belo Monte nur auf die Rettung der Seele achtete. Außerdem besetzt die MST Landstücke, organisiert Proteste und wirkt aktiv in die nationale Gesellschaft hinein, während sich die 'conselheiristas' in ihre Stadt zurückzogen. Letztlich war Belo Monte von der Religion regiert, unbestreitbar war dies die einzige Basis für den sozialen Zusammenhalt: Das ist bei der MST nicht der Fall."[93]

Canudos – der gelebte Sozialismus im Sertão?

Mit der Bewegung von Canudos wird von der MST die Erfahrung eines gelebten Sozialismus verbunden. Viele Historiker widersprechen einer derartigen Auslegung [vgl. 3.2.7]. Ein Beispiel dazu befindet sich in

---

[90] Araujo Sá, Filigranas da memória: história e memória nas comemorações dos centenários de Canudos (1993-1997), 2006.
[91] Araujo Sá, Filigranas da memória: história e memória nas comemorações dos centenários de Canudos (1993-1997), 2006.
[92] Vgl. Araújo Sá, Antônio Fernando, Memória coletiva e Memória histórica, in: http://br.monografias.com/trabalhos/memorias-confronto-comemoracoes-centenarios-canudos/memorias-confronto-comemoracoes-centenarios-canudos2.shtml, Zugriff am 14.06.2007.
[93] Nogueira Galvão, O império do Belo Monte, 2002, 111.

der Agenda 97 der MST. Sanuza Motta deutet Canudos in Versen, als Vorbild für die Agrarreform und die Arbeiterklasse:

A luta de Canudos	*Der Kampf von Canudos*
e chama ardente na	*ist eine brennende Flamme in*
memória	*der Erinnerung*
de toda classe	*der ganzen Arbeiterklasse*
trabalhadora	
Que faz a história	*die die Geschichte bestimmt*
impulsionada pelo anseio	*angetrieben von dem Verlangen,*
de alcançarmos a vitória	*den Sieg zu erreichen*
Este país é ergido	*Diese Land ist erbaut*
pelo selvagem capitalismo	*durch den wüsten Kapitalismus*
latifundios e empresários	*(durch) Großgrundbesitzer und*
com todo o seu cinismo	*Unternehmer*
camponeses e operários	*mit ihrem ganzen Zynismus*
com um forte otimismo	*Landarbeiter und Arbeiter*
brota a verde do galo	*mit einem starken Optimismus*
seco	*blüht das Grün des trocken Zweiges*
Viva o socialismo. "[94]	*Es lebe der Sozialismus.*

Fakt ist, dass das Ideal einer Utopie der Gleichheit, des sozialen Wohlstands aller und sozialistische Züge bei der Interpretation von Canudos, in vielen Massenveranstaltungen als Ideal oder Konnotation vorhanden sind. Canudos steht für die MST für die Erfahrung des gemeinschaftlichen Lebens, für die Erfahrung des Teilens des gemeinsam Produzierten und für die fundamentale Gleichheit aller Bewohner. In diesem Zusammenhang fällt immer wieder der Begriff eines „gelebten Sozialismus". Dabei wird die Frage aufgeworfen, welche Definition von „Sozialismus" zugrunde liegt?

---

[94] Motta, Sanuza, zitiert in: Araujo Sá, Antônio Fernando de, Filigranas da memória, história e memória nas comemorações dos centenários de Canudos (1993-1997), 2006, 199.

Canudos als Vorbild für die Organisation und den Bildungssektor der MST

Der Vorbildcharakter der Bewegung von Canudos hat seine Auswirkungen bis in die konkreten Organisationsformen der MST hinein. Dabei spielen die Ideale der fundamentalen Gleichheit und die Bestellung des Landes in Gemeinschaftsarbeit eine tragende Rolle.

1991 gab es eine Landbesetzung der MST auf der „fazenda Quissamã", deren Eigentümer das Unternehmen Embrapa (Empresa Brasileira de Pesquisas Agropecuárias) im Bezirk Nossa Senhora do Socorro-SE war. Die MST organisierte diese Landbesetzung zur Aneignung des Landes auf kollektive Weise. Modell für diese Organisationsform waren die Erfahrungen der Gleichheit aller Mitglieder, wie man sie in der Bewegung von Canudos wahrnahm sowie deren gemeinschaftliche Landbestellung.

Als Ehrung für die Bewegung von Canudos wurde ein Bildungszentrum gegründet, in dem die Ausbildung aller Mitarbeiter der MST im Nordosten stattfindet. Dieses Bildungszentrum trägt den Namen „Centro de Capacitação Canudos" (CECAC). Im Bereich der Bildung gibt es Parallelen von Canudos und der MST. Von Canudos wird berichtet, dass dort in der kurzen Zeit des Bestehens zwei Schulen errichtet wurden. Für Antônio Conselheiro wie für die MST ist bzw. war Bildung sehr wichtig. Auch unterhält die MST den eigenen Verlag „Expressão Popular".[95] Der MST-Leiter José Rainha aus der Region Pontal do Paranapanema-SP sieht eine starke Verbindung zwischen der MST und Canudos, die ihn zu folgender Aussage bewegte:

„Canudos war eines der größten Camps, das wir jemals hatten."[96]

Der Conselheiro hätte ihn, Rainha, inspiriert ein Organisator der Massen zu werden. Die Verbundenheit der MST mit Canudos prägt konkrete Aktionen. Walnice Nogueira Galvão schreibt:

„Immer mehr berichtet man von der Ähnlichkeit der MST mit den ‚conselheiristas'. Sie selbst fordern solche Mittel und nannten unter anderem ein Camp in Tangará da Serra [Mato Grosso] ‚Antônio

---

[95] Editora Espressão Popular, São Paulo-SP.
[96] Araujo Sá, Filigranas da memória: história e memória nas comemorações dos centenários de Canudos (1993-1997), 2006, 199.

Conselheiro' und ein anderes in Campestre [Goiás] ‚Neues Canudos' [Novo Canudos]."[97]

Mithilfe der Homepage der MST kann man dessen Rezeption von Canudos und Antônio Conselheiro anhand von Zahlen darstellen. Die Homepage der MST lieferte zum Begriff „Canudos" 31 Einträge (darunter Bücher, Zeitungsartikel, Theateraufführungen, u.a.), zum Begriff „Antonio Conselheiro" gibt es 10 Eintragungen.[98] Anbei einige Landbesetzungen der MST, die sich nach Antônio Conselheiro und Canudos benannten:

Ort d. Landbesetzung oder des Camps	Name	Anfangfangsjahr	Anzahl der Familien
Município Iaras-SP [99] (Nucleo Colonial Monção)	Nova Canudos	1999	240
Ocara-CE[100]	Antônio Conselheiro	Mai 1995	Keine Angabe
Tangará da Serra-MG[101]	Antônio Conselheiro	Keine Angabe	Keine Angabe
Campestre - GO[102]	Nova Canudos	Keine Angabe	Keine Angabe

Die religiöse Dimension in der MST

Die CPT und die CEBs nehmen auch heute noch Einfluss auf die MST. Dadurch wird die Art des Agierens der MST indirekt mitgeprägt. Dass die Religiosität für die Landlosenbewegung eine große Rolle spielt, bestätigt auch J.S. Martins:

---

[97] Nogueira Galvão, O império do Belo Monte, 2002, 111.
[98] MST-Homepage, http://www.mst.org.br/mst/pagina.php?cd=1, Zugriff am 18.05.2007.
[99] Vgl. Feliciano, Movimento camponês rebelde, 2006, 134-137.
[100] Vgl. Andrade Maia, Mística, educação e resistência no movimento dos Sem-Terra-MST, 2008, 19, 31.
[101] Nogueira Galvão, Walnice, in: Neto, Dantas (Org.), Os intelectuais e Canudos, 2003, 190.
[102] Nogueira Galvão, Walnice, in: Neto, Dantas (Org.), Os intelectuais e Canudos, 2003, 190.

„Fast alle sozialen Bewegungen, die ich auf dem Land kenne, sind auch religiös geprägt."[103]

Eliane Domingues nimmt Bezug auf João Pedro Stédile und Bernardo Mançano Fernandes, wenn sie den religiösen Einfluss von CEBs und CPT auf die MST beschreibt:

„Für Stédile und Fernandes (1999) begünstigte die Religion, insbesondere die Praxis der Befreiungstheologie (im Bereich der Basisgemeinden – CEBs – und in der Ausrichtung der CPT), eine Veränderung von der Perspektive des Wartens auf das Land des Himmels, zu einer Organisation, die um das Land kämpft und Bewusstseinsbildung bei den Bauern betreibt. Mit dem Vorschlag, das Land als Naturgut anzusehen, das allen Menschen und nicht nur einigen zusteht, erfüllen die CEBs und die CPT eine grundlegende Rolle bei der Frage nach dem Privatbesitz des Landes und dem Anspruch des Zugangs darauf für diejenigen, die davon ausgeschlossen waren (Tarelho 1988)."[104]

Konkret wird die religiöse Dimension in der Arbeit der MST, wenn z.B. Gottesdienste in den Camps der MST von katholischen oder evangelischen Geistlichen gehalten werden. Die CPT unterstützt die MST in manchen Camps mit spirituellen Impulsen. Dabei kommen Methoden zum Tragen, die aus dem Alltag der CEBs stammen. Dazu gehören die gemeinsame Lektüre der Bibel und deren Bezug zur Wirklichkeit der Landbevölkerung. Eine große Rolle spielt bei dieser Frage die biblische Erzählung von Mose und dem Volk Israel, das durch Gottes Hilfe ins verheißene Land gelangte.[105] Die Bibellektüre hilft bei der Bewusstseinsbildung der Landbevölkerung. Sie unterstützt sie dabei, ihre Lebenssituation der Unterdrückung, die sie tagtäglich erleben, zu analysieren und sich zu gemeinschaftlichem Handeln zusammenzuschließen. Auch in der Symbolik kommt die Bedeutung spiritueller Elemente in der MST zum

---

[103] Martins, J.S., zitiert in: Domingues, Movimento dos Trabalhadores Rurais Sem Terra, Contestado e Canudos, 2005, 43.

[104] Domingues, Movimento dos Trabalhadores Rurais Sem Terra, Contestado e Canudos, 2005, 48. Dabei nimmt Eliane Domingues Bezug auf die Bücher: Stédile, João Pedro und Fernandes, Bernardo Mançano, Brava gente: a trajetória do MST e a luta pela terra no Brasil, Fundação Perseu Abramo, 1999; und Tarelho, Da consciência dos direitos à identidade social: os sem terra de Sumaré, 1988.

[105] Insbesondere die alttestamentarischen Bücher Exodus und Deuteronomium.

Ausdruck, z.B. durch das Errichten eines Kreuzes im Camp. Mitsue Morissawa schildert:

„*In Encruzilhada Natalino symbolisierte das Kreuz an sich, den christlichen Glauben, der die Landlosen an einem Kreuzungspunkt ihres Einsatzes vereinte.*"[106]

Die „Mystik der MST" wird unter anderem durch die Ehrung der eigenen Flagge und einer dazugehörigen Hymne geprägt. So besteht die „Mystik der MST" aus religiösem und kulturellem Geschehen, das die Bewegung vereint. Die „Mystik der MST" drückt sich auch in der Namensgebung des jeweiligen „acampamentos" aus. Ob Che Guevara oder Antônio Conselheiro, Canudos oder andere Namensvorbilder, die gewählt werden: Die Camps finden in den Geschichten der jeweiligen Personen und Bewegungen Werte und Eigenschaften, die für sie Leit- und Vorbilder sind. Im Jahr 1993 beteiligte sich die MST an der Vorbereitung der „Romaria de Canudos" [vgl. 3.3.7]. Dies war ein Ereignis, das die weitere Arbeit der MST entscheidend mitprägte, wie Antônio Fernando de Araújo Sá berichtet:

„*Die Partizipation der MST an der Organisation der Romaria de Canudos 1993 führte dazu, dass die Geschichte von Canudos von der Seite des Kampfes für das Land aufgenommen und zu einem Symbol für die Agrarreform wurde. Dazu erarbeitete die MST eine Lektüre des Kampfes Antônio Conselheiros in der Vergangenheit, als Ferment und Ideal für das heutige Handeln der MST, bis dass sich der Traum der Arbeiterbevölkerung realisiert: dass die Ländereien aufgeteilt werden, dass sich die Agrarreform realisiert und dass sich eine gerechtere und auf der Gleichheit aller beruhende Gesellschaft in Brasilien organisiert.*"[107]

Canudos nahm von da an die Bedeutung eines Symbols für die Arbeit der MST, zur Realisierung der Agrarreform ein.

---

[106] Noch vor der offiziellen Gründung der MST im Jahr 1979 errichtete man z.B. ein Kreuz mit einer darüber hängenden brasilianischen Flagge auf der Landbesetzung „Macali" in Rio Grande do Sul. Auch bei der Landbesetzung „Encruzilhada Natalino" im Jahr 1978 kommt das Kreuz als Symbol des christlichen Glaubens vor. Vgl. Morissawa, A história da luta pela terra e o MST, 2001, 124, 209.

[107] Araujo Sá, Filigranas da memória: história e memória nas comemorações dos centenários de Canudos (1993-1997), 2006. Vgl. Movimento dos Trabalhadores Rurais sem Terra, Secretaria Nacional, Canudos não se rendeu, 100 anos de luta pela terra, 1993.

Märtyrer der MST und von Canudos
Eine Verbindung zwischen der MST und der Bewegung von Canudos gibt es durch die Parallelen bei den Märtyrern beider Bewegungen. Die Opfer aus Canudos, die während des Krieges für ihre Überzeugung starben, und die Landlosen, die bei den Landbesetzungen der MST ihr Leben ließen, werden als Märtyrer im Einsatz für eine gerechte Sache angesehen. Auch auf den Landbesetzungen der MST gibt es immer wieder Todesopfer, durch von Landbesitzern angeheuerte Kopfgeldjäger oder Polizeieinheiten. Zum Beispiel wurde die Landbesetzung in Corumbiara-RO, das ca. 800 Km von Porto Velho-RO entfernt liegt, am 9. August 1995[108] gewaltsam entfernt. Die Landbesetzer wurden auf der „fazenda" Santa Elina in Rondônia, im Gebiet des Ortes Corumbiara-RO exekutiert.[109] Laut Angaben des Magazins Veja[110] richtete eine Polizeistaffel von 187 schwerbewaffneten Polizisten ein Massaker in der Landbesetzung in Corumbiara-RO an. Dabei starben 10 Landbesetzer, es gab 125 Verletzte, 355 Personen wurden gefangen genommen. Die Folha de São Paulo berichtet von 25 Personen, die Verschwunden seien.[111]

In El Dorado dos Carajas im Bundesstaat Pará fand am 17. April 1996[112] ein Massaker statt, bei dem 21 „Sem Terra" (Landlose) von Polizisten des Landes Pará bei einer Demonstration und Landbesetzung auf brutalste Weise ermordet wurden. Für die MST werden die Opfer dieser Auseinandersetzungen als Märtyrer, d.h. als Zeugen und Vorbilder im Einsatz für das ihnen zustehende Recht auf ein Stück Land angesehen. Antônio Fernando Araújo Sá erläutert:

---

[108] http://www.ub.es/geocrit/sn/sn119-41.htm, Zugriff am 12.06.2009.
[109] Câmara, A atualidade da Reforma Agrária – de Canudos aos Sem-Terra, in: UFBA, O olho da história, Revista de História Contemporânea, volume 2, n.3, 1996, 42.
[110] Veja, 06.09.1996, 38-41. Câmara, A atualidade da Reforma Agrária – de Canudos aos Sem-Terra, in: UFBA, O olho da história, Revista de História Contemporânea, volume 2, n.3, 1996, 42.
[111] Folha de São Paulo, 11.08.1996, zitiert in: Câmara, A atualidade da Reforma Agrária – de Canudos aos Sem-Terra, in: UFBA, O olho da história, Revista de História Contemporânea, volume 2, n.3, 1996, 42.
[112] CPT-Ceará, Massacre de Eldorado dos Carajás: relatos e resistência de um povo, 17.04.2012, in: http://cptce.blogspot.de/2012/04/massacre-de-eldorado-dos-carajas.html, Zugriff am 14.08.2012.

„*Es ist interessant zu beobachten, dass der Zeitabschnitt des Massakers von Eldorado dos Carajás von der Presse als Brücke zwischen der MST und Canudos verstanden wurde.*"[113]

Von der Presse wird anhand der Bewegung von Canudos das Problem der Landlosen thematisiert. Parallelen zwischen der MST und Canudos gibt es:
- in der Frage nach den Opfern im Kampf für ein gerechtes Anliegen,
- in der Frage nach der Verteidigung des Anspruchs auf ein Stück Land, das benötigt wird, um den eigenen Lebensunterhalt zu sichern,
- in der Frage der Besetzung bzw. des Aneignungsprozesses ungenutzten Landes.

Auch in Kirchenkreisen wurde der Opfer von El Dorado dos Carajás-PA gedacht und der gewaltsame Einsatz der Polizei gegen die Landbesetzer verurteilt. Am 10. April 1996,[114] ein Tag nach dem Massaker, wurde z.B. für die Opfer ein Gedenk- und Trauergottesdienst in der Kathedrale der Erzdiözese Fortaleza-CE gehalten. Die Namen der Toten wurden verlesen und die Gottesdienstgemeinde antwortete nach jedem Namen „presente" (anwesend). Damit wurde zum Ausdruck gebracht: das Beispiel, das die Opfer im Einsatz für eine gerechtes Anliegen – ihren Anspruch auf ein Stück Land – gaben, gerät nicht in Vergessenheit, sondern besteht fort. Die Liste der Opfer kann mit den Tötungen des Priesters Padre Jósimo Tavares,[115] der amerikanischen Schwester Dorothy Stang[116] und anderen Beispielen, weitergeführt werden.

---

[113] Araújo Sá, Antônio Fernando, Memória coletiva e memória histórica, in: http://br.monografias.com/trabalhos/memorias-confronto-comemoracoes-centenarios-canudos/memorias-confronto-comemoracoes-centenarios-canudos2.shtml, Zugriff am 14.06.2007.

[114] Der Autor dieser Arbeit nahm persönlich am Gedenkgottesdienst für die Opfer von Eldorado dos Carajas-PA, der in der Kathedrale von Fortaleza-CE am 10.04.1996 stattfand, teil.

[115] Padre Josimo Tavares, 1953 in Marabá-PA geboren, engagierte sich mit der CPT für die Landlosen in der Region Bico do Papagaio. Am 10.05.1986 wird Padre Josimo Tavares von einem durch Großgrundbesitzer kontraktierten Auftragsmörder mit einem Schuss in den Rücken umgebracht. Der Mord an Padre Josimo Tavares entfachte internationales Aufsehen. Vgl. Morissawa, A história da luta pela terra e o MST, 2001, 142.

[116] Die Ordensschwester Dorothy Stang gehörte dem katholischen Orden „Soeurs de Notre Dame de Namur" an und setzte sich in Amazonas für die Rechte der

Interviews mit der MST: Die Bedeutung von Canudos für die MST

Zur Verdeutlichung der aktuellen Bedeutung der Bewegung von Canudos für die heutige MST wurden Interviews mit Vertretern der MST geführt. Die Interviewpartner sind Repräsentanten der MST in der Region Nordosten Brasiliens, d.h. in der Region, in der Antônio Conselheiro geboren ist und gewirkt hat. Der Nordosten Brasiliens ist die Region, in der das Beispiel der Gemeinschaft von Canudos am stärksten präsent ist. Beispielhaft werden nun Auszüge der geführten Interviews wiedergegeben, die die Bedeutung von Canudos für die MST verdeutlichen. Der Bildungsbeauftragte der MST-Bahia Geraldo Fontes erläutert:

„*Canudos zeigte für den Nordosten, dass es möglich ist, mit einer sehr radikalen und polarisierten sozialen Struktur zu brechen. Es gab dort die ‚coroneis' [Herrschende] und die ‚Sem Terra'[Landlose].*"[117]

Geraldo Fontes benennt Elemente, in denen er eine Übereinstimmung der MST mit Canudos sieht:

„*Es gibt drei Elemente, die wir mit Canudos gemein haben: (1) Wir kämpfen als Bewegung um das Land. (2) Wir kämpfen um die Agrarreform, ... das heißt, wir kämpfen um die Demokratisierung der Nutzung des Landes und eine Agrarpolitik, die den Klein-Produzenten im Blick hat. (3) Wir kämpfen für die Umwandlung der Gesellschaft, wir brauchen eine Gesellschaft, in der es eine qualitativ gute Schulausbildung für alle gibt, ein gutes Gesundheitssystem, Arbeit, Wohnraum, die notwendigen materiellen Bedingungen für ein würdiges Leben und neue Werte. Ein Wert soll Solidarität sein und kein Wettbewerb... Canudos war eine Gemeinschaft, die zusammenkam, um das Überleben zu sichern. Wenn sie sich individualisiert hätten, wenn das Land aufgeteilt worden wäre, wäre Canudos sicher gescheitert... Eine andere Sache, die wir von Canudos lernen, besteht darin, neue soziale Beziehungen aufzubauen.*"[118]

Landlosen und gegen die Abholzung des Urwalds ein. Sie wurde am 12.02.2005 durch einen Kopfgeldjäger, der von Großgrundbesitzern und „grileiros" beauftragt wurde aus nächster Nähe erschossen. Vgl. Susin, Schwester Dorothy Stang. Ein Modell für Heiligkeit und Martyrium, in: Concilium, Internationale Zeitschrift für Theologie, Band 45, 2009, 361-366.

[117] Interviewband, Interview 12, Geraldo Fontes, vom 10.06.2008.
[118] Interviewband, Interview 12, Geraldo Fontes, vom 10.06.2008.

Flávio Barbosa, Mitglied der Landesleitung der MST in Ceará, zuständig für den Bereich Öffentlichkeitsarbeit, stellt die Bedeutung von Canudos für die MST wie folgt dar:

„Canudos ist in verschiedener Weise für die MST wichtig: als spirituelle Quelle gibt es eine Equipe in jedem Camp (acampamento), die sich um die spirituelle Ausrichtung der Gemeinschaft vor Ort kümmert; als historisches Beispiel für eine Landbesetzung; als Beispiel gelebter Solidarität."[119]

Françisco Antonio Pereira von der MST in der Region Quixeramobim-CE ist Vertreter bei der MST auf nationaler Ebene. Er beschreibt die Bedeutung von Canudos und Antônio Conselheiro in Ceará und in der Region des Geburtsorts des Conselheiros, Quixeramobim-CE:

„In unseren Camps und Ansiedlungen ehren wir immer Antônio Conselheiro, beispielsweise unsere Region von Quixeramobim. Diese große Region trägt den Namen Antônio Conselheiro. Wir haben viele Ansiedlungen, die den Namen ‚Canudos', die ‚Wiedergeburt von Canudos', ‚Canudos wird wiedergeboren' etc. tragen."[120]

Francisco Antonio Pereira erläutert, wie Canudos heute Einfluss auf die Art der Vorgehensweise der MST im Bundesstaat Ceará nimmt:

„Das kollektive Land [das die MST mit den Camps erkämpft hat]. Der einzige Bundesstaat in Brasilien, in dem man nicht das Land [das erkämpft wurde] aufteilt, ist Ceará. In allen anderen Bundesländern wird das Land in Parzellen aufgeteilt (loteado). In Ceará ist das nicht so. Aufgrund der starken Kämpfe unserer Vorgänger, Antônio Conselheiro u.a. findet man in Ceará keine aufgeteilten Landflächen. Alle Landflächen sind kollektiv. Dies ist eine der Lektionen, die uns hinterlassen wurden, die wir bis heute bewahren."[121]

Die verschiedenen Interviewausschnitte bestätigen die zuvor dargestellte umgreifende Bedeutung von Canudos für die MST, die wie folgt zusammengefast werden kann:
- Canudos wird als Vorgänger einer Landbesetzung d.h. für den Einsatz um das Land angesehen.

---

[119] Interviewband, Interview 6, Flávio Barbosa, vom 30.05.2008.
[120] Interviewband, Interview 8, Francisco Antônio Pereira (Toninho), vom 10.07.2009.
[121] Interviewband, Interview 8, Francisco Antônio Pereira (Toninho), vom 10.07.2009.

- Canudos ist ein Beispiel, mit dem die Bewohner der heutigen Camps der MST auf die Realität im Prozess um die Zuteilung ungenutzten Landes vorbereitet werden.
- Canudos wird als Beispiel für die Umwandlung der Gesellschaft angesehen.
- Canudos war ein Vorbild für den Zusammenhalt und die Solidarität einer Gemeinschaft und den Aufbau sozialer Beziehungen in der Gemeinschaft.
- Das Beispiel von Canudos ist eine Motivationsquelle der MST.
- Von Canudos geht ein spiritueller Impuls für die Arbeit der MST aus.
- Die Art der Zusammenarbeit in Canudos (mutirão) ist ein Vorbild für die Gestaltung der Zusammenarbeit im Camp und für die Arbeitsorganisation der Familien auf dem erfolgreich zugeteilten Land.
- Die MST überträgt die Werte von Canudos in die gegenwärtige Situation Brasiliens.
- Die MST bewahrt durch ihre Weise des Umgangs mit Canudos die Geschichte von Canudos vor dem Vergessen.

3.2.2 Gemeinsame Weideflächen „fundo de pasto"

Mit dem „fundo de pasto" folgt ein Abschnitt, der zum Bereich der Landfrage in Brasilien zählt. Die Rezeption von Canudos hinsichtlich des „fundo de pasto" ist stark regional auf den Sertão, insbesondere in der Region von Canudos bezogen. In einem ersten Schritt wird nun dargestellt, was unter dem Begriff „fundo de pasto" zu verstehen ist. Dem folgt eine Erläuterung, in welcher Weise Canudos hinsichtlich des „fundo de pasto" rezipiert wird.

Im Sertão, der von Dürre heimgesuchten Region Brasiliens gibt es viele Gebiete, die von der sogenannten „caatinga" (Dornen, Büsche und Kakteengewächse) bewachsen und in staatlichem Besitz sind. Zum Teil sind diese Flächen staatlich erfasst, zum Teil ist das [noch] nicht geschehen. Man spricht dann von „brach liegenden Flächen" (áreas devolutas). Wenn dieses Land in kollektiver Weise zur Schäferei genutzt wird, nennt man es „fundo de pasto". Didier Bloch erläutert:

„Die sogenannten ‚fundo de pasto' sind Weideflächen, die im kollektiven Besitz sind, die meist von einer Gemeinschaft derselben Familie oder

selbiger Herkunft genutzt werden, deren Mitglieder Ziegen züchten und von der Landwirtschaft leben."[122]

Für viele Kleinbauernfamilien, die ihren Lebensunterhalt mit der Zucht von Schafen und Ziegen bestreiten, sind diese Weideflächen überlebenswichtig, da die Tiere, insbesondere in den Trockenzeiten, ihre Nahrung auf diesen weiten Flächen des „fundo de pasto" finden. Zwischen den Kakteen und Büschen wachsen kleine Pflanzen, die die Ernährungsgrundlage für Ziegen und Schafe bilden. In den Zeiten von Antônio Conselheiro und der Gemeinschaft von Canudos spielte der „fundo de pasto" bereits eine große Rolle. Auch heute noch bildet er die Lebensgrundlage für viele Kleinbauernfamilien im Sertão. Didier Bloch gibt ein Beispiel aus der Region vom heutigen Canudos:

„*Die Familie des Bauern Adelson Alves Matos wohnt auf einem dieser Areale. In Alto Redondo – einer der 29 Gemeinschaften der ländlichen Zone – ist diese Familie Eigentümer von wenig mehr als 100 Hektar ‚caatinga'. Ihre Herde jedoch kann die Nahrung auf 1.600 Hektar des fundo de pasto suchen, einem Land der Kommune, das mit anderen Familien geteilt wird. Ohne diese Möglichkeit könnten weder Adelson noch seine Nachbarn eine so große Herde aufziehen, die ausreichend für einen würdigen Lebensunterhalt ist.*"[123]

Seit den 1960er Jahren ist das System der „fundo de pasto" bedroht und damit das Leben der Kleinbauern. Die Aufwertung des Grundbesitzes hat dazu geführt, dass regional ansässige und auswärtige Großgrundbesitzer Bereiche des „fundo de pasto" für sich als Privatbesitz beanspruchen und Landflächen davon im großen Stil umzäunen. Sie besetzen damit die traditionell von Familien oder Nachbarverbünden gemeinschaftlich genutzten Weideflächen und entziehen ihnen damit die Lebensgrundlage.[124] Durch diese Zäune wurde den Ziegen und Schafen der Kleinbauern der Zugang zu ihren Futtergründen abgesperrt. Diese Art der illegalen Landaneignung wurde in der Region von Canudos zu einer gängigen Praxis insbesondere von neu hinzugezogenen Grundbesitzern.

---

[122] Bloch, Peixes, cabras e bananas, produzir na atual Canudos, in: derselbe (Org.), Canudos 100 anos de produção, 1997, 96.

[123] Bloch, Peixes, cabras e bananas, produzir na atual Canudos, in: derselbe (Org.), Canudos 100 anos de produção, 1997, 96.

[124] Vgl. Instituto Popular de Canudos, Almanaque 1997. Fundo de pasto, 1996, 31.

Berthold Zilly schreibt 1994 über die Situation der Landverteilung in Brasilien:

"Die Konflikte haben sich in der letzten Zeit verschärft, da immer mehr Familien von ihrem seit Generationen genutzten Land vertrieben werden. Darauf weiden nunmehr, nachdem man es eingezäunt hat, statt Ziegen der Kleinbauern die Kühe der Großgrundbesitzer."[125]

Aufgrund der verlorengegangenen Lebensgrundlage resignierten viele Kleinbauernfamilien und verließen ihr Land. Andere Kleinbauern organisierten sich in Interessensvertretungen der jeweiligen Gemeinschaften, den sogenannten „associações de fundo de pasto". In der Praxis wollen sich die örtlichen Behörden oftmals nicht mit den „grileiros" (illegale Landabzäuner) anlegen. Die Kleinbauern reagieren darauf oft damit, dass sie die Zäune eigenhändig durchtrennen, um ihren Tieren den Zugang zu den Weideflächen wieder zu öffnen.

Die Ansprüche auf die Landrechte des „fundo de pasto" bildeten faktisch immer wieder die Grundlage für Streit und Auseinandersetzungen.[126] Die Region von Canudos war stark von dem Problem der „grilagem" betroffen. Die Geschichte der Gemeinschaft von Canudos nahm in den 1980er und 1990er Jahren in Bezug auf die Landkonflikte des „fundo de pasto" in der Region von Canudos eine bedeutende Vorbildfunktion an. Eine wichtige Person war dabei Enoque de Oliveira, der von 1981 bis 1988[127] Priester in Monte Santo-BA war. Oliveira unterstützte die Kleinbauern darin, sich in Gemeinschaften zusammenzuschließen und konkrete Schritte zur Verteidigung ihrer Rechte zu organisieren. Gleichzeitig engagierte sich Enoque de Oliveira zusammen mit anderen Personen an der Aufarbeitung der Geschichte von Canudos. In einem Interview sagt Enoque de Oliveira:

"In diese Reflexion über die Geschichte und die Realität passte der folgende Gedanke: Wenn Antônio Conselheiro Gemeinschaften hinsichtlich der Eroberung des Landes gegründet hat und dabei Land besetzte, geschah in Monte Santo genau das Gegenteil: Es waren Abgeordnete, es waren Verwandte des Bürgermeisters, die das Land nahmen. So half das

---

[125] Zilly, Nachwort, in: Cunha, Krieg im Sertão, 1994, 766.
[126] Vgl. Bloch, Peixes, cabras e bananas, produzir na atual Canudos in: derselbe (Org.), Canudos 100 anos de produção, 1997, 97.
[127] Oliveira, Enoque de, in: Neto, Dantas (Org.), Os intelectuais e Canudos, 2003, 261.

Verständnis von Canudos eine Verbindung zwischen der Vergangenheit und der Gegenwart herzustellen."[128]

Die Bewegung von Canudos nahm insofern eine Vorbildfunktion ein. In Canudos (1893-1897) schloss man sich zusammen, um das Land der verlassenen „fazenda" gemeinschaftlich zu besiedeln und zum Erhalt der Gemeinschaft zu bearbeiten. Gegen den ungerechtfertigten Angriff des brasilianischen Militärs organisierte man sich gemeinschaftlich und kämpfte für seine Rechte.

In Anlehnung an Canudos wurden in gemeinschaftlichen Aktionen die von „grileiros" errichteten Zäune um das Gebiet des „fundo de „pasto" abgerissen und verbrannt [vgl. 3.3.6]. Im Bundesstaat Bahia kam es zu einem politischen Kräftemessen von Großgrundbesitzern und den Kleinbauern, das von Landkonflikten begleitet wurde.[129] In Zusammenarbeit mit der CPT, der Gemeinschaft der Anwälte der Landarbeiter AATR (Associação dos Advogados dos Trabalhadores Rurais), der Föderation der Arbeiter in der Landwirtschaft FETAG (Federação dos Trabalhadores na Agricultura), der CUT und anderen Arbeitervertretungen wurde 1988 eine Änderung in der Bahianischen Verfassung (Artikel 179) erreicht.

Die traditionellen Kleinbauernfamilien, die sich als eine „Gemeinschaft des fundo de pasto" (associação de fundo de pasto) als juridische Person ordentlich gründeten, konnten damit den Rechtsanspruch auf die Weideflächen des „fundo de pasto" auf die „associação" registrieren lassen.[130] Dadurch gelang es, dass das gemeinschaftliche Landeigentum reintegriert und den als Gemeinschaft (associação) organisierten traditionellen Gemeinschaften zugesprochen wurde. 1994 gründeten die traditionellen Landgemeinschaften des „fundo de pasto" in Senhor de Bonfim-BA den eigenen Interessenverband „Central das Associações

---

[128] Oliveira, Enoque de, in: Neto, Manoel, Dantas, Roberto, (Org.), Os intelectuais e Canudos, 2003, 258.

[129] Bei diesen Landkonflikten kam es zu Gewaltanwendungen, bis hin zu Morden an Menschen, die sich für eine Verfassungsänderung zugunsten der Kleinbauernfamilien einsetzten. Eines der Opfer war Francisco de Assis Borges Ribeiro, der Vorsitzende der INTERBA (Instituto de Terras da Bahia) in Uauá, der sich für die Anerkennung des Systems des „fundo de pasto" und die Zuschreibung dieser Flächen an die Kleinbauern einsetzte. Vgl. Instituto Popular de Canudos, Fundo de pasto no semiárido, Coleção Centenário 2, 1997, 22-23.

[130] Vgl. Instituto Popular de Canudos, Fundo de pasto no semiárido, 1997, 22-23. Vgl. Instituto Popular de Canudos, Almanaque 1997, Fundo de pasto, 1996, 64.

Agro Pastoril de Fundo e Fecho de Pasto" (CAFP).[131] Canudos stellt in Bezug auf den „fundo de pasto" ein regionales Vorbild des gemeinsamen Einsatzes für das Recht auf Land dar. Dabei ist Canudos für die einzelnen Gruppierungen des „fundo de pasto" ein Orientierungspunkt für gemeinschaftliches Handeln.

3.2.3 Der Staatliche Park von Canudos

Am 30. Juni 1986 wurde der Staatliche Park Canudos (Parque Estadual de Canudos) durch das Dekret 33.333 unter der Leitung der Universidade do Estado da Bahia (UNEB) und des Sekretariats für Bildung und Kultur von Bahia (Secretaria de Educação e Cultura da Bahia) gegründet.[132] Der Park dient zum Schutz des ehemaligen Kriegsgebietes von Canudos. Der Vorschlag dazu stammte 1985 von Renato Ferraz, einem Historiker am „Centro de Estudos Euclides da Cunha/UNEB" (CEEC).

Der Park hat aus historischer, archäologischer und ökologischer Sicht, sowie für andere wissenschaftliche Bereiche einen hohen Wert. Wie ein Museum verfolgt der Park den Zweck, die historischen Stätten zu schützen und der Öffentlichkeit zugänglich zu machen. In Zusammenarbeit der UNEB mit der Stadtverwaltung von Canudos sind wichtige Dokumente entstanden:

- Die „Cartilha histórica de Canudos" (vom 4. Oktober 1991)

    Historiker, wie Renato Ferraz, Manoel Neto und José Pinheiro zeichnen den Weg von Antônio Conselheiro und der Bewegung von Canudos nach. Diese „Cartilha de Canudos wurde für den Geschichtsunterricht an den Schulen für den „1. grau" (vergleichbar mit Hauptschule) und „2. grau" (vergleichbar mit Gymnasium) verwendet.

- Die „Carta de Canudos" (vom Juli 1992)

    Innerhalb der Gedächtnisveranstaltungen zur 100jährigen Gründung von Belo Monte in Canudos, veranstaltete die UNEB in Zusammenarbeit

---

[131] Zum Verband des „fundo de pasto" CAFP zählen im Jahr 1998 50 Gemeinschaften, insgesamt 11 Kommunen werden durch die CAFP repräsentiert: Antonio Gonçalves, Pindobaçu, Campo Formoso, Mirangaba, Jaguarari, Andorinha, Itiúba, Monte Santo, Uauá, Canudos und Juazeiro. Vgl. Instituto Popular de Canudos, Almanaque 1998, A central de fundo e fecho de pasto, 1996, 16.

[132] Vgl. Nogueira Galvão, O império do Belo Monte, 2002,104.

mit der Stadtverwaltung von Canudos und dem 35. Infanteriebataillon des Heeres vom 7. bis 13. Juni 1993 die 3. Kulturelle Woche von Canudos. Neben der Beteiligung der UNEB an den kulturellen Wochen hat sich das brasilianische Militär 1996 durch eine zivile, soziale Aktion (Ação Civil Social, ACISO) in der Region von Canudos engagiert. Zu der ACISO zählten Aktionen wie das Angebot medizinischer Dienste, kostenlose Medikamente, Bildungsveranstaltungen und die Renovierung von Schulen.

Damit bot das Militär Unterstützung in Bereichen an, die im Sertão und in der Region von Canudos nur schlecht abgedeckt sind. Mit der ACISO versuchte das Militär sein Ansehen bei der Bevölkerung in der Region von Canudos zu verbessern. Beim brasilianischen Militär hat sich die Sichtweise bezüglich der Bewegung von Canudos und des Krieges so stark verändert, dass man heute zugibt, dass der Krieg von Canudos zu einem „Massaker" wurde.[133] Die katholischen Gemeinden in der Region von Canudos sowie die Gemeinschaften, die mit der katholischen Kirche zusammenarbeiteten, und die Bewegung „Movimento Popular Histórico de Canudos" hatten starke Vorbehalte gegenüber den Plänen eines staatlichen Parks von Canudos. Diese richteten sich zum einen gegen die militärische Präsenz, zum anderen gegen den Vorschlag, das Gelände des Parks zu umzäunen. Die Bedenken waren insbesondere darin begründet, dass durch die Umzäunung allgemein zugängliche Weideflächen des „fundo de pasto" für Ziegenherden wegfielen.

Der Parque Estadual de Canudos wird heute für wissenschaftliche, pastorale, poetische und touristische Aktionen genutzt. Viele Wissenschaftler, die zum Thema Canudos arbeiten, besuchen den Park und forschen an den historischen Orten. Historische und archäologische Forschungen im Park erweitern den Einblick in das Zusammenleben und die Pastoral in Canudos. Auch Gottesdienste und Andachten werden auf dem Gelände des Parks gehalten, z.B. bei der jährlich stattfindenden „Canudoswallfahrt" (Romaria de Canudos).

Beim Gedenken der 100jährigen Zerstörung von Canudos am 5. Oktober 1997, wurde ein Gottesdienst auf dem „Alto de Mário", dem Lagerort der vierten Militärexpedition, gehalten. Ebenso gibt es Fremden-

---

[133] Vgl. zu diesem Abschnitt: Araújo Sá, Memória coletiva e memória histórica, in: http://br.monografias.com/trabalhos/memorias-confronto-comemoracoes-centenarios-canudos/memorias-confronto-comemoracoes-centenarios-canudos2.shtml, Zugriff am 14.06.2007.

führer, die Gruppen durch den Park leiten und z.B. historische oder meditative Elemente einbauen. Der Volkspoet José Américo Amorim aus Canudos gestaltet z.B. Führungen mit Schweigeminuten an den Orten, an denen die Gefangenen Bewohner von Canudos hingerichtet wurden („vale da morte" – Tal des Todes). Die abgebildete Karte gibt einen Überblick über die Örtlichkeiten des staatlichen Parks von Canudos.

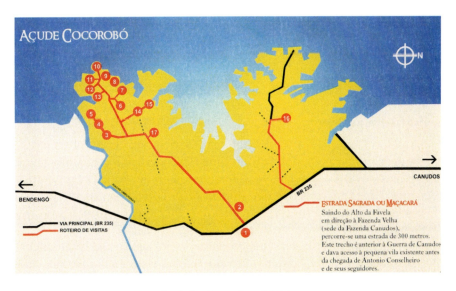

Landkarte 7: Parque Estadual de Canudos, 2006.

1. Eingang des Parks von Canudos
2. Eingangsportal
3. Tal des Todes
4. Überfall von Thompson Flores
5. Eingang zum Tal des Todes
6. Höhe der „favela"
7. Abkehlung – symbolischer Meilenstein
8. Ort der Kühnheit
9. Alte „fazenda"
10. Ort der Artillerie der Expedition Moreira Cesar
11. Blickpunkt der Zeichnungen von Euclides da Cunha
12. Höhe des Mário
13. Schützengräben
14. Bluthospital der zweiten Militärkolonne
15. Flüsschen von Mota
16. „Fazenda" Traburu
17. Eingang zum Steinbruch

3.2.4 Volksliteratur – „literatura de cordel"

Canudos wird auch in der Volksliteratur rezipiert. Schon früh beginnt in der Folklore des Nordostens die Verarbeitung von Antônio Conselheiro in Gedichten und Versen. Der Folklorist Sílvio Romero schrieb 1879 das folgende Gedicht zu Antônio Conselheiro:

„Do céu veio uma luz	Vom Himmel kam ein Licht
que Jesus Cristo mandou.	das Jesus Christus gesandt hat.
Santo Antônio aparecido	Der erschienene heilige Antonius
dos castigos nos livrou.	hat uns von den Strafen befreit.
Quem ouvir e não aprender	Wer hört und nicht lernt
quem souber e não ensinar,	wer Bescheid weiß und nicht lehrt,
no dia do juízo	am Tag des Gerichts
a sua alma penará."[134]	dessen Seele wird leiden.

Antônio Conselheiro wird in diesem Gedicht als „Licht" bezeichnet, das von (göttlichen) Strafen befreit. Eine Besonderheit in der Volkspoesie Brasiliens stellt die sogenannte „literatura de cordel" oder kurz „cordel" genannt dar. Die Ursprünge der „literatura de cordel" liegen in Portugal. Die portugiesischen Eroberer brachten die „literatura de cordel" mit nach Brasilien, wo sie sich bis in die heutigen Tage fortsetzt.

Die Gedichte der „literatura de cordel" gibt es in unterschiedlichen Versmaßen. Auf den Märkten wurden u.a. kleine, an einer „Kordel" aufgehängte Hefte mit Gedichten oder kleinen Geschichten verkauft, die man für einen kleinen Geldbetrag erstehen konnte. Von der Art wie diese Hefte zum Verkauf aufgehängt und transportiert wurden, stammt der Begriff „literatura de cordel". In der Zeit Antônio Conselheiros waren die „Cordelhefte", aufgrund des ausgeprägten Analphabetismus in der Bevölkerung des Sertão nur für einen kleinen Kreis interessant. In den „Cordelheften" wurden Ereignisse, Geschichten, Theaterstücke, interessante Personen u.a. verarbeitet.

Dies geschah auch mit der Bewegung von Canudos. Im Folgenden sollen einige „Cordelhefte", zum Thema Canudos exemplarisch auf deren Aussagen hin untersucht werden. José Laurício Nóbrega (Morenito) aus Euclides da Cunha-BA erzählt in Gedichtform die Geschichte von Canudos. Er beschreibt das Zusammenleben:

---

[134] Calasans, José, zitiert in: Souza Santos, Eurides de, A música de Canudos, 1998, 69.

„Lá não existia mentira,
tão pouco descaração,
namoro maior respeito.
Seguindo a lei do sertão
la não tinha sabotagem
quem usassem da malandragem
era expulso da região."[135]

Dort gab es keine Lüge,
ebenso wenig Unverschämtheiten,
Liebe mit größtem Respekt.
Folgend dem Gesetz des Sertão
gab es dort keine Sabotage
wer Gaunereien anwandte
wurde aus der Region verstoßen.

Nóbrega beschreibt Canudos als das Ideal eines guten Zusammenlebens, das in der Tradition des Sertão steht und dessen Werte verwirklicht worden sind, z.B: keine kriminellen Taten, ein respektvoller, liebevoller Umgang miteinander. Ein anderer „cordelista", Geraldo Amâncio, beschreibt wie Antônio Vicente Mendes Maciel zu Antônio Conselheiro wurde.

„Tornou-se o guia maior
dos pobres escorraçados.
Eram suas homilias
abrigo dos rejeitados,
conforto dos sem herança,
único fio de esperança
desses mal aventurados.

Er wurde der größte Führer
der armen Verjagten.
Es waren seine Predigten
Schutz der Abgewiesenen,
Trost der Erblosen,
einziger Faden der Hoffnung
dieser Unglückseligen.

Aprendeu a ouvir dos pobres,
queixas, dores, aflições.
Foi eleito pelo mesmo
juíz de todas questões.
Tribunal justo e correto
Conselheiro predileto
em todas as decisões

Er lernte auf die Armen zu hören
Klagen, Schmerzen, Kummer.
Er wurde vom wirklichen
Richter aller Fragen erwählt.
Gerechtes und korrektes Gericht
bevorzugter Ratgeber
bei allen Entscheidungen.

Eis porque não chamam mais
por seu nome verdadeiro.
Experiente e sereno,
compreensivo e ordeiro.
Orientador constante,
lhe tratam dali por diante
por Antônio Conselheiro."[136]

Darum nannte man ihn nicht mehr
bei seinem wahren Namen.
Erfahren und gelassen,
verständnisvoll und friedliebend.
Als beständiger richtungsweisender
Begleiter nannte man ihn von da an
Antônio Conselheiro.

---

[135] Nóbrega (Morenito), Os cem anos de Canudos, ohne Jahresangabe.

Die bislang aufgeführten Verse verdeutlichen, wie in der „literatura de cordel" unterschiedliche Aspekte und Begebenheiten der Bewegung von Canudos beschrieben werden. In der Regel wird in der heutigen „literatura de cordel" ein Bild von Canudos weitergegeben, das auf den neueren historischen Forschungen basiert und zur Idealisierung tendiert. Der „cordelista" Franklin Machado (Maxado Nordestino) widmet sich in einem seiner Cordelgedichten einer der Antônio Conselheiro von Euclides da Cunha[137] zugeschriebenen Prophezeiungen. Die Prophezeiung, dass der „Sertão zum Meer wird" (o sertão virá mar) interpretiert er in seinem Cordelgedicht wie folgt:

„Falou Antônio Conselheiro	*Es sprach Antônio Conselheiro*
que o mar virava sertão	*dass das Meer zum Sertão würde*
e o sertão virava mar.	*und der Sertão zum Meer.*
Vindo dom Sebastião	*Das Kommen vom Dom Sebastião*
já tem muita realidade	*hat schon starke Realität angenommen*
prá quem lê com atenção.	*für den aufmerksamen Leser.*
O rio São Francisco já	*Der Fluss São Francisco hat*
tem lago artificial	*schon einen künstlichen See,*
que é o maior do mundo	*der der größte der Welt ist,*
inundou o carnaubal	*versenkte die Carnauba-Pflanzung,*
tem-se 300 quilometros	*es gibt 300 Kilometer lang*
d'água pelo carrascal...	*Wasser auf den Feldern...*
Seu Império Belos Montes'	*Sein Imperium von Belo Monte*
conhecido por Canudos,	*ist als Canudos bekannt,*
também jaz em baixo d'água	*liegt auch unter dem Wasser*
coberto por mar-açudo.	*bedeckt vom gestauten Meer.*
Suas águas são salobas,	*Seine Wasser sind Brackwasser*
mas o rio é doce em tudo."[138]	*aber der Fluss ist überall süß.*

---

[136] Pereira, Antônio Conselheiro e a fantástica epopéia de Canudos, 2006, 8.
[137] Vgl. Cunha, Os sertões, 2001.
[138] Maxado Nordestino, Profecias de Conselheiro (O sertão já virou mar), 1976, 1-2. Ein weiteres Cordel-Werk des Autors: Maxado Nordestino, Estamos no fim do mundo. As profecias da bíblia a frei Damião (englobando São José, Jesus Christo, São Malaquias, Nostradamus, Antônio Conselheiro e padre Cícero Romão), 1978.

Für Franklin Machado haben die Prophezeiungen, die dem Conselheiro von Euclides da Cunha zugeordnet wurden, bereits Realität angenommen. In der Anlegung des Stausees „Cocorobó" auf dem Gelände von Canudos sieht Machado die Prophezeiung als erfüllt an. Antônio Conselheiro wird in den aufgeführten Cordelversen die Gabe der Prophezeiung zugesprochen. Die „literatura de cordel" hält in poetischer Weise die Erinnerung an die Geschichte von Canudos wach, bearbeitet und interpretiert sie und vermittelt deren Werte in die aktuelle Zeit.

In der „literatura de cordel" werden unterschiedlichste Aspekte von Canudos aufgegriffen, häufig wird die Religiosität thematisch verarbeitet. Oft wird Antônio Conselheiro als Prophet, als bibelverwurzelter Prediger und Pastor dargestellt. Das christliche Zusammenleben in Canudos hat oftmals Beispielcharakter. Die „literatura de cordel" wirkt in den pastoralen Bereich hinein und spricht als Poesie eigene Ebenen des menschlichen Begreifens von Canudos an. Sie leistet einen Beitrag dazu, dass die Geschichte von Canudos, insbesondere in der einfachen Bevölkerung, nicht in Vergessenheit gerät. Zu den Cordelheften gehören auch die dafür typischen Zeichnungen des Nordostens, z.B. die auf den Titelseiten der Cordelhefte zu sehen sind (vgl. Zeichnung des „cordelista" José Lopez Assunção auf der Titelseite).

3.2.5 Kulturelle Rezeption

Es gibt zahlreiche Schriftsteller, Musiker und Künstler anderer Bereiche, die Canudos in ihren Werken rezipieren. Einige konkrete Beispiele sollen einen Eindruck vermitteln.

<u>Bildnerische Kunst</u>

In verschiedener Weise wird im Bereich der Kunst das Thema Canudos bearbeitet. Beispielhaft werden für den Bereich Malereien und plastische Kunstwerke die Künstler Tripoli Gaudenzi, Descartes Gadelha, und Gildemar Sena dargestellt.

Descartes Gadelha, geboren am 18. Juni 1943, ist ein aus Fortaleza-CE stammender Künstler, der stark von Euclides da Cunhas Werk „Os sertões" beeindruckt ist und viele Arbeiten dazu erstellte: Malereien mit verschiedenen Techniken (Ölmalereien, Aquarelle), Zeichnungen, Skulpturen in Bronze, Percussion-Musik u.a.[139] Viele seiner Werke zum Thema

---

[139] Vgl. Interviewband, Interview 30, Descartes Gadelha, vom 27.05.2008.

Canudos hat Descartes Gadelha der Universidade Federal do Ceará (UFC) in Fortaleza übereignet, die in einer Dauerausstellung des Museums der UFC in Fortaleza[140] ausgestellt sind. 1997, im Jahr der Zerstörung von Canudos vor 100 Jahren, gab es in Fortaleza eine Sonderausstellung von Werken Descartes Gadelhas.[141] Beispiele von Werken Descartes Gadelhas befinden sich in Anhang 6.

Trípoli Gaudenzi ist ein aus Salvador-BA stammender Künstler und Arzt. In den 1960er Jahren trat er einer Gruppe von Künstlern bei und schuf sich bereits 1965, durch Ausstellungen in den Galerien Baazarte und Bahiarte, einen Namen in seiner Heimatstadt.[142] Wie Gadelha ist auch Gaudenzi von Cunhas „Os sertões" inspiriert und schuf Bilder dazu.[143] Trípoli Gaudenzi schuf Werke mit verschiedenen künstlerischen Methoden, Kohle- und Tuschezeichnungen, Ölmalereien, Aquarelle, u.a. Werke von Gaudenzi zum Thema Canudos wurden in der Ausstellung „Canudos rediviva" (Canudos kehrt zum Leben zurück) 1993 nicht nur in Brasilien sondern auch in anderen Ländern, z.B. im Mai/Juni 1997 in Köln gezeigt.[144] Gadelha wie Gaudenzi erstellten Kunstwerke zur gesamten Zeit der Existenz von Canudos, vom Beginn der Peregrination Antônio Vicente Mendes Maciels in den 1870er Jahren bis zu den letzten Verteidigern von Canudos im Oktober 1897. Viele Werke Gadelhas und Gaudenzis greifen religiöse Motive der Bewegung von Canudos auf, z.B. Wallfahrer, die Kirchen, die Gemeinschaft von Canudos beim Gebet u.a. Die Werke beider Künstler leisten einen Beitrag für die Pastoral, indem sie durch die Kunst die religiösen Aspekte von Canudos begreiflich machen und zum Weiterdenken anregen.

---

[140] MAUC = Museu de Arte da UFC, Avenida da Universidade 2854, Fortaleza-CE, CEP 60020-181, Brasilien.
Werke von Descartes Gadelha im MAUC, siehe MAUC,http://www.mauc.ufc. br/acervo/gadelha/indexgadelha.htm, Zugriff am 09.02.2010.
[141] Diese Ausstellung von Descartes Gadelha wurde am 25.09.1997 im SECULT (Secretariado da Cultura do Ceará) in Fortaleza-CE, eröffnet.
[142] Vgl. Gaudenzi, Canudos rediviva, 1993.
[143] Gaudenzi, Memorial de Canudos, 1996, 247.
[144] Chapel Art Center Köln, Ausstellung "Canudos lebt", Mai/Juni 1997 im Chapel Art Center, Jülicher Straße 26, 50674 Köln. Siehe den dazugehörigen Ausstellungsprospekt, mit einer Ausführung des Kölner Universitätsprofessors Helmut Feldmann.

Zu erwähnen sind auch *Audifax Rios*,[145] ein Künstler aus Salvador-BA, der ebenfalls zu Canudos Malereien und Zeichnungen erstellt hat, sowie die Werke von *Othoniel Fernandes* und *Ângelo Roberto*.[146]

In der Region von Canudos gibt es mehrere Künstler, die zur Bewegung von Canudos Kunstwerke schufen. Beispielhaft sei *Gildemar Sena* aus Uauá-BA genannt. Seine Werke sind in den Bereich der Kleinkunst einzuordnen. Gildemar Sena ist ein guter Kenner der historischen Überlieferung von Canudos und hatte Kontakt mit direkten Nachfahren von Canudos, wie z.B. João de Regis und Senhor Ioiô da Professora, die seine Kunst beeinflussten. Gildemar Sena erstellte zum Thema Canudos Zeichnungen, Kunstdrucke auf Textilien, Betonreliefs und arbeitete bei Theaterstücken mit. Die Kunst von Gildemar Sena ist im pastoralen Bereich in der Region von Canudos sehr anerkannt. Pe. Lívio Picolini[147] berichtete, dass die katholische Gemeinde von Canudos beabsichtigte, Sena mit der Gestaltung eines Betonreliefs an der Kirche von Canudos zu beauftragen.

Musiker der „Musica Popular Brasileira" (MPB)
Beispielhaft für viele Künstler im Bereich der „Musica Popular Brasileira" (MPB) sollen hier Pingo de Fortaleza[148] und Bião de Canudos und ihre Lieder zur Bewegung von Canudos vorgestellt werden.

Pingo de Fortaleza, mit bürgerlichem Namen João Wanderley Roberto Militão, wurde am 8. Februar 1963 in Fortaleza-CE geboren, ist Sänger, Komponist, Poet, Musiker, Autor und Wissenschaftler (Historiker). Pingo de Fortaleza nahm an der „3. Missa pelos Mártires de Canudos" im Jahr 1986 teil und trug dabei seine Lieder zum Thema Canudos vor. Ebenfalls im Jahr 1986 hatte er die musikalische Leitung für das Stück „O conselheiro e Canudos" (der Ratgeber und Canudos) von José Dumont (Autor). Pingo de Fortaleza veröffentlichte 1986 seine erste Schallplatte (LP), mit dem Titel „Centauros e Canudos" (Zentauren und Canudos).[149] Dies war auch die erste in Brasilien zum Thema Canudos

---

[145] Rios, Canudos, Antônio Vicente Mendes Maciel, o Conselheiro, 1994.
[146] Vgl. http://www.integral.br/zoom/materia.asp?materia=317&pagina=4, Zugriff am 20.02.2010.
[147] Interviewband, Interview 18, Padre Lívio Picolini, vom 27.06.2008.
[148] Vgl. Fortaleza, Pingo de, CD Cantares, 1995. Fortaleza, Pingo de, CD Cancioneiro de Canudos, 2007.
[149] Vgl. Militão, João Wanderley Roberto (Pingo de Fortaleza), Maracatu Az de Ouro. 70 anos de memórias, loas e batuques, 2007, 1.

erschienene Schallplatte. In seinem Debutalbum widmet er sich der Bewegung von Canudos, der Bewegungvon „Caldeirão" sowie dem „cangaçeiro"[150] und „Volkshelden" des Nordostens „Lampião".[151] In vielen seiner Lieder bearbeitet Pingo de Fortaleza das Thema Canudos. Titel seiner Lieder lauten z.b. „Belo Monte", „Canudos", „de Quixeramobim a Canudos", „A historia fará sua homenagem a figura de Antonio Conselheiro" (Text von Ivanildo Vilanova)[152]. Im Lied „Canudos" (Text: Marinho Júnior) setzt sich Pingo mit der Verdrängung von Canudos in der brasilianischen Geschichtsschreibung auseinander:

„Canudos
Sertão morreu no fim da tarde.
Um breve passarinho seguiu viagem.
Pairou nos campos, nas cidades.
Provou a vida, fruta da liberdade.

„Canudos
Der Sertão starb am Ende des Nachmittags. Ein kleiner Vogel setzt kurz seine Reise fort.
Er hielt auf dem Land und in den Städten an.
Er kostete das Leben, die Frucht der Freiheit.

---

[150] „Cangaço" ist die Bezeichnung für das „soziale Strassenräubertum" im Nordosten Brasiliens, im ausgehenden 19. Jh und Anfang des 20. Jh. Lampião und seine Partnerin Maria Bonita sind die berühmtesten „cangaçeiros", die mit ihrer Bande, bis zu ihrer Tötung durch die Polizei im Jahr 1938, am Werk waren. Im von Armut geprägten Nordosten Brasiliens stellte der Anschluss an eine Bande von „cangaçeiros" eine Möglichkeit dar, der Armut zu entfliehen. Einflussreiche Politiker und Großgrundbesitzer nutzten die Dienste der„cangaçeiros" für ihre Zwecke. Sie beauftragten sie, gegen ihre Gegner zu kämpfen. Dafür bekamen die „cangaçeiros" Bezahlung und Protektion. Da sich die „cangaçeiros" u.a. dem Staat und den Mächtigen widersetzten, gewannen sie teilweise ein hohes Ansehen in der Bevölkerung und wurden wie Volkshelden betrachtet. Dies darf nicht darüber hinweg täuschen, dass die „cangaçeiros" auch die arme Bevölkerung ausraubten und drangsalierten.
[151] Das Debutalbum von Pingo de Fortaleza trägt den Titel „Centauros e Canudos" und wurde 1986 in eigener Produktion des Künstlers in Fortaleza-CE herausgegeben.
[152] „Centauros e Canudos" aus dem gleichnamigen Schallplattenalbum 1986, „Belo Monte" (instrumental) und „Canudos" aus der CD „Cantares" 1995, „de Quixeramobim a Canudos", „Ladainha pra Canudos" und „A historia fara sua homenagem a figura de Antonio Conselheiro" aus der CD „Pingo de Fortaleza ao vivo", 1995.

Não tarde demais, Canudos.
Não tarde demais, Canudos.
O céu ferido chora a mágoa da tarde.

A noite esconde o rosto da verdade.
Contos mal contados da história.
Um manto enegrecido na memória.
Minha avó não lembra de Canudos.
Minha mãe nem sabe de Canudos

Homens, corações de pedra.
Velhos, criânças na guerra.
Página virada dos sertões."[153]

Es ist nicht zu spät, Canudos.
Es ist nicht zu spät, Canudos.
Der verletzte Himmel weint wegen der Verbitterung des Nachmittags.

Die Nacht verbirgt das Gesicht der Wahrheit.
Schlecht erzählte Geschichten der Historie.
Eine Decke, die das Gedachtnis verdunkelt.
Meine Großmutter erinnert sich nicht an Canudos.
Meine Mutter weiß nicht einmal von Canudos.

Männer, mit Herzen aus Stein.
Alte, Kinder im Krieg.
Umgeblätterte Seite der Sertões."

Im Lied „a história fará a sua homenagem a figura de Antônio Conselheiro" thematisiert Pingo de Fortaleza das beispielhafte Zusammenleben der Gemeinschaft von Canudos. Er zeigt das ungerechte Sterben der Sertãobevölkerung im Krieg auf und spricht die Hoffnung aus, dass dieser „Fleck in der Geschichte Brasiliens" den Nordosten Brasiliens im Jahr 2000 verändern wird.[154]

Bião de Canudos ist ein Künstler der MPB aus der Region von Canudos. Eine seiner CD's trägt den Titel „Canta Canudos"[155] (singe Canudos). Auf der CD „Canudos encantos"[156] (Canudos bezaubert), die von der „Comissão de Romaria de Canudos" veröffentlicht wurde, befinden sich 4 Lieder von Bião de Canudos. Weitere Künstler, die Musik zum Thema Canudos vortragen, sind die „Banda Pífanos do Bendegó" und

---

[153] Fortaleza, Pingo de, Canudos, CD Cantares, 1995.
[154] Fortaleza, Pingo de, A historia fará sua homenagem a figura de Antônio Conselheiro, CD Ao vivo, 1995.
[155] Bião de Canudos, CD Canta Canudos, ohne Jahresangabe.
[156] Comissão de Romaria de Canudos (Org.), CD Canudos Encanto, Musik, ohne Jahresangabe.

"Raimundo Fábio".[157] Die Lieder der genannten Liedermacher und Interpreten werden auch für religiöse Zwecke genutzt, sie werden z.B. bei Wallfahrten und Gottesdiensten gesungen oder gehört.

Literatur

Die Geschichte von Canudos gab Anregungen zu zahlreichen Romanen. Das berühmteste romanartige Werk ist „Os sertões" von Euclides da Cunha. Es beinhaltet, aufbauend auf historischen Fakten, romanhafte Elemente. Deutlich wird die Romanhaftigkeit von „Os sertões" z.B. an der Beschreibung von Antônio Conselheiro, den da Cunha – ohne ihn jemals gesehen zu haben – als „lebendes Beispiel des Atavismus"[158] (documento vivo de atavismo) oder „kulturlosen Gnostiker"[159] (gnóstico bronco) bezeichnet. Wie in diesem Beispiel treten in „Os sertões" an verschiedenen Stellen fiktionshafte Elemente auf. „Os sertões" ist und bleibt aufgrund seiner Einzigartigkeit ein Werk, das zur Weltliteratur zählt und eine enorme historische Wirkungskraft entfaltete [vgl. 3.1.2].

Ein weltweit veröffentlichter Roman aus dem Jahr 1981 ist „La guerra del fin del mundo",[160] des peruanischen Autors Mario Vargas Llosa. Der Roman, der sich auf „Os sertões" und eigene Vorortstudien des Autors u.a. in Salvador-BA und Canudos stützt, wurde im Jahr 1985 mit dem Ernest-Hemingway-Preis ausgezeichnet. Vargas Llosa verarbeitet historische Elemente und Personen zusammen mit Fiktionen zu einem Roman-

---

[157] Vgl. Comissão de Romaria, CD Canudos Encanto, ohne Jahresangabe.
[158] Cunha, Os sertões, 2001, 251. *Atavismus:* Das erneute Auftreten von Merkmalen der Vorfahren, die den unmittelbaren Vorfahren fehlten. Atavismus bezeichnet auch ein entwicklungsgeschichtlich überholtes erneut auftretendes körperliches oder geistiges Merkmal.
[159] Cunha, Os sertões, 2001, 254. *Gnostiker:* Anhänger der Gnosis, des Strebens nach Erlösung auf dem Weg der Erkenntnis; die aus dem Menschen selbst stammt und nich durch Offenbarung gegeben ist. Sie beschränkt sich bei manchen Sekten zunächst auf wenige Eingeweihte. Den zahlreichen Sekten des Gnostizismus zur Zeit des frühen Christentums war eine dualistische Kosmologie gemeinsam. Dabei enthalten Mensch und Kosmos Teile einer jenseitigen (guten) Lichtwelt, die aus der gottfeindlichen (bösen) Materie erlöst werden müssen. Die Erlösung geschieht durch Gesandte des Lichts, z.B. durch Christus. Zilly, Anmerkungen, in: Cunha, Euclides da, Krieg im Sertão, 1994, 720.
[160] Vargas Llosa, A guerra do fim do mundo, 1990. (Originalausgabe in Spanisch: „La guerra del fin del mundo", 1981, Deutsche Ausgabe: „Der Krieg am Ende der Welt").

werk. Der Universitätsprofessor an der Universität Köln, *Helmut Feldmann*, schreibt:

„*Die Aktualität des Krieges von Canudos als ein lateinamerikanisches Paradigma erkannte der Peruaner Mario Vargas Llosa und schrieb den Roman ‚La Guerra del Fin del Mundo' (1981), der auch in deutscher Übersetzung mit dem Titel ‚Der Krieg am Ende der Welt' (Suhrkamp Verlag 1982/1987) vorliegt.*"[161]

Aus dem Bundesstaat Ceará ist die Literaturprofessorin und Autorin *Angela Gutiérrez* mit ihrem Roman „Luzes de Paris e fogo de Canudos" (Lichter von Paris und Feuer von Canudos) zu nennen. In diesem Roman verbindet sie die Lebenswelten der Oberschicht des zeitgenössischen Europas (London und Paris) mit der Realität des Nordostens von Brasilien. Mosaikartig entwickelt sich die Geschichte und wird mit Stilelementen wie Tagebucheinträgen und zeitgenössischen Bildern belebt. Angela Gutiérrez entwickelt im Laufe des Romans ihr Bild von Antônio Conselheiro und dem Zusammenleben in Canudos, das auf historischen Grundlagen basiert. Die Autorin setzt sich darüber hinaus analytisch mit der Bedeutung von Canudos in Mario Vargas Llosas „La guerra del fin del mundo" auseinander,[162] veröffentlichte Artikel[163] und hält Vorträge[164] zu verschiedenen Aspekten des Themas Canudos. Ein weiterer Romanautor, der das Thema Canudos in seinen Werken bearbeitet, ist *Erickson de Almeida*. Almeida ist ein plastischer Künstler und Schriftsteller aus Salvador-BA. „Canudos, a trama político religosa e os militares" (Canudos, das politisch religiöse Drama und die Militärs), ist einer seiner Romane, der im Jahr 2000 publiziert wurde.[165]

---

[161] Feldmann, Artikel im Heft zur Ausstellung „Canudos lebt – Schrecken eines brasilianischen Krieges" (Canudos Rediviva), Mai/Juni 1997, Zentrum Portugiesischsprachige Welt der Universität Köln, 1997.

[162] Vgl. Gutiérrez, Angela, Vargas Llosa e o romance possível da América Latina, 1996.

[163] Vgl. Gutiérrez, A guerra do fim do mundo na ficção canudiana, in: O Povo, Fortaleza-CE, sábado, 04.10.1997, 7.

[164] Vgl. Gutiérrez, Antônio Conselheiro versus ordem e progresso. 1. Congresso do Núcleo de Psiquiatria do Estado do Ceará, Partizipation am Runden Tisch zum Thema: Violência, religião e sociedade, im Hotel Vila Galé, Fortaleza-CE, 07.06.2002.

[165] Vgl. Almeida, Moiyalé Amhara, 2005.

Eine Liste weiterer literarischer Werke zum Thema Canudos hat Paulo Emílio Matos Martins zusammengestellt.[166]

Poesie

Im Bereich der Poesie hat *Manuel Pedro das Dores Bombinho* 1898 ein historisch wichtiges Buch in Gedichtform verfasst. Das Dores Bombinho beschreibt in 5.984 Versen die Geschichte von Canudos aus seinem Blickwinkel. Dieses Werk nimmt eine für die Zeit der Entstehung bemerkenswert objektive Haltung gegenüber Canudos ein. Antônio Conselheiro wird z.B. nicht als religiöser „fanático" dargestellt und von den Abkehlungen der Gefangenen wird berichtet. Das Werk wurde im Jahr 2002 von Marco Antônio Villa neu editiert.[167] Als „poeta de Canudos" (Poet von Canudos) bekannt ist *José Américo Amorim*, ein aktueller Volksdichter aus Canudos. In seinen Gedichten widmet er sich der Bewegung von Canudos und dem Leben im Sertão. José Américo Amorim veröffentlichte bereits mehrere Gedichtbände, z.B. „Cantiga das Águas" (Gesänge des Wassers).[168]

Theater

Canudos und die dazu erschienene Literatur wurde bereits in mehreren Theaterstücken verarbeitet. Beispielhaft sei die Theaterwerkstatt „Os sertões" genannt, die im Jahr 2007 unter der Leitung von *Zé Celso Martinez* in Quixeramobim-CE und Canudos stattfand.[169] Im 110. Jahr nach der Zerstörung von Canudos wurde das entstandene Werk aufgeführt. *Antônio Olavo*, Filmemacher und Herausgeber der Internetseite zum Thema Canudos „www.Portfolium.com.br" listet darin insgesamt sieben Theaterstücke aus den Jahren 1971-1998 auf, die sich dem Thema Canudos widmen.[170]

---

[166] Matos Martins, A reinvenção do sertão, 2001, 180-182.
[167] Dores Bombinho, Villa (Org.), Canudos história em versos, 2002 (1898).
[168] Amorim, Cantiga das águas, 2000.
[169] Theaterwerkstatt zu Canudos vom 14.-18.11.2007 in Quixeramobim-CE, http://www.overmundo.com.br/overblog/os-sertoes-em-quixeramobim-e-canudos, Zugriff am 22.02.2010.
[170] Vgl. Olavo, Liste der Theaterstücke zu Canudos: Beispielsweise aus dem Jahr 1971 das Stück „O Evangelho Segundo Zebedeu" von César Vieira (pseudônimo de Idibal Piveta), in dem der Krieg von Canudos als Drama dargestellt wird; aus

Film

Von den Filmen, die in den vergangenen Jahrzehnten zum Thema Canudos entstanden, sollen einige Beispiele genannt werden. Der brasilianische Regisseur *Glauber Rocha* hat mit seinem Film „Deus e o diabo na terra do sol"[171] (Gott und der Teufel im Land der Sonne) bereits im Jahr 1964 Canudos aufgegriffen. Er stellt in seinem Film die großen sozialen Spannungen in Nordosten Brasiliens in der Zeit von Canudos dar, sowie die Religiosität im Sertão, die Wanderprediger und deren Bedeutung. Bekannt wurde auch der Film „A guerra de Canudos" (Der Krieg von Canudos) von *Sérgio Rezende*, der 1997 erstmalig aufgeführt wurde und in Brasilien für volle Kinos sorgte. Auch „Os sertões" von Euclides da Cunha wurde unter der Regie von *Paulo Dourado* im Jahr 2003 in einen Film umgesetzt, der Theaterszenen mit dokumentarischen Elementen verbindet.

Im Bereich der Dokumentarfilme zu Canudos ist der Filmemacher *Antônio Olavo* aus Salvador-BA zu nennen. Seine Dokumentation „Paixão e guerra no sertão de Canudos"[172] (Leidenschaft und Krieg im Sertão von Canudos) aus dem Jahr 1993 gibt eine gute historische Darstellung der Geschichte von Canudos. Er interviewte Nachkommen der Bewohner von Canudos und zeigt aktuelle Bilder aus der Region und dem kulturellen Leben vom heutigen Canudos. Weitere Produktionen Antônio Olavos sind die Interviews mit dem Nachkommen von Canudos, João Siqueira Santos,[173] der auch unter dem Namen „Senhor Ioiô da Professora" bekannt war und João de Regis.[174] Diese Interviews haben eine große historische Bedeutung, u.a. weil Senhor Ioiôs Mutter Lehrerin in Canudos war und er intensiven Kontakt zu vielen Überlebenden von Canudos hatte. Im deutschsprachigen Raum ist die ZDF-Produktion des Dokumentarfilmes „Die Sieben Sakramente von Canudos" zu nennen, bei der *Joel de Almeida* Regie führte. Die Erstausstrahlung des Filmes war

---

dem Jahr 1998 das Stück „A guerra de Canudos" von Nelson Costa da Mata, http://www.Portfolium.com.br, Zugriff am 22.02.2010.
[171] Vgl. Rocha, Deus e o diabo, http://www.trigon-film.org/de/movies/ Deus_e_o_diabo, Zugriff am 22.02.2010.
[172] Olavo, Paixão e guerra no sertão de Canudos (Film-DVD), 1993.
[173] Olavo, Ioiô da Professora, um depoimento sobre Canudos (Film-DVD), 2005. João Siqueira Santos geboren am 25.04.1909, gestorben am 25.08 2007.
[174] Olavo, João de Regis - povoadoão de Canudos, 2007.

am 9. Dezember 1996.[175] Darüber hinaus gibt es weitere filmische Produktionen zu Canudos.[176]

Bildungsarbeit

Ein Beispiel für die Bildungsarbeit zu den Themen Canudos und Euclides da Cunha findet seit 1996 jährlich in der Stadt Euclides da Cunha-BA statt. Die Organisation „Associação Cultural Euclides da Cunha" (Kulturverein Euclides da Cunha, ACEC) und die UNEB veranstalten dort jährlich die kulturelle Woche mit Bildungskongress für Schüler „Os sertões".[177] Zu diesem Kongress werden insbesondere die Schüler der Schulen aus der Region von Euclides da Cunha-BA eingeladen. Einer der Hauptorganisatoren ist der Journalist und Vorsitzende der ACEC *Antenor Junior*.[178] Anbei einige Beispiele der Themen:

Datum	Themen: Kulturwoche und Schülerkongress
16.-22.09. 1997	2. Kulturwoche: Thema: Ehrung von Euclides da Cunha. (Homenagem a Euclides da Cunha)
12.-18.10. 2003	6. Kulturwoche und 5. Schülerkongress Thema: Der Sertão wird ein Obstgarten. (O Sertão vai virar pomar)
08.-13.11. 2005	8. Kulturwoche und 7. Schülerkongress Thema: Eine Geschichte ohne Ende. (Uma história sem fim)
24.11.-01.12. 2007	10. Kulturwoche und 9. Schülerkongress Thema: 110 Jahre seit d. Krieg v. Canudos 1897-2007 (110 anos da guerra de Canudos 1897-2007)

---

[175] http://www.zweitausendeins.de/filmlexikon/?sucheNach=titel&wert=68610, Zugriff am 10.10.2011.
[176] Vgl. Canudos, Açude vivo, Ed. Verbo Filmes, 1994. Um Grito em Defesa da Vida, Peregrinação do São Francísco 04.10.1992-04.10.1993, Ed. CAA-Gamba, 1993. Carlos Pronzatto, Jejum 2007, „Além do Jejum", 2007. Canudos, História de uma Romaria, ohne Jahresangabe. Dourado Paulo, Os Sertões, ohne Jahresangabe.
[177] ACEC, Semana cultural e Congresso estudantil „Os sertões". Die ACEC hat für diese Veranstaltung eine eigene Homepage: www.congressoossertoes.com.br.
[178] Junior, Antenor, Cartilha de Canudos. 110 anos da guerra de Canudos 1897-2007, edição rememorativa dos 110 anos da guerra de Canudos, 2007.

Die Kulturelle Woche beinhaltet u.a. Vorstellungen von Musikern,[179] Filmen, Künstlern verschiedener Bereiche, wissenschaftliche Vorträge, Debatten und Reisen zu historischen Stätten der Bewegung von Canudos.[180] Durch den Schülerkongress wird das historische Wissen um Canudos und Euclides da Cunha an Jugendliche vermittelt. Damit werden wichtige Schritte zur Förderung des historischen, kulturellen und religiösen Bewusstseins gegangen. Hinsichtlich religiöser Fragestellungen sei als Beispiel eine audiovisuelle Präsentation zum Thema „Monte Santo: Mystizismus und Glaube im Sertão" genannt, die am 28. November 2007, im Rahmen des Schülerkongresses gezeigt wurde.[181] Mit dem Schulerkongress findet auch eine Auseinandersetzung mit der Glaubensgeschichte von Canudos statt.

Die Bewegung von Canudos war auch Thema von wissenschaftlichen Symposien. Im Jahr 1997, dem Jahr der 100jährigen Zerstörung von Canudos, gab es internationale wissenschaftliche Symposien in Fortaleza-CE, Salvador-BA und Köln.[182] An diesen Symposien nahmen Wissenschaftler verschiedener Disziplinen teil, u.a. aus den Bereichen

---

[179] Im Jahr 2007 sangen z.B. Künstler wie Adelmário Coelho und Fabio Pães zur „Semana Cultural/Congresso – Os sertões". Vgl. Associação Cultural Euclides da Cunha (ACEC), Programm der 10. semana cultural congresso – os sertões, 24.11.-01.12.2007.

[180] Vgl. Associação Cultural Euclides da Cunha (ACEC), Programm der 10. semana cultural congresso – os sertões, 24.11.-01.12.2007.

[181] Associação Cultural Euclides da Cunha (ACEC), Programm der 10. semana cultural congresso – os sertões, 24.11.-01.12.2007.

[182] Vom 20.-24.05.1997 fand zur 100jährigen Zerstörung von Canudos ein internationales Symposium an der Universität Köln statt, das vom Zentrum Portugiesischsprachige Welt ausgerichtet wurde. Weitere Symposien zum selben Thema fanden vom 23.-26.09.1997 an der „Universidade Federal do Ceará" (UFC) in Fortaleza-CE und vom 30.09.-03.10.1997 in Salvador-BA statt. Das Symposium in Salvador-BA wurde von der „Universidade do Estado da Bahia" (UNEB) und dem „Secretaria da Cultura e Turismo do Estado da Bahia" ausgerichtet. Folgende Dokumentationen liegen zu den Symposien vor: Zentrum Portugiesischsprachige Welt (Hg.), Die Sozioreligiöse Bewegung von Canudos Teil 1 (1893-1897), Zeitschrift für die portugiesischsprachige Welt, 2/1997, Köln, 1997. Zentrum Portugiesischsprachige Welt (Hg.), Die Sozioreligiöse Bewegung von Canudos Teil 2 (1893-1897), Zeitschrift für portugiesischsprachige Welt, 2/1998, Köln, 1998.

Soziologie, Geschichte, Literatur, Psychologie und Theologie.[183] Einen wichtigen Beitrag zur Bildungsarbeit leistet auch das Instituto Popular Memorial de Canudos (IPMC, vgl. 3.2.6).

Denkmäler und Museen

An verschiedenen Orten in Brasilien erinnern Denkmäler und Museen an die Bewegung von Canudos. Diese halten einerseits die Erinnerung an Canudos wach, gleichzeitig sind sie Zeichen der Wertschätzung. Beispielhaft sei eine kleine Auswahl an Museen und Denkmälern aufgelistet:
- Museum der UFC in Fortaleza-CE, Dauerausstellung der Plastiken und Malereien von Descartes Gadelha.
- Denkmal, Statue von Antônio Conselheiro am Ortseingang von Canudos-BA.
- Denkmal, Statue von Antônio Conselheiro am „Alto Alegre", einem Hügel in der Nähe des Canudos zur Zeit Antônio Conselheiros.
- Museum am Alto Alegre, in der Nähe von Canudos, mit Fundstücken aus Canudos und dem dortigen Krieg.
- Denkmal in Quixeramobim-CE, mit Szenen zur Bewegung von Canudos.
- Museum des IPMC in Canudos, in dem u.a. das Kreuz, das während des Krieges auf dem Platz zwischen den Kirchen von Canudos stand [vgl. 3.2.6], und das Holz ausgestellt sind, das Antônio Conselheiro in Juazeiro-BA für den Bau der neuen Kirche in Canudos kaufte und das zum Ausgangspunkt des Krieges wurde.

Bedeutung der kulturellen Rezeption von Canudos

Die Ausführungen dieses Abschnitts verdeutlichen, dass die Bewegung von Canudos zu einer enormen Bandbreite an Werken und Verarbeitungen im kulturellen Bereich angeregt hat. Diese Werke, seien es Skulpturen, Bilder, Lieder, Filme, Theaterstücke oder Seminare, rücken immer wieder neue Aspekte von Canudos in den Blickpunkt, machen die Bewegung begreiflich, regen zum Weiterdenken an und halten das

---

[183] Am Symposium in Fortaleza nahmen u.a. folgende Wissenschaftler teil: Eduardo Hoornaert (Kirchengeschichte), Frei Hugo Fragoso (Theologie), João Arruda (Soziologie), Marco Antônio Villa (Geschichte), Walnice Nogueira (Journalismus), Berthold Zilly (Literatur), Angela Gutiérrez (Literatur), Valton Miranda Leitão (Psychologie).

Gedenken an Canudos wach. Durch das literarische Werk, „A guerra del fin del mundo" wurde eine weltweite Aufmerksamkeit für die Bewegung von Canudos erreicht. Literarische und kulturelle Rezeptionen richten sich an die Allgemeinheit und stellen dadurch einen nicht zu unterschätzenden Beitrag zur Volks- und Bewusstseinsbildung dar. Dies hat im Fall von Canudos eine besondere Bedeutung, da erst ein halbes Jahrhundert nach Ende des Krieges eine angemessene geschichtliche Aufarbeitung begann.

Die Bewusstseinsbildung hat insbesondere in der Region von Canudos eine große Bedeutung, da sie zur Identität und Identifikation der dort lebenden Menschen mit der eigenen Geschichte führt. Darüber hinaus leisten diese Werke und Verarbeitungen einen Beitrag zur Sicherung des historischen Wissens um Canudos. Die Rezeptionen im kulturellen Bereich greifen stark ineinander mit denen in Wissenschaft und Pastoral. Neue wissenschaftliche Ergebnisse erweitern die Grundlage für die kulturellen und pastoralen Bearbeitungen von Canudos. Kulturelle Rezeptionen greifen über den wissenschaftlichen Bereich hinaus, indem sie auf anderen menschlichen Zugangsebenen die Bewegung von Canudos begreiflich machen und dadurch neue Verstehensweisen, Dissonanzen, Harmonien und Perspektiven aufzeigen.

Hier liegt ein Anknüpfungspunkt für die Pastoral. Die pastorale Bedeutung der Bewegung von Canudos zu verstehen, die dort gelebten christlichen Werte zu erschließen u.a. werden durch kulturelle Beiträge angeregt und ins Gespräch gebracht. Deutlich wird das beispielsweise daran, dass Lieder aus dem Bereich der MPB [nicht typisch kirchliche Lieder] in Gottesdiensten zum Thema Canudos gesungen werden oder von Gemeinden ausgehend kulturelle Angebote zu Canudos besucht und unterstützt werden. Gleichzeitig werden in kulturellen Bearbeitungen oft religiöse Motive der Bewegung von Canudos aufgegriffen, die Anregungen für die Pastoral bieten. Deutlich wird das z.B. an konkreter Kunst, die in Kirchen zum Thema Canudos ausgestellt, installiert oder vorgetragen wird. Kulturelle Rezeptionen halten die Erinnerung wach und wagen Interpretationen, die in den aktuellen Zeitkontext und die Situation der Pastoral hinein weisen.

Die bisher dargestellten Fakten zeigen auf, dass es einen übergreifenden „Dialog" der Bereiche Pastoral, Wissenschaft und Kultur gibt, der hilft, die pastorale Bedeutung weiter zu erschließen. Dieser Dialog zwischen den Disziplinen in Bezug auf Canudos wird z.B. in wissenschaftlichen Symposien oder an der kulturellen Woche mit Schülerkongress in Monte Santo-BA deutlich, wo Beiträge aus verschieden Bereichen zusammenwirken.

3.2.6 „Instituto Popular Memorial de Canudos" (IPMC)

Eine in Canudos-BA angesiedelte Rezeption der Bewegung von Canudos, die in den historischen, politischen und sozialen Bereich hineinwirkt, stellt das Instituto Popular Memorial de Canudos (IPMC) dar. Es wurde am 17. September 1993 gegründet und ist eine zivile Gesellschaft des Privatrechts ohne kommerzielle Ziele. Es entstand im Umfeld der jährlichen „Romaria de Canudos" (Wallfahrt von Canudos, vgl. 3.3.7). Die Gründungsmitglieder sahen die Notwendigkeit eine Organisation zu schaffen, die die existierenden Materialien zu Canudos sichert, Veranstaltungen und Aktionen zu Canudos dokumentiert sowie die politischen, ökonomischen und sozialen Erfahrungen zu Canudos auswertet. Gemäß dem sozialen Statut des IPMC besteht das Hauptziel des IPMC darin:

„...die Reflexion über das historische Beispiel von Canudos anzuregen und dabei die Rolle des 'sertanejo' als Vertreter der Geschichte hervorzuheben, die Möglichkeit sozialer Modelle und des Kampfes in den aktuellen Tagen zu entwickeln und das historische Archiv zu bewahren, das über Canudos zu erwerben war."[184]

Zur Realisierung dieser Ziele unternimmt das IPMC unterschiedliche Aktivitäten. Zu diesen Aktivitäten zählen:
- Runde Tische zu Themen, die mit Canudos in Verbindung stehen. Diese Runden Tische werden zur jährlichen „Romaria de Canudos" ausgerichtet. Das IPMC ist Mitgestalter der „Romaria de Canudos".[185]
- Ausrichtung von Seminaren,

---

[184] Instituto Popular Memorial de Canudos (IPMC), Selbstvorstellung, in: Bloch (Org.), Canudos 100 anos de produção, 1997, 123.
[185] Eine Aktivität des IPMC im Rahmen der Romaria de Canudos war die Herausgabe von Materialien, z.B: Instituto Popular de Canudos, Romaria de Canudos cantando a caminhada, Liederheft der Romaria de Canudos 1997.

- Organisation einer Bibliothek mit den Schwerpunkten Canudos und Sertão,[186]
- Veröffentlichung von Büchern und Videos,[187]
- Herausgabe des „Almanaque de Canudos" (Almanach von Canudos). Dieser Almanach erscheint seit 1993 jährlich und richtet sich an die Bevölkerung in der Region von Canudos. Er enthält eine Fülle an unterschiedlichen Beiträgen.
- Historische Artikel, in denen die Geschichte von Canudos dargestellt wird,
- Politische Artikel zur Landfrage, zur Agrarreform, und zum „fundo de pasto",[188]
- Gedichte zu Aspekten der Geschichte von Canudos,
- Artikel zum typischen Leben im Sertão (z.B. über die Aufzucht von Ziegen, Bienen),
- religiöse Beiträge, z.B. Psalmen oder Artikel über die Spiritualität des Conselheiros,[189]
- Artikel zur Landfrage im Sertão, so. z.B. über den „fundo de pasto" u.v.a.[190]

Das IPMC unterhält Ausstellungsräume für Werke von Künstlern, sowie ein Museum, in dem das Kreuz, das auf dem Platz zwischen den Kirchen von Canudos stand [Reliquie des Krieges], und ein Teil des

---

[186] Die Bibliothek des IPMC befindet sich in dessen Räumlichkeiten in Canudos-BA: Centro Comunitário Antônio Conselheiro, Rua São José s/n, CEP 48520-000 Canudos-BA.
[187] Zu den vom IPMC veröffentlichten Büchern zählen u.a.: Bloch Didier (Org.), Canudos 100 anos de produção, 1997. Instituto Popular de Canudos, Canudos - uma história de luta e resistência, Coleção Centenário 1, 1997. Instituto Popular de Canudos, Fundo de pasto no semiárido, Coleção Centenário 2, 1997. Instituto Popular de Canudos, Hínos e poesía, Coleção Centenário 3, 1997.
[188] Artikel zum Thema „fundo de pasto" sind in allen mir vorliegenden „Almanaque de Canudos" von 1996, 1997, 1998, 2002 enthalten. Das IPMC hat darüber hinaus ein eigenes Themenheft zum Thema „fundo de pasto" herausgegeben: Instituto Popular de Canudos, Fundo de pasto no semiárido, Coleção Centenário 2, 1997.
[189] Vgl. Instituto Popular de Canudos, Almanaque de Canudos 1997, 1996, 12.
[190] Vgl. Instituto Popular de Canudos, Almanaque de Canudos 1997,1996, 1-30.

Holzes,[191] das Antônio Conselheiro in Juazeiro-BA gekauft hat, und das zum Anknüpfungspunkt für den Krieg diente, ausgestellt sind. Das IPMC vermittelt Führungen zu den historischen Kriegsstätten im „Parque Estadual de Canudos" [vgl. 3.2.3] und hält wissenschaftliche Materialien, Beiträge von Mitgliedern des IPMC, Musik-CD's[192] zum Thema Canudos u.a. für die Öffentlichkeit zugänglich.[193]

Das IPMC leistet durch seine vielfältigen Aktivitäten Beiträge zur Weitergabe des historisch fundierten Wissens über Canudos, zur Bewusstseinsbildung in der Bevölkerung des Sertão, zur Entdeckung der religiösen Werte, sowie zur Sicherung wichtiger Zeitdokumente über die Bewegung von Canudos. Die Arbeit des IPMC umschließt u.a. die Dimensionen Spiritualität, Geschichte, Politik, Identität der Sertãobevölkerung und Kirchlichkeit. Das IPMC kooperiert mit verschiedenen Organisationen – z.B. Universitäten, Kirche, u.a.

Die kirchliche und religiöse Ausrichtung des IPMC kommt bereits durch das Gründungsumfeld des IPMC, d.h. der „Romaria de Canudos", sowie in Artikeln zu religiösen Fragen [z.B. Spiritualität, christliches Zusammenleben in Canudos, Dienst des Conselheiros, Romaria de Canudos u.a.] zum Ausdruck. Weitere Zeichen hierfür sind Beiträge katholischer Vertreter in Veröffentlichungen des IPMC: z.B. schrieb Bischof Dom Mario Zanetta[194] das Vorwort für den „Almanaque de Canudos 1993", Ruben Siqueira[195] von der CPT-Bahia schrieb das Vorwort für den „Almanaque de Canudos 1997".

---

[191] Das Holz, das Antônio Conselheiro für den Bau der Kirche in Juazeiro gekauft hatte, wurde zur Romaria de Canudos im Jahr 1995 dem IPMC übergeben. Vgl. Santana Pinho, Patricia de, Revisitando Canudos hoje no Imaginário popular, 1996, 141.
[192] Vgl. z.B. Instituto Popular de Canudos, Almanaque 1996, 1995, 1.
[193] Bei meinem Besuch im IPMC am 26.06.2008, konnte ich die genannten Materialien des IPMC begutachten.
[194] Zanetta, Dom Mario, Bischof der Diözese Paulo Afonso-BA, hat das Vorwort zu dem Almanaque de Canudos 1993, geschrieben. Vgl. Instituto Popular de Canudos, Almanaque de Canudos 1993, 1992.
[195] Siqueira, Apresentação, in: IPMC, Almanaque de Canudos 1997, 1996, 1.

3.2.7 Sozialistische und kommunistische Deutungen

Canudos wurde von mehreren Autoren als sozialistische[196] oder kommunistische[197] Bewegung gedeutet. Geschichtlich haben sich hinsichtlich der Begriffe Sozialismus und Kommunismus unterschiedliche Varianten entwickelt. In diesem Abschnitt sollen die Interpretationen der beiden Autoren Ruí Facó[198] und Edmundo Moniz[199] beispielhaft vorgestellt und analysiert werden.

<u>Rui Facó</u>

Der Rechtswissenschaftler und Journalist Ruí Facó beschreibt das Zusammenleben in Canudos als einen „primitiven Kommunismus". Er nimmt Bezug auf „Os sertões" und erläutert die Elemente, die seine Einschätzung begründen:

„Gemäß glaubwürdiger Zeugen, praktizierten die Bewohner von Canudos, zumindest während des bewaffneten Kampfes, eine Art von ‚primitivem Kommunismus'... persönliche Aneignung von beweglichen Objekten und der Häuser, absolute Gemeinschaft des Landes, der Weideflächen, der Herden und der Produkte der Landbebauung, deren Besitzer

---

[196] Der „Sozialismus" entwickelte sich mit verschiedenen Ausprägungen (z.B: Frühsozialismus der später auch utopischer Sozialismus genannt wurde, marxistischer Sozialismus, christlich geprägte Formen des Sozialismus u.a.). Das LThK gibt folgende allgemeine Erläuterung: *„Die Konjunktur v. Sozialismus begann um 1800, wobei die ursprünglich rechtsphilos. Bedeutung bald sozialphilosophisch erweitert wurde. In verschiedenen Varianten tritt der Sozialismus kapitalismuskritisch für soz. Ausgleich in einer solidarisch-partizipativen Ges.-Ordnung ein."* Anzenbacher, Sozialismus, in: LThK, Band 9, 2000, 781-783.

[197] Geschichtlich prägten sich verschiedene Formen des Kommunismus aus. Eine allgemeine Definition des Kommunismus gibt das LThK: *„Als kommunistisch wird eine Gesellschaft bezeichnet, in der auf der Grdl. des Gemeineigentums die Menschen als Gleiche unter Gleichen gemeinsam ihr Leben führen. In der Bestimmung des Ausmaßes, in dem das Privateigentum durch Gemeineigentum abgelöst wird (z.B. Produktionsmittel, Geldeigentum, geistliches Eigentum), und in dem Gleichheit herrschen, sowie in der Frage, wie diese Ges. hergestellt werden soll, unterscheiden sich die Vorstellungen. Die Forderung nach Gleichheit kann die Forderung nach Beseitigung polit. Herrschaft einschließen."* Ehlen, Kommunismus I. Begriff, in: LThK, Band 6, 1997, 223.

[198] Vgl. Facó, Cangaçeiros e fanáticos, 1978.

[199] Vgl. Moniz, Canudos, a guerra social, 1978.

erhielten eine geringfügige Quote und gaben den Rest an die Gemeinschaft zurück."[200]

Die Gründe für die Entstehung der Bewegung Canudos sieht Rui Facó in der vorherrschenden Situation der Unterdrückung auf dem Land. Facó schreibt:

„Die Situation der Armen auf dem Land, am Ende des Jahrhunderts [19.Jh.] und selbst im ganzen 20. Jahrhundert unterscheidet sich nicht von jener im Jahr 1856. Es war mehr als natürlich, es war legitim, dass diese Menschen ohne Land, ohne Güter, ohne Rechte, ohne Garantien einen Ausweg suchten, in den Gruppen von ‚cangaçeiros', in den Sekten der ‚fanáticos', im Umkreis von ‚beatos' und ‚conselheiros' und von der Eroberung eines besseren Lebens träumten."[201]

Rui Facó unterteilt Landbevölkerung, Großgrundbesitzer und die einflussreiche Bevölkerung in Klassen und beschreibt deren Verhältnis wie folgt:

„Die dominierende Klasse im Agrarwesen sah im Landarbeiter den Sklaven, der er faktisch und juridisch war. Selbst nach der ‚abolição' [Abschaffung der Sklaverei]... wurde der Landarbeiter weiterhin als Halbsklave angesehen. Die Klasse der Armen auf dem Land befand sich am Rand der bestehenden Gesellschaft."[202]

Die oligarchische Gesellschaftsordnung im Sertão und die daraus resultierende Unterdrückung der Landbevölkerung löste für Facó die Entstehung religiöser Bewegungen aus. Dabei schätzt er die religiöse Dimension der Bewegungen als reines Mittel zum Zweck der Befreiung ein[203] und erkennt darin die Realität eines Klassenkampfes wieder, den die verarmte Bevölkerung unbewusst führte.[204] Die Bedeutung der Bewegung von Canudos ist für Facó, 66 Jahre nach Ende des Krieges, sehr groß. Insbesondere für die Landbevölkerung stelle die Bewegung von Canudos das Beispiel einer Befreiungsbewegung dar. So schreibt Facó:

---

[200] Facó, Cangaçeiros e fanáticos, 1978, 93.
[201] Facó, Cangaçeiros e fanáticos, 1978, 13.
[202] Facó, Cangaçeiros e fanáticos, 1978, 28.
[203] Vgl. Facó, Cangaçeiros e fanáticos, 1978, 118.
[204] Vgl. Facó, Cangaçeiros e fanáticos, 1978, 118.

„Der Epos Canudos bleibt in unserer Geschichte als Erbe der Massen des Landes und ein Sieg der revolutionären Bewegung für ihre Befreiung."[205]

Edmundo Moniz

Der Historiker, Poet und Theaterwissenschaftler Edmundo Moniz bringt zu Beginn seines Buches „A guerra social de Canudos"[206] (Der soziale Krieg von Canudos) zum Ausdruck:

„Canudos war der Versuch, eine sozialistische Gesellschaft im Sertão zu gründen, wobei man das Faktum im Blick hatte, dass das Bürgertum sich um die Großgrundbesitzer vereinte, als man sich die politische Macht mit der Proklamation der Republik aneignete, anstatt die Agrarreform zu tätigen, eine historische Aufgabe, die ihm zur Realisierung zukommt."[207]

Zur Beurteilung von Canudos zieht Moniz Autoren wie Friedrich Engels heran und schreibt:

„Engels signalisiert dass das Asketentum nicht nur ein Charakteristikum aller Bauernbewegungen des Mittelalters ist, sondern auch die religiöse Einfärbung für die Arbeiterbewegung in ihrer Anfangsphase gibt."[208]

Die Askese war eines der durchtragenden religiösen Elemente auf der 19jährigen Peregrination Antônio Conselheiros und auch in Canudos. Edmundo Moniz ordnet die Bewegung von Canudos in eine Linie mit den Bauernbewegungen des Mittelalters und der Arbeiterbewegung ein. Letztlich betrachtet auch Moniz die Religiosität in Canudos mehr als Mittel zum Zweck der Befreiung von Unterdrückung, denn als Wert an sich. Canudos wird von Moniz als Arbeiterbewegung in der Anfangsphase angesehen, der „noch" ein religiöser Aspekt anhängt, welcher letztlich aber nicht konstitutiv ist. Moniz geht davon aus, dass Antônio Conselheiro eine Vision von einer Gesellschaft hatte, die auf urchristlichen Prinzipien, z.B. auf dem Prinzip der Gleichheit aller beruhte. Aus den

---

[205] Facó, Cangaçeiros e fanáticos, 1978, 118.
[206] Moniz, Canudos, a guerra social, 1978.
[207] Moniz, Canudos, a guerra social, 1978, 15.
[208] Moniz, Canudos, a guerra social, 1978, 30.

Erwähnungen von Thomas Moore[209] in den Predigten des Conselheiros schließt Moniz, dass der Conselheiro Mores Werk „Utopia"[210] kannte, in dem der englische Kanzler die Utopie einer Gesellschaft auf der Basis christlicher Werte beschreibt. Das Werk „Utopia" hätte, so Moniz, Einfluss auf die Gestaltung des Zusammenlebens in Canudos gehabt.[211] Daher spricht Moniz vom „Utopismus" in Canudos:

„Die Gleichheitsbewegungen (movimentos igualtários) sind alle einmalig ähnlich, sei es auf dem Feld der Ideen oder der Aktion. Antônio Conselheiro hatte ein wenig von Thomas Münzer, von Tomas More, von Pugachev, von Fourier und von Owen. Durch die Kraft der historischen Bewegung, in der er lebte, gab es in seiner Bewegung die Fusion der Ideen, die auf dem Land die Gleichheitsaufstände der Jahrhunderte XVI, XVII und XVIII mit den Utopien der Renaissance und dem 19. Jh. begünstigten. Wenn der Utopismus auf der fantasievollen Bildung der Gesellschaft der Gleichheit aller gründete, hatten die Revolutionen gegen den Feudalismus immer die Rückkehr zum Ur-Christentum als Prinzip. Antônio Conselheiro stellte sich die Bildung einer Gemeinschaft vor, in der die christliche Gleichheit der ersten Jahrhunderte unserer Zeitrechnung vorherrschte."[212]

---

[209] Vgl. Antônio Conselheiro, in: Nogueira, Antônio Conselheiro e Canudos, 1974, 156 (479). Vgl. Moniz, Canudos, a guerra social, 1978, 31, 252.
[210] Vgl. Morus, Utopia, 1995 (1516, Erste Auflage in Latein).
[211] Vgl. Moniz, Canudos, a guerra social, 1978, 31, 39.
[212] Moniz, Canudos, a guerra social, 1978, 30. *Pugachev (Pugaschów):* Jemeljan Iwanowitsch Pugachev (1742-1775) war der Anführer eines russischen Volksaufstandes (1773-1775) unter den russischen Bauern, die sich gegen die extreme staatliche Unterdrückung wehrten. Ziel war die Errichtung eines Bauernstaates unter der Führung eines Bauernzaren. Vgl. Goerdt, Wilhelm, Russische Philosophie. Zugänge und Durchblicke, Freiburg im Breisgau, München, 1984, 256. *Fourier:* Charles Fourier (1772-1837), französischer Sozialphilosoph und Sozialist. Fourier entwarf ein System des utopischen Sozialismus, der auf eine Gesellschaftsordnung hinzielte, die auf autonomen häuslichen Agrargemeinschaften (Phalanstéres) basierte. Fourier beeinflusste die Genossenschaftsbewegung und entwickelte Modelle zu Produktionsformen, sozialer Sicherheit, Emanzipation der Frau sowie zum Recht auf Leben und Arbeit. Vgl. Winter, Michael, Charles Fourier, in: Lutz, Bernd (Hg.), Metzler Philosophenlexikon, Stuttgart, Weimar, 2003, 3. Auflage. 228-230. *Owen:* Robert Owen (1771-1858), Britischer Unternehmer, Sozialreformer und Frühsozialist. Er richtete für seine Fabrikarbeiter Mustersiedlungen ein, begrenzte die Arbeitszeit auf 10,5 Stunden pro Tag und

Man kann der Argumentation von Edmundo Moniz insofern folgen, als es durchaus Parallelen zwischen Canudos und „Utopia" gibt. Beispielsweise schreibt Thomas More:

„Ihr seht schon, es gibt dort [in Utopia] nirgends eine Möglichkeit zum Müßiggang, keinen Vorwand zum Faulenzen. Keine Weingeschenke, kein Bierhaus, nirgends ein Bordell, keine Gelegenheit zur Verführung, keine Spelunken, kein heimliches Zusammenhocken,... da dieser Überfluss gleichmäßig allen zugute kommt, ist es ganz natürlich, dass es Arme oder gar Bettler nicht geben kann."[213]

Das Sozialwesen in Canudos hatte Züge von Thomas Mores „Utopia". Berichtet wird z.B., dass es in Canudos weder Prostituierte noch Alkoholkonsum gab. Ebenso wird von der Sorge und der Zuwendung an die Armen berichtet. Andererseits existieren in „Utopia" auch Sklaven,[214] die z.B. aufgrund von Straftaten in diesen Stand traten. Antônio Conselheiro hingegen lehnte die Sklaverei ab. Viele ehemalige Sklaven kamen nach Canudos, weil sie dort ein besseres und menschenwürdigeres Leben führen konnten. Edmundo Moniz weist des Weiteren auf den friedfertigen Charakter von Canudos hin:

„Antônio Conselheiro dachte nicht daran, sich gegen die Regierung aufzulehnen. Entgegen den gewaltvollen Lösungen glaubte er an eine friedliche Form der Gleichheit zwischen den Menschen mit der Auflösung der sozialen Klassen."[215]

Eine eindeutige Kenntnis des Werkes „Utopia" kann weder durch die Predigtmanuskripte des Conselheiros noch durch andere Quellen eindeutig bewiesen werden. Einige, von Moniz aufgezeigte Parallelen sind jedoch vorhanden. Der Historiker Marco Antônio Villa räumt die Möglichkeit ein, dass Antônio Conselheiro Thomas Mores Werk „Utopia" vor der

---

verbot die Kinderarbeit und wirkte an den ersten britischen Arbeiterschutzgesetzen mit. Owen richete Läden ein, wo er seine Produkte fast zum Selbstkostenpreis abgab. Owen entwickelte eine Vision einer Gesellschaftsreform auf der Basis von Gemeinschaftssiedlungen mit gleichem Anteil aller am Ertrag der Produktionsstätten. Dies schrieb er in seinem Werk „A new view of society" 1813-14 nieder. Vgl. Gillies, Robert Owen, in: Lutz, Bernd (Hg.), Metzler Philosophenlexikon, 2003, 529-530. Vgl. Simon, Robert Owen, in: Eisler, Philosophen-Lexikon, Leben, Werke und Lehren der Denker, 1912, 523.
[213] Morus, Utopia, 1995, 80.
[214] Vgl. Morus, Utopia, 1995, 75, 105 ff.
[215] Moniz, Canudos, a guerra social, 1978, 37.

Gründung von Belo Monte gelesen hatte.[216] Für Moniz stellt Canudos eine Bewegung der Gleichheit aller Mitglieder dar und er spricht von der Auflösung der sozialen Klassen in Canudos.

Kritische Stimmen zur sozialistischen und kommunistischen Deutung von Canudos

Eine Reihe von Wissenschaftlern lehnt eine sozialistische oder kommunistische Interpretation von Canudos ab. Der bekannteste unter ihnen ist José Calasans. Calasans verdeutlicht seine Position anhand der ökonomischen Organisation in Canudos:

„Antônio da Mota war ein Händler für Leder und an der Theke: Er war ein Exporteur, ist das deutlich? Antônio Vilanova hatte ein gut sortiertes Geschäft, er verkaufte Schulhefte, die er in Juazeiro holen ließ. Die Schule musste bezahlt werden, das ist ein Zeichen dafür, dass es ein interessantes ökonomisches Leben gab. Deshalb kann man nicht akzeptieren, dass Canudos sozialistisch war."[217]

In Canudos gab es noch weitere Händler, z.B. Joaquim Macambira und Noberto das Baixas.[218] Von Antônio Vilanova ist bekannt, dass er auch außerhalb von Canudos ein Geschäft unterhielt, sowie eigenes Land in Canudos bewirtschaften ließ. Diese Fakten sprechen deutlich gegen eine sozialistische Realität in Canudos. Auch Marco Antônio Villa lehnt eine sozialistische Interpretation von Canudos ab. Villa erläutert:

„Es trifft nicht zu, die Existenz eines vermuteten utopischen Sozialismus in Betracht zu ziehen, der zu einer unentgeltlichen Übergabe des Landes an die neuen Bewohner gehört. Auf dem Areal gab es das Eigentumsrecht über die familiäre Produktion, sowie eine gemeinsame Kasse – organisiert mit einem Teil der überschüssigen Produktion der Gemeinschaft –, die den Teil der Bevölkerung versorgte, der nicht die Bedingungen hatte, sich selbst würdig zu unterhalten. Die ökonomische Organisation hatte den Kommunitarismus als Basis, dies bedeutet die Verantwortung jedes einzelnen für den Unterhalt des Kollektivs."[219]

---

[216] Vgl. Villa, Canudos, o povo da terra, 1995, 54.
[217] Calasans, José, in: Villa, da Costa Pinheiro (colaboração), Calasans, um depoimento para a história, 1998, 86.
[218] Vgl. Calasans, Quase biografias de jagunços, 1986, 55-69.
[219] Villa, Canudos, o povo da terra, 1995, 65.

Auch Eduardo Hoornaert lehnt einen in Canudos vermuteten Sozialismus ab [vgl. 2.2.4 und 2.2.5].[220] Bei allen Interpretationen, die Canudos als eine sozialistische, eine kommunistische oder utopische Gemeinschaft darstellen, muss im Blick bleiben, dass es im Sertão die traditionell verankerte gemeinschaftliche Zusammenarbeitsform „mutirão" gibt. Die „mutirão" hat weder sozialistische noch kommunistische Wurzeln, sondern stammt aus der Kultur der Sertãobevölkerung. Die Autoren, die in Canudos eine sozialistische bzw. kommunistische Gesellschaft sehen, neigen dazu, die Mutirãostruktur für ihre Interpretation zu vereinnahmen.

Aufgrund der ökonomischen Analyse und der religiösen Verwurzelung, kann Canudos nicht als sozialistische oder kommunistische Bewegung eingeordnet werden. Die soziologischen Analysen, die in der Situation der Unterdrückung der Landbevölkerung den Ausgangspunkt für die Bewegung von Canudos sehen, weisen damit auf ein wichtiges Faktum hin. Ohne die von Antônio Conselheiro vorgelebte und gepredigte religiöse Dimension wäre Canudos jedoch nicht entstanden. Dass Antônio Vicente Mendes Maciel, mit seiner guten Schulbildung, um das Werk Utopia oder um Auszüge daraus wusste, kann weder ausgeschlossen noch bewiesen werden. Fakt ist, dass der Conselheiro Thomas More als Vorbild in seinen Predigten benennt. Mehr ist nicht nachweisbar. Parallelen zwischen Thomas Mores „Utopia" und der Gesellschaftsform in Canudos sind vorhanden. Ob diese Parallelen aufgrund des Wissens um Mores Werk Utopia entstanden, bleibt spekulativ. Der Beitrag der traditionellen Gemeinschaftsarbeitsform „mutirão" sowie biblischer Texte, wie sie in den Predigtmanuskripten des Conselheiros vorgefunden werden, sind hinsichtlich der Gestaltung der Gesellschaft in Canudos die maßgeblichen Einflussfaktoren.

3.2.8 Presse und Internet

Canudos in der Presse:

In Zeitungen und Zeitschriften ist Canudos in unterschiedlichster Weise aufgegriffen und verarbeitet worden. Die Bandbreite reicht von Interviews mit Nachfahren der Bewohner von Canudos, über thematische Bezüge, wie z.B. die Agrarreform, Essays, historische Darstellungen, künstlerische und kulturelle Aktivitäten u.a. In den Jahren der 100jährigen Jubiläen von Canudos (1993 Errichtung, 1997 Zerstörung

---

[220] Vgl. Hoornaert, Os anjos de Canudos, 1997, 20, 32.

von Belo Monte) gab es eine starke Resonanz zum Thema Canudos in der Presse. In vielen Artikeln und Sonderbeilagen von Tageszeitungen wie z.b. der „Folha de São Paulo", „O Povo", „Diário do Nordeste" und Zeitschriften wie der „Veja" kam das zum Ausdruck.[221]
Auch in Deutschland berichteten Tageszeitungen über Canudos.[222] In Bezug auf die in Brasilien seit Jahren eingeforderte „Agrarreform" wird Canudos immer wieder erwähnt und bearbeitet. Eine Liste von Publikationen zum Thema Canudos in der Presse ist exemplarisch im Literaturverzeichnis angefügt. In den Zeitschriften werden Artikel aus verschiedenen Bereichen veröffentlicht. Hier einige Beispiele:
- Literatur [Roberto Ventura, Angela Gutiérrez].[223]
- Historie [José Calasans, Marco Antonio Villa, Dawid Danilo Bartelt].[224]
- Theologie und Kirchengeschichte [Eduardo Hoornaert],[225]
- Militärstrategie [Frederico Pernambucano de Mello],[226]
- Archäologie [Paulo Zanetti und Erica M. R. Gonzales],[227]

---

[221] Sonderbeilagen wurden u.a. von folgenden Tageszeitungen herausgegeben: Folha de São Paulo, am 21.09.1997, O Povo (Fortaleza-CE), am 04. und 05.10.1997, Diário de Nordeste (Fortaleza-CE), am 21.09.1998. Vgl. auch Veja, São Paulo-SP, n. 1.511, vom 03.09.97.
[222] Bartelt, Antônio Conselheiro und die rote Krawatte, in: Frankfurter Rundschau, Zeit und Bild, 04.10.2010, 2.
[223] Vgl. Ventura, O remorso de Euclides, in: Folha de São Paulo, Beilage Mais! Sangue sobre Canudos, São Paulo-SP, 21.09.1997, 8. Vgl. Gutiérrez, A guerra do fim do mundo na ficção canudiana, in: O Povo, sábado, 04.10.1997, 7.
[224] Vgl. Calasans, O Bom Jesus do Sertão, in: Folha de São Paulo, Beilage Mais! Sangue sobre Canudos, 21.09.1997, 5. Vgl. Villa, A aurora de Belo Monte e a tradição sertaneja, in: Diário do Nordeste, Beilage "Canudos", 21.09.1997, 2. Vgl. Bartelt, Antonio Conselheiro und die rote Krawatte, in: Frankfurter Rundschau, Zeit und Bild, 04.10.2010, 2.
[225] Vgl. Hoornaert, Um santo Brasileiro, in: O Povo, Beilage Sábado, O Épico de Canudos, 04.10.1997, 12. Hoornaert, O sonho dos espaços sagrados, in: Folha de São Paulo, Sonderbeilage Mais! Sangue sobre Canudos, 21.09.1997, 6.
[226] Vgl. Pernambucano de Mello, Baionetas afiadas na ‚Guerra do fim do mundo', in: Diário do Nordeste, Beilage Canudos, 21.09.1997, 5.
[227] Vgl. Zanetti, Gonzales, Arqueologia na caatinga revisita tragédia nordestina, in: Diário do Nordeste, Beilage Canudos, 21.09.1997, 8. In diesem Artikel untersuchen die Autoren archäologische Spuren in Canudos und deuten deren Bedeu-

- Kunst, z.B. von Descartes Gadelha [Rodrigo de Almeida],[228]
- Soziologie [João Arruda],[229]
- Film, z.B. „Guerra de Canudos" von Sergio Rezende [Rodrigo de Almeida],[230]
- Interviews mit Nachfahren von Canudos, wie z.B. João de Regis und João Siqueira,[231]
- Gedichte zu Canudos, z.B. vom Volksdichter Patativa de Assaré [Eleuda de Carvalho],[232]
- regionale Aktionen zum Thema Canudos, wie z.B. die „Celebração popular de Canudos", die von Enoque de Oliveira maßgeblich geprägt wird [Eleuda de Carvalho],[233]
- Berichte von wissenschaftlichen Symposien, z.B. an der UFC in Fortaleza-CE.[234]

Alles in allem kann gesagt werden, dass in Zeitungen und Zeitschriften eine Berichterstattung stattfand und stattfindet, die sich stark wissenschaftlicher Erkenntnisse bedient und den aktuellen Forschungsstand weiter gibt. Durch die Zeitungen wurden wissenschaftliche Erkenntnisse einer breiten Öffentlichkeit vermittelt. Damit trugen sie maßgeblich zur Entstehung eines neuen Bildes über Canudos in der Gesellschaft bei.

---

tung auf das Zusammenleben und die Wirtschaftsweise der Gemeinschaft von Belo Monte, vor und während des Krieges hin.

[228] Vgl. Almeida, Sertão de fogo, in: O Povo, Beilage Sábado, O épico de Canudos, 04.10.1997, 6.

[229] Arruda, A vingança do poder contra o araial do Conselheiro, in: O Povo, sábado, 04.10.1997, 7A.

[230] Vgl. Almeida, Épico de Sonho, in: O Povo, Beilage Sábado, O épico de Canudos, 04.10.1997, 9.

[231] Vgl. Carvalho, Meu Avô foi Antônio Conselheiro, in: O Povo, vida e arte Canudos, 05.10.1997, 5G. Vgl. Carvalho, Viagem ao vale da morte, in: O Povo, vida e arte Canudos, 05.10.1997, 7G. Vgl. Carvalho, Os últimos dias do peregrino, in: O Povo, vida e arte Canudos, 05.10.1997, 8G.

[232] Vgl. Carvalho, Um guerrilheiro de Assaré a serviço de Canudos, in: O Povo, vida e arte Canudos, 05.10.1997, 4G.

[233] Vgl. Carvalho, Na terra dos vagalumes, in: O Povo, vida e arte Canudos, 05.10.1997, 6G.

[234] Paula, Um século de Canudos, in: O Povo, vida e arte, 25.09.1997, 2B.

Alles in allem wird mit Respekt und Sachlichkeit über die Bedeutung von Canudos berichtet.[235]

Canudos im Internet

Einen guten Überblick über Qualifikationsarbeiten u.a. Publikationen zum Thema Canudos in verschiedenen wissenschaftlichen Disziplinen gibt die Internetseite „Portfolium".[236] Es gibt zahlreiche weitere Erwähnungen von Canudos im Internet. Die Abfrage zu Stichworten hinsichtlich der Bewegung von Canudos liefert einen ersten Eindruck:[237]

Suchbegriffe	Erwähnungen
Antônio Conselheiro	2.820.000
Canudos	1.030.000
Antônio Conselheiro religião (portugiesisch)	161.000
Antônio Conselheiro Religion	12.600
Antônio Conselheiro pastoral	70.400
Canudos religião (portugiesisch)	76.500
Canudos Religion	9.790
Canudos pastoral	12.100

Die Anzahl an Erwähnungen zu den verschiedenen Suchbegriffen ist groß, was ein Anzeichen für eine starke Rezeption von Antônio Conselheiro und Canudos im Internet ist. Eine genaue Analyse der Interneterwähnungen zum Thema Canudos ist eine Aufgabenstellung, die im Rahmen einer eigenen Dissertation bearbeitet werden könnte. Im Rahmen dieser Arbeit sollen exemplarisch folgende Bereiche der Interneterwähnungen dargestellt und erläutert werden:

---

[235] Einen Überblick über die Verschiedenartigkeit und Vielfalt der Pressepublikationen gibt der Abschnitt Zeitungen und Zeitschriften im Literaturverzeichnis dieser Arbeit, in dem die mir vorliegenden Pressepublikationen aufgeführt sind.
[236] Olavo, http://canudos.portfolium.com.br/, Zugrifff am 07.02.2010. Auf dieser Internetseite, die vom Filmemacher Antônio Olavo betreut wird, sind zum Thema Canudos folgende wissenschaftliche Publikationen aufgelistet: 205 wissenschaftliche Bücher, 36 Dissertationen und Lizentiatsarbeiten, 51 wissenschaftliche Fachartikel und eine Biographie.
[237] Die Abfrage wurde am 10.03.2010 über das Programm „Google" vorgenommen.

- Es gibt zahlreiche Bilder, z.B. Fotos, die Flavio Barros während des Krieges in Canudos gemacht hat, Bilder von Kunstwerken [z.B. von Descartes Gadelha], Zeichnungen, Lithographien, Bilder aus dem heutigen Canudos, Bilder von Filmen u.a.[238]
- Internetbeiträge gewähren eine Übersicht über Publikationen, Bücher, Dissertationen, sowie über weitere Dokumente und Materialien in Bezug auf Canudos.[239]
- Artikel in freien Internetenzyklopädien, wie z.B. „Wikipedia" geben historische und biografische Informationen zu „Antônio Conselheiro"[240] oder „Canudos"[241], u.a. Begriffe, die in Bezug zur Bewegung von Canudos stehen.
- Es gibt Artikel, die Beiträge zur pastoralen Bedeutung von Canudos liefern,[242] dabei spielt der Aspekt der Landfrage in Brasilien oft eine bedeutende Rolle.[243]

Alles in allem kann gesagt werden, dass Internetbeiträge die Bewegung von Canudos weltweit bekannt machen und einen schnellen Zugriff auf den aktuellen Stand der Informationen ermöglichen. Antônio Conselheiro und Canudos werden in einer großen Bandbreite und von unterschiedlichsten Organisationen im Internet bearbeitet. Über das Internet gelangen Informationen über Canudos in den Zugriff der allgemeinen Bevölkerung, wodurch ein deutlicher Bildungsbeitrag geleistet wird.[244]

---

[238] Vgl. Google, http://images.google.de/images?um=1&hl=de&client=firefox-a&rls=com.google:de:official&channel =s&tbs=isch:1&q=Antônio+Conselheiro&sa=N&start=18&ndsp=18, Zugriff am 13.03.2010.
[239] Vgl. Olavo, http://www.portfolium.com.br/, Zugriff am 13.03.2010.
[240] Vgl. http://pt.wikipedia.org/wiki/Antônio_Conselheiro, Zugriff am 13.03.2010.
[241] Vgl. http://pt.wikipedia.org/wiki/Canudos, Zugriff am 13.03.2010.
[242] Vgl. Araújo Sá, Memória coletiva e memória histórica, in: http://br.monografias.com/trabalhos/memorias-confronto-comemoracoes-centenarios-canudos/memorias-confronto-comemoracoes-centenarios-canudos2.shtml, Zugriff am 14.06.2007 und 14.03.2010.
[243] Vgl. http://www.serviam.de/berichte/archiv/bericht3.htm, Zugriff am 14.03.2010.
Vgl. Araújo Sá, http://www.ncsu.edu/project/acontracorriente/fall_08/fernando_de_ara.pdf, Zugriff am 14.03.2010.
[244] Weitere Internetseiten zu Canudos, siehe: Matos Martins, A reinvenção do sertão, 2001, 187-188.

3.3 Pastorale Wirkungsgeschichte

Canudos wird im kirchlichen Raum von Organisationen und Vertretern, die der Kirche zugeordnet sind, mit unterschiedlichen Schwerpunkten aufgegriffen. Die sich daraus entwickelnde Wirkungsgeschichte von Canudos im kirchlichen Raum und deren pastorale Bedeutung werden in diesem Abschnitt dargestellt und analysiert. Dabei richtet sich der Blick insbesondere auf die Beiträge, die den Weg zur kirchlichen Anerkennung der Bewegung von Canudos begleiteten und die Werte, die an Canudos geschätzt werden. Darüber hinaus erarbeitet dieser Abschnitt die aktuellen kirchlichen Bezüge heraus, d.h. die kirchlichen Organisationen und Gruppierungen, thematischen Schwerpunkte und Interpretationen, die die Bewegung von Canudos heute rezipieren.

Der erste Blick richtet sich auf die Stellungnahmen der offiziellen brasilianischen Kirche, d.h. der brasilianischen Bischofskonferenz CNBB, der Diözesen und deren Vertreter. Dem folgt eine Analyse der Verarbeitung von Canudos in den kirchlichen Basisgemeinden (CEBs), die eine Interpretation von Canudos aus der Sicht der Volkskirche darstellen, die die ersten pastoralen Rezeptionen von Canudos vornahmen und wichtige Impulse zur innerkirchlichen Anerkennung von Canudos setzten. Die im Anschluss untersuchte Revista Eclesiástica Brasileira (REB) ist eine kirchliche Zeitschrift, an deren Publikationen man die kirchlich wichtigen Themen aus brasilianischer Perspektive nachverfolgen kann. Die Publikationen der REB sind daher ein Gradmesser für die Bearbeitung von Canudos und dessen Bedeutung in der Kirche.

Mit der „Comissão Pastoral da Terra" (CPT), der „Movimento Popular Histórico de Canudos" (MPHC) und der „Romaria de Canudos" folgen drei Rezeptionen von Canudos, die sich stark der Landfrage widmen. Dabei handelt es sich bei der CPT um eine in ganz Brasilien, bei der MPHC und der Romaria de Canudos um eine in der Region von Canudos agierende Organisationen. Der Schwerpunkt der beiden folgenden Abschnitte liegt auf den religiösen und spirituellen Aspekten. Im ersten Abschnitt werden Gottesdienste, Andachten und andere pastorale Aktionen untersucht, die Canudos thematisieren, im zweiten das religiöse Liedgut aus und zu Canudos. Die Bearbeitung von Canudos ist auch an den Bauten und Wirkstätten des Conselheiros ablesbar, die in einem weiteren Abschnitt untersucht werden.

3.3.1 Brasilianische Bischofskonferenz (CNBB)

Dieser Abschnitt widmet sich der Bedeutung von Canudos für die brasilianische Amtskirche. Dazu werden die Rezeptionen der „Conferência-Nacional dos Bispos do Brasil" (CNBB), der brasilianischen Bischofskonferenz untersucht. Am Anfang steht die Darstellung der Ausgangssituation, d.h. der historische Kontext, in dem sich ein Prozess zur kirchlichen Anerkennung von Canudos ereignet hat. Es folgt die Analyse von Aussagen von Vertretern der CNBB, die im Rahmen dieses Prozesses von Bedeutung waren.

Wichtige „Kristallisationspunkte", an denen Aussagen zu Canudos getroffen wurden, stellen dabei die „Missa pelos Mártires de Canudos" und die CPT dar. Es fällt auf, dass die CNBB kein Dokument veröffentlicht hat, in dem sie sich eigens mit der Bewegung von Canudos befasst hat. In diesem Abschnitt wird daher eine Übersicht der in der CNBB vorhandenen Einschätzungen zur Bewegung von Canudos, anhand der Äußerungen und Handlungen von Bischöfen der CNBB, der Analyse der Homepage der CNBB sowie weiterer Veröffentlichungen dargestellt. Auf dieser Basis wird eine Einschätzung zur Bewertung von Canudos in der CNBB und zum kirchlichen Anerkennungsprozess von Canudos getroffen.

Der Kontext des kirchlichen Anerkennungsprozesses von Canudos

Wie in den Abschnitten 2.3.4 und 2.4.1 dargestellt, trugen die Verlautbarungen und die Handlungen von Priestern und insbesondere der Bischöfe der Erzdiözese Bahia maßgeblich dazu bei, dass es zur militärischen Zerstörung von Canudos kam. Canudos wurde als ein Ort von religiösen „fanáticos" abgelehnt. Nach dem Krieg und den offiziellen Feierlichkeiten zum Kriegsende begann eine „Zeit des kirchlichen Schweigens" zu Canudos, zu dessen Zerstörung und den Folgen. „Os sertões" wurde zu der umfassend anerkannten Interpretation von Canudos, die von kirchlicher Seite zumindest nicht weiter hinterfragt wurde. Canudos wurde als eine Gemeinschaft angesehen, die von einem religiösen „fanático" angeführt wurde und mit dem weitere „fanáticos" lebten. Fünf Jahrzehnte nach der Zerstörung von Canudos begann ein Wandel dieser Haltung der katholischen Kirche gegenüber der Bewegung von Canudos. Es ist der Beginn eines Prozesses, in den mehrere Faktoren einmündeten.

Eine der wichtigsten Grundlagen sind die mündlichen Überlieferungen zu Canudos, die von Odórico Tavares in den 1940er und José

Calasans ab den 1950er Jahren aufgearbeitet wurden und die in eine historische Aufarbeitung und veränderte Beurteilung mündeten.[245]

Ein weiterer Faktor war das durch das Zweite Vatikanische Konzil veränderte Selbstverständnis der Kirche und deren Auftrag gegenüber der verarmten Bevölkerung Lateinamerikas. Auf der Grundlage des Zweiten Vatikanischen Konzils[246] entstanden in den lateinamerikanischen Bischofskonferenzen (CELAM) die Dokumente von Medellín 1968 und Puebla 1979, die die Beschlüsse des Zweiten Vatikanischen Konzils auf die Realität in Lateinamerika umsetzten und in denen die katholische Kirche sich zur „vorrangigen Option für die Armen" (opção preferencial pelos pobres) bekennt. Weitere wichtige Elemente im Prozess der Neuorientierung der kirchlichen Sicht waren die Entwicklung der Befreiungstheologie und der Basisgemeinden, die in den 1960er Jahren ihren Anfang nahmen und insbesondere in den 1970er und 1980er Jahren das kirchliche Leben stark beeinflussten.

Kristallisationspunkt „Missa pelos Mártires de Canudos"[247]

Die „Missa pelos Martires de Canudos" wurde von der Bewegung „Novo Movimento Histórico de Canudos"[248] ins Leben gerufen [vgl. 3.3.6 und 3.3.7]. Die erste „Missa pelos Mártires de Canudos", die am 28. Juli 1984 am Ufer des Stausees Cocorobó stattfand, feierten der Regionalbischof der CNBB von São Paulo Dom Angélico Bernardino, der damalige Bischof der Diözese Juazeiro-BA Dom José Rodrigues de Souza und acht Priester aus der Region mit. Die Bewegung von Canudos wurde bei der „1. Missa pelos Mártires de Canudos" im Jahr 1984 erstmals öffentlich von einem Bischof als christliches Vorbild anerkannt, der auch die fehlerhafte Einschätzung durch die katholische Kirche

---

[245] Zu nennen sind dabei auch Historiker wie Abelardo Montenegro, Nertan Macedo u.a.
[246] So u.a. die pastorale Konstitution über die Kirche in der Welt von heute „Gaudium et Spes", in: Rahner Karl, Vorgrimler Herbert, Kleines Konzilskompendium, 1998, 423-552.
[247] Die „missa pelos martires de Canudos" wird auch „Missa de Canudos" genannt.
[248] Das „Novo Movimento Popular Histórico de Canudos" nannte sich später „Movimento Popular Histórico de Canudos". Davon spaltete sich eine kirchlich orientierte Gruppe ab, die die „Romaria de Canudos" organisiert.

einräumte. Dom Angélico Bernardino sagte vor einer Gruppe von ca. 1.000 Personen:

„*Canudos und der Conselheiro haben eine entscheidende Rolle bei der Aufgabe der Überprüfung der Geschichte Brasiliens gespielt ... [Die] katholische Kirche irrte im Zuge der Geschichte und bis heute darin, die Bewegung von Canudos und seinen Leiter als Fanatiker und Häretiker zu betrachten... der Conselheiro handelte, motiviert durch den reinsten Glauben.*"[249]

Diese Anerkennung war ein Schritt, der die Bewegung von Canudos innerkirchlich aus der Ecke der Häretiker und Fanatiker holte und in die Reihe der Glaubensvorbilder stellte. Der Bischof von Juazeiro-BA, Dom José Rodrigues der bei der ersten „Missa pelos Mártires de Canudos" konzelebrierte sah in Canudos eine „Gesellschaft der Gleichheit aller".[250] Er sagte:

„*Ohne es zu wollen erinnern sich die Leute an die erste christliche Gemeinschaft, die in der Apostelgeschichte beschrieben ist: ‚Die Menge derjenigen die glaubten, waren ein Herz und eine Seele'. (Apg 4,32-36) Dies war der Traum Antônio Conselheiros, an dem die herrschende Klasse dieser Zeit es nicht unterließ sich zu rächen.*"[251]

Das Faktum, dass zwei Bischöfe der CNBB an der ersten „Missa pelos Mártires de Canudos" teilnahmen und Canudos derart positiv beschrieben, ist ein deutliches Zeichen für die neue, positive Bewertung durch die Kirche. Es gibt noch weitere Bischöfe, die ihre Wertschätzung gegenüber Canudos ausdrückten, z.B. Dom Luiz Cappio OFM, der Bischof der

---

[249] „*Canudos e o Conselheiro têm papéis preponderantes na tarefa de revisão da história do Brasil... [A] Igreja Católica, ao acompanhar a historiografia oficial errou até agora ao considerar o movimento de Canudos e seu líder como fanáticos e hereges... o Conselheiro agira movido pela mais pura fé.*" Revista Veja. 08.08.1984 p.110/111, vgl. Araújo Sá, Memória coletiva e memória histórica, in: http://br.monografias.com/trabalhos/memorias-confronto-comemoracoes-centenarios-canudos/memorias-confronto-comemoracoes-centenarios-canudos2.shtml, Zugriff am 14.06.2007.
[250] Araújo Sá, Memória coletiva e memória histórica, in: http://br.monografias.com/trabalhos/memorias-confronto-comemoracoes-centenarios-canudos/memorias-confronto-comemoracoes-centenarios-canudos2.shtml, Zugriff am 14.06.2007.
[251] Rodrigues de Souza, Dom José, zitiert in: Montenegro, Fé em Canudos, 2004, 76.

Diözese Barra-BA, der im Jahr 2007 den Gottesdienst bei der „Romaria de Canudos" feierte. Er betonte, dass Antônio Conselheiro gezeigt hat, dass der Nordosten Brasiliens ein lebenswerter Lebensraum ist. Canudos sei ein Vorbild in Bezug auf die Fragestellung nach der Umverlegung des Rio São Francisco.[252] Aber nicht alle Bischöfe der CNBB beurteilen die Bewegung von Canudos so positiv wie die drei genannten. José Emiliano gibt ein Beispiel:

„ ...*Kardinal Dom Lucas Moreira Neves, der Primas von Brasilien [ehemals Erzbischof von Bahia] z.B. schrieb nicht eine einzige Zeile zu Canudos, obgleich andere Bischöfe aktiv an der Organisation der Romaria de Canudos partizipierten.*"[253]

Die Beteiligung der katholischen Kirche an der „1. Missa pelos Mártires de Canudos" und die dabei ausgesprochene neue positive Bewertung fand inner- wie außerkirchlich nicht nur Zustimmung. Aus Kreisen der politischen und intellektuellen Elite Bahias kam Kritik, z.B. in einem Editorial der Zeitschrift „A Tarde", in dem Antônio Conselheiro weiterhin als fanatischer Anführer charakterisiert wurde.[254] Die „1. Missa pelos Mártires de Canudos" wurde darin als revanchistischer Akt der progressiven Kreise der katholischen Kirche bewertet. Canudos bliebe ein Thema für wissenschaftliche Arbeiten, sei aber keine „ ...*Rechtfertigung streitbarer Aktivitäten, die das klare Ziel hätten, die soziale Ordnung auf dem Land zu destabilisieren.*"[255]

---

[252] Vgl. A Tarde, http://www.atarde.com.br/cidades/noticia.jsf?id=799538&t =20a+Romaria+de +Canudos+reune+cerca+de+1.500+pessoa, Zugriff am 12.12.2011.
Vgl. http://www.youtube.com/watch?v=kSBBy5pKR1I&feature=related, Zugriff am 17.01.2010.
[253] Emiliano, Canudos vive, http://www2.fpa.org.br/portal/modules/news/print. php?storyid=2470, Zugriff am 14.07.2010.
[254] Vgl. Araújo Sá, Memória coletiva e memória histórica, in: http://br.monografias.com/trabalhos/memorias-confronto-comemoracoes-centenarios-canudos/memorias-confronto-comemoracoes-centenarios-canudos2.shtml, Zugriff am 14.06.2007.
[255] „...*para justificar atividades militantes que têm claro objetivo de desestabilização social no campo.*" A Tarde, 26.07.1984, in: Araújo Sá, Memória coletiva e memória histórica, http://br.monografias.com/trabalhos/memorias-confronto-comemoracoes-centenarios-canudos/memorias-confronto-comemoracoes-centenarios-canudos2.shtml, Zugriff am 14.06.2007.

Die Anerkennung der Bewegung von Canudos wird in „A Tarde" als tendenziös bezeichnet:

„*Die Szenerie von Canudos zu erheben und die Fakten zu verdrehen, führt zu einer tendenziösen Ausdeutung der Person Antônio Conselheiros, die nicht zutreffend ist. Im tiefsten wäre das nicht mehr als eine Provokation, die von der Hierarchie der Kirche abgelehnt würde, einer Institution, die im Lauf der Zeiten immer mit dem Kruzifix und dem Rosenkranz die Erscheinungen des Messianismus und Fanatismus bekämpfte.*"[256]

Für die CNBB ergab sich aus der dargestellten Reaktion eine ambivalente Situation, in der die Wandlung der Position gegenüber Canudos gerechtfertigt werden musste. Generell kann gesagt werden, dass die brasilianische Bischofskonferenz CNBB heute zur Bewegung von Canudos ein versöhntes Verhältnis hat. Die Werte und der Beispielscharakter von Canudos werden von der CNBB gewürdigt und anerkannt, was auch in Stellungnahmen weiterer Bischöfe der CNBB seinen Ausdruck findet [vgl. 3.3.5 und 3.3.6].

Kristallisationspunkt „Comissão Pastoral da Terra"

Ein weiterer „Kristallisationspunkt" und Meilenstein auf dem Weg zur heutigen Anerkennung von Canudos durch die katholische Kirche ist die CPT [vgl. 3.3.5], durch die insbesondere Landbesitzer kleinerer Flächen, Indios und Landlose unterstützt werden und gleichzeitig die ungerechte Landverteilung in Brasilien kritisiert wird. Dom Pedro Casadáliga, emeritierter Bischof von São Felix do Araguaia, hat mit seinem Engagement die Arbeit der CPT wesentlich mitgeprägt. Er ordnet die Bewegung von Canudos wie folgt ein:

„*Canudos und der Quilombo von Palmares waren die beiden herausragenden Beispiele einer alternativen Gesellschaft. An beiden Orten lebten Arme, ehemalige Sklaven, Krieger, Bauern und ihre Angehörigen in einer authentischen Rassendemokratie. Vor allem aber war Canudos das erste große Lager der Landlosen. Das Motto ‚Besetzen, Widerstehen und*

---

[256] „*Remontar o cenário de Canudos, invertendo os fatos e apresentando uma versão tendenciosa da figura de Conselheiro, não tem cabimento. No fundo, não passa de uma provocação que caberia ser abortada pela hierarquia da Igreja, instituição que, ao longo dos tempos, sempre combateu com o crucifixo e o rosário as manifestações messiânicas de fanatismo.*" A Tarde, 26.07.1984, 6.

Produzieren' wurde in Canudos gelebt. Sie besetzten, widerstanden vier Feldzügen des Heeres und produzierten."²⁵⁷

Dom Pedro Casadáliga ist eine Stimme aus der CNBB. Er weist auf die enge Verbindung von Canudos mit den Landlosen hin. Seine Äußerungen stellen eine Wertschätzung von Canudos dar, als Beispiel für eine alternative Gesellschaft sowie als Vorgänger und Vorbild hinsichtlich der Problematik der Landlosen. Deutlich werden die Bedeutung und die Anerkennung von Canudos durch die CNBB, wenn es um die Fragen nach der Landverteilung und einer Agrarreform geht.

Die CPT wurde von der katholischen Kirche 1975 gegründet und zu einer unabhängigen, ökumenischen Institution weiterentwickelt. Die CNBB unterstützt die CPT, z.B. durch Bischöfe in Leitungsfunktionen. Trotz der Unabhängigkeit von CNBB und CPT trägt die CNBB die Aktionen der CPT inhaltlich und faktisch mit. Zum Ausdruck kommt dies durch das Mitwirken katholischer Bischöfe an maßgeblichen Stellen der CPT und auch durch die Veröffentlichung von Artikeln der CPT auf der offiziellen Homepage der CNBB. Dort wurde am 12. Juni 2007 z.B. ein Auszug des CPT-Berichts über die Landkonflikte in Brasilien im Jahr 1996 veröffentlicht, in dem die Bewegung von Canudos in zweierlei Hinsicht von Bedeutung ist. Im ersten Zitat wird die Bewegung von Canudos in die Geschichte der Eroberung Lateinamerikas und der damit begonnenen Landkonflikte und Ermordungen gestellt. Dabei wird der Krieg von Canudos mit einem „Genozid" verglichen, der nicht vergessen werden dürfe:

„Die brasilianische Geschichte beginnt unter dem unguten Zeichen des Großgrundbesitzes; schon 1494 unterzeichneten Portugal und Spanien den Vertrag von Tordesilla und teilten Länder, Völker und Reichtümer untereinander auf. Sie massakrierten Kulturen und Körper, untersagten den wahren Bewohnern das Recht auf Grundbesitz. Die 100 Jahre, die uns vom Genozid in Canudos trennen, der im Sertão von Bahia zwischen 1896 und 1897 geschah, dürfen nicht vergessen werden, denn die Brutalität, die fast 30.000 ,sertanejos' massakrierte und dabei 5.200 Häuser und Anpflanzungen zerstörte, muss [in] unseren Gewissen ,brennen'."²⁵⁸

---

²⁵⁷ Casadáliga, Dom Pedro, zitiert in: Schulz, Günther, Landbesetzung – Hoffnung für Millionen, Eichstetten/Kaiserstuhl, 1995, 183.
²⁵⁸ „*A história brasileira se iniciou sob o signo maligno do latifúndio já que, em 1494, Portugal e Espanha, assinando o Tratado de Tordesilhas, repartiam*

Im zweiten Zitat wird Canudos als Beispiel für nicht zugestandene Bürgerrechte auf dem Land genannt und in einen Zusammenhang mit dem Massaker gebracht, das die Polizei im Bundesstaat Pará an den Landbesetzten in Eldorado de Carajas 1996 anrichtete.[259]

Weitere Stellungnahmen aus der CNBB

Zur Bedeutung von Canudos gibt es eine weitere Stimme aus der CNBB. Der Weihbischof der Erzdiözese Fortaleza Dom José Luiz Ferreira Sales beschreibt in einem Interview den Wandel in der Wahrnehmung der Bedeutung von Canudos für die Kirche wie folgt:

„Aber ich denke, heute wird er [Antônio Conselheiro] mit anderen Augen, mit viel mehr Hilfsmitteln, mit mehr Lektüre über Antônio Conselheiro aufgenommen. Ich denke in der Sozialpastoral: Antônio Conselheiro und die Bewegung von Canudos können, hinsichtlich der Sozialpastoral und der sozialen Bewegungen, die Inspiration einer Inspiration sein. Ich denke die Kirche, die in den sozialen Bewegungen der Sozialpastoral lebt, erkennt ihn an und nimmt ihn [Antônio Conselheiro] auf wie Ibiapina und viele andere. Sie [die Kirche] nimmt ihn als eine Inspiration auf."[260]

In diesem Interview weist Dom José Luiz Ferreira Sales darauf hin, dass nur wenige Studien im kirchlichen Rahmen über Antônio Conselheiro existieren. Den Schwerpunkt der heutigen Bedeutung der Bewegung von Canudos sieht er im Bereich der Sozialpastoral. Darüber hinaus erläutert er zur kirchlichen Anerkennung der Bewegung von Canudos:

„Die Anerkennung kommt nicht so sehr von einer offiziellen Kirche. Diese Gestalten werden immer gewisse Schwierigkeiten in Bezug zu offiziellen Stellen haben. Aber in den Bewegungen, in der Sozialpastoral

---

terras, povos e riquezas. Massacrando culturas e corpos, negavam o direito à terra e aos seus verdadeiros ocupantes. Os cem anos que nos separam do genocídio de Canudos, ocorrido no sertão da Bahia entre os anos de 1896 e 1897, não devem ser esquecidos, pois a brutalidade que massacrou quase trinta mil sertanejos, destruindo 5.200 casas e plantações, precisa ‚queimar' nossas consciências."
CNBB, http://www.cnbb.org.br/impressao.php?op=pagina&subop=459, Zugriff am 12.06.2007.
[259]Vgl. http://www.cnbb.org.br/impressao.php?op=pagina&subop=459, Zugriff am 12.06.2007.
[260] Interviewband, Interview 21, Dom José Luiz Ferreira Sales, vom 27.07.2009.

sieht man es heute als ein inspirierendes Element für die Kämpfe der Armen heute."[261]

Die verschiedenen in diesem Kapitel aufgeführten Beispiele von Vertretern der CNBB verdeutlichend die überwiegen positive Einstellung zu Canudos. Der Status der Anerkennung von Canudos innerhalb der Kirche und der CNBB hat sich von einer ablehnenden zu einer achtungsvollen Haltung gewandelt. Canudos ist in besonderer Weise für die Sozialpastoral und die gerechte Verteilung des Landes von Bedeutung.

3.3.2 Publikationen der Diözesen

Zur Einschätzung der Rezeption von Canudos im kirchlichen Raum ist es wichtig, Dokumente der offiziellen katholischen Kirche, z.b. von Diözesen und deren Vertretern zu untersuchen. Im Rahmen der intensiven Forschungsphase in Brasilien[262] wurde in den Diözesen Fortaleza-CE und Salvador-BA, in den Bibliotheken der genannten Städte, sowie in Quixeramobim-CE und Canudos-BA nach Dokumenten der brasilianischen Diözesen und deren Vertretern zum Thema Canudos gesucht. Darüber hinaus wurden die Homepages von 15 brasilianischen Diözesen[263] [vgl. Anhang 9] nach Veröffentlichungen zum Thema Canudos untersucht. Diese Untersuchungen ergaben folgende Ergebnisse:

1. Von den brasilianischen Diözesen[264] wurden keine offiziellen Veröffentlichungen oder Dokumente, die sich eingehend dem Thema Canudos bzw. Antônio Conselheiro widmen, gefunden.
2. Es wurden exemplarisch 16 Erzdiözesen und Diözesen in ganz Brasilien, mit dem Schwerpunkt auf den Bundesstaaten Bahia und Ceará, untersucht. 15 Diözesen hatten eine Homepage. Bei den untersuchten Erzdiözesen und Diözesen fanden sich keine Beiträge, in

---

[261] Interviewband, Interview 21, Dom José Luiz Ferreira Sales, vom 27.07.2009.
[262] Die Phase der Forschungen in Brasilien fand von Mai-August 2008 statt.
[263] Im Einzelnen handelt es sich um die Homepages der Erzdiözesen Salvador-BA, Feira de Santana-BA, Fortaleza-CE, São Paulo-SP, Rio de Janeiro-RJ, Brasilia-GO, Aracaju-SE, Olinda-Recife-PE, Belem-PA, Manaus-AM, Curitiba-PR und der Diözesen Juazeiro-BA, Iguatu-CE, Itapipoca-CE, Sobral-CE. Die Internetuntersuchung wurde am 08.05.2007, am 08. und 09.06.2010, am 19.08.2011 und am 09.01.2012 durchgeführt.
[264] Eingehend wurden die Erzdiözesen Fortaleza-CE und Salvador-BA untersucht.

denen sich die Diözesen dem Thema Canudos[265] direkt und eingehend widmeten. Auf den Homepages von zwei Diözesen[266] waren Artikel zu den „Romarias da Terra" (Landwallfahrt) veröffentlicht, in denen das Thema Canudos von Bedeutung war. Auf einer Homepage wurde Antônio Conselheiro in Bezug auf eine Volksmission erwähnt.[267] Insofern enthielten drei Homepages auf indirekte Weise Beiträge zum Thema Canudos.

3. Einzelne Bischöfe haben Beiträge zum Thema Canudos geschrieben oder Predigten dazu gehalten [vgl. 3.3.1].

Die Diözesen selbst veröffentlichen keine Werke zum Thema Canudos, sie ermöglichen jedoch auf ihren Homepages die Veröffentlichung von Beiträgen interner Gruppen, die mit dem Thema Canudos arbeiten. Dies wird an drei Beispielen aus den Homepages der Erzdiözesen Fortaleza-CE und São Paulo-SP deutlich. Die Erzdiözese Fortaleza-CE veröffentlichte auf ihrer Homepage eine Einladung der CPT zur 12. „Romaria da Terra" im brasilianischen Bundesstaat Ceará im Jahr 2005:

„Den Fußspuren der Meister Ibiapina, [Antônio] Conselheiro, Padre Cícero und Zé Lourenço folgend, ruft und motiviert uns die Feier der 12. Romaria da Terra dazu auf, für das Leben in der Dürreregion zu kämpfen, darauf vertrauend, dass die Völker des Landes und des Wassers in der Lage sind, die Schwierigkeiten durch Solidarität und Teilen zu überwinden... Gleichzeitig sind wir eingeladen ‚neue' Canudos und Calderões der Landwirtschaft zu bauen. Damit die Landarbeiter und Landarbeiterinnen in der Geschichte Widerstand leisten, indem sie auf kleinen Arealen mit Familienarbeit für den lokalen und internen Markt produzieren, durch ein diversifiziertes Produktionssystem und in Harmonie mit der Natur."[268]

---

[265] Im Rahmen der Untersuchung der Homepages der Diözesen wurde nach den Begriffen „Canudos" und „Antônio Conselheiro" gesucht.
[266] Es handelt sich um die Diözesen Fortaleza-CE und São Paulo-SP, Zugriffe am 08. und 09.06.2010.
[267] Diocese de Sobral-Paroquia de Santa Qiteria, realiza „missões populares", Zugriff am 22.01.2010, http://cebscearan1.blogspot.com/2010/01/diocese-de-sobral-paroquia-de-santa.html, Zugriff am 08.06.2010.
[268] CPT-Ceará, Carta da 12. Romaria da Terra, veröffentlicht auf der Homepage der Erzdiözese Fortaleza, http://www.arquidiocesefortaleza.org.br/noticias_integra.asp?id_noticia=1489, Zugriff am 08.05.2007.

Auch der Brief zur 14. „Romaria da Terra" unter dem Leitwort „O semiárido em romaria, por mais vida e cidadania" (Die Dürreregion auf Wallfahrt für mehr Leben und Staatsbürgertum), findet sich auf der Homepage der Erzdiözese Fortaleza-CE. Canudos, Antônio Conselheiro und anderen werden zeugenhafte Gesinnung, Erfahrung der Freiheit, Überfluss und Geschwisterlichkeit, Sensibilität und Solidarität zugesprochen. Auf der Homepage der Erzdiözese São Paulo wird Canudos im Artikel „Povo de Deus em marcha" (Gottes Volk unterwegs) im Aufruf zu Wallfahrten, [u.a. zur 10. „Romaria da Terra" der CPT] als Vorbild dargestellt.[269]

Alles in allem kann resümiert werden, dass keine eigenen offiziellen Texte oder Bücher der Diözesen zu Canudos publiziert wurden. Es werden jedoch Stellungnahmen kirchlicher Gruppen zu Canudos akzeptiert und veröffentlicht [indirekte Erwähnungen]. Berücksichtigt werden muss dabei, dass das historische Wissen über Canudos in ganz Brasilien allgemein und daher auch in den Diözesen nur gering ausgeprägt ist. Die Bearbeitung von Canudos ist regional abhängig. In Diözesen, die weiter von Canudos entfernt liegen, bietet sich der Bezug zu Canudos weniger an als in näher gelegenen. Die indirekten Erwähnungen von Canudos in den Diözesen bedeuten keine Ablehnung, im Gegenteil: An dem Faktum, dass die Briefe der CPT auf der Homepage der Diözese Fortaleza-CE veröffentlicht sind, wird deutlich, dass die Erzdiözese Fortaleza-CE die Erwähnung von Antônio Conselheiro und Canudos akzeptiert und unterstützt. Die frühere Ablehnung der Kirche gegenüber Canudos, die es bis zu den 1950er Jahren gab, ist beendet. Einzelne Aspekte an Canudos, wie das Gemeinschaftsverständnis, die Solidarität u.a. werden in kirchlichen diözesanen Kreisen weitergegeben und wirken in die Gestaltung der Pastoral ein.

3.3.3 Basisgemeinden (CEBs)

Den kirchlichen Basisgemeinden (Comunidades Eclesiais de Base – CEBs) kommt in Bezug auf Canudos eine besondere Rolle zu, da sich in ihrem Rahmen, Anfang der 1980er Jahre, die ersten pastoralen Rezeptionen von Canudos ereigneten. Dadurch leisteten die CEBs einen

---

[269] Vgl. Lima Camargo, Povo de Deus em marcha, Semanário da Arquidiocese de São Paulo - ano 53, n. 2692, 08.04.2008, http://www.arquidiocesedesaopaulo.org.br/jornal_o_sao_paulo/2008/080408/jornal_o_sao_paulo_pastorais.htm, Zugriff am 09.06.2010.

wichtigen Beitrag zum kirchlichen Anerkennungsprozess von Canudos. In diesem Abschnitt erfolgt in einem ersten Schritt eine Beschreibung dessen, was die CEBs sind und wann sie entstanden. In einem zweiten Schritt wird an Beispielen erläutert, in welcher Weise Canudos für die CEBs bedeutsam sind, und wie Canudos von den CEBs rezipiert wird.

Entstehung der CEBs

In den 1960er Jahren entstand im Kontext Lateinamerikas eine „neue Weise Kirche zu sein": Die CEBs. Die CEBs entstanden aus einen Prozess der Erneuerung der katholischen Kirche heraus. Wichtige Grundlagen dafür waren das Zweite Vatikanische Konzil (1962-1965) und die darauf folgenden Konferenzen der lateinamerikanischen Bischöfe (CELAM) in Medellín 1968 und Puebla 1979. Für die CEBs sind die Aussagen des 2. Vaticanums zur Kirche als „communio" und „pilgerndes Volk Gottes", die „Teilhabe aller Getauften am prophetischen, priesterlichen und königlichen Amt Jesu Christi" von großer Bedeutung.

Wichtig sind auch die Aussagen zur Präsenz Christi in den kleinen und armen Gemeinden (LG 26), in den Armen selbst und in den unterdrückten und leidenden Menschen (LG 8).[270] Angeregt durch die Situation der extremen Unterdrückung der verarmten Bevölkerung in Lateinamerika traf die Kirche in den genannten Konferenzen der CELAM eine „vorrangige Option für die Armen" (opção preferencial pelos pobres), wobei die CEBs eine wichtige Funktion übernahmen.

Die CEBs sind kleine christliche Gemeinschaften, in denen sich die Armen um das Evangelium und dessen befreiende Botschaft versammeln, sich selbst organisieren und sich in ihrem Kampf um Menschenwürde und Befreiung aus der Unterdrückung solidarisieren. In Puebla 1979 formulierte die CELAM:

„Die Basisgemeinden, die 1968 erst eine beginnende Erfahrung waren, reiften und vervielfachten sich darüber hinaus in einigen Ländern. In Gemeinschaft mit ihren Bischöfen, und wie es Medellín erbat, verwandelten sie sich in Zentren der Evangelisierung sowie in Motore der Befreiung und der Entwicklung."[271]

---

[270] Sievernich, Basisgemeinden, in: LThK, Bd. 2, 1994, 74.
[271] CELAM, CNBB (Conferência Nacional dos Bispos do Brasil, Hg.), 3. Conferência Geral do Episcopado Latino-Americano, Puebla. A evangelização no presente e no futuro da América Latina, texto oficial da CNBB, Pertrópolis-RJ, 1982, 4. Auflage, 96 (S. 81).

Dabei geht es den CEBs um eine „Inkulturation"²⁷² des Evangeliums, in die jeweilige Situation der Gesellschaft, in der die Mitglieder der jeweiligen Basisgemeinden leben. Marcello Azevedo weist in Bezug auf die Inkulturation auf zwei Aspekte hin:

*„Einerseits gibt die theologische Reflektion aus der Sicht und zum Dienst an der spezifischen soziokulturellen Realität, der Theologie, die auf diese Weise erarbeitet wird, eine unverwechselbare Personalität und Identität. Diese Theologie konstituiert sich aus der Lektüre der eigenen Realität, ist aber auch ein adäquates Instrument für die Evangelisierung und das christliche Leben der Bevölkerung, die sie [die Theologie] inspiriert hat. Auf der anderen Seite, ohne dass dies direkt auf andere Realitäten übertragen werden könnte, werden diese inkulturierten und kontextbezogenen Theologien immer stärker zu Objekten, die in anderen ekklesialen Kontexten beachtet und studiert werden und sind eine reziproke Inspirationsquelle zur gegenseitigen Unterstützung und Bereicherung."*²⁷³

Diese kontextbezogene und inkulturierte Lektüre des Evangeliums nährt in den CEBs den Glauben an Jesus Christus. Daraus entsteht eine pastorale Praxis, die in eine Bewusstseinsbildung für und mit der Bevölkerung und ein politisch befreiendes Handeln einmündet, das die Strukturen der Macht anfragt, mit der eine kleine mächtige und extrem reiche Schicht einen großen Teil der Bevölkerung in Armut hält und unterdrückt. Bezugnehmend auf das Zweite Vatikanische Konzil streben die CEBs eine weitgehende Partizipation der Laien am Prozess der Evangelisierung an. Ziel ist es, auf eine Gesellschaft hinzuwirken, in der die grundlegende Gleichheit aller respektiert und mehr Partizipation an der Gestaltung der Gesellschaft ermöglicht wird.²⁷⁴

Charakteristisch für die CEBs ist deren Kontextualität, d.h. deren Bezug zur Alltagswelt der Mitglieder.²⁷⁵ Durch die kontextbezogene Lektüre der Bibel aus der Sicht der Armen und Unterdrückten entwickeln die

---

²⁷² Vgl. Azevedo de Carvalho, Comunidades Eclesiais de base e inculturação da fé. A realidade das CEBs e sua tematização teórica, na perspectiva de uma evangelização inculturada, 1986, 263.
²⁷³ Azevedo de Carvalho, Comunidades Eclesiais de Base e inculturação da fé, 1986, 288.
²⁷⁴ Vgl. Azevedo de Carvalho, Comunidades Eclesiais de Base e inculturação da fé, 1986, 58.
²⁷⁵ Sievernich, Basisgemeinden, in: LThK, Bd. 2, 1994, 71.

CEBs konkrete Aktionen zur Verbesserung der Lebenssituation. Die pastorale Praxis der CEBs ist auf die vollständige Emanzipation der Armen und Unterdrückten Lateinamerikas ausgerichtet.[276] Die CEBs sind zentrales Element einer sich in den 1960er Jahren neu formierenden Weise theologischer Interpretation des Evangeliums: Die Befreiungstheologie. Eliane Domingues beschreibt das Verhältnis von Befreiungstheologie und CEBs wie folgt:

„Mit der Orientierung an der Befreiungstheologie und der vorrangigen Option für die Armen begannen sich die Basisgemeinden in der Dekade von 1960 zu formieren, die sich aus kleinen Gruppen von Personen an der Peripherie [von Städten] oder im ländlichen Bereich zusammensetzen, die von Priestern und Laientum einer Pfarrei [Stadt] oder einer Kapelle [Land] organisiert sind."[277]

Die CEBs, insbesondere diejenigen, die sich auf dem Land gebildet hatten, setzten sich für die Rechte der Landbevölkerung ein.[278] Frei Betto[279] schreibt hinsichtlich der CEBs, die sich auf dem Land und in den Städten bildeten:

„Zwei korrelierende Faktoren kennzeichnen die Mitglieder der Land- und der Stadtgemeinschaften: Die Enteignung des Landes und die Ausbeutung der Arbeitskraft. Wenn Migranten und Unterdrückte, die Mitglieder der Gemeinschaften [CEBs], früher in der Religion eine Beruhigung für ihre Leiden suchten, finden sie heute einen Raum der kritischen Unterscheidung in Bezug auf die dominierende Ideologie und der Organisation der Bevölkerung, die fähig ist, der Unterdrückung zu widerstehen."[280]

Die CEBs wurden 1964, zu dem Zeitpunkt, als die Militärdiktatur in Brasilien begann und die Linke [Gewerkschaften und Parteien] eine herbe

---

[276] Vgl. Gonçalves, José, http://imbuzeiroverde.blogspot.com/search?q=CEBs, Zugriff am 12.06.2010.
[277] Domingues, Movimento dos Trabalhadores Rurais Sem Terra, Contestado e Canudos, 2005, 43.
[278] Vgl. www.mst.org.br/histórico, zitiert in: Adam, Romaria da Terra, 2005, 34.
[279] Frei Betto, mit bürgerlichem Namen *Carlos Alberto Libânio Christo,* ist Dominikanerpater und einer der wichtigsten Befreiungstheologen Lateinamerikas, dessen Meinung in ethischen, politischen und sozialpastoralen Fragen sehr anerkannt ist.
[280] Betto, Frei, zitiert in: Domingues, Movimento dos Trabalhadores Rurais Sem Terra, Contestado e Canudos, 2005, 43.

Schwächung erlebte, ein wichtiger Ort für die Landlosen, für diejenigen, deren Land enteignet wurde und für die ausgebeuteten Landarbeiter. Auf der Basis einer politisch-religiösen Bibellektüre wurde in den CEBs über die konkreten Probleme diskutiert, reflektiert und konkrete solidarische Aktionen gestartet, um diese Probleme zu lösen. Darüber hinaus respektieren die CEBs die Kultur und die religiösen Traditionen der jeweiligen Bevölkerung. Franz Weber erläutert:

„In den kirchlichen Basisgemeinden haben die Armen sich jedoch nicht nehmen lassen, was ihnen seit Generationen heilig war. Diese ‚Gegenwehr' hat wesentlich dazu beigetragen, dass in der dortigen Kirche eine pastoraltheologische Aufwertung vieler Formen des Volkskatholizismus (Wallfahrten, Kreuzwege, Heiligenverehrung) möglich wurde, die auf der Basis einer biblisch orientierten Spiritualität, traditionelle Religiosität und Einsatz für eine Veränderung der gesellschaftlichen Verhältnisse einer ‚Sozialpastoral' verbanden."[281]

Die CEBs sehen sich selbst in den Anfängen der Kirche verwurzelt.[282] Hinsichtlich der Verbindung zur Urkirche, aber auch in anderen Bezügen, gibt es deutliche Parallelen zwischen den CEBs und Canudos, die die Grundlage für die Bearbeitung von Canudos durch die CEBs bilden.

Die Basisgemeinden und Canudos:

Zwischen den Basisgemeinden und Canudos gibt es Verbindungen und Parallelen. Wie die Basisgemeinden, so zielte auch Canudos auf eine Veränderung der Gesellschaft, die aus der Kraft des Glaubens erwächst. Insbesondere die Armen sollen eine gerechte Chance für ihr Leben erhalten. Franz Weber erläutert hierzu:

„Ein besonderes Beispiel dafür, wie der Glaube der Armen nicht weltferne und nur auf ein besseres Leben im Jenseits projizierte Utopie bleibt, sondern zu einer gesellschaftsverändernden, ja ein alternatives Gesellschaftsmodell schaffenden Kraft werden kann, stellt die Bewegung von Canudos dar."[283]

Die CEBs leisteten einen wesentlichen Beitrag dazu, dass Canudos und seine Geschichte aus dem Vergessen herausgerissen und auf aktuelle Fragestellungen der brasilianischen Gesellschaft und der Pastoral

---

[281] Weber, Gewagte Inkulturation, Basisgemeinden in Brasilien, 1996, 366.
[282] Vgl. Otten, Só Deus é grande, 1990, 382.
[283] Weber, Gewagte Inkulturation, Basisgemeinden in Brasilien, 1996, 328.

angewandt wird. Der Sozialwissenschaftler José Roberval Freire da Silva erläutert:

„Ab der Dekade von 1980, begann mit dem Handeln von Priestern und Ordensleuten (religiosas), die der Befreiungstheologie anhingen, nicht nur der Bruch mit dem Schweigen über Canudos, sondern auch die Ausarbeitung eines kämpferischen Diskurses, der typisch für die Basisgemeinden ist und der Canudos als Widerstand der Unterdrückten gegenüber den Unterdrückern neu herausstellt."[284]

Alexandre Otten sieht in Canudos ein Hoffnungszeichen für die Basisgemeinden zur Gestaltung einer alternativen Gesellschaft.[285] Der Weihbischof von Fortaleza-CE, Dom José Luiz Ferreira Sales, weist ebenfalls auf die Bedeutung von Canudos für die „kleinen Gemeinschaften" hin, womit er die Basisgemeinden meint.[286] Insbesondere in der Region von Canudos fand die Aufarbeitung der Bewegung von Canudos und der Anwendung auf die Fragen der Landbevölkerung eine große Resonanz. Berthold Zilly beschreibt die von den CEBs angestoßene Entwicklung in der Region von Canudos:

„Vor allem wurde der Ratgeber (Conselheiro) letzthin zu einem Symbol eines selbstbestimmten und kämpferischen Christentums der ländlichen Armen. Denn im Grunde ist keines der Probleme von 1897 gelöst... Seit Anfang der 1980er Jahre besteht im Sertão von Canudos eine aus der Basisgemeinde hervorgegangene Bewegung, die für eine Landreform streitet und sich auf Antônio Conselheiro beruft. Ihr Spiritus Rektor ist der mittlerweile von der Kirche suspendierte Priester Enoque José de Oliveira."[287]

In der Region von Monte Santo-BA, wo er als Priester arbeitete, unterstützte der damalige Pfarrer von Monte Santo-BA Enoque José de Oliveira die Bildung von Basisgemeinden, die sich aus Landarbeitern zusammensetzten, welche sich insbesondere gegen das Problem der „grilagem" zu Wehr setzten. Aus dieser Arbeit mit den Basisgemeinden

---

[284] Silva, Migrantes canudenses em São Paulo: A memória num contexto de discriminação, in: http://www.portfolium.com.br/Sites/Canudos/conteudo.asp?IDPublicacao=79, Zugriff am 12.06.2010. Vgl. Revista Travessia – Publikation des CEM (Centro de Estudos Migratórios), ano XI, n. 32, 09-12/1998, 25-29.

[285] Vgl. Otten, Só Deus é grande, 1990, 382.

[286] Vgl. Interviewband, Interview 21, Dom José Luiz Ferreira Sales, vom 27.07.2009.

[287] Zilly, Nachwort, in: Cunha, Krieg im Sertão, 1994, 766.

entstand die MPHC [vgl. 3.2.2 und 3.3.6]. Als Parallelen zwischen Canudos und den Basisgemeinden sind zu nennen:
- Die *Verbindung von Glaube und Leben,* das in eine politische Positionierung und ein kontextbezogenes Handeln einmündet.
- Die *„vorrangige Option für die Armen",* die durch die Bewegung von Canudos, insbesondere in der 19jährigen Peregrination Antônio Conselheiros durch den Sertão und zu den Armen auf dem Land umgesetzt wurde.
- Die *Solidarität zu den Armen,* die selbst zu Trägern des Handelns für ein menschenwürdiges Leben werden. In Canudos wurde dies u.a. in der gemeinsamen Bewirtschaftung des Landes und in der Sorge um die Armen in der Gemeinschaft deutlich.
- Das Handeln basiert auf der *biblischen Lektüre.* Dies finden wir bei Canudos insbesondere in den erhaltenen Predigtmanuskripten Antônio Conselheiros wieder.

Canudos ist für viele CEBs ein Zeichen der Hoffnung, ein Beweis dafür, dass eine solidarische Gesellschaft unter den Armen auf Grundlage der christlichen Botschaft möglich ist. Canudos stellt für die CEBs ein Symbol und Zeugnis dar, das für die Realisierung vieler angestrebter Werte steht: Durchhaltevermögen, Einsatz gegen Unterdrückung und für soziale Gerechtigkeit, menschenwürdige Lebensverhältnisse, Solidarisierung der Armen sowie Handeln aus dem geteilten Glauben. Aufgrund der aufgezeigten Parallelen und verbindenden Elemente kann Canudos als Vorläufer der CEBs bezeichnet werden.

Canudos und die UPIC – Migrantenarbeit in São Paulo

In São Paulo hat sich im Jahr 1992 die „Union für die Ideen von Canudos" (União pelos Ideias de Canudos, abgekürzt UPIC) gegründet, in der sich Personen zusammenschlossen, die aus der Region von Canudos nach São Paulo gezogen waren. Ziel der UPIC ist es, die Kultur und Geschichte von Canudos der Vergessenheit zu entreißen. Zu diesem Zweck hat die UPIC u.a. Kontakte zu den CEBs in der Region von Canudos aufgebaut. Im Jahr 1995 begann die UPIC die Zusammenarbeit mit dem Pastoralen Dienst für Migranten (Serviço Pastoral dos Migrantes, abgekürzt SPM) in São Paulo.[288] Die UPIC zieht aus der Geschichte von Canudos Kraft und Orientierung für die Lösung der Probleme von Migranten, die aus dem Nordosten Brasiliens nach São Paulo kamen. Die Geschichte von Canudos und die heutigen CEBs aus der Region von Canudos unterstützen die pastorale Arbeit mit Migranten in São Paulo. Dies ist ein Beispiel dafür, wie Canudos, sowie die CEBs auf brasilianischer Bundesebene pastoral von Bedeutung sind.

Romaria de Canudos

Die CEBs in der Region von Canudos wirken maßgeblich bei der jährlich im Oktober stattfindenden „Romaria de Canudos" [vgl. 3.3.7] mit. Die CEBs stehen in Bezug auf die Vorbereitung der „Romaria de Canudos" in einer Kooperation mit anderen kirchlichen und nichtkirchlichen Organisationen und übernehmen eine wichtige Rolle.[289] Dieses Engagement drückt die Wertschätzung von Canudos durch die CEBs aus.

Als Fazit kann gesagt werden: Es gibt viele Parallelen zwischen Canudos und den CEBs. Canudos eröffnet für die CEBs eine neue Perspektive und ist ein historischer Reflexions- und Orientierungspunkt, von dem eine Ermutigung für ihr heutiges Handeln ausgeht.

3.3.4 „Revista Eclesiástica Brasileira" (REB)

Die kirchlichen Zeitschriften sind eine weitere Quelle, die Canudos bearbeiten und die Informationen hinsichtlich der Beurteilung von Canudos im kirchlichen Raum geben. Anhand der Veröffentlichungen zum Thema Canudos in der Revista Eclesiástica Brasileira – im folgenden mit „REB" abgekürzt – wird in diesem Abschnitt exemplarisch untersucht, ab wann und mit welchem Schwerpunkt Canudos im kirchlichen Raum als Thema aufgegriffen und bearbeitet wurde. Dazu werden die thematischen Schwerpunkte der einzelnen Artikel dargestellt und analysiert. Die REB

---

[288] Silva, Migrantes canudenses em São Paulo: A memória num contexto de discriminação, Revista Travessia – Publikation der CEM – Centro de Estudos Migratórios, Jahrgang XI, n. 32, 09-12/1998, 25-29, http://www.portfolium.com.br/Sites/Canudos/conteudo.asp?IDPublicacao=79, Zugriff am 12.06.2010. Die UPIC wurde am 20.01.1996 offiziell registriert.

[289] Araújo Sá, Os movimentos sociais nas batalhas da memória de Canudos, in Contra Corriente, Una revista de história social y literatura de América latina, volume 6, n. 1, Fall 2008, 112-158, www.ncsu.edu/project/acontracorriente, Zugriff am 26.06.2010, 32.

ist eine kirchliche Zeitschrift, die vom Franziskanerorden in Petrópolis-RJ mit kirchlicher Imprimatur seit 1941 herausgegeben wird und vierteljährlich erscheint.

Die REB widmet sich den aktuellen kirchlichen und theologischen Themen der Zeit, insbesondere aber pastoraltheologischen Themen des lateinamerikanischen, speziell des brasilianischen Kontextes. Die REB steht innerhalb der katholischen Kirche den politisch und sozialpastoral engagierten Gruppen nahe und kann als Spiegelbild der aktuellen kirchlichen Themen innerhalb Brasiliens angesehen werden. Die Publikationen zum Thema Canudos in der REB von 1941 bis 2012 werden im Folgenden dargestellt und analysiert.

1. Die erste namentliche Erwähnung von Antônio Conselheiro in der REB befindet sich in der Ausgabe vom September 1942,[290] im Artikel zum goldenen Ordensjubiläum des Franziskanerpaters Petrus (Pedro) Sinzig OFM, der im Rahmen des „Comité Patriótico da Bahia" in der Ambulanz in Queimadas-BA mitarbeitete.
2. Der erste Artikel zum Thema Canudos erschien 1976. Er trägt den Titel „Fanatismo religioso no nordeste do Brasil e religiosidade popular",[291] Autor ist Pe. Dr. M. Groetelaars (Fortaleza-CE). Dieser Artikel widmet sich dem Phänomen des religiösen „Fanatismo", Mystizismus und des Messianismus weltweit. In besonderer Weise werden die Phänomene in Brasilien betrachtet. Hierbei wird Canudos[292] im Zusammenhang mit anderen als messianisch[293] oder auch

---

[290] REB, Jahrgang 1942, volume 2, 799.
[291] Groetelaars, „Fanatismo religioso" no nordeste do Brasil e religiosidade popular, in: REB, Jahrgang 1976, volume 36, 659.
[292] Groetelaars bezeichnet Canudos als „Das Imperium von Belo Monte" (O império de Belo Monte). Vgl. Groetelaars, „Fanatismo religioso" no nordeste do Brasil e religiosidade popular, in: REB, Jahrgang 1976, volume 36, 666.
[293] Der Begriff „messianische Bewegungen" wird im Sinne von M. Groetelaars verwendet. Groetelaars stellt in seinem Artikel in der REB, im Jahr 1976 die folgenden messianischen Bewegungen dar: „A Cidade Santa na Serra do Rodeador" (Die Bewegung um Silvestre José Santos, 1817 in Pernambuco), „O Reino Encantado" (Die Bewegung um João Antônio dos Santos, 1836 in Fores-Pernambuco und Silvestre João Ferreira, 1838), „O Imperio de Belo Monte, Canudos" (Die Bewegung um Antônio Vicente Mendes Maciel bzw. Antônio Conselheiro, in Canudos-BA, um 1893-1897), „A Cidade Santa ou Juazeiro do Padre Cícero" (Die Bewegung um Pe. Cícero Romão Batista, 1872-1934 in Juazeiro do Norte-CE), „Caldeirão e o Beato José Lorenço" (Die Bewegung um

als „religiös-fanatisch" bezeichneten Bewegungen und der Volksfrömmigkeit im Nordosten Brasiliens dargestellt und behandelt. Als Grundlage verwendet Groetelaars wissenschaftliche Veröffentlichungen[294] aus den Jahren 1963 bis 1974, die messianische Bewegungen analysieren und zu Meilensteinen in der Forschung um Canudos geworden sind. Diese trugen maßgeblich zu einer differenzierteren Einschätzung bei und wirkten Vorurteilen entgegen. Anhand der historischen Fakten stellt Groetelaars die Lebensgeschichte Antônio Conselheiros sowie die Entstehung und Zerstörung von Canudos dar. Groetelaars charakterisiert:

„Antônio ließ es Pilger und Missionar zu sein und wurde zum Conselheiro [Ratgeber], Verteidiger der Armen, Kämpfer gegen den Feind, Erbauer einer heiligen Stadt."[295]

Beim Zuzug habe jeder die Hälfte seiner Habe an die Gemeinschaft abgegeben. Hilfsbedürftige wurden davon unterstützt. Canudos wurde mit 30.000 getöteten Bewohnern vom brasilianischen Militär völlig zerstört.[296] Groetelaars zieht das Fazit:

Lourenço Gomes da Silva in Caldeirão-CE, um 1926), „O Circo dos Santos ou Pau de Colher" (Die Bewegung um José Senhorzinho, in Pau de Colher-BA, um 1937), „O Povo do Velho Preto ou Santa Brígida" (Die Bewegung um Pedro Batista da Silva in Santa Brígida-BA, um 1942), „Os Fanáticos de João do Vale" (Die Bewegung um Joaquim Ramalho, in Serra de João do Vale-RN, um 1890), „Os Fanáticos do Município de Panelas" (Die Bewegung um João Cícero, in Panelas-PE, um 1936); „O Franciscano" (Die Bewegung um den "Beato Chico" in Quebrângulo-AL, um 1938), „Nazaré do Bruno" (Die Bewegung um Bruno de Morais, bei Terezina-MA, um 1958). Vgl. Groetelaars, „Fanatismo religioso" no nordeste do Brasil e religiosidade popular, in: REB, Jahrgang 1976, volume 36, 659-679.

[294] Groetelaars analysiert u.a. folgende wissenschaftliche Arbeiten: Montenegro, Fanáticos e cangaçeiros, 1973; Facó, Cangaçeiros e fanáticos, 1963; Pereira de Queiroz, O messianismo no Brasil e no mundo, 1965; Montenegro, Antônio Conselheiro e Canudos, 1974. Vgl. Groetelaars, „Fanatismo religioso" no nordeste do Brasil e religiosidade popular, in: REB, Jahrgang 1976, volume 36, 659-679.

[295] Groetelaars, „Fanatismo religioso" no nordeste do Brasil e religiosidade popular, in: REB, Jahrgang 1976, volume 36, 667.

[296] Groetelaars, „Fanatismo religioso" no nordeste do Brasil e religiosidade popular, in: REB, Jahrgang 1976, volume 36, 668.

"Alles deutet darauf hin, dass eine friedliche Lösung möglich gewesen wäre. Drei Ursachen für die Zerstörung von Antônio Conselheiro werden aufgezeigt: Die Großgrundbesitzer, die Händler und die offizielle Kirche. Darüber hinaus muss das Militär beachtet werden, das den Wunsch hatte, die Republik zu konsolidieren... Für die Bewohner von Canudos war es am Ende ein Krieg gegen die ‚Herzlosigkeit und Häresie'[Republik und Zivilehe] und für die ‚Religion und den Glauben'."[297]

Groetelaars kommt zu einer positiven Bewertung der Bewegung von Canudos. Der Artikel von Groetelaars erscheint zu einem Zeitpunkt in der REB, zu dem wissenschaftlich neue historische Forschungen und Materialien vorliegen [z.B. die Predigtmanuskripte des Conselheiros, 1974]. Dennoch ordnet Groetelaars Canudos noch immer in den Bereich des religiösen „fanatismo" und des „messianismo" ein. Es stellt sich die Frage, inwiefern nach Vorlage der Predigtmanuskripte eine solche Einordnung noch haltbar ist.

3. Im Artikel von 1983 „Rebeliões de pobres"[298] (Rebellion der Armen) von Dirceu Lindoso, der sich dem Krieg von Cabanos (guerra de Cabanos) von 1832-1850 widmet, wird Canudos nicht näher erläutert, jedoch als vergleichendes Beispiel herangezogen.

„Das aufständige Modell des Krieges von Cabanos entwickelt sich im Kontext der Agrar-Aufstände in Brasilien,... die Modelle der europäischen Agraraufstände (Chouanerie, Jacquerie, Bauernkriege), die Modelle sind, der Krieg von Canudos, die Mucker und Contestado, denen sich die ‚Cabanas' aus Paraná und Maranhão (balaiada), annähern."[299]

Canudos wird einbezogen in eine Reihe von Befreiungsbewegungen auf dem Land, in verschiedenen Epochen, Kontinenten und Regionen. Damit betont dieser Artikel die Aspekte Widerstand und Befreiung der Bewegung von Canudos.

4. 1984 veröffentlicht die REB einen Anhang zum Thema „profecia popular" (Voksprophetie). Darin erscheint der Artikel „Antônio Conselheiro, peregrino e profeta" (Antônio Conselheiro, Pilger und

---

[297] Groetelaars, „Fanatismo religioso" no nordeste do Brasil e religiosidade popular, in: REB, Jahrgang 1976, volume 36, 668.
[298] Lindoso, Rebeliões de pobres, in: REB, Jahrgang 1983, volume 43, 767.
[299] Lindoso, Rebeliões de pobres, in: REB, Jahrgang 1983, volume 43, 778.

Prophet) von Luíz Carlos Araújo.[300] Auch andere prophetische Bewegungen werden aufgegriffen, wie z.B. die von Pe. Cícero Romão in Juazeiro do Norte-CE. Die Geschichte von Antônio Vicente Mendes Maciel wird zunächst dargestellt und eine Parallele zum Propheten Hosea aufgezeigt [vgl. Hos 2].[301] Die Art des prophetischen Lebens des Conselheiros wird wie folgt beschrieben:

„Er [Conselheiro] tut keine Wunder... er besetzt keine priesterlichen Funktionen, noch die eines Arztes oder Apothekers. Er ist kein Heiler... Er ist ein Laienprediger wie viele andere in der Geschichte der Kirche und heute wird er sogar von der Kirche empfohlen."[302]

Als Parallele zu den biblischen Propheten verweist Araújo auf die Solidarität des Conselheiros zur Landbevölkerung, die für ihn den Beginn einer Verfolgungsgeschichte bedeutete. Canudos selbst wird als alternative Gesellschaft, die im Leben der Region integriert war und Produkte auf dem internen und externen Markt vermarktete, beschrieben.[303] Araújo eröffnet durch den Vergleich mit biblischen Bildern eine neue Sichtweise auf Canudos.

5. Zum 100jährigen Jubiläum der Ansiedlung von Antônio Conselheiro und seinem Gefolge in Canudos im Jahr 1993 erscheint im selben Jahr der Artikel „100 anos depois (1893-1993): Canudos outra vez"[304] (100 Jahre danach (1893-1993): Canudos noch einmal). Dieser Artikel berichtet über die „Romaria de Canudos" im Jahr 1993 zur 100jährigen Gründung von Canudos.

„... unter dem Motto ‚terra livre, povo livre' [freies Land, freie Bevölkerung] arbeiteten verschiedene Organisationen im Sinne einer Aufarbeitung des Gedächtnisses der heldenhaften Handvoll

---

[300] Araujo, Luiz Carlos, Antônio Conselheiro peregrino e profeta, in: REB, Jahrgang 1984, volume 44, Anhang Prophetie, 67.
[301] Araujo, Antônio Conselheiro peregrino e profeta, in: REB, Jahrgang 1984, volume 44, Anhang Prophetie, 67-70.
[302] Nogueira, Ataliba, zitiert in: Araujo, Antônio Conselheiro peregrino e profeta, in: REB, Jahrgang 1984, volume 44, Anhang Prophetie, 70.
[303] Vgl. Araujo, Antônio Conselheiro peregrino e profeta, in: REB, Jahrgang 1984, volume 44, Anhang Prophetie, 69.
[304] REB, Crônica, 100 anos depois (1893-1993): Canudos outra vez, in: REB, Jahrgang 1993, volume 53, 941f.

Landarbeiter, die bis zum Tod dem Überfall unterschiedlicher Militärexpeditionen widerstanden..."[305]

Anhand der historischen Fakten beschreibt der Artikel die Entwicklung von Canudos, in dem die religiöse Grundausrichtung bis zum Ende erhalten blieb und Basis für das gemeinsame Handeln war. Der Artikel berichtet, dass sich die CEBs vom „heroischen Beispiel von Canudos" inspirieren lassen und endet in der folgenden Zusammenfassung der Bedeutung von Canudos:

„Das Ideal der Bewegung von Canudos – so endet das Gespräch mit der Kommission der Hundertjahrfeier – ‚freie und unabhängige Bevölkerung', ist nicht gestorben und wurde nicht vergessen. ‚Es ist weiterhin das Ideal der Bevölkerung des Sertão'."[306]

Der Artikel dokumentiert die Gedenkfeier zum 100jährigen Bestehen von Canudos, die Rezeption der CEBs und die in Canudos gesehenen Werte.

6. 1998 schreibt Eduardo Hoornaert den Beitrag „Crítica a interpretação eclesiocêntrica da história de Canudos"[307] (Kritik an der ekklesiozentrischen Interpretation der Geschichte von Canudos). Darin kritisiert Hoornaert die Interpretation von Canudos als Vorgänger der „Kirche der Armen" oder der „kirchlichen Basisgemeinden". Diese Interpretation entspräche nicht der Erfahrung, die Canudos am Ende des 19. Jh. durchlebt habe, insbesondere nicht der feindseligen Behandlung durch die Kirche. Hoornaert sieht in dieser Interpretation einen übersteigerten Ekklesiozentrismus.

Hoornaert warnt zu Recht vor einer unkritischen kirchlichen Vereinnahmung von Canudos, die die Kritik des Conselheiros an kirchlichen Missständen seiner Zeit ausblendet. Gleichzeitig berücksichtigt er nicht ausreichend, dass Canudos von den CEBs als Vorgänger bezeichnet wird [vgl. 3.3.3] und der Conselheiro sich und Canudos als Teil der katholischen Kirche verstand.

---

[305] REB, Crônica, 100 anos depois (1893-1993): Canudos outra vez, in: REB, Jahrgang 1993, volume 53, 941.
[306] REB, Crônica, 100 anos depois (1893-1993), Canudos outra vez, in: REB, Jahrgang 1993, volume 53, 943.
[307] Hoornaert, Crítica à interpretação eclesiocêntrica da história de Canudos, in: REB, Jahrgang 1998, volume 58, 164-175.

Ergebnisse der Analyse der REB von 1941-2012

Die Bearbeitung der REB Jahrgänge von 1941 – 2012 führte zum Ergebnis, dass Canudos erstmals im Jahr 1942 erwähnt wurde. 1976 erfolgt die erste Bearbeitung von Canudos als eigenes Thema in der REB. Das Thema Canudos wird in der REB nur in relativ langen Abständen mit Artikeln bearbeitet. Die REB widmet sich dem Thema auch im Rahmen der auf nationaler brasilianischer Ebene begangenen Feierlichkeiten zum 100jährigen Gründungsjubiläum von Canudos im Jahr 1993. Durch die REB findet Canudos auf nationaler brasilianischer und internationaler Ebene Erwähnung. In den einzelnen Artikeln der REB spiegelt sich die jeweils zeitgenössische Wissensbasis und Beurteilung von Canudos wider. Insgesamt gesehen findet sich in der REB eine Bearbeitung von Canudos, die die Bewegung sehr positiv darstellt und in der die kirchliche Akzeptanz von Canudos sowie deren pastorale Rezeptionen und Bedeutung zum Ausdruck kommen. Dies führt soweit, dass Eduardo Hoornaert in seinem Artikel aus dem Jahr 1998 sogar vor einer kirchlichen Vereinnahmung von Canudos warnt.

3.3.5 „Comissão Pastoral da Terra" (CPT)[308]

In diesem Abschnitt wird die „Comissão Pastoral da Terra" (Kommission der Landpastoral, abgekürzt CPT) und deren Bearbeitung der Bewegung von Canudos vorgestellt. Die CPT ist eine unabhängige ökumenische Organisation, mit dem Ziel, einen Dienst an den Landarbeitern zu leisten, indem sie sich u.a. für eine Agrarreform einsetzt und die Landarbeiter in ihrem Kampf um ihre Rechte unterstützt. Auf dieser Basis praktiziert die CPT eine intensive Zusammenarbeit mit den Kirchen. Sie verfolgt soziale, politische und kirchlich-pastorale Ziele zugunsten der Land-

---

[308] Eine Anmerkung zu Anfang des Abschnitts bezüglich der CPT und deren Bezug zu Canudos: Bei meinen Recherchen in den CPT-Niederlassungen von Fortaleza-CE, Quixeramobim-CE und Salvador-BA habe ich so viel Material zu diesem Thema angetroffen, dass es den Rahmen dieser Arbeit sprengen würde, alles umfassend zu bearbeiten. Die Materialien wurden von mir gesichert und sind im Literaturverzeichnis aufgelistet. In diesem Abschnitt werden die Hauptverbindungspunkte der CPT mit dem Thema Canudos aufgezeichnet und anhand von Beispielen und Interviewausschnitten dargestellt und reflektiert. Die Landwallfahrten (Romarias da Terra) werden von der CPT organisiert und verbinden Inhalte des christlichen Glaubens mit den daraus abgeleiteten politischen Konsequenzen und Forderungen im Kontext der Landfrage in Brasilien.

bevölkerung in Brasilien. Dabei nimmt der Bildungssektor eine wichtige Rolle ein, um das Bewusstsein der Bevölkerung zu stärken, selbst als handelndes Subjekt für ihre Interessen zu agieren. Im kirchlichen Raum ist die CPT die Organisation, die Canudos am stärksten rezipiert. Eine umfassende Analyse der Bedeutung von Canudos in allen CPT-Einzelver-bänden wäre eine interessante Aufgabe, die den Umfang dieser Dissertation jedoch überschreiten würde.

3.3.5.1 Entstehung, Selbstverständnis, Ziele, Arbeitsweise

Die CPT entstand 1975 durch eine Einladung an alle kath. Einzelkirchen in Amazonien, die sich dem Thema der Agrarreform widmeten. Zu diesem Treffen am 24. Juni 1975 in Goiânia (GO) kamen mehr als 67 Personen aus 27 Diözesen und Prälaturen. Ziel war es „...*sich im globalen Prozess der Agrarreform im ganzen Land einzusetzen.*"[309] Dabei wurde beschlossen eine agile Organisation zu gründen,...

„*...um, unterstützt durch die CNBB, diejenigen, die in der Volkspastoral arbeiten, mit den Landarbeitern zu verbinden, zu beraten und in Bewegung zu bringen. Dieser Organismus wurde zuerst Landkommission [Comissão da Terra] genannt... Ab einer Versammlung im Oktober 1975, schon mit einem Unterstützungsbrief und Anregungen von Dom Aloísio Lohrscheider, dem damaligen Präsidenten der CNBB, wurde sie CPT – Comissão Pastoral da Terra – genannt.*"[310]

Das grundlegende Selbstverständnis der CPT beschreibt Ivo Poletto wie folgt:

„*[Die CPT]...sucht einen Dienst an den Armen auf dem Land zu leisten, im permanenten bildenden Dialog die Anzeichen des Glaubens anzuregen und die Entstehung und Stärkung verschiedenartiger Organisationsformen der Landarbeiter zu unterstützen.*"[311]

Es geht um einen Dienst aus christlicher Grundhaltung an den Armen und Benachteiligten auf dem Land. Auch wenn es sich bei der CPT um eine Aktion handelt, die auf ein Engagement der katholischen Kirche Brasiliens zurückgeht, so entwickelte sie sich zu einer unabhängigen

---

[309] CPT-RS, zitiert in: Dallagnol, As Romarias da Terra no Rio Grande do Sul, 2001, 188.
[310] Poleto, Ivo, zitiert in: Dallagnol, As Romarias da Terra no Rio Grande do Sul, 188.
[311] Dallagnol, As Romarias da Terra no Rio Grande do Sul, 2001, 193.

ökumenischen Organisation, in der Vertreter verschiedener Kirchen mitwirken. Bei der vorhandenen theologischen Konzeption der CPT entsteht laut Wilson Dallagnol eine Kirchlichkeit, *„...die die Identität der CPT konstituiert, bei der die Ökumene unverzichtbar ist."*[312] Unterstützt wird er in dieser Position von Dom Pedro Casadáliga:

„Die Reflexion und das Unterscheidungsvermögen der Christen der letzten Zeiten, gibt uns einen klareren Blick auf das ökumenische Gesicht Gottes... Heute sehen wir zweifelloser, dass Er in allen Völkern gegenwärtig ist, lange vor der expliziten Ankunft des Evangeliums [Documento Puebla 208], denn der dreifaltige Gott ist der erste Missionar, und das Wort wurde gesät und keimt in allen Völkern."[313]

Eine wichtige Aufgabe sieht die CPT darin, die Anliegen der Landbevölkerung zu artikulieren und zu unterstützen. Dies macht die CPT nicht nur in allgemeiner politischer Hinsicht, wie z.B. bei der Forderung nach einer umfassenden Agrarreform, sondern auch in konkreten Einzelfällen, z.B. bei Landbesetzungen der Landlosen und den dabei entstehenden Konflikten.[314] Dabei hat die CPT ein pastorales Grundverständnis. Marcelo de Barros und José Caravias beschreiben dies wie folgt:

„Der Geist, die Arbeit zur Umwandlung dieses Systems mit dem Gedächtnis (Aktualisierung des Wortes und der Aktion) an den Herrn zu vereinen, definiert die Pastoral. Die Traditionalisten der Kirchen trennen Glaube und Politik, Mystik und Kampf. Ein Spezifikum der Landpastoral

---

[312] Dallagnol, As Romarias da Terra no Rio Grande do Sul, 2001, 192.

[313] Casadáliga, Dom Pedro, Vigil, José Maria, zitiert in: Dallagnol, As Romarias da Terra no Rio Grande do Sul, 2001, 205.

[314] Dies soll am Beispiel der Landbesetzung „Encruzilhada Natalino" (ab 1980) im Bundesstaat Rio Grande do Sul (RS) erläutert werden. Bei dieser Landbesetzung waren die unterstützenden Aktionen der CPT entscheidend für die spätere Zuweisung des besetzten Landstücks an die Landlosen. Die CPT bat zunächst den ortsnah arbeitenden Pater Arnildo aus Ronda Alta darum, eine Messe vorort zu halten. Darüber hinaus wurden Vertreter verschiedener Organisationen eingeladen, die Landbesetzung zu besuchen und sich ein Bild von der Situation zu machen. Die CPT-RS informierte mit Briefen die örtlichen Bischöfe und Priester und auch Papst Johannes Paul II. und bat um Unterstützung für die Besetzung der Landlosen in Encruzilhada Natalino. Vgl. Dallagnol, As Romarias da Terra no Rio Grande do Sul, 2001, 176, 200-202.

und jeglicher Volkspastoral ist es, die Einheit dieser unterschiedlichen Dimensionen des weiten Weges zu artikulieren."[315]

Zu der Verbindung von Glaube, Politik, Spiritualität und Kampf kommt das Element der biblischen Verwurzelung für die Arbeit der CPT hinzu. Die CPT orientiert sich besonders an biblischen Personen, die sich für die Verteidigung des Lebens und für Befreiung einsetzten, z.b. Abraham, Mose, Ruth, Maria.[316] Darüber hinaus haben die Evangelien eine zentrale Bedeutung, insbesondere Textstellen, in denen sich Jesus mit den Armen der Gesellschaft solidarisiert und identifiziert, z.b. mit den Obdachlosen [vgl. Mt 25, 35-40]. Die Solidarisierung Jesu mit den Obdachlosen ist für die CPT von besonderer Bedeutung. Viele Landlose fristen ihr hartes Dasein oft unter Plastikplanen an den Landstraßen und an vielen anderen unwirtlichen Orten.

Die Lebenssituation der Landlosen in Brasilien ist nicht nur durch Armut sondern auch durch Missachtung ihrer Grundrechte geprägt. Eine Situation, in der die CPT einen prophetischen Auftrag wahrnimmt, indem sie das Unrecht benennt und sich für die Unterdrückten einsetzt, fundiert im christlichen Glauben, aus dem u.a. politische Aktionen erwachsen. In der biblischen Erzählung des Mose, der das Volk Israel aus der Unterdrückung in Ägypten in die Freiheit führt, findet die CPT ein Bild, in dem sie die Lebenssituation der landlosen Bevölkerung Brasiliens wiederfindet.[317] Eine Spiritualität des Wiederstandes und des Durchhaltens prägt die Arbeit der CPT, die letztlich in den biblischen Texten wurzelt. Diese Spiritualität wird in den Schulungen, Treffen und Versammlungen der Mitarbeiter der CPT gefördert, weitergegeben und in die Praxis umgesetzt. Dabei spielen die Zeugen und Märtyrer eine wichtige Rolle. Wilson Dallagnol berichtet in Bezug auf die CPT in Rio Grande do Sul:

„Die Inspiration und die Kraft, diese Herausforderung anzunehmen und zu leben, finden wir bei unseren Märtyrern, angefangen bei Jesus Christus selbst, gekreuzigt, um die Liebe des Vaters zu offenbaren und um das Leben der Armen und Ausgeschlossenen seiner Zeit zu ver-

---

[315] Barros Souza, zitiert in: Dallagnol, As Romarias da Terra no Rio Grande do Sul, 2001, 199.
[316] Dallagnol, As Romarias da Terra no Rio Grande do Sul, 2001, 66.
[317] Vgl. CPT-RS, Texto-base da 25. Romaria da Terra, zitiert in: Dallagnol, Wilson, As Romarias da Terra no Rio Grande do Sul, 2001, 223.

teidigen;... Sepé Tiaraju,... Zumbi das Palmares; Roseli Nunes da Silva,... Ir. Ardelaide und viele andere."[318]

Antônio Conselheiro und die Bewegung von Canudos werden von der CPT in Rio Grande do Sul nicht namentlich benannt. Dies zeigt, dass für den Süden Brasiliens in der Regel andere Vorbilder wichtiger sind und der regionale Bezug zu den Märtyrern eine hohe Bedeutung einnimmt. Für die CPT im Nordosten ergibt sich hinsichtlich der Märtyrer ein anderer Blickpunkt, von dem aus der Bewegung von Canudos einen sehr hohen Stellenwert zukommt. Die Märtyrer aus geschichtlichen Auseinandersetzungen im Kampf um eine gerechte Landvergabe – z.B. von Canudos, der Republik der Guaranís, u.a. – haben dort eine Symbolfunktion. Sie sind Vorbilder im Glauben an eine von Gott gewollte Verbesserung der Lebensumstände der Landbevölkerung. In Bezug auf die Ziele der CPT kann zwischen den pastoralen und politischen Zielen unterschieden werden, die im Folgenden aufgelistet sind:

Zur Organisationsstruktur der CPT

Die CPT existiert als Bundesverband, der in unterschiedliche Regionalverbände unterteilt ist. Insofern gibt es regionalbedingt unterschiedliche Schwerpunkte, Arbeitsweisen und Vorbilder. In dieser Arbeit wurden drei Regionen exemplarisch herausgegriffen und in verschiedenen Schritten auf die Rezeption von Canudos untersucht. Es handelt sich dabei um die:

1. CPT in Bahia, dem Bundesstaat, in dem sich Canudos geografisch befindet,
2. CPT in Ceará, dem Bundesstaat, in dem Antônio Conselheiro geboren wurde,
3. CPT in Rio Grande do Sul, ein Bundesstaat, der mehrere Tausend Kilometer südlich von Canudos liegt.

Politische Ziele der CPT

1. Die Realisierung einer Agrarreform, die aus der historischen Entwicklung entstandene ungerechte Landverteilung (während 76% der enormen Landflächen Brasiliens in Besitz von ca. 16% der Bevölkerung sind, müssen sich 84% der Bevölkerung 24% der Landflächen

---

[318] CPT-RS, Texto-base da 25. Romaria da Terra, zitiert in: Dallagnol, As Romarias da Terra no Rio Grande do Sul, 2001, 225.

teilen[319]) umzuwandeln in eine Situation, die es auch Kleinbauern ermöglicht, eine Existenz zu errichten. Dazu bedarf es einer Umverteilung der Landflächen und einer Veränderung der bestehenden Gesetzgebung.
2. Die Unterstützung der Landbesetzungen, die auf ungenutztem Grund und Boden sich den gesetzlich zugesicherten Landanspruch erstreiten.
3. Die Unterstützung alternativer Produktionsmethoden und Kooperativen.
4. Die Unterstützung ökologischen Landbaus.
5. Das Ermöglichen der Selbstversorgung der Bauernfamilien durch eigene Produktion.
6. Die Verteidigung und Thematisierung der Rechte der indigenen Urbevölkerung.
7. Das Aufzeigen und Mitgehen friedlicher Wege zur Lösung der Landfrage in Brasilien.
8. Die Verteidigung der Menschenrechte auf Unversehrtheit und Vertretung der eigenen politischen und religiösen Meinung bzw. Anschauung.[320]

Pastorale Ziele der CPT
1. Eine Spiritualität zu fördern und zu entwickeln, die den gerechten Kampf um das den Kleinbauern zustehende Land unterstützt und ermöglicht.
2. Hoffnungszeichen zu setzen in einer politisch und pastoral schwierigen Situation.
3. Zeugnis geben aus der Sicht des Evangeliums hinsichtlich der Landproblematik in Brasilien.[321]

Ein wichtiger Teil der Arbeit der CPT stellt deren Jahresbericht über die Landkonflikte dar, den die CPT seit 1985 jährlich herausgibt. Hauptziel ist es, erlittene Gewalt zu erfassen und anzuklagen. Zur Erstellung der Statistik bedient sich die CPT zum einen der Nachforschungen eigener CPT-Mitarbeiter zu gemeldeten Landkonflikten [Primärquellen], zum

---

[319] Dallagnol, As Romarias da Terra no Rio Grande do Sul, 2001, 152.
[320] Vgl. Dallagnol, As Romarias da Terra no Rio Grande do Sul, 2001, 195-228.
[321] Vgl. Dallagnol, As Romarias da Terra no Rio Grande do Sul, 2001, 195-198.

anderen führt sie Informationen aus Zeitungen, staatlichen Berichten und anderen externen Quellen zusammen [Sekundärquellen] und arbeitet sie in den Bericht ein [siehe Anhang 1, Tabelle 4].[322] Weitere bedeutsame Teile der Arbeit der CPT sind die „Romarias da Terra" (Landwallfahrten), die in vielen Diözesen organisiert werden. Sie widmen sich thematisch den nicht gelösten Problemen der Landbevölkerung aus der Perspektive des Glaubens. Eines der Hauptthemen ist dabei die Agrarreform.

3.3.5.2 Rezeptionen von Canudos im Rahmen der CPT

Canudos wird von der CPT in verschiedener Weise rezipiert. Im Folgenden sollen konkrete Aktionen, Veröffentlichungen[323] u.a. dargestellt und analysiert werden, bei denen die CPT Canudos aufgreift. Es werden folgende Dokumente und Materialien analysiert:

1. Literatur hinsichtlich der CPT,
2. Publikationen der CPT,
3. Interviews von CPT-Mitarbeiter/innen.

<u>Canudos und die Romaria da Terra</u>

In den „Romarias da Terra", insbesondere in der Region Nordosten, wird das Thema „Canudos" immer wieder aufgegriffen und rezipiert. Zum Beispiel organisierte die CPT im Jahr 1993, dem Jahr der 100jährigen Gründung von Canudos, die 6. Romaria da Terra im Bundesstaat Ceará zur Geburtsstadt Antônio Conselheiros, Quixeramobim. Zu diesem Anlass sprach der Bischof der Diözese Quixadá-CE,

---

[322] In diesem Bericht werden die Landkonflikte in folgende Untergruppen eingeordnet: Konflikte um Land, Landbesetzungen, Camps, Arbeitskonflikte, Konflikte um Wasser, Konflikte in Zeiten der Dürre, Konflikte mit Edelmetall-Suchern (Garimpeiros), Gewerkschaftskonflikte, Gewaltanwendungen, Demonstrationen. Vgl. Comissão Pastoral da Terra, Conflitos no campo – Brasil 2008, 2009, 9-11.

[323] Im Archiv der CPT-Bahia, das im August 2008 von mir hinsichtlich der Thematik Canudos untersucht wurde, fanden sich hierzu zahlreiche Zeitungsartikel, Liedblätter zu konkreten Aktionen und andere Materialien, die die Bearbeitung von Canudos durch die CPT dokumentierten. Siehe dazu auch die Aufstellung der im Archiv der CPT-Bahia aufgefundenen Materialien im Quellen und Literaturverzeichnis (Archivalische Quellen).

Dom Adélio Tomazin, zu den Pilgern.[324] Ein weiteres Beispiel für die Einbindung von Canudos ist die „Romaria da Terra" im Bundesstaat Ceará am 11. Oktober 1997, die nach Iguatú führte und unter dem Motto stand:

„*Im Kampf um Land und Wasser, die Wiedergeburt von Canudos.*"[325] *(na luta por terra e água, o renascer de Canudos)*

Im Rahmen dieser Wallfahrt stellte Canudos das Hauptthema dar, das auf die aktuelle Situation des Nordostens hinsichtlich des Einsatzes um eine gerechte Land- und Wasserverteilung angewandt wurde. Die Referenz der historischen Ereignisse von Canudos war Orientierungs- und Reflexionspunkt für die thematischen Diskussionen um Land und Wasser.

Canudos stellt eine wichtige Referenz für die CPT dar, die auch auf deren Arbeitsweise Einfluss nimmt. Darüber hinaus taucht die Referenz Canudos im Rahmen anderer Hauptthemen der „Romaria da Terra" auf. Dies bezeichne ich in dieser Arbeit als „indirekte Einbindung" des Themas Canudos. Ein Beispiel dafür ist die „Romaria da Terra" im Bundesstaat Ceará am 11. Oktober 2009 mit dem Thema:

„*Das trockene Land auf Wallfahrt, für mehr Leben und Bürgerrechte!*"[326] *(O semiárido em Romaria, por mais vida e cidadania!)*

Obgleich Canudos nicht als Hauptreferenz im Thema erwähnt wurde, so findet man Antônio Conselheiro doch in drei Liedern wieder.[327] Z.B. lautet im Lied „Água e terra mãe" (Wasser und Mutter Erde) von João Bosco eine Strophe:

---

[324] Vgl. O Povo, Fortaleza-CE, 24.10.1993, zitiert in: Araujo Sá, Filigranas da memória: história e memória nas comemorações dos centenários de Canudos (1993-1997), 2006, 193.

[325] Comissão Pastoral da Terra Ceará (CPT-CE), 14. Romaria da Terra, semiárido em romaria por mais vida e cidadania, 11.10.2009 in Iguatu-CE (Vorbereitungsheft), 2009, 34.

[326] Comissão Pastoral da Terra Ceará (CPT-CE), 14. Romaria da Terra, semiárido em romaria por mais vida e cidadania, 11.10.2009 in Iguatu-CE (Vorbereitungsheft), 2009, 34.

[327] Comissão Pastoral da Terra Ceará (CPT-CE), 14. Romaria da Terra, semiárido em romaria por mais vida e cidadania, 11.10.2009 in Iguatu-CE (Vorbereitungsheft), 2009, 29, 31, 33. Es handelt sich um die Lieder: Memoria e clamor von Pe. Machado (29), Água de chuva von Roberto Malvezzi (31), Agua e terra mãe von João Bosco (33).

„Lasst uns auf diese Wallfahrt gehen, die des Volkes der Arbeiter ist, lasst uns unsere Geschichte angehen, Antônio Conselheiro, der so sehr kämpfte und die Margariten [Anspielung auf die Märtyrerin Margarida Alves] verstreuten sich. Chico Mendes, Denir, so viele Jósimos [Pe. Jósimo Tavares] vervielfachten sich."[328]

In diesem Zusammenhang wird Antônio Conselheiro zusammen mit zeitgenössischen Menschen, die im Einsatz um das Land ihr Leben gelassen haben, erwähnt und ebenso als Märtyrer angesehen. Im Lied von Roberto Malvezzi, „Água e chuva" (Wasser und Regen) wird Antônio Conselheiro in Bezug auf ein Leben im Einklang mit der Natur erwähnt, zusammen mit dem Heiligen Franziskus, Pe. Ibiapina und Pe. Cícero.[329] Die „Romaria da Terra" im Bundesstaat Ceará 1997 stand unter dem Motto „*...die Wiedergeburt von Canudos*"[330] (O renascer de Canudos). Im Aufruf zur „12. Romaria da Terra 2005", die in Quixeramobim-CE, dem Geburtsort Antônio Conselheiros, stattfand, schreibt die CPT-Ceará:

„Den Fußspuren der Meister Ibiapina, [Antônio] Conselheiro, Padre Cícero und Zé Lourenço folgend, ruft uns die 12. Romaria da Terra zusammen und motiviert uns für das Leben in der Dürreregion zu kämpfen, und darauf zu vertrauen, dass die Völker des Landes fähig sind, die Schwierigkeiten durch die Solidarität und das Teilen zu besiegen. In dieser Wallfahrt wollen wir die Erinnerung der Bevölkerung Cearás herbeitragen, wobei die verschiedenen Formen des Widerstands, der unterdrückten Bevölkerung zur Verteidigung des Lebens, hervorragen. Indem wir unsere Stimmen und so viele [von der Gesellschaft] ausgeschlossene Schwestern und Brüder zusammenführen, rufen wir alle zusammen, um das Licht von Padre Ibiapina wieder zu entzünden – der unsere Leute so sehr dabei unterstützte, die Unabhängigkeit durch die Praxis der ‚mutirão' zurückzuerobern. Gleichzeitig sind wir eingeladen, ‚neue

---

[328] Comissão Pastoral da Terra Ceará (CPT-CE), 14. Romaria da Terra, semiárido em romaria por mais vida e cidadania, 11.10.2009 in Iguatu-CE (Vorbereitungsheft), 2009, 33.

[329] Vgl. Comissão Pastoral da Terra Ceará (CPT-CE), 14. Romaria da Terra, semiárido em romaria por mais vida e cidadania, 11.10.2009 in Iguatu-CE (Vorbereitungsheft), 2009, 31.

[330] Vgl. Comissão Pastoral da Terra Ceará, Na luta por terra e água, o renascer de Canudos, 8. Romaria da Terra, Iguatú 11.10.1997 CPT-CE/Diocese de Iguatú, Vorbereitungsheft der Romaria da Terra im brasilianischen Bundestaat Ceará am 11.10.1997.

Canudos und Caldeirões' der Landwirtschaft auf dem Land zu erbauen. Die Landarbeiter und Landarbeiterinnen sollen in der Geschichte darin fortfahren Widerstand zu leisten, indem sie auf kleinen Landflächen in Familienarbeit und für den lokalen und internen Markt produzieren durch ein diversifiziertes Produktionssystem, das in Harmonie zur Natur steht. Lasst uns eigene Wege bauen, durch die Errichtung von Gesellschaften und Kooperativen und damit die solidarische Ökonomie und den Austausch unter den Armen des Landes und der Stadt im Kampf für eine organisierte Gesellschaft stärken – hauptsächlich im Bereich der Agroökologie –, die eine Urheberin des Erhalts und der Ernährungssicherheit ist. Wir dürfen uns nicht der überwältigenden Welle des ‚Neoliberalismus' ergeben, die unsere nationale Unabhängigkeit in eine Krise gebracht hat, die die sozialen Bewegungen demobilisiert und unsere Fähigkeit zur Aktion demotiviert, als Kämpfer für die Sache einer ‚möglichen anderen Welt' aufzutreten. Wir ehren das Blut der treuen Zeugen – wie [Padre] Ibiapina, [Antônio] Conselheiro, Padre Cícero, Zé Lourenço, Denir, Benedito Tonho, Schwester Dorothy [Stang] und viele anderen."[331]

Aus dem vorliegenden Text der CPT-Ceará sind folgende Aussagen zu Canudos zu entnehmen:

1. Quixeramobim-CE, der Geburtsort von Antônio Vicente Mendes Maciel, wurde als Zielort für die „Romaria da Terra" ausgewählt, weil er innerhalb von Ceará für die Ideale der Gemeinschaft von Canudos und den Pilgerweg Antônio Conselheiros steht.
2. Antônio Conselheiro wird als Vorgänger und Beispiel angesehen, dessen Spuren man folgen will. Durch die vorgelebte Solidarität und das miteinander Teilen, ist Antônio Conselheiro ein Vorbild im Kampf um das Leben in den Dürregebieten des Nordostens. Antônio Conselheiro wird dabei als „mestre" (Meister) bezeichnet und zusammen mit Größen wie Pe. Ibiapina, Pe. Cícero und Zé Lourenço genannt.
3. Der Text ruft auf das, „novo Canudos" (neue Canudos) der Landwirtschaft zu bauen. In Zusammenarbeit [wie z.B. in Kooperativen], in kleinen Landeinheiten mit Familienarbeit sowie in Harmonie mit der Natur soll eine solidarische Ökonomie geschaffen werden.

---

[331] Erzdiözese Fortaleza, http://arquidiocesefortaleza.org.br/noticias_integra. asp?id_notizia=1489, Zugriff am 8.5.2007.

4. Antônio Conselheiro wird als „zuverlässiger Zeuge" (testemunho fiel) bezeichnet. Sein Lebenszeugnis steht auf einer Ebene mit Persönlichkeiten des Glaubens wie die bereits erwähnten Pe. Ibiapina, Pe. Cícero und Zé Lourenço, sowie in der heutigen Zeit: mit Schwester Dorothy Stang.

Die enge Verbundenheit zwischen der CPT und der katholischen Kirche kommt unter anderem dadurch zum Ausdruck, dass der Aufruf zur 12. „Romaria da Terra" im Bundesstaat Ceará auf der Homepage der Erzdiözese Fortaleza-CE veröffentlicht wurde.[332] In ihrem Aufruf zur „Romaria da Terra" im Jahr 2005 benannte die CPT-CE folgende Ziele, für die sie sich einsetzt. Canudos wird dabei als Vorbild zur Erreichung dieser Ziele genannt:

1. Unterstützung des Kampfes um das Land für die landlosen und Widerstand gegen die Großgrundbesitzer,
2. Unterstützung der Demarkation von Indianergebieten,
3. Identifizierung und Registrierung der „terras quilombas"[333] (Landstücke, auf denen Schwarze in ihrer eigenen Organisationsform zusammenleben),
4. Nutzung, Systematisierung und Verbreitung von Umwelttechnologien, z.B. Zisternen,
5. Einsatz für das Staatsbürgerrecht – Respekt der Vielfältigkeit,
6. Ansprechen gesellschaftlicher und sozialer Einrichtungen für die Integration der Menschenrechte.[334]

Antônio Câmara betont die Verbundenheit der CPT mit der Bewegung von Canudos die in denselben Vorstellungen von Gerechtigkeit wurzelt:

„Derselbe Traum von Gerechtigkeit, hier auf dem Land, vereinte die heutigen Landarbeiter um den Conselheiro, die ihre politische Organi-

---

[332] Erzdiözese Fortaleza, http:// arquidiocesefortaleza.org.br/noticias_integra. asp?id_notizia=1489, Zugriff am 8.5.2007.
[333] „Terras quilombas" = Landstücke auf denen Schwarze in Brasilien in eigener Organisationsform zusammenleben. Die „terras quilombas" stehen in der Tradition der „quilombos", der Widerstandsdörfer der schwarzen Sklaven in Brasilien.
[334] Erzdiözese Fortaleza, http:// arquidiocesefortaleza.org.br/noticias_integra. asp?id_notizia=1489, Zugriff am 08.05.2007.

sation unter den ‚ligas camponesas' gestaltete und ihren Kampf unter dem Schutz der CPT reaktivierte."[335]

Insgesamt zeigt die Betrachtung der „Romarias da Terra", dass Canudos stark bearbeitet wird. In den Regionen des Nordostens wird Canudos mehrmals erwähnt und bearbeitet, während Canudos in Rio Grande do Sul[336] keine wichtige Rolle spielt. Dies bestätigt, dass Canudos regional stärker im Nordosten Brasiliens von Bedeutung ist.

„Romaria de Canudos" zur 100jährigen Gründung von Canudos 1993

Die Romaria de Canudos wurde gemeinsam von verschiedenen Gruppen und Personen aus der Region von Canudos organisiert, die mit der katholischen Kirche zusammenarbeiten [vgl. 3.3.6 und 3.3.7]. An der Wallfahrt (Romaria de Canudos), die zum 100jährigen Gründungsjubiläum von Canudos 1993 nach Canudos führte, nahmen 10.000 Pilger aus ganz Brasilien teil. Es gab die unterschiedlichsten Motivationen, die die Pilger zur Erinnerung an Canudos und zur Teilnahme an der „Romaria de Canudos" bewegten. Aufgrund des 100jährigen Jubiläums wurde Canudos zu einem nationalen Thema. Die Romaria de Canudos – bis dahin von der katholischen Kirche organisiert – wurde in diesem Jahr ökumenisch in Zusammenarbeit mit der MST, der CPT, der Baptistenkirche und Vertretern afrobrasilianischer Kulte vorbereitet.

Vertreten waren Bischöfe aus verschiedenen Diözesen und Vertreter anderer Kirchen, die gemeinsam einen Gottesdienst feierten. Anwesend waren die katholischen Bischöfe Dom Jorge Marskell (Diözese Itacoatiara-AM, Vize-Präsident der CPT National), Dom Pedro Casadáliga (Prälatur São Felix de Araguaia-MT, Vertreter der CPT), Dom Mário Zanetta (Diözese Paulo Afonso-BA), Dom Aloísio José Penna (Diözese Baurú-SP), Dom Jairo Rui Matos da Silva (Diözese Bonfim-BA), sowie der Baptistenpfarrer Djalma Torres (Igreja Batista de Nazaré, Salvador-BA) und die afrobrasilianische Priesterin (mãe de santo) Maria Aldaci.[337] Dom Pedro Casadáliga betonte die Notwendigkeit zur Buße gegenüber den

---

[335] Câmara, A atualidade da Reforma Agrária – de Canudos aos Sem-Terra, 1996, 34.
[336] Bezüglich der Rezeption von Canudos in den „Romarias da Terra" im Bundesstaat Rio Grande do Sul wurde folgende Fachliteratur analysiert: Dallagnol, As Romarias da Terra no Rio Grande do Sul, 2001, 195-228.
[337] A Tarde, Centenário atraíu romeiros a Canudos, Salvador-BA, 16.10.1993.

Opfern von Canudos sowie den Vorbildcharakter der Gemeinschaft. Die Zeitung „A Tarde" berichtet:

„*Nach kurzer Begrüßung von D. Pedro [Casadáliga] begingen die Gläubigen den Bußakt gegenüber den Sünden, die an 25.000 toten ‚sertanejos' in Canudos sowie gegenüber Indios, Schwarzen, Arbeitern, Kindern und Frauen begangen wurden. Nachdem er die Absolution erbeten hatte, sagte D. Pedro [Casadáliga]: es ist notwendig, ein Canudos in ganz Brasilien aufzubauen... Das, was Canudos war, sollte Brasilien sein. Was sie getan haben, sollten wir tun. Das Land besetzen, beten, und den Gottesdienst feiern und das Gedächtnis an den Conselheiro und sein Gefolge ehren in Gedenken an Jesus Christus'.*"[338]

An den genannten Fakten wird die Bedeutung, die die Bewegung von Canudos für die CPT und die katholische Kirche einnimmt, deutlich [Weitere Details vgl. 3.3.7].

Untersuchung der Zeitschrift der CPT

Seit 1975 gibt die CPT die Zeitschrift „Boletim da Comissão Pastoral da Terra" heraus, die später in „Pastoral da Terra" umbenannt wurde. In dieser Zeitschrift werden die aktuellen Entwicklungen im Bereich der Landfrage und Agrarreform, sowie die CPT-internen und CPT-externen Aktionen und Geschehnisse publiziert. Im Büro der CPT-Bahia wurden alle Ausgaben der Jahrgänge 1975-2008 bezüglich Erwähnungen des Themas Canudos untersucht. Das Ergebnis: 11 Publikationen und zwei weitere Materialien [vgl. Anhang 10].

Die erste Erwähnung des Themas Canudos im „Boletim da CPT" findet sich im Januar 1988. Der Artikel (1) stellt einen Vergleich zwischen Canudos und einem aktuellen Landkonflikt in Serra Pelada dar. Die Darstellung der historischen Fakten von Canudos und eine Übertragung auf, bzw. ein Lernen für aktuelle Fragen findet sich in mehreren Artikeln wieder (n. 1-3, 5-7, 10, 12). So wird Canudos mit den Themen Landkonflikte, „grilagem" und soziale Gerechtigkeit als Vorbild oder Orientierungspunkt in Verbindung gesetzt. Auch auf Veranstaltungen zum Thema Canudos, die nicht von der CPT veranstaltet werden, z.B. die „Romaria de Canudos", wird hingewiesen, bzw. im Nachhinein darüber informiert. Die meisten Artikel zu Canudos haben den Anknüpfungspunkt zu den 100jährigen Gedenken, der Gründung von Canudos 1893 oder der

---

[338] A Tarde, Centenário atraíu romeiros a Canudos, Salvador-BA, 16.10.1993.

Zerstörung 1897 (n. 2, 4, 6-7, 9, 12). In den Artikeln wird Canudos als regionales (z.B. n. 7) wie nationales (z.B. n. 3) Thema behandelt. Als Glaubensthema wird Canudos in drei Artikeln bearbeitet (n. 3-4, 6). Auf Grundlage der Reflexion von Canudos formuliert die CPT im „Manifest von Canudos" (13) aus dem Jahr 1993 ihr Selbstverständnis und ihre Position zur aktuellen Situation der Landarbeiter:

„Die Analyse der dramatischen Realität, in der die Landarbeiter heute leben und des Lichts der Sertãobewohner aus Canudos führt die CPT dazu, dass sie:

- *die Gewalt, die gegen Landarbeiter und ihre Leiter und Berater durch von Großgrundbesitzern beauftragte Revolverhelden und Polizisten verurteilt, oft werden sie von öffentlichen Stellen gedeckt.*
- *die Aufklärung und Verurteilung der Schuldigen an tausenden Ermordeten fordert; die Entwaffnung von Revolverhelden, die die Grundrechte und fundamentale Garantien verletzen; die Bestrafung der Verantwortlichen für die vielen Fälle von Sklavenarbeit im Land.*
- *den Staat anfragt, sich für die Realisierung einer Agrarreform zu verpflichten, die neben der Gabe von Land, das Beispiel von Canudos, die Produktion, Vermarktung, Schulbesuch, Gesundheitsversorgung, Straßenbau ermöglicht und den Armen auf dem Land eine Lebensmöglichkeit und die Ausübung der Bürgerrechte eröffnet.*
- *sich an die Gesellschaft wendet, damit sie sensibel wird und versteht, dass die Verwirklichung der Agrarreform die einzige Weise ist, die Gewalt in den Städten, die Arbeitslosigkeit und den Hunger von Millionen Brasilianern zu überwinden. Die Modernisierung und wachsende Industrialisierung nutzt nichts ohne eine Reform in der Landwirtschaft, die Lebensmittel für die Bevölkerung produziert.*
- *sich an die Landarbeiter wendet, dass sie, inspiriert durch Canudos, in ihrem Einsatz für die Zuteilung von Land fortfahren sowie für eine neue Lebensweise, die Mutter Erde und Natur respektiert und schützt.*
- *Buße leistet als Organismus, der mit der katholischen Kirche verbunden ist, denn die Fakten zeigen, dass die gleiche Kirche in der damaligen Epoche durch die Mitglieder ihrer Hierarchie auch zum Massaker von Canudos beitrug.*
- *letztlich an Canudos erinnert und ihre Märtyrer ehrt, Männer, Frauen, Kinder, Erwachsene, Jugendliche, Alte, die starben, als sie das Land und eine würdige, gerechte Lebensweise verteidigten. So bestätigt die CPT ihre Verpflichtung gegenüber den brasilianischen Land-*

arbeitern, durch die Canudos heute und in Zukunft weiterbesteht. Dass die brasilianische Gesellschaft, die in damaliger Zeit schwieg, nicht vor den sozialen Ungerechtigkeiten schweigt und sich mobil macht, damit die Gleichheit, die Gerechtigkeit und Freiheit – Samen von Canudos – sich an allen Enden der Misere ausbreiten, insbesondere an den Rändern unserer Städte."[339]

Die CPT greift das Beispiel von Canudos auf und verwendet es als Inspiration für ihr heutiges Handeln. Dabei ist sich die CPT ihrer Verbundenheit mit der katholischen Kirche und deren historischen Beitrag zur Vernichtung von Canudos bewusst. Die CPT sieht Canudos als Vor- und Leitbild für die zentralen Anliegen ihres Wirkens, d.h. bei der Forderung nach der Agrarreform, nach sozialer Gerechtigkeit sowie einem aus dem Glauben geleiteten Leben.

Interviews mit Mitarbeiter/innen der CPT

Einen Einblick in die Bedeutung der Bewegung von Canudos für die Arbeit der CPT, aus aktueller Sicht der in der CPT agierenden Mitarbeiter/innen gibt die Interviewauswertung in Abschnitt 3.4.

Weitere Aktionen und Dokumente der CPT in Zusammenhang mit Canudos

Über die bisher dargestellten Bereiche hinaus wird Canudos von der CPT auch in Gottesdiensten und in Liedern verarbeitet. In Quixeramobim-CE wird beispielsweise jährlich zum Geburtstag von Antônio Conselheiro ein Gottesdienst gefeiert. Lieder der CPT zum Thema Canudos hat beispielsweise Roberto Malvezzi geschrieben [vgl. 3.3.9]. Im Archiv der CPT-Bahia gibt es eine Reihe von Dokumenten, Liedblättern, Gottesdienstabläufen, Wallfahrtsbegleitheften [insgesamt 14], Zeitungsartikeln [insgesamt 13] u.a. Materialien zum Thema Canudos. Im Literaturverzeichnis sind diese Materialien unter der Überschrift „Materialien aus dem Archiv der CPT Bahia aufgelistet."Das Vorhandensein dieser umfangreichen Materiliensammlung zum Thema Canudos ist ein weiterer

---

[339] CPT National, Manifesto de Canudos: Libertar a terra – produzir a vida, 1993, Absatz 10.

Beleg für die Bedeutung, die Canudos für die Arbeit der CPT, insbesondere im Nordosten Brasiliens hat.[340]

Die CPT-Region Nordosten verfasste im September 1993 die Notiz (nota) „Für ein glückliches Leben in der brasilianischen Dürreregion",[341] in der der 100jährigen Gründung von Canudos gedacht wird. In Canudos wird u.a. das Prinzip der Gleichheit aller Bewohner wertgeschätzt.[342] Die CPT stellt darin folgende Forderungen an die Kirchen:

„Als Christen wünschen wir lebhaft, dass die Kirchen für die Gegenwart und die Zukunft der Dürreregion [Verantwortung]übernehmen, als Leben der eigenen Verpflichtung zum Evangelium, und dass die katholische Kirche nicht dasselbe des vergangenen Jahrhunderts wiederholt, als sie an der Zerstörung der Erfahrung des Lebens und der Produktion der Gleichheitsgemeinschaft von Canudos mitwirkte, die von Antônio Conselheiro und seinen Nachfolgern errichtet war. Im Gegenteil, sollten wir als Christen eine zusammenrufende Kraft der Menschen guten Willens sein, damit sich der Tag nähert, an dem der Nordosten das versprochene Land aller Nordostmenschen (nordestinos) sei."[343]

Zusammenfassend kann gesagt werden, dass die CPT Canudos auf vielfältige Weisen und auf verschiedenen Ebenen rezipiert und die dort gelebten Werte auf die aktuelle Situation der Landarbeiter anwendet. Canudos hat für die CPT einen Wert als Symbol und Vorbild.

3.3.6 „Movimento Popular Histórico de Canudos" (MPHC)

Die Rezeption von Canudos durch die Bewegung „Movimento Popular Histórico de Canudos" (MPHC) hat einen starken Bezug zur gesellschaftlichen Situation in der Region von Canudos-BA. Dabei ist die Landfrage, insbesondere die des „fundo de pasto" von großer Bedeutung. Die MPHC leistete in den 1980er Jahren einen wesentlichen Beitrag dazu, dass Canudos im kirchlichen Bereich neu aufgegriffen wurde und eine

---

[340] Auch im Archiv der CPT-Ceará in Fortaleza befinden sich im Archiv zahlreiche Materialien (Zeitungsartikel, Bücher u.a. zum Thema Canudos), die jedoch nicht in dieser Arbeit aufgeführt sind.
[341] CPT-Região Nordeste, Por uma vida feliz no semiárido brasileiro, 18.09.1993.
[342] CPT-Região Nordeste, Por uma vida feliz no semiárido brasileiro, 18.09.1993.
[343] CPT-Região Nordeste, Por uma vida feliz no semiárido brasileiro, 18.09.1993.

Bedeutung als Vorbild einnimmt. Wichtig war dabei die Zusammenarbeit mit den Basisgemeinden. Im Jahr 1988 kam es zu einer Teilung der MPHC in eine kirchlich eingebundene und eine kirchlich ungebundene Gruppe. Die kirchlich ungebundene Gruppe behielt den Namen MPHC. Die kirchlich eingebundene Gruppe organisierte von da an die „Romaria de Canudos" [vgl. 3.3.7]. Dieser Abschnitt stellt in einem ersten Schritt die Entstehung, das Selbstverständnis und Entwicklung der MPHC dar. In einem zweiten Schritt wird die Bearbeitung von Canudos durch die MPHC sowie seine Bedeutung im pastoralen Kontext dargestellt.

3.3.6.1 Entstehung, Selbstverständnis, Entwicklung

Am 15. Oktober 1983 gründeten Mitglieder der Basisgemeinden von Monte Santo-BA und politisch links orientierter Parteien, Künstler und Bewohner von Euclides da Cunha-BA sowie Uauá-BA, am Ufer des Stausees Cocorobó das MPHC.[344] Der Cocorobó überdeckt heute das Gelände der Stadt Canudos zur Zeit Antônio Conselheiros. Die MPHC ist nach eigenen Angaben eine zivile Gesellschaft ohne kommerzielle Ziele, eine juridische Person des Privatrechts, mit Autonomie hinsichtlich des Eigentums, der Finanzen und Verwaltung und mit unbestimmter Bestandsdauer.[345] Einer der wichtigsten Gründungsmitglieder war Enoque José de Oliveira,[346] der ab 1981 Priester in Monte Santo-BA war.[347]

---

[344] An anderen Stellen findet man auch die Bezeichnung „Novo Movimento Histórico de Canudos", „Movimento Histórico de Canudos", „Movimento Popular de Canudos", „Canudos Popular" oder „Movimento de Canudos". Gemeint ist damit ein und dieselbe Bewegung. In den meisten Erwähnungen findet man den Begriff „Movimento Popular Histórico de Canudos" (MPHC). Aus diesem Grund wird auch in diesem Text durchgängig mit diesem Begriff und der Abkürzung MPHC gearbeitet.
[345] Der Sitz des MPHC befindet sich im „Casa de Canudos" in der Rua D. Pedro I., n. 1184, in Euclides da Cunha-BA, vgl. MPHC, Homepage, http://iaracaju.infonet.com.br/CANUDOS/quemsomos.html?searchFor=noventa+anos+depois&goButton=ir#, Zugriff am 28.07.2010.
[346] Araújo Sá, Memória coletiva e Memória histórica, in: http://br.monografias.com/trabalhos/memorias-confronto-comemoracoes-centenarios-canudos/memorias-confronto-comemoracoes-centenarios-canudos2.shtml, Zugriff am 14.06.2007. Enoque José de Oliveira, geboren am 03.03.1948 in Acaraú-Ceará, studierte katholische Theologie an der Universidade Católica de Salvador-BA, 1976 Ordinierung zum katholischen

De Oliveira erläutert die biblischen und in der Befreiungstheologie wurzelnden Anfänge der MPHC:

„Gut, ich kam in den Sertão mit der ganzen Vision der Befreiungstheologie... Das bedeutete, dass das Evangelium radikal gelebt werden musste, nicht nur emotional sondern in unserer Realität. Mein Vorschlag, meine Vision waren inspiriert durch die Propheten der Bibel, Jeremia, Jesaja, Johannes der Täufer, die gegen jede Art der Unterdrückung kämpften. Und mit dieser biblischen Vision und mit diesem Glauben haben wir die Geschichte des Ortes durchdrungen und unsere pastorale Arbeit mit dem konkreten Leben der Bevölkerung verbunden. Zu dieser Reflexion über die Geschichte und die Realität passte das folgende Denken: Wenn Antônio Conselheiro um die Eroberung des Landes eine Gemeinschaft organisiert hat und Land besetzte, dann geschah in Monte Santo genau das Gegenteil: es waren ein Abgeordneter, ein Verwandter des Bürgermeisters und alle haben sich das Land genommen. So half das Verständnis von Canudos, eine Verbindung zwischen der Vergangenheit und der Gegenwart herzustellen. Hier entstand und wuchs diese große Verbindung, diese Anhaftung an den Glauben, auf der einen Seite an Jesus von Nazareth, auf der anderen an die Landgemeinschaft der Anhänger des Conselheiros."[348]

Enoque Araújo, ein weiteres Gründungsmitglied der MPHC, berichtet, dass alles seinen Anfang nahm, als 1981 in Euclides da Cunha die Gruppe „Conselheiro" entstand, die mit Theater, Volkspoesie und Musik die Geschichte der Bewegung von Canudos aufarbeitete und deren historische Fakten bekannt machte. Ab 1982 wurde das Thema Canudos mit großem Interesse in den Basisgemeinden von Monte Santo-BA und den regionalen Landarbeitergewerkschaften diskutiert, bereits mit dem Engagement von Enoque José de Oliveira.[349] De Oliveira gründete ca. 60 Basisgemeinden.[350]

Priester in Terezina-PI, 1981 Priester in Monte Santo-BA. Vgl. Neto, Dantas (Org.), Os intelectuais e Canudos, 2003, 251-253, 257.
[347] Vgl. Neto, Dantas (Org.), Os intelectuais e Canudos, 2003, 257.
[348] Oliveira, Enoque José de, in: Neto, Dantas, (Org.), Os intelectuais e Canudos, 2003, 258. Vgl. Araujo Sá, Filigranas da memória: história e memória nas comemorações dos centenários de Canudos (1993-1997), 2006, 170.
[349] Vgl. Araújo Sá, Memória coletiva e memória histórica, in:

Es gab zwei Arten von Gemeinschaften, die in der MPHC mitwirkten, die kirchlichen Basisgemeinden und die Landgemeinschaften, die keine direkte kirchliche Bindung hatten. In der Geschichte von Canudos erkannten sie ein Spiegelbild der Lebenssituation der Landbevölkerung im Sertão der 1980er Jahre. Dieses war geprägt von der noch immer bestehenden Situation der ungerechten Landverteilung, dem Problem der „grilagem" auf dem „fundo de pasto" [vgl. 3.2.2], der Machtstrukturen, der prekären Situation im Gesundheitswesen, der Lebensmittelversorgung und dem Bildungssektor.

In Canudos entdeckte die MPHC eine historische Geschichte, deren Bedeutung in die aktuelle Lebenssituationen der Landbevölkerung übertragen wurde.[351] Enoque José de Oliveira war dabei ein Bindeglied zwischen der Arbeit der MPHC, den kirchlichen Basisgemeinden sowie den Landgemeinschaften, deren Gründung er unterstutzte. Durch die Verbindung der Gegenwart mit der Geschichte von Canudos wurde Canudos zum Vorbild für die Aktionen der MPHC. Die Bewusstseinsbildung in der Landbevölkerung anhand der Geschichte von Canudos, ist ein wichtiger Aspekt der Arbeit der MPHC. Dazu der Historiker Antônio Araújo Sá:

„Die Bewegung von Canudos arbeitet an der Perspektive, dass das kollektive Bewusstsein dazu dient, Menschen zu befreien und nicht zur Versklavung. Dazu bedient sie [MPHC] sich der Mittel, die von den Ritualen der Messe – zusammengesetzt aus Beiträgen, Gesang und Feier, die Eigenheiten der Messe sind – über politische Debatten bis zu Liedern und Gedichten reichen. Man kann selbst bestätigen, dass die Geschichte vom kollektiven Bewusstsein erfasst wurde und sich daraus ein Prozess der Neudeutung, der bis jetzt fehlenden Vergangenheit in den politischideologischen Debatten der Region entwickelte."[352]

Im Rahmen der MPHC entstand die „Missa pelos Mártires de Canudos" (Messe für die Märtyrer von Canudos). Darüber hinaus organisierte

---

http://br.monografias.com/trabalhos/memorias-confronto-comemoracoes-centenarios-canudos/memorias-confronto-comemoracoes-centenarios-canudos2.shtml, Zugriff am 14.06.2007.

[350] Neto, Dantas (Org.), Os intelectuais e Canudos, 2003, 259.

[351] Vgl. Oliveira, Enoque José de, in: Neto, Dantas (Org.), Os intelectuais e Canudos, 2003, 258.

[352] Araujo Sá, Filigranas da memória: história e memória nas comemorações dos centenários de Canudos (1993-1997), 2006, 176.

die MPHC Debatten und Demonstrationen, in denen die Geschichte von Canudos thematisiert und konkrete Anliegen und Forderungen formuliert wurden. Die MPHC nennt auf ihrer Homepage die eigenen Ziele und angestrebten Prinzipien. Als Ziele werden benannt:

„1. *Personen zu versammeln, die gemäß dem Vorbild der Gemeinschaft von Belo Monte engagiert sind und im Blick haben, Formen der Organisation und des Widerstands der Bevölkerung und freie und auf dem Gleichheitsprinzip beruhende Gemeinschaften zu entwickeln und zu stärken;*
2. *Das Gedächtnis an die Märtyrer des Krieges von Canudos und des Beato Antônio Conselheiro, die politisch-religiöse Bedeutung dieses Krieges wiederzubeleben, durch Forschungen, Vertiefungen und Entwicklungen von Studien über die Erfahrungen von Belo Monte und anderer [Gemeinschaften], aus der Vergangenheit und der Gegenwart;*
3. *Förderung von Arbeiten der Bewusstseinsbildung, damit Männer und Frauen auf dem Land und in der Stadt Träger der eigenen Geschichte werden können;*
4. *Anregung und Schutz der kulturellen Partizipation der Bevölkerung der Region des Sertão von Canudos und Anerkennung der Bedeutung des sozialen Beitrags anderer Regionen;*
5. *Unterstützung des Kampfes für die kollektive Eroberung des Landes, durch die Verteidigung des „fundo de pasto", durch den Bau von Vorratswasserspeichern, Einführung von Pflanzungen, Verbesserungen und anderes, wodurch die Bekämpfung der Trockenheit, des Hungers und des Durstes in den Blick genommen und die ‚caatinga' (Sertãoflora) und die Umwelt geschützt werden;*
6. *Unterstützung der Kämpfe der Indios, der Schwarzen, der Frauen, damit sie effektiv ihre individuellen und kollektiven Rechte erobern;*
7. *Unterstützung und Förderung des Kampfes der Arbeiter in der Stadt, der Landarbeiter, der Volksbewegungen allgemein für die Eroberung ihrer fundamentalen Rechte und die Garantie der Lebensqualität;*
8. *Kampf für die Eroberung der öffentlichen Schule, die kostenfrei, konfessionsfrei und von Qualität sein soll, auf jedem Niveau und für alle. Es wird versucht, Volksschulen zu implementieren;*

9. *Entwicklung von alternativen Erfahrungen im Bereich der Bildung und Professionalisierung für Kinder und Jugendliche. Es soll versucht werden, dabei auch Vorbeugungen gegen Gewalt vorzusehen, wodurch ihre Formen der Organisation unterstützt werden, prinzipiell auf der vorhandenen Basis der Bewegung für Kinder;*
10. *Aufrechterhaltung des Austausches mit artverwandten und eingestimmten Institutionen auf lokalem, nationalem und internationalem Niveau, zum Erfahrungsaustausch, wie auch dem Abschluss von Übereinkünften mit öffentlichen und privaten, nationalen wie ausländischen Institutionen, inklusive mit dem Blick zur Bereitstellung von Mitteln;*
11. *Realisation der Versammlungen der Landarbeiter, von Treffen, Seminaren, Vorträgen, künstlerische Events, Produktionen oder anderes in Bezug auf Canudos und der Erfahrungen der Bevölkerung, und*
12. *jährliche Realisierung der „Celebração Popular pelos Martires de Canudos" am 5. Oktober oder an einem naheliegenden Datum in Bezug auf die Auslöschung der Gemeinschaft von Belo Monte im Jahr 1897 an einem übriggebliebenen Ort der Besetzung, bevorzugt auf der Höhe des Beatinho, wo sie schon seit dem Jahr 1984 ausgerichtet wird.*"[353]

Die MPHC arbeitet zur Erreichung ihrer Ziele nach den folgenden drei Prinzipien:

„1. Sich inspirieren zu lassen von der Gemeinschaftserfahrung von Belo Monte, von den ersten biblischen Gemeinschaften, von den Gemeinschaften der Indios, der Schwarzen, der Landbevölkerung, von den Volksbewegungen und daraus eine prophetische Praxis zu entwickeln, die der Arbeiterbevölkerung hilft, ihren Glauben und ihre konkreten Kämpfe zu verwalten;
2. *Reflexion und Vertiefung der Mystik des Sertão von Canudos, um Nachdruck zu erwirken für die Symbole, die Kultur, die Gewohnheiten und Werte der Region und die Tradition des Kampfes und des Widerstandes der Landbevölkerung: und die*
3. *Versammlung von Personen des Landes und der Stadt, jeglichen Ortes, Geschlechts, jeglicher Rasse, religiösen Glaubensbekennt-*

---

[353] Selbstdarstellung des MPHC auf der eigenen Homepage, http://iaracaju.infonet.com.br/CANUDOS/quemsomos.html?searchFor=noventa+anos+depois&goButton=ir#, Zugriff am 28.07.2010.

nisses, Tendenz und Denkweise, und Achtung ihrer Rechte sowie Aufrechterhaltung der vollständigen Unabhängigkeit von jeglicher Hierarchie, von Ideologie und politisch-parteilichem Interesse."[354]

Für die MPHC spielen regionale, kulturelle und politische Aspekte, sowie die Einforderung von Bildung und Ausbildung für die einfache Bevölkerung eine große Rolle. Trotz der ausdrücklichen Erwähnung des Sertão von Canudos, richtet sich der Blick der MPHC ebenso auf gesellschaftliche Fragestellungen in der Stadt und hinsichtlich einzelner benachteiligter Bevölkerungsgruppen in Brasilien, wie z.B. der Indios und der Schwarzen. In den Prinzipien (1-3) kommt die kirchliche Herkunft der MPHC zum Ausdruck. Die MPHC lässt sich u.a. von den biblischen Gemeinschaften inspirieren. Ebenso reflektiert und vertieft die MPHC eine eigene „Mystik des Sertão von Canudos". Auch wenn die MPHC stark auf die Unabhängigkeit von jeglicher Hierarchie [auch der kirchlichen] Wert legt, so wird doch deutlich, dass seine Entstehung in dem spirituellen Umfeld der katholischen Kirche und der Befreiungstheologie wurzelt.

3.3.6.2 Rezeptionen von Canudos im Rahmen der MPHC

Aktionen zur Landfrage

Die MPHC setzt sich aktiv für eine gerechte Landverteilung in Brasilien, insbesondere in der Region von Canudos ein. Dies geht u.a. aus dem Punkt 5 der Ziele der MPHC hervor. Weitere Beispiele dafür sind die Forderungen nach einer Agrarreform und einem Ende der „grilagem". Dies führte zu Spannungen in der Region von Canudos – insbesondere mit den Großgrundbesitzern. Die MPHC sieht, dass sich der Gemeinschaftscharakter von Canudos in der Weise entwickelte, dass der Conselheiro als Leitfigur in religiöser Hinsicht galt, nicht aber als alles bestimmende Größe von Canudos. Land zu besetzen war gemäß der Interpretation der MPHC in der Geschichte von Canudos ein legitimer Vorgang. Dabei ist zu beachten, dass Antônio Conselheiro mit Canudos eine verlassene „fazenda" aussuchte und kein von anderen bewirtschaftetes Land. Die MPHC spricht Antônio Conselheiro in Bezug auf die Landnutzung folgende Aussage zu:

---

[354] Selbstdarstellung des MPHC auf der eigenen Homepage, http://iaracaju.infonet.com.br/CANUDOS/quemsomos.html?searchFor=noventa +anos+depois&goButton=ir#, Zugriff am 28.07.2010.

„Das Land hat nur einen Herrn: Gott! Wenn die Erde Gottes ist, können die Landbewohner sie besetzen."[355]

Daher setzte sich die MPHC gegen die „grilagem" des „fundo de pasto" und für eine Agrarreform ein. Zäune, die von Großgrundbesitzern auf solchen Landflächen errichtet wurden, riss die MPHC in Gemeinschaftsarbeit wieder nieder. Hinter diesen Aktionen stand das Ziel der Realisierung einer Gesellschaft, die solidarisch miteinander interagiert und in der die gleichen Rechte und Pflichten für alle gelten. Wichtige Elemente zur Umsetzung dieser Ziele sind das gemeinschaftliche Engagement für diejenigen, deren Rechte von den Einflussreichen der Gesellschaft missachtet werden. Eine entscheidende Rolle spielt dabei die in der Tradition des Sertão verwurzelte kollektive Zusammenarbeit (mutirão), die z.B. in Landgemeinschaften, eines „fundo de pasto" praktiziert wird.

Missa pelos Mártires de Canudos

Erstmals am 28. Juli 1984 gestaltete die MPHC eine Messe für die „Märtyrer von Canudos", die „Missa pelos Mártires de Canudos". Diese Messe wurde zum Gedenken an die Menschen zelebriert, die in Canudos lebten und für ihre Überzeugung und die in Canudos realisierte Lebensweise im Krieg „als Märtyrer" starben. Auch wurde bei dieser Messe die aktuelle Bedeutung von Canudos für die Landbevölkerung und die katholische Kirche verdeutlicht. Die anwesenden Bischöfe distanzierten sich von der früheren Sichtweise, dass Canudos eine Ansammlung von religiösen „fanáticos" war und machten den Wert, den die katholische Kirche in der Bewegung von Canudos sieht, deutlich [vgl. 3.3.1]. Von 1984 bis 1987 fand jährlich die „Missa pelos Mártires de Canudos" in Zusammenarbeit der katholischen Kirche mit der MPHC unter folgenden Titeln statt:[356]

---

[355] MPHC, zitiert in: Araujo Sá, Filigranas da memória: história e memória nas comemorações dos centenários de Canudos (1993-1997), 2006, 154.
[356] Vgl. MPHC, Homepage, http://iaracaju.infonet.com.br/CANUDOS/index.html, Zugriff am 28.07.2010. Vgl. Araujo Sá, Filigranas da memória: história e memória nas comemorações dos centenários de Canudos (1993-1997), 2006, 171.

1984 (28.07.1984) Missa em Louvor a Canudos (Messe zum Lob von Canudos)
1985 (05.10.1985) Missa pelos Mártires de Canudos (Messe für die Märtyrer von Canudos) – zentrales Thema war die Agrarreform.
1986 Terçeira Missa pelos Mártires de Canudos (dritte Messe für die Märtyrer von Canudos)
1987 O Povo organizado busca soluções para os seus problemas (das organisierte Volk sucht Lösungen für seine Probleme)

Celebração Popular pelos Martires de Canudos

Nach der Teilung der MPHC im Jahr 1988 führten die kirchlich orientierte Gruppe und die MPHC als von da an kirchlich ungebundene Organisation jährlich je eine eigene Veranstaltung im Oktober durch. Die MPHC nannte seine Veranstaltung „Celebração Popular pelos Mártires de Canudos". Der typisch katholische Begriff „Missa" (Messe) wurde ersetzt durch den allgemeineren Begriff „Celebração Popular" (Volksgottesdienst, Volksfeier)". Der Schwerpunkt der Arbeit der MPHC lag ab dem Jahr 1988 auf dem kulturellen, politischen und sozialen Bereich. Die kirchlich orientierte Gruppe nannte ihre Veranstaltung „Romaria de Canudos" (Wallfahrt von Canudos, vgl. 3.3.7). Die von der MPHC geplante mehrtägige Veranstaltung findet seitdem jährlich Anfang Oktober statt.

Nach der Trennungsphase der Bewegung 1987 äußert die MPHC eine stärkere Kritik am Handeln der Kirche.[357] Beibehalten wurde die Wertschätzung der spirituellen Dimension von Canudos. In der „Celebração Popular pelos Mártires de Canudos" sind volksspirituelle Elemente enthalten, sowie Riten, die in ähnlicher oder gleicher Form in katholischen Gottesdiensten vorkommen. Nicht in jedem Jahr gab es ein zentrales Thema für die „Celebração Popular pelos Martires de Canudos". Aus den vorhandenen Materialien gehen die folgenden Themen hervor.[358]

---

[357] In die Art der Kritik des MPHC am kirchlichen Handeln wirkt stark die Suspendierung von Enoque de Oliveira aus dem kirchlichen Dienst im Jahr 1988 hinein. Enoque de Oliveira nahm und nimmt eine zentrale Rolle für das MPHC wahr.
[358] Aus den mir zugänglichen Materialien ließen sich nicht alle Themen der „Celebração Popular pelos Mártires de Canudos" erschließen, es fehlen die Themen der Jahre 1989, 1994-1997, 1999-2006.

Themen der „Celebração Popular pelos Mártires de Canudos"

Jahr	Thema in portugiesisch	Thema in deutsch
1988	Nós gente humilde, administrando nossas lutas e crenças num país limpo e justo: Eis o Canudos Popular.	Wir, demütige Leute regeln unsere Kämpfe und unseren Glauben in einem sauberen und gerechten Land: Das ist das Canudos des Volkes.
1990	O Movimento Popular de Canudos faz uma breve reflexão sobre três propostas de sociedade existentes hoje: Neoliberal, religioso e progressista de esquerda.	Die Volksbewegung von Canudos macht eine kurze Reflexion über drei Vorschläge der heute existierenden Gesellschaft: Neoliberal, religiös und progressive Linke.
1991	1897: Armas, destruição. E hoje? Saúde e agua, sertão!	1897: Waffen, Zerstörung. Und heute? Gesundheit und Wasser, Sertão!
1992	100 anos destruiram Canudos. Construiram o que?	Hundert Jahre hat man Canudos zerstört: Was hat man gebaut?
1993	Três Canudos, três paixões.[359]	Drei Canudos, drei Leidenschaften.
1998	Celebrando os 20 anos do Movimento Popular e Histórico de Canudos	Feier der 20 Jahre der MPHC
2007	Celebrar Canudos: 110 anos de massacre.[360]	Canudos begehen: 110 Jahre des Massakers.
2008	23. Celebração Popular pelos Mártires de Canudos[361]	23. Volksfeier für die Märtyrer von Canudos
2009	O olhar do Sertão sobre a guerra de Canudos.[362]	Der Blick des Sertão auf den Krieg von Canudos.

---

[359] MPHC, Text- und Themenblatt der 10. Celebração Popular pelos Mártires de Canudos, am 01.-02.12.1993.
[360] Vgl. http://consorciocultural.blogspot.com/2008/03/celebrar-canudos-110-anos-de-massacre.html, Zugriff am 19.07.2010.
[361] Movimento Popular e Histórico de Canudos, 23. Celebração popular pelos mártires de Canudos, Programmblatt der Kampagne vom 19.09.–08.10.2008, 2008.

2010	180 anos de Antônio Conselheiro: semeando ideais, construindo identidades	180 Jahre Antônio Conselheiro: Ideale säen, Identitäten aufbauen
2011	Entre lutas e desafios[363]	Zwischen Kämpfen und Herausforderungen

In Abschnitt 3.3.7 sind die Themen der „Romaria de Canudos" dargestellt und werden mit den Themen der „Celebração Popular pelos Mártires de Canudos" verglichen.

Veröffentlichungen

Die MPHC hat in den vergangenen Jahren mehrere Bücher veröffentlicht. 1984 erschien das Buch „Canudos, sua história e de seu fundador, terra da promissão – comunidade igualtária e exemplo da reforma agrária"[364] (Canudos, seine Geschichte und die seines Gründers, Land der Verheißung – Gemeinschaft der Gleichheit aller und Beispiel der Agrarreform), ein Buch, in dem die MPHC ihr Verständnis der Bewegung von Canudos darstellt. Der Inhalt dieses Buches findet sich auch in der zweiten Veröffentlichung von 1986 wieder, die den Namen trägt: „Noventa anos depois... Canudos de novo"[365] (90 Jahre danach... erneut Canudos). Wichtige Punkte in den Veröffentlichungen sind die, dass Canudos eine Gemeinschaft war, die auf dem Gleichheitsprinzip beruhte und sich an den christlichen Werten und Geboten orientierte. Antônio de Araújo Sá interpretiert das Gemeinschaftsverständnis von Canudos wie folgt:

„Alle kümmerten sich um das Land und die Stadt. Alle arbeiteten und waren verantwortlich für die Zukunft der Gemeinschaft. Alle partizipierten an der Entscheidung. Die Macht wurde in kommunitärer Weise ausgeübt. Der einzige Herr war Jesus Christus... In der Stadt gab es nur ein Gesetz, das Gesetz des Teilens... Das demütige Volk baute mit seinen eigenen Händen einen neuen Himmel und eine neue Erde. Es war das

---

[362] Vgl. http://passapalavra.info/?p=12792, Zugriff am 19.07.2010.
[363] Vgl. http://centroculturalcanudosemmovimento.blogspot.com/, Zugriffe am 14.09.2010 und 11.10.2011.
[364] Movimento Popular e Histórico de Canudos (Coordenação do Novo Movimento Histórico de Canudos), Canudos: a sua história e de seu fundador, 1984.
[365] Movimento Popular e Histórico de Canudos (Coordenação do Novo Movimento de Canudos), Noventa anos depois, Canudos de novo, 1986.

Reich Gottes, von dem die Bibel spricht, das im Sertão von Bahia begann."[366]

Weitere Veröffentlichungen der MPHC bestehen in den Plakaten und Handmaterialien, die zur jährlichen „Celebração Popular pelos Mártires de Canudos" erstellt wurden.[367] Zu erwähnen ist, dass Enoque José de Oliveira zahlreiche Interviews für Zeitungen und Bücher gegeben hat. Als Äußerungen des Mitbegründers und der zentralen Leitfigur der MPHC haben diese Interviews einen repräsentativen Charakter für die MPHC.[368]

Zwei Institutionen – ein Anliegen

Die Gründe, die zu einem Zerwürfnis und schließlich zur Trennung der MPHC im Jahr 1988 führten sind vielschichtig und können nur ansatzweise rekonstruieren werden. Die Leitung der regionalen Priester wurde von Teilen der MPHC als paternalistisch und assistentialistisch wahrgenommen. Daher gab es Stimmen, die eine diskutierte Zuwahl weiterer Führungspersonen aus den Reihen des Klerus ablehnten. Dies sind zwei Aspekte, die zur Trennung beitrugen.[369] Dennoch gibt es zahlreiche Anliegen, die beide Organisationen miteinander teilen. Antônio Araújo Sá erklärt diesbezüglich:

„Es ist wichtig hervorzuheben, dass neben dem Bruch [zwischen MPHC und der kath. Kirche], das von der Movimento de Canudos aufgebaute Modell der Erinnerung mit Stellungnahmen, Liedern, Musik, theatralischen Aufführungen, von der katholischen Kirche in deren

---

[366] Movimento Popular e Histórico de Canudos, zitiert in: Araújo Sá, Antônio Fernando, Memória coletiva e Memória histórica, in: http://br.monografias.com/trabalhos/memorias-confronto-comemoracoes-centenarios-canudos/memorias-confronto-comemoracoes-centenarios-canudos2.shtml, Zugriff am 14.06.2007.
[367] Es liegen mir keine Materialien, die zur jährlichen „Celebração Popular de Canudos" erstellt wurden, vor. Bei meiner Teilnahme an der „Celebração Popular de Canudos" vom 04.-05.10.1997 gab es jedoch bei einer Diskussionsveranstaltung mit Enoque José de Oliveira und beim Akt der „Celebração" auf dem „Alto de Mario" Liedzettel und Informationsblätter.
[368] Vgl. Oliveira, Enoque José de, in: Neto, Dantas, (Org.), Os intelectuais e Canudos, 2003, 251-275.
[369] Vgl. Araujo Sá, Filigranas da memória: história e memória nas comemorações dos centenários de Canudos (1993-1997), 2006, 174.

Aufarbeitung des Gedächtnisses von Canudos aufgenommen wurde. Beide greifen auf die geschaffenen Themen zurück, die es ermöglichen, das Gedächtnis an Canudos mit dem täglichen Leben der heutigen Landbevölkerung der Region in Beziehung zu setzen. Auf der anderen Seite erkennen wir evidente Ähnlichkeiten zwischen dem Inhalt der von der katholischen Kirche durch das Instituto Popular de Canudos editierten und den 1986 von der Movimento de Canudos publizierten Heften."[370]

Zusammenfassend kann gesagt werden, dass die MPHC einen wichtigen Anteil zum kirchlichen Anerkennungsprozess von Canudos beitrug und durch seine Aktivitäten stark in die Region von Canudos und insbesondere in die Fragestellungen der Landbevölkerung hineinwirkt. Aus dem Vorbild von Canudos kreiert die MPHC konkrete Aktionen, die die betroffenen Bevölkerungsgruppen zum solidarischen Handeln führen und deren Bewusstseinsbildung stärkt. Auch auf kultureller, politischer und spiritueller Ebene setzt die MPHC durch die „Celebração Popular pelos Mártires de Canudos" ein Zeichen, das die Bedeutung von Canudos wach hält und aktualisiert.

3.3.7 „Romaria de Canudos"

Bei der „Romaria de Canudos" (Wallfahrt von Canudos), handelt es sich um eine Rezeption von Canudos, die eine starke kirchliche Bindung hat. Gesellschaftliche Fragestellungen im Sertão sowie religiöse Aspekte stellen Schwerpunkte dieser Bearbeitung von Canudos dar. Wie im vorherigen Abschnitt beschrieben, trennte sich von der MPHC eine Gruppe ab, die sich kirchlich orientierte. Diese Gruppe richtet seit 1988 die „Romaria de Canudos" aus, an der jährlich ca. 700 bis 800 Personen teilnehmen.[371] In diesem Abschnitt werden in einem ersten Schritt die Zielsetzung, die Vorgehensweise und die thematischen Schwerpunkte der „Romaria de Canudos" dargestellt. In einem zweiten Schritt wird die Rezeption von Canudos anhand eines konkreten Beispiels und dem Liedgut zur „Romaria de Canudos" verdeutlicht.

---

[370] Araújo Sá, Memória coletiva e memória histórica, in: http://br.monografias.com/trabalhos/memorias-confronto-comemoracoes-centenarios-canudos/memorias-confronto-comemoracoes-centenarios-canudos2.shtml, Zugriff am 14.06.2007.
[371] Interviewband, Interview 18, Pfarrer Lívio Picolini, vom 27.06.2008.

Zielsetzung, Vorgehensweise und thematische Schwerpunkte

Die „Romaria de Canudos"[372] ist keine traditionelle Wallfahrt. Zu ihr gehören weitere Veranstaltungen wie Diskussionspodien, wissenschaftliche Vorträge, Theater u.a. Antônio de Araujo Sá erläutert:

„Unterstützt durch die Diözesen Paulo Afonso, Bonfim, Juazeiro und Rui Barbosa versuchen die Themen der ‚Romarias' [von Canudos] seit 1988 die Utopie von Belo Monte zu artikulieren. Basierend auf dem Glauben und der Organisation der Bevölkerung, auf der Grundlage der Gleichheit wird mit der Realität des aktuellen Sertão insbesondere die Frage der Agrarreform und des Zusammenlebens in der Dürreregion diskutiert."[373]

Zu den Gruppen, die die „Romaria de Canudos" in den vergangenen Jahren planten, zählen die kath. Gemeinde Santo Antonio von Canudos, die in Canudos ansässige Ordensgemeinschaft „Filhas do Sagrado Coração de Jesus",[374] das IPMC,[375] die Diözesen Juazeiro und Paulo Afonso, kirchliche Basisgemeinden [vgl. 3.3.3], der Baptistenpfarrer Djalma aus Salvador-BA[376] und andere Organisationen [z.B. MST, CPT]. Die „Romaria de Canudos" hat heute eine ökumenische Ausrichtung.[377] Ana Zélia de Menezes, Schwester der in Canudos ansässigen Kongregation „Filhas do Sagrado Coração de Jesus", die im Jahr 2008 auch Mit-Hauptverantwortliche für die Planung der jährlichen „Romaria de Canudos" war, erläutert deren pastorale Zielsetzung:

---

[372] Die Ausführungen zur Organisation der „Romaria de Canudos" in diesem Abschnitt beziehen sich auf das Jahr 2008.

[373] Araujo Sá, Filigranas da memória: história e memória nas comemorações dos centenários de Canudos (1993-1997), 2006, 191.

[374] Vgl. Interviewband, Interview 20, Schwester Ana Zélia de Menezes, vom 27.06.2008.

[375] Vgl. Interviewband, Interview 19, Sandorval Carvalho de Macedo, vom 27.06.2008.

[376] Vgl. Interviewband, Interview 19, Sandorval Carvalho de Macedo, vom 27.06.2008.

[377] Vgl. A Tarde, Questão fundiária é tema do Centenário de Canudos, n. 27142, Salvador-BA, 12.10.1993, Município, 5. In diesem Artikel wird der ökumenische Charakter der Koordinierungsgruppe der „Romaria de Canudos" dargestellt. Zur Koordinierungsgruppe zählten neben der katholischen Kirche auch die Igreja Batista de Nazaré, die CPT und 10 weitere Organisationen.

„Der pastorale Fokus war immer der, das Licht der Erfahrung von Canudos so zu verstehen, dass sich daraus mögliche Alternativen für diese Region ‚semiárido' [Dürreregion] eröffnen. Wir nennen dies heute das ‚Zusammenleben mit der Dürreregion...' Die ‚Romarias' sind für uns ein Ort, an dem wir diese Mystik verstärken, die von Antônio Conselheiro [und Canudos] gelebt wurde und die unseren pastoralen Weg unterstützen soll."[378]

Demnach spielen bei der „Romaria de Canudos" u.a. lokale, gemeinschaftliche und spirituelle Aspekte sowie eine kollektive Vorbereitung wichtige Rollen.[379] Pe. Lívio Picolini ergänzt hinsichtlich der Themen der „Romaria de Canudos":

„Wir arbeiten heute mit der ‚Romaria de Canudos' mehr zu lokalen und aktuellen Problematiken. Im vergangenen Jahr [2007] zum Beispiel haben wir zum Rio São Francisco gearbeitet, zur Frage der Natur, zur Frage des Lebens der Flussbewohner und der Realität über die die Regierung spricht, die das Wasser nach Pernambuco und Rio Grande do Norte bringen will. Denn dort würden die Menschen vor Durst sterben, aber so ist das nicht. Dahinter stecken kapitalistische Interessen. Die ‚Romarias' unterstützen die Bevölkerung, die aktuellen Themen zu verstehen, wobei die Bevölkerung schon häufig getäuscht wurde. Ich als Mitglied der Landpastoral muss immer mit dabei sein. Andere Themen werden auch bearbeitet. Es gibt immer Momente der Bewusstmachung, der Reflexion der aktuellen Situationen."[380]

Ab dem Jahr 1993 wurde die „Romaria de Canudos" auf ökumenischer Basis organisiert.[381] Es geht darum, die Geschichte von Canudos als Vorbild ins Gedächtnis zu bringen, konkrete Handlungen einzuleiten und Forderungen zu stellen, insbesondere für die sozial benachteiligten Bevölkerungsgruppen (z.B. Landlose, Indios, etc.). Dazu dient die folgende, von Pfarrer Lívio Picolini erläuterte Struktur der Romaria de Canudos:

---

[378] Interviewband, Interview 20, Schwester Ana Zélia de Menezes, vom 27.06.2008.
[379] Vgl. Interviewband, Interview 20, Schwester Ana Zélia de Menezes, vom 27.06.2008.
[380] Interviewband, Interview 18, Pfarrer Lívio Picolini, vom 27.06.2008.
[381] Vgl. Santana Pinho, Revisitando Canudos hoje no imaginário popular, 1996, 136.

„*Die ‚Romaria' hat aktuell drei Teile:*
- *Samstag, nachmittags: Debatten, Seminare Werkstätten zu einem aktuellen Thema. Im letzten Jahr arbeiteten wir zum Thema ‚Rio São Francisco'. Zuvor arbeiteten wir über das Zusammenleben in der ‚Dürreregion' [semiárido], über Situationen im Leben des Sertão. Das sind Momente des Studierens.*
- *Samstag, abends: Wertschätzung der Kultur des Sertão. Es gibt eine kulturelle Nacht im Sertão. Die Erfahrung von Canudos wird ein wenig gefeiert.*
- *Sonntag, morgens: Messe mit dem Kreuz, dem einzigen Gegenstand, der aus dem ersten Canudos übrig blieb. Nach der Messe gibt es immer die Wallfahrt zum Historischen Park von Canudos (Parque Histórico de Canudos). Dort gibt es Lieder oder Angebote an anderen Orten [des Parks].*"[382]

Themen der „Romaria de Canudos" von 1988-2012:

Jahr	Thema in portugiesisch	Thema in deutsch
1988	Povo que reza resiste.	Das betende Volk widersteht.
1989	A lei nasce do povo e de suas organizações.	Das Gesetz entsteht aus dem Volk und seiner Organisation.
1990	O povo organizado descobre jeito de conviver com a seca e a falta de terra.	Das organisierte Volk entdeckt, mit der Dürre und dem Fehlen von Land zu leben.
1991	Canudos: Uma nova sociedade nasceu da fé e da organização do povo.	Canudos: eine neue Gesellschaft entstand aus dem Glauben und der Organisation des Volkes.
1992	Canudos: A cultura sertaneja encontra chão.	Canudos: die Kultur des Sertão findet den Boden.
1993	Cem anos de Canudos: Terra livre, povo livre.	Hundert Jahre Canudos: Freies Land, freies Volk.
1994	Sertanejo conquista sua água.	Der Bewohner des Sertão erstreitet sein Wasser.
1995	Canudos, esperança dos excluídos.	Canudos, Hoffnung der Ausgegrenzten.

---

[382] Interviewband, Interview 18, Pfarrer Lívio Picolini, vom 27.06.2008.

1996	Canudos: Só Deus é grande; força é vez dos excluídos.	Canudos: Gott allein ist groß; Kraft ist die Sache der Ausgegrenzten.
1997	Canudos: 100 anos do massacre no sertão. Sangue derramado, terra fecundada	Canudos: 100 Jahre des Massakers im Sertão. Vergossenes Blut, fruchtbar gewordene Erde.
1998	Canudos vivo; cresce a esperança no sertão.	Lebendiges Canudos; die Hoffnung wächst im Sertão.
1999	O grito do povo de Canudos: Água e comida para viver.	Der Schrei des Volkes von Canudos: Wasser und Essen zum Leben
2000	2005-2011: Outra seca no sertão. Prevenir é a melhor solução.	2005-2011: Nächste Dürre im Sertão. Vorkehrung ist die beste Lösung.
2001	Cuidar da terra e da água é cuidar da vida. Fundo de pasto é Reforma Agrária no sertão.[383]	Land und Wasser bewahren heißt das Leben zu bewahren. Der Fundo de Pasto ist die Agrarreform im Sertão.
2002	O povo sertanejo é forte.	Das Volk des Sertão ist stark.
2003	Cuidar da terra é garantir a vida.	Das Land zu bewahren bedeutet das Leben zu garantieren.
2004	Água, vida e meio ambiente	Wasser, Leben und Umwelt
2005	Canudos renasce noutro tempo, noutro chão.	Canudos entsteht wieder zu anderer Zeit, an anderem Ort.
2006	Canudos; velho Chico e o Vaza-Barris, uma luta pela vida.	Canudos; der alte Rio São Francisco und der Vaza Barris, ein Kampf um das Leben.
2007	Canudos: Memória e missão.	Canudos: Erinnerung und Mission.
2008	Canudos, uma democracia orgânica e participativa e o lema: "Povo livre, poder compartilhado."	Canudos, eine organische und partizipative Demokratie und das Motto: „Freies Volk, geteilte Macht".

---

[383] Themen der Romaria de Canudos 1988-2001, in: Instituto Popular de Canudos, Almanaque 2002, 2001, 92.

2009	Canudos, justiça e qualidade de vida.	Canudos, Gerechtigkeit und Lebensqualität.
2010	Canudos, um exemplo de economia solidária. Lema: Eles tinham tudo em comum [At 2, 44].[384]	Canudos, ein Beispiel solidarischer Ökonomie. Motto: Sie hatten alles gemeinsam [Apg 2, 44].
2011	Canudos e caatinga: Exemplo de vida e resistência.[385]	Canudos und die Dornenvegetation: Beispiel des Lebens und des Widerstandes.
2012	25 Anos de Romaria: Canudos, história de fé e luta.[386]	25 Jahre der Romaria [de Canudos]: Canudos eine Geschichte des Glaubens und des Kampfes.

Themenvergleich: „Romaria de Canudos" und „Celebração Popular pelos Mártires de Canudos"

Nicht von jedem Jahr lagen die Themen der „Celebração Popular pelos Mártires de Canudos" [vgl. Themenaufstellung unter 3.3.6] in den Jahren 1988-2012 vor. Vergleicht man die jeweiligen Jahresthemen der beiden Veranstaltungen so fällt auf, dass es in keinem Jahr eine Übereinstimmung gibt. Das jeweilige Motto wie die inhaltlichen Schwerpunkte waren unterschiedlich. Es stellt sich an dieser Stelle die Frage, worin dies begründet ist. Inwiefern wurden bewusst unterschiedliche Themenschwerpunkte gesetzt, oder unterscheidet sich die Art der Arbeit der beiden Vorbereitungsgruppen grundsätzlich? Auffällig ist auch, dass die „Romaria de Canudos", nur sechs Mal explizit religiöse Themen hat, obwohl das Organisationsteam mit kirchlichen Kreisen kooperiert und zum großen Teil daraus besteht. Die Themenschwerpunkte beider Veranstaltungen widmen sich stark sozialen Bezügen.

---

[384] Vgl. IRPAA, http://www.irpaa.org/noticias/190/romaria-de-canudos, Zugriff am 14.09.2010.
[385] Vgl. Romaria de Canudos, 24. Romaria, http://emjoaosa.com.br./vernoticia/56/comecam-os preparativos-para-24-a.-romaria-de-canudos, Zugriff am 12.10.2011.
[386] Vgl. http://www.irpaa.org/noticias/531/canudos-celebra-sua-25a.-romaria, Zugriff am 31.01.2013.

Rezeption von Canudos

An der „Romaria de Canudos 2006", deren Ablauf und Wirkung, sollen Elemente der Verarbeitung von Canudos beispielhaft erläutert werden. Der zeitliche Rahmen der Romaria de Canudos ist in der Regel ähnlich, die einzelnen Elemente sowie die beteiligten Personen variieren. Vom 21. bis 22. Oktober 2006 fand die „Romaria de Canudos 2006" in Canudos-BA statt. Zum Programm zählten folgende Punkte, darunter wissenschaftliche Vorträge, Diskussionsrunden und kulturelle Präsentationen:
- Vortrag „Experiência pedagógica: viagem a Canudos" (Pädagogische Erfahrung: Reise nach Canudos) von Prof. Marcos José de Souza (Secretaria do Estado de Bahia),
- Runder Tisch zum Thema „Canudos, Velho Chico, Vaza Barris: uma luta pela vida" (Canudos, alter Fluß Rio São Francisco, Vaza Barris: ein Kampf für das Leben) mit den Universitätsprofessoren Luis Paulo Almeida Neiva (UNEB), Marco Antônio Villa (UFSCAR, Universidade Federal de São Carlos) sowie Manoel Neto (CEEC), Pe. Rubens Wilson (CPT) und Roberto Malvezzi (Gogó, CPT).
- Kulturelle Beiträge zur Rahmengestaltung der Veranstaltung, wie z.B. die Sambagruppe „Quixbeira da Matinha dos Pretos" und Vorführung des Filmes „Deus e o diábo na terra do sol" von Glauber Rocha.
- Die Veranstaltung wurde Abgerundet mit einem Besuch im Parque Estadual de Canudos. Verantwortlich für diesen Veranstaltungsteil war die Universidade Estadual da Bahia (UEBA) – Campus III – in Euclides da Cunha-BA. Unterstützend wirkten mit: Pro-Reitoria de Extensão (PROEX) der UNEB, Centro de Estudos Euclides da Cunha (CEEC), Preifeitura Municipal de Canudos und Instituto Popular Memorial de Canudos (IPMC).[387]

An der Struktur der „Romaria de Canudos" und deren Ablaufes im Jahr 2006 wird deutlich, dass die „Romaria de Canudos" eine vielschichtige Veranstaltung ist, die auf theologischer Grundlage an andere wissenschaftliche Disziplinen ankoppelt. Dabei verbindet sie die Bedeutung der historischen Bewegung von Canudos auf vielfältige Weise mit aktuellen Bezügen.

---

[387] Vgl. www.euclidescanudos.uneb.br/?menu=arquivo_de_noticias&rid=54, Zugriff am 08.05.2007.

Die „Romaria de Canudos" ist nicht darauf ausgerichtet, einen Heiligen zu verehren – wie z.B. bei den Wallfahrten zum Heiligen Franziskus in Caninde. Sie will vielmehr den vorbildhaften Charakter der religiösen und sozialen Bewegung von Belo Monte, die von Antônio Conselheiro geleitet wurde, ins Gedächtnis rufen und deren Bedeutung in die aktuelle Situation übersetzen. Die „Romarias de Canudos" möchten die von der lateinamerikanischen Bischofskonferenz (CELAM) getroffene „vorrangige Option für die Armen" konkretisieren und ihr ein Gesicht geben. An der „Romaria de Canudos" nehmen viele Mitglieder der katholischen Gemeinden aus der Region teil,[388] evangelische Christen, Gewerkschaften[389] und andere nicht kirchlich organisierte Personen und Gruppen, die am Thema Canudos interessiert sind.

Die oben aufgelisteten Themen der „Romaria de Canudos" seit 1988 geben einen Überblick über die thematische Schwerpunktsetzung. Charakteristisch ist der konkrete Bezug zu regional bedeutsamen gesellschaftlichen Themen. Dieser Bezug wird im Folgenden an den „Romarias" in den Jahren 1993 und 2007 verdeutlicht: Im Jahr 1993 wurde die „Romaria de Canudos" in Zusammenarbeit mit der MST vorbereitet, wobei das Thema „Agrarreform" in den Mittelpunkt gestellt wurde. Antônio de Araújo Sá beschreibt, wie Canudos durch die „Romaria de Canudos" zu einem Symbol für die Agrarreform und das Handeln der MST wurde:

„Die Partizipation der MST an der Organisation der ‚Romaria de Canudos' 1993 führte dazu, dass die Geschichte von Canudos von der Seite des Kampfes für das Land aufgenommen und zu einem Symbol für die Agrarreform wurde. Dazu erarbeitete die MST eine Lektüre des Kampfes von Antônio Conselheiro in der Vergangenheit, als Ferment und Ideal für das heutige Handeln der MST, bis dass der Traum der Arbeiterbevölkerung Wirklichkeit wird: dass die Ländereien aufgeteilt werden, dass die Agrarreform umgesetzt wird und dass sich eine gerechtere und auf der Gleichheit aller beruhenden Gesellschaft in Brasilien organisiert."[390]

---

[388] Vgl. Interviewband, Interview 35, Antenor Simões Santana Junior, vom 25.06.2008.
[389] Vgl. Interviewband, Interview 37, Osmar Pereira, vom 27.06.2008.
[390] Araujo Sá, Filigranas da memória: história e memória nas comemorações dos centenários de Canudos (1993-1997), 2006, 189. Vgl. MST, Canudos não se rendeu: 100 anos de luta pela terra, 1993.

Einen wichtigen Beitrag zur „Romaria de Canudos" im Jahr 1993 leistete der Bischof der Prälatur „São Felix do Araguaia-MG", Dom Pedro Casadáliga, der die Hauptpredigt hielt. Er führte die mit der „1. Missa pelos Mártires de Canudos" begonnene Relektüre der Geschichte von Canudos durch die katholische Kirche weiter und deutete sie aus befreiungstheologischer Sicht auf die Agrarreform und deren aktuelle Bedeutung für die Situation in Brasilien hin. Insofern kann gesagt werden, dass die „Romaria de Canudos" Raum für eine befreiungstheologische Deutung von Canudos eröffnet und diese unterstützt.[391] Bischof Dom Luis Cappio OFM war am 21. Oktober 2007 bei der „Romaria de Canudos" mit dabei und predigte zum Thema der Umverlegung des Rio São Francisco.[392] Das Vorhaben der brasilianischen Regierung, den Rio São Francisco umzuverlegen, um landwirtschaftliche Flächen in den Dürreregionen des Sertão zu erschließen, hat tiefgreifende ökologische Folgen und bringt viele Nachteile für die Landbevölkerung mit sich. Diese Fragestellung wurde bei der „Romaria de Canudos 2007" in Bezug zur Bewegung von Canudos gesetzt, um konkrete Lösungsansätze für die weitere Arbeit zu finden.

Liedgut der Romaria de Canudos

Ein wichtiger Bestandteil der „Romaria de Canudos" ist das Liedgut [vgl. 3.3.9]. In jedem Jahr wird je ein eigenes Liedheft zur „Romaria de Canudos" erstellt. Anhand der Liedhefte der Jahre 1993, 1997 und 2007 werden die Lieder in diesem Abschnitt nach deren Aussagen zu Canudos analysiert, um daraus eine exemplarische Aussage hinsichtlich der Bedeutung von Canudos für die „Romaria de Canudos" zu treffen. Ein Teil der Lieder stammt aus dem Repertoire der Basisgemeinden,[393] ein Teil

---

[391] Vgl. Araujo Sá, Filigranas da memória: história e memória nas comemorações dos centenários de Canudos (1993-1997), 2006, 194-195.
[392] Vgl. Cappio, Dom Luiz, in Canudos 2007,http://www.youtube.com/watch? v=kSBBy5pKR1I&feature=related, Zugriff am 17.01.2010.
[393] Zu den Liedern aus dem Repertoire der Basisgemeinden, die auch bei der „Romaria de Canudos" gesungen werden, zählen u.a: „Eu sou feliz é na comunidade", „Glorificado seja", „É bonia demais", „Quando o dia da Paz renascer" (Zé Vicente), „Deus chama a gente". Vgl. Romaria de Canudos 2007, Liedheft.

sind Wallfahrtslieder[394], ein Teil sind Lieder zur Landfrage[395] in Brasilien, andere Lieder sind speziell zu Canudos geschrieben. Die am häufigsten in den Liedern der Liedhefte zur „Romaria de Canudos" vorgefundenen Aussagen können wie folgt zusammengefasst werden:
1. Canudos ist nicht gestorben, ist auferstanden, ist lebendig.
2. Canudos hat eine Bedeutung zur Lösung der Probleme der Landbevölkerung.
3. Canudos lebt im Glauben und in den Herzen der Menschen.
4. Gott/Christus wirkt in Canudos.
5. Antônio Conselheiro ist „beato", Prophet und Bruder.
6. Canudos steht: für Befreiung, gutes Leben, Gemeinschaft, Frieden, für die organisierte Bevölkerung und ist Mutter.

Es gibt eine Fülle von religiös verwendeten Liedern zu Canudos. Dies belegt, dass Canudos im Volksbewusstsein des Sertão verwurzelt und bedeutsam ist. Zusammenfassend kann hinsichtlich der Beziehung von katholischer Kirche und der „Romaria de Canudos" gesagt werden, dass die katholische Kirche in Zusammenarbeit mit anderen Kirchen und thematisch interessierten Gruppen durch die „Romaria de Canudos" die Geschichte von Canudos aufarbeitet und neu bewertet. Sie erkennt Canudos und die dort gelebten Werte an, u.a. durch die Beteiligung von Bischöfen an der „Romaria de Canudos". Canudos hat Vorbildcharakter in Bezug auf die sozialen, gesellschaftlichen, kirchlichen und pastoralen Herausforderungen. Die „Romaria de Canudos" manifestiert auf praktische Weise die kirchliche Anerkennung und Wertschätzung von Antônio Conselheiro und Canudos.

3.3.8 Formen religiöser Verehrung zu Canudos

Canudos wird in vielfältiger Weise mit spiritueller Schwerpunktsetzung rezipiert. Dieser Abschnitt soll die Bandbreite dieser Bearbeitungen anhand einiger konkreter Beispiele verdeutlichen. Es werden dazu

---

[394] Zu den Wallfahrtsliedern zählen u.a.: „Bom dia Romeiro", „Vem Caminheiro", „Bendito dos Romeiros da Terra". Vgl. Romaria de Canudos (Hg.), Coordenação da Romaria de Canudos, Liedheft 2007, 2007.
[395] Zu den Liedern zur Landfrage zählen u.a.: „Bendito dos Romeiros da Terra", „Jubileu da Terra", „Terra prometida", „meu amigo, meu irmão ocupe a Terra", „Ladainha dos Mártires da Terra". Vgl. Romaria de Canudos (Hg.), Coordenação da Romaria de Canudos, Liedheft 2007.

verschiedene Formen religiöser Verehrung von Antônio Conselheiro und Canudos dargestellt und analysiert. Es handelt sich dabei um verschiedene Wallfahrten (romarias) und Gottesdienste. Dabei wird untersucht, in welcher Form mit Canudos umgegangen wird, welche Aspekte an Canudos wichtig sind und welche Formen der Verehrung existieren.

Gottesdienst zum Geburtstag Antônio Conselheiros in Quixeramobim-CE

In der katholischen Gemeinde Santo Antônio in Quixeramobim-CE, der Geburtsstadt Antônio Conselheiros, wird jährlich zum Geburtstag Antônio Conselheiros, dem 13. März, ein Gottesdienst (Messe) gefeiert. Maßgeblich für die Vorbereitung war in den Jahren bis 2008 die in Quixeramobim-CE lebende Ordensschwester „Irmã Teresa", die über viele Jahre in der CPT-Quixeramobim-CE engagiert war. Das Thema des Geburtstagsgottesdienstes im Jahr 2008 lautete: „Conselheiro está vivo na alma dos seus seguidores."[396] (Der Conselheiro ist in der Seele seiner Nachfolger lebendig). Im Geburtstagsgottesdienst wurde die Geschichte von Canudos erzählt und auf aktuelle Fragestellungen angewandt. Zum Ausdruck kommt dies u.a. in Titel und Refrain des Eingangsliedes: *„Ich will das Land, ich will das Wasser, tausend neue Canudos, die Agrarreform."*[397] Dieser Refrain setzt Canudos direkt in Verbindung zur Agrarreform, d.h. zur Problematik der Landverteilung und des Wasserzugangs in Brasilien. Der Gottesdienst greift diese Themen auf und setzt sie in Verbindung zum Beispiel, das Canudos gibt, um daraus Handlungsoptionen aufzuzeigen. Antônio Conselheiro wird als Vorbild zur Lösung aktueller Fragestellungen angesehen. Der Meditationstext verdeutlicht:

„Unser Land hat Geschichte, die wir aufarbeiten müssen. Es ist unmöglich den Kampf des Conselheiros zu ignorieren. Sein Zeugnis ist ein Beispiel, damit wir uns organisieren können... Mit unserem Conselheiro wollen wir unseren Kampf um das Land und um heutige Befreiung bestätigen. Die Wiedergeburt von Canudos wird alle zusammenschmieden."[398]

---

[396] Paroquia de São Francisco, Comunidade de Oitícica, Secretaria de Cultura e Turísmo de Quixeramobim-CE, Conselheiro está vivo na alma dos seus seguidores. Textos para a missa do 178. aniversário de Antônio Conselheiro em Quixeramobim, 13.05.2008.
[397] Auf portugiesisch: *„Eu quero a terra, eu quero a água/mil novos Canudos, a Reforma Agrária"*.
[398] Paroquia de São Francisco, Comunidade de Oitícica, Secretaria de Cultura e Turísmo de Quixeramobim-CE, Conselheiro está vivo na alma dos seus

Das Vorbild von Canudos nimmt in den aktuellen Bezügen und Fragestellungen neu Gestalt an: „Canudos vai renascer" (Canudos wird wiedergeboren). Der Gottesdienstablauf verdeutlicht, dass Canudos als Vorbild rezipiert wird, das zur Nachahmung animiert. In den Texten des Liedblattes finden sich jedoch keine Stellen, an denen Antônio Conselheiro um Fürsprache gebeten wird, wie etwa in einem Fürbittgebet.

Andachten zum 100jährigen Gründungsjubiläum von Canudos in Pilão Arcado-Bahia

Im Jahr der 100jährigen Gründung von Canudos gestaltete die Gemeinde Santo Antônio in Pilão Arcado-BA, in der Diözese Juazeiro-BA, 13 Andachten (trezena) zur Vorbereitung auf die Feier des Jubiläums (13. Juni 1893 – 13. Juni 1993)[399]. Der Bischof von Juazeiro-BA, Dom José Rodrigues de Souza, schrieb im Vorwort des Text- und Liedheftes:

„…*in den Nächten der ‚trezena' wollen wir die religiösen und soziopolitischen Werte der Gemeinschaft von Canudos aufarbeiten. Antônio Conselheiro lebte und verstand es, seinen Nachfolgern das Ideal, Glaube und Leben miteinander zu verbinden, zu vermitteln. 1. Die Bibel war seine Inspiration,… die Bevölkerung versammelte sich im ‚sanctuário' (Heiligtum, Gebets- und Wohnbereich des Conselheiros) um die Worte des Conselheiros zu hören und seine Gebete zu verrichten. Antônio Conselheiro war ein exzellenter ‚Animateur' der Gemeinschaft. 2. Konfrontiert mit dem Leben: …Antônio Conselheiro wollte eine geschwisterliche und auf Gleichheit aller beruhende Gemeinschaft gründen, was am 16.06.1893 geschah… Wenn man für eine Sache stirbt, stirbt diese Sache nicht! Deshalb gedenken wir der hundert Jahre von Canudos.*"[400]

---

seguidores. Textos para a missa do 178. aniversário de Antônio Conselheiro em Quixeramobim, 13.05.2008.

[399] Der genaue Ankunftstag von Antônio Conselheiro mit seinem Gefolge in Canudos ist nicht bekannt, er ist um den 13. Juni 1893 einzuordnen.

[400] Souza, Luíz Eduardo de, Equipe pastoral de Pilão Arcado, Antônio Conselheiro, luta pela terra no nordeste, ano do centenário de Canudos – 1893-1993, Lieder- und Texte für 13 Andachten, anlässlich des 100jährigen Gründungsjubiläums von Canudos, 1993, 5.

Bischof Dom José Rodrigues[401] stellt einige Werte heraus, die er an Canudos schätzt. Darüber hinaus wird in dieser Veröffentlichung deutlich, dass Canudos auf der Ebene eines Bischofs Anerkennung findet und zur Grundlage einer pastoralen Aktion wird. Das Grundschema der Andachten besteht aus vier Elementen. Am Beispiel des 7. Tages wird dies erläutert:
1. Tagesthema: Die Reaktion des Conselheiros gegenüber Ungerechtigkeiten.
2. Historische Reaktionen des Conselheiros in Situationen der Ungerechtigkeit werden vorgestellt, z.b. wie der Conselheiro die Aufhebung der Sklaverei fordert.
3. Grundfragen:
   - Befreite das „lei aurea" (goldene Gesetz)[402] tatsächlich die Sklaven?
   - Wie verhalten wir uns gegenüber Ungerechtigkeiten in unserem Umkreis?
4. Bibeltext Mk 11, 15-19, die Reinigung des Tempels in Jerusalem durch Jesus.[403]

Die 13. Andacht endet mit einem Meditationstext, der eine Vergebungsbitte beinhaltet.[404] Im Materialheft sind darüber hinaus Lieder, Litaneien und Gebete abgedruckt. Eine Besonderheit bilden die vier Bittgebete zu bzw. mit Antônio Conselheiro:

„Gebet in der Hoffnungslosigkeit zu Antônio Conselheiro…
Gebet zu Antônio Conselheiro für ein glückliches Leben…
Gebet zu Antônio Conselheiro in der Trockenheit…
Gebet eines pilgernden Volkes:
Antônio Conselheiro, der du Jesus so sehr liebtest:

---

[401] Dom José Rodrigiues de Souza C.SS.R., Bischof der Diözese Juazeiro-BA ist im Jahr 1993 Präsident der CPT in der Region Nordost (NE) III (Bahia und Sergipe).
[402] Mit dem sogenannten "lei aurea" (Goldenes Gesetz) beendete die brasilianische Prinzessin Isabel per Dekret im Jahr 1888 offiziell die Sklaverei in Brasilien.
[403] Vgl. Souza, Equipe pastoral de Pilão Arcado, Antônio Conselheiro, luta pela terra no nordeste, ano do centenário de Canudos – 1893-1993, 1993, 20.
[404] Souza, Luiz Eduardo de, in: Souza, Equipe pastoral de Pilão Arcado, Antônio Conselheiro, luta pela terra no nordeste, ano do centenário de Canudos – 1893-1993, 1993, 33.

Du bist mit ihm durch die 'caatinga' und den Sertão gepilgert.
Du hast Aufmerksamkeit erweckt und die Fehler so wie Jesus angezeigt.
Du hast so viel Gutes für viele Menschen getan.
Du bist verfolgt und getötet worden wie er, aber mit Sicherheit bist Du lebendig zusammen mit Gott, dem Vater, und Jesus im selben Geist.
Wir bitten um Deine Fürsprache, um das Glück zu erlangen, Fortschritt und Frieden in diesem und dem anderen Leben. Amen."[405]

Dieses Textheft ist ein wichtiges historisches Dokument, da es eines der wenigen kirchlichen Materialien ist, in denen Antônio Conselheiro im Gebet direkt um Fürsprache gebeten wird. Damit kommt zum Ausdruck, dass in dieser konkreten Gruppe Antônio Conselheiro ähnlich wie ein Heiliger verehrt wird. Die 13 Andachten haben diese Besonderheit.

Vigil der Hoffnung – Hundertjahrfeier von Canudos (1993)

Zur Feier der 100jährigen Gründung von Canudos im Jahr 1993 wurde eine „Vigil der Hoffnung" (vigília da esperança) in Canudos gehalten. Das Thema lautete *„das Land hat keinen Herren, das Land gehört allen"* („A terra não tem dono; a terra é de todos"), ein Satz, der Antônio Conselheiro zugeordnet wird.[406] Bereits in der Begrüßung zur Vigil werden die Hauptaussagen dieses Gottesdienstes benannt:

„1. Die Aufarbeitung der Geschichte einer gemeinschaftlichen Erfahrung, die von Landarbeitern des Nordostens gelebt wurde, wo das Recht des geteilten Landes herrschte, darüber hinaus der Respekt vor der Gerechtigkeit und das Recht aller. 2. Die prophetische und utopische Hoffnung auf eine andere Zukunft, wo die Landarbeiter und Landarbeiterinnen gemeinschaftlich und mit konkreter Selbstverpflichtung zur Befreiung aller Unterdrückten und Ausgegrenzten an dieser ersten Hundertjahrfeier von Canudos laut rufen können: Freies Land, Freies Volk."[407]

Gleichzeitig wird in der „Vigil der Hoffnung" auch der Märtyrer gedacht, den Menschen, die im Einsatz für eine gerechte Landverteilung ihr Leben lassen mussten. Es wird die Geschichte von Antônio Vicente

---

[405] Souza, Equipe pastoral de Pilão Arcado, Antônio Conselheiro, luta pela terra no nordeste, ano do centenário de Canudos – 1893-1993, 1993, 60-61.
[406] Vigília da Esperança no Centenário de Canudos, A terra não tem dono; a terra é de todos, 23.-24.10.1993. Gottesdienstablauf der Vigil zum 100jährigen Gründungsjubiläum, mit Texten und Gebeten am 23.-24.10.1993, 1993, 7 Seiten.
[407] Vigília da Esperança no Centenário de Canudos, A terra não tem dono; a terra é de todos, 23.-24.10.1993. Gottesdienstablauf der Vigil, 1993, 1.

Mendes Maciel erzählt, der zum Pilger Antônio Conselheiro wurde und in Canudos die Gemeinschaft von Belo Monte gründete, die zum *„Kanaan, dem Land der Verheißung für die Bewohner des Nordostens"*[408] wurde. In der „Vigil" wird auch des Unrechts gedacht, das Canudos angetan wurde. Dabei werden Gebete um Vergebung gesprochen. Zum Ausdruck kommt dies im Bußakt:

„ Wir bitten um Vergebung für das Fehlen an Respekt gegenüber der armen Bevölkerung auf dem Land und für das Leiden und die Verfolgung, die auf die Bevölkerung von Canudos hereinbrach... Wir bitten dich [Gott] um Vergebung der Mitschuld der Kirche jener Epoche, die für das Wort Gottes in der Gemeinschaft von Canudos blind war, die das Massaker, die Beherrschung und das Gegen-Zeugnis der Guten Nachricht der Befreiung des Reiches [Gottes] legitimierte..."[409]

Die Mitschuld der Kirche am Krieg von Canudos wird in der „Vigil" benannt, um einen Neuanfang mit Canudos zu ermöglichen. Canudos wird in der „Vigil der Hoffnung" als Vorbild für ein Zusammenleben in Gerechtigkeit und Einklang mit dem Glauben rezipiert.

Wallfahrt nach Canudos – Die Spiritualität des Weges

Eine Gruppe von 10 Pilgern aus den brasilianischen Bundesstaaten Ceará, Pernambuco und Alagoas, pilgerte mit der Sendung der CPT-Nordosten und der Teilnehmer der „Romaria da Terra" im Jahr 1990 vom 13. Dezember 1990-1. Januar 1991 600 km zu Fuß nach Canudos. Im vorliegenden Pilgerbericht gibt es die folgende Zielformulierung:

„ ...zu den verlorenen Schafen des Hauses Israel gehen. Das leidende Volk konkret da zu treffen, wo es ist, in den Häusern der Farinha,[410] *auf dem Rodland, in den Zuckerfabriken, auf den Landgütern, den Bauernhöfen, Dörfern und Ansiedlungen."*[411]

---

[408] Vigília da Esperança no Centenário de Canudos, A terra não tem dono; a terra é de todos, 23.-24.10.1993. Gottesdienstablauf der Vigil, 1993, 3.
[409] Vigília da Esperança no Centenário de Canudos, A terra não tem dono; a terra é de todos, 23.-24.10.1993. Gottesdienstablauf der Vigil, 1993, 5.
[410] Casa de farinha = Mehlhäuser: Im Sertão gibt es im Besitz der Dorfgemeinschaften Häuser zur Produktion von Maniokmehl, die zur gemeinsamen Nutzung der dort lebenden Familien errichtet werden.
[411] A espiritualidade caminheira, 1. peregrinação para Canudos Bahia, 13.12.1990-06.01.1991. Berichtsheft von der ersten Peregrination nach Canudos,

In der Begegnung mit der Bevölkerung des Sertão wollte die Pilgergruppe die Erfahrung von Canudos neu erschließen und die Bedeutung von Canudos neu begreiflich machen. Der Pilgerweg begann in der „Serra da Barriga", in der Nähe von Palmares – dem Ort, an dem im 17. Jh. die Widerstandsdörfer[412] der schwarzen Sklaven lagen und unter der Führung von Zumbí kämpften – und endete in Canudos. Der Pilgerweg von 600 km führte zu Besuchen in 35 Gemeinschaften und zu Begegnungen mit insgesamt 4.120 Menschen im Sertão.[413] Canudos und Palmares sind zwei Orte, an denen sich Menschen zusammenschlossen, um sich aus einer Unterdrückungssituation zu befreien. Palmares (Befreiung von der Sklaverei) und Canudos (Befreiung der Landbevölkerung, unter anderem von der Ausbeutung der Großgrundbesitzer). In der örtlichen Planung spiegelt sich der inhaltliche Schwerpunkt des Pilgerweges wider: „Befreiung". Dies drückt auch die Hymne der Wallfahrt aus:

„*Em busca da terra livre/ de Zumbia Conselheiro/ conquistou-se a liberdade/ pois o céu começa aqui mesmo. Ê, ê, ê.*	„*Auf der Suche nach freiem Land/ von Zumbi bis zu Conselheiro/ eroberte man die Freiheit/ denn der Himmel beginnt genau hier. Ê, ê, ê.*
Quando os pobres se reunem/ pra lutar com decisão/ nova terra eles conquistam/ na força da União. Ê, ê, ê.	*Wenn die Armen sich vereinigen um mit Entschiedenheit zu kämpfen/ erobern sie neues Land/ in der Kraft der Vereinigung Ê,ê,ê.*"[414]

Ein Anliegen der Wallfahrt war es, die Geschichte von Canudos aufzuarbeiten und die über Jahrzehnte verfälschte Überlieferung von Canudos zu entlarven. Einen inhaltlichen Schwerpunkt der Wallfahrt stellte die Landfrage in Brasilien dar.[415] Der Pilgerbericht beschreibt Canudos als zentrales Leitbild für die Wallfahrt wie folgt:

---

vom 13.12.1990-06.01.1991 (600 km zu Fuß, für Jesus auf den Spuren des Conselheiros von Canudos), 1990, 1.

[412] Wiederstandsdörfer der Sklaven wurden "quilombos" genannt.

[413] A espiritualidade caminheira, 1. peregrinação para Canudos Bahia, 13.12.1990-06.01.1991, 1990, 1.

[414] Vgl. A espiritualidade caminheira, 1. peregrinação para Canudos Bahia, 13.12.1990-06.01.1991, 1990, 1.

[415] A espiritualidade caminheira, 1. peregrinação para Canudos Bahia, 13.12.1990-06.01.1991. 1990, 1.

„*Canudos war ein strahlendes Licht mit einer so starken Intensität, dass es die Dunkelheit des Sertão zerriss und entzündete und dadurch die Herzen tausender Personen erleuchtete, weil es die Hoffnung und den Traum eines besseren Lebens mit sich trug. Es war das neue und das weitergehende von dem, was existierte; es war eine Revolution.*"[416]

Diese Hoffnung wollten die Pilger zu der einfachen und in Armut lebenden Bevölkerung des Sertão tragen, um einen Impuls zur Verbesserung ihrer Lebenssituation zu setzen. Die Pilger, die in Schulen, Mehlhäusern [Maniok], Kapellen oder Scheunen übernachteten, wurden von den meist armen Menschen an ihren Zwischenstationen herzlich empfangen und bis zur nächsten Station begleitet. Dabei machten sie tiefgreifende Erfahrungen:

„*Die ärmsten Hände sind diejenigen, die sich am weitesten öffnen, um alles zu geben. Ein Höhepunkt der Wallfahrt war der Empfang durch die Armen, in den Orten durch die wir kamen. Indem sie uns aufnahmen teilten sie mit uns ihr Haus, ihr Wasser, ihr Brot, ihre Ängste, ihre Hoffnung und ihren Glauben. Das Zusammenleben mit den Sertãobewohnern war eine Schule während des ganzen Weges. Wir lernten viel über den Glauben und den Widerstand der Menschen des Nordostens. Wir trafen ein Volk, das durstig nach Kommunikation ist... Der Durst, das Wort Gottes zu hören, band alle auf dem Pilgerweg. Faktisch ist die Bevölkerung des Sertão durch ihren Glauben und Widerstand kollektiv prophetisch und revolutionär in ihrem Potential.*"[417]

In der konkreten Begegnung erlebte die Pilgergruppe das harte Leben der Bevölkerung des Sertão: Isolation, Ausgrenzung, politische Übervorteilung, das Fehlen von Wasser, Weideflächen und dem daraus folgenden Sterben von Tieren und Menschen. Die Pilgergruppe machte damit ähnliche Erfahrungen wie Antônio Conselheiro in seiner Zeit und setzte mit ihrem Pilgerweg ein Zeichen der Solidarität. Offizielle kirchliche Anerkennung erhielt die Pilgergruppe, und damit auch die Bewegung von Canudos, mit dem Empfang durch den Bischof der Diözese Paulo Afonso-BA, Dom Mario Zaneta. Zur Erinnerung an die Wallfahrt pflanzten die zehn Pilger, zusammen mit der Gemeinde von Canudos, zehn Palmen

---

[416] A espiritualidade caminheira, 1. peregrinação para Canudos Bahia, 13.12.1990-06.01.1991, 1990, 5.
[417] A espiritualidade caminheira, 1. peregrinação para Canudos Bahia, 13.12.1990-06.01.1991, 1990, 2.

um die Hauptkirche von Canudos [Santo Antônio]. In den von der Pilgergruppe besuchten Gemeinschaften wurde die Wallfahrt als ermutigendes Ereignis aufgenommen. Beispielhaft sei die Stellungnahme von Adalberto Inácio Feitosa (Landwirt, 43 Jahre), dem Leiter der Gemeinschaft des „Sitio Bastiões" in Saloá-PE genannt:

„*Ich halte euren Durchmarsch [durch unser Dorf] für bedeutsam für die Gemeinde. Uns hat es gelehrt, für die Freiheit und eine neue Erde und einen neuen Himmel zu kämpfen. Das hatte ich von euch erwartet, dass Ihr eine Gruppe seid, die informiert, wie wir frei sein können. Es war ein gemeinsamer Weg der Befreiung.*"[418]

Der Pilgerweg bewirkte, dass Canudos erneut und in neuer Weise in den Blick der Gemeinschaften und kirchlichen Gemeinden im Sertão kam. Die Wallfahrt wurde als Solidaritätszeichen für die arme und leidende Bevölkerung des Sertão wahrgenommen. Canudos wurde als christliches Vorbild für eine spirituelle Erfahrung der Gegenwart Jesu Christi unter den Armen rezipiert und in der Begegnung mit der Sertãobevölkerung erfahren.

<u>Wallfahrt nach Canudos – Das Evangelium leben, auf den Spuren Antônio Conselheiros</u>

Eine Gruppe von zehn Pilgern, u.a. aus der Diözese Paulo Afonso-BA, unternahm vom 5.-22. Oktober 1993 einen Pilgerweg durch die Orte, die Antônio Conselheiro auf seinem Pilgerweg nach Canudos durchzog und an denen er Spuren hinterließ. Das Leitthema der Wallfahrt lautete: „*Evangelium leben auf den Spuren Antônio Conselheiros.*"[419] Zur Vorbereitung zogen sich die Pilger vom 2.-4. Oktober 1993 in die Niederlassung der Gemeinschaft von Taizé in Alagoinhas-BA zurück. Als Ziel formulierte die Pilgergruppe:

„*Wir haben einen Pilgerweg ausgewählt, um heute den Geist des Pilgers [Conselheiro] und die Gemeinschaft, die Antônio Conselheiro lebte, erneut zu erleben in einem Ideal des Evangeliums, und um diesen Geist*

---

[418] A espiritualidade caminheira, 1. peregrinação para Canudos Bahia, 13.12.1990-06.01.1991. 1990, 8.
[419] Viver o Evangelho nos passos de Antônio Conselheiro, peregrinação a Canudos, Outubro-93, Berichtsheft der Peregrination einer Pilgergruppe von Crisópolis nach Canudos, 1993. (Pilgerweg über 17 Stationen, an denen Antônio Conselheiro gewirkt hat.) 20 Seiten.

im Glauben und im gemeinschaftlichen Zusammenleben der heutigen Bevölkerung des Sertão zu finden."[420]

Der Bischof von Alagoinhas-BA, Dom Jaime Mota de Farias, unterstützte den Pilgerweg und gab den Pilgern folgende Worte mit auf den Weg:

„Seid aufmerksam, um eine gemeinschaftliche Erfahrung des Evangeliums zu leben; und alles weitere wird Euch dazu gegeben."[421]

Stationen des Pilgerwegs:

Tag Oktober 1993	Ort	Aktivität
5. (Jahrestag der Zerstörung von Canudos)	Crisópolis	Gottesdienst mit Bischof Dom Jaime Mota de Farias (Bischof von Alagoinhas-BA) in der Kirche, die Antônio Conselheiro errichtet hat.
	Buzil	Ohne Angabe
6.	Itapicuru	Ohne Angabe
7.	Olinda	Besuch eines Hauses für Straßenkinder.
8.	Nova Souré	Teilen des wenigen Brotes mit allen, die die Pilger auf ihrem Weg begleiteten. Erfahrung, dass das wenige, das sie bekommen hatten, für alle reichte. Die Theatergruppe „Cáctus Nova Souré" führt das Stück „Canudos ist nicht gestorben" (Canudos não morreu) auf.
9.	Cipó	Ohne Angabe
10.	Ribeira do Amparo	Eine große Menschenmenge erwartet die Pilgergruppe und feiert einen Festgottesdienst mit ihnen.

---

[420] Viver o Evangelho nos passos de Antônio Conselheiro, peregrinação a Canudos Outubro-93, 1993, 2.

[421] Viver o Evangelho nos passos de Antônio Conselheiro, peregrinação a Canudos Outubro-93, 1993, 3.

11.-12.	Ribeira do Pombal	Fest „Nossa Senhora Aparecida" und der „Tag der Kinder". Besuch einer Kooperative von „Kleinbauern", die sich gegen die Ausbeutung von Großproduzenten zusammenschlossen.
13.	Tabuleiro	Erfahrung der herzlichen Aufnahme im Haus des armen „sertanejos" Raimundo, der alles anbot und teilte, was er besaß: Wasser, Hängematten, Decken,...
14.	Tucano	Ohne Angabe
15.	Cajueiro	Besuch der Vereinigung „4S", Gemeinschaftliche Bewässerung einer Fläche von 4 Hektar zur Erzeugung von Gemüse.
16.	Piões	Ohne Angabe
17.	Euclides da Cunha	Ohne Angabe
18.-21.	Santo Antônio	Erfahrung der Schwierigkeiten mit der Dürre im Sertão. In der Nähe der Schule sterben zwei Kühe aufgrund des Fehlens von Wasser und Futter. In 15 Tagen starben in diesem Ort 80 Rinder.
	São Bento	Ohne Angabe
	Bendegó	Ohne Angabe
22.	Canudos	Ankunft in Canudos. Begrüßung der Pilgergruppe mit dem Lied „Freude mein Volk" (Alegria povo meu).
23.-24.	Canudos	Teilnahme an der „Romaria de Canudos" zur 100jährigen Gründung von Canudos. Eucharistiefeier am „Alto Alegre" in der Nähe des heute unter dem Stausee „Cocorobó" liegenden Areals von Canudos, zur Zeit des Conselheiros.

Zum Pilgerweg gehörten tägliche Morgengebete, Gottesdienste und Begegnungen an verschiedenen Orten mit unterschiedlichen Gemeinschaften, die die Pilger aufnahmen und mit ihnen den Glauben und die Geschichte von Canudos teilten und sie ein Stück auf dem Weg begleiteten. Die Geschichte von Canudos fanden die Pilger in unterschiedlicher Weise wieder. Eine alte Dame beispielsweise, Dona Julia aus Ribeira de Pombal, erzählte, dass sie Antônio Conselheiro als „beato" und Heiligen verehre.[422] An anderer Stelle wurden Parallelen zu Canudos in der Form eines gerechten Zusammenlebens festgestellt. Die Pilgergruppe schreibt in Bezug auf die Begegnungen und Erfahrungen auf dem Pilgerweg:

„Durch ihre Vereinigung, Organisation und Besorgnis um eine gerechte und auf der Gleichheit aller beruhenden Gesellschaft zeigen uns diese Kooperativen, Vereinigungen und Häuser für Straßenkinder, dass das gemeinschaftliche Ideal von Canudos bis heute lebendig geblieben ist."[423]

Für die Pilgergruppe wurde der Pilgerweg zu einer intensiven Phase, in der sie an der Lebensgeschichte von Antônio Conselheiro und Canudos die Spuren Jesu Christi in ihrem eigenen Leben entdeckten. Die Pilgergruppe kommt zu folgender Schlussfolgerung.

„Den Spuren Antônio Conselheiros zu folgen, Männern und Frauen des Glaubens, die ihn begleiteten, jener, die im Verlauf der Jahrhunderte aus dem Leben ein ‚lebendiges Evangelium' machten, bedeutet den Schritten von Jesus von Nazareth zu folgen, Prophet und Pilger. Dieser Ruf, das Evangelium zu leben, wendet sich an uns Christen alle, Nachfolger von Jesus Christus. Wir sind eingeladen ‚Täter [Realisierer] des Wortes' [Jakobus 1,22] zu sein. Das Beispiel Antônio Conselheiros und des Areals des Guten Jesus [Bom Jesus] wird zu einem nachdrücklichen Appell für jeden von uns."[424]

Der Pilgerweg zur 100jährigen Gründung von Canudos ist ein eindrückliches Beispiel der Rezeption und Akzeptanz von Canudos durch die Kirche. Deutlich wird dies u.a. an der inhaltlichen Orientierung durch

---

[422] Vgl. Viver o Evangelho nos passos de Antônio Conselheiro, peregrinação a Canudos Outubro-93, 1993, 10.
[423] Viver o Evangelho nos passos de Antônio Conselheiro, peregrinação a Canudos Outubro-93, 1993, 7.
[424] Viver o Evangelho nos passos de Antônio Conselheiro, peregrinação a Canudos Outubro-93, 1993, 19.

den Bischof der Diözese Alagoinhas-BA Dom Jaime Mota de Farias. Canudos wird dabei als Beispiel für die Nachfolge Jesu Christi wahrgenommen, das sich in veränderter Form auch heute noch wiederfinden lässt: In einer Kooperative von Landarbeitern, einem Heim für Straßenkinder, u.a., Canudos ist für den Pilgerweg ein spiritueller Leitfaden.

Ergebnisse:

Aus den dargestellten Wallfahrten und Gottesdiensten können folgende Schlüsse gezogen werden: Canudos nimmt im Nordosten Brasiliens, insbesondere in den Regionen in denen Antônio Conselheiro agierte, eine Rolle als pastorales Vorbild und Symbol ein. Pastorale und spirituelle Aktivitäten mit unterschiedlichen Schwerpunkten werden anhand der Bewegung von Canudos gestaltet. Canudos erfährt durch den Zuspruch der Gläubigen zu den Wallfahrten und Gottesdiensten und durch unterstützende bischöfliche Worte bezüglich der pastoralen Aktivitäten eine offizielle kirchliche Anerkennung.

In Antônio Conselheiro wird in den meisten Fällen eine Person gesehen, die als Christ vorbildhaft und in Solidarität mit den Armen gehandelt hat. Es gibt jedoch auch Gebete oder Gottesdienstlieder, in denen Antônio Conselheiro – wie kanonisierte Heilige – direkt um Fürsprache bei Gott in verschiedenen Anliegen gebeten wird. Inhaltlich ist Canudos häufig hinsichtlich der Frage einer gerechten Landverteilung und für den Einsatz zur Gestaltung einer gerechten und geschwisterlichen Gesellschaft von Bedeutung. Es werden in den Gottesdiensten und Wallfahrten zu Canudos Werte wie Gemeinschaft, gelebtes Evangelium, Solidarität zu den Armen, Zeuge sein für eine gerechte Sache, u.a. benannt und geschätzt.

3.3.9 Religiöses Liedgut in und zu Canudos

Canudos wird auch im kirchlichen Bereich in Liedern rezipiert. Abschnitt 2.2.6 stellte bereits die Bedeutung des religiösen Liedgutes in Canudos dar. In diesem Abschnitt werden nun die Lieder zu Canudos aus verschiedenen Entstehungszusammenhängen und Zeiten analysiert. Hinsichtlich der Rezeption von Canudos in religiösen Liedern gibt es die wissenschaftliche Untersuchung von Eurides de Souza Santos,[425] die die Nachkommen der Bewegung von Canudos im heutigen Ort Canudos

---

[425] Souza Santos, A música de Canudos, 1998.

(ehemals Cocorobó) interviewte. Damit bewahrte sie einen wichtigen Teil der Geschichtsschreibung über die Bewegung von Canudos vor dem Vergessen. Das mit Canudos verbundene religiöse Liedgut lässt sich gemäß Eurides de Souza Santos wie folgt einteilen:

„Lieder, die Teil des religiösen Liedgutes sind, das seit der Gründung des conselheiristischen Canudos [1893-1897] praktiziert wurde; Volkslieder- und Gedichte, die in Bezug zum ‚conselheirismo' [d.h. zur Bewegung um Antônio Conselheiro] stehen; eigene Lieder zu Festen und traditionellen Volksereignissen, Lieder die von ortsansässigen Personen komponiert wurden, deren Repräsentativität von der ganzen Gemeinschaft anerkannt ist."[426]

In Anhang 8 sind zwei Lieder, die im Canudos zur Zeit des Conselheiros gesungen wurden (TM 3-4) abgedruckt. Nach 1909 kehrten ehemalige Bewohner von Canudos nach Canudos zurück und bauten den Ort wieder auf. In der Folge wurde auch das religiöse Leben wiederbelebt. Dabei wurde auf die Lieder aus der Zeit von Belo Monte zurückgegriffen. Der Schutzpatron der neu errichteten Kirche wurde wieder der Heilige Antonius von Padua. Die zwei größten religiösen Feste im heutigen Canudos sind das Patronatsfest und das Fest der Heiligen drei Könige. Das Patronatsfest wird jährlich in den ersten 13 Tagen des Juni gefeiert. Eurides de Souza Santos schreibt dazu:

„Die Lieder stammen aus einer 100jährigen Tradition, wie das säkulare und sehr bekannte [Lied] der Katholiken des Nordostens ‚Quem milagres quer achar' [Wer Wunder finden will-TM8], das von den europäischen Missionaren eingeführt wurde. Die ältesten Lieder sind, gemäß Josefa Maria dos Santos, einer ehemaligen Bewohnerin des 2. Canudos [Canudos nach dem Krieg] die folgenden: ‚Salve ó grande Antônio' (TM 9), ‚Glorioso Santo Antônio' (TM 7), ‚Jubilosos vos saudamos' (TM 10), ‚Antônio Santo' (TM 11) und ‚Bendito e louvado seja' (TM 12)."[427]

Das Fest der Heiligen drei Könige (Epiphanie) in Canudos besteht aus zwei Teilen. Der eine Teil ist das religiöse Fest, der Gottesdienst mit Liedern, Gebeten, Lobgesängen und einer Predigt. Ein Straßenfest, mit

---

[426] Souza Santos, A música de Canudos, 1998, 18.
[427] Souza Santos, A música de Canudos, 1998, 53. Die Abkürzung TM steht für „Transcrições Musicais" (musikalische Wiedergabe). Die Texte TM 7 – TM 12 befinden sich im Anhang der zitierten Literatur.

folkloristischen Tänzen [z.B. dem „lundú"[428]], Gesängen, einem Umzug und folkloristischen Spielen [z.B. dem des „bumba-meu-boi" – Stier-Folklore] bilden den zweiten Teil des Festes. Am Fest der „Heiligen drei Könige" wird deutlich, wie bei Festen im Sertão religiöse und folkloristische Elemente ineinandergreifen.

Zu Antônio Conselheiro und der Bewegung von Canudos entstanden religiöse Kompositionen und Lieder. Diese Lieder handeln u.a. vom Zusammenleben in Belo Monte, von Antônio Conselheiro, dem Krieg, den Werken des Conselheiros.[429] Beispielhaft sei ein Lied von Ana Josefa Bispo dos Santos[430] zitiert, die ihr Wissen über das musikalische Repertoire zur Bewegung von Canudos noch vor ihrem Tod an jüngere Bewohner des heutigen Canudos weitergab:

O cruz bendita tu reinarás

O cruz bendita tu reinarás,
estas sentada como vitória,
pois de Canudos, belos montes
foi o que ficou como lembrança.

Olhem os braços desta cruz,
toda ferida e venceu a batalha,
os poderes de Deus é mais que
tudo, está contando a história
como vitória.

O gesegnetes Kreuz, du wirst herrschen

O gesegnetes Kreuz, du wirst
herrschen, du sitzt da als Sieg,
denn von Canudos, Belo Monte
blieb als Erinnerung.

Schaut auf die Arme dieses Kreuzes, es ist ganz verletzt und gewann die Schlacht, die Mächte Gottes sind mehr als alles, es erzählt die Geschichte als Sieg.

---

[428] „Lundú" ist ein brasilianischer Folkstanz, der im 18. Jh. entstand und wahrscheinlich von den angolanischen Sklaven eingeführt wurde. Der Lundú basiert auf einem 2/4-Takt. Vgl. Souza Santos, A música de Canudos, 1998, 63.

[429] Weitere Kompositionen zur Bewegung von Canudos befinden sich in: Santos, A música de Canudos, 1998, TM 30-36, 136-139.

[430] Ana Josefa Bispo dos Santos (*1916, † 13.09.1995), auch „Dona Zefinha" genannt, war Bewohnerin des nach dem Krieg entstandenen Canudos. Sie berichtete, dass erst ab 1925 neue Lieder zur Bewegung von Canudos entstanden, da bis dahin die Angst vor Repressionen unter den neuen Bewohnern von Canudos sehr groß war. Sie selbst schrieb auch eigene Kompositionen über die Bewegung von Canudos. Vgl. Santos, A música de Canudos, 1998, 83-84, 136-142, 166-177.

Quem estiver aqui vem e abrace, esta cruz dizendo assim: Ó cruz milagrosa, de braços abertos, venceu a guerra e socorre a mim.	*Wer hier ist, kommt und umarmt dieses Kreuz und spricht so: Oh wunderbares Kreuz, mit offenen Armen, besiegte es den Krieg und hilft mir.*
Antônio Conselheiro foi um servo de Deus,ele morreu mas não se entregou.A exaltação desta cruz querida,é a maior prova desta história.[431]	*Antônio Conselheiro war ein Diener Gottes, er starb, aber er hat sich nicht ausgeliefert. Die Erhöhung dieses geliebten Kreuzes ist der größte Beweis für diese Geschichte.*

Dieses Lied bezieht sich auf das Kreuz, das als einziges von Canudos nach dem Krieg übrig blieb und heute in den Räumen des IPMC in Canudos ausgestellt ist. Die Analyse dieses Liedes erbringt vier Erkenntnisse darüber, wie Antônio Conselheiro und die Bewegung von Canudos heute betrachtet werden: 1. Antonio Conselheiro wird als Diener Gottes bezeichnet. 2. Es wird ein Wert im Durchhalten gesehen, weil Antônio Conselheiro sich nicht an das Militär ausgeliefert hat. 3. Das Kreuz von Canudos wird als Symbol für die Besiegung des Krieges verstanden. Mit anderen Worten: es ist ein Friedenssymbol. 4. Gottes Kräfte werden über das Kreuz, in der Bewegung von Canudos als wirksam erkannt. Auch für die „Romaria de Canudos" ist das Religiöse Liedgut zu Canudos von Bedeutung [vgl. 3.3.7].

Liedermacher im kirchlichen Bereich

Weitere Künstler, die religiöse Lieder zur Bewegung von Canudos geschrieben haben, sind z.B. Fabio Pães, Enoque de Oliveira und Bião de Canudos.[432] Im Bereich der CPT ist Roberto Malvezzi [Künstlername

---

[431] Bispo dos Santos, Ana Josefa, zitiert in: Souza Santos, A música de Canudos, 1998, 167.
[432] Fabio Pães hat die in Brasilien sehr bekannte Hymne „Salve Salve Canudos" (Gegrüßet seist du Canudos) geschrieben. Antônio Olavo hat dieses Lied für seinen Dokumentationsfilm „Paixão e guerra no sertão de Canudos" verwendet. Das Lied „Deixe me viver, deixe me falar" (lass mich leben, lass mich sprechen) Beide Lieder wurden auf der Schallplatte „Canudos e Cantos do Sertão", von Fabio Pães, (um 1996), veröffentlicht. Vgl. Olavo, http://www.portfolium.com.br/Sites/Canudos/lista.asp?Pag=2&IDSecao=39, Zugriff am 18.01.2010.

Gogó] zu nennen, der religiöse Lieder zum Thema Canudos komponierte und singt.[433] Der Liedermacher Zé Vicente hat mehrere Lieder zu Canudos für die Basisgemeinden geschrieben.[434] In Gottesdiensten zum Thema Canudos werden darüber hinaus auch Lieder, die dem Genre MPB (Musica Popular Brasileira) zugehören, verwendet [vgl. 3.2.5]. Auch Enoque José de Oliveira hat zahlreiche Lieder zu Canudos komponiert, die z.T. im Gottesdienst gesungen werden. Die religiösen Lieder und Gedichte zur Gemeinschaft von Canudos stellen eine Grundlage für weitere Forschungsarbeiten im Bereich der Theologie dar und sind es Wert bearbeitet zu werden.

Liedgut der Gemeinden

Canudos ist auch in das Liedgut der Gemeinden eingegangen, insbesondere in das der Basisgemeinden. Beispielhaft soll dies am Liedblatt zur Messe des 54. Patronatsfest der Gemeinde São Cristovão in Belo Horizonte erläutert werden, das am 25. Juli 2005 stattfand. Im Festgottesdienst wurde zur Gabenbereitung das Lied „Wer sagte, dass wir nichts sind" („Quem disse que somos nada") gesungen, dessen dritte Strophe wie folgt lautet:

„Teile unserer Geschichte,/
schöne Siege, die mein Volk hat./
Palmares, Caldeirão, Canudos/
sind Kämpfe von gestern/
und auch von heute
Ô, ô, ô, nimm es an Herr. "[435]

Bião de Canudos, hat auf der CD „Canta Canudos", z.B. das Lied „Santo Antônio da minha terra" (Heiliger Antonius meines Landes) veröffentlicht.
[433] Malvezzi, 100 Canudos, Musik, (ohne Jahresangabe). Roberto Malvezzi ist Mitarbeiter der CPT-National in Brasilien. Er hat z.B. das Lied „100 Canudos" auf der gleichnamigen CD des IPMC gesungen.
[434] Zévicente, Belo Monte, Belo Monte, auf CD: Romaria de Canudos, Canudos Encantos, (ohne Jahresangabe), http://www.rumoatolerancia.fflch.usp.br/node/866, Zugriff am 18.01.2010.
[435] Vgl. São Christovão, Belo Horizonte-MG, Liedblatt zur Messe des 54. Patronatsfest der Gemeinde São Cristovão, Belo Horizonte-MG, http://www. bhtrans. pbh.gov.br/bhtrans/figuras/folh+missa+sao+cristovao +2005.pdf, Zugriff am 29.06.2006.

An der Verwendung dieses Liedes im Rahmen eines Gemeindefestes von Belo Horizonte im brasilianischen Bundesstaat Minas Gerais wird deutlich, dass Canudos im Bereich des religiösen Liedgutes vereinzelt über die regionalen Grenzen hinaus rezipiert wird. Zusammenfassend kann gesagt werden, dass die Bewegung von Canudos für ihr eigenes spirituelles Leben auf die traditionellen religiösen Lieder des Sertão und der katholischen Kirche zurückgriff. Erweitert wurde dies durch eigene Kompositionen, u.a. schrieb Antônio Conselheiro eigene Lieder, die in den religiösen Vollzügen der Gemeinschaft von Canudos gesungen wurden. Darüber hinaus entstanden und entstehen Lieder über Antônio Conselheiro. Die Liedtradition der Gemeinschaft von Canudos ist z.T. noch heute erhalten und wird aktiv gepflegt. Die Geschichte von Canudos regt bis heute viele Musiker zu Kompositionen eigener religiöser Lieder an, in denen die Geschichte von Canudos, die dort gelebten Werte, das religiöse Beispiel des Conselheiros u.a. rezipiert werden.

3.3.10 Wirkstätten und Bauten Antônio Conselheiros heute

An den Wirkstätten, die Antônio Conselheiro mit seinem Gefolge während seiner Peregrination durch den Sertão durchlief, gibt es noch heute Be- und Aufarbeitungen zu den Themen Canudos und Antônio Conselheiro. Es sind z.B. Bauwerke, die er mit der örtlichen Bevölkerung errichtete, Handlungen des Conselheiros oder Monumente an Canudos erinnern. Wichtige Orte, an denen man sich der Bewegung von Canudos und ihres Leiters Antônio Conselheiro erinnert, sind z.B. der heutige Ort Canudos[436] und dessen Umgebung. In diesem Abschnitt sollen die Rezeptionen von Canudos an Wirk- und Erinnerungsstätten sowie an Bauten Antônio Conselheiros anhand einiger Beispiele erläutert werden.

Der heutige Ort Canudos-BA

An der Ortseinfahrt von Canudos-BA befindet sich eine große Statue von Antônio Conselheiro. Im Ort selbst befinden sich verschiedene Einrichtungen, die sich mit der Geschichte von Canudos auseinandersetzen und sie lebendig erhalten. Zu nennen ist das Museum und die Bibliothek, die von der UNEB in Canudos errichtet wurden. Dort gibt es auch einen Garten mit vielen Pflanzen, die Euclides da Cunha in „Os sertões"

---

[436] Der heutige Ort Canudos trug bis zur Errichtung des Stausees über dem ehemaligen Gelände von Canudos den Namen „Cocorobó".

erwähnt, Fundstücke von Ausgrabungen auf dem Gelände des früheren Canudos und Requisiten des Filmes „A guerra de Canudos" von Sergio Rezende. Das „Instituto Popular Memorial de Canudos" (IPMC, siehe 3.2.6) hat ein eigenes Museum. Zu nennen ist auch der „Parque Estadual de Canudos" [siehe 3.2.3]. Die Kirche in Canudos trägt den Namen desselben Schutzheiligen, wie die Kirche in Canudos zurzeit als Antônio Conselheiro lebte: Santo Antônio (den Heiligen Antonius von Padua). Am Hügel „Alto Alegre" bei Canudos befindet sich eine kleine Statue von Antônio Conselheiro, sowie eine Gedenkhütte, in der Patronen, Gewehre und andere Originalstücke aus dem Krieg von Canudos ausgestellt sind.

Quixeramobim-CE

In Quixeramobim-CE steht das Geburtshaus von Antônio Conselheiro. Es trägt am Eingang eine Tafel, mit der an Antônio Conselheiro gedacht wird. Eine Gedenkstädte zu Antônio Conselheiro, das „Memorial de Antônio Conselheiro", wurde im Jahr 1997, dem 100. Jahr der Zerstörung von Canudos, eingeweiht. Eine Besonderheit der Kirchengemeinde „Santo Antônio" in Quixeramobim-CE besteht darin, dass man jährlich einen Gedenkgottesdienst am 13. März hält, dem Geburtstag von Antônio Conselheiro [vgl. 3.3.8].

Die Kirche in Chorrochó-BA: Nosso Senhor do Bonfim

In Chorrochó-BA steht eine der am besten erhaltenen und schönsten Kirchen, die Antônio Conselheiro gebaut hat. Die Kirche „Nosso Senhor do Bonfim" („unser Herr vom guten Ende") wurde 1885 errichtet[437] und verdeutlicht die Spiritualität sowie die ausgesprochen guten architektonischen Kenntnisse von Antônio Conselheiro. Die Kirche hat einen Marmorfußboden, ist für die Herz-Jesu Verehrung ausgestattet und hat eine Grotte mit Marienbild von Lourdes. Die Kirche ist täglich zum Gebet und zur Besichtigung geöffnet.[438]

---

[437] Vgl. Igreja Nosso Senhor do Bonfim, Chorrochó-BA, http://www.ferias.tur.br/informacoes/525/chorrocho-ba.html, Zugriff am 05.07.2010.
[438] Vgl. Igreja Nosso Senhor do Bonfim, Chorrochó-BA, Foto der Kirche, http://www.panoramio.com/photo/11492833, Zugriff am 11.10.2011.

Der Kreuzweg in Monte Santo-BA (Via Sacra)

Der Kreuzweg in Monte Santo-BA wurde von dem Kapuzinermönch Apolônio de Todi (1748 – 1820)[439] errichtet. Der große Berg, zu dessen Füßen Monte Santo liegt, erinnerte Todi an den Berg Sion. So nannte er den Ort „Monte Santo" (Heiliger Berg) und errichtete auf dem Gipfel des Berges ein Kreuz. Monte Santo-BA entwickelte sich zum Wallfahrtsort. Es wurde ein Weg mit Kapellen angelegt, der zur Kirche auf dem Gipfel führt. Antônio Conselheiro renovierte mit seinen Anhängern im Jahr 1892 die Wegkapellen.[440] Dies ist in Monte Santo-BA bis heute nicht vergessen. Es gibt ein Museum[441] mit Bildern und Zeitzeugnissen u.a. zu Canudos. Auf dem zentralen Platz in Monte Santo-BA befindet sich eine große Statue von Antônio Conselheiro mit einer Originalkanone aus dem Krieg von Canudos.

Weitere Orte und Bauten

Es gibt zahlreiche weitere Orte, an denen es Erinnerungen und Zeichen vom Wirken Antônio Conselheiros gibt. Zu nennen ist z.b. die Stadt Chrisópolis-BA, die er gründete oder die dort von ihm errichteten Kapellen und Friedhöfe. Eine besondere Bedeutung haben die Wasserspeicher, die Antônio Conselheiro für und mit der Sertãobevölkerung baute. In der Zeit um 1877, dem Jahr der Großen Dürre im Nordosten Brasiliens, baute Antônio Conselheiro Staudämme und Wasserspeicher und predigte zur Bevölkerung.[442] Darüber hinaus gibt es an verschiedenen Orten Gebäude und Einrichtungen, die den Namen „Antônio Conselheiro" oder „Canudos" tragen. Eine Liste der von Antônio Conselheiro errichteten Bauten befindet sich im Abschnitt 2.1.2.

Insbesondere an den Orten, an denen Antônio Conselheiro Kirchen und Bauten mit religiöser Ausprägung [Friedhöfe, Kreuzwege] errichtete, hat dies einen spirituellen Aspekt hinterlassen, der heute noch bedeutsam ist und z.T. neu belebt wird. Ein Beispiel dafür ist die Wallfahrt zu den Orten, an denen Antônio Conselheiro wirkte [vgl. 3.3.8]. Es wäre eine

---

[439] Neto, Dantas (Org.), Os intelectuais e Canudos, 2003, 258.
[440] Neto, Dantas (Org.), Os intelectuais e Canudos, 2003, 258.
[441] Museu do Sertão, Rua Frei Apolônio de Todi n. 20, gegründet am 05. November 1992.
[442] Vgl. Emiliano, José, Canudos vive, in: Canudos vive, numero 36 outubro/novembro/dezembro de 1997. http://www2.fpa.org.br/portal/modules/news/print.php?storyid=2470, Zugriff am 14.07.2006.

eigene Forschungsaufgabe wert, die heutige Bedeutung dieser Bauten, die Art des Gedenkens an Antônio Conselheiro und dessen Umgang mit Canudos im pastoralen wie im historischen Bereich zu erforschen und zu dokumentieren.

Eine Übersicht vieler Bauten Antônio Conselheiros ist im Buch „A reinvenção do sertão" von Paulo Emílio Matos Martins veröffentlicht.[443]

3.4 Der Spiegel mündlicher Quellen: Interviews

Um eine weiterreichende und aktuelle Beurteilung der Rezeptionen der Bewegung von Canudos zu erreichen, werden in diesem Abschnitt Interviews mit Vertretern von pastoralen und sozialen Gruppierungen, Wissenschaftlern, Künstlern u.a. ausgewertet. Die Interviews bringen darüber hinaus neue Informationen und Blickpunkte auf Canudos ein, die eine neue Qualität der Beurteilung der pastoralen Wirkungsgeschichte von Canudos ermöglichen.

3.4.1 Methodische Überlegungen

Art der Interviewführung

Die Interviews wurden offen geführt, d.h. den Interviewpartnern wurden keine eng umgrenzten Fragen vorgegeben, um eine Beeinflussung durch die Fragestellung möglichst gering zu halten. Die Interviewpartner sollten ihre Einschätzungen aus ihrem eigenen Blickpunkt und Wissenshorizont heraus abgeben. In der Regel wurden die Interviewpartner hinsichtlich folgender drei verschiedener inhaltlicher Bereiche befragt:

1. Welche Werte sehen Sie in der Bewegung von Canudos?
2. In welchem Bereich ist die Bewegung von Canudos heute von Bedeutung?
3. Kennen Sie konkrete Rezeptionen von Canudos heute?

Beim methodischen Vorgehen stellt das Modell mit drei Interviewphasen den Orientierungsrahmen dar. Der Soziologe Nils Köbel umschreibt diese Phasen wie folgt:

„...die Spontanerzählung, den tangentialen Nachfrageteil und den strukturierten Nachfrageteil, in denen vorgefasste Frageinteressen vorgebracht werden."[444]

---

[443] Vgl. Matos Martins, A reinvenção do sertão, 2001, 37-38.

Zur Durchführung der Interviews mussten daher Fragen für die einzelnen Phasen vorbereitet werden:
„*1. Die erzählgenerierende Einstiegsfrage,*
2. Fragenformate für den tangentialen Nachfrageteil,
3. Fragenköcher für den inhaltlich ausgerichteten Nachfrageteil."[445]

Diese offene Methode hatte den Vorteil, dass die Interviewpartner weitgehend unbeeinflusst die Fragen beantworten konnten und Raum für eigene Darstellungen hatten. Dies ermöglichte ein abgerundetes Bild der Aussagen, die durch die erzählgenerierende Einstiegsphase angeregt wurden. Die Formulierung der Eröffnungsfrage war sehr wichtig, da sie in entscheidendem Maße bestimmte, wie der Interviewpartner in das Thema einsteigen konnte und einen Erzählfaden fand, der dem Thema angemessen war [erzählgenerierende Einstiegsfrage].

Verständnisfragen zu Schilderungen des Interviewpartners wurden zeitnah gestellt, um Lücken und Verständnisprobleme zu vermeiden, bzw. die angesprochene Thematik zu vertiefen [tangentialer Nachfrageteil]. Am Ende der Schilderungen der Interviewpartner konnten konkrete inhaltliche Nachfragen gestellt werden [Nachfrageteil, die den Erzählteil des Interviews nicht mehr beeinflussten]. Darüber hinaus war es für sehr kurz verlaufende Interviews wichtig, einen „Fragenköcher" bereit zu haben, um ggf. einen verlorenen Erzählfaden wieder zu finden oder bei einem thematisch stark abweichenden Interview zum Hauptthema zurückzufinden.[446] Bei dieser Art der offenen Interviewführung muss eingeräumt werden, dass die jeweiligen Interviewpartner ggf. auch andere Positionen mit unterstützen würden, die sie selbst nicht erwähnt haben und auf die sie nicht konkret angesprochen wurden.

Angewandte Technik
Die Interviews wurden mit einer Videokamera oder einem Audio-Aufnahmegerät festgehalten und gesichert. Zeitnah wurden sie schriftlich im Interviewband zu dieser Dissertation festgehalten.[447]

---

[444] Köbel, Jugend – Identität – Kirche, 2009, 96.
[445] Köbel, Jugend – Identität – Kirche, 2009, 96.
[446] Vgl. Köbel, Nils, Jugend – Identität – Kirche, 2009, 97.
[447] Aufgrund des Diebstahls eines Teils der Videokassetten mit den Interviewaufnahmen in Quixeramobim-CE im Juni 2008 liegen von manchen Interviews nur noch Gedächtnisprotokolle vor. Die betroffenen Interviews sind im Interviewband und in den Fußnoten zu einzelnen Zitaten gekennzeichnet.

Auswahl der Interviewpartner

Zur Auswahl der Interviewpartner wurden verschiedene Kriterien herangezogen. Es wurden Personen interviewt:
- die verschiedene Bereiche repräsentierten (CPT, MST, Kirchliche Vertreter, Wissenschaftler, Künstler und Vertreter anderer Organisationen),
- die mit der Bewegung von Canudos in Verbindung stehen oder dazu arbeiten,
- die einen regionalen Bezug zur Bewegung von Canudos haben,
- die einen inhaltlichen Bezug zu der Bewegung von Canudos haben,
- die Meilensteine hinsichtlich der Aufarbeitung der Geschichte von Canudos setzten.

Ein Teil der Interviewpartner waren bereits personlich oder durch deren Publikationen bekannt. Mit den Interviewpartnern wurde vorab ein kurzes Gespräch geführt, in dem der Rahmen des Interviews besprochen und anhand der oben genannten Kriterien abgeklärt wurde, ob ein Interview sinnvoll und gewollt ist. Durch diese Gespräche und im Verlauf der Interviews kam es zu weiteren Vorschlägen von Interviewpartnern.

Umfeld der Interviewführung

In der Regel wurden die Interviewpartner an ihren Arbeits- oder Lebensorten aufgesucht. Bevor die Interviews begannen, gab es eine Zeit des sich Bekanntmachens, des Absteckens des Interviewrahmens und dem Hinweis, dass jederzeit die Freiheit bestehe, Fragen nicht zu beantworten. Dies half dabei Irritationen während der Interviews zu vermeiden und regte eine offene Interviewatmosphäre an. Die Interviewpartner konnten, da es für sie meistens ein „Heimspiel" war, ggf. noch eigene Materialien heranziehen, um Sachverhalte zu erläutern. Einige wenige Interviews wurden auch an neutralen Orten geführt, z.B. wenn sich kurzfristig am Rande einer Veranstaltung eine Interviewmöglichkeit ergab.

Darstellung der Aussagen:

Die Darstellung der Aussagen erfolgt in drei Schritten. Im ersten Schritt werden die Antworten, die die Interviewpartner auf die drei Grundfragen gegeben haben nach Schwerpunkten und Aussagen untersucht, die von mehreren Interviewpartnern gegeben wurden. Diese Aussagen werden in Form von Thesen [abgekürzt AW für Auswertungsthese] formuliert, zu der eine Tabelle erstellt wurde. In dieser Tabelle ist abzulesen, welcher Interviewpartner aus welchem Bereich die jeweilige These [AW] durch seine Interviewaussage stützt. Dabei liegt zugrunde, dass die Interviewpartner nicht genau die formulierte These wortwörtlich selbst ausgesprochen haben, sondern dass die Interviewaussagen auf das Zutreffen der jeweiligen These untersucht wurden. Die einzelnen Interviews und die daraus abgeleitete detaillierte tabellarische Auswertung befinden sich im separaten Interviewband zu dieser Arbeit, in dem die Originalaussagen nachgelesen werden können.

Im zweiten Schritt werden die Ergebnisse der Interviewauswertung in einer verkürzten tabellarischen Form dargestellt. Diese Tabelle befindet sich im folgenden Abschnitt [3.4.2]. Die einzelnen Auswertungsthesen [AW], die Anzahl der Interviewpartner, die diese unterstützen, sowie ein beispielhaftes Zitat sind darin wiedergegeben.

Im dritten Schritt werden die in Tabelle 3.4.2 dargestellten Interviewergebnisse auf die zentralen Thesen dieser Arbeit angewandt. Es wird geprüft, inwiefern die Auswertungsthesen der Interviews [AW] die neun Thesen dieser Arbeit unterstützen, sie widerlegen oder neue Fragestellungen aufwerfen. Im Einzelnen geht es um Antworten auf die Fragen:

1. Ist die Bewegung von Canudos in der Volksfrömmigkeit des Nordostens entstanden und Bestandteil der heutigen Volksfrömmigkeit?
2. Wird an der Bewegung von Canudos eine solidarische Lebensweise auf Basis christlicher Werte geschätzt und rezipiert?
3. Ist die Bewegung von Canudos ein Symbol mit Beispielcharakter für die heutigen sozialen Bewegungen in Brasilien?
4. Kann die Bewegung von Canudos als Orientierungspunkt und Bindeglied für kirchliche und soziale Bewegungen angesehen werden?
5. In wieweit kann die Bewegung von Canudos heute als kirchlich akzeptierte katholische Bewegung betrachtet werden?
6. Welche Bedeutung hat die Bewegung von Canudos für die Basisgemeinden und die pastoralen Gruppen, die sich in der Frage um eine gerechte Landverteilung in Brasilien engagieren?
7. In welchem Kontext und Umfang existieren pastorale Bearbeitungen zur Bewegung von Canudos?

8. Welche Werte werden in der Bewegung von Canudos gesehen und rezipiert?
9. In wieweit wird die Bewegung von Canudos in spiritueller Hinsicht rezipiert?

Kurzinterviews

Bei der Bewertung der Tabelle ist zu beachten, dass es bei den geführten Interviews aus unterschiedlichen Gründen z.T. zu sehr kurz gehaltenen Gesprächen kam. Gründe dafür waren u.a., dass einige Interviews sich bei meiner Reise durch den Sertão von Canudos sehr spontan ergaben und nicht auf einen späteren Termin verlegt werden konnten. Z.T. stand nicht ausreichend Zeit zur Vorbereitung [für die Interviewpartner] oder Durchführung der Interviews zur Verfügung. Andere Interviewpartner wollten aus persönlichen, wissenschaftlichen [eigene Forschungen] u.a. Gründen nicht antworten, hatten nicht das erforderliche Fachwissen oder verwiesen auf andere Gesprächspartner. Der Vollständigkeit halber sind diese Interviews in die Auswertung aufgenommen worden. Insgesamt wurden 37 Interviews durchgeführt, wobei 4 der Kurzinterviews aufgrund des zu geringen Informationsgehalts abgezogen werden müssen. Somit verbleiben 33 Interviews, die in die Auswertung eingingen und in anonymisierter Weise dargestellt sind.

3.4.2 Tabellarische Interviewauswertung

3.4.2.1 Werte, die in der Bewegung von Canudos gesehen werden:

n. der These	Auswertungsthese (AW):	Erwähnungen (max.33)	Zitat
1.1.	Die von Antônio Conselheiro und der Bewegung von Canudos gelebten Werte sind bedeutsam für unsere Organisation.	30	**Teodoro – Leitungsmitglied der Erzdiözese Fortaleza-CE** *„Ich denke die Kirche, die in den Bewegungen der Sozialpastoral lebt, erkennt ihn an und nimmt ihn [Antônio Conselheiro] auf wie Ibiapina und viele andere."*
1.2	Canudos ist in spiritueller Hinsicht ein Vorbild.	19	**Marta – Ordensschwester in der Region Quixeramobim-CE** *„Spirituell ist Canudos ebenfalls ein Orientierungspunkt, da sich die Spiritualität des Conselheiros an der auf dem Land gelebten Spiritualität orientierte,..."*
1.3	Die von Antônio Conselheiro und der Bewegung von Canudos gelebten Werte sind für die heutige katholische Kirche in Brasilien von Bedeutung.	17	**Cesar – Plastischer Künstler in Fortaleza-CE** *„Antônio Vicente Mendes Maciel ist weiterhin die große Referenz für diese Religiosität, für diesen Katholizismus."*

1.4	Die Bewegung von Canudos dient als Referenz für ein alternatives Leben in Geschwisterlichkeit und in Solidarität zu den Armen auf christlicher Basis.	18	**Teodoro – Leitungsmitglied der Erzdiözese Fortaleza-CE** *„...in den Bewegungen, in der Sozialpastoral sieht man es [Canudos] heute als ein inspirierendes Element für die Kämpfe der Armen."*
1.5	Die Bewegung von Canudos repräsentiert den Wert, Mut zu haben, das Reich Gottes auf der Welt zu pflanzen.	3	**Carlo – CPT Koordinator in Bahia und auf Bundesebene** *„Aus pastoraler Sicht: Hauptsächliche Werte sind der Mut, das Reich Gottes auf der Erde zu pflanzen [beginnen]."*
1.6	Die Bewegung von Canudos ist eine Referenz hinsichtlich der Organisation einer (u.a. christlichen) Gemeinschaft und Gesellschaft.	20	**Dorinha – CPT Sekretärin in Ceará** *„Es gibt die Organisations-Vision, denn der Conselheiro war eine Gestalt, ein Anführer, der dort war. Aber er hatte eine Gruppe von Personen, mit ihren spezifischen Funktionen... Die Funktionen waren sehr gut definiert, sehr gut organisiert und jeder wusste um seine Verantwortung."*

1.7	Die Bewegung von Canudos ist Vorbild des Widerstands und des Durchhaltens für eine gerechte Sache.	11	**Edgar – Priester der CPT in Ceará** *„Natürlich orientierte der Conselheiro diejenigen, mit denen er die Equipe aufbaute, diejenigen die koordinierten, die die Bewegung leiteten. Die Disziplin ist unabdingbar für den Widerstand einer jeglichen Bewegung."*
1.8	Die Bewegung von Canudos ist ein Beispiel für gelebte Disziplin.	1	**Edgar – Priester der CPT in Ceará** *„Ein Wert, von dem ich nicht behaupten kann, dass er dort entstanden ist, der aber ein positiver Zwang ist, besteht im Aspekt der Disziplin."*
1.9	Die Bewegung von Canudos ist ein Beispiel für die Partizipation in einer (christlichen) Gemeinschaft.	11	**Beth – Literaturprofessorin in Fortaleza-CE** *„Aber ich denke Canudos hinterließ Lektionen: Eine Geschwisterlichkeit, bzw. dass Gemeinschaften sich selbst verwalten können, dass sie autonom sein können, im Sinne der Selbstverwaltung..."*
1.10	Antônio Conselheiro ist eine Referenz für eine gute pastorale Leitungsausübung in einer christlichen Gemeinschaft.	9	**Victor – Soziologieprofessor in Fortaleza-CE** *„Antônio Conselheiro war ihr spiritueller Leiter. Antônio Conselheiro hatte eine Leitungsaufgabe, die von der eigenen Gemeinschaft legitimiert wurde..."*

1.11	Die Bewegung von Canudos ist ein Beispiel für (christliches) Teilen, der Güter, der Arbeit und des Glaubens.	12	**Edgar – Priester der CPT in Ceará** *„Jeder bietet der Gemeinschaft aller das an, was möglich ist, z.B. Arbeitskraft, das Verständnis für die Ideen, das Ergebnis der Produktion, die Möglichkeit des Dienstes für den anderen. Die kommunitäre Organisation in Canudos unterhielt sich auf dieser Basis: Das Teilen der Güter und das Teilen der Gaben."*
1.12	Die Bewegung von Canudos ist ein Beispiel für die gemeinschaftliche Produktion, mit kollektiver Teilhabe an den Gütern.	9	**Victor – Soziologieprofessor in Fortaleza-CE** *„Es gab eine Gesellschaft. Eine der Definitionen von Honório Vilanova ist die, dass sich in Canudos alle verwirklichten, alle produzierten. Grundlegend war, dass man kollektiv produzierte."*
1.13	Die Bewegung von Canudos steht für den Wert der Erfahrung Gottes unter den Menschen.	3	**Victor – Soziologieprofessor in Fortaleza-CE** *„Ja, ihre letzten Konsequenzen, inklusive eines kommunitären Lebens. Man hatte in Übereinstimmung mit der Unterweisung Gottes zu leben: Liebe Gott und alle Dinge."*

1.14	Die Bewegung von Canudos beinhaltet den Wert der Befreiung aus einer Situation der Unterdrückung.	11	**Nuno – Priester in Minas Gerais** „...*denn es hatten diese Leute [z.B. in Canudos] immer ein Ideal der Befreiung. Um zu befreien, musst du in Konfrontation mit der politischen und ökonomischen, sozialen und manchmal kulturellen Realität treten.*"
1.15	Antônio Conselheiro zeigt der Bevölkerung neue Lebensperspektiven auf.	15	**Antonio – Historiker in Uauá-BA** „*Sie [die Bevölkerung von Canudos] hatten Vertrauen in den Conselheiro und in die Botschaft ein anderes Königreich aufzubauen, ein „neues Kanaan", ein neues Volk.*"
1.16	Die Bewegung von Canudos repräsentiert den Wert einer Gesellschaft, in der es eine fundamentale Gleichheit aller gab.	2	**Victor – Soziologieprofessor in Fortaleza-CE** „...*die Leitungsgruppe wollte diese Erfahrung der Gleichheit [aller] wieder herstellen, wo man mit allen Formen der Unterdrückung bricht und eine Beziehung der Gleichheit [aller] festigt.*"

1.17	Die Bewegung von Canudos hat einen symbolischen Wert mit Beispielcharakter für heutige soziale Bewegungen in Brasilien.	5	**Betto – CPT Koordinator auf Bundesebene** *„Es gibt Landbesetzungen mit dem Namen ‚Novo Canudos'. Canudos hat einen symbolischen Wert. Canudos beteiligt die CPT an der Frage des ‚fundo de pasto'."*
1.18	Die Bewegung von Canudos ist ein Beispiel für die Integration verschiedener Menschengruppen.	1	**Ursula – Mitglied der CEBs in Fortaleza-CE** *„Es gibt viele Werte, für die die Bewegung von Canudos steht. Ein sehr wichtiger ist der Aspekt der Integration. Nach Canudos kamen Menschen aus vielen Bundesstaaten und Regionen Brasiliens. Es kamen reiche und zum größeren Teil arme Menschen. Es kamen Menschen verschiedener Rassen; Indios, Schwarze, Mestizen..."*

3.4.2.2 Bereiche, in denen die Bewegung von Canudos heute von Bedeutung ist:

n. der These	Auswertungsthese (AW):	Erwähnungen (max. 33)	Zitat
2.1	Die Bewegung von Canudos und Antônio Conselheiro wird von unserer Organisation rezipiert.	28	**Teodoro – Leitungsmitglied der Erzdiözese Fortaleza-CE** „*Wenn man heute sagen würde, wo die Erfahrungen von Canudos keimen, würde ich alle, die kleinen Gemeinschaften nennen. Ich denke fest, das wären die Leute der CPT, die Pastoral da Terra, die Kämpfe um die Dürreregion [semiárido].*"
2.2	Canudos ist in unserer Organisation in spiritueller Hinsicht von Bedeutung.	13	**Taís – Ordensschwester in der Region Canudos-BA** „*Die Erinnerung in der Bevölkerung ist viel mehr die von Belo Monte: Die Erfahrung des Gebetes, des Rituals, der Zeremonie der Beerdigung, alles, was sich um die Beerdigung abspielt und danach… Diese Rituale sind ganz typisch für diese Region und Frucht der Erfahrung von Belo Monte.*"

2.3	Die Bewegung von Canudos wird im Bereich der Sozialpastoral rezipiert.	12	**Teodoro – Leitungsmitglied der Erzdiözese Fortaleza-CE** *„Antônio Conselheiro und die Bewegung von Canudos können hinsichtlich der Sozialpastoral und der sozialen Bewegungen die Inspiration einer Inspiration sein."*
2.4	Für die Basisgemeinden (CEBs) ist die Bewegung von Canudos von Bedeutung.	5	**Victor – Soziologieprofessor in Fortaleza-CE** *„Die Kirche machte sich in gewisser Weise präsent mit diesem Ideal... Aber es ist ein kleiner Sektor der Kirche... Die CEBs."*
2.5	Organisationen, die sich für eine gerechte Landverteilung in Brasilien engagieren, z.B. MST, CPT, Landcamps, Ansiedlungen, arbeiten mit Canudos und den Werten, die die Bewegung von Canudos vorgelebt hat.	20	**Fernando – MST Koordinator auf Bundesebene** *„Für uns war der Kampf von Canudos, der Kampf von Antônio Conselheiro sehr wichtig, denn wir (MST) sehen uns in einer Kontinuität."*

2.6	Die Bewegung von Canudos wird hinsichtlich des Umgangs mit der unberechtigten Landaneignung „grilagem" als Vorbild verwendet.	7	**Ricardo–Priester in der Region Canudos-BA** „Hier in Canudos gibt es noch 15 Vereinigungen des „fundo de pasto", die das Land gemeinsam nutzen, um zu verhindern, dass es Großgrundbesitzer gibt, die bestimmen. Die Erfahrung von Canudos erinnert an das gemeinschaftliche Land und bis heute gibt es die Vereinigungen, die das eigene Land bewahren wollen und sich ein wenig an Canudos und an Antônio Conselheiro erinnern."
2.7	Die Bewegung von Canudos ist eine Referenz im Einsatz für die Agrarreform.	4	**Ernesto – MST Vertreter in Ceará** „Wir sehen Canudos, in Bezug auf unseren heutigen Kampf, als Basisreferenz für jegliche Organisation einer Ansiedlung (von Landlosen), als gemeinschaftliche Organisation. Die eigene Gesetzgebung, die Frage der Gesetze, die es zur Agrarreform gibt, ermöglichen das."

2.8	Die Bewegung von Canudos ist auf regionaler Ebene von Bedeutung.	23	**Ursula – Mitglied der CEBs in Fortaleza-CE** *„Canudos ist für die CEBs ein historischer Orientierungspunkt und Vorbild... Besonders in der Nähe von Canudos ist die Bewegung von Canudos ein großes Beispiel für das Zusammenhalten, den gemeinsamen Einsatz für eine gerechte Sache und ein faires Miteinander..."*
2.9	Die Bewegung von Canudos ist auf nationaler brasilianischer Ebene von Bedeutung.	6	**Betto – CPT Koordinator auf Bundesebene** *„Canudos ist ein nationales Symbol für die Frage der Landverteilung und des Widerstands. Regional ist die Bedeutung von Canudos besonders stark."*
2.10	Die Bewegung von Canudos wurde als negatives geschichtliches Beispiel über Jahrzehnte vermittelt oder ausgeblendet.	8	**Alfonso – Filmemacher in Bahia** *„Antônio Conselheiro ist in die Geschichtsschreibung von Brasilien als Verrückter und 'fanático' eingegangen."*

3.4.2.3 Konkrete Rezeptionen der Bewegung von Canudos:

n. der These	Auswertungsthese (AW):	Erwähnungen (max. 33)	Zitat
3.1	Es gibt konkrete kirchliche Aktionen, wie Wallfahrten u.a., mit Bezug auf die Bewegung von Canudos.	19	**Marta – Ordensschwester in der Region Quixeramobim-CE** „*Es gibt eine Messe zum Geburtstag von Antônio Conselheiro. Sie wird in jedem Jahr in Quixeramobim gefeiert. [Der Geburtstag von Antônio Vicente Mendes Maciel war am 13.03.1830].*"
3.2	Die „Romaria de Canudos" ist eine konkrete heutige Rezeption der Bewegung von Canudos.	12	**Ricardo – Priester in der Region Canudos-BA** „*Aktuell wird die ‚Romaria de Canudos' von einer Kommission vorbereitet, die aus Personen der Gemeinde von Canudos, dem IPMC (Instituto Popular Memorial de Canudos), dem Instituto Regional da pequeno Agropecuária (IRPAA), der ‚Pastoral Social da Diocese Paulo Afonso' (Sozialpastoral der Diözese Paulo Afonso), der CPT Juazeiro-BA und einigen anderen Organisationen besteht, die die Aufgaben wahrnehmen, die Romaria zu organisieren.*"

3.3	Die „Celebração Popular de Canudos" mit Enoque de Oliveira ist eine konkrete heutige Verarbeitungsweise der Bewegung von Canudos.	9	**Everardo – Künstler in der Region Canudos-BA** *„Die Arbeit über die Predigten, der Text, den er über die Predigten schreibt, schreibt er in einer Vision der Spiritualität. Antônio Conselheiro schrieb diese [Predigten] in einer Situation innerhalb des Krieges. Ich beschreibe es [das Buch von Alexandre Otten, Só Deus é grande], wie in einem Text, den ich für die ‚Missa de Canudos schrieb' d.h. für die ‚Celebração de Canudos' 2007 als „teilnahmsvolle Analyse" (análise compassiva)."*
3.4	Antônio Conselheiro und die Bewegung von Canudos werden in (u.a. religiösen) Liedern besungen.	10	**Gustavo – Künstler in der Region Canudos-BA:** *„Es gibt Marcos Canudos [in Uauá-BA], der zu Canudos arbeitet. Er macht Musik, er hat eine CD ‚Memoria de Canudos' gemacht. Es gibt auch noch Claudio, der darüber arbeitet. Von mir und ihm gibt es einige Kompositionen, die über Antônio Conselheiro, das Volk und die Geschichte handeln."*

3.5	Die Bewegung von Canudos wird von Künstlern verschiedener Bereiche aufgegriffen und bearbeitet.	12	**Geraldo – Gesangskünstler in Fortaleza-CE** *„Die besondere Geschichte von Canudos und der Reichtum seiner Persönlichkeiten und seiner Beziehungen verwandeln es in eine erstklassige Materie mit großem Wert für die Künstler. Descartes Gadelha, Tripoli Gaudenzi, ... Fabio Pães [Musik]."*
3.6	Antônio Conselheiro und die Bewegung von Canudos werden hinsichtlich der Landfrage in Brasilien in konkreten Landcamps und Ansiedlungen als Vorbild angesehen und sind für sie von Bedeutung.	18	**Ernesto – MST Vertreter in Ceará** *„Wir sehen Canudos, in Bezug auf unseren heutigen Kampf als Basisreferenz für jegliche Organisation einer Ansiedlung [von Landlosen], als gemeinschaftliche Organisation."*
3.7	Die Bewegung von Canudos ist in Bezug auf die Frage des „fundo de pasto" von Bedeutung und wird rezipiert.	9	**Ricardo – Priester in der Region Canudos-BA** *„Es gibt die Sitte, dass es gemeinschaftliches Land und privates Land gibt. Hier in Canudos gibt es noch 15 Vereinigungen [associações] des ‚fundo de pasto', die das Land gemeinsam nutzen, um zu verhindern, dass es Großgrundbesitzer [fazendeiros] gibt, die bestimmen."*

3.8	Die Bewegung von Canudos wird in Bezug auf die Frage nach der Umverlegung des Rio São Francisco in konkreten Aktionen verarbeitet.	3	**Ricardo – Priester in der Region Canudos-BA** *"Wir arbeiten heute mit der ‚Romaria de Canudos' mehr zu lokalen und aktuellen Problematiken. Im vergangenen Jahr zum Beispiel haben wir zum Rio São Francisco gearbeitet, zur Frage der Natur, zur Frage des Lebens der Flussbewohner und der Realität, über die die Regierung spricht, die das Wasser nach Pernambuco und Rio Grande do Norte bringen will."*
3.9	Die Erfahrung von Canudos ist so zu verstehen, dass sich daraus Alternativen für diese Region „semiárido" (Dürreregion-Canudos) eröffnen.	7	**Gustavo – Künstler in der Region Canudos-BA:** *"Denn es gab ein Areal des ‚fundo de pasto' und das wurde von einem mächtigen Großgrundbesitzer aus Monte Santo umzäunt [grilagem]... Deshalb verstanden die Landarbeiter das Beispiel von Canudos, mit dem Widerstand, mit der Verteidigung ihres Landes zur Bepflanzung und zum Leben. Von da an nahmen die Landarbeiter diesen Geist von Canudos auf. Sie verstanden, dass dies ein Beispiel ist, dem man folgen sollte."*

3.10	Das „Instituto Popular Memorial de Canudos" (IPMC) ist eine konkrete Rezeption der Bewegung von Canudos, die die historische Überlieferung der Bewegung von Canudos unterstützt, wach hält und im pastoralen Bereich mitwirkt.	3	**Sandro – Kath. Gemeindemitglied in der Region Canudos-BA** *„Und das IPMC führt viele Personen zusammen, die Sympathisanten der Geschichte (von Canudos) sind. Es gibt sogar ‚evangélicos' [evangelikale Christen], die Mitglied des Instituts sind. Wer teilnehmen möchte ist herzlich willkommen. Hier im IPMC haben wir einige Dinge aufgehoben, einige Fotografien, aber das wertvollste, was wir hier haben, ist das Holz, das Holz des 100jährigen Jubiläums, weil es 100 Jahre, nachdem es bezahlt wurde, dann hier angekommen ist... Und wir haben auch das Kreuz, das aus der Zeit Antônio Conselheiros stammt..."*
3.11	Die Bewegung von Canudos wurde von (Pe.) Enoque de Oliveira aus Monte Santo-BA seit den 1980er Jahren hinsichtlich des „fundo de pasto" und anderer Fragestellungen in konkreten Aktionen verarbeitet.	12	**Hilário – Journalist aus der Region Canudos-BA** *„Als er [Enoque de Oliveira] in Monte Santo Pfarrer war, als er Gottesdienste... als er in Monte Santo predigte, hatte er einen großen Einfluss, auch die Bewegung des ‚fundo de pasto' nahm teil."*

3.12	Der Conselheiro hinterlässt das Zeichen der Orientierung, die andere heute nachleben.	12	**Taís – Ordensschwester in der Region Canudos-BA** *„Der Conselheiro hinterlässt das Zeichen der Orientierung, das sehr stark ist. Dies erkennen wir als Teil der Kultur dieser Region an. Wenn man in die Gemeinschaften (comunidades) geht und sie etwas besser kennenlernt, findet man in jeder Gemeinschaft Personen, die ‚conselheiros' sind. Sie werden in schwierigen Lebensabschnitten aufgesucht. Sie begleiten Menschen. Sehr stark ist dabei die Rolle der Frau, der Mutterfigur (matriárca) der Gemeinschaft."*
3.13	Die Bewegung von Canudos führte in besonderer Weise bei den 100jährigen Jubiläen 1993 (Gründung) und 1997 (Zerstörung) zu konkreten Rezeptionen und Aktionen.	7	**Carlo – CPT Koordinator in Bahia und auf Bundesebene** *„Die Diözese von Juazeiro-BA und die CPT haben sich stark bei den hundertjährigen Jubiläen engagiert. In diesem Prozess entstand das ‚Instituto Popular Memorial de Canudos' (IPMC), das jetzt fast am Ende seines Bestehens ist."*

3.14	Es gibt Gebäude, Statuen und öffentliche Einrichtungen, die nach der Bewegung von Canudos – z.B. „Canudos" oder „Antônio Conselheiro" – benannt werden.	6	**Marta – Ordensschwester in der Region Quixeramobim-CE** „*Die Stadtverantwortlichen haben sich nach den Erfahrungen von 1993 zusammengesetzt und in Antônio Conselheiro eine mögliche Tourismusquelle entdeckt. Das sei letztlich der Grund, weshalb in verschiedene Dinge investiert wurde: Ein Monument ‚Antônio Conselheiro', die Herrichtung seines Geburtshauses zu einem Museum.*"
3.15	Die Bewegung von Canudos wird als Vorbild des Widerstands für eine gerechte Sache in konkreten Aktionen thematisiert.	13	**Carlo – CPT Koordinator in Bahia und auf Bundesebene** „*In Juazeiro-BA gibt es einen ‚quilombo' [Widerstandsdorf der geflohenen Sklaven] mit dem Namen ‚Barrinha de Conceição' und ihre Geschichte beginnt in Canudos. Es sind die geflüchteten Schwarzen aus Canudos, die sich am Flussufer in Juazeiro-BA niederließen und bis heute sind sie dort geblieben. Sie selbst erzählen diese Geschichte über sich. Es gibt einen ‚quilombo' mit dem Ursprung Canudos.*"

3.16	Die Bewegung von Canudos wird konkret für die Methodik der Arbeit von Organisationen rezipiert und angewandt.	8	**Dorinha – CPT Sekretärin in Ceará** „*Die Erinnerung an diese Persönlichkeiten, – wie schon von Pe. Jeo gesagt wurde – an ihre Praxis ist fundamental für unsere Art zu arbeiten, für unsere Art zu leben. Es ist eine andere Art zu arbeiten, sei es mit den Bauern, sei es mit den Frauen, sei es mit den Kindern. Unsere Praxis, unsere Methodik, die wir täglich anwenden, hat vieles von diesen Personen, sei es von Pe. Ibiapina, sei es vom Conselheiro, sei es von Pe. Cícero, von Dom Helder Câmara und vielen anderen Personen, die in ihrer Lebensgeschichte eine andere Art zu sehen, zu betrachten, zu leiten, mit den Ausgeschlossenen zu arbeiten, mit den Unterdrückten dieser Gesellschaft, hatten.*"

3.17	Die Bewegung von Canudos wird in wissenschaftlicher Weise (z.B. in Seminaren, Symposien) thematisiert und bearbeitet.	10	**Beth – Literaturprofessorin in Fortaleza-CE** „*...sprachen wir über die Erinnerungsfeierlichkeiten [zu Canudos]... von 1997. Wir sprachen schnell, dass wir hier ein Symposium haben werden... In Ceará [Fortaleza], Bahia [Salvador] und Köln.*"
3.18	Zum Thema Canudos werden Materialien für die Schule erstellt, um die Bewegung dort besser bekannt zu machen.	2	**Ricardo – Priester in der Region Canudos-BA** „*Während des Jahres gibt es auch das eine oder andere Engagement zum Thema Canudos, z.B. wurden im letzten Jahr Arbeitsblätter zum Thema Canudos für die Schule erstellt, die die Geschichte erzählen und weiter verbreiten.*"
3.19	Die Bewegung von Canudos ist eine Motivation für die Arbeit unserer Organisation.	31	**Ernesto – MST Vertreter in Ceará** „*Wir, das bedeutet ‚Canudos in der Geschichte', hier gegenwärtig. Aber es gibt nicht nur uns... es gibt andere Gefährten dort, dort und dort. Das erzeugt ein Kettenglied dieses Selbstbewusstseins, zu wissen, dass wir nicht alleine sind. Dies ist eine der Sachen, die wir stark für unseren Kampf nutzen.*"

3.4.3 Zusammenfassung der Interviewergebnisse

In diesem Abschnitt sollen die in den Interviews getroffenen Aussagen auf die zuvor benannten Grundthesen dieser Arbeit angewandt und analysiert werden. Die zwei zu Anfang genannten Grundthesen werden in fünf Unterthesen (1-5) aufgeteilt, die auch Grundlage für die Gesamtauswertung dieser Arbeit sind. Darüber hinaus werden vier weitere Thesen (6-9) untersucht, die die Bedeutung von Canudos für die Pastoral weiter ausdifferenzieren. „AW" wird hierbei als Abkürzung für „Auswertungsthese", d.h. für die Thesen in der Interviewauswertung verwendet, die sich im Interviewband befinden.

<u>Zu These 1: Canudos ist aus der Volksfrömmigkeit im Sertão des Nordostens Brasiliens entstanden und ist bis heute ein Teil von ihr.</u>

Diese These gliedert sich in zwei Teile. Der erste bezieht sich auf die Entstehung der Bewegung von Canudos im Rahmen der Volksfrömmigkeit des Nordostens. Dieser Teil wird ausführlich in Kapitel II bestätigt, indem die gesamte Geschichte der Bewegung von Canudos dargestellt ist. Im Rahmen der Interviewauswertung richtet sich der Fokus auf die Frage, in welcher Ausprägung die Bewegung von Canudos Bestandteil der heutigen Volksfrömmigkeit ist. Hierzu sind insbesondere die Interviewauswertungen AW 3.1, AW 3.2 und AW 3.4. zu betrachten. In der Auswertung AW 3.1 belegen 19 Interviewpartner, dass es konkrete kirchliche Aktionen gibt, in der die Bewegung von Canudos thematisiert wird wie z.B. Wallfahrten. Marta, Ordensschwester in der Region Quixeramobim-CE, berichtet, dass im Geburtsort Antônio Conselheiros, Quixeramobim-CE, jährlich eine Messe an seinem Geburtstag [13. März 1830] gefeiert wird, in der seines Lebens und Wirkens gedacht wird.

Aus Auswertung AW 3.2 geht hervor, dass die „Romaria de Canudos" eine konkrete Verarbeitung des Themas „Bewegung von Canudos" ist. 12 Interviewpartner berichten davon. Auswertung AW 3.4 erbringt, dass es religiöse Lieder zum Thema Canudos gibt. Zu beachten ist auch die spirituelle Dimension, die in These 9 genauer untersucht wird. Die Ergebnisse der Interviewauswertung belegen These 1. Die aus der Volksfrömmigkeit des Nordostens entstandene Bewegung von Canudos ist Bestandteil der heutigen Volksfrömmigkeit!

Zu These 2: Canudos ist ein Beispiel für die solidarische Lebensweise nach einem christlichen Wertemodell.

18 von 33 Interviewpartner, aufgeteilt auf alle 6 vertretenen Gruppen, unterstützen die Auswertungsthese AW 1.4: Die Bewegung von Canudos dient als Referenz für ein alternatives Leben in Geschwisterlichkeit und in Solidarität zu den Armen auf christlicher Basis! Die Zahl von 18 Interviewpartnern, die sich über alle vertretenen Gruppierungen verteilen, stellt eine breite Basis für diese These dar. Die Interviewpartner verwenden als Ausdruck für die solidarische Lebensweise nicht immer den Begriff „Solidarität" oder „solidarisch". Oftmals wird eine solidarische Lebensweise umschrieben. Weitere Bearbeitungen [z.B. Landfrage, „fundo de pasto", Sozialpastoral u.a.] der solidarischen Lebensweise in Canudos werden in den folgenden Thesen ausdifferenziert. Die Auswertung ergibt: Die Ergebnisse der Interviewauswertung belegen These 2!

Zu These 3: Canudos ist ein Symbol mit Beispielcharakter für soziale und pastorale Bewegungen.

Zu den sozialen Bewegungen in Brasilien zählt unter anderem die MST, zu den pastoralen Bewegungen zählen die CPT und die Basisgemeinden. Auswertungsthese AW 1.17 besagt: Die Bewegung von Canudos hat einen symbolischen Wert mit Beispielcharakter für heutige soziale und pastorale Bewegungen in Brasilien. [siehe 3.4.2.1] Fünf von 33 Interviewpartnern, aus den Bereichen CPT und kirchliche Vertreter und Künstler beschreiben Canudos als „Symbol".[448] Die symbolartige Bedeutung der Bewegung von Canudos, kann an den konkreten Bearbeitungen zum jeweiligen Thema [zur Landfrage, „fundo de pasto" u.a.] abgelesen werden. Dies geht z.B. aus den Interviewaussagen hinsichtlich der Rezeption der Bewegung von Canudos in konkreten Landcamps hervor, die Auswertung AW 3.6 stützen. Beispielhaft sei der MST Vertreter in Ceará Ernesto zitiert:

„Wir sehen Canudos in Bezug auf unseren heutigen Kampf als Basisreferenz für jegliche Organisation einer Ansiedlung [von Landlosen], als gemeinschaftliche Organisation."[449]

---

[448]Da von den Interviewpartnern nur Gedächtnisprotokolle vorliegen, enthalten diese nur die Aussagen der Interviewpartner, nicht aber den originalen Wortlaut.
[449] Interviewband, Interview 6, Ernesto, vom 30.05.2008.

Die dargestellten Fakten belegen, den Beispielcharakter von Canudos für heutige soziale Bewegungen. Vom „Symbol Canudos" wird von den Interviewpartnern nur in einem begrenzten Rahmen gesprochen. Anhand der noch folgenden Thesen wird die Bedeutung von Canudos für die heutigen sozialen Bewegungen weiter ausdifferenziert.

Zu These 4: Die Bewegung von Canudos ist ein Orientierungspunkt und Bindeglied für kirchliche und soziale Bewegungen.

In These 4 geht es um zwei Aspekte der Bedeutung von Canudos für heutige kirchliche und soziale Bewegungen. Zum einen geht es um die Bedeutung von Canudos als „Orientierungspunkt" zum anderen als „Bindeglied".

Aspekt Canudos als Orientierungspunkt für kirchliche und soziale Bewegungen:

Zur Auswertung des Aspekts „Orientierung" können die Interviewauswertungen AW 1.3, AW 1.6 und AW 3.12 herangezogen werden. Diese Interviewauswertungen liefern folgende Ergebnisse:
AW 1.3: Die von Antônio Conselheiro und der Bewegung von Canudos gelebten Werte sind für die heutige katholische Kirche in Brasilien von Bedeutung [siehe 3.4.2.1]. 18 von 33 Interviewpartnern aus 5 Bereichen (CPT, kirchliche Vertreter, Wissenschaftler, Künstler und Vertreter anderer Organisationen) unterstützen diese These. Das ist eine deutliche Zustimmung. AW 1.6: Die Bewegung von Canudos ist eine Referenz hinsichtlich der Organisation [u.a. einer christlichen] Gemeinschaft und Gesellschaft. [siehe Tabelle 3.4.2.1] Dieser These stimmen 20 von 33 Interviewpartnern aus allen 6 Bereichen zu. Diese These erfährt eine deutliche Zustimmung. AW 3.12: Der Conselheiro hinterlässt das Zeichen der Orientierung, das andere heute nachleben. [siehe 3.4.2.1] Dieser These stimmen 12 von 33 Interviewpartnern aus 4 Bereichen (Kirche, Wissenschaft, Kunst, u.a.) zu. Es gibt zu dieser These weniger Erwähnungen, als zu den beiden vorhergehenden. Dennoch ist dies eine relativ hohe Zustimmung.

AW 3.16: Die Bewegung von Canudos wird konkret für die Methodik der Arbeit unserer Organisation rezipiert und angewandt [siehe 3.4.2.1]. 8 von 33 Interviewpartnern stützen diese Aussage. Im Einzelnen handelt es sich um Vertreter der Bereiche CPT, MST, Kirche und Kunst. Aus AW 3.16 geht hervor, dass die Bewegung von Canudos bereits praktischen

Einfluss auf die Methodik in den genannten vier Bereichen genommen hat. Weitere Auswertungen, die noch andere Bereiche benennen, in denen die Bewegung von Canudos Orientierung gibt, sind: AW 2.1 (Rezeption durch die eigene Bewegung), AW 2.2 (Bedeutung von Canudos in spiritueller Hinsicht), AW 2.5. (Bearbeitung von Canudos durch Bewegungen, die sich in der Landfrage in Brasilien engagieren). Siehe hierzu das beispielhafte Zitat aus dem Interview mit der Ordensschwester in der Region Canudos Taís in Tabelle 3.4.2.3, These 3.12.

Aspekt Canudos als Bindeglied zwischen kirchlichen und sozialen Bewegungen:

Dass die Bewegung von Canudos eine Funktion als Bindeglied zwischen kirchlichen und sozialen Organisationen einnimmt, wird u.a. daran deutlich, dass sich beide Organisationsarten denselben Themen widmen und Canudos in ihrer Arbeit rezipieren. Am stärksten verdeutlicht Auswertung AW 2.8 die verbindende Funktion von Canudos: Die Bewegung von Canudos ist auf regionaler Ebene von Bedeutung [siehe 3.4.2.2]. Canudos ist ein Thema, das regional in themenbezogenen Arbeiten zusammenschweißt! 23 von 33 Interviewpartnern aus allen sechs Bereichen unterstützen diese These. Canudos wird von beiden Organisationsarten (Kirche und soziale Bewegungen) wertgeschätzt und rezipiert. Daraus ergibt sich, dass die Bewegung von Canudos auf regionaler Ebene eine übergreifende Funktion für diese Organisationen hat. Beispielhaft für einen regionalen Bezug sei die Frage des „fundo de pasto" (AW 3.7) genannt.

Dass Canudos ein verbindendes Element für die kirchlichen und sozialen Organisationen darstellt, geht auch aus den Interviewauswertungen AW 2.1, AW 2.2 und AW 2.5 hervor. AW 2.1: Die Bewegung von Canudos und Antônio Conselheiro wird von unserer Organisation rezipiert. [siehe 3.4.2.2] 28 von 33 Interviewpartnern aus allen sechs Bereichen benennen das. Dies ist ein starker Indikator dafür, dass die Bewegung von Canudos eine übergreifende Basis für die Arbeit der einzelnen Organisationen bildet und über den sozialen und kirchlichen Bereich hinaus wirkt. Konkret deutlich wird die verbindende Wirkung von Canudos auch an

Veranstaltungen zu Canudos, die von kirchlichen und anderen Organisationen gemeinsam unterstützt werden.[450]

AW 2.2: Canudos ist in unserer Organisation in spiritueller Hinsicht von Bedeutung [siehe 3.4.2.2]. 13 von 33 Interviewpartnern unterstützen diese Aussage. Interessant daran ist, dass Canudos als in spiritueller Hinsicht bedeutsam [MST verwendet hierbei den Begriff „Mystik"] von den Organisationen CPT, MST, Kirche und anderen Organisationen benannt wird. Im spirituellen Bereich stellt die Bewegung ein verbindendes Element dar, wobei die Art der Verarbeitung der Thematik Canudos im Einzelnen unterschiedlich ausfällt. AW 2.5: Organisationen, die sich für eine gerechte Landverteilung in Brasilien engagieren, z.B. MST, CPT, Landcamps, Ansiedlungen, arbeiten mit Canudos und den Werten, die die Bewegung von Canudos vorgelebt hat [siehe 3.4.2.2]. Diese Aussage vertreten 20 von 33 Interviewpartnern aus allen sechs Bereichen. Die Rezeptionen der einzelnen Organisationen sind unterschiedlich. Die starke Unterstützung von AW 2.5 deutet darauf hin, dass die Bewegung von Canudos einen gemeinsamen Orientierungspunkt hinsichtlich der Landfrage darstellt, der den einzelnen Organisationen einen gemeinsamen Bezugspunkt gibt, der als verbindendes Element wirkt.

In der Landfrage gibt es insbesondere zwischen der MST und der CPT eine starke inhaltliche Übereinstimmung. Die Analyse von These 4 ergibt eine deutliche Zustimmung. Anhand der aufgeführten Beispiele wird deutlich dass und wie die Bewegung von Canudos eine Orientierungs- und Verbindungsfunktion für kirchliche und soziale Organisationen hat.

<u>Zu These 5: Canudos ist durch einen geschichtlichen Überlieferungsprozess zu einer innerkirchlich akzeptierten Bewegung geworden.</u>

Diese These kann durch die Interviews nur zu dem Teil beantwortet werden, der die kirchliche Anerkennung betrifft. In Bezug auf den Überlieferungsprozess wurde keine eigene Befragung vorgenommen. Die Interviews ergeben, dass Canudos heute auf eine kirchliche Anerkennung trifft, insbesondere durch Bewegungen im Bereich der Sozialpastoral. Zur Beurteilung von These 5 werden die Interviewauswertungen AW 1.1, AW 1.2, AW 1.3, AW 2.3, AW 2.4, AW 3.1 analysiert. Da es in These 5

---

[450] Beispielhaft sei die „Romaria de Canudos" im Jahr 1997 genannt, an der katholische, wie protestantische Kreise, die CPT und das MST an der Organisation beteiligt waren. Das Motto der Romaria de Canudos lautete „Canudos: 100 Jahre des Massakers im Sertão. Vergossenes Blut, fruchtbar gewordene Erde".

schwerpunktmäßig um die kirchliche Anerkennung der Bewegung von Canudos geht, wird insbesondere die Sichtweise der kirchlichen Vertreter und der CPT betrachtet. AW 1.1: Die von Antônio Conselheiro und der Bewegung gelebten Werte sind bedeutsam für unsere Organisation [siehe 3.4.2.1]! Diese Auswertung wird von allen 5 Interviewpartnern der CPT sowie von 7 der 8 kirchlichen Interviewpartner unterstützt. Dieses Ergebnis belegt die Bedeutsamkeit der Bewegung von Canudos für die Kirche, die grundlegend für deren kirchliche Anerkennung ist.

Das Leitungsmitglied der Erzdiözese Fortaleza, Teodoro, erläutert in dem mit ihm geführten Interview zur kirchlichen Anerkennung von Canudos, dass Canudos heute insbesonders für die Sozialpastoral, die sozialen Bewegungen und die kleinen Geimeinschaften, die sich für die Armen einsetzen, eine Inspiration sei.

Aus Auswertung AW 1.2 geht hervor, dass 4 der 5 Interviewpartner aus der CPT, sowie 5 der 8 kirchlichen Interviewpartner in Canudos ein spirituelles Vorbild sehen. Auswertung AW 1.3 belegt durch 4 von 5 CPT-Interviewpartnern und 5 von 8 Interviewaussagen kirchlicher Vertreter, dass die von Canudos gelebten Werte für die heutige katholische Kirche in Brasilien von Bedeutung sind. In Auswertung AW 2.3 unterstützen 2 von 5 CPT-Interviewpartnern und 6 von 8 kirchlichen Vertretern, dass die Bewegung von Canudos im Bereich der Sozialpastoral rezipiert wird und damit von Bedeutung in der kirchlicher Arbeit ist.

Aus Auswertung AW 2.4 geht hervor, dass die Bewegung von Canudos für die Arbeit der Basisgemeinden (CEBs) von Bedeutung ist. Dies wird von keinem der 5 CPT-Interviewpartner und 3 von 8 kirchlichen Vertretern ausgesagt. In Bezug auf die Basisgemeinden liegt nur eine geringe Interviewerwähnung vor, jedoch wird dieser Aspekt benannt. 3 von 5 CPT-Interviewpartnern sowie alle 8 kirchlichen Vertreter unterstützen AW 3.1: Es gibt konkrete kirchliche Aktionen, wie Wallfahrten u.a. mit Bezug auf die Bewegung von Canudos [siehe 3.4.2.3]. Aus der vorliegenden Analyse geht hervor, dass es eine faktische, kirchliche Anerkennung der Bewegung von Canudos in verschiedenen pastoralen Bereichen insbesondere in der Sozialpastoral und bei den Basisgemeinden gibt. Darüber hinaus werden die von der Bewegung von Canudos gelebten Werte in der Kirche geschätzt. Eine kirchliche Anerkennung drückt sich insbesondere in der Bearbeitung des Themas Canudos, in konkreten pastoralen Vollzügen aus. Die Art der kirchlichen Anerkennung kommt darüber hinaus durch Aussagen von kirchlichen Persönlichkeiten zum Ausdruck. Daraus folgt, dass die Interviewergebnisse These 5 bestätigen und den Rahmen der kirchlichen Anerkennung verdeutlichen.

Zu These 6: Die Bewegung von Canudos hat für die Basisgemeinden und die pastoralen Gruppen, die sich in der Frage um eine gerechte Landverteilung in Brasilien engagieren,eine vorbildhafte Bedeutung.

Zur Verifizierung der These werden die Interviewauswertungen AW 2.4, AW 2.5, AW 2.6, AW 3.6 und AW 3.7 verwendet und nach der Bedeutung untersucht, die die Bewegung von Canudos für die Basisgemeinden und pastorale Gruppen hat, die sich für eine gerechte Landverteilung engagieren. In Auswertung AW 2.4 erwähnen 5 von 33 Interviewpartnern, aus den drei Bereichen kirchliche Vertreter, Wissenschaft und andere Organisationen, dass die Bewegung von Canudos für die Arbeit der Basisgemeinde (CEBs) von Bedeutung ist. Auswertung AW 2.5 ergibt, dass die Organisationen, die sich für eine gerechte Landverteilung in Brasilien engagieren, z.B. MST, CPT, Landcamps, Ansiedlungen, mit Canudos und den dort gelebten Werten arbeiten. Diese Auswertung wird von 20 Interviewpartnern aus allen 6 Bereichen vertreten.

In Interviewauswertung AW 2.6 geht es um die unberechtigte Landaneignung, die „grilagem" genannt wird. Dies ist ein Aspekt zur der Landfrage in Brasilien. Insgesamt 7 Interviewpartner aus 4 Bereichen (CPT, kirchliche Vertreter, Wissenschaft, andere Organisationen) unterstützen diese These. Canudos wird hinsichtlich des Umgangs mit der unberechtigten Landaneignung „grilagem" als Vorbild verwandt! Eine regionale Frage der Landverteilung ist die nach der Nutzung von traditionellen, gemeinschaftlichen Weideflächen, durch die traditionellen Gemeinschaften des „fundo de pasto", den es insbesondere im Bundesstaat Bahia gibt. In Auswertung AW 3.7 unterstützen 9 Interviewpartner, aus 5 Bereichen (CPT, kirchliche Vertreter, Wissenschaft, Künstler, andere Organisationen), dass Canudos in Bezug auf die Frage des „fundo de pasto" von Bedeutung ist und rezipiert wird. Die vorliegende Analyse bestätigt These 6.

Nur eine relativ geringe Anzahl der Interviewpartner haben sich hinsichtlich der Bedeutung von Canudos für die christlichen Basisgemeinden (CEBs) geäußert. Die Benennung der Bewegung von Canudos in Bezug auf die CEBs weist darauf hin, dass sie diesbezüglich in einem nicht näher bekannten Umfang von Bedeutung ist. Die Größe der Bedeutung müsste durch genauere Befragung in den CEBs festgestellt werden. Die vorliegenden Interviews bilden dafür einen Ansatz aber keine ausreichende Basis. Deutlich stärker sind die Erwähnungen der Interviewpartner in Bezug auf die Rezeption von Canudos in der Frage nach einer gerechten Landverteilung in Brasilien. In der Landfrage ist die Bewegung von Canudos von Bedeutung.

Zu These 7:   Canudos wird auf dem Gebiet der Pastoral in verschiedenen Kontexten in unterschiedlicher Intensität rezipiert.

Das Ergebnis aus These 6 unterstützt These 7, da darin die Bedeutung von Canudos in Bezug auf die Frage einer gerechten Landverteilung in Brasilien und in Bezug auf die CEBs zum Ausdruck kommt und unterschiedlich große Bedeutung einnimmt. Insbesondere hinsichtlich der Landfrage differenzieren sich die einzelnen Kontexte aus, in denen Canudos rezipiert wird (gerechte Landverteilung, der regionale Kontext „fundo de pasto", Problem der „grilagem" u.a.). Im Folgenden wird eine Übersicht der wichtigsten, von den Interviewpartnern genannten Kontexte gegeben, in denen die Bewegung von Canudos pastoral von Bedeutung ist:

Kontext	Ausw.-these (AW)	Erwähnungen von Interviewpartnern (max. 33)
regionaler Kontext	AW 2.8	23
Organisation	AW 1.6	20
Landverteilung	AW 2.5	20
Spiritualität	AW 1.2	19
Kirche	AW 1.3	18
Sozialpastoral	AW 2.3	12
Kunst	AW 3.4/3.5	10/12
Wissenschaft	AW 3.17	10
gemeinschaftliche Produktion	AW 1.12	9
Leitungsausübung	AW 1.10	9
fundo de pasto	AW 3.7	9
grilagem	AW 2.6	7
semiárido	AW 3.9	7
nationaler Ebene Brasiliens	AW 2.9	6
Basisgemeinden	AW 2.4	5

Kontext	Ausw.-these (AW)	Erwähnungen von Interviewpartnern (max. 33)
Agrarreform	AW 2.7	4
Umverlegung des Rio São Francisco	AW 3.8	3
Schule	AW 3.18	2

Zu These 8: In der Bewegung von Canudos werden wichtige christliche Werte gesehen und thematisch bearbeitet.

In der Bewegung von Canudos werden eine Reihe von Werten – z.T. typisch für das Christentum – gesehen, die in den Auswertungen AW 1.1-AW 1.17 dargestellt sind. Je nach Art der Organisation spielen unterschiedliche Werte eine größere bzw. kleinere Rolle, die in der Interviewauswertung im Interviewband detailliert dargestellt sind. Die am häufigsten von den Interviewpartnern genannten Werte sind in der folgenden Tabelle aufgelistet:

Werte	Ausw. these (AW)	Erwähnungen von Interviewpartnern (max. 33)
Organisation der Gemeinschaft	AW 1.6	20
Spirituelles Vorbild	AW 1.2	19
alternatives Leben, Geschwisterlichkeit und Solidarität	AW 1.4	18
neue Lebensperspektiven	AW 1.15	15
Christliches Teilen der Güter und des Glaubens	AW 1.11	12
Widerstand und Durchhalten für eine gerechte Sache	AW 1.7	11
Partizipation in einer Gemeinschaft	AW 1.9	11
Befreiung aus einer Situation der Unterdrückung	AW 1.14	11

Werte	Ausw. these (AW)	Erwähnungen von Interviewpartnern (max. 33)
Gemeinschaftliche Produktion und kollektive Teilhabe an den Gütern	AW 1.12	9
Pastorale Leitungsausübung	AW 1.10	9
Das Reich Gottes in der Welt zu „pflanzen"	AW 1.5	3
Erfahrung Gottes unter den Menschen	AW 1.13	3
Gesellschaft, in der es eine fundamentale Gleichheit aller gab	AW 1.16	2
Disziplin	AW 1.8	1
Integration	AW 1.18	1

Zu These 9: Die Bewegung von Canudos wird in spiritueller Hinsicht rezipiert.

Bereits in Bezug auf These 4 wurde die Bedeutung von Canudos in spiritueller Hinsicht deutlich. Die Interviewauswertung (AW 1.2) ergab zur Frage der Spiritualität ein eindeutiges Ergebnis. 18 Interviewpartner unterstützten die These, dass Canudos in spiritueller Hinsicht ein Vorbild ist. Vertreter aus 5 Bereichen (CPT, MST, Kirche, Künstler, andere Organisationen) stimmten dem zu. Im Bereich MST sprechen die Interviewpartner von einer „Mystik der MST", wobei dazu u.a. eigene Gottesdienste zählen. Insgesamt 13 Interviewpartner aus 4 Bereichen (CPT, MST, Kirche, andere Organisationen) vertreten, dass ihre eigene Organisation Canudos in spiritueller Hinsicht aufgreift und verwendet (AW 2.2). Die Interviews belegen deutlich These 9. Canudos wird in spiritueller Hinsicht rezipiert.

Weitere Ergebnisse

Auffallend an den Interviews ist, dass die Bewegung von Canudos in sehr verschiedenen Bereichen Vorbildcharakter einnimmt und Durchdringungen der verschiedenen Bereiche deutlich wurden. Bemerkenswert war die respektvolle Art und Weise, mit der die Interviewpartner über Canudos sprachen sowie deren gute historische Kenntnisse zu der Bewegung.

Einer der eindrucksvollsten Interviewpartner war Jerônimo Rodrigues Ribeiro (Jahrgang 1916).[451] Der über 90jährige Historiker, der mit ehemaligen Bewohnern von Canudos persönlich gesprochen hatte, berichtete, dass die Delegation aus Canudos 1896 in friedlicher Absicht nach Uauá-BA gekommen sei und das brasilianische Militär der 1. Expedition unter Pires Ferreira für die damalige militärische Auseinandersetzung verantwortlich war. Diese Aussage eines „Fast-Zeitzeugen", konnte ich im Rahmen meiner Interviewaufnahmen machen und erachte sie als historisch wertvoll. Wie Rodrigues Ribeiro brachten viele Interviewpartner zum Ausdruck, dass sie aus Canudos Hoffnung für aktuelle Bezüge schöpfen.

---

[451] Rodrigues Ribeiro, Uauá, história e memórias, 1999, 15.

3.5 Zusammenfassung

In Kapitel III wurden die Überlieferungsgeschichte und die Rezeptionen von Canudos im kirchlichen Umfeld und in anderen Bereichen des gesellschaftlichen Lebens dargestellt. Diese Bearbeitungen zu Canudos wurden mithilfe der vorliegenden Literatur und Archivalien untersucht. Anhand selbst geführter Interviews, mit Personen aus Kirche, Wissenschaft, sozialen Bewegungen, Kunst und anderen Bereichen wurden die Rezeptionen überprüft und die aktuelle Bedeutung von Canudos weiter herausgearbeitet.

Zu 3.1: Überlieferungsgeschichte

Dieser Abschnitt stellt die Phasen der Überlieferungsgeschichte von Canudos dar. Nach dem Krieg gab es einige Veröffentlichungen zur Geschichte des Krieges von Canudos. Kein Werk dominierte jedoch die Geschichtsschreibung so wie „Os sertões" von Euclides da Cunha. Viele darauf folgende Historiker orientieren sich an „Os sertões". Aufgrund seiner literarischen Ausführung prägte es das Bild von Canudos in der öffentlichen Meinung über ein halbes Jahrhundert lang. Da Cunhas Blickpunkt ist stark von der Geistesströmung des Positivismus und der Treue zur Republik geprägt. Er berichtet trotz seiner Militärkritik nicht von dem Massaker an den Gefangenen. Für ihn wurden die „sertanejos" im Laufe des Krieges zu Helden, die letztlich aber aufgrund ihrer Zurückgewandtheit keine Zukunft hatten. Sie hatten sich von dem „fanático" Antônio Conselheiro verführen lassen. Da Cunha billigt ihnen jedoch zu, dass in ihnen dennoch der Keim einer neuen Nation stecken kann. Da Cunhas Werk bewahrt Canudos einerseits vor dem Fall in die Vergessenheit, andererseits bleibt die Geschichtsschreibung über Canudos die der Sieger, die die Bewegung im Bereich des Fanatismus belässt und ihr historisch nicht gerecht wird.

Ab den 40er Jahren des 20. Jahrhunderts wird durch Befragungen der Überlebenden des Krieges ein neues Kapitel in der Geschichtsschreibung aufgeschlagen. Diese Interviews leiten einen grundlegenden Wandel in der weiteren Canudosforschung ein. Diesen Vorgang benenne ich daher als *„Canudensische Wende"*. Autoren wie Odórico Tavares, José Calasans, Abelardo Montenegro, Walnice Galvão u.a. leisteten wichtige Beiträge, die die „wahre Geschichte der Gemeinschaft von Canudos" hervortreten lassen. José Calasans wurde durch seine jahrzehntelangen Forschungen zum anerkanntesten Historiker zum Thema Canudos. Durch die

Interviews mit den Überlebenden aus Canudos treten die dort gelebten Werte, der Glaube der Menschen und deren Solidarität hervor. Die Überlebenden charakterisieren Antônio Conselheiros sehr positiv als „heiligen Mann", „guten Ratgeber" und als tief spirituellen Leiter, der sich für die Menschen in Canudos einsetzte und die Lebensgemeinschaft von Canudos maßgeblich prägte.

1974 legte Ataliba Nogueira mit der Edition und Publikation der Predigtmanuskripte Antônio Conselheiros einen weiteren Meilenstein in der Canudosforschung. Aus den Predigtmanuskripten geht die konservativ katholische Theologie des Conselheiros hervor, dessen Hauptanliegen es war „Seelen zu retten". Es wurde damit deutlich, dass es sich bei Antônio Conselheiro um keinen religiösen Fanatiker handelte. Im Bereich der Theologie publizierte Alexandre Otten[452] im Jahr 1990 die erste umfassende Arbeit. Mit Canudos blieb auch die Erinnerung an die Gräueltaten erhalten, die an diesem Ort stattfanden. Eine ganze Stadt wurde ohne Dialog und juristische Rechtfertigung ausgelöscht. Robert M. Levine kommt daher zu dem Ergebnis:

„Canudos blieb im brasilianischen Bewusstsein als erschreckendes Symbol eingeschrieben."[453]

Die neuere Geschichtsschreibung zu Canudos, mit Publikationen in den Bereichen Soziologie, Geschichte, Theologie, Linguistik, Kunst u.a. hatte zur Folge, dass Canudos seit den 80er Jahren des 20. Jahrhunderts in der kath. Kirche wie im säkularen Bereich, insbesondere im Nordosten Brasiliens positiv rezipiert wird. Diese „neue Geschichtsschreibung" wird bis in die heutigen Tage fortgeführt. Sie ist die Basis dafür, dass der Vorbildcharakter der Gemeinschaft von Canudos als Symbol für viele kirchliche und soziale Bewegungen auch heute noch wirkt.

Zu 3.2: Soziale und kulturelle Wirkungsgeschichte

Dieser Abschnitt stellte die soziale und kulturelle Wirkungsgeschichte von Canudos dar. Er erläutert, wie Canudos in vielfältiger Weise im sozialen und kulturellen Umfeld rezipiert wurde und wird. Dies geschieht z.B. durch staatliche Stellen, soziale Bewegungen, in der Wissenschaft, im Internet, in Zeitungsartikeln und in der Literatur. Canudos hat eine große Bedeutung für die Frage der Agrarreform in Brasilien.

---

[452] Otten, Só Deus é grande, 1990.
[453] Levine, O sertão prometido, 1995, 60-61.

Diesbezüglich wird Canudos von sozialen Bewegungen aufgegriffen, z.B. durch die MST. Die MST, der es um soziale Gerechtigkeit für die verarmten Bevölkerungsschichten geht, insbesondere für die Menschen auf dem Land, organisiert mit Landlosen Camps an ungenutzten Agrarflächen, um deren Enteignung und Zuteilung an die Landlosen zu bewirken. Canudos wird von der MST als historischer Vorgänger betrachtet, insbesondere in Bezug auf eine gerechte Landverteilung, Bildung und Arbeit für die Landlosen.

Daher sieht die MST in Canudos ein Symbol für die Agrarreform und ein Beispiel für die Umwandlung der Gesellschaft zu mehr Gleichberechtigung, Solidarität und den Aufbau sozialer Beziehungen in der Gemeinschaft. Die in Canudos gelebte Gesellschaftsform wird als ein Ideal angesehen, das ein Zusammenleben auf der Grundlage der Gleichheit aller vorgelebt hat. Dies nahm Einfluss auf die Organisation der MST. In Canudos sieht die MST auch den geschichtlichen Vorgänger einer Landbesetzung, da die Gemeinschaft von Canudos auf einer nicht mehr genutzten „fazenda" entstand, dort zusammenlebte und arbeitete. Der MST-Führer, José Rainha, ging so weit, dass er Canudos als *„das größte Camp, das die MST je hatte"*, beschrieb.[454]

Für die praktische Arbeit der MST ist Canudos ein Beispiel, mit dem die Bewohner der heutigen MST-Camps auf die Realität im Prozess um die Zuteilung ungenutzten Landes vorbereitet werden. Das Beispiel des Zusammenstehens, der Gemeinschaft, des gemeinsamen Kampfes um eine gerechte Sache und das solidarische Leben von Canudos sind eine Motivationsquelle der MST, von der auch spirituelle Impulse ausgehen. Die Art der Zusammenarbeit in Canudos ist ein Vorbild für die Gestaltung der Zusammenarbeit in den Camps und für die Arbeitsorganisation der Familien auf dem zugeteilten Land.

Die MST überträgt die Werte von Canudos auf die gegenwärtige Situation Brasiliens, insbesondere auf die Fragestellung nach einer gerechten Landverteilung, einer gerechteren Gesellschaft und der Agrarreform. Am Beispiel der MST wird die Aktualität der Geschichte von Canudos für die Arbeit einer sozialen Bewegung deutlich. Sie steht beispielhaft für andere Bewegungen, die sich in der Frage nach einer Agrarreform und einer gerechteren Gesellschaft in Brasilien engagieren. Die MST setzt

---

[454] Vgl. Araujo Sá, Filigranas da memória: história e memória nas comemorações dos centenários de Canudos (1993-1997), 2006, 199.

durch ihre Rezeption von Canudos Impulse, die gegen das Vergessen der Geschichte von Canudos wirken.

Canudos hat Vorbildcharakter in Bezug auf den „fundo de pasto", die „gemeinschaftlich genutzten Flächen für die Viehzucht im Sertão". Das Beispiel von Canudos stärkte und stärkt die Familienverbände und traditionellen Gemeinschaften des „fundo de pasto" und gibt Orientierung, um sich gegen Ungerechtigkeiten zusammenzuschließen und für die eigenen Rechte zu kämpfen. Das Engagement für die Bewahrung des „fundo de pasto" mündete in einer Veränderung der bahianischen Verfassung ein. Dadurch wurde den Landgemeinschaften des „fundo de pasto" die Möglichkeit eröffnet, ihren Rechtsanspruch auf das jeweilige Gebiet ihres „fundo de pasto" eintragen zu lassen und damit zu sichern. Dies wurde zur Grundlage für das Überleben der traditionellen Gemeinschaften des „fundo de pasto".

Auf dem Areal des Krieges von Canudos wurde 1986 der „staatliche Park von Canudos" errichtet, der die historischen Stätten schützt und der Öffentlichkeit zugänglich macht. Der Park hat aus historischer, archäologischer, ökologischer und auch religiöser Sicht einen hohen Wert und ist Anknüpfungspunkt für wissenschaftliche Forschungen. Er wird für pastorale Zwecke [z.B. Gottesdienste, Wallfahrten] und als Ort des Gedenkens sowie für poetische Führungen genutzt. Auf vielfältige Weise leistet der Park einen Beitrag zur Aufarbeitung der Geschichte von Canudos.

Durch die Volksliteratur „literatura de cordel" erfolgte und erfolgt in der Sertãobevölkerung auch heute noch eine historische Auseinandersetzung und Interpretation von Canudos hinsichtlich aktueller Fragestellungen. In der Form von reimend-rhythmischen, oft legendärer Erzählungen schildern die Autoren der „literatura de cordel" das Zusammenleben von Canudos, die Sichtweise der Bevölkerung, loben den Conselheiro oder werfen Fragen zu Canudos, Euclides da Cunha u.a. auf. Canudos erfährt in der „literatura de cordel" in der Regel eine positive Beurteilung. Auf Volksebene erfolgt eine poetische Aufarbeitung, Interpretation und Sicherung der Geschichte von Canudos und deren Werte, wie z.B. das Zusammenleben, die Solidarität, die Liebe des Conselheiros zum Volk, die Prophezeiungen u.a. Dadurch ereignet sich eine Identifikation der „sertanejos" mit der eigenen Geschichte. Das dabei als beispielhaft geschilderte christliche Zusammenleben in Canudos wirkt in den pastoralen Bereich hinein.

Im Bereich der Kunst und Literatur zeigt diese Arbeit auf, dass Werke auf verschiedenen Bedeutungsniveaus, d.h. auf regionaler, bundesstaatlicher, nationaler und internationaler Ebene entstanden sind und weiterhin entstehen. Im Bereich der Literatur sei das Werk „La guerra del fin del mundo" des Literaturnobelpreisträgers Mario Vargas Llosa genannt, das im Jahr 1985 mit dem Ernest-Hemingway-Preis ausgezeichnet wurde. Durch Kunst und Literatur geschieht eine Aufarbeitung der Geschichte von Canudos in der Bevölkerung und auf akademischem Niveau. Viele Werke, z.b. Musik aus dem Bereich der „Musica Popular Brasileira", wirken in den Bereich der Pastoral hinein, indem sie z.B. in Gottesdiensten und bei anderen pastoralen Aktivitäten gesungen werden. Durch Dokumentationen, Fiktionen, Skulpturen und durch andere Genre und Kunstarten ereignen sich Bewusstseinsbildung sowie eine Stärkung der Identifikation der Bevölkerung mit der eigenen Geschichte. Dies wirkt sich auf nationaler, brasilianischer Ebene und insbesondere in der Region von Canudos aus.

Wissenschaftliche Arbeiten und pastorale Rezeptionen greifen dabei oft ineinander. Es gibt eine gegenseitige Durchdringung von Kunst, Wissenschaft und Pastoral zur Geschichte von Canudos. Auf diese Weise helfen Kunst und Literatur dabei, pastorale Aspekte zu erkennen und neu zu verstehen. Ebenso regen pastorale Aktionen zu neuen künstlerischen Werken an. Kritisch ist hierzu anzumerken, dass im Bereich der Kunst, mit allem Respekt gegenüber der künstlerischen Freiheit, auch Werke entstanden, die Canudos idealisiert darstellen oder Aspekte stark betonen, die historisch schwer zu belegen sind. Dies mindert die Bedeutung der Kunst für die Bearbeitung von Canudos nicht. Kunstwerke bedürfen hinsichtlich deren Interpretation jener kritischen Reflexion in Bezug auf historische Fakten.

In der Region von Canudos leistet das Instituto Popular Memorial de Canudos (IPMC) als unabhängige Organisation eine wichtige Arbeit zur Vergegenwärtigung der Erinnerung an Canudos und zur Anwendung der Werte von Canudos auf aktuelle gesellschaftliche Fragestellungen, insbesondere auf regionaler Ebene. Durch die Veröffentlichungen, die Bewahrung und Ausstellung von Literatur und Gegenständen sowie durch die Partizipation an pastoralen und anderen Veranstaltungen zum Thema Canudos leistete das IPMC einen Beitrag zur Aufarbeitung der Geschichte und dazu, dass in der Bevölkerung die Identifizierung mit wächst.

Verschiedene Autoren deuten Canudos als Umsetzung eines sozialistischen oder kommunistischen Konzeptes. Ruí Facó sieht in Canudos die Perfektion eines kommunistischen Konzeptes. Dabei sei die Befreiung aus der Situation der Unterdrückung im Sertão der eigentliche Grund für die Entstehung von Canudos. Bei den Ereignissen in Canudos habe sich ein Klassenkampf zwischen der reichen Schicht der oligarchischen Großgrundbesitzer und der verarmten Landbevölkerung ereignet. Facó beschreibt Canudos als primitiven Kommunismus, religiöse Elemente werden als sekundär bewertet. Edmundo Moniz deutet Canudos als sozialistische Gesellschaft, in der die sozialen Klassen aufgelöst waren und die in einer Linie mit den mittelalterlichen Bauernbewegungen zu verstehen ist. Das urchristliche Prinzip der Gleichheit aller sei eine der Grundlagen von Canudos, wobei das Werk „Utopia" von Thomas Morus maßgeblichen Einfluss auf die Gestaltung der Gesellschaft gehabt habe. Religiosität in Canudos ordnet auch Moniz als Mittel zum Zweck ein, d.h. zur Befreiung aus der oligarchischen Unterdrückung.

Insgesamt kann festgestellt werden, dass die sozialistischen und kommunistischen Analysen den Aspekt der Unterdrückung der Bevölkerung in den Vordergrund rücken. Aus heutiger Sicht ist die Deutung von Canudos als Gemeinschaft der „Gleichheit aller", als „Sozialismus" oder „Kommunismus" nur schwer zu belegen. Die historischen Fakten zeigen hingegen, dass die traditionelle Lebensweise im Sertão in Zusammenspiel mit der gelebten Religiosität und der gemeinschaftlichen Arbeitsweise „mutirão" einen wesentlich stärkeren Einfluss auf die Ausbildung der Gesellschaftsform in Canudos hatte. Diese Fakten werden von den kommunistischen und sozialistischen Interpretationen von Canudos nicht ausreichend berücksichtigt. Dennoch weisen sie auf das ausgeprägte Gemeinwesen in Canudos hin, das tatsächlich eine konkrete Alternative zu dem oligarchisch beherrschten Sertão darstellte. Es gab ein deutliches mehr an Gleichheit, Freiheit des einzelnen und solidarischen Handelns.

Zu 3.3:Pastorale Wirkungsgeschichte

Dieser Abschnitt stellte die vielfältigen Rezeptionen von Canudos im kirchlichen Raum dar und erläuterte deren pastorale Bedeutung. Die brasilianische Bischofskonferenz CNBB hat zwar keine eigenen Publikationen zu Canudos herausgegeben, es gibt jedoch Mitglieder, Bischöfe und Weihbischöfe, die öffentlich Canudos und die dort gelebten Werte als Vorbild für das heutige kirchliche Leben anerkannt haben. Zu nennen sind z.B. Dom Angélico Bernardino (Regionalbischof der CNBB von São Paulo), der dem Conselheiro das „Handeln aus reinstem Glauben" zusprach und Fehler der Kirche in der Bewertung von Canudos einräumte. Anerkennung und Lob von Canudos kommen auch von den Bischöfen Dom Pedro Casadáliga (Prälatur São Felix do Araguaia), Dom José Rodrigues (Diözese Juazeiro-Bahia), Dom Luiz Cappio OFM (Diözese Barra-Bahia) und Weihbischof Dom José Luiz Ferreira Sales (Erzdiözese Fortaleza-Ceará).

Wertgeschätzt werden an Canudos u.a. der Traum einer alternativen christlichen Gesellschaft, die sich an der christlichen Urgemeinde [Apg 2, 37-47] orientiert. Geschätzt werden ebenso das Vorbild von Canudos in Bezug auf mehr gesellschaftliche Gleichberechtigung, die biblische Verwurzelung und der beispielhafte Charakter für die heutige Sozialpastoral und die Kämpfe der Armen um Anerkennung und Gerechtigkeit. Canudos wird als eine Inspiration für heutiges kirchliches Handeln gesehen. Dom Luíz Cappio OFM bezieht sich bei seinem Engagement für den Erhalt des Lebensraumes Rio São Francisco auf das Beispiel, das Canudos vorgelebt hat.[455] Die brasilianische Bischofskonferenz CNBB hat auf ihrer Homepage zwar keine eigenen Texte zu Canudos erstellt, publizierte jedoch ein Dokument der Comissão Pastoral da Terra (CPT), das den vorbildhaften Charakter von Canudos für das Bürgerrecht auf dem Land hervorhebt. Diese und weitere Fakten verdeutlichen, dass sich die früher ablehnende Haltung der Kirche zu Canudos innerhalb der brasilianischen Bischofskonferenz insbesondere im Bereich der Sozialpastoral zu einem achtungsvollen Umgang gewandelt hat.

Im Rahmen der Recherchen konnten keine expliziten Veröffentlichungen der Diözesen zu Canudos gefunden werden. Es existieren jedoch die bereits erwähnten Stellungnahmen einzelner Bischöfe, die ihre Wertschätzung öffentlich machten [vgl. 3.3.1]. Darüber hinaus existieren indirekte Publikationen: Einige Diözesen veröffentlichen auf ihren Homepages Artikel katholischer und ökumenischer Bewegungen zu Canudos [z.B. CPT, Romaria de Canudos]. Dabei werden Antônio Conselheiro und Canudos als Glaubenszeugen und Vorbilder u.a. in Bezug auf Geschwisterlichkeit, Freiheitserfahrung, Diversität der Produktionssysteme, gemeinschaftliche Arbeitsweisen, Arbeit im Familienverbund und die

---

[455] Dom Luiz Cappio OFM war der Hauptprediger bei der „Romaria de Canudos" im Jahr 2006, die zum Thema „Canudos memória e missão" (Canudos Gedenken und Mission) ausgerichtet wurde.

Gestaltung der Pastoral beschrieben. Die Veröffentlichungen auf den Homepages verdeutlichen die grundsätzlich positive Haltung der Diözesen und der Kirche zu den in Canudos gelebten Werten. Es muss dabei eingeräumt werden, dass es Diözesen und Bischöfe gibt, die sich nicht zu Canudos äußern. Der regionale Bezug ist diesbezüglich ein wichtiger Faktor.

Einen ersten und wichtigen Beitrag zur Anerkennung von Canudos im kirchlichen Bereich leisteten die kirchlichen Basisgemeinden (CEBs) sowie befreiungstheologisch orientierte Priester und Ordensleute. Sie griffen das Thema Canudos in den 1980er Jahren auf – insbesondere im Umfeld von Monte Santo-BA und der Movimento Popular Histórico de Canudos (MPHC) – und rezipierten es als Vorbild für die aktuellen gesellschaftlichen Herausforderungen der Sertãobevölkerung, wie z.B. der „grilagem".

Die CEBs sehen in Canudos viele positive Werte verwirklicht, z.B.: das Durchhaltevermögen, das Engagement für soziale Gerechtigkeit und Menschenwürde, Solidarität der Armen und mit den Armen sowie das Handeln aus christlichem Glauben. Canudos wird als Symbol für ein selbstbestimmtes Christentum und als Hoffnungszeichen für eine solidarische und geschwisterliche Gesellschaft verstanden. Typisch für die Basisgemeinden ist, dass sie einen „kämpferischen Diskurs"[456] ausarbeiteten, der die Bedeutung des Widerstands der Unterdrückten gegen deren Unterdrücker hervorhebt. Zwischen CEBs und Canudos gibt es einige Analogien, z.B.: die Verbindung von Glauben, Handeln und politischer Positionierung, die gelebte „vorrangige Option für die Armen" und die Rückbesinnung auf die Urgemeinde [Apg 2,37-47] als Vorbild für eine christliche Gemeinschaft. Bezüglich dieser Analogien kann Canudos als Vorläufer der CEBs und die CEBs als Erfahrung von Canudos in der Gegenwart verstanden werden. Die Bedeutung von Canudos für die CEBs erstreckt sich von der regionalen bis auf die brasilianische Bundesebene. Konkret wird dies z.B. an der Beteiligung der CEBs bei der Vorbereitung der „Romaria de Canudos".

---

[456] Vgl. Freire da Silva, Migrantes canudenses em São Paulo: A Memória num Contexto de Discriminação in: http://www.portfolium.com.br/Sites/Canudos/conteudo.asp?IDPublicacao=79, Zugriff am 12.06.2010. Vgl. Revista Travessia – Publikation des CEM – Centro de Estudos Migratórios, ano XI, n. 32, 09-12/1998, 25-29.

Die Revista Eclesiástica Brasileira (REB) ist ein Spiegel der jeweils zeitgenössischen theologischen und pastoralen Themen in Brasilien. An den Ausgaben der Revista Eclesiástica Brasileira ist daher die zeitliche Abfolge der kirchlichen Aufarbeitung von Canudos ablesbar. Obgleich Canudos bereits 1942 erstmalig erwähnt wird, beginnt die thematische Bearbeitung erst im Jahr 1976.[457] Diese theologische Analyse setzte sich generell mit der Volksreligiosität im Nordosten Brasiliens auseinander. Antônio Conselheiro wird bereits in diesem Artikel als Pilger, Missionar, Ratgeber der einfachen Bevölkerung, Verteidiger der Armen und Erbauer einer heiligen Stadt dargestellt.

Weitere Publikationen zu Canudos erscheinen vor allem in den Jahren 1983, 1984, und im Jahr 1993, zum Jubiläum der 100jährigen Gründung von Canudos. Canudos wird u.a. als Befreiungsbewegung und alternative christliche Gesellschaft beschrieben, die in der Region integriert lebte und offen für Zuwanderung war. Als weitere in Canudos gelebte Werte werden z.B. die Solidarität in der Gemeinschaft, deren heutige inspirierende Bedeutung für die CEBs und die Weise, wie Antônio Conselheiro auf seinem Pilgerweg durch den Sertão solidarisch mit den Armen gelebt hat, genannt. Die Artikel der Revista Eclesiástica Brasileira thematisieren Canudos auf nationaler und internationaler kirchlicher Ebene und belegen, dass Canudos ab den 1970er Jahren eine positive Bewertung im kirchlichen Raum erfährt. Diese Wertschätzung von Canudos, die sich in dieser Zeit entwickelte, beruht auf den historischen Fakten und den neuen wissenschaftlichen Erkenntnissen, die sich seit 1950 herausbildeten. Die Revista Eclesiástica Brasileira spiegelt den Prozess zur kirchlichen Anerkennung von Canudos ausschnittsweise wider und verdeutlicht, dass Canudos auch heute in und für die Kirche von Bedeutung ist.

Canudos hat für die Comissão Pastoral da Terra (CPT) auf nationaler und regionaler Ebene einen hohen Wert als Symbol und Vorbild. Canudos ist Orientierungs- und Reflexionspunkt für die Themen und Organisation der CPT, insbesondere im Nordosten Brasiliens. Im Jahr 1993 erstellte die CPT auf brasilianischer Bundesebene ein „Manifest von Canudos",[458] das in sieben Punkten die Bedeutung von Canudos für die aktuelle Situation der Landarbeiter benennt. In diesem Manifest begründet die

---

[457] Groetelaars, „Fanatismo religioso" no nordeste do Brasil e religiosidade popular, in: REB, Jahrgang 1976, volume 36, 659-679.
[458] CPT-National, Manifesto de Canudos: Libertar a terra – produzir a vida, 1993.

CPT das Recht der Landarbeiter, das Land zu besetzen, verurteilt die Gewalt, die an Landarbeitern verübt wird, tut als Organisation, die mit der katholischen Kirche zusammenarbeitet, Buße für deren Beitrag zur Zerstörung von Canudos und erinnert an deren Märtyrer. Der zur CPT zählende Bischof der Prälatur São Felix do Araguaia-MG, Dom Pedro Casadáliga, vollzieht im Rahmen des Gottesdienstes der „Romaria de Canudos" im Jahr 1993 einen Bußakt für die Sünden, die begangen wurden und zur Tötung der Bewohner von Canudos geführt haben. Er schließt dabei den Beitrag, den die Kirche dazu leistete, mit ein und erklärt, dass es notwendig sei *„ein Canudos in ganz Brasilien aufzubauen.*"[459]

Die CPT beteiligt sich an der Ausrichtung der jährlich stattfindenden „Romaria de Canudos". Für mehrere „Romarias da Terra" auf Bundesstaatsebene wählte die CPT „Canudos" als Leitthema aus. Im Jahr 1997 lautete z.B. das Thema der „Romaria da Terra" im Bundesstaat Ceará „Im Kampf um Land und Wasser, die Wiedergeburt von Canudos".[460] Canudos ist in vielfältiger Weise Vorbild für die CPT, so z.B: im Einsatz für die Landlosen, für die Agrarreform, in Bezug auf eine soziale solidarische Ökonomie, für die Vernetzung der Armen auf dem Land, für ein Leben im Einklang mit der Natur, für eine Diversität der Produktion, für die Demarkation von Indianergebieten und „terras quilombas", sowie beim Einsatz für die Menschenrechte. Canudos und Antônio Conselheiro werden als Glaubenszeugen verstanden, ebenso wie Pe. Ibiapina, Pe. Cícero und der „beato" Zé Lourenço. Canudos ist für die CPT ein Symbol für eine Gesellschaft mit den gleichen Grundrechten für alle, für Gerechtigkeit und Freiheit. Canudos dient der CPT grundsätzlich als Inspiration für deren Handeln. Die seit 1975 herausgegebene Zeitschrift der CPT verdeutlicht die Bedeutung, die Canudos für die CPT einnimmt. Bis zum Jahr 2008[461] gab es insgesamt 11 Publikationen zum Thema Canudos. Im Januar 1988 datiert die erste Erwähnung. Oftmals wird in den Artikeln Canudos in Beziehung zu aktuellen Fragestellungen der CPT und der Menschen im Sertão gestellt, wie z.B. zu Landkonflikten, zur „grilagem" oder zu Fragen der sozialen Gerechtigkeit. Dabei ist Canudos ein wichtiger Orientierungs- und Reflexionspunkt. Canudos wird von der CPT auf

---

[459] A Tarde, Centenário atraiu romeiros a Canudos, Salvador-BA, 16.10.1993.
[460] Die CPT im Bundesstaat Ceará verwendete Canudos als Thema für die „Romarias da Terra", z.B. in den Jahren 1997 und 2005.
[461] Untersucht wurden alle Jahrgänge der Zeitschrift der CPT von 1975-2008.

nationaler Ebene wie im Bereich verschiedener Regionen behandelt. Dabei ist zu beachten, dass Canudos im Nordosten Brasiliens stärker rezipiert wird als im Süden, wo andere regional bezogene Vorbilder bedeutsamer sind. Als ökumenische Bewegung bringt die CPT Canudos im Rahmen eines ökumenischen Umfeldes zur Sprache. Die CPT gedenkt der „Märtyrer" von Canudos und der Menschen, die im Einsatz für die Zuweisung von Land an Landlose ihr Leben ließen. Beide Gruppen stehen für die CPT in einer inhaltlichen Verbindung.

Einen wichtigen Beitrag zur Aufarbeitung der Geschichte von Canudos, zur Integration in die Pastoral und zur innerkirchlichen Anerkennung von Canudos leistete die Movimento Popular Histórico de Canudos (MPHC) ab Anfang der 1980er Jahre. Die MPHC entstand im spirituellen Umfeld der katholischen Kirche, der Befreiungstheologie und der Basisgemeinden in der Region von Monte Santo-Bahia. Canudos wird von der MPHC als Vorbild angesehen, das zu seiner Zeit mit ähnlichen Herausforderungen umgehen musste wie der Sertão der 1980er Jahre. Daher interpretiert die MPHC Canudos in Bezug auf aktuelle gesellschaftliche Fragestellungen im Sertão. Eine zentrale Person der MPHC ist der frühere Pfarrer von Monte Santo-BA, Enoque José de Oliveira, der zusammen mit anderen sozial und politisch engagierten Aktivisten die MPHC gründete. Er schrieb Lieder zu Canudos, gründete in Zusammenarbeit mit der MPHC Basisgemeinden und Landgemeinschaften, die sich solidarisch nach dem Vorbild von Canudos für ihre Rechte einsetzen. Oliveira und die MPHC organisierten Demonstrationen und andere Aktionen gegen die „grilagem", für den „fundo de pasto", für die Agrarreform und zu anderen Fragestellungen im Sertão von Canudos. Enoque José de Oliveira wurde dadurch zu einer Symbolgestalt der MPHC.

Die MPHC initiierte und organisierte die erste „Missa de Canudos", die am 28. Juli 1984 stattfand. Sie stellt das erste offizielle kirchliche Gedenken an Canudos mit bischöflicher Beteiligung dar. Die „Missa de Canudos" wurde unter Beteiligung der Bischöfe Dom Angélico Bernardino (Regionalbischof der CNBB von São Paulo) und Dom José Rodrigues de Souza (Bischof von Juazeiro-BA) sowie von Priestern aus der Region von Canudos zelebriert. Die Bischöfe distanzierten sich dabei von einer Sichtweise, die Canudos ablehnend gegenübersteht, und äußerten ihre Wertschätzung. Canudos sei ein Vorbild aufgrund der durch die Bibel inspirierten und auf dem Prinzip des Teilens beruhenden Gesellschaftsordnung. Von 1984-1987 wurde die „Missa de Canudos" jährlich ausgerichtet und wurde zu einem permanenten kirchlichen Gedenken an Canudos. Danach kam es zur Teilung der MPHC in eine kirchlich angebundene Organisation, die seit dem Jahr 1988 jährlich die „Romaria de Canudos" durchführt, und einer kirchlich ungebundenen Gruppe, die sich weiterhin MPHC nennt und Canudos jährlich mit der „Celebração Popular de Canudos" gedenkt. Ziele der MPHC sind u.a: die Bildung und Bewusstseinsschaffung für die Sertãobevölkerung, die Unterstützung benachteiligter Gruppen, wie z.B. Indios, Schwarze, Frauen, die jährliche Ausrichtung der „Celebração Popular de Canudos" und das Gedächtnis an die Märtyrer von Canudos. Dabei ist die MPHC von der kommunitären Erfahrung von Canudos inspiriert. Es richtet Versammlungen der Sertãobevölkerung zu verschiedenen Themen aus, reflektiert und vertieft dabei die „Mystik des Sertão". Canudos ist für die MPHC ein Vorbild hinsichtlich der fundamentalen Gleichheit aller, der gemeinschaftlichen Arbeitsweise, dem Gesetz des Teilens u.a. in Canudos gelebter Werte.

Die „Romaria de Canudos" ist heute eine religiös geprägte Veranstaltung, die ökumenisch und unter Beteiligung nicht-religiöser Gruppen ausgerichtet wird und an der jährlich ca. 700-800 Personen teilnehmen. Es handelt sich um eine vielschichtige Veranstaltung mit theologischer Grundlage. Dazu gehören religiöse Elemente, wie die Wallfahrt mit Gottesdienst am Ufer des Stausees Cocorobó, unter dessen Wasser das Areal von Canudos (1893-1897) liegt, sowie Diskussionsforen, wissenschaftliche Vorträge, Theater und Aufführungen anderer Künstler. Die „Romaria de Canudos" hat einen pastoralen Schwerpunkt. Sie hat zum Ziel, an die Geschichte von Canudos zu erinnern und spirituelle Akzente zu verstärken, die von Canudos ausgehen. Aus der Geschichte und dem Vorbild von Canudos werden Antworten auf aktuelle Fragestellungen der Landbevölkerung, wie z.B. zur „grilagem", zur Agrarreform, zur Umverlegung des Rio São Francisco oder zum „coronelismo" im Sertão generiert. Die „Romaria de Canudos" animiert zum konkreten Handeln nach dem Vorbild von Canudos. Insbesondere animiert sie die Bevölkerung im Sertão und andere zum Einsatz für die sozial benachteiligten Gruppen im Sertão. Dabei ist die Weitergabe der Kollektiverfahrungen von Belo Monte ein wichtiger Aspekt.

Es kann gesagt werden, dass die katholische Kirche in der „Romaria de Canudos" in ökumenischer Zusammenarbeit die Geschichte von Canudos aufarbeitet, sie neu bewertet und den Vorbildcharakter anerkennt.

In Canudos sieht die Kirche eigene Werte verwirklicht. Im Jahr 1993 wurde die Romaria unter Mitwirkung der Landlosenorganisation MST durchgeführt und so zu einem Zeichen für die Forderung nach einer Agrarreform auf nationaler brasilianischer Ebene. Die MPHC und die „Romaria de Canudos" leisteten wichtige und entscheidende Beiträge zur Aufarbeitung der Geschichte von Canudos, für deren Anwendung auf aktuelle, insbesondere pastorale Fragestellungen, und zur kirchlichen Anerkennung von Canudos. Diese Arbeit setzt sich bis heute fort und ist ein dauerhafter Beitrag zur Erinnerung und weiteren Bearbeitung der Geschichte von Canudos.

Canudos bildet die Grundlage für eine Vielfalt von religiösen Aktivitäten, von Andachten, Wallfahrten, Vigilien und Gottesdiensten mit verschiedenen Schwerpunktsetzungen und Ausprägungen. Beispielhaft sei der jährliche Geburtstagsgottesdienst für Antônio Conselheiro in seiner Taufpfarrei Santo Antônio in Quixeramobim-CE genannt. Canudos ist dabei u.a. Vorbild für Geschwisterlichkeit, für die fundamentale Gleichheit aller in einer Gemeinschaft, für den Kampf um Land, für eine Agrarreform und Freiheit. Auch der Märtyrer von Canudos wird gedacht. In den meisten Andachten und Gottesdiensten wird an das Vorbild von Canudos erinnert und es wird auf verschiedene, aktuelle Fragestellungen hin interpretiert. Eher selten wird Antônio Conselheiro um Fürsprache, wie z.B. bei Heiligen, angerufen. Zu Canudos entstand eine Reihe von religiösen Liedern, Litaneien und Gebeten. Die Gottesdienste verdeutlichen die religiöse Bedeutung und kirchliche Aufarbeitung der Geschichte von Canudos. Auch werden u.a. der prophetische Charakter und die utopische Hoffnung von Canudos wertgeschätzt und thematisiert. Canudos wird auch als „spirituelle Quelle" verstanden. In einer besonderen Weise kommt das in der 25tägigen und rund 600 km langen Wallfahrt auf den Spuren Antônio Conselheiros zum Ausdruck und den sich dabei ereignenden Begegnungen mit Bewohnern der Orte, an denen der Conselheiro wirkte. Durch die Analogisierung dieser Begegnungen mit der Geschichte von Canudos wurden Situationen, in denen aktuelle Unterdrückung herrschte, aufgedeckt und durch die Vergegenwärtigung der Geschichte von Canudos Lösungsalternativen entwickelt.

Im religiösen Rückgriff auf Canudos, d.h. in Andachten, auf Pilgerwegen u.a. ereignen sich spirituelle Erfahrungen. Diese religiöse Aufarbeitung von Canudos wird von Bischöfen verschiedener Diözesen, wie z.B. Dom Mario Zanetta (Diözese Paulo Afonso-BA) oder Dom Jaime

Mota de Farias (Diözese Alagoinhas-BA), anerkannt, wertgeschätzt und gefördert. Canudos wird in Brasilien, insbesondere in der Region des Nordostens, religiös rezipiert. Im Bereich verschiedener sozialpastoraler Fragestellungen nimmt Canudos die Rolle eines pastoralen Vorbilds und Symbols ein.

Zur realistischen Einordnung der Rezeption von Canudos im kirchlichen Rahmen ist zu sagen, dass es beides gibt: Diözesen, in denen die Ereignisse von Canudos aufgegriffen und verarbeitet werden und andere, in denen Canudos nur eine geringe Bedeutung hat. Inwieweit Canudos in einem pastoralen Umfeld Bedeutung einnimmt, hängt von verschiedenen Faktoren ab, z.B.: regionale Nähe zu Canudos, Art der sozialpastoralen Ausrichtung und Arbeitsweise, theologische Ausrichtung der in der Pastoral wirkenden Personen, aktuelle gesellschaftliche und kirchliche Fragestellungen.

Das religiöse Liedgut von und zu Canudos stellt eine eigene Gattung der Rezeption dar. Litaneien und Lobgebete waren wichtige Bestandteile im täglichen Leben von Canudos, insbesondere zu den Andachtszeiten. Antônio Conselheiro schrieb auch eigene Lieder, die in Canudos gesungen wurden. Ein Teil der historisch überlieferten Lieder, die in Canudos gesungen wurden, konnte gesichert werden. Diese werden noch in der heutigen Stadt Canudos gesungen. Dabei spielt die Verehrung der Gottesmutter eine große Rolle. Einen weiteren Teil des religiösen Liedgutes stellen die Lieder dar, die zu Canudos geschrieben wurden. Diese Lieder und andere, z.B. aus der Musikgattung „Música Popular Brasileira" werden bei Gottesdiensten, Wallfahrten [z.B. der „Romaria de Canudos" oder der „Romaria da Terra" der CPT] gesungen. Canudos ist auch in das Liedgut der Gemeinden eingegangen, auch in das der CEBs. Das religiöse Liedgut zu Canudos hält die Erinnerung an Canudos wach und trägt dazu bei, die damals in Canudos gelebten Werte in der Pastoral zu erschließen.

Es existieren heute noch vielfältige Bauwerke, wie z.B. Kirchen, Wasserspeicher, renovierte Friedhöfe u.a., die von Antônio Conselheiro und seinem Gefolge errichtet wurden, sowie Monumente, Statuen, Museen u.a., die an Canudos erinnern. Im Umfeld dieser Bauten entstanden pastorale Veranstaltungen [z.B. Wallfahrten zu den Bauten, Gottesdienste] und Werke verschiedener Art und Genre, in denen zum Thema Canudos gearbeitet wurde und wird. Ein Beispiel dafür ist das „Instituto Popular Memorial de Canudos" (IPMC) mit seinem Museum in Canudos und der

Beteiligung an der „Romaria de Canudos". Die Bauwerke stellen für die pastorale Arbeit zu Canudos ein Potential dar, das noch weiter erschlossen werden kann und noch viele Möglichkeiten bereit hält [z.b. historische Führungen, Andachten u.a.].

Eine besondere Bearbeitung im Bereich der Theologie stellt die Interpretation dar, die Canudos nach dem Prinzip einer Familie organisiert sieht. Diese These unterstützen u.a. Eduardo Hoornaert und Walnice Nogueira Galvão. Antônio Conselheiro ist dabei die Vaterfigur. Die Bewohner von Canudos sind, im Bild gesprochen, seine Kinder und Geschwister, die die Taufe miteinander verbindet und die alle die gleiche fundamentale Würde haben. Reiche und Ärmere teilen nach dem solidarischen Prinzip der „esmolas e braços" (Almosen und Arbeitskraft). Danach geben die reicheren Bewohner den notleidenden von ihrem Reichtum ab, damit diese leben können. Diejenigen, die arm sind, bemühen sich um Arbeit, damit sie sich möglichst bald selbst versorgen können. Eine christliche Ethik, die von den Haltungen der Aufrichtigkeit, der Treue, der Loyalität und der Einfachheit des Herzens geprägt war, kennzeichnete das Zusammenleben in Canudos.

Für Hoornaert lebte Canudos in und nach den gängigen religiösen Parametern des Sertão und war in der Region integriert. Besonderheiten von Canudos stellen die monastische Zeiteinteilung und die Investition in Bildung durch eigene Schulen dar. Hoornaert sieht in Canudos ein originäres Christentum realisiert, in dem man sich der katholischen Kirche zugehörig fühlte und das Wirken der Kirche achtete und respektierte. Diese Interpretation von Canudos berücksichtigt die hohe Bedeutung der Familie im Sertão. Letztlich stellen sich jedoch Fragen wie z.B: Bis zu welchem Grad konnte dieses Prinzip bei einer Bewohnerzahl zwischen 8.000-30.000 Menschen praktisch durchgehalten werden? Wie ausgeprägt war die auf dem Familienverständnis beruhende Solidarität? Wie wurden Konflikte bewältigt? Wie abhängig war die Sozialstruktur von der charismatischen Führungsfigur des Conselheiros?

Zu 3.4: Rezeptionen nach mündlichen Quellen – Interviews

Die geführten Interviews waren methodisch so angelegt, dass die Interviewpartner zu möglichst eigenständigen Aussagen angeregt werden sollten, um ein Höchstmaß an Objektivität zu erreichen. Es wurden Interviews mit ausgewählten Vertretern von pastoralen und sozialen Gruppierungen, Wissenschaftlern, Künstlern und Vertretern anderer Bereiche

durchgeführt. Die Aussagen der Interviews haben einen qualitativen Charakter und zeigen auf, in welcher Weise Canudos rezipiert wird und welche Werte Canudos zuerkannt werden. Aus den geführten Interviews lassen sich folgende neun zentrale Aussagen belegen:
1. Die Bewegung von Canudos ist aus der Volksfrömmigkeit des Nordostens entstanden und Bestandteil der heutigen Volksfrömmigkeit!
2. An der Bewegung von Canudos wird die solidarische Lebensweise auf Basis christlicher Werte geschätzt und rezipiert!
3. Die Bewegung von Canudos ist ein Symbol mit Beispielcharakter für die heutigen sozialen Bewegungen in Brasilien!
4. Die Bewegung von Canudos ist ein Orientierungspunkt und Bindeglied für kirchliche und soziale Bewegungen!
5. Die Bewegung von Canudos trifft heute auf eine kirchliche Anerkennung, insbesondere durch Gruppierungen im Bereich der Sozialpastoral!
6. Die Bewegung von Canudos hat für die Basisgemeinden und die pastoralen Gruppen, die sich in der Frage um eine gerechte Landverteilung in Brasilien engagieren, eine vorbildhafte Bedeutung!
7. Canudos wird auf dem Gebiet der Pastoral in verschiedenen Kontexten in unterschiedlicher Intensität rezipiert!
8. In der Bewegung von Canudos werden wichtige christliche Werte gesehen und thematisch bearbeitet!
9. Die Bewegung von Canudos wird in spiritueller Hinsicht rezipiert!

Diese Aussagen werden in Kapitel IV, im Rahmen der Gesamtbeurteilung berücksichtigt und weiter verarbeitet. Insgesamt kann gesagt werden, dass alle Interviewpartner den vorbildhaften Charakter von Canudos hervorhoben. Die Interviews brachten eine Aussage hervor, die historisch bedeutsam ist: Jerônimo Rodrigues Ribeiro (Jahrgang 1916), der seit über 90 Jahren in Uauá lebt und dadurch zeitlich und örtlich nah an den Originalzeitzeugen der Auseinandersetzung mit der ersten Militärexpedition unter Pires Ferreira in Uauá-BA stand, traf die Aussage, dass die Delegation aus Canudos in friedlicher Absicht nach Uauá gekommen sei und die erste Militärexpedition unter Pires Ferreira für die dort stattgefundene Auseinandersetzung verantwortlich war. Diese Aussage steht im Gegensatz zum Militärbericht von Pires Ferreira. Die Aussage Ribeiros gibt eine Erklärung für die hohe Zahl an Toten aus Canudos, die es bei der Auseinandersetzung gab. Die Vertreter aus Canudos waren nicht auf eine bewaffnete Auseinandersetzung dieser Art vorbereitet. Die Interviews ergeben, dass Canudos in weiten und vielfältigen Bereichen, die den der Pastoral einschließt, rezipiert und wertgeschätzt wird, auf regionaler und nationaler Ebene. Canudos ist darüber hinaus als Forschungsfeld, Inspiration und Vorbild von Bedeutung.

IV. Gesamtergebnis

In diesem Kapitel werden die Grundthesen dieser Arbeit noch einmal abschließend zusammengefasst und reflektiert. Die zwei zu Anfang genannten Grundthesen werden in fünf Unterthesen (1-5) aufgeteilt, die auch zur Auswertung der Interviews angewandt wurden. Im Anschluss daran werden weitere pastorale und soziologische Ergebnisse erläutert, die mit einem wissenschaftlichen Ausblick schließen (6-9).

1. Canudos ist aus der Volksfrömmigkeit im Sertão des Nordostens Brasiliens entstanden und ist bis heute ein Teil von ihr!

    Diese These wird durch zwei Analysen belegt. Zum einen zeichnet Kapitel II die historische Entstehung der Bewegung von Canudos auf. Daraus geht hervor, dass Antônio Conselheiro im Nordosten Brasiliens aufwuchs und maßgeblich durch den katholischen Glauben in seiner im Sertão praktizierten Volksfrömmigkeit geprägt wurde. Dem Conselheiro war der Kontext des Nordostens Brasiliens [Kapitel I], insbesondere die Auswirkungen des „coronelismo" für die verarmte Bevölkerung des Sertão sehr bewusst. Pe. Ibiapina – auch „Apostel des Nordostens" genannt – war dem Conselheiro von Kindheitstagen an bekannt und wurde zum Vorbild seines Handelns, seiner Mission und Peregrination. Die spirituelle Ausprägung des Conselheiros orientierte sich, wie seine Predigtmanuskripte aufweisen, an der Bibel, den Kirchenvätern und Heiligen sowie an der katholischen Glaubenspraxis des Sertão. Antônio Vicente Mendes Maciel erhielt den Ehrentitel „conselheiro", der im Sertão einem gebildeten und lebenserfahrenen Laien gegeben wird, der im Rahmen der Kirche Andachten anleitet, predigt und Rat zu Lebenssituationen gibt. Mit seiner asketischen, den Armen im Sertão zugewandten Lebensweise [evangelische Armut] überzeugte Antonio Conselheiro die Menschen auf seiner 19jährigen Peregrination durch den Sertão (1874-1893). Mit Canudos (1893-1897) eröffnete er die Möglichkeit eines Lebens fern der Unterdrückung durch die „coroneis" und die Landoligarchie in Einklang mit dem traditionellen Leben und der Religiosität des Sertão.

    Die zweite Analyse, die diese These untermauert, besteht aus den in Kapitel III dargestellten Rezeptionen von Canudos. Es gibt zahlreiche Bearbeitungen von Canudos auf nationaler brasilianischer Ebene [z.B. MST, CPT u.a.]. Der größte Teil davon stammt aus den Bereichen der Kirche und der soziale Bewegungen im Nordosten Brasiliens. Beispiele sind die jährlich stattfindende „Romaria de Canudos", die Arbeiten von Künstlern, die Stellungnahmen von Bischöfen u.a. Auch die Artikel in der Revista Eclesiástica Brasileira (REB) unterstreichen die starke Bedeutung der Bewegung von Canudos für den Nordosten. Die Movimento Popular Histórico de Canudoso (MPHC) in der Region von Monte Santo-BA führte am 28. Juli 1984 die erste „Missa de Canudos" ein, in der Canudos erstmalig eine offizielle kirchliche Anerkennung auf Bischofsebene zugesprochen wurde. Auch die Beiträge der Interviews bestätigen, dass Canudos in der Volksfrömmigkeit des Sertão des brasilianischen Nordostens entstand und seinerseits wieder Einfluss auf die Volksfrömmigkeit nahm und nimmt [vgl. 3.4.3].

2. Canudos ist ein Beispiel für die solidarische Lebensweise nach einem christlichen Wertemodell!

Aus den historischen Fakten [Kapitel II] geht eine solidarische Lebensweise der Bewegung von Canudos hervor, die sich an einem christlichen Wertemodell orientiert. Die solidarische Lebensweise ist bereits in der Phase der Peregrination des Conselheiros durch den Sertão wahrnehmbar, z.B. in der Zusammenarbeit des „mutirão", der gemeinschaftlichen Erbauung von Friedhöfen, Kapellen, Wasserspeichern u.a. für und mit der verarmten Sertãobevölkerung. In Canudos wurde das solidarische Prinzip der „esmolas e braços" (Almosen und Arbeitskraft) zwischen Armen und Reichen praktiziert. Während die Reichen den Ärmeren von ihrem Besitz abgaben, brachten die Ärmeren ihre Arbeitskraft und die Bereitschaft ein, sich um den Unterhalt aus eigenen Kräften zu bemühen. Es gab die gemeinschaftliche Feldarbeit in Canudos für diejenigen, die sich nicht selbst ernähren konnten.

Den Armen und Ausgegrenzten, wie z.B. den ehemaligen Sklaven, den ehemaligen Straftätern, gab Canudos die Chance eines Neuanfangs. Für wohlhabendere Menschen bot Canudos eine menschenwürdige Lebensalternative christlicher Prägung an. Aus der solidarischen Arbeitsweise entstand in Canudos ein höherer Lebensstandard als in der übrigen Region. Die Solidarität von „reicheren" und „ärmeren" Menschen führte jedoch nicht zu einem gleichen Lebensstandard für alle. Es gab in Canudos Bewohner, die über eigene Felder verfügten, größere finanzielle Mittel und bessere Häuser besaßen als andere. Für die ärmeren Schichten wurde so gesorgt, dass diese genug für den Lebensunterhalt hatten.

Die Solidargemeinschaft Canudos wirkte über den Ort hinaus in die Region hinein. Insbesondere während des Krieges wurde dies in der Zuwanderung nach Canudos deutlich. In Kapitel II wird auch das religiöse Zusammenleben in Canudos beschrieben, z.b. die regelmäßigen Andachten, die Zeiten des „Ratgebens des Conselheiros" oder die monastische Lebensregel „ora et labora", an der man sich in Canudos orientierte. In Canudos wurde in einem religiösen Lebensrahmen zusammengelebt, der sich am Vorbild der christlichen Urgemeinde [Apg 2, 37-47] an der Bibel – besonders den Evangelien und den Zehn Geboten – sowie an der katholischen Glaubenspraxis im Sertão orientierte. Die Predigtmanuskripte des Conselheiros stellen einen historischen Beweis für das christliche Wertemodell in Canudos dar. Canudos wurde in seiner Zeit in der Bevölkerung als Hoffnungsort im Sertão und von vielen als „terra da promissão" (Land der Verheißung) angesehen. Allerdings gab es auch in Canudos kriminelle Delikte größerer und kleinerer Art. Größere Vergehen wurden den regionalen Gerichten weitergeleitet, kleinere selbst bestraft. Die Solidargemeinschaft von Canudos darf nicht idealisiert verstanden werden, sie war geprägt durch die normalen Lebensvollzüge und -probleme des Sertão.

Die Artikel der Revista Eclesiástica Brasileira (REB) sowie die Aussagen in den Interviews [vgl. 3.4.3] bestätigen diese solidarische Lebensweise in Canudos. Kennzeichnende Werte waren eine fundamentale Rechtsgleichheit aller – bei Respektierung der Unterschiedlichkeiten –, die gemeinschaftliche Arbeitsweise, das Teilen, die Orientierung an der Bibel sowie an der katholischen Volksreligiosität. Hintergrund der Solidarität in Canudos war die eschatologisch-prophetische Prägung des Zusammenlebens durch den Conselheiro. Sein Ziel war die Rettung der Seelen derer, die sich der Lebensweise in Canudos anschlossen. Aufgrund seiner christlichen Werteperspektive verteidigte der Conselheiro die Würde und die Rechte, insbesondere der Armen, und bezog somit eine „vorrangige Option für die Armen" [s.u. Unterthese 5].

3. Canudos ist ein Symbol mit Beispielcharakter für soziale und pastorale Bewegungen!

Canudos war bereits in der Zeit seines Bestehens ein Symbol für ein menschenwürdiges Leben. Canudos stand für ein Leben in Einklang mit den Traditionen und der Religiosität des Sertão, fern der Gängeleien der „coroneis" und der dominierenden Oligarchie [vgl. 2.2]. Durch die alternative christliche Lebensweise [vgl. 2], wuchs Canudos ein Symbolcharakter, auch in pastoraler Hinsicht zu. Zur Entstehung des Symbolcharakters trug auch bei, dass die Bewohner von Canudos die Art ihres Zusammenlebens und ihre Heimat bis in den Krieg hinein verteidigten. Sie taten das unter Einsatz der eigenen Kräfte und mit der gemeinsamen Überzeugung, eine gerechte Sache zu verteidigen. Zur Entstehung der symbolischen Bedeutung trug das Geschick bei, wie sich die „conselheiristas" organisierten und ihr Wissen um die örtlichen Gegebenheiten zu nutzen wussten. Die Menschen in Canudos kämpften mit unterlegener Waffenausstattung gegen einen scheinbar übermächtigen Gegner. Mit einer angemessenen Strategie leisteten sie erfolgreich Widerstand und erzielten Teilsiege. Canudos gab nicht auf, sondern kämpfte für seine Lebensweise bis zum Tod der letzten Verteidiger. Auch diese persönliche Opferbereitschaft prägt den Symbolcharakter von Canudos.

Das „Symbol Canudos" steht repräsentativ für: Widerstand und Einsatz für eine gerechte Sache, den geteilten Glauben, das Zusammenstehen in schwierigen Situationen, Solidarität, taktisch gutes Agieren und Hoffnung über den Tod hinaus.

Die Rezeptionen von Canudos zeigen auf, dass die in Canudos gelebte Solidarität und das christliche Lebensideal insbesondere für den kirchlichen Bereich und für soziale Bewegungen bedeutsam sind. Für den kirchlichen Bereich seien beispielhaft die Rezeptionen von Canudos in der Comissão Pastoral da Terra (CPT), den kirchlichen Basisgemeinden (CEBs) und der „Romaria de Canudos" genannt. Die Symbolhaftigkeit von Canudos für die CPT zeigt sich z.B. in deren Organisation, die sich an Canudos orientiert, sowie an der Erstellung eines „CPT-Manifests von Canudos", das Canudos auf aktuelle Fragestellungen der Landbevölkerung im Sertão überträgt. Dom Pedro Casadáliga CMF formuliert die Bedeutung von Canudos in dem Satz: „Das was Canudos war, sollte Brasilien sein."[462] Für die Basisgemeinden (CEBs) ist Canudos ein Symbol für ein selbstbestimmtes Christentum, für eine solidarische christliche Gemeinschaft. Bestätigt wird die These auch durch Artikel in der Revista Eclesiástica Brasileira (REB). Für die sozialen Bewegungen seien die Rezeptionen der MST, MPHC und des Instituto Popular Memorial de Canudos (IPMC) genannt. Die MST erkennt in Canudos einen historischen Vorgänger und ein Symbol für die Agrarreform. Für die MST sind die Gesellschaftsform und die Art des Zusammenlebens in Canudos ein

---

[462] A Tarde, Centenário atraiu romeiros a Canudos, 16.10.1993.

symbolhaftes Vorbild sowie eine Motivationsquelle, von der auch spirituelle Impulse ausgehen. Canudos impliziert Werte, wie z.B. Geschwisterlichkeit, fundamentale Gleichheit aller, Solidarität mit den Armen. Diese werden von der MST und anderen sozialen Bewegungen auf gegenwärtige Fragestellungen in Brasilien übertragen. Die geführten Interviews bestätigen den symbolischen Charakter von Canudos für soziale und pastorale Bewegungen [vgl. 3.4.3]. Zusammenfassend kann gesagt werden, dass diese Arbeit These 3 belegt.

4. Canudos ist ein Orientierungspunkt und Bindeglied für kirchliche und soziale Bewegungen!

Wie bereits zur Symbolhaftigkeit von Canudos ausgeführt, ist Canudos ein Referenz- oder Orientierungspunkt für kirchliche und soziale Bewegungen. Die analysierten Rezeptionen belegen, dass Canudos auch ein Bindeglied zwischen kirchlichen und sozialen Bewegungen ist. Beispielhaft wird dies an der „Romaria de Canudos" zum 100jährigen Gründungsjubiläum von Canudos im Jahr 1993 deutlich. Dabei thematisierten die katholische Kirche, CEBs, MST, CPT u.a. gemeinsam Canudos und dessen historische und aktuelle Bedeutung für kirchliche und gesellschaftliche Fragestellungen in Brasilien.

Wichtige Einzelthemen waren dabei die Agrarreform, die Frage der Landverteilung und des „fundo de pasto". Es ereignete sich eine gegenseitige Durchdringung und Stärkung der pastoralen, sozialen, politischen und auch künstlerischen Sichtweisen der unterschiedlichen Bewegungen. Wichtig waren dabei die gemeinsame Erinnerung an das gelebte Vorbild von Canudos, das Leiden und Einstehen für die eigene Lebensweise nach christlichem Vorbild, den Einsatz, den der Conselheiro und die Bewohner von Canudos erbrachten, die Siege im Widerstand gegen eine Übermacht des brasilianischen Militärs und der Kampf, der mit dem Tod der letzten Verteidiger von Canudos endete. All dies macht aus Canudos einen Ethos, der auch heute soziale und pastorale Bewegungen miteinander verbindet und für den Einsatz in eigenen aktuellen Fragestellungen stärkt. Dies bestätigten auch die Interviews [vgl. 3.4.3]. Canudos schloss verschiedene Einzelorganisationen zu einer Erinnerungs- und Deutungsgemeinschaft zusammen – MST, CPT, MPHC, Kirche, u.a. Durch die Rekonstruktion und Vergegenwärtigung der Erfahrungen von Canudos konnten Einzelne wie auch Gemeinschaften Parallelen zum eigenen

Leben erkennen, so z.B. zum Leiden unter Ungerechtigkeit und bezüglich eines Engagements zu dessen Überwindung.

Generell kann gesagt werden, dass in der Begegnung mit der Leidens- und Hoffnungsgeschichte von Canudos Handlungsvorschläge auf gemeinsame Fragestellungen hin entstehen. Aus der Vergegenwärtigung der Geschichte von Canudos entstehen Hoffnungs- und Stärkungszeichen aus dem Glauben für die Situation des Einzelnen und der Deutungsgemeinschaft. Auch die Erinnerung an Befreiungserfahrungen, an solidarisches Zusammenleben, an eine überzeugend erlebte christliche Gemeinschaft und das Vorbild des Einsatzes für eine gerechte Gesellschaft tragen dazu bei. Diese Erinnerungen lassen aus Canudos ein Ethos entstehen, dessen ethische und religiöse Leitlinien anerkannt werden und die man umzusetzen versucht. Aus der geschichtlichen Vergegenwärtigung von Canudos erwächst eine Identifizierung und Ausdeutung auf aktuelle Erfahrungen. Hier ereignet sich das, was Guido Brune wie folgt beschreibt:

„In der gemeinschaftlichen Erinnerung können Erfahrungen vergegenwärtigt werden, die in Bezug auf das Ethos des Einzelnen eine appellative und handlungsleitende Funktion ausüben können..."[463]

Der gemeinsam in Canudos erkannte Sinn verbindet die Mitglieder der jeweiligen heutigen Organisationen. Die gemeinsame Erinnerung führt zu einer Vergewisserung des Einzelnen und der Gemeinschaft über das, was sie miteinander verbindet, über den gemeinsamen Ethos und gibt Orientierung für das Handeln in der Gegenwart und auf Zukunft hin. Die konkreten Erinnerungen an Canudos, die Vorbilder und dort gesehenen Werte motivieren die Mitglieder einer Gemeinschaft dazu, eine Praxisrelevanz zu entwickeln und diese umzusetzen. Darüber hinaus erwachsen aus der Erinnerung und Sinndeutung von Canudos Verbindungen zwischen Gemeinschaften, die diese Sinndeutung für sich selbst ähnlich sehen und für die aus Canudos ein ähnliches Ethos entsteht.[464] Dies sind die Hauptgründe dafür, dass Canudos zu einem verbindenden Element zwischen kirchlichen und sozialen Bewegungen wurde.

---

[463] Brune, Menschenrechte und Menschenrechtsethos, 2006, 125. Brune schreibt dies in Bezug auf die Ethosbildung als Grundlage für die Anerkennung der Menschenrechte. Eine Ethosbildung vollzieht sich auch in Bezug auf den Umgang mit Canudos, daher ist diese Übertragung sinnvoll.

[464] Vgl. Brune, Menschenrechte und Menschenrechtsethos, 2006, 127-129.

5. **Canudos ist durch einen geschichtlichen Überlieferungsprozess zu einer innerkirchlich akzeptierten Bewegung geworden!**

Kapitel I und II zeigten auf, dass der Conselheiro zur Zeit seines Wirkens bei Priestern und ihren Pfarreien im Sertão oftmals aufgenommen und seine missionarischen Impulse wertgeschätzt wurden. Mit zunehmendem Ansehen des Conselheiros in der Sertãobevölkerung wuchs die Kritik seitens des Klerus, die insbesondere vom höheren Klerus der Erzdiözese Salvador-Bahia ausging. Die Anerkennung des Conselheiros in der Sertãobevölkerung wurde von der Bistumsleitung als Anfrage ihrer Autorität als religiös maßgebliche Institution interpretiert. Ein Laienprediger mit Bildung und charismatischer Ausstrahlung stellte für die bahianische Kirche eine Herausforderung dar. Dies hing mit dem historisch schwierigen gesellschaftlichen und kirchlichen Kontext zusammen. Die bahianische Kirche befand sich in einer tiefen Umbruchsituation und war auf der Suche nach Neuverortung und Orientierung. Faktoren, die dazu beitrugen, waren die Trennung von Kirche und Staat durch die Erste Brasilianische Republik und damit die Beendigung des „padroado" und der Finanzierung der Kirche durch den Staat. Das Ende der Sklaverei 1888 und die ultramontane kirchliche Ausrichtung führten zu weiteren Herausforderungen, der sich die Kirche stellen musste. In dieser Zeit der Krise fanden die Ereignisse von Canudos statt. Canudos traf auf eine Kirche im Umbruch, die ihr Verhältnis zum Staat neu definieren und aufbauen musste.

Im Jahr 1895 wurde der Missionar Frei João Evangelista de Monte Marcianos vom Erzbischof von Salvador-Bahia nach Canudos mit dem Auftrag gesandt, den Ort aufzulösen. Dies geschah auf Bitte der bahianischen Landesregierung. Durch diese Kooperation und dem folgenden Missionsbericht, der in einer äußerst kritischen und unausgewogenen Form über die Lebensumstände in Canudos berichtete, leistete die Kirche einen Beitrag dazu, dass der Krieg gegen Canudos möglich wurde. Nach dem Krieg von Canudos folgte eine Zeit, in der die Kirche eine kritische Distanz zu Canudos einnahm.

Die historische Deutung zu Canudos durch Euclides da Cunhas „Os sertões" war über Jahrzehnte dominierend. Die historische Aufarbeitung von Canudos begann durch Interviews mit den überlebenden Bewohnern von Canudos [Canudensische Wende] ab den 1940er Jahren. Weitere Meilensteine, wie die Werke von José Calasans, Abelardo Montenegro u.a., die Praxis der CEBs, der MPHC sowie der „Romaria de Canudos" führten zu einer Neubewertung und zu einer kirchlichen Anerkennung von Canudos.

Ein sehr wichtiger Beitrag waren dabei die 1974 von Ataliba Nogueira herausgegebenen Predigtmanuskripte des Conselheiros. Aufgrund dieser Originaltexte konnte nun eine fundierte Einschätzung der theologischen Ausrichtung des Conselheiros getroffen werden. Aus ihnen ging hervor, dass der Conselheiro ein gutes theologisches Wissen hatte und eine traditionelle katholische Theologie verkündete. Er akzeptierte explizit die Verfasstheit der Kirche, deren Lehre, die kirchliche Hierarchie und den Papst als Oberhaupt. Antônio Conselheiro maßte sich keine priesterlichen Dienste an, wie zahlreiche Zeugnisse aus der Zeit und spätere Nachforschungen bestätigen [vgl. 3.4.5].

Die Predigtmanuskripte verdeutlichen, dass der Conselheiro kein eschatologischer Verkünder der letzten Tage und kein Anhänger des Sebastianismus war. Er predigte eine traditionelle katholische Theologie und verstand Canudos als Teil der katholischen Kirche. Innerkirchlich wurden neue Aspekte von Antônio Conselheiros entdeckt, u.a. als tief spiritueller Katholik und Vaterfigur, der sich um die Not der verarmten Sertãobevölkerung sorgte. Er war ein prophetischer Prediger und verteidigte die Rechte der Armen, u.a. indem er sich auch politisch positionierte. Sein Hauptanliegen war es „Seelen zu retten".

Seit den 1980er Jahren gibt es zahlreiche Bischöfe der CNBB und andere kirchliche Repräsentanten, die erkannten, dass in Canudos wichtige christliche Werte realisiert wurden. Sie äußern die Ansicht, dass Canudos vorbildhaft für die Kirche ist (z.B. Dom Angélico Bernardino 1984, 1. Missa de Canudos). Von einzelnen Bischöfen (z.B. Dom Pedro Casadáliga) wurde eine Buße der Kirche eingefordert, die durch ihr Handeln einen Beitrag dazu leistete, dass die Zerstörung von Canudos und der Tod tausender „sertanejos" und Soldaten möglich wurde. Manche Bischöfe, wie Dom Luiz Cappio OFM [z.B. zur Umverlegung des Rio São Francisco], Dom Pedro Casadáliga [z.B. zur Agrarreform] ziehen auch heute Canudos für die Einforderung der Bürgerrechte der „sertanejos" heran. Der Conselheiro entwickelte auf der Grundlage der traditionellen katholischen Theologie des 19. Jh. eine pastorale Praxis, die sich am Evangelium und der katholischen Glaubenspraxis im Sertão orientierte und mit heute aktuellen theologischen Entwicklungen korreliert. Unter Berücksichtigung des historisch unterschiedlichen Kontextes können Analogien aufgezeigt werden, so z.B. zu den Begriffen „Volk Gottes"

[LG 14 und LG 48, vgl. 3.4.4] und „Pilgernde Kirche" [LG 45] des Zweiten Vatikanischen Konzils oder zur „vorrangigen Option für die Armen" [Medellín 1968, Puebla 1979, vgl. 3.4.4]. Antônio Conselheiro und Canudos realisierten eine „vorrangige Option für die Armen". Dazu waren die Identifikation Jesu mit den Armen [Mt 25,31-46] und das Berufungserlebnis des Conselheiros maßgebliche Punkte. Diese Sichtweise des Conselheiros findet sich auch in Aussagen heutiger Theologen wieder, z.B bei Heribert Schmitt, der betont:

„ *dass die ‚vorrangige Option für die Armen' nicht einfach eine Schwerpunktsetzung der Kirche in einem armen Land ist. Die Option für die Armen beruht vielmehr darauf, dass Gott sich zuerst für die Armen entschieden hat und in ihnen begegnet. Sie orientiert sich am biblischen Zeugnis und an den Prioritäten Jesu.*"[465]

Man kann daher in einem gewissen Rahmen von einer Antizipation[466] verschiedener Aussagen des Zweiten Vatikanischen Konzils durch Canudos sprechen. Die heutige innerkirchliche Anerkennung von Canudos kommt in den Interviews mit kirchlichen Vertretern [vgl. 3.4], in wertschätzenden Aussagen von Bischöfen und ebenso in Veranstaltungen zu Canudos zum Ausdruck, an denen sich die Kirche beteiligt. Ein Beispiel ist die jährlich stattfindende „Romaria de Canudos". Auch die Artikel der Revista Eclesiástica Brasileira [REB, vgl. 3.3.4] bestätigen die Wertschätzung von Canudos innerhalb der Kirche. Aus heutiger Perspektive kann angenommen werden, dass Canudos, hätte es unter einem anderen historischen Kontext, z.B. nach dem Zweiten Vatikanischen Konzil stattgefunden, gute Chancen hätte, im Rahmen der Kirche integriert zu sein. Dabei würde das Verständnis des Allgemeinen Priestertums aller Gläubigen gemäß dem Zweiten Vatikanischen Konzil eine wichtige Grundlage darstellen.[467] Durch das Zweite Vatikanische Konzil entstanden neue Berufe, mit denen Laien als Theologen am Heils- und Verkündigungsdienst der Kirche, z.B. als Gemeinde- oder Pastoralreferent/in

---

[465] Schmitt, Aus der Praxis: Pastoral im bolivianischen Hochland und im Rheingau, in: Olbrich, Stammberger (Hg.), Und sie bewegen sie doch. PastoralreferentInnen unverzichtbar für die Kirche, 2000, 198.

[466] Auch Wilson Andrade spricht in Bezug auf Lumen Gentium und Canudos von einer „Antizipation" („antecipou"). Vgl. Andrade, A experiência religiosa e sociopolítica de Canudos, 2006, 148.

[467] Vgl. Eisenbach, Geleitwort, in: Olbrich, Stammberger (Hg.), Und sie bewegen sie doch. PastoralreferentInnen unverzichtbar für die Kirche, 2000, 14.

teilhaben.[468] Heute träfe Antônio Conselheiro auf ein kirchliches Umfeld, in dem für Laien – als haupt- oder ehrenamtliche Mitarbeiter – größere Mitwirkungsmöglichkeiten im kirchlichen Dienst bestehen als in seiner Zeit.

6. Pastorale Impulse, die von Canudos ausgehen

Von Canudos gehen zahlreiche Impulse für die heutige Pastoral aus. Canudos orientierte sich an der christlichen Urgemeinde [Apg 2, 37-47], der Bibel und einem Katholizismus in der Tradition des Sertão. Canudos steht für eine alternative christliche Gesellschaftsform, die durch Werte wie die Solidarität zwischen Armen und Reichen, die gemeinschaftliche Zusammenarbeit, das Teilen des Arbeitsertrages, die Sorge um die Armen, ein gutes Bildungsangebot und die Achtung der Würde des Einzelnen gekennzeichnet ist. Canudos ist Sinnbild für das Einstehen bezüglich der eigenen Rechte und den Widerstand gegen Unterdrückung. Von Canudos gingen und gehen zahlreiche spirituelle Impulse aus, z.B. in Gottesdiensten, Andachten, Wallfahrten, oder bei der Gestaltung liturgischer Elemente, wie Gebete, Lesungen u.a. Canudos findet sich auch im Liedgut der Gemeinden, insbesondere der Basisgemeinden wieder.

Im sozialpastoralen Bereich gibt Canudos Impulse, etwa bei den Fragestellungen Agrarreform, Umverlegung des Rio São Francisco und „fundo de pasto". Aus den selbst geführten Interviews seien einige Beispiele für die heutige pastorale Bedeutung von Canudos genannt: Die Ordensschwester in der Region Canudos Taís berichtet, dass es auch heute noch „Ratgeberinnen" und „Ratgeber" in den christlichen Gemeinschaften im Sertão gebe, die wie der Conselheiro Rat zu Lebenssituationen geben [Interviewauswertung 3.12]. Die Comissão Pastoral da Terra (CPT) u.a. verwenden Canudos als Orientierungsmodell für die Methodik eigener pastoraler Aktivitäten [vgl. Interview mit der CPT Sekretärin in Ceará Dorinha].

---

[468] Der Beruf des Pastoralreferenten existiert in Deutschland seit 1971 und feierte im Jahr 2011 sein 40jähriges Jubiläum. Vgl. Berufsverband der Pastoralreferentinnen Deutschlands e.V. (Hg.), Begegnungen. 40 Jahre Pastoralreferentinnen und Pastoralreferenten in Deutschland, 2011.

7. Weitere Ergebnisse

Schaffung von Voraussetzungen für eine Demokratisierung:
Auch wenn es wie ein Widerspruch klingt: Antônio Conselheiro leistete durch seine Forderung nach einer Monarchie als Staatsform, bei der sich der König am Willen Gottes – der sich im Evangelium Jesu Christi manifestiert – für seine Regierung zum Wohle des Volkes orientiert, einen Beitrag zur Demokratisierung Brasiliens. Dies ist in Folgendem begründet: Die Erste Brasilianische Republik ließ zur Wahl ihrer Gremien nur eine sehr begrenzte Anzahl an Wählern zu, die fast komplett aus der herrschenden Oberschicht stammten. Auf diese Weise sicherten sich die bisherigen „Herrscher", u.a. die Großgrund- und Kaffeeplantagenbesitzer, ihre Macht. Die Interessen der einfachen Bevölkerung wurden kaum in der Republik von 1889 vertreten. Mit der Forderung nach der Monarchie, die sich am Evangelium orientieren soll, wird eine Grundethik als verpflichtend für den Staat gefordert, die die Rechte der verarmten Bevölkerung berücksichtigt.

In Canudos gab es Anstrengungen, den Bewohnern eine gute Bildung zu geben, z.B. durch eigene Schulen. Der Conselheiro schaffte darüber hinaus in Canudos einen Ort, an dem die Menschenwürde geachtet wurde. Investitionen in Bildung und Respekt vor der Menschenwürde sind Voraussetzungen dafür, dass sich Menschen an demokratischen Prozessen beteiligen können. Obgleich es sich bei den Forderungen des Conselheiros nicht um eine Demokratisierung im eigentlichen Sinn mit freien Wahlen handelte, so stärkte er doch die Voraussetzungen dafür.

Dies ist ein Fortschritt gegenüber der diktatorisch anmutenden Ersten Brasilianischen Republik von 1889. Rechte für alle Menschen, insbesondere für die verarmten Gesellschaftsgruppen, sollten gemäß dem Conselheiro gesichert werden. Der Conselheiro kritisierte zu Recht das Fehlen einer ethischen Basis in der Ersten Brasilianischen Republik. Die Ethik des brasilianischen Staates musste für ihn christlich fundiert sein. Im damaligen gesellschaftlichen Rahmen – wie auch heute noch – war dies eine verständliche Forderung, wie aus der Erläuterung Ernst Wolfgang Böckenfördes hervorgeht:

„Der freiheitliche Staat lebt von Voraussetzungen, die er selbst nicht garantieren kann. Das ist das große Wagnis, das er, um der Freiheit willen, eingegangen ist. Als freiheitlicher Staat kann er einerseits nur bestehen, wenn sich die Freiheit, die er seinen Bürgern gewährt, von innen

her, aus der moralischen Substanz des Einzelnen und der Homogenität der Gesellschaft, reguliert. Andererseits kann er diese inneren Regulierungskräfte nicht von sich aus, das heißt mit den Mitteln des Rechtszwanges und autoritativen Gebotes, zu garantieren suchen, ohne seine Freiheitlichkeit aufzugeben und – auf säkularer Ebene – in jenen Totalitätsanspruch zurückzufallen, aus dem er in den konfessionellen Bürgerkriegen herausgeführt hat."[469]

Guido Brune formuliert den von Böckenförde dargestellten Zusammenhang wie folgt:

„Der moderne Staat ohne ein Gegenüber von gesellschaftlichen Akteuren, die aus ihrem Selbstverständnis heraus Ethoi mit ihn stützenden Grundhaltungen und -werten pflegen, steht in der Gefahr, die Quellen zu verlieren, die zur Aufrechterhaltung seiner politischen und menschenrechtlichen Ordnung nötig sind."[470]

Jürgen Habermas spricht in diesem Zusammenhang von der „ethischen Imprägnierung des Rechtsstaates",[471] die ein Staat benötigt. Aus der Sicht des Conselheiros fehlte der positivistisch geprägten Ersten Brasilianischen Republik eine ausreichende „ethische Imprägnierung", die sich an der gesellschaftlich moralischen Substanz in Brasilien orientierte, d.h. der existierenden christlichen Ethik. Antônio Conselheiro vermisste eine ethisch verbindliche Richtschnur für die Politik. Darüber hinaus war es dem Conselheiro wichtig, dass der Staat vorstaatliche menschliche Grundrechte achtete. Insofern kann gesagt werden, dass der Conselheiro einem allmächtigen, ethisch nicht imprägnierten Staat widersprach, den er in der Ersten Brasilianischen Republik erkannte. Dem Conselheiro ging es um eine adäquate und abgestimmte Zuordnung der Zuständigkeiten von Kirche und Staat.

Canudos und Messianismus:

Aufgrund der Wundergläubigkeit und des Mystizismus in der Sertãobevölkerung bietet der Sertão im 19. und 20. Jahrhundert den Rahmen, in dem messianische Bewegungen entstanden. Die sozio-politischen Gegebenheiten wie z.B. die Unterdrückung durch die Großgrundbesitzer und

---

[469] Böckenförde, Staat, Gesellschaft, Freiheit, 1976, 60.
[470] Brune, Menschenrechte und Menschenrechtsethos, 2006, 12.
[471] Vgl. Habermas, Anerkennungskämpfe im demokratischen Rechtsstaat, in: Gutmann (Hg.), Multikulturalismus und die Politik der Anerkennung, 1993, 164.

die Armut in der Bevölkerung unterstützen dies. Es ist anzunehmen, dass der Mythos des Sebastianismus und messianische Prophezeiungen zumindest bei einem Teil der Mitglieder von Canudos bekannt waren. Die Verbreitung und Ausprägung in Canudos waren jedoch nicht größer als in der übrigen Region. José Calasans weist diesbezüglich darauf hin, dass in der Zeit von Canudos auch in Salvador-BA Erwartungen des Weltendes existierten:

„Sehen sie, im November verkündete man in der Regierung von Luís Viana, dass die Welt zu Ende ginge, verstehen Sie?... Hier in Salvador gibt es sogar Verse, denn Luís Viana befahl auf dem Platz einige Personen zu erschießen, die das Weltende erwarteten, aber es kam die Gewalt."[472]

Es ist möglich, dass Bewohner von Canudos in Antônio Conselheiro eine Art „Messias" sahen. Er selbst wehrte sich stets dagegen und wies in seinen Predigtmanuskripten auf Jesus als den Messias hin. Der Conselheiro blieb auch bei eschatologischen Aussagen im Rahmen der katholischen Lehre und betonte die christliche Hoffnung auf ein Leben über den Tod hinaus. Daher kann in Bezug auf Canudos im eigentlichen soziologischen Sinn nicht von einem Messianismus gesprochen werden. Dies würde suggerieren, dass man Canudos mit gänzlich anders gearteten, als „messianisch" bezeichneten Bewegungen – wie z.B. Pedra Bonita – vergleichen würde.

Historische Aussage: Angriff der ersten Militärexpedition in Uauá-BA

Die Interviews brachten eine wichtige historische Aussage hervor. Der Zeitzeuge Jerônimo Rodrigues Ribeiro aus Uauá-BA, der viele Überlebende von Canudos und Augenzeugen der Auseinandersetzung der Bewohner von Canudos mit der ersten Militärexpedition unter Pires Ferreira kannte, machte eine historisch bedeutsame Aussage. Er sagte, dass die Menschen von Canudos in friedlicher Absicht unterwegs nach Uauá-BA waren und von der ersten Militärexpedition angegriffen wurden [Interview 27]. Ribeiro ist ein indirekter Zeuge, der viele ehemalige Bewohner von Uauá und Canudos kannte. Daher ist seine Aussage von Gewicht. Er widerspricht der Schilderung des Zusammenstoßes im Militärbericht von Pires Ferreira.

---

[472] Calasans, José, in: Villa, da Costa Pinheiro (colaboração), Calasans, um depoimento para a história, 1998, 115-116.

Die Differenz: Historischer Bestand und rezipierte Ideale von Canudos
Beim Vergleich der Aussagen in den Interviews der verschiedenen Organisationen [MST, CPT, CEBs] mit den historischen Fakten stellt man fest, dass Unterschiede auftauchen. Die Vorstellungen von der Bewegung von Canudos sind mehr oder weniger differenziert. Zentrale Elemente der Geschichte von Canudos sowie die dort erkannten Werte werden aufgegriffen und nehmen Einfluss auf die Arbeit der einzelnen Organisationen. Dies geschieht z.b., in dem Canudos als Reflexionspunkt für die eigene Arbeit und interne Organisationsgestaltung verwendet wird [vgl. Interview mit Dorinha, CPT-Sekretärin in Ceará], als eigenes Thema bearbeitet wird [z.b. Romaria da Terra im Bundesstaat Ceará 1997] oder Beispielcharakter für die eigene Arbeit hat [z.b. MST-Vorbereitungen von Familien auf die „acampamentos"].

Alles in allem tendieren diese Rezeptionen in Richtung einer Idealisierung von Canudos, wobei die zentralen historischen Fakten nicht völlig außer Acht gelassen werden. Auch in den pastoralen Rezeptionen kommt es zu einer Symbolisierung und Idealisierung von Canudos. Die in Canudos erkannten Werte beruhen auf historischen Fakten, werden aber idealisiert. Ein Beispiel: Canudos wird von der CPT oder von den Basisgemeinden als Gemeinschaft der „Gleichheit aller" beschrieben.

Tatsächlich hatten die Menschen in Canudos ein höheres Maß an Freiheit und es gab eine Solidarität zwischen reicheren und ärmeren Bewohnern. Dennoch gab es Unterschiede, was sich z.B. im Lebensstandard und der verantwortlichen Einbindung in Leitungspositionen zeigte. In diesem Sinn kann also nicht von einer „Gleichheit aller" gesprochen werden. Die Idealisierung von Canudos stellte Patrícia de Santana Pinho auch in Aussagen von Jugendlichen im heutigen Ort Canudos fest. Sie zitiert dazu Vertreter der ACEPAC (Associação Centro de Estudos e Pesquisas Antônio Conselheiro) in Canudos und den Volkspoeten José Américo Amorim:

„Canudos war die erste Erfahrung der Agrarreform. Die Häuser wurden in Gemeinschaftsarbeit (mutirão) gebaut. Das Ziel der Befreiung einte die Personen von Canudos: Fliehen vor den Ketten der Unterdrückung. Wenn du im Gefängnis bist und jemand sagt dir: Gehen wir dorthin, denn dort wird es gut sein, wir werden ein Haus, Land, Brot

haben, dann gehst du, nicht wahr? Wenn es Canudos heute gäbe, würde ich dafür kämpfen."[473]

Canudos wird heute noch als Inspirationsquelle in Bezug auf die in Brasilien von sozialen und politischen Bewegungen geforderte Agrarreform verwendet. Der historische und politische Kontext war jedoch ein anderer. Dies muss bei der Rezeption von Canudos im Blick bleiben. Die Tendenz zur Idealisierung ist in einem angemessenen Umfang legitim, z.B. wenn sie als Anstoß verstanden wird, um eine neue Perspektive für die Arbeit pastoraler und sozialer Bewegungen zu entwickeln.

Eine Idealisierung von Canudos könnte problematisch werden, wenn man darin eine Legitimation von Gewalt für eigene z.B. politische, gesellschaftliche oder religiöse Ziele sehen würde. Für den Conselheiro war die Anwendung von Gewalt nur im Fall der Notwehr ein legitimes Mittel. Grundsätzlich war für ihn das Gebot der Feindesliebe bindend. Eine Idealisierung birgt in sich die Gefahr einer verkürzten Sicht der Zusammenhänge, die zu einer Fehlinterpretation führen kann. In Bezug auf Canudos sind mir jedoch keine derartigen Fehlinterpretationen, die auf eine fehlgeleitete Idealisierung zurückzuführen sind, bekannt.

8. Ausblick

Canudos wurde und wird in ganz Brasilien, schwerpunktmäßig im Nordosten Brasiliens, rezipiert. Obgleich Canudos auch auf nationaler und internationaler Ebene wissenschaftlich bearbeitet oder von sozialen und pastoralen Bewegungen u.a. rezipiert wird, orientiert sich der Schwerpunkt der Rezeptionen regional auf den Nordosten Brasiliens.

Canudos ist und bleibt ein die Wissenschaftsbereiche übergreifendes Thema, was auch an dieser Arbeit deutlich wird. Die Agrarreform, „fundo de pasto", gesellschaftliche Gerechtigkeit, Menschenwürde und Menschenrechte, Spiritualität u.a. sind wichtige, mit Canudos verbundene Themen, die auch in der näheren Zukunft aktuell sein werden. Weitere pastorale Aktionen mit Bezug auf Canudos werden überall da entstehen, wo es zu einer Identifizierung aktueller Lebenssituationen mit der historischen Bewegung von Canudos und den von ihr repräsentierten Werten kommt.

Eine Möglichkeit zur Weiterführung dieser Arbeit besteht in der Ausformulierung eines konkreten pastoralen Konzepts für einen heutigen

---

[473] Santana Pinho, Revisitando Canudos hoje no imaginário popular, 1996, 99.

Kontext, das auf den in dieser Arbeit herausgefundenen Werten, Methoden und pastoralen Grundlagen der Bewegung von Canudos basiert. Es wäre auch eine eigene Forschungsaufgabe wert, die heutige Bedeutung der Bauwerke Antônio Conselheiros, die dortige Art des Gedenkens an ihn und die Bearbeitung im pastoralen wie im historischen Bereich eingehender zu analysieren und zu dokumentieren. Eine Übersicht vieler Bauten Antônio Conselheiros ist im Buch „A reinvenção do sertão"[474] von Paulo Emílio Matos Martins veröffentlicht [vgl. 3.3.10.].

Ein weiteres Forschungsfeld stellt die eingehende Untersuchung der Theologie der Lieder von Canudos dar [vgl. 3.3.9.]. Auch einzelne pastorale Rezeptionen, wie z.B. die Wallfahrten u.a., könnten Themen für weitere wissenschaftliche Forschungen sein.

Der Conselheiro bezeichnete sich selbst als „Pilger". Die Bezeichnung „Pilger" wählte auch Ignatius von Loyola für sich. Antônio Conselheiro bezieht sich in seinen Predigtmanuskripten auf Ignatius von Loyola. Er schätzt ihn und die Arbeit des Jesuitenordens sehr. In den Biografien von Ignatius von Loyola und Antônio Conselheiro lassen sich Parallelen feststellen – z.B. die Zeit einer Krise und Neubesinnung; Ignatius von Loyola erlebte sie in Manresa, Antônio Conselheiro in der Begleitung von Missionaren, wie z.B. Pe. Ibiapina. Eine wissenschaftliche Untersuchung der Parallelen und Anknüpfungspunkte zwischen Antônio Conselheiro und Ignatius von Loyola wäre daher sehr interessant.

Die pastorale Wirkungsgeschichte von Canudos ist auf einem Pilgerweg, der mit der kirchlichen Ablehnung nach dem Krieg von Canudos begann und über einen geschichtlichen Aufarbeitungsprozess zu einer vielschichtigen Rezeption und Anerkennung im kirchlichen Bereich geführt hat. Der Pilgerweg der pastoralen Wirkungsgeschichte von Canudos wird weiter gehen und [hoffentlich] dazu führen, dass diese einzigartige pastorale Erfahrung von Canudos noch stärker ins Bewusstsein der brasilianischen Kirche und deren Veröffentlichungen kommt.

---

[474] Vgl. Matos Martins, A reinvenção do sertão, 2001, 37-38.

A história fará sua homenagem
a figura de Antônio Conselheiro

(Die Geschichte wird ihre Verehrung
gegenüber der Person Antônio Conselheiros erbringen)

Ivanildo Vila Nova[475]

---

[475] Dieser Text wurde von Pingo de Fortaleza vertont. Fortaleza, Pingo de, CD Ao vivo, 1995.

Abkürzungsverzeichnis

In dieser Arbeit orientieren sich die Abkürzungen am Abkürzungsverzeichnis des LThK.[476] Alle weiteren verwendeten Abkürzungen sind im Folgenden aufgelistet:

AATR	Associação dos Advogados dos Trabalhadores Rurais
ACAS	Arquivo da Cúria da Arquidiocese de Salvador da Bahia
ACEC	Associação Cultural Euclides da Cunha
ACEPAC	Associação Centro de Estudos e Pesquisas Antônio Conselheiro
ACISO	Ação Civil Social
ADUCSAL	Associação dos Docentes da Universidade Católica do Salvador
AP	Ação Popular
AW	Auswertungsthese [für die Interviewauswertung dieser Arbeit]
CAFP	Central das Associações Agro Pastoril de Fundo e Fecho de Pasto
CCP	Comissão pro Centro de Cultura Proletária
CEAS	Centro de Estudos e Ação Social, Salvador-Bahia
CEB	Comunidade Eclesial de Base
CEB	Centro de Estudos Baianos, Universidade Federal da Bahia UFBA
CEEC	Centro dos Estudos Euclides da Cunha
CEHILA	Comissão de Estudos de História da Igreja na America Latina
CELAM	Conselho Episcopal Latino Americano
CIMI	Conselho Missionária Indigenista
CMF	Cordis Mariae Filii (Clarentinerorden)
CNBB	Conferência Nacional dos Bispos do Brasil
CONTAG	Conferderação Nacional dos Trabalhadores na Agricultura
CPI	Comissão Parlamentar de Inquerito
CPT	Comissão Pastoral da Terra

---

[476] Vgl. Lexikon für Theologie und Kirche (LThK), Abkürzungsverzeichnis, 1993.

CUT	Central Única dos Trabalhadores
DNOCS	Departamento Nacional de Obras Contra as Secas
Ed.	Editora (Verlag)
FU	Freie Universität
FUNAI	Fundação Nacional do Índio
EMBRAPA	Empresa Brasileira de Pesquisa Agropecuária
EGBA	Empresa Gráfica da Bahia
FETAG	Federação dos Trabalhadores na Agricultura
IBGE	Instituto Brasileiro de Geografia e Estatística
INCRA	Instituto Nacional de Colonização e Reforma Agrária
INTERBA	Instituto de Terras da Bahia
IPMC	Instituto Popular Memorial de Canudos
IRPA	Instituto Regional do Pequeno Agricultor
JAC	Juventude Agrária Católica
JEC	Juventude Estudantil Católica
JOC	Juventude Operária Católica
JUC	Juventude Universitária Católica
LThK	Lexikon für Theologie und Kirche
MEB	Movimento Educação de Base
MPB	Música Popular Brasileira
MPHC	Movimento Popular Histórico de Canudos
MST	Movimento dos Trabalhadores Rurais Sem Terra
NGO	Non Governmental Organization (Nichtregierungsorganisation)
NMPHC	Novo Movimento Popular Histórico de Canudos
NUSERT	Nucleo Sertão im Centro de Estudos Baianos der Universidade Federal da Bahia in Salvador
NZM	Neue Zeitschrift für Missionswissenschaft
OFM	Ordo Fratrum Minorum (Franziskanerorden)
OFMCap	Ordo Fratrum Minorum Capucinorum (Kapuzinerorden)
ONG	Organização Não Governamental (Nichtregierungsorganisation)
Org.	Organisation
PCB	Partido Comunista Brasileiro
PCdoB	Partido Comunista do Brasil
Pe.	Padre
PJ	Pastoral da Juventude
PNRA	Plano Nacional da Reforma Agrária

PRC	Partido Republicano Constitucional-Bahia
PRF	Partido Republicano Federalista-Bahia
PROEX	Pro-Reitoria de Extensão der UNEB
PSdoB	Partido Socialista do Brasil
PT	Partido dos Trabalhadores
REB	Revista Eclesiástica Brasileira
S.A.	Sociedade Anônima
SAPP	Sociedade dos Plantadores de Pernambuco
SJ	Societas Jesu (Jesuitenorden)
SPM	Servico Pastoral dos Migrantes
SVD	Societas Verbi Divini (Steyler Missionare)
TM	Text Musik [Kennzeichnung der Lieder aus bzw. zu Canudos]
UDR	União Democrática Ruralista
UFBA	Universidade Federal da Bahia
UFC	Universidade Federal do Ceará
UFMG	Universidade Federal de Minas Gerais
UFSCAR	Universidade Federal de Saõ Carlos
UFSE	Universidade Federal de Sergipe
ULTAB	União dos Lavradores e Trabalhadores Agrícolas do Brasil
UNEB	Universidade do Estado da Bahia
UNIFOR	Universidade de Fortaleza-CE
UPIC	União Pelos Ideias de Canudos
URJ	Universidade do Rio de Janeiro
USP	Universidade de São Paulo
u.v.a.	und vieles andere/und viele andere
zit.	zitiert

Glossar

Begriff	Erklärung
abade	Abt
abolição	Abschaffung der Sklaverei in Brasilien per Dekret vom 13. Mai 1888
abolicionista	Verfechter der Abschaffung der Sklaverei in Brasilien
acabado	aufgebraucht, zerlumpt
acampamento	Camp, z.B. der Landlosen, die Zeltansiedlungen in der Nähe des ungenutzten Landes errichten, um das sie kämpfen.
acessoria	Zusatzbegleitung, z.B. in einem Seminar wird zur Reflexion des Seminares ein Referent (acessor) beauftragt, die das Seminar begleitet und reflektiert.
açude	Teich, Wasserstausee
aflito	bekümmert
agrovila	Landwirtschaftsdorf
água	Wasser
agulha	Nadel
aldeiamento, aldeia	„Aldeiamentos" bzw. „aldeias" [im spanischen Bereich Reduktionen genannt] sind Dörfer der Jesuiten, in denen die indigene Urbevölkerung vor der Versklavung durch die Eroberungstruppen, sog. „bandeirantes" geschützt wurde, die mit Erlaubnis der portugiesischen Kolonialverwaltung Indios versklavten. Die Prinzipien der „aldeiamentos" waren allgemeine und musische Bildung sowie Christianisierung. Es gab in Brasilien drei Typen von „aldeiamentos": 1) A. zur Unterhaltung kirchlicher Internatsschulen 2) A. für öffentliche Arbeiten 3) Direkte Missionsaldeiamentos.[477]
alpercata	Sandale

---

[477] Vgl. Prien, Die Geschichte des Christentums in Lateinamerika, 1978, 219.

análise	Analyse
andor	Kleiner Schrein, in dem Heiligenfiguren bei Prozessionen im Sertão getragen wurden [Mehrzahl: „andores"].
ano	Jahr
área	Gebiet, Landfläche, Areal
áreas devolutas	Landflächen die staatlich nicht erfasst sind. Man spricht dabei von „leerstehenden Flächen".
artesanato	Kunsthandwerk
associação	Vereinigung, Zusammenschluss
atavismo	Das erneute Auftreten von Merkmalen der Vorfahren, die den unmittelbaren Vorfahren fehlten. Atavismus bezeichnet auch ein entwicklungsgeschichtlich überholtes, erneut auftretendes körperliches oder geistiges Merkmal.
autoimolar	sich selbst aufopfern
bandeirantes	Eroberungstruppen, die mit Erlaubnis der portugiesischen Krone in Expeditionen das Land durchforschten, Indios versklavten, Land und anderes in Besitz nahmen.
banditismo	Banditentum
barragem	Staudamm, Talsperre
bastardos	uneheliche Kinder
beata, beato	Laien, die im Rahmen der Kirche im Sertão Gebete und Andachten anleiteten
bendito	Loblied
bodega	Kneipe, kleiner Laden
bom Jesus	Guter Jesus
braços	wörtlich: „Arme", steht auch für „Arbeitskraft"
Bragança	Name der portugiesischen Königsfamilie
breviário	Brevier
bronco	kulturlos, rüde, ignorant
bumba meu boi	Folkloristisches Tanz-Spiel, das vornehmlich im Norden und Nordosten Brasiliens praktiziert wird.
caatinga	Vegetation in der Dürreregion des Sertão, oftmals Dornensträucher, Bromelien, Kakteen.
cabelo	Haar/e

caboclo	Mestize, weißer und indigener Abstammung. Mensch mit kupferfarbener Haut und glattem Haar. Manchmal abschätzig verwendet als primitiver, ungebildeter Landbewohner, Kleinbauer, armer Kerl.
caeté	indigener Volksstamm
calor	Hitze
caminhada	gemeinsamer Weg, z.B. bei einer Prozession, langer Marsch, weiter Weg
caminho de santa cruz	Kreuzweg [wörtlich: Weg des heiligen Kreuzes, auch „via santa genannt]
campanha da fraternidade	Die Kampagne der Geschwisterlichkeit wird jährlich von der CNBB in der Fastenzeit begonnen und widmet sich einem gesellschaftlichen Thema, das aus dem Glauben in den Gemeinden bearbeitet wird. Themen waren z.B. die Fragen nach der Verteilung des Landes oder des Wassers in Brasilien.
camponês	Bauer mit kleinem Landbesitz [vgl. posseiro]
cangaçeiro	„Cangaçeiro" ist ein ähnlicher Begriff wie „jagunço", der aber eine Konnotation von Sozialbanditentum hat [vgl. „jagunço"]. Die „cangaçeiros" waren stark bewaffnet und führten oft Aufträge, d.h. Verbrechen für Politiker oder Großgrundbesitzer aus. Häufig waren sie auch auf eigene Rechnung tätig. Der „cangaço" existierte ungefähr bis in die 30er Jahre des 20. Jhs.
cangaço	Banditentum, häufig Straßen- bzw. Sozialbanditentum, insbesondere im 19. und 20. Jh. im Nordosten Brasiliens, vgl. „cangaçeiro".
cantoria	folkloristischer Gesang aus dem Nordosten Brasiliens
capelinha	kleine Kirche, Kapelle
capitania hereditária	Portugal vergab in einem lehnsrechtlichen System vererbliche Ländereien, die sogenannten „capitanias hereditárias"
caridade	Werk der Nächstenliebe

casas da caridade	wörtlich: „Häuser der Nächstenliebe", dies waren Häuser, die Pe. Ibiapina für mittellose Waisen oder Frauen im Sertão baute.
casca	Schale, Haut
centauro	Zentaur
chumbo	Blei
ciclo	Zirkel, Kreis
cidade santa	Heilige Stadt
clero	Klerus
colectividade	Kollektivität
comunidade	Gemeinschaft
comunidade igualtária	Gemeinschaft der Gleichheit aller, vgl. Gesellschaft der Gleichheit aller (sociedade igualtária).
companheiro	Gefährte, Weggefährte, Kollege
compassivo	abgewogen
concorrência	Konkurrenz
cone sul	Südlicher Teil Südamerikas, zu dem der südliche Teil von Brasilien, Argentinien, Chile und Paraguay zählen.
cônego	Domherr
confrontante	Gegenübersteller
conselheiro	Ratgeber; „conselheiro" wurden auch Laien genannt, die im Rahmen der Kirche im Sertão Gebete und Andachten anleiteten und aufgrund ihrer Lebenserfahrung und Weisheit bei wichtigen Entscheidungen zu Rat gezogen wurden. „Conselheiro" ist daher auch ein Ehrentitel.
conselheirismo	Ratgebertum
conselheirista	Die Anhänger Antônio Conselheiros wurden auch „conselheirista" [Einzahl] bzw. „conselheiristas" [Mehrzahl] genannt.
constituição	Verfassung
contestado	wörtlich „Streit" oder „Anfechtung". Contestado ist auch die Bezeichnung einer messianischen Bewegung im brasilianischen Bundesstaat Santa Catarina 1910-1914.
convenção secreta	Geheimabkommen
convivência	Zusammenleben

cooperativa	Kooperative
coração	Herz
cordel, literatura de cordel	„Literarura de cordel" ist die Bezeichnung für eine Art der Volkspoesie, die es hauptsächlich im Nordosten Brasiliens gibt. Die „literatura de cordel" besteht aus kleinen Heften, in denen Geschichten, Gedichte oder Liedtexte auf wenigen Seiten abgedruckt sind. Die Hefte wurden häufig an einer Leine, einer „Kordel", aufgehängt und auf den Märkten von kleinen Orten und Städten verkauft.
cordelista	Autor der „literatura de cordel"
coronel coroneis (plural)	Militärischer Dienstgrad. Als „coronel" wurden auch einflussreiche Personen, wie z.B. Großgrundbesitzer bezeichnet. In der Kolonialzeit vergab die portugiesische Krone diesen militärischen Titel an einflussreiche Personen.
coronelismo	Herrschaftssystem des „coronelismo". Als „coronel" wurden einflussreiche Personen, wie z.B. Großgrundbesitzer bezeichnet. [siehe Coronel]
corta cabeça	Kopfabschneider, Spitzname für Oberst Moreira Cesar, Leiter der dritten Militärexpedition gegen Canudos.
cruzeiro	Kreuz (auch Name für eine Währung in Brasilien)
culto	Kult, Gottesdienst
cultural	kulturell
curso primário	Grundschule
decurião	Leiter einer Büßergemeinschaft [siehe „penitente"]
degola	Abkehlung, Tötung durch einen Schnitt durch die Halsschlagader. Im Fall von Canudos richtete das brasilianische Militär ein Massaker an, durch das „Abkehlen" der Gefangenen von Caundos, die zuvor noch von General Artur Oscar eine Zusicherung des Lebens im Falle ihrer Aufgabe des Kampfes erhalten hatten.
delegado	Delegierter, Abgeordneter

desenvolvimentismo	Die Entwicklungspolitik Juscelino Kubitscheks wurde „desenvolvimentismo" genannt.
devoto	Andächtiger, Frommer
dissipação	Zerstreuung
dízimo	Der Zehnte, ein zehntel. „Dízimo" wird oft auch der Beitrag der Mitglieder für die Kirchen genannt.
Dom Sebastião	Der portugiesische König „Dom Sebastião" (1568-1578) zog im Jahr 1574 in einen Krieg gegen Marokko. Im Jahr 1578 wurde das gesamte portugiesische Heer in der Schlacht von Alcácer-Quibir vernichtet. Die Leiche Dom Sebastiãos wurde nicht gefunden. Daraus entwickelte sich der Mythos, dass Dom Sebastião eines Tages mit seinem Heer zurückkehren würde, der sog. „Sebastianismus".
doze pares de França	Zwölf französische Paare. Der Mönch José Maria bildete eine Elitekampfgruppe aus 24 ausgewählten Männern, die sogenannten „doze pares de França", für die Bewegung von Contestado.
empate	Aktionen der Kautschukzapfer zur Verhinderung der Abholzung des Regenwaldes.
empolgante	enthusiastisch
encantar	bezaubern
encilhamento	Bezeichnung des Dekretes der Finanzreform des brasilianischen Finanzministers Rui Barbosa im Jahr 1890.
esmolas	Almosen
estados do Brasil	Bundesstaaten Brasiliens. Die brasilianischen Städte werden häufig mit einer Abkürzung des Bundesstaates, in dem sie liegen, gekennzeichnet: AC - Acre AL - Alagoas AP - Amapá AM - Amazonas BA - Bahia CE - Ceará DF - Distrito Federal (Bundesdistrikt, Brasília,

	Hauptstadt von Brasilien)
	ES - Espírito Santo
	GO - Goiás
	MA - Maranhão
	MG - Minas Gerais
	MS - Mato Grosso do Sul
	MT - Mato Grosso
	PA - Pará
	PB - Paraíba
	PE - Pernambuco
	PI - Piauí
	PR - Paraná
	RJ - Rio de Janeiro
	RN - Rio Grande do Norte
	RO - Rondônia
	RR - Roraima
	RS - Rio Grande do Sul
	SC - Santa Catarina
	SE - Sergipe
	SP - São Paulo
	TO – Tocantins
expedição	Expedition
extermínio	Auslöschung, Vernichtung
fanático	Religiöser Eiferer, d.h. mystisch ausgerichteter Gläubiger im Sertão, der stark religiös aktiv ist.
farinha	Maniokmehl; zur Unterscheidung: Weizenmehl = „farinha de trigo"
favela	Armenviertel in Brasilien, in Canudos gab es einen Hügel, der den Namen „favela" trug. Der Name dieses Hügels wurde später als Bezeichnung für ein Armenviertel verwendet, da sich diese häufig auch auf Hügeln bildeten, z.B. in Rio de Janeiro.
fazenda	Landgut
fazendeiro	Großgrundbesitzer
fé	Glaube
federal	föderal
fiel	gläubig, treu

fogo	Feuer
folclórico	folkloristisch
fundo de pasto	Weideflächen im öffentlichen Besitz, die traditionell von einer Gruppe von Familien gemeinschaftlich für deren Tiere genutzt werden. Die Weideflächen des „fundo de pasto" befinden sich hauptsächlich im Nordosten Brasiliens.
gado	Rinder
galhofeira	scherzhaft
gato	Katze, auch Bezeichnung für Wachleute oder Polizisten
gnóstico	Gnostiker: Anhänger der Gnosis, des Strebens nach Erlösung auf dem Weg der Erkenntnis; die aus dem Menschen selbst stammt und nicht durch Offenbarung gegeben ist. Sie beschränkt sich bei manchen Sekten zunächst auf wenige Eingeweihte. Den zahlreichen Sekten des Gnostizismus – zur Zeit des frühen Christentums – war eine dualistische Kosmologie gemeinsam. Dabei enthalten Mensch und Kosmos Teile einer jenseitigen (guten) Lichtwelt, die aus der gottfeindlichen (bösen) Materie erlöst werden müssen. Die Erlösung geschieht durch Gesandte des Lichts, z.B. durch Christus.
gonçalvistas	Anhänger des bahianischen Politikers José Gonçalvez da Silva, Partido Republicano Constitutivo (PRC).
grau	Grad, wird auch zur Bezeichnung des Schulabschlusses verwendet: 　1. grau = 1. Grad, entspricht dem Hauptschulabschluss 　2. grau = 2. Grad, entspricht dem Abitur
grilagem	Vorgang, bei dem ohne Berechtigung mit Zäunen öffentliche Landflächen abgetrennt werden, um so diese Landflächen allein für private Zwecke zu vereinnahmen.
grileiro	Person, die „grilagem" betreibt und sich unberechtigt Land aneignet, vgl. auch „posseiro".

grito dos excluídos	„Schrei der Ausgeschlossenen", eine jährlich am 7. September in Brasilien stattfindende bundesweite Aktion, in der verschiedene soziale Organisationen und Kirchen auf soziale Missstände in Brasilien mit Demonstrationen und anderen Aktionen hinweisen.
guarda católica	„Katholische Schutztruppe", so wurde die Schutztruppe Antônio Conselheiros in Canudos genannt.
guarda nacional	Nationale Schutztruppe, die aus Kämpfern (jagunços) der einflussreichen Großgrundbesitzer bestand.
guerrilha	Untergrundkampftruppe, die Verteidiger von Canudos wurden auch als guerrilha bezeichnet.
guerra	Krieg
hora	Stunde, Uhrzeit
icó	Ein Wort, das aus der indianischen Sprache Tapuiá stammt. Es bedeutet soviel wie Wasser und Erde, d.h. ein Gemisch von Wasser und Erde, das zum Bau von Häusern verwendet wurde.
igreja	Kirche
independência	Unabhängigkeit
indígena	indigen, d.h. indianisch, von der indianischen Urbevölkerung abstammend.
inédito	unveröffentlicht
intendente	Verwalter
irmã	Schwester, auch Bezeichnung für Ordensschwester.
irmão	Bruder, Mehrzahl „irmãos" kann auch Geschwister bedeuten.
jacobino	„Jakobiner", in Anlehnung an die französische Revolution nannten sich so die Anhänger des brasilianischen Präsidenten Floriano Peixoto, der in seiner Regierungszeit stark auf den Einsatz des Militärs setzte.
jagunçada	Gruppe von „jagunços" (siehe „jagunço")
jagunço	Der Begriff „jagunço" bezeichnet die Kämpfer aus Canudos, die Canudos im Krieg gegen die Truppen des brasilianischen Heeres verteidigten.

	„Jagunço" wird im Allgemeinen mit Bandit, Messerheld, Schläger übersetzt, der in der Regel Mitglied in einer Bande ist und/oder im Dienst eines Großgrundbesitzers steht. Der Begriff „jagunço" wurde meist in der Region südlich des Rio São Francisco gebraucht, z.B. in den Bundesstaaten Bahia und Minas Gerais.
juízo final	Das letzte Gericht.
latifúndio	Großgrundbesitz
légua	Längenmaß, 1 brasilianische Légua = 5.590 m; 1 alte portugiesische Légua = 6.179,74 m.
lei áurea	Wörtlich „Goldenes Gesetz", das die Beendigung der Sklaverei in Brasilien am 13. Mai 1888 festlegte.
lei de graça	Gesetz der Gnade
lei do ventre livre	Gesetz des freien Bauches von 1871. Es legte fest, dass die neugeborenen Kinder von Sklaven bereits frei waren, jedoch bis zum 21. Lebensjahr dem Sklavenherrn der Eltern dienen mussten.
lei Nabuco de Araújo	Ein Gesetz von 1854, das die Bestrafung für die Einfuhr neuer Sklaven vorsah. Benannt war das Gesetz nach dem Senator Joaquim de Nabuco (1849-1910).
leite e cuscuz	Milch und Kuskus
libertador	Befreier
ligas camponeas	Die „ligas camponesas" waren Zusammenschlüsse, d.h. Bünde der brasilianischen Bauern. Die ersten „ligas camponesas" wurden 1945 unter der Führung der kommunistischen Partei PCB in Pernambuco gegründet und hatten bis 1947 Bestand. Diese Bauernbündnisse setzten sich für die Rechte der Landarbeiter gegenüber den Großgrundbesitzern ein und nahmen damit eine politische Aufgabe wahr; z.B. bezüglich der zusätzlichen unentgeltlichen Arbeitstage und überzogener Pachtzahlungen, die die Landarbeiter zu entrichten hatten.
litoral	Brasilianische Städte, die am Meer liegen.

lotear (loteado)	Aufteilen des Landes in verschiedene Teile (lotes). Nach der gesetzlichen Zuteilung besetzten Landes an die Landbesetzer wird das Land in Teile für jeden einzelnen Campbewohner aufgeteilt.
lundú	„Lundú" ist ein brasilianischer Volkstanz, der im 18. Jh. entstand und wahrscheinlich von den angolanischen Sklaven eingeführt wurde. Der „Lundú" basiert auf einem 2/4-Takt.
luz	Licht
macambira	Pflanze, die zur Familie der Bromelien gehört.
mãe da comunidade	Mutter der Gemeinschaft, eine Art Ratgeberin.
mal aventurado	Unglückseliger
mandioca	Kartoffelähnliche Wurzel, aus der das Maniokmehl (farinha) hergestellt wird. Im Nordosten gehört Maniok zu den Grundnahrungsmitteln und ist sehr verbreitet.
mansinho	„Mansinho", Name des Zebu-Bullen, den Pe. Cícero dem Beato José Lourenço schenkte. Mansinho bedeutet direkt übersetzt „kleiner sanfter".
marca do senhor	Zeichen des Herrn, d.h. Zeichen Gottes
matriarca	Mutterperson, die eine Gemeinschaft [Familie oder Gruppierung] leitet.
melomania	Starke Leidenschaft für die Musik.
mestre	Meister
milênio	Millenium, Jahrtausend
ministro da fazenda	Finanzminister
ministério	Dienst, Amt, Ministerium
missa	Messe
missão	„Mission", damit wurden auch Missionen der Ordensbrüder bezeichnet, die zeitweise den Sertão durchquerten und an verschiedenen Orten predigten und Sakramente spendeten.
movimento abolicionista	Bewegung zur Beendigung der Sklaverei in Brasilien.

mucunã	Pflanze, die auch als Medikament verwendet werden kann.
município	Regierungsbezirk [Stadtgemeinde, Stadt, Landkreis, Bezirk]
museu	Museum
mutirão	Traditionelle gemeinschaftliche Arbeitsweise im Sertão zur Errichtung von Bauten für die Allgemeinheit.
obra prima	Meisterstück
opção preferencial pelos pobres	Vorrangige [bevorzugte] Option für die Armen.
ordem e progresso	Ordnung und Fortschritt, das Motto des Positivismus, das noch heute in der brasilianischen Nationalflagge zu lesen ist.
padroado	Patronatsrecht, das der Papst an Portugal übergab. Mit dem „padroado" wurde der portugiesische König zum Oberhaupt der Kirche in Brasilien und hatte z.B. das Recht zur Einsetzung von Bischöfen. Gleichzeitig übernahm Portugal die Pflicht zur Christianisierung Brasiliens und zum Unterhalt der Kirche in Brasilien.
pastoral carcerária	Gefangenenpastoral
patrimônio	Väterliches Erbe
penitente	Büßer, mystisch geprägter Gläubiger, der sich mit anderen in Gruppen meist nachts zusammenfand, um gemeinsam zu singen, zu beten und Buße zu leisten, z.B. durch Selbstkasteiung.
peregrino	Pilger, Antônio Conselheiro bezeichnete sich selbst als „Pilger".
pescador	Fischer
piedade	Mitleid, Erbarmen
pobre	Arm
pontapé	Anfangsimpuls, Anstoß
posseiro	Bauer mit kleinem Landbesitz [vgl. camponês]. Der Begriff „posseiro" wird jedoch in gewissen Zusammenhängen auch für Personen angewandt, die sich Land [ungerechtfertigt] aneignen, z.B. für „grileiros".

potência	Potenz, Macht
povo de Deus	Volk Gottes
praça	Platz, z.B. Marktplatz (praça do mercado)
praça das casas vermelhas	Platz der roten Häuser, zentraler Platz in Canudos, an dem die besseren Häuser standen, die mit roten Ziegeln gedeckt waren, d.h. rote Häuser. Dort wohnte das Leitungsgremium, die „zwölf Apostel".
praça das igrejas	Platz der Kirchen, d.h. Platz, an dem die beiden Kirchen in Canudos standen.
prato feito	angerichteter Teller
prefeitura	Rathaus, Stadtrat
presente	gegenwärtig, anwesend
principais da terra	Hauptvertreter des Landes, Gruppe derjenigen, die den größten politischen Einfluss auf dem Land hatten.
promessa	Gelübde, d.h: Zur Erlangung einer Gebetserhörung leisteten Gläubige ein Gelübde, das sie bei Erhörung des Gebetes erfüllten.
purificação	Reinigung
quilombo	Fluchtdorf der afrikanischen Sklaven, das in der Wildnis lag und sich selbständig verwaltete.
rabula	Anwalt der armen Bevölkerung.
rachar	spalten, bersten
raíz	Wurzel
real, mil reis (R$)	Die brasilianische Währung von 1808 bis 1842 ist der „Real", Mehrzahl „Reis". Die Bezeichnung „mil Reis" bedeutet Tausend „Reis". Damit wird deutlich, dass sie in einer Tausender-Stückelung ausgegeben wurde. Bsp. Für die Schreibweise: 20$000 = Zwanzigtausend Reis.
recuperar	Wiedererlangen, wiedergewinnen, erholen, genesen
resgate	Wiederaufarbeitung, Rettung
ribeirinhos	Bauern an Flussläufen, Flussanwohner
rio	Fluss
rio São Francisco	Der „rio São Francisco" ist einer der größten Flüsse im Nordosten Brasiliens.

rodoviária	Busterminal
romance	Roman
romanesco	romanhaft
romanização	Mit „romanização" (Romanisierung) wird in der portugiesischsprachigen Literatur ein kirchlicher Prozess beschrieben. Dabei geht es um die Zentralisierung kirchlicher Entscheidungen auf den Vatikan in Rom.
romaria da terra	Landwallfahrten, die von der CPT in vielen Diözesen Brasiliens durchgeführt werden.
sagrado	heilig
salvação	Rettung
santa companhia	heilige Gesellschaft
santuário	„Heiligtum", in Canudos wurde so die Kapelle „Nossa Senhora da Conceição", bezeichnet, wo Antônio Conselheiro wohnte.
sebastianismo	Mythos über die Wiederkehr des portugiesischen Königs Dom Sebastião" (siehe „Dom Sebastião").
sem terra	Wörtlich „ohne Land", Bezeichnung für die Landlosen in Brasilien.
semiárido	Dürreregion, der Sertão wird oftmals als „semiárido" bezeichnet.
senhedrin	Von „Sanhedrin": Der „Hohe Rat", dies war lange Zeit die oberste jüdische religiöse und politische Instanz und gleichzeitig das oberste Gericht. Im Sinne von Canudos ist damit das Leitungsgremium von Canudos gemeint.
senhor de bonfim	Herr des guten Endes, in Salvador-BA gibt es den Wallfahrtsort „Senhor do Bonfim"
sensacionalista	sensationalistisch
seringueiro	Kautschukzapfer
serpente	Schlange
sertaneja, sertanejo	Bezeichnung der Bewohner des Sertão. Die Begriffe „sertanejo" [männlich] und „sertaneja" [weiblich] und Sertãobewohner werden in dieser Arbeit synonym verwendet.

sertão (sertões)	Dies bezeichnet im Allgemeinen das Landesinnere, Hinterland. Im hier gebrauchten Sinn bezeichnet Sertão das heißtrockene Hinterland Nordostbrasiliens und eines Teils des brasilianischen Bundesstaates Minas Gerais. Der Sertão umfasst rund 1 Million km², die stärkste dort anzutreffende Vegetation ist die „caatinga", eine Dornbuschwüste mit Kakteen und anderen Dornengewächsen.
sesmaria	Prinzip der portugiesischen Krone zur Vergabe von vererbbaren Landtiteln für Großgrundbesitze ab dem 16. Jh.
sociedade igualtária	Gesellschaft der Gleichheit aller, vgl. Gemeinschaft der Gleichheit aller [communidade igualtária].
sol	Sonne
taipa	Lehm, mit dem man z.B. Hütten bauen kann.
tanque	Tank
terço	wörtlich „drittel", wird auch als Bezeichnung für den Rosenkranz verwendet.
terra	Land
terra da promissão	Land der Verheißung.
terra de exploração	Land der Ausbeutung, d.h. das Land, das zum Zweck der Bereicherung und Spekulation genutzt wird.
terra de trabalho	Land der Arbeit, d.h. das Land, das für den Lebensunterhalt bewirtschaftet wird.
terras devolutas	staatlich nicht registriertes Land.
terras quilombas	Landstücke, auf denen Afrikastämmige in Brasilien in eigener Organisationsform zusammenleben. Die „terras quilombas" stehen in der Tradition der „quilombos", den Widerstandsdörfern der schwarzen Sklaven in Brasilien.
testemunho	Zeuge
titulação	Vergabe von Landtiteln, d.h. Landeigentumsdokumenten.
título	Titel, Landtitel d.h. Eigentumsdokument einer Landfläche.

tostão	alte brasilianische Währungseinheit.
transmissão	Umverlegung
tratador	Wörtlich „Behandler", damit ist ein Sanitäter bzw. eine Person gemeint, die Wunden und Krankheiten behandelt.
treze de maios	Ehemalige Sklaven, die mit dem Gesetz vom 13. Mai 1888 die Freiheit erlangten. Die „treze de maios" wurden in der Gesellschaft oft verachtet, u.a. weil sie es nicht geschafft hatten, aus eigenen Kräften zu freien Menschen zu werden.
trezena	13 Andachten zur Vorbereitung eines religiösen Festes, z.B. des Patronatsfestes einer Kirchengemeinde.
tropas de resgate	Militärische Truppen Portugals, die zur Eroberung Brasiliens eingesetzt wurden.
tunica	Langes Gewand
último	Letzter, weibl. ultima = Letzte
vaqueiro	Viehhirte im Sertão
varióla	Pocken
vereador	Stadtverordneter
via campesina	„Weg des Landes", eine Vorgängerorganisation der MST.
viannistas	Anhänger des bahianischen Politikers Luis Vianna (in manchen Werken „Viana"), Partido Republicano Federalista (PRF) in Bahia.
virgens inspiradoras	Inspirierende Jungfrauen; die „virgens inspiradoras" vermittelten bei der Bewegung von Contestado in der Kommunikation zwischen dem Mönch José Maria und seinen Anhängern.

Verzeichnis besuchter Archive, Bibliotheken, historischer Stätten

Archive
- Comissão Pastoral da Terra (CPT) von Bahia, Archiv, Salvador-BA
- Comissão Pastoral da Terra (CPT) von Ceará, Archiv, Fortaleza-CE
- Erzdiözese Salvador, Arquivo da Arquidiocese Salvador-BA (ACAS), Salvador-BA
- Instituto Popular Memorial de Canudos, Archiv, Canudos-BA
- Movimento dos Trabalhadores sem Terra (MST) von Ceará, Archiv, Fortaleza-CE
- Museum in Canudos (UNEB), Archiv, Canudos-BA

Bibliotheken
in Deutschland:
- Bibliothek von Adveniat, Essen
- Bibliothek der Philosophisch Theologische Hochschule Sankt Georgen, Frankfurt/Main
- Bibliothek der Universität Köln, Luso-Amerikanisches Institut
- Bibliothek der Universität Münster
- Deutsche Nationalbibliothek, Frankfurt/Main

in Brasilien:
- Biblioteca Central de Barris, Salvador–BA
- Bibliothek des Centro dos Estudos Euclides da Cunha (CEEC), an der Universidade Estadual da Bahia, Salvador-BA
- Bibliothek des Centro dos Estudos Baianos, Nucleo Sertão (NUSERT), an der Universidade Federal da Bahia (UFBA), Salvador-BA
- Bibliothek des Centro de Estudos e Ação Social (CEAS), Salvador-BA
- Biblioteca Pública Governador Menezes Pimentel, Fortaleza-CE
- Biblioteca das Ciências Humanas, an der Universidade Federal do Ceará (UFC), Fortaleza-CE
- Biblioteca da Arquitectura, an der Universidade Federal do Ceará (UFC), Fortaleza-CE
- Biblioteca da Sociologia, an der Universidade Federal do Ceará (UFC), Fortaleza-CE
- Bibliothek der Universidade de Fortaleza (UNIFOR), Fortaleza-CE

- Bibliothek in Quixeramobim-CE
- Museum der Universidade Federal do Ceará (UFC), Fortaleza-CE

Historische Stätten
- Canudos-BA, Kriegsstätten, Parque Histórico
- Euclides da Cunha-BA, Ort des Lagers der 3. Militärexpedition unter Moreira Cesar
- Monte Santo-BA, Ort des Lagers der 4. Militärexpedition unter Arthur Oscar, Stadt und Pilgerweg
- Quixeramobim-CE, Berg „Belo Monte"
- Quixeramobim-CE, Geburtshaus Antônio Conselheiros
- Quixeramobim-CE, Monument Antônio Conselheiro
- Salvador-BA, Festung São Pedro mit Gedächtnisstätte für Canudos
- Uauá, Ort des ersten Zusammenstoßes der Delegation aus Canudos mit der ersten Militärexpedition unter Pires Ferreira

Quellen- und Literaturverzeichnis

1. Quellenverzeichnis

Archivalische Quellen:

Archiv der CPT-Bahia (kopiert am 16.08.2008)
100 anos de Canudos – terra livre, povo livre, programma da Romaria do Centenário1893-1993. Show, cultura, caminhada, celebração, Programmblatt der „Romaria de Canudos" im hundertjährigen Gründungsjahr von Canudos, 4 Seiten.
A espiritualidade caminheira, 1. peregrinação para Canudos Bahia, 13.12.1990–06.01. 1991. Berichtsheft von der ersten Peregrination nach Canudos, vom 13.12.1990-06.01.1991 (600 km zu Fuß, für Jesus auf den Spuren des Conselheiros von Canudos), 1990, 14 Seiten.
Cantos, 100 anos de Canudos, Romaria do Centenário, 23 e 24.10.1993, Alto Alegre – Canudos-BA, Liederheft zur „Romaria de Canudos" vom 23.-24.10.1993, 20 Seiten.
Canudos, o sangue derramado em Canudos virou semente de libertação, Ed. Fundação Aloysio Penna, Paulo Afonso-BA. Texte zur Romaria de Canudos (1992 oder 1993), 12 Seiten.
Comissão da Romaria e Instituto Popular Memorial de Canudos, Canudos, 100 anos do massacre no sertão, 1897-1997, sangue derramado, terra fecundada, Romaria do Centenário – outubro 1997, Cantos, Liederheft zur „Romaria de Canudos" 1997, 16 Seiten.
CPT Nacional, Manifesto de Canudos: Libertar a terra – produzir a vida. Manifest in 10 Thesen zu Canudos, veröffentlicht 1993 zum 100jährigen Jubiläum der Gründung von Canudos, 4 Seiten.
CPT-Nacional, Artikel: A inércia do estado e a fome no nordeste, ohne Jahresangabe, 2 Seiten.
CPT-Region Nordeste, Artikel: Por uma vida feliz no semiárido brasileiro, 18.09.1993. Thema: Canudos als Vorbild, 2 Seiten.
MPHC, Text- und Themenblatt der 10. Celebração Popular pelos Mártires de Canudos, am 01.-02.12.1993, 1 Seite.

Souza, Luíz Eduardo de, Equipe pastoral de Pilão Arcado, Antônio Conselheiro, luta pela terra no nordeste, ano do centenário de Canudos – 1893-1993, Lieder und Texte für 13 Andachten anlässlich des 100jährigen Gründungsjubiläums von Canudos, Ed. Fonte Viva, Fundação Aloysio Penna, Paulo Afonso-BA, 1993, 62 Seiten.
Vigília da Esperança no Centenário de Canudos,a terra não tem dono; a terra é de todos, 23.-24.10.1993. Gottesdienstablauf der Vigil zum hundertjährigen Gründungsjubiläum, mit Texten und Gebeten am 23.-24.10.1993, 1993, 7 Seiten.
Viver o Evangelho nos passos de Antônio Conselheiro, Peregrinação a Canudos outubro-93. Berichtsheft der Peregrination einer Pilgergruppe von Chrisópolis nach Canudos, 1993. Ein Pilgerweg über 17 Stationen, an denen Antônio Conselheiro gewirkt hat, 20 Seiten.

Archiv der CPT-Bahia:
A Tarde, Viagem mística ao „altar do sertão", Salvador-BA, 20.11.1991, Thema: Monte Santo und Antônio Conselheiro.
A Tarde, Monte Santo receberá os romeiros amanhã de novo, Salvador-BA, 11.09.1992, Thema: Pilger kommen nach Monte Santo, Bezug zu Antônio Conselheiro.
A Tarde, Milhares de fiéis fazem Romaria até Monte Santo, Salvador-BA, 30.10.1992, Thema: Pilger kommen nach Monte Santo, der Artikel bezieht sich auf Antônio Conselheiro und sein Wirken in Monte Santo.
A Tarde, Questão fundiária é tema do centenário de Canudos, Salvador-BA, 12.10.1993, Thema: Das Thema des Centenários: Landfrage, ökumenische Beteiligung, Geschichte.
A Tarde, Centenário atraíu romeiros a Canudos, Salvador-BA, 26.10.1993. Thema: Feier des Centenário, 10.000 Pilger allen Alters kommen aus ganz Basilien, ökumenische Beteiligung, Predigt von Dom Pedro Casadáliga.
Bonassa Elvis Cesar, Canudos renasce das cinzas de Conselheiro in: Folha de São Paulo, São Paulo-SP, 25.12.1992. Thema: Wie wehren sich die „camponeses" gegen „grilagem", „Missa de Canudos".
Bonassa Elvis Cesar, Folhetos elogiam ação de Conselheiro, in: Folha de São Paulo, São Paulo-SP, 25.12.1992. Thema: Verständnis von Canudos von Pe. Enoque de Oliveira und das Movimento Popular Histórico de Canudos.

Calasans José, Centenário do Belo Monte, in: A Tarde, Salvador-BA, 15.11.1992. Thema: Wann kam Antônio Conselheiro nach Canudos?
Cavalho Bispo da Silva, Marielson de, As crianças de Canudos, in: A Tarde, Salvador-BA, 14.10.1993. Thema: Kinder von Canudos, im Krieg und danach.
Daniel Piza, Brasileiros fazem ´sacramentos´ ao levante de Canudos na TV alemã, in: Folha de São Paulo, São Paulo-SP, 16.02.1993. Thema: Verfilmung von Canudos durch das deutsche ZDF, Miniserie.
Folha de São Paulo, Cruz resiste ainda intacta, São Paulo-SP, 15.12.1992. Thema: Das Kreuz von Canudos.
Monte Santo, Bild, vom Berg aus betrachtet.
Sampaio, Consuelo Novais, Repensando Canudos, in: A Tarde, Salvador-BA, 25.04.1993. Thema: Entstehung des Krieges, politische und historische Verhältnisse, Gonçalvistas, Viannistas, etc.
Przygodda, Peter, „7 Sakramente nach Canudos", 7 Filme à 15 Minuten, 2 Seiten.

Archiv der CPT-Ceará
CPT Ceará, Vorbereitungsheft zur 14. „Romaria da Terra", Semiárido em Romaria por mais vida e cidadania, 11.10.2009, Iguatú-CE, Ed. CPT-Ceará, Fortaleza-CE, 2009.

Archiv der Erzdiözese Salvador-BA (ACAS):
M 1 Liste der Priester und Pfarrer mit deren Einsatzort in der Erzdiözese Salvador-Bahia
M 2 02.11.1886   Salvador
Von: João Capristano Bandeira de Mello   an: Luíz Antônio dos Santos
(Presidente da Provincia)   (Arcebispo da Bahia)
M 3 01.12.1886   Salvador
Von: João Capristano Bandeira de Mello   an: Luíz Antônio dos Santos
(Presidente da Provincia)   (Arcebispo da Bahia)
M 3.1 08.11.1886   Inhambupe
Von: Capitão José Geraldo de Aragão   an: Evaristo Landislau e Silva
(Capitãodo destacamento de Alagoinhas)   (Brigadeiro, Comandante
                                        Geral do Corpo de Policia)

M 3.2 10.11.1886 Itapicuru
Von: Luíz Gonzaga Macedo an: Domingos Rodrigues Guimarães
(Chefe da Polícia da Bahia)
M 4 11.06.1887 Bahia
Von: Dom Luíz, Arcepispo an: João C. Bandeira deMello
(Presidente da Provincia)
M 4.1 15.06.1887 Bahia
Von: João C. Bandeira de Mello an: Arcebispo daBahia
(Presidente da Provincia)
M 5 1874-1877 Bahia Correspondência do Arcebispado
M 6 26.05.1876 Paranhos
Von: Pe. João Alves da Silva an: Arcebispo da Bahia
M 7 30.08.1875 Freguesia de Apové
Von: João José Barbosa an: Arcebispo da Bahia
M 8 02.01.1882 Nossa Senhora da Conceição de Nova Soure
Von: Vigário Vicente Ferreira dos Passos an: Arcebispo da Bahia
M 9 20.01.1882 Serrinha
Von: Pe. Leopoldo Antônio da Guia an: Governador doArcebispado
M 10 12.07.1883 Nossa Senhora da Conceição de Nova Soure
Von: Vigário Vicente Ferreira dos Passos an: Arcebispo da Bahia
M 11 08.05.1884 São João Baptista de Geremoabo
Von: Pe. Olynto Cesar Daim an: Governador doArcebispado
M 12 14.04.1884 Matta de São João
Von: Vigário João de Sena an: Arcebispo da Bahia
M 13 26.10.1886 Inhambupe
Von: Pe. Júlio Fiorentini an: Arcebispo da Bahia
M 14 24.10.1886 Inhambupe
Von: Pe. Júlio Fiorentini an: Arcebispo da Bahia
M 15 22.10.1886 Ohne Ortsangabe
Von: ohne Angabe an: Conego Felix P. de Carvalho
M 16 17.01.1886 Lagarto
Von: João B. Carvalho an: Luíz Antônio dos Santos
(Arcebispo do Brasil)
M 17 04.06.1883 Inhambupe
Von: Antônio Porfírio Ramos an: Manoel dos Santos Pereira
(Governador do Arcebispado)

M 18 03.06.1883 Inhambupe
Von: Viele Pfarreimitglieder an: Arcebispo da Bahia
M 19 27.06.1883 Inhambupe
Von: Vigário Antônio Porfirio Ramos an: Manoel Pereira dosSantos
(Governador do Arcebispado)
M 20 24.02.1891 S. Gonçalo de Itiuba
Von: Estrella Vigário Firmino de Santa an: Governador do Arcebispado
M 20.1 Ohne Datum, ohne Ortsangabe, Absender und Empfänger
M 21 21.10.1886 Inhambupe
Von: Pe. Júlio Fiorentini an: Arcebispo da Bahia
M 22 21.10.1886 Inhambupe
Von: Pe. Júlio Fiorentini an: Conego Miranda
M 23 04.07.1887 Inhambupe
Von: Pe. Júlio Fiorentini an: Arcebispo da Bahia
M 24 25.10.1887 Freg. do Divino Espírito Santo de Inhambupe
Von: Vigário Antônio Porfirio Ramos an: Luiz Antônio dos Santos
(Arcebispo Primaz do Brasil)
M 25 30.10.1887 Inhambupe
Von: Pe. Júlio Fiorentini an: Conego Miranda
M 26 16.04.1884 Freg. do Divino Espírito Santo de Inhambupe de Cima
Von: Paroquianos de Inhambupe an: Arcebispo da Bahia
M 27 Ohne Datum ohne Ortsangabe
Von: Pe. Júlio Fiorentini an: Arcebispo da Bahia
M 28 12.04.1887 Inhambupe
Von: Pe. Júlio Fiorentini an: Arcebispo da Bahia
M 29 17.05.1887 Inhambupe
Von: Ein Gemeindemitglied an: Arcebispo da Bahia
M 30 Brief des 05.04.1888
Von: Vigário Fermino Baptista Soares an: Arcebispo da Bahia
M 31 Relatório do Frei João Evangelista de Monte Marciano, Anschreiben zum Relatório an Monsenhor Clarindo de Souza Aranha, Gouvernador do Arcebipado na ausência de Dom Jerônimo Tomé da Silva.
M 32 Marciano, Frei João Evangelista de Monte, Brief an die Redaktion der Zeitung „Cidade do Salvador", 06.05.1897.

M 33 Calasans, José, Handschriftliche Zitate aus verschiedenen Texten bezüglich des Relatório de Frei João Evangelista de Monte Marciano.
M 34 Handschriftliche Zitate v. José Calasans aus Texten bezüglich des Relatório de Frei João Evangelista de Monte Marciano.
M 29.11.1884 Villa do Campo Formosa
Von: Conego Manoel dos Santos Pereira an: Governador do Arcebispado da Bahia
Eigene Abschrift eines Dokumentes im Archiv der Erzdiözese Salvador [siehe Anhang 11]

Gedruckte Quellen:

Alexander VI. (Papst), Bulle „Inter cetera" vom 03.05.1493, in: Metzler, Josef (Hg.), America Pontificia, Bd. 1, Primi Saeculi evangelizationis 1493-1592, Città del Vaticano, 1991, 71-75.
Alves de Melo, Reginaldo, Brief an den Barão de Jeremoabo vom 26.12.1896, in: Sampaio, Consuelo Novais (Hg.), Canudos, cartas para o barão, São Paulo-SP, 1999, 128.
Amaral Borges, Alcides do (Polizeikommissar), Bericht vom 22.12.1896, in: Milton, Aristides A., A campanha de Canudos, volume 5, Brasilia-DF, 2003, Erste Auflage 1902, 46-47.
Américo José, Brief an den „Barão de Jeremoabo", 28.02.1894, in: Sampaio, Consuelo Novais (Hg.), Canudos, cartas para o barão, São Paulo-SP, 1999, 97.
Barreto, Emídio Dantas, Última expedição a Canudos, Porto Alegre-RS, 1898.
Barreto, Emídio Dantas, Destruição de Canudos, Recife-PE, 1912, 2. korrigierte Auflage, (Erste Auflage 1898, Titel: Última expedição a Canudos).
Barreto, Emídio Dantas, Accidentes da guerra, Recife-PE, 1914, 2. Auflage.
Barros, Flavio de, Fotos von Canudos (fotografiert 1897), in: Veja, n. 1.511, 03.09.1997, São Paulo-SP, 64-87.

Benício, Manoel, O rei dos jagunços, crônica histórica e de costumes sertanejos sobre os acontecimentos de Canudos, Rio de Janeiro-RJ, 1997, 2. Auflage, (Erste Auflage 1899).
Brígido, João, Ceará, homens e factos, Rio de Janeiro-RJ, 2001, (Erste Auflage 1919).
Brito, Febrônio de (Major), Militärbericht vom 29.01.1897, in: Milton, Aristides A., A Campanha de Canudos, volume 5, Brasilia-DF, 2003, (Erste Auflage 1902), 60-64.
Camelo de Souza Velho, José Américo, Brief vom 28.02.1894 an den Barão de Jeremoabo, in: Sampaio, Consuelo Novais (Hg.), Canudos, cartas para o barão, São Paulo-SP, 1999, 97.
Camelo de Sousa Velho, José Américo, Brief an den Barão de Jeremoabo vom 15.10.1897, in: Sampaio, Consuelo Novais (Hg.), Canudos, cartas para o barão, São Paulo-SP, 1999, 221.
Cunha, Euclides da, Os sertões, Edição prefácio, cronologia, notas e índices Leopoldo M. Bernucci, São Paulo-SP, 2001, 2. Auflage, (Erste Auflage 1902).
Cunha, Euclides da, Krieg im Sertão, Übersetzung aus dem brasilianischen Portugiesisch in die deutsche Sprache von Berthold Zilly, Frankfurt/Main, 1994, (Erste Auflage in Portugiesisch: Os sertões, campanha de Canudos, 1902).
Cunha, Euclides da, Os sertões, coleção a obra prima de cada autor, série ouro, São Paulo-SP, 2003, (Erste Auflage 1902).
Cunha, Euclides da, Diário de uma expedição, coleção a obra prima de cada autor, São Paulo-SP, 2003, verfasst 1897, (Erste Auflage 1939).
Cunha, Euclides da, Caderneta de campo, São Paulo-SP, 1975.
Cunha, Euclides da, A nossa Vendéia, vom 14.03. und 17.07.1897, in: Diário de uma expedição, coleção a obra prima de cada autor, São Paulo-SP, 2003, verfasst 1897, (Erste Auflage 1939), 121-132.
Cunha Matos (Major), Bericht vom 05.03.1897, über die Geschehnisse beim Kampf und dem Rückzug der 3. Militärexpedition, in: Milton, Aristides A., A campanha de Canudos, volume 5, Brasilia-DF, 2003, (Erste Auflage 1902), 79-83.
Dantas Martins, Cícero (Barão de Jeremoabo), veröffentlichter Brief, in: Journal de Notícias, Salvador-BA, 04.03.1897, in: Sampaio (Org.), Canudos, cartas para o barão, São Paulo-SP, 1999, 45.

Denzinger, Heinrich, Hünermann, Peter (Hg.), Kompendium der Glaubensbekenntnisse und kirchlichen Lehrentscheidungen, Freiburg, Basel, Rom, Wien, 1991, 37. Auflage.
Favila Nunes, Gazeta de Notícias, 18.09.1897, in: Nogueira Galvão, Walnice, No calor da hora. A guerra de Canudos nos jornais, 4. expedição, São Paulo-SP, 1974, 114.
Favila Nunes, Gazeta de Notícias, 28.10.1897, in: Nogueira Galvão, Walnice, No calor da hora. A guerra de Canudos nos jornais, 4. expedição, São Paulo-SP, 1974, 208.
Favila Nunes, Gazeta de Notícias, 12.10.1897, in: Nogueira Galvão, Walnice, No calor da hora. A guerra de Canudos nos jornais, 4. expedição, São Paulo-SP, 1974, 115-116.
Favila Nunes, Gazeta de Notícias, 20.10.1897, in: Nogueira Galvão, Walnice, No calor da hora. A guerra de Canudos nos jornais, 4. expedição, São Paulo-SP, 1974, 138.
Favila Nunes, J.P., Guerra de Canudos, fascículo n. 3, volume 1, Rio de Janeiro-RJ, 1898.
Figueiro, Manuel, A Notícia, 02.-03.08.1897, in: Nogueira Galvão, Walnice, No calor da hora. A guerra de Canudos nos jornais. 4. expedição, São Paulo-SP, 1974, 408.
Horcades, Alvim Martins, Descrição de uma viagem a Canudos, edição facsimiliada, Salvador-BA, 1996, (Erste Auflage 1899).
Jornal do Brasil, 26.07.1897, in: Nogueira Galvão, Walnice, No calor da hora. A guerra de Canudos nos jornais. 4. Expedição, São Paulo, 1974, 227.
Jornal do Comércio, 08.08.1897, in: Nogueira Galvão, Walnice, No calor da hora. A guerra de Canudos nos jornais. 4. expedição, São Paulo-SP, 1974, 290-293.
Jornal do Comércio, 06.10.1897, in: Nogueira Galvão, Walnice, No calor da hora. A guerra de Canudos nos jornais. 4. expedição, São Paulo-SP, 1974, 332-333.
Journal de Notícias, Bahia, 15.06.1897, in: Nogueira Galvão, Walnice, No calor da hora. A guerra de Canudos nos jornais. 4. expedição, São Paulo-SP, 1974, 4, 51.
Leal, Júlio Cesar, in: Jornal do Brasil, Rio de Janeiro-RJ, 04.08.1897, in: Nogueira Galvão, No calor da hora, A guerra de Canudos nos jornais. 4. expedição, São Paulo-SP, 1974, 85

Leone, Arlindo, Telegramm, 29.10.1896, in: Milton, Aristides A., A campanha de Canudos, Brasilia-DF, 2003, (Erste Auflage 1902), 37.

Magalhães, J.B., am 05.06.1876, in: Milton, Aristides, A campanha de Canudos, Brasilia-DF, 2003, (Erste Auflage 1902), 21-22.

Macedo, Soares, Tenente Henrique Duque-Estrada, A guerra de Canudos, Rio de Janeiro-RJ, 1985, 3. Auflage, (Erste Auflage 1897).

Marciano, Frei João Evangelista de Monte, Relatório apresentado pelo reverendo Frei João Evangelista de Monte Marciano ao arcebispado da Bahia sobre Antônio Conselheiro e seu séquito no arraial de Canudos – 1895, edição facsimiliada, apresentação de José Calasans, publicação 130, Salvador-BA, 1987, (Erste Auflage 1895).

Mariano, Cândido José, A força pública do Amazonas em Canudos. Relatório do Tenente Cândido José Mariano, Recife-PE, 1998, 4. Auflage, (Erste Auflage 1897).

Mendes Maciel, Antônio Vicente,(Antônio Conselheiro), Handschriftliches Manuskript von 1895, in:Nogueira Galvão, Walnice, Rocha Peres, Fernando da, Breviário de Antônio Conselheiro, Salvador-BA, 2002.

Mendes Maciel, Antônio Vicente, (Antônio Conselheiro), Handschriftliches Manuskript von 1897, in: Nogueira, Ataliba, Antônio Conselheiro e Canudos, revisão histórica, a obra manuscrita de Antônio Conselheiro e que pertenceu a Euclides da Cunha, São Paulo-SP, 1974.

Metzler, Josef (Hg.), America Pontificia I, Bd. 1, Primi Saeculi evangelizationis 1493-1592, Città del Vaticano, 1991.

Metzler, Josef (Hg.), America Pontificia II, Bd. 2, Primi Saeculi evangelizationis 1493-1592, Città del Vaticano, 1991.

Metzler, Josef (Hg.), America Pontificia III, Bd. 3, L´evangelizatione dell´America: 1593-1644, Città del Vaticano, 1995.

Milton, Aristides A., A campanha de Canudos, volume 5, Brasilia-DF, 2003, (Erste Auflage 1902).

Nery, Major A. Constantino, A quarta expedição contra Canudos. Cem leguas atravez do Sertão, de Aracajú a Queimadas: diário de campanha, Belém-PA, 1898.

Nogueira Galvão, Walnice, No calor da hora. A guerra de Canudos nos jornais. 4. expedição, São Paulo-SP, 1974.

O Rabudo, Ausgabe vom 22.11.1874, in: Souza Silva, Rogério, Antônio Conselheiro, a fronteira entre a civilização e barbárie, Pinheiros-SP, 2001, 52.

O República, vom 02.07.1897, in: Nogueira Galvão, Walnice, No calor da hora. A guerra de Canudos nos jornais. 4. expedição, São Paulo-SP, 1974, 76-77.

Pereira de Miranda, Marcelino (Oberstleutnant der Nationalgarde und Vorsteher von Tucano), Brief an den Barão de Jeremoabo vom 12.01.1894, in: Sampaio, Consuelo Novais, Canudos, cartas para o barão, São Paulo-SP 1999, 90.

Piedade, Lélis, Olavo, Antônio, Comité Patriótico da Bahia 1897-1901, histórico e relatório do Comité Patriótico da Bahia, Salvador-BA, 2002, 2. Auflage, (Erste Auflage 1901).

Pires Ferreira, Manuel (Leutnant), Militärbericht vom 10.12.1896, in: Milton, Aristides, A., A campanha de Canudos, Brasilia-DF, 2003, (Erste Auflage 1902), 40-45.

Sampaio, Consuelo Novais (Org.), Canudos, cartas para o barão, São Paulo-SP, 1999.

Sinzig, Frei Pedro OFM, Reminiscências d'um frade, Petrópolis-RJ, 1925.

Siqueira Menezes (Oberst), Grundrisskarte von Canudos, in: Cunha, Euclides da, Krieg im Sertão, Frankfurt, 1994.

Studenten der Rechtsfakultät von Bahia (Faculdade Livre de Direito da Bahia), Akademisches Manifest zu Canudos vom 03.11.1897, in: Milton, Aristides A., A campanha de Canudos, Brasilia-DF, 2003, (Erste Auflage 1902), 143-144.

Tavares, Odórico, Canudos cinquenta anos depois, 1947, Salvador-BA, 1993.

Teles, Carlos Coronel, in: Jornal do Brasil, 23.08.1897, in: Nogueira Galvão, Walnice, No calor da hora. A guerra de Canudos nos jornais. 4. expedição, São Paulo-SP, 1974, 87-88.

Zama, Cesar (Wolsey), Libelo republicano acompanhado de comentários sobre a campanha de Canudos, publicação da Universidade Federal da Bahia n. 139, edição facsimilar, Salvador-BA, 1899, (Erste Auflage 1899).

Mündliche Quellen

Siehe Interviewband zu dieser Arbeit (Bibliothek der Philosophisch-Theologischen Hochschule St. Georgen in Frankfurt/Main)

2. Literaturverzeichnis:

Associação Cultural Euclides da Cunha (ACEC), Programm der 10. semana cultural congresso – os sertões, 24.11.-01.12.2007.

Adam, Júlio Cézar, Romaria da Terra. Brasiliens Landkämpfer auf der Suche nach Lebensräumen, Reihe: Praktische Theologie heute, Band 72, Stuttgart, 2005.

Alencar, Francisco, Carpi, Lucia, Ribeiro, Marcus Venício, História da sociedade brasileira, Fortaleza-CE, 1990, 3. Auflage.

Alencar, José Martiniano de, Iracema, Porto Alegre-RS, 1999, (Erste Auflage 1865).

Alexander VI. (Papst), Bulle „Inter Cetera" vom 04.05.1493, in: Sievernich, Michael SJ, Camps, Arnulf OFM, Müller, Andreas OFM, Senner, Walter OP Hg., Conquista und Evangelisation, 500 Jahre Orden in Lateinamerika, Mainz, 1992, 472-474.

Almeida de, Erickson, Moiyalé Amhara, Salvador-BA, 2005.

Alves, Lizir Arcanjo, Humor e sátira na guerra de Canudos, Salvador-BA, 1997.

Amorim, José Américo, Cantiga das águas, Canudos-BA, 2000.

Andrade, José Wilson, A experiência religiosa e sociopolítica de Canudos. Aspectos eclesiológicos da comunidade de Antônio Conselheiro, dissertação de mestrado, orientador: Prof. Dr. João Libânio, Instituto Santo Inácio Faculdade Jesuítica de Filosofia e Teología, Belo Horizonte-MG, 2006.

Andrade Maia, Lucíola, Mística, educação e resistência no movimento dos Sem-Terra-MST, Fortaleza-CE, 2008.

Anzenbacher, Arno, Sozialismus, in: LThK, Band 9, Freiburg-Basel-Rom-Wien, 3. Auflage, 2000, 781-783.

Aras, José, Sangue de irmãos. (Ou Canudos por dentro, história completa da guerra de Canudos, vida do Conselheiro 25 anos na Bahia e Sergipe), ohne Jahresangabe, vermutlich 1974 (vor 1977, nach der Errichtung der „açude" Cocorobó, d.h. zwischen 1965-1977).

Aras, José, No sertão do Conselheiro, Salvador-BA, 2003.

Araujo Sá, Antônio Fernando de, Filigranas da memória, história e memória nas comemorações dos centenários de Canudos (1993-1997), dissertação, programa da pós-graduação da historia, Universidade de Brasília, orientadora: Prof. Dr. Tereza Negrão de Mello, Brasília-DF, 2006.

Arruda, João, Canudos, messianismo e conflito social, Fortaleza-CE, 1993.

Arruda, João, Canudos, messianismo e conflito social, Fortaleza-CE, 2006, 2. überarbeitete und erweiterte Auflage.

Arruda, João, Padre Cícero, religião, política e sociedade, Fortaleza-CE, 2002.

Associação Teatro Oficina Uzyna Uzona, Os Sertões. Irrigando gotejando Canudos 28.11. a 02.12 de 2007, São Paulo-SP, 2007.

Ataide, Yara Dulce Bandeira de, O cotidiano de Canudos, religião e solidariedade, in: Bloch Didier (Hg.), Canudos 100 anos de produção, Paulo Afonso-BA, 1997, 47-56.

Aymore, Fernando Amado, Die Jesuiten im kolonialen Brasilien. Katechese als Kulturpolitik und Gesellschaftsphänomen (1549-1760), Europäische Hochschulschriften, Reihe 3, Bd. 1069, Frankfurt am Main, Berlin, Bern, Brüssel, New York, Oxford, Wien, 2009.

Azevedo de Carvalho, Marcello, Comunidades Eclesiais de Base e inculturação da fé. A realidade das CEBs e sua tematização teórica na perspectiva de uma evangelização inculturada, Coleção Fé e realidade, Band 19, São Paulo-SP, 1986.

Barros Souza, Marcelo, Caravias, J. Luis, Theologie der Erde, Düsseldorf, 1990.

Bartelt Dawid Danilo, Nation gegen Hinterland, Stuttgart, 2003.

Bello José Maria, História da república, primeiro período 1889-1902, Rio de Janeiro-RJ, 1940.

Beozzo, José Oscar, Brasilien, in: LThK, Band 2, Freiburg-Basel-Rom-Wien, 1994, 3. Auflage, 634-655.

Berger Rupert, Kleines liturgisches Lexikon, Freiburg, Basel, Wien, 1991, 3. Auflage.

Berufsverband der PastoralreferentInnen Deutschlands e.V. (Hg.), Begegnungen. 40 Jahre Pastoralreferentinnen und Pastoralreferenten in Deutschland, München, 2011.

Bispos e pastores sinodais sobre a terra, Os pobres possuirão a terra. Pronunciamento de bispos e pastores sinodais sobre a terra, São Leopoldo-RS, São Paulo-SP, 2006.

Bloch Didier (Org.), Canudos 100 anos de produção, Instituto Popular Memorial de Canudos, Paulo Afonso-BA, 1997.

Bloch, Didier, Peixes, cabras e bananas, produzir na atual Canudos, in: derselbe (Org.), Canudos 100 anos de produção, Paulo Afonso-BA, 1997.

Böckenförde, Ernst-Wolfgang, Staat Gesellschaft Freiheit, Reihe: Wissenschaft 163, Frankfurt/Main, 1976, 60.

Brune, Guido, Menschenrechte und Menschenrechtsethos. Zur Debatte um eine Ergänzung der Menschenrechte durch Menschenpflichten, Reihe: Theologie und Frieden, Band 29, Stuttgart, 2006.

Calasans José, O ciclo folclórico do Bom Jesus Conselheiro. Contribuição ao estudo da campanha de Canudos, apresentação de Fernando da Rocha Peres, edição facsimiliar, Salvador-BA, 2002, (Erste Auflage 1950).

Calasans José, No tempo de Antônio Conselheiro. Figuras e fatos da campanha de Canudos, Coleção de Estudos Brasileiros, serie Cruzeiro, volume 17, edição facsimiliar, Salvador-BA, Ed. Progresso, ohne Jahresangabe, (Erste Auflage 1959).

Calasans, José, Quase biografias de jagunços. O séquito de Antônio Conselheiro, publicação 122, Salvador-BA, 1986.

Calasans, José, Apresentação, in: Monte Marciano, Frei João Evangelista, Relatório apresentado pelo reverendo Frei João Evangelista de Monte Marciano ao arcebispado da Bahia sobre Antônio Conselheiro e seu séquito no arraial de Canudos – 1895, edição facsimiliada, apresentação de José Calasans, publicação 130, Salvador-BA, 1987, (Erste Auflage 1895).

Calasans, José, Cartografia de Canudos, Salvador-BA, 1997.

Calasans, José, Nóbrega, José Dionísio, Solidariedade, sim, igualdade não, in: Bloch, Didier, (Org.), Canudos 100 anos de produção, Paulo Afonso-BA, 1997, 37-46.

Câmara, Antônio, A atualidade da Reforma Agrária – de Canudos aos Sem-Terra: a utopia pela terra, in: UFBA (Universidade Federal da Bahia), O olho da história, Revista de História Contemporânea, v.2, n.3, 1996, Salvador-BA, 1996, 29-45.

CELAM, Conclusões da Conferência de Medellin, 1968: Trinta anos depois, Medellin é ainda atual?, São Paulo-SP, 2004, 2. Auflage.

CELAM, CNBB (Conferência Nacional dos Bispos do Brasil, Hg.), 3. Conferência Geral do Episcopado Latino-Americano, Puebla. A evangelização no presente e no futuro da América Latina, texto oficial da CNBB, Pertrópolis-RJ, 1982, 4. Auflage.

Chapel Art Center Köln, Ausstellung „Canudos lebt", Mai/Juni 1997 im Chapel Art Center, Jülicher Straße 26, 50674 Köln. Siehe den dazugehörigen Ausstellungsprospekt, mit einer Ausführung des Kölner Universitätsprofessors Helmut Feldmann.

CNBB (Conferência Nacional dos Bispos do Brasil), Solo urbano e ação pastoral. 20. assembléia geral, Itaici-SP, 09.-18.02.1982, documentos da CNBB n. 23, São Paulo-SP, 1982.

CNBB (Conferência Nacional dos Bispos do Brasil), Terra de Deus – terra de irmãos. Campanha da Fraternidade 1986, texto base, Brasília-DF, 1986.

Comblin, José, Christãos rumo ao século XXI., São Paulo-SP, 1996.

Comblin, José, Padre Ibiapina, Coleção Biografias, São Paulo-SP, 2011.

Comissão Pastoral da Terra, Conflitos no campo – Brasil 1988, Goiânia-GO, 1989.

Comissão Pastoral da Terra, Conflitos no campo – Brasil 2005, Goiânia-GO, 2006.

Comissão Pastoral da Terra, Conflitos no campo – Brasil 2006, Goiânia-GO, 2007.

Comissão Pastoral da Terra, Conflitos no campo – Brasil 2007, Goiânia-GO, 2008.

Comissão Pastoral da Terra, Conflitos no campo – Brasil 2008, Goiânia-GO, 2009.

Comissão Pastoral da Terra Ceará, Na luta por terra e água, o renascer de Canudos, 8. Romaria da Terra, Iguatú 11.10.1997 CPT-CE/Diocese de Iguatú, Vorbereitungsheft der Romaria da Terra im brasilianischen Bundesstaat Ceará am 11.10.1997.

Comissão Pastoral da Terra Ceará (CPT-CE), 14. Romaria da Terra, semiárido em Romaria por mais vida e cidadania, 11.10.2009 in Iguatú-CE (Vorbereitungsheft), Fortaleza-CE, 2009.

Comissão Pastoral da Terra Rio Grande do Sul (CPT-RS), Texto-Base da 25. Romaria da Terra. Arquivo das Romarias da Terra, in: Dallagnol, Wilson, As Romarias da Terra no Rio Grande do Sul, 2001, 223ff.

Coordenação do Novo Movimento Histórico de Canudos, Noventa anos depois, Nazaré-Salvador-Bahia, 1986.

Costa, Nicola S., Canudos, ordem e progresso no sertão, coleção desafios, São Paulo, 1990, 4. Auflage.

Dallagnol, Wilson, As Romarias da Terra no Rio Grande do Sul. Um povo a caminho da „Terra Prometida", Porto Alegre-RS, 2001.

Dantas, Paulo, O capitão jagunço, 1959.

Dantas, Paulo, Antologia euclidiana, in: Cunha, Euclides da, Diário de uma expedição, coleção a obra prima de cada autor, São Paulo, 2003, (verfasst 1897, erste Auflage 1939), 167.

Dantscher, Jörg, Auf Gottes Spuren kommen. Ignatianische Exerzitien – auch für den Alltag, mit Bildern von Sieger Köder, Ostfildern, 2004.

Delgado, Mariano, Abschied vom erobernden Gott. Studien zur Geschichte und Gegenwart des Christentums in Lateinamerika, Verein zur Förderung der Missionswissenschaft Immensee, Immensee, 1996.

Della Cava, Ralph, Milagre em Joaseiro, tradução de Maria Yedda Linhares, Coleção Estudos Brasileiros, volume 13, Rio de Janeiro-RJ, 1976.

Dobroruka, Vicente, Antônio Conselheiro, o beato endiabrado de Canudos, Rio de Janeiro-RJ, 1997.

Domingues, Eliane, Movimento dos Trabalhadores Rurais Sem Terra, Contestado e Canudos. Algumas reflexões sobre a religiosidade, in: Memorandum, 08.04.2005, Belo Horizonte-MG, Ribeirão Preto-SP, 38-51.

Dores Bombinho, Manuel Pedro das, Villa Marco Antonio (Org.), Canudos história em versos, São Paulo-SP, 2002, (Erste Auflage 1898).

Dussel, Enrique, Die Geschichte der Kirche in Lateinamerika, Mainz, 1988.

Ehlen, Peter, Kommunismus I. Begriff, in: LThK, Band 6, Freiburg-Basel-Rom-Wien, 1997, 3. Auflage, 223-226.

Eisler, Rudolf, Philosophen-Lexikon, Leben, Werke und Lehren der Denker, Berlin, 1912.

Ernst, Josef, Propheten, Prophetie, II. Biblisch, 2. Neues Testament in: LThK, Band 8, Freiburg, Basel, Rom, Wien, 1999, 3. Auflage, 632-633.

Facó, Rui, Cangaçeiros e fanáticos, Coleção Retratos do Brasil, volume 15, Rio de Janeiro-RJ, 1978, 5. Auflage, (Erste Auflage 1963).

Fagundes Hauck, João, Fragoso, Hugo, Beozzo, José Oscar, van der Grijp, Klaus, Brod, Benno, História da igreja no Brasil. Ensaio de interpretação a partir do povo, segunda época, Band II/2, São Paulo-SP, Petrópolis-RJ, 1985, 2. Auflage.

Farias, Aírton de, História da sociedade cearense, Fortaleza-CE, 2004.

Feldmann, Helmut, Artikel im Heft zur Ausstellung „Canudos lebt – Schrecken eines brasilianischen Krieges" (Canudos Rediviva), Mai/Juni 1997, Zentrum Portugiesischsprachige Welt der Universität Köln, Galerie Chapel Art Center Köln, Ministerium für Kultur und Tourismus der Landesregierung Bahia, Köln, 1997.

Feliciano, Carlos Alberto, Movimento camponês rebelde. A Reforma Agrária no Brasil, São Paulo-SP, 2006.

Ferreira, Olavo Leonel, 500 anos de história do Brasil, Brasília-DF, 2005.

Ferreira Lima, Adriano, Fragmentos de um discurso prophético, in: Hoeffler, Angelica, Tavares, Clarissa, Assumpção Pablo, Lima, Adriano, Rios, Dellano, Padre Cícero, mistérios da fé, coleção outras histórias – 25, Fortaleza-CE, Crato-CE, 2004.

Fiorin, José Luiz, A ilusão da liberdade discursiva. Uma análise das prédicas de Antônio Conselheiro, dissertação de mestrado, área de linguística, Faculdade de Filosofia, Letras e Ciências Humanas, orientador Prof Dr. Izidoro Blikstein, São Paulo-SP, 1999.

Freitas Neto, José Alves de, Tasinafo, Célio Ricardo, História geral e do Brasil, São Paulo-SP, 2006.

Gadelha, Descartes, Zyklus „Cicatrizes submersas", Dauerausstellung im Museum der Universidade Federal do Ceará MAUC, Aufnahmen von Harald Stuntebeck, 2008.

Garcez, Angelina Nobre Rolim, Aspectos econômicos do episódio de Canudos, Centro de Estudos Baianos n. 81, Salvador-BA, 1977, 7.

Garcez, Angelina Nobre Rolim, Aspectos econômicos de Canudos, in: Bloch Didier (Hg.), Canudos 100 anos de produção, Paulo Afonso-BA, 1997, 57-64.

Gaudenzi, Tripoli Francisco Britto, Memorial de Canudos, Salvador-BA, 1996.

Gaudenzi, Tripoli Francisco Britto, Canudos rediviva, Salvador-BA, 1993.

Gessmann, Martin (Hg.), Philosophisches Wörterbuch, Stuttgart, 2009, 23. Auflage.

Gillies, Steven, Robert Owen, in: Lutz, Bernd (Hg.), Metzler Philosophenlexikon, Stuttgart, Weimar, 2003, 3. Auflage, 529-530.

Goerdt, Wilhelm, Russische Philosophie. Zugänge und Durchblicke, Freiburg im Breisgau, München, 1984.

Guerra, Sérgio, Prefácio, in: Piedade Lellis, Olavo Antônio, Comité Patriótico da Bahia 1897-1901, Histórico e relatório do Comité Patriótico da Bahia, Salvador-BA, 2002, 2. Auflage (Erste Auflage 1901), 31ff.

Guimarães Rosa, João, Grande Sertão, Köln, 1994, 3. Auflage.

Gutiérrez, Angela, Antônio Conselheiro versus ordem e progresso. 1. Congresso do Núcleo de Psiquiatria do Estado do Ceará, Participação na mesa redonda: Violência, Religião e Sociedade, 07.06.2002.

Gutiérrez, Angela, Vargas Llosa e o romance possível da América Latina, Fortaleza-CE, Rio de Janeiro-RJ, 1996.

Gutiérrez, Angela, Luzes de Paris e o fogo de Canudos, Fortaleza-CE, 2006.

Gutmann, Amy (Hg.), Multikulturalismus und die Politik der Anerkennung, Frankfurt, 1993.

Habermas, Jürgen, Anerkennungskämpfe im demokratischen Rechtsstaat, in: Gutmann, Amy (Hg.), Multikulturalismus und die Politik der Anerkennung, Frankfurt, 1993, 164.

Hoeffler, Angelica, Tavares, Clarissa, Assumpção, Pablo, Lima, Adriano, Rios, Dellano, Padre Cícero, mistérios da fé, coleção outras histórias – 25, Fortaleza-CE, Crato-CE, 2004.

Hoheisel, Karl, Artikel: Propheten, Prophetie, I. Religionsgeschichtlich, in: LThK, Band 8, Freiburg, Basel, Rom, Wien, 1999, 3. Auflage, 627-628.

Hoornaert, Eduardo, Kirchengeschichte Brasiliens aus der Sicht der Unterdrückten 1550-1800, Mettingen, 1982.

Hoornaert, Eduardo, Azzi, Riolando, van der Grijp, Klaus, Brod Benno, História da igreja no Brasil, ensaio de interpretação a partir do povo, primeira época, São Paulo-SP, Petrópolis-RJ, Band II/1, 1983, 3. Auflage.

Hoornaert u.a. Hg, História da igreja no Brasíl, tomo II/1, primeira época – seculo XIX, São Paulo-SP, Petrópolis-RJ, 1983, 3. Auflage.

Hoornaert, Eduardo, Kolonisation und Evangelisation. Zyklen der kirchenhistorischen Entwicklung in Brasilien, in: Meier, Johannes (Hg.), Zur Geschichte des Christentums in Lateinamerika. Mit Beiträgen von Wolfgang Reinhard, Eduardo Hoornaert, Johannes Meier, Fernando Mires, Schriftenreihe der Katholischen Akademie der Erzdiözese Freiburg, München, Zürich, 1988, 26-39.

Hoornaert, Eduardo, Os anjos de Canudos, Petrópolis-RJ, 1997.

Hoornaert, Eduardo, Crônica das casas de caridade, fundadas pelo Padre Ibiapina, coleção outras histórias - 39, Fortaleza-CE, Ed. Fortaleza-CE, 2006.

Hossfeld, Frank-Lothar, Artikel Propheten, Prophetie, II. Biblisch, 1. Altes Testament in: LThK, Band 8, Freiburg, Basel, Rom, Wien, 1999, 3. Auflage, 628-632.

INCRA, Evolução da estrutura fundiária – 1992, in: Feliciano, Carlos Alberto, Movimento camponês rebelde. A Reforma Agrária no Brasíl, 2006, 28.

INCRA, Apuração especial do SNR.– Oktober 2003, in: Telles Melo, João Alfredo, (Hg.) Reforma Agrária quando?, 2006, 42.

INCRA, Estatística Cadastal, in: Telles Melo, João Alfredo, (Hg.) Reforma Agrária quando?, 2006, 213.

Instituto Popular de Canudos, Almanaque de Canudos 1993, Paulo Afonso-BA, Ed. Instituto Popular de Canudos, Canudos-BA, 1992.

Instituto Popular de Canudos, Almanaque de Canudos 1996, Paulo Afonso-BA, Ed. Instituto Popular de Canudos, Canudos-BA, 1995.

Instituto Popular de Canudos, Almanaque de Canudos 1997, Paulo Afonso-BA, Ed. Instituto Popular de Canudos, Canudos-BA, 1996.

Instituto Popular de Canudos, Almanaque de Canudos 1997, Fundo de Pasto, Paulo Afonso-BA, Canudos-BA, 1996.

Instituto Popular de Canudos, Almanaque de Canudos 1998, Paulo Afonso-BA, Canudos-BA, 1997.

Instituto Popular de Canudos, Almanaque de Canudos 1998, A central de fundo e fecho de pasto, Paulo Afonso-BA, Canudos-BA, 1997.

Instituto Popular de Canudos, Almanaque de Canudos 2002, Petrolina-PE Juazeiro-BA, Canudos-BA, 2001.

Instituto Popular de Canudos, Canudos - uma história de luta e resistência, Coleção Centenário 1, Paulo Afonso-BA, Canudos-BA, 1997, 3. Auflage.

Instituto Popular de Canudos, Fundo de pasto no semiárido, Coleção Centenário 2, Paulo Afonso-BA, Canudos-BA, 1997.

Instituto Popular de Canudos, Hínos e poesia, Coleção Centenário 3, Paulo Afonso-BA, Canudos-BA, 1997.

Instituto Popular de Canudos, Romaria de Canudos cantando a caminhada, Liederheft der Romaria de Canudos 1997, Canudos-BA, 1997.

Instituto Popular Memorial de Canudos (IPMC), Selbstvorstellung, in: Bloch Didier (Org.), Canudos 100 anos de produção, Instituto Popular Memorial de Canudos, Paulo Afonso-BA, 1997, 123.

Iserloh, Erwin, Thomas Mün(t)zer, in: LThK, Band 7, Feiburg im Breisgau, 1962, 2. Auflage, 690.

Joffily, Bernardo, Oswaldão e a saga do Araguaia, São Paulo-SP, 2008.

Junior, Antenor, Cartilha de Canudos. 110 anos da guerra de Canudos 1897-2007, edição rememorativa dos 110 anos da guerra de Canudos, Salvador-BA, 2007.

Kehl, Medard, Die Kirche. Eine katholische Ekklesiologie, Würzburg, 1994, 3. Auflage.

Kehl, Medard, Eschatologie, Würzburg, 1996, 3. Auflage.

Kinder, Hermann, Hilgemann, Werner, DTV-Atlas zur Weltgeschichte, Karten und chronologischer Abriss, Band 2, 1987, 22. Auflage.

Köbel, Nils, Jugend-Identität – Kirche. Eine erziehungswissenschaftliche Rekonstruktion kirchlicher Orientierungen im Jugendalter, Frankfurter Beiträge zur Erziehungswissenschaft, Reihe Monographien 8, Johann-Wolfgang-Goethe-Universität, Frankfurt am Main, 2009.

Laub, Franz, Chilialismus, in: LThK, Band 2, Freiburg-Basel-Rom-Wien, 1994, 3. Auflage, 1045.

Levine, Robert M., O sertão prometido. O massacre de Canudos no nordeste brasileiro, 1893, São Paulo-SP, 1995, Original: Vale of Tears: Revisiting the Canudos massacre in northeastern Brazil, 1893-1897, Ed. Regents of the University of California, 1995, (Erste Auflage 1992).

Lexikon für Theologie und Kirche (LThK), Abkürzungsverzeichnis, Freiburg, Basel, Rom, Wien, 1993, 3. Auflage.

Libânio, João Batista, Luchetti, Bingemer M.C., Christliche Eschatologie, Düsseldorf, 1987.

Lutz, Bernd (Hg.), Metzler Philosophenlexikon, Stuttgart, Weimar, 2003, 3. Auflage.

Macedo, Nertan, Memorial de Vilanova, Rio de Janeiro-RJ, 1964.

Macedo, Nertan, Antônio Conselheiro. A morte em vida do beato de Canudos, Rio de Janeiro-RJ, 1978, 2. Auflage.

Matos Martins, Paulo Emílio, A reinvenção do Sertão, Rio de Janeiro-RJ, 2001.

Meier, Johannes, (Hg.), Zur Geschichte des Christentums in Lateinamerika. Mit Beiträgen von Wolfgang Reinhard, Eduardo Hoornaert, Johannes Meier, Fernando Mires, Schriftenreihe der Katholischen Akademie der Erzdiözese Freiburg, München, Zürich, 1988.

Meier, Johannes, Die Kirche in den lateinamerikanischen Nationalstaaten bis zur Konferenz von Medellín. Eine Chronik (1807-1968), in: derselbe (Hg.), Zur Geschichte des Christentums in Lateinamerika. Mit Beiträgen von Wolfgang Reinhard, Eduardo Hoornaert, Johannes Meier, Fernando Mires, Schriftenreihe der Katholischen Akademie der Erzdiözese Freiburg, München, Zürich, 1988, 65-79.

Meier, Johannes, Die Orden in Lateinamerika, in: Sievernich Michael SJ, Camps, Arnulf OFM, Müller, Andreas OFM, Senner, Walter OP Hg., Conquista und Evangelisation. 500 Jahre Orden in Lateinamerika, Mainz, 1992.

Militão, João Wanderley Roberto (Pingo de Fortaleza), Maracatu Az de Ouro. 70 anos de memórias, loas e batuques, Fortaleza-CE, 2007.

Missio, Missio-Informationen 3/1980, Aachen, 1980.

Moniz, Edmundo, Canudos, a guerra social, Rio de Janeiro-RJ, 1978.

Moniz, Edmundo, Canudos, a guerra social, Rio de Janeiro-RJ, 1987, 1978, 2. Auflage.

Moniz, Edmundo, Canudos, a luta pela terra, São Paulo-SP, 1990, 7. Auflage.
Montenegro, Abelardo F., Antônio Conselheiro, Fortaleza-CE, 1954.
Montenegro, Abelardo, História do fanatismo religioso no Ceará, Fortaleza-CE, 1959.
Montenegro, Abelardo F., Fanáticos e cangaçeiros, Fortaleza-CE, 1973.
Montenegro, Padre F., Fé em Canudos, Rio de Janeiro-RJ, São Paulo-SP, Fortaleza-CE, 2004.
Morães Rego, Orlando L.M. de, A brigada policial do Pará na campanha de Canudos, Belém-PA, 1965.
Morães de Souza, Claudia, Machado, Ana Claudia, Movimentos sociais no Brasil contemporâneo, Coleção História temática retrospectiva, volume 4, São Paulo-SP, 1997.
Morissawa, Mitsue, A história da luta pela terra e o MST, São Paulo-SP, 2001.
Morus, Thomas, Utopia, Stuttgart, 1995, 2. Auflage, Übersetzung aus dem Latein von Gerhard Ritter, (Erste Auflage in Latein 1516).
Movimento dos Trabalhadores Rurais sem Terra, Secretaria Nacional, Canudos não se rendeu. 100 anos de luta pela terra, São Paulo-SP, 1993.
Movimento Popular e Histórico de Canudos (Coordenação do Novo Movimento Histórico de Canudos), Canudos, a sua história e de seu fundador, Salvador-BA, 1984.
Movimento Popular e Histórico de Canudos (Coordenação do Novo Movimento Histórico de Canudos),Noventa anos depois, Canudos de novo, Salvdor-BA, 1986.
Movimento Popular e Histórico de Canudos, Carta Aberta do Movimento Popular e Histórico de Canudos, in: Araujo Sá, Filigranas da memória: história e memória nas comemorações dos centenários de Canudos (1993-1997), 2006, 183.
Movimento Popular e Histórico de Canudos, 23. Celebração popular pelos mártires de Canudos, Programmblatt der Kampagne vom 19.09. bis 08.10.2008, Euclides da Cunha-BA, 2008.
Nebel, Richard, Guadalupe in Mexico, in: LThK, Bd. 4, Franca-Hermenegild, Kasper Walter (Hg.), Freiburg im Breisgau, Basel, Rom, Wien, 1995, 3. Auflage, 1086.

Neto, Lira, Padre Cícero, poder fé e guerra no sertão, São Paulo-SP, 2009, 2. Auflage.

Neto, Manoel, Dantas, Roberto, (Org.), Os intelectuais e Canudos. O discurso contemporâneo, Salvador-BA, 2003.

Nóbrega, José Laurício (Morenito), Os cem anos de Canudos, Euclides da Cunha-BA, ohne Jahresangabe.

Nogueira, Ataliba, Antônio Conselheiro e Canudos. Revisão histórica, a obra manuscrita de Antônio Conselheiro e que pertenceu a Euclides da Cunha, São Paulo-SP, 1974.

Nogueira Galvão, Walnice, Rocha Peres, Fernando da, Breviário de Antônio Conselheiro, Salvador-BA, 2002.

Nogueira Galvão, Walnice, O império do Belo Monte. Vida e morte de Canudos, São Paulo-SP, 2002, 2. Auflage.

Noll, Mark A., Das Christentum in Nordamerika. Kirchengeschichte in Einzeldarstellungen IV/5, Leipzig, 2000.

Oikawa, Marcelo Eiji, Porecatu, a guerrilha que os comunistas esqueceram,São Paulo-SP, 2011.

Olbrich Clemens, Stammberger Ralf M. W., (Hg.), Und sie bewegen sie doch. PastoralreferentInnen unverzichtbar für die Kirche, Freiburg im Breisgau, 2000.

Oliveira, Enoque José de, Conselheiro do sertão, entre prédicas e conselhos (lider camponês), Salvador-BA, 1997.

Oliveira, Enoque José de, in: Neto, Manoel, Dantas, Roberto, (Hg.), Os intelectuais e Canudos. O discurso contemporâneo, Salvador-BA, 2003.

Oliveira, Nelson de, Reforma Agrária, na transição democrática, a abertura dos caminhos à submissão institucional, Coleção Movimentos sociais, Centro de Estudos e Ação Social CEAS, São Paulo-SP, 2001.

Oliveira Cavalcanti Barros, Luitgarde, Cem anos de violência na literatura e na realidade social brasileira, in: Revista do Livro n. 46, ano 14.12.2002, Ministério da cultura, Fundação Bibliotéca Nacional, Rio de Janeiro-RJ, 2002, 62-69.

Otten, Alexandre, Só Deus é grande. A mensagem religiosa de Antônio Conselheiro, dissertação, Gregoriana Rom, 1987, São Paulo-SP, 1990.

Ouvidora Agrária Nacional, in: Telles Melo, João Alfredo (Org.), Reforma Agrária quando? CPI mostra as causas da luta pela terra no Brasil, Brasília-DF, 2006. 60.

Paroquia de São Francisco, Comunidade de Oitícica, Secretaria de Cultura e Turísmo de Quixeramobim-CE, Conselheiro está vivo na alma dos seus seguidores. Textos para a missa do 178. aniversário de Antônio Conselheiro em Quixeramobim, dia 13.05.2008, Quixeramobim-CE, 2008.

Paus, Ansgar, Mystik I. religionsgeschichtlich, in: LThK, Band 7, Maximilian bis Pazzi, Freiburg, Basel, Rom, Wien, 1998, 3. Aufl. 583-584.

Peloso, Ranulfo, Siqueira, Ruben u.a. (CPT), Saberes e olhares – a formação e educação popular na Comissão Pastoral da Terra, São Paulo-SP, 2002.

Pereira, Geraldo Amâncio, Antônio Conselheiro e a fantástica epopéia de Canudos, Fortaleza-CE, 2006.

Pereira de Queiroz, Maria Isaura, O messianismo no Brasil e no mundo, São Paulo-SP, 2003, 3. Auflage, (Erste Auflage 1965).

Piepke, Joachim G., Antônio Conselheiro – der Ratgeber der Armen. Eine messianische Prophetengestalt Brasiliens im ausgehenden 19. Jahrhundert, in: NZM 52/2, 1996, 105-120.

Poletto, Ivo, Canuto, Antônio, Nas pegadas do povo da terra. 25 anos da Comissão Pastoral da Terra, Ed. Loyola, São Paulo-SP, Goiânia-GO, 2002.

Pontifício Conselho „Justiça e Paz", Para uma melhor distribuição da terra. O desafio da Reforma Agrária, Band 155, São Paulo-SP, 1998.

Prien, Hans-Jürgen, Die Geschichte des Christentums in Lateinamerika, Göttingen, 1978.

Prien, Hans-Jürgen, Das Christentum in Lateinamerika. Kirchengeschichte in Einzeldarstellungen IV/6, Leipzig, 2007.

PRNA II (Plano Nacional de Reforma Agrária II), in: Telles Melo, João Alfredo (Org.), Reforma Agrária quando? CPI mostra as causas da luta pela terra no Brasil, Brasília-DF, 2006, 220.

Rahner Karl, Vorgrimler Herbert, Kleines Konzilskompendium, Freiburg. Basel, Wien, 1998, 27. Auflage.

Rehfus, Wulff D. (Hg.), Handwörterbuch Philosophie, Göttingen, 2003.

Revkin, Andrew C., Chico Mendes, Tod im Regenwald, München, 1991, 2. Auflage.

Ribeiro, Bruno, Helenira Resende, e a guerilha do Araguaia, São Paulo-SP, 2007.

Rios, Audifax, Antônio Vicente Mendes Maciel, o Conselheiro, São Paulo-SP, 1994.

Rios, Dellano, Penitentes de Barbalha, performance e tradição, in: Hoeffler, Angelica, Tavares, Clarissa, Assumpção Pablo, Lima, Adriano, Rios, Dellano, Padre Cícero, mistérios da fé, coleção outras histórias – 25, Fortaleza-CE, Crato-CE, 2004, 79-92.

Rodrigues Ribeiro, Jerônimo, Uauá, história e memórias, Salvador-BA, 1999.

Romaria de Canudos (Hg.), Coordenação da Romaria de Canudos, Liedhefte der Jahre 1993, 1997, 2007, Canudos-BA, 1993, 1997, 2007.

Rossi, Luiz Alexandre S., Messianismo e modernidade. Repensando o messianismo a partir das vítimas, Coleção estudos antropológicos, São Paulo-SP, 2002.

Sá, Xico, Beato José Lourenço, coleção terra bárbara 16, Fortaleza-CE, 2000.

Sampaio, Consuelo Novais, Canudos, o jogo das oligarquias, in: Revista da Academia de Letras da Bahia/40, Salvador-BA, 1994, 241-257.

Santana Pinho, Patricia de, Revisitando Canudos hoje no imaginário popular, dissertação de mestrado, Universidade Estadual de Campinas, Campinas-SP, 1996.

Schatz, Klaus, Syllabus, in: LThK, Band 9, Freiburg, Basel. Rom, Wien, 2000, 3. Auflage, 1153-1154.

Schatz Klaus, Ultramontanismus, in: LThK, Band 10, Freiburg, Basel, Rom Wien, 2001, 3. Auflage, 360-362.

Schieder, Theodor (Hg.), Handbuch der Europäischen Geschichte. Europa von der Französischen Revolution zu den nationalstaatlichen Bewegungen des 19. Jahrhunderts, Band 5, Stuttgart, 1981.

Schmitt, Heribert, Aus der Praxis: Pastoral im bolivianischen Hochland und im Rheingau, in: Olbricht Clemens, Stammberger Ralf M. W. (Hg.), Und sie bewegen sie doch. PastoralreferentInnen unverzichtbar für die Kirche, Freiburg i.Br., 2000, 196-199.

Schulz, Günther, Landbesetzung – Hoffnung für Millionen, Eichstetten/Kaiserstuhl, 1995.

Shoumatoff, Alex, Chico Mendes. Der Regenwald brennt, München, 1992.

Sievernich, Michael SJ, Camps, Arnulf OFM, Müller, Andreas OFM, Senner, Walter OP (Hg.), Conquista und Evangelisation. 500 Jahre Orden in Lateinamerika, Mainz, 1992.

Sievernich, Michael, Basisgemeinde, in: LThK, Kasper, Walter (Hg.), Bd. 2, Barclay –Damodos, Freiburg im Breisgau, Basel, Rom, Wien, 1994, 3. Auflage, 74.

Sievernich, Michael, Volkskatholizismus in Lateinamerika, in: RGG, Betz, Hans Dieter (Hg.), Bd. 8, T-Z, Tübingen, 2005, 4. Auflage, 1182-1184.

Silva, Freire José Roberval da, Migrantes canudenses em São Paulo. A memória num contexto de discriminação, Revista Travessia – Publikation CEM – Centro de Estudos Migratórios, Jahrgang 11, n. 32, September-Dezember 98, 25-29.

Silva, José Gomez da, A Reforma Agrária brasileira na virada do milênio, Ed. Abra, Campinas-SP, 1996, 114-123, in: Morissawa, Mitsue, A história da luta pela terra e o MST, São Paulo-SP, 2001, 132.

Simon, H., Robert Owen, in: Eisler, Rudolf, Philosophen-Lexikon, Leben, Werke und Lehren der Denker, Berlin, 1912, 523.

Siqueira, Ruben, Apresentação, in: IPMC, Almanaque de Canudos 1997, Paulo Alfonso-BA, Canudos-BA, 1996, 1.

Souza Santos, Eurides de, A música de Canudos, Salvador-BA, 1998.

Souza Silva, Rogério, Antônio Conselheiro, a fronteira entre a civilização e barbárie, Pinheiros-SP, 2001.

Suess, Paulo, Bekehrungsauftrag und Conquista, in: Sievernich, Michael SJ, Camps, Arnulf OFM, Müller, Andreas OFM, Senner, Walter OP (Hg.), Conquista und Evangelisation. 500 Jahre Orden in Lateinamerika, Mainz, 1992, 201-222.

Susin, Luiz Carlos, Schwester Dorothy Stang. Ein Modell für Heiligkeit und Martyrium, in: Concilium, Internationale Zeitschrift für Theologie, Band 45, 2009, 361-366.

Taizé, Ateliers et Presses, Taizé, ein Pilgerweg des Vertrauens, Freiburg, 1987.

Tavares, Clarissa, Maria dos Benditos e a reinvenção dos cantos religiosos, in: Hoeffler, Angelica, Tavares, Clarissa, Assumpção, Pablo, Lima, Adriano, Rios, Dellano,Padre Cícero, mistérios da fé, Coleção Outras histórias – 25, Fortaleza-CE, Crato-CE, 2004, 25-44.

Tavares, Luís Henrique Dias, História da Bahia, São Paulo-SP, 1979, 6. überarbeitete und erweiterte Auflage.

Telles Melo, João Alfredo (Org.), Reforma Agrária quando? CPI mostra as causas da luta pela terra no Brasil, Brasília-DF, 2006.

Tursi, Carlo, Frencken, Geraldo (Org.), Mantenha as lâmpadas acesas. Revisitando o caminho, recriando a caminhada, um diálogo de Aloísio Cardeal Lorscheider com o Grupo, Fortaleza-CE, 2008.

UFBA (Universidade Federal da Bahia), O olho da história, Revista de História Contemporânea, volume 2, n.3, 1996, Salvador-BA, 1996.

UNEB (Universidade do Estado da Bahia), CEEC (Centro de Estudos Euclides da Cunha), Arqueologia e reconstituição monumental do Parque Estadual de Canudos, UNEB/CEEC, Salvador-BA, 2002.

Van der Ven, Johannes A., Praktische Theologie und Humanwissenschaften, in: Haslinger Herbert, Bundschuh-Schramm, Christiane (Hg.), Handbuch Praktische Theologie, Mainz, 1999, Band 1, 3, 6.

Vargas Llosa, Mario, A guerra do fim do mundo. A saga de Antônio Conselheiro na maior aventura literária do nosso tempo, Rio de Janeiro-RJ, 1990, 17. Auflage. Original in Spanisch: La guerra del fin del mundo, 1981, deutsche Ausgabe: Der Krieg am Ende der Welt.

Venard Marc (Hg.), Die Geschichte des Christentums. Von der Reform zur Reformation (1450 – 1530), Band 7, deutsche Ausgabe, bearbeitet und herausgegeben von Heribert Smolinsky, Freiburg, Basel, Wien, 1995.

Venard Marc (Hg.), Die Geschichte des Christentums. Die Zeit der Konfessionen (1530-1620/30), Band 8, deutsche Ausgabe, bearbeitet und herausgegeben von Heribert Smolinsky, Freiburg, Basel, Wien, 1992.

Vilaça, Marcos Vinicios, Cavalcanti de Albuquerque, Roberto, Coronel, coroneis, apogeu e declínio do coronelismo do nordeste, Rio de Janeiro-RJ, 2003, 4. Auflage.

Villa, Marco Antonio, Canudos, campo em chamas. Tudo é história n. 142, São Paulo-SP, 1992.

Villa, Marco Antonio, Canudos, o povo da terra, São Paulo-SP, 1995.

Villa, Marco Antonio, da Costa Pinheiro, José Carlos (colaboração), Calasans, um depoimento para a história, Salvador-BA, 1998.

Weber, Franz, Gewagte Inkulturation, Basisgemeinden in Brasilien, eine pastoralgeschichtliche Zwischenbilanz, Mainz, 1996.

Weber, Franz, Canudos, in: RGG, Betz, Hans Dieter (Hg.), Bd. 2, C-, Tübingen, 1999, 4. Auflage, 57.

Weber, Max, Wirtschaft und Gesellschaft – Grundriss der verstehenden Soziologie, Studienausgabe, Tübingen, 1972, 5. Auflage.

Wehling, Arno, Wehling, Maria José C.M., Formação do Brasil colonial, Rio de Janeiro-RJ, 1999, 3. Auflage.

Weis, Eberhard (Hg.), Propyläen Geschichte Europas. Der Durchbruch des Bürgertums 1776-1874, Band 4, Frankfurt, Berlin, Wien, 1978.

Winter, Michael, Charles Fourier, in: Lutz, Bernd (Hg.), Metzler Philosophenlexikon, Stuttgart, Weimar, 2003, 3. Auflage, 228-230.

Zanetta, Dom Mario (Bischof der Diözese Paulo Alfonso-BA), Vorwort des Almanaque de Canudos 1993, in: Almanaque de Canudos 1993, Instituto Popular Memorial de Canudos, Canudos-BA, 1993.

Zanettini, Paulo Eduardo, Por uma arqueologia de Canudos e dos brasileiros iletrados, in: Universidade Federal da Bahia UFBA, O olho da história, Revista de História contemporânea, v.2, n.3, 1996, Salvador-BA, 1996, 99-104.

Zentrum Portugiesischsprachige Welt (Hg.), Die Sozioreligiöse Bewegung von Canudos Teil 1 (1893-1897), Zeitschrift für portugiesischsprachige Welt, 2/1997, Köln, 1997.

Zentrum Portugiesischsprachige Welt (Hg.), Die Sozioreligiöse Bewegung von Canudos Teil 2 (1893-1897), Zeitschrift für portugiesischsprachige Welt, 2/1998, Köln, 1998.

Zentrum Portugiesischsprachige Welt (Hg.) u.a., Canudos Rediviva – Canudos lebt. Schrecken eines brasilianischen Krieges, Prospekt zur Ausstellung von Tripoli Gaudenzi, Mai/Juni 1997, in Köln, Chapel Art Center, Jülicher Straße 26, 50674 Köln.

Zilly, Berthold, Anmerkungen, in: Cunha, Euclides da, Krieg im Sertão, Frankfurt/Main, 1994, 689-741.

Zilly, Berthold, Glossar, in: Cunha, Euclides da, Krieg im Sertão, Frankfurt/Main, 1994, 741-754.

Zilly, Berthold, Nachwort, in: Cunha, Euclides da, Krieg im Sertão, Frankfurt/Main, 1994, 757-783.

Revista Eclesiástica Brasileira (REB):
Araujo, Luiz Carlos, Antônio Conselheiro, peregrino e profeta, in: REB, Jahrgang 1984, volume 44, Pertrópolis-RJ, Anhang Prophetie, 67-70.
Groetelaars M., „Fanatismo religioso" no nordeste do Brasil e religiosidade popular, in: REB, Jahrgang 1976, volume 36, Pertrópolis-RJ, 659-679.
Hoornaert, Eduardo, Crítica à interpretação eclesiocêntrica da história de Canudos, in: REB, Jahrgang 1998, volume 58, Petrópolis-RJ, 164-175.
Lindoso, Dirceu, Rebeliões de pobres, in: REB, Jahrgang 1983, volume 43, Pertrópolis-RJ, 767-793.
REB, Crônica, 100 anos depois (1893-1993): Canudos outra vez, in: REB, Jahrgang 1993, volume 53, Pertrópolis-RJ, 941-943.
REB, Jahrgang 1942, volume 2, Pertrópolis-RJ, 799.

Zeitungen und Zeitschriften:
Almeida, Cícero Antonio de, O olho do exército, in: Folha de São Paulo, Beilage Mais! Sangue sobre Canudos, São Paulo-SP, 21.09.1997, 9.
Almeida, Cícero Antonio de, Simulacros da guerra, in: Folha de São Paulo, Beilage Mais! Sangue sobre Canudos, São Paulo-SP, 21.09.1997, 9.
Almeida, Cícero Antonio de, O olho do exército registra o drama de Canudos, in: Diário do Nordeste, Beilage Canudos, Fortaleza-CE, 21.09.1997, 4.
Almeida,Rodrigo de, Sertão de fogo, in: O Povo, Beilage Sábado, O épico de Canudos, Fortaleza-CE, 04.10.1997, 6.
Almeida,Rodrigo de, Épico de sonho, in: O Povo, Beilage Sábado, O épico de Canudos, Fortaleza-CE, 04.10.1997, 9.
Arruda, João, A vingança do poder contra o araial do Conselheiro, in: O Povo, Fortaleza-CE, sábado, 04.10.1997, 7A.
A Tarde, Questão fundiária é tema do centenário de Canudos, n. 27.142, Salvador-BA, 12.10.1993, Município, 5.
Bartelt, Dawid, Antônio Conselheiro und die rote Krawatte, in: Frankfurter Rundschau, Zeit und Bild, Frankfurt/Main, 04.10.2010, 2.

Calasans, José, Centenário do Belo Monte, in: A Tarde, Salvador-BA, 15.11.1992.

Calasans José, O Bom Jesus do Sertão, in: Folha de São Paulo, Beilage Mais! Sangue sobre Canudos, São Paulo-SP, 21.09.1997, 5.

Calasans, José, Antônio Vicente Mendes Maciel, O Bom Jesus do sertão, in: Diário do Nordeste, Beilage Canudos, Fortaleza-CE, 21.09.1997, 6.

Calasans, José, Canudos, origem e desenvolvimento de um arraial messiânico, in: Revista USP, n. 54, Juni/August 2002, Ed. Universidade de São Paulo (USP), São Paulo-SP, 2002, 72-81.

Carvalho, Eleuda de, Cicatrizes submersas, in: O Povo, vida e arte Canudos, Fortaleza-CE, 25.09.1997, 1B.

Carvalho, Eleuda de, Caminhos do Conselheiro, in: O Povo, Vida e arte Canudos, Fortaleza-CE, 05.10.1997, 1G.

Carvalho, Eleuda de, A peleja dos Araújo contra os Maciel, in: O Povo, Vida e arte Canudos, Fortaleza-CE, 05.10.1997, 2G.

Carvalho, Eleuda de, Caminhos do Conselheiro, in: O Povo, Vida e arte Canudos, Fortaleza-CE, 05.10.1997, 1G.

Carvalho, Eleuda de, Conselheiro foi padre e poeta, in: O Povo, Vida e arte Canudos, Fortaleza-CE, 05.10.1997, 3G.

Carvalho, Eleuda de, Um guerrilheiro de Assaré a serviço de Canudos, in: O Povo, Vida e arte Canudos, Fortaleza-CE, 05.10.1997, 4G.

Carvalho, Eleuda de, Rambora: Nós né de morrer por gosto, in: O Povo, Vida e arte Canudos, Fortaleza-CE, 05.10.1997, 4G.

Carvalho, Eleuda de, Meu avô foi Antônio Conselheiro, in: O Povo, Vida e arte Canudos, Fortaleza-CE, 05.10.1997, 5G.

Carvalho, Eleuda de, Na terra dos vagalumes, in: O Povo, Vida e arte Canudos, Fortaleza-CE, 05.10.1997, 6G.

Carvalho, Eleuda de, Sermões do padre rebelde, in: O Povo, Vida e arte Canudos, Fortaleza-CE, 05.10.1997, 6G.

Carvalho, Eleuda de, Viagem ao vale da morte, in: O Povo, Vida e arte Canudos, Fortaleza-CE, 05.10.1997, 7G.

Carvalho, Eleuda de, Encontro de Manuel Salu e João Régis, in: O Povo, Vida e arte Canudos, Fortaleza-CE, 05.10.1997, 7G.

Carvalho, Eleuda de, Os últimos dias do peregrino, in: O Povo, Vida e arte Canudos, Fortaleza-CE, 05.10.1997, 8G.

Carvalho, Eleuda de, América Latina feita de sertão, in: O Povo, Vida e arte Canudos, Fortaleza-CE, 05.10.1997, 8G.

CEAS (Centro de Estudos e Ação Social), Canudos, cadernos do CEAS, Salvador-BA, 1997.

CEEC (Centro de Estudos Euclydes da Cunha), UNEB (Universidade do Estado da Bahia), Revista Canudos v.2, n.2, outubro de 1997, Salvador-BA, 1997.

Coe, Walter, Histórias pra séculos, in: O Povo, Beilage Sábado, O épico de Canudos, Fortaleza-CE, 04.10.1997, 9

Diário do Nordeste, Exército não quer comemorar o centenário de Canudos, Fortaleza-CE, 14.09.1997, Nacional, 8.

Diário do Nordeste, Quem foi Antônio Conselheiro, Caderno 3, Fortaleza-CE, 13.09.1997, Nacional, 1.

Diário de Nordeste, Sonderbeilage Canudos, Fortaleza-CE, 21.09.1998.

Diatahy Bezerra de Menezes, Eduardo, A visão tradicional de Canudos, in: O Povo, Fortaleza-CE, sábado, 04.10.1997, 7.

Folha de São Paulo, Sonderbeilage, Mais! Sangue sobre Canudos, São Paulo-SP, 21.09.97.

Gutiérrez, Angela, A guerra do fim do mundo na ficção canudiana, in: O Povo, Fortaleza-CE, sábado, 04.10.1997, 7.

Gutiérrez, Angela, Cores da dor e da memória, in: O Povo, Vida e arte, Fortaleza-CE, 25.09.1997, 8B.

Gutiérrez, Angela, Antônio Conselheiro versus ordem e progresso, 1. Congresso do Núcleo de Psiquiatria do Estado do Ceará, Partizipation am Runden Tisch zum Thema: Violência, religião e sociedade, im Hotel Vila Galé, Fortaleza-CE, 07.06.2002.

Hoornaert, Eduardo, Antônio Conselheilro, um santo Brasileiro?, in: O Povo, Fortaleza-CE, sábado, 04.10.1997, 7A.

Hoornaert, Eduardo, Um santo Brasileiro, in: O Povo, Beilage Sábado, O épico de Canudos, Fortaleza-CE, 04.10.1997, 12.

Hoornaert, Eduardo, O sonho dos espaços sagrados, in: Folha de São Paulo, Beilage Mais! Sangue sobre Canudos, São Paulo-SP, 21.09.1997, 6.

Hoornaert, Eduardo, O sonho dos espaços sagrados e a consciência religiosa, in: Diário do Nordeste, Beilage Canudos, Fortaleza-CE, 21.09.1997, 6.

Olivieiri, Antônio Carlos, Os sermões encontrados numa caixa de madeira, in: Diário do Nordeste, Beilage Canudos, Fortaleza-CE, 21.09.1997, 2.

Olivieiri, Antônio Carlos, Sermões numa caixa de madeira, in: Folha de São Paulo, Beilage Mais! Sangue sobre Canudos, São Paulo-SP, 21.09.1997, 5.

O Povo, Sonderbeilage Canudos, Fortaleza-CE, 04. und 05.10.1997.

Paula, Ethel de, Um século de Canudos, in: O Povo, vida e arte, Fortaleza-CE, 25.09.1997, 2B.

Pernambucano de Mello, Frederico, Baionetas do fim do mundo, in: Folha de São Paulo, Beilage Mais! Sangue sobre Canudos, São Paulo-SP, 21.09.1997, 7.

Pernambucano de Mello, Frederico, Baionetas afiadas na 'Guerra do Fim do Mundo', in: Diário do Nordeste, Beilage Canudos, Fortaleza-CE, 21.09.1997, 5.

Peres, Ana Cláudia, Arraial de Canudos, O Povo, Fortaleza-CE, Vida e arte, sabado, 10.08.1996, 6.

Sandes, Jane Lane C., A batalha final da guerra de Canudos, „Cicatrizes submersas, uma ilustração de Canudos" é a nova expedição do artista Descartes Gadelha, in: Diário do Nordeste, Caderno 3, Fortaleza-CE, 13.08.1997, 1.

Salles, Inês, Para não esquecer quem somos, in: O Povo, Vida e arte, Fortaleza-CE, 25.09.1997, 8B.

Santos, Claude, Templos em ruínas, in: Folha de São Paulo, Beilage Mais! Sangue sobre Canudos, São Paulo-SP, 21.09.1997, 10.

Santos, Claude, Canudos foi destruido. Mais o cenário continua o mesmo, in: Diário do Nordeste, Beilage Canudos, Fortaleza-CE, 21.09.1997, 7.

Toledo, Roberto Pompeu de, O legado do Conselheiro, in: Veja n. 1.511, 03.09.1997, 64-87.

UFBA (Universidade Federal da Bahia), O olho da história, Revista de História Contemporânea, volume 2, n.2, 1996, Salvador-BA, 1996.

Veja, n. 1.511, Sonderbeilage Canudos, São Paulo-SP, 03.09.1997.

Veja, 06.09.1996, São Paulo-SP, 38-41.

Ventura Roberto, A mais violenta batalha da história do país, Diário do Nordeste, Beilage Canudos, Fortaleza-CE, 21.09.1997, 1.

Ventura, Roberto, A revisão de Canudos, in: Folha de São Paulo, Beilage Mais! Sangue sobre Canudos, São Paulo-SP, 21.09.1997, 4.
Ventura, Roberto, O remorso de Euclides, in: Folha de São Paulo, Beilage Mais! Sangue sobre Canudos, São Paulo-SP, 21.09.1997, 8.
Viana, Christiane, Sertão de Canudos, in: O Povo, Vida e arte, Fortaleza-CE, 03.10.1997, 1B.
Villa, Marco Antônio, A aurora de Belo Monte e a tradição sertaneja, in: Diário do Nordeste, Beilage „Canudos", Fortaleza-CE, 21.09.1997, 2.
Villa, Marco Antônio, A aurora de Belo Monte, in: Folha de São Paulo, Beilage Mais! Sangue sobre Canudos, São Paulo-SP, 21.09.1997, 6.
Zanetti, Paulo, Gonzalez, Erica M.R., Arqueologia na caatinga, in: Folha de São Paulo, Beilage Mais! Sangue sobre Canudos, São Paulo-SP, 21.09.1997, 10.
Zanetti, Paulo, Gonzalez, Erica M.R., Arqueologia na caatinga revisita tragédia nordestina, in: Diário do Nordeste, Beilage Canudos, Fortaleza-CE, 21.09.1997, 8.
Diário de Nordeste, Sonderbeilage Canudos, Fortaleza-CE, 21.09.1998.

Cordel-Literatur:
Alencar, Nezite, Canudos, o movimento e o massacre em cordel, São Paulo-SP, 2005.
Lopez Assunção, José, Cordelzeichnung Canudos, Pacatuba-CE, 2012.
Maxado Nordestino, Franklin, Estamos no fim do mundo. As profecias da Bíblia a frei Damião (englobando São José, Jesus Christo, São Malaquias, Nostradamus, Antônio Conselheiro e padre Cícero Romão), Morro de Chapeu-BA, 1978.
Maxado Nordestino, Franklin, Profecias de Conselheiro (O sertão já virou mar), Feira de Santana-BA, 1976.
Nascimento, Manoel Inácio do, Canudos e Antônio Conselheiro (fundação, massacre e centenário), literatura de cordel, reeditado por CCP (Comissão pró Centro de Cultura Proletária), Ceará, 1997.
Nóbrega, José Laurício (Morenito), Os cem anos de Canudos, Euclides da Cunha-BA, ohne Jahresangabe.
Oliveira Barreto, Antônio Carlos de, Canto lírico de um sertão. Literatura de cordel, 2005 (lt. Angabe des Autors am 18.06.2008), 2. Auflage.

Pereira, Geraldo Amâncio, Antônio Conselheiro e a fantástica epopéia de Canudos, Fortaleza-CE, 2006.
Pereira, Leandro Tranquilino, As cruzes de Canudos e o santo Conselheiro, literatura de cordel n. 29, Itinga-BA, 1998.
Rodriguess, Robson, No vale da Morte, Coleção O matuto de cordel e poesia, Uauá-BA, 2007.

Filme:
Rezende Sérgio, Guerra deCanudos, 1997.
Olavo Antônio, Paixão e guerra no sertão de Canudos, Salvador-BA, 1993.
Olavo Antônio, Ioiô da Professora, um depoimento sobre Canudos, Salvador-BA, 1993.
Canudos, Açude vivo, Ed. Verbo Filmes, 1994.
Um Grito em Defesa da Vida, Peregrinação do São Francísco 04.10.1992-04.10.1993, Ed. CAA-Gamba, 1993.
Carlos Pronzatto, Jejum 2007, „Além do Jejum", 2007.
Canudos, História de uma Romaria, ohne Jahresangabe.
Dourado Paulo, Os Sertões, ohne Jahresangabe.

CDs, DVDs, Schallplaten:
Bião de Canudos, CD Canta Canudos, ohne Jahresangabe (um 1996).
Comissão de Romaria de Canudos (Org.), Canudos encanto, Musik, Canudos-BA, ohne Jahresangabe, 2. Auflage.
Malvezzi, Roberto (Gogó), CD 100 Canudos, Canudos-BA, Ed. Fonte Viva, Salvador-BA, (ohne Jahresanabe).
Fortaleza, Pingo de, Centauros e Canudos, (Schallplatte-LP), Fortaleza-CE, 1986.
Fortaleza, Pingo de, CD Cantares, Fortaleza-CE, 1995.
Fortaleza, Pingo de, CD Ao vivo, Fortaleza-CE, 1995.
Fortaleza, Pingo de, CD 21 anos, Fortaleza-CE, 2007.
Fortaleza, Pingo de, CD Cancioneiro de Canudos, Fortaleza-CE, 2007.

Olavo Antônio, João de Regis – povoadoão de Canudos, Salvador-BA, 2007.

Internet:
ACEC, Semana cultural e Congresso estudantil „Os Sertões", Homepage für diese Veranstaltung: www.congressoossertoes.com.br.
Araújo Sá, Antônio Fernando, Os movimentos sociais nas batalhas da memória de Canudos, in: Contra Corriente, Una revista de história social y literatura de América latina, volume 6, numero 1, Fall 2008, 112-158, www.ncsu.edu/project/acontracorriente, Zugriff am 26.06.2010, 32.
Araújo Sá, Antônio Fernando, http://www.ncsu.edu/project/ acontracorriente /fall_08/fernando_de_ara. pdf, Zugriff am 14.03.2010.
Araújo Sá, Antônio Fernando, Memória coletiva e memória histórica, in: http://br.monografias.com/trabalhos/memorias-confronto-comemoracoes-centenarios-canudos/memorias-confronto-comemoracoes-centenarios-canudos2.shtml, Zugriffe am 14.06.2007 und 14.03.2010.
A Tarde, http://www.atarde.com.br/cidades/noticia.jsf?id=799538&t=20a+Romaria+de+Canudos+reune+cerca+de+1.500+pessoa, Zugriff am 12.12.2011.
Vgl. http://www.youtube.com/watch?v=kSBBy5pKR1I&feature= related, Zugriff am 17.01.2010.
Ausländische und alte Maßeinheiten, www.hug-technik.com/inhalt/ta/sondereinheiten.htm, Zugriff am 15.08.2012.
Barreto, Luiz, José Calasans, um mestre da história, 14.09.2004, in: http://www.infonet.com.br/luisantoniobarreto/ler.asp?id=27405&titulo= Luis_Antonio_Barreto, Zugriff am 11.03.2008.
Cappio, Dom Luiz, in Canudos 2007, http://www.youtube.com/watch?v =kSBBy5pKR1I&feature=related, Zugriff am 17.01.2010.
Centro Cultural Canudos, http://centroculturalcanudosemmovimento. blogspot.com/, Zugriffe am 14.09.2010 und 11.10.2011.
CNBB Homepage, http://www.cnbb.org.br/impressao.php?op=pagina &subop=459, Zugriff am 12.06.2007.
Consórcio Cultural, Celebrar Canudos, 110 anos de massacre, http://consorciocultural.blogspot.com/2008/03/celebrar-canudos-110-anos-de-massacre.html, Zugriff am 19.07.2010.

Costa, Francisco de, Textos de José Calasans, http://www.usp.br/revistausp/n20/fcalasanstexto.html, Zugriff am 14.07.2006.
CPT-Ceará, Carta da 12. Romaria da Terra, veröffentlicht auf der Homepage der Erzdiözese Fortaleza, http://www.arquidiocesefortaleza.org.br/noticias_integra.asp?id_noticia=1489, Zugriff am 08.05.2007.
CPT-Ceará, Carta da 14. Romaria da Terra, veröffentlicht auf der Homepage der Erzdiözese Fortaleza, http://arquidiocesedefortaleza.org.br/ noticias_integra.asp?id_ noticia =3512, Zugriff am 08.06.2010
CPT-Ceará, Massacre de Eldorado dos Carajás: relatos e resistência de um povo, 17.04.2012, in:http://cptce.blogspot.de/2012/04/massacre-de-eldorado-dos-carajas.html, Zugriff am 14.08.2012.
Diözese Iguatú-Ceará, Homepage, http://www.diocesedeiguatu.org.br/, Zugriff am 09.01.2012.
Diözese Itapipoca-Ceará, Homepage, http://www.diocesedeitapipoca.org.br/, Zugriff am 09.01.2012.
Diözese Juazeiro-Bahia, Homepage, http://www.diocesejuazeiro.org/p/pastorais-e-movimentos.html, Zugriff am 09.01.2012.
Diözese Sobral-Ceará, Homepage, http://cebscearan1.blogspot.com/2010/01/ diocese-de-sobral-paroquia-de-santa.html, Zugriff am 08.06.2010.
Blogspot der CEBs-Ceará, „Diocese de Sobral – Paróquia de Santa Quiteria, realiza missões populares",
http://cebscearan1.blogspot.com/2010/01/diocese-de-sobral-paroquia-de-santa.html, Zugriffe am 08.06.2010 und 22.01.2010.
Emiliano, José, Canudos vive, http://www2.fpa.org.br/portal/modules/news/print.php?storyid=2470, Zugriff am 14.07.2010.
Erzdiözese Aracajú-Sergipe, Homepage, http://www.arquidiocesedearacaju.org/, Zugriff am 09.01.2012.
Erzdiözese Belém-Pará, Homepage, http://www.arquidiocesedebelem.org.br/index2.html, Zugriff am 19.08.2011
Erzdiözese Brasília-Goiánia, Homepage, http://www.arquidiocesedebrasilia.org.br, Zugriff am 09.01.2011.
Erzdiözese Curitiba-Paraná, Homepage, http://arquidiocesedecuritiba.org.br/, Zugriff am 19.08.2011.
Erzdiözese Feira de Santana-Bahia, Homepage, http://www.arquidiocese-fsa.org.br, Zugriff am 09.01.2012.

Erzdiözese Fortaleza, Homepage, http://arquidiocesefortaleza.org.br/noticias_integra.asp?id_notizia=1489, Zugriff am 8.5.2007.
http://www.arquidiocesedefortaleza.org.br/arquidiocese/historia/, Zugriff am 19.08.2011.
http://arquidiocesedefortaleza.org.br/, Zugriff am 08.06.2010.
Erzdiözese Manaus-Amazonas, Homepage, http://www.arquidiocesedemanaus.org.br, Zugriff am 09.01.2012.
Erzdiözese Olinda und Recife, Homepage, http://www.arquidioceseolindarecife.org/historia/, Zugriff am 19.08.2011.
Erzdiözese Rio de Janeiro-RJ, Homepage, http://www.arquidiocese.org.br, Zugriff am 09.01.2012
Erzdiözese Salvador-Bahia, Homepage, http://www.arquidiocesesalvador.org.br/arquidiocese/, Zugriff am 19.08.2011.
Erzdiözese São Paulo-SP, Homepage, http://www.arquidiocesedesaopaulo.org.br/jornal_o_sao_paulo/2008/080 408/jornal_o_sao_paulo_pastorais.htm, Zugriff am 9.6.2010.
Erzdiözese Wien, http://www.erzdioezese-wien.at/content/topnachricht/ articles/2011/02/21/ a25623/, Zugriff am 02.05.2011.
Freire da Silva, José Ronerval,
Migrantes canudenses em São Paulo: A memória num contexto de discriminação, http://www.portfolium.com.br/Sites/Canudos/conteudo. asp? IDPublicacao=79, Zugriff am 12.06.2010. Vgl. Revista Travessia – Publikation des CEM - Centro de Estudos Migratórios, Ano XI, número 32, September-Dezember/1998, 25-29.
Gonçalves, José, http://imbuzeiroverde.blogspot.com/search?q=CEBs, Zugriff am 12.06.2010.
Gonçalvez, José, Frei Apolônio de Todi, apóstolo dos sertões, http://imbuzeiroverde.blogspot.com/2009/06/frei-apolonio-de-todi-o-apostolo-dos.html, Zugriff am 05.07.2010.
Google, http://images.google.de/images?um=1&hl=de&client=firefox-a&rls =com.google:de:official&channel=s&tbs=isch:1&q=Antônio+ Conselheiro&sa=N&start=18&ndsp=18, Zugriff am 13.03.2010.
Gutemberg, José Calasans, 23.08.2007, http://blogdogutemberg. blogspot.com/ 2007/08/Jos-calasans.html, Zugriff am 11.03.2008.

Herz-Jesu-Institut Germete, http://www.serviam.de/berichte/archiv/bericht3.htm, Zugriff am 14.03.2010.
Instituto Brasileiro de Geografia e Estatística (IBGE), Censo Demográfico 1872/2010. Daten bezogen aus:Estatísticas do século XX. Rio de Janeiro: IBGE, 2007. http://seriesestatisticas.ibge.gov.br/series.aspx?vcodigo =CD90&t=populacao, Zugriff am 14.08.2011.
IBGE, Bevölkerungsstatisitk von Brasilien aus dem Jahr 1890, http://www.irpaa.org/noticias/190/romaria-de-canudos, Zugriff am 14.09.2010.
IBGE, Brasilien, Censo Demográfico 1872/2010, http://seriesestatisticas.ibge.gov.br/series.aspx?vcodigo=CD90&t=populacao, Zugriff am 14.08.2011.
IRPAA, Instituto Regional da Pequena Agropecuária Apropriada, http://www.irpaa.org/noticias/190/romaria-de-canudos, Zugriff am 14.09.2010.
http://www.irpaa.org/noticias/531/canudos-celebra-sua-25a.-romaria, Zugriff am 31.01.2013.
Igreja de Nosso Senhor do Bonfim, Chorrochó-BA, http://www.ferias.tur.br /informacoes/525/chorrocho-ba.html, Zugriff am 05.07.2010.
http://www.panoramio.com/photo/11492833, Zugriff am 11.10.2011.
Integral, Escolas inteligentes, http://www.integral.br/zoom/materia.asp?materia=317&pagina=4, Zugriff am 20.02.2010.
Landkarte des brasilianischen Bundesstaates Ceará, akt. Stand 2011, http://www.aab-streb.de/images/ceara_map.jpg, Zugriff am 14.08.2011.
Landkarte von Bahia, aktueller Stand 2011, http://www.viagemdeferias.com/mapa/bahia.gif, Zugriff am 25.08.2011.
Lateinamerikanisches Plenarkonzil von 1899,Abschnitt 43, 362-379, http://multimedios.org/docs/d000021/, Zugriff am 29.08.2011.
Lima Camargo, Sueli Maria de, Povo de Deus em marcha, semanário da arquidiocese de São Paulo - ano 53, n. 2692, 08.04.2008, http://www.arquidiocesedesaopaulo.org.br/jornal_o_sao_paulo/2008/080408/jornal_o_sao_paulo_pastorais.htm, Zugriff am 09.06.2010.
MAUC, Museu de Arte da UFC, Avenida da Universidade 2854, Fortaleza-CE, CEP 60020-181, Brasilien. Werke von Descartes Gadelha im MAUC, http://www.mauc.ufc.br/acervo/gadelha/indexgadelha.htm, Zugriff am 09.02.2010.

Monte Santo-BA, Beschreibung des Kreuzweges,
http://www.visiteabahia.com.br/visite/atracoes/religiao/festasreligiosas/iindex.php?id=20, Zugriff am 31.08.2011.
MPHC-Homepage,
http://iaracaju.infonet.com.br/CANUDOS/ index.html, Zugriff am 28.07.2010.
http://iaracaju.infonet.com.br/CANUDOS/quemsomos.html?searchFor=noventa+anos+depois&goButton=ir#, Zugriff am 28.07.2010.
MPIIC Plakat zur 26. Celebração Popular de Canudos 2009, http://www.infonet.com.br/canudos/, Zugriff am 19.07.2010.
MST-Homepage,
http://www.mst.org.br/mst/pagina.php?cd=1, Zugriff am 18.05.2007.
www.mst.org.br/histórico, Zugriff am 18.05.2007.
http://www.mst.org.br/node/1379, Zugriff am 12.09.2012.
Notícias do Sertão, Kirche in Chorrochó-BA, Bild,
http://www.noticiasdosertao.com.br/ultimas/politica/5162-Copia-parecer-TCM-das-contas-ChorrochBa.html, Zugriff am 09.01.2011.
Olavo Antônio,
http://canudos.portfolium.com.br/, Zugriff am 07.02.2010. Auf dieser Internetseite, die vom Filmemacher Antônio Olavo betreut wird, sind zum Thema Canudos wissenschaftliche Publikationen aufgelistet.
http://www.portfolium.com.br/Sites/Canudos/lista.asp?Pag=2&IDSecao=39, Zugriff am 18.01.2010.Liste der Theaterstücke zu Canudos über:
http://www.portfolium.com.br, Zugriff am 22.02.2010.
Passa Palavra, XXVI. Celebração Popular Pelos Mártires De Canudos – O Olhar Do Sertão Sobre A Guerra De Canudos,
http://passapalavra.info/?p=12792, Zugriff am 19.07.2010.
Revista Espaco Acadêmico n. 38, julho 2004, Manifestações religiosas populares, in:http://www.espacoacademico.com.br/038/38cgareis.htm, Zugriff am 07.01.2013.
Rocha Glauber, Deus e o diabo,http://www.trigon-film.org/de/movies/Deus_e_o_diabo, Zugriff am 22.02.2010.
Romaria de Canudos, CD Canudos Encantos, Canudos-BA, ohne Jahresangabe, http://www.rumoatolerancia.fflch.usp.br/node/866, Zugriff am 18.01.2010.

Romaria de Canudos, 24. Romaria de Canudos,
http://emjoaosa.com.br./ver-noticia/56/comecam-os preparativos-para-24-a.-romaria-de-canudos, Zugriff am 12.10.2011.
Salvador-Bahia historisch, der „Barão de Jeremoabo",
http://salvadorhistoriacidadebaixa.blogspot.de/2010/01/barao-de-geremoabo.html, Zugriff am 14.05.2012.
São Cristovão in Belo Horizonte-MG, Liedblatt zur Messe des 54. Patronatsfestes der Gemeinde São Cristovão, Belo Horizonte-MG, http://www.bhtrans.pbh.gov.br/bhtrans/figuras/folh+missa+sao+cristovao+2005.pdf, Zugriff am 29.06.2006.
Silva, Freire, José Ronerval da,Migrantes canudenses em São Paulo: A memória num contexto de discriminação, in:
http://www.portfolium.com.br/Sites/Canudos/conteudo.asp?IDPublicacao=79, Zugriff am 12.06.2010.
Taufkirche Antônio Conselheiros in Quixeramobim, Bild,
http://blog.cev.org.br/joaofreire/2010/quixeramobim/,
Zugriff am 09.01.2011.
Theaterwerkstatt zu Canudos vom 14.-18.11.2007 in Quixeramobim-CE,http://www.overmundo.com.br/overblog/os-sertoes-em-quixeramobim-e-canudos, Zugriff am 22.02.2010.
Trombas e Formoso
http://www.anovademocracia.com.br/index.php/Trombas-e-Formoso-o-triunfo-campones.html, Zugriff am 18.05.2007.
UNE http://www.euclidescanudos.uneb.br/?menu=arquivo_de_noticias&rid=54, Zugriff am 08.05.2007.
Universidad de Barcelona, Revista Electrónica de Geografia y Ciéncias Sociales,http://www.ub.es/geocrit/sn/sn119-41.htm,
Zugriff am 12.06.2009.
Wikipediahttp://pt.wikipedia.org/wiki/Antônio_Conselheiro, Zugriff am 13.03.2010.
http://pt.wikipedia.org/wiki/Canudos, Zugriff am 13.03.2010.
ZDF, Filmproduktion „7 Sakramente von Canudos",
http://www.zweitausendeins.de/filmlexikon/?sucheNach=titel&wert=68610, Zugriff am 10.10.2011.

Anhang

Inhaltsverzeichnis des Anhangs:

1. Tabellen zum Thema Agrarreform (Tabellen 1-6)
2. Inhaltsverzeichnis des Predigtmanuskriptes von Antônio Conselheiro aus dem Jahr 1895
3. Inhaltsverzeichnis des Predigtmanuskriptes von Antônio Conselheiro aus dem Jahr 1897
4. Liste der in den Predigtmanuskripten von Antônio Conselheiro zitierten Heiligen und Kirchenväter
5. Bilder von Canudos
6. Bilder von Descartes Gadelha
7. Lied „Canudos" von Pingo de Fortaleza
8. Lieder aus und über die Gemeinschaft von Canudos, festgehalten von Eurides Souza Santos (TM 3-4)
9. Untersuchung der Homepages brasilianischer Diözesen. Ergebnisse der Suche nach „Canudos" oder „Antonio Conselheiro"
10. Publikationen zu Canudos in der Zeitschrift der CPT und weitere Publikationen
11. Eigene Untersuchung im Archiv der Erzdiözese Salvador-Bahia (ACAS)

    Eigenhändige Abschrift des Briefes von: Conego Manoel dos Santos Pereira an den: Governador do Arcebispado da Bahia (Erzbischof von Bahia), vom 29.11.1884,Villa do Campo Formosa

Anhang 1   Tabellen zum Thema Agrarreform

Tabelle 1: Entwicklung des Landbesitzes in Brasilien von 1966 bis 1992, Prozentuale Darstellung in Bezug auf die Gesamtheit des Landes von Brasilien[478]

Verteilung des Grundes auf dem Land	1966	1972	1978	1992
Eigentum mit weniger als 100 Hektar	20,5 %	16,4 %	13,5 %	15,4 %
Eigentum mit mehr als 100 Hektar	45,1 %	47,0 %	53,3 %	55,2 %

Tabelle 2A: Struktur des Grundvermögens in Brasilien, im Jahr 1995[479]

Größenordnung der Fläche (Hektar)	Anzahl der Grundstücke	%	Gesamtfläche (Hektar)	%
Weniger als 10	3.099.632	53,10	10.029.780	3,00
10 bis 25	1.728.632	29,60	39.525.515	10,50
25 bis 100	438.192	7,50	30.153.422	8,00
100 bis 1.000	518.618	9,00	131.893.957	35,00
1.000 bis 10.000	47.931	0,80	108.397.132	28,50
10.000 und mehr	2.174	*0,03	56.287.168	15,00
Gesamt	5.834.779	100,00	376.286.577	100,00

* = circa

---

[478] INCRA, Evolução da estrutura fundiária – 1992, in: Feliciano, Movimento camponês rebelde, a Reforma Agrária no Brasil, 2006, 28.
[479] Censo Agropecuário de 1995, 455, in: Telles Melo (Org.), Reforma Agrária quando?, 2006, 41.

Tabelle 2B: Struktur des Grundvermögens in Brasilien, im Jahr 2003[480]

Größenordnung der Fläche (Hektar)	Anzahl d. Grundstücke	%	Gesamtfläche (Hektar)	%
Weniger als 10	1.409.752	32,90	6.638.598,60	1,60
10 bis 25	1.109.841	25,90	18.034.512,20	4,30
25 bis 100	1.179.173	27,50	57.747.897,80	13,80
100 bis 1.000	523.335	12,20	140.362.235,80	33,50
1.000 und mehr	68.381	1,60	195.673.396,40	46,80
Gesamt	4.290.482	100,00	418.456.640,80	100,00

Tabelle 3: Verfügbares Land für eine Agrarreform, Stand 2003[481]

Kategorie	Fläche (Hektar)
Unproduktiver Großgrundbesitz*	133.772.839,5
Öffentliche Flächen**	4.373.302,0
Flächen **	172.946.484,0
Gesamt	**311.092.625,50**

* Es wurden die von der INCRA im November 2003 aufgenommenen Zahlen verwendet.
** Es wurden die von der Equipe zur Erstellung des II. PRNA aufgenommenen Zahlen verwendet.

Tabelle 4: Landkonflikte 1999-2008 (Angaben CPT)[482]

---

[480] INCRA, Apuração especial do SNR.– Oktober 2003, in: Telles Melo (Org.), Reforma Agrária quando?, 2006, 42.
[481] INCRA, Estatística cadastal, in: Telles Melo (Org.), Reforma Agrária quando?, 2006, 213.

	1999	2005	2006	2007	2008
Landkonflikte					
Stattgefundene Konflikte	277	777	761	615	459
Landbesetzungen	593	437	384	364	252
Camps		90	67	48	40
Landkonflikte Gesamt	870	1.304	1.212	1.027	751
Ermordete Personen	27	38	35	25	27
Eingebundene Personen	536.220	803.850	703.250	612.000	354.225
Hektar	3.683020	11487072	5051348	8420083	6568755
Arbeits-Konflikte					
Vorkommnisse v. Sklavenarbeit	16	276	262	265	280
Ermordete Personen			3	1	1
Eingebundene Personen	1.099	7.707	6.930	8.653	6.997
Vorkommnisse Superausbeutung u. Verletzung v. Arbeiterrechten	28	178	136	151	93
Ermordete Personen			1		
Eingebundene Personen	4.133	3.958	8.010	7.293	5.388
Arbeitskonflikte Gesamt	44	454	398	416	373

---

[482] Comissão Pastoral da Terra, Sektor der Dokumentation, 14.04.2009, zitiert in: Comissão Pastoral da Terra, Conflitos no Campo – Brasil 2008, 2009, 16.

	1999	2005	2006	2007	2008
Konflikte um Wasser					
Anzahl d. Konflikte		71	45	87	46
Ermordete Personen				2	
Eingebundene Personen		162.315	13.072	163.735	135.780
Andere Konflikte*					
Anzahl d. Konflikte	69	52	2	8	
Ermordete Personen					
Eingebundene Personen	164.909	43.525	250	3.660	

Quelle: Sektor der Dokumentation der CPT, 14.04.2009

* Andere Konflikte: Konflikte in Dürreperioden, Agrarpolitik und Edelmetallsuche (Garimpo), im Jahr 2008 gab es keine Registrierung.

Anhang 2 Inhaltsverzeichnisse des Predigtmanuskriptes von Antônio Conselheiro aus dem Jahr 1895[483]

„Indice	Index
Apontamentos dos Preceitos da Divina Lei do Nosso Senhor Jesus Christo	Auszüge der Gebote des göttlichen Gesetzes von unserem Herrn Jesus Christus
Primeiro Mandamento	Erstes Gebot
Segundo Mandamento	Zweites Gebot
Terceiro Mandamento	Drittes Gebot
Quarto Mandamento	Viertes Gebot
Quinto Mandamento	Fünftes Gebot
Sexto Mandamento	Sechstes Gebot
Sétimo Mandamento	Siebtes Gebot
Oitavo Mandamento	Achtes Gebot
Nono Mandamento	Neuntes Gebot
Decimo Mandamento	Zehntes Gebot
Sobre a Cruz	Über das Kreuz
Sobre a Paixão de Nosso Senhor Jesus Christo	Über das Leiden unseres Herrn Jesus Christus
Sobre a Missa	Über die Messe
Sobre a Justiça de Deus	Über die Gerechtigkeit Gottes
Sobre a Fé	Über den Glauben
Sobre a paciência nos trabalhos	Über die Geduld beim Arbeiten
Sobre a Religião	Über die Religion
Sobre a Confissão	Über die Beichte
Sobre o fim do homem	Über das Ende des Menschen
Como Adam e Eva foram feito por Deus o que lhes succedeu no Paraíso até que foram desterrados delle por causa do pecado	Wie Adam und Eva von Gott geschaffen wurden, was ihnen im Paradies zustieß, bis sie von ihm aufgrund der Sünde verbannt wurden
O Profeta Jonás	Der Prophet Jona

---

[483] Nogueira Galvão, da Rocha Peres, Breviário de Antônio Conselheiro, 2002, 115-117.

Paciência de Job	Geduld des Hiob
Vocação do Moysés	Berufung des Mose
As dez Pragas de Egypto	Die zehn Plagen von Ägypten
Morte do Primogenito Cordeiro Paschoal, sahida do Egypto	Tod der Erstgeborenen, Osterlamm, Auszug aus Ägypten
Passagem do mar Vermelho	Durchquerung des Roten Meeres
Cordonizes, Maná e Agua no Deserto	Wachteln, Manna und Wasser in der Wüste
Os dez Mandamentos, Aliânça de Deus com Israél	Die Zehn Gebote, Bund Gottes mit Israel
O Bezerro de Ouro	Das Goldene Kalb
Leis do Culto Divino	Gesetze des göttlichen Kultes
Derradeira admoestação de Moysés sua morte	Letzte Ermahnung des Mose vor seinem Tod
Os Juízes	Die Richter
Construção e edificação do Templo Salomão	Bau und Errichtung des Tempels von Salomon
O diluvio	Die Sintflut
Reflexões	Reflexionen (Betrachtungen)
Textos	Texte
O pecado de todos os homens	Die Sünde aller Menschen
Fim do indice"	Ende des Index

Anhang 3 Inhaltsverzeichnisse des Predigtmanuskriptes von Antônio Conselheiro aus dem Jahr 1897

„Prédicas e Discursos de Antônio Conselheiro Parte Primeira	**Predigten und Erörterungen von Antônio Conselheiro Erster Teil**
1. Tempestades que se levantam no Coração de Maria por ocasião do mistério da Anunciação	Stürme, die sich im Herzen Marias erheben aufgrund des Mysteriums der Verkündigung
2. Sentimento de Maria por causa da pobreza em que se achava, por ocasião do nascimento de seu Divino Filho	Gefühl Marias aufgrund der Armut, in der sie sich bei der Geburt ihres göttlichen Kindes befand
3. Dor de Maria na circuncisão de seu Filho	Schmerz Marias bei der Beschneidung ihres Sohnes
4. Humilhação de Maria no mistério da apresentação	Demütigung der Maria beim Mysterium der Darstellung
5. Dor de Maria na profecia de Simeão	Schmerz Marias bei der Prophezeiung des Simeon
6. Dor de Maria por ocasião de sua fugida para Egito	Schmerz Marias aufgrund ihrer Flucht nach Ägypten
7. Dor de Maria na morte dos inocentes	Schmerz Marias beim Tod der Unschuldigen (Kinder)
8. Desolação de Maria durante o seu desterro do Egito	Untröstlichkeit während ihrer Verbannung in Ägypten
9. Aflição de Maria na sua volta do Egito	Kummer Marias bei der Rückkehr aus Ägypten
10. Dor de Maria na perda de seu Filho no Templo	Schmerz Marias beim Verlust ihres Sohnes im Tempel
11. Sentimento de Maria na morte de seus pais	Gefühl Marias beim Tod ihrer Eltern

---

[484] Nogueira, Antônio Conselheiro e Canudos, 1974, Sumário.

12.	Dor de Maria durante a vida particular de Jesus /Nazaré	Schmerz Marias während des Privatlebens Jesu in Nazareth
13.	Sentimento de Maria quando seu Filho se retirou para o deserto	Gefühl Marias, als sich ihr Sohn in die Wüste zurückzog
14.	Dor de Maria por causa das injúrias proferidas contra seu Filho	Schmerz Marias aufgrund der ausgesprochenen Beleidigungen gegen ihren Sohn
15.	Dor de Maria por ocasião da permissão que Jesus lhe pediu para suportar a morte	Schmerz Marias aufgrund der Erlaubnis, die Jesus von ihr erbat, um den Tod zu erleiden
16.	Dor de Maria na prisão de seu Filho	Schmerz Marias während der Gefangennahme ihres Sohnes
17.	Dor de Maria na flagelação de seu Filho	Schmerz Marias bei der Geiße-lung ihres Sohnes
18.	Dor de Maria quando seu Filho foi apresentado por Pilatos ao Povo	Schmerz Marias, als ihr Sohn von Pilatus dem Volk vorgeführt wurde
19.	Dor de Maria encontrando seu Filho com a Cruz aos ombros	Schmerz Marias, als sie ihren Sohn mit dem Kreuz auf den Schultern antraf
20.	Dor de Maria na agonia de Jesus	Schmerz Marias beim Todes-kampf Jesu
21.	Dor de Maria quando os soldados repartiram entre si os vestidos de seu Filho	Schmerz Marias, als die Soldaten unter sich die Kleider ihres Sohnes aufteilten
22.	Compaixão de Maria na sede de seu Filho pregado na Cruz	Mitleiden Marias, beim Durst ihres Sohnes, als er ans Kreuz genagelt war
23.	Dor de Maria na agonia de Jesus	Schmerz Marias beim Todes-kampf Jesu
24.	Dor de Maria quando seu Filho lhe falou da Cruz	Schmerz Marias, als ihr Sohn zu ihr vom Kreuz sprach
25.	Martírio de Maria na Morte de seu Filho	Martyrium Marias beim Tod ihres Sohnes
26.	Dor de Maria quando o lado de seu Filho foi aberto com uma lança	Schmerz Marias als die Seite ihres Sohnes mit einer Lanze geöffnet wurde

27. Dor de Maria no decimento da Cruz e funeral do cadáver de seu Filho	Schmerz Marias bei der Abnahme vom Kreuz und der Beerdigung des Leichnams ihres Sohnes
28. Dor da Senhora em sua soledade	Schmerz der Herrin in ihrer Einsamkeit
29. Maria, rainha dos mártires	Maria, Königin der Märtyrer
Os dez mandamentos da lei de Deus Parte Segunda	**Die zehn Gebote des Gesetzes Gottes Zweiter Teil**
Primeiro Mandamento	Erstes Gebot
Segundo Mandamento	Zweites Gebot
Terceiro Mandamento	Drittes Gebot
Quarto Mandamento	Viertes Gebot
Quinto Mandamento	Fünftes Gebot
Sexto Mandamento	Sechstes Gebot
Sétimo Mandamento	Siebtes Gebot
Oitavo Mandamento	Achtes Gebot
Nono Mandamento	Neuntes Gebot
Décimo Mandamento	Zehntes Gebot
Textos extraidos da Sagrada Escritura Parte Terceira	**Texte aus der Heiligen Schrift Dritter Teil**
Prédicas de circunstância e discursos Parte Quarta	**Predigten zu bestimmten Gelegenheiten und Erörterungen Vierter Teil**
Sobre a Cruz	Über das Kreuz
Sobre a Missa	Über die Messe
Sobre a confissão	Über die Beichte
Sobre as maravilhas de Jesus	Über die Wunder Jesu
Sobre o recebimento da chave da igreja deSanto António, padroeiro do Belo Monte	Über den Erhalt des Schlüssels der Kirche St. Antônio, dem Schutzpatron von Belo Monte
Sobre a República	**Über die Republik**
A companhia de Jesus – O casamento civil – A família imperial – A libertação dos escravos	Die Gesellschaft Jesu (Jesuiten) – Die Zivilehe – die königliche Familie – Befreiung der Sklaven
Despedida"	Abschied

Anhang 4 Liste der in den Predigtmanuskripten von 1897 von Antônio Conselheiro zitierten Heiligen und Kirchenväter und -lehrer[485]

Heiliger	Anzahl der Zitate	Seitennummern im Predigtmanuskript Antônio Conselheiros von 1897
Augustinus	7	236, 258, 353, 364, 383, 483, 513
Basilius	2	398, 483
Benedikt von Nursia	3	313, 314, 512
Bonaventura	2	233, 247
Dionysius der Areopagit	1	4
Gregor	1	3
Ignatius	1	4
Hieronimus	2	356, 419
Johannes	1	2
Johannes Chrysostomos	7	227, 368, 398, 422, 433, 482, 483
Lorenzius Justinus	2	512, 601
Luís	2	304, 365
Magadalena von Pazis	1	3
Paulus	1	3
Petrus Damiani	2	231, 482
Teresa von Ávila	1	5
Thomas von Aquin	9	228, 246, 279, 320, 321, 353, 370, 421, 601
Thomas Morus	2	4

---

[485] Dobroruka, Antônio Conselheiro, o beato endiabrado de Canudos, 1997, 112.

Anhang 5 Bilder von Antônio Conselheiro und Canudos

Der tote exhumierte Antônio Conselheiro (das einzige existierende Foto von Antônio Conselheiro.) Foto Flávio Barros 1897[486]

---

[486] Barros, Flavio de, Fotos von Canudos (fotografiert 1897), in: Veja, n. 1.511, 03.09.1997, 64-87.

Zeichnung von Antônio Conselheiro, aus der Zeit der Militärkampagne gegen Canudos[487]

---

[487] Cunha, Os sertões, 2001, Anhang.

Die von Antônio Conselheiro erbaute Kirche in Chorroxó-Bahia, Nosso Senhor do Bonfim[488]

---

[488] Notícias do Sertão, Kirche in Chorrochó-BA, Bild, http://www.noticiasdosertao.com.br/ultimas/politica/5162-Copia-parecer-TCM-das-contas-ChorrochBa.html, Zugriff am 09.01.2011.

Skizze von Canudos, Blick vom „Alto do Mario", von Euclides da Cunha, 1897[489]

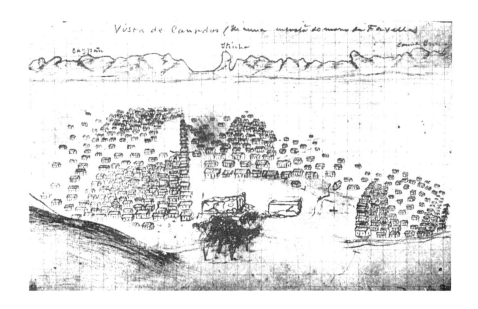

[489] Cunha, Caderneta de campo, 1975, 54.

Blick auf die Hütten von Canudos
Foto: Flávio Barros, 1897[490]

---

[490] Barros, Flavio de, Fotos von Canudos (fotografiert 1897), in: Veja, n. 1.511, 03.09.1997, 64-87.

Die Gefangenen von Canudos
Foto: Flávio Barros, 1897[491]

[491] Barros, Flavio de, Fotos von Canudos (fotografiert 1897), in: Veja, n. 1.511, 03.09.1997, 64-87.

Grundriss von Canudos, von Oberst Siqueira Menezes[492]

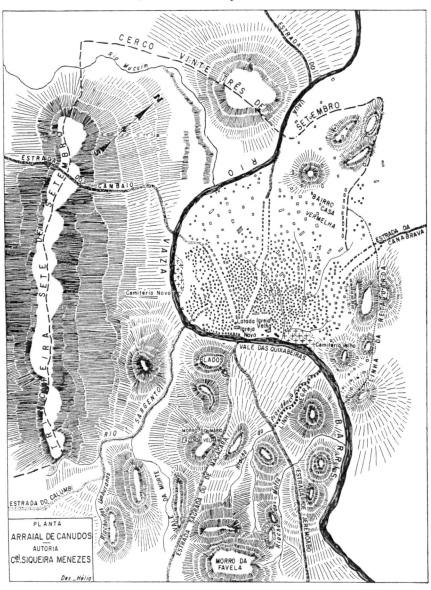

[492] Siqueira Menezes (Oberst), Grundrisskarte von Canudos, in: Cunha, Krieg im Sertão, 1994.

Statue von Antônio Conselheiro am Alto Alégre-BA, Blick auf den Stausee Cocorobó, unter dem das Areal des ehemaligen Canudos liegt.
Foto: Harald Stuntebeck, 2008

Anhang 6 Bilder und Skulptur von Descartes Gadelha, im Museum der UFC Fortaleza-CE, aus dem Zyklus „Cicatrizes submersas" (verborgene Narben)[493]

Bild 1: Skulptur (Bronze) von Antônio Conselheiro aus dem Werk „A procissão" (die Prozession), bestehend aus 28 Figuren
Foto: Harald Stuntebeck, 2008

---

[493] Gadelha, Descartes, Zyklus „Cicatrizes submersas", Dauerausstellung im Museum der Universidade Federal do Ceará MAUC, Fotos von Harald Stuntebeck, 2008.

Bild 2: „Mudança" (Umzug), Darstellung des Zuzuges nach Canudos
Foto: Harald Stuntebeck, 2008

Bild 3: „As últimas flores para o santo Conselheiro", die letzten Blumen für den Heiligen Conselheiro
Foto: Harald Stuntebeck, 2008

Anhang 7 Lied „Canudos" von Pingo de Fortaleza[494]
Musik: Pingo de Fortaleza, Text: Marinho Junior
Gewidmet denen, die die MST machen

Canudos	Canudos
Sertão morreu	Sertão stirbt
no fim da tarde	am Ende des Nachmittags
Um breve passarinho	Ein kleiner Vogel
seguiu viagem	setzt seine Reise fort,
pairou nos campos,	hält auf den Feldern,
nas cidades,	in den Städten,
provou a vida,	probiert das Leben,
Fruta liberdade.	die Frucht ist Freiheit.
Não tarde demais Canudos,	Es ist nicht zu spät Canudos,
não tarde demais Canudos.	es ist nicht zu spät Canudos.
O céu ferido chora	Der verletzte Himmel weint
a mágoa da tarde.	das Leid des Nachmittags.
A noite esconde o rosto	Die Nacht versteckt das Gesicht
da verdade.	der Wahrheit.
Contos mal contados	Schlecht erzählte Geschichten
da história.	der Historie.
Um manto enegrecido na	Ein geschwärzter Mantel im
Memória.	Gedächtnis.
Minha avó não lembra de	Meine Großmutter erinnert sich
Canudos.	nicht an Canudos.
Minha mãe nem sabe de	Meine Mutter weiß nicht einmal
Canudos.	von Canudos.
Homens, corações de pedra,	Männer, mit Herzen aus Stein,
Velhos, criâncas na guerra;	Alte, Kinder im Krieg;
página virada dos sertões.[495]	umgeblätterte Seite der Sertões.

---

[494] Fortaleza, Pingo de, CD Cantares, 1995.
[495] "Sertões" ist an dieser Stelle als Anspielung auf Euclides da Cunhas literarisches Werk „Os sertões" zu verstehen.

Anhang 8 Lieder aus und über die Gemeinschaft von Canudos, festgehalten von Eurides Souza Santos[496] (TM 3-4)

TM 3 Senhor, onde estava eu (Liedrepertoir von Canudos 1893-1897)

TM 4 Bendita e louvada seja a luz (Liedrepertoir von Canudos 1893-1897)

---

[496] Souza Santos, A música de Canudos, 1998, 109-141.

Anhang 9 Untersuchung der Homepages brasilianischer Diözesen nach den Begriffen „Canudos" oder „Antônio Conselheiro" mit der Internetsuchmaschine „Google"

Erz-/Diözese	Artikel über Canudos	Homepage und Datum des Besuchs „Titel des Artikels" und Datum
Aracajú-Sergipe	nein	http://www.arquidiocesedearacaju.org/ Zugriff am 09.01.2012
Belém-Pará	nein	http://www.arquidiocesedebelem.org.br/ index2.html, Zugriff am 19.08.2011
Brasília-Goiánia	nein	http://www.arquidiocesedebrasilia.org. br/, Zugriff am 09.01.2011
Curitiba-Paraná	nein	http://arquidiocesedecuritiba.org.br/, Zugriff am 19.08.2011
Feira de Santana-Bahia	nein	http://www.arquidiocese-fsa.org.br, Zugriff am 09.01.2012
Fortaleza-Ceará	ja	http://www.arquidiocesedefortaleza.org. br/noticias_integra.asp?id_noticia=1489, Zugriff am 8.5.2007 „Carta da 12. Romaria da Terra" (CPT), vom 02.09.2005 http://arquidiocesedefortaleza.org.br/noti cias_integra.asp?id_noticia=3512, Zugriff am 08.06.2010 „Carta da 14. Romaria da Terra" (CPT), vom 23.10.2009
Iguatú-Ceará	nein	http://www.diocesedeiguatu.org.br/, Zugriff am 09.01.2012
Itapipoca-Ceará	nein	http://www.diocesedeitapipoca.org.br/, Zugriff am 09.01.2012
Manaus-Amazonas	nein	http://www.arquidiocesedemanaus.org. br/, Zugriff am 09.01.2012

Recife-Olinda-Pernambuco	nein	http://www.arquidioceseolindarecife.Org/historia/, Zugriff am 19.08.2011
Rio de Janeiro-RJ	nein	http://www.arquidiocese.org.br/, Zugriff am 09.01.2012
São Paulo-SP	ja	http://www.arquidiocesedesaopaulo.org.br/jornal_o_sao_paulo/2008/080408/jornal_o_sao_paulo_pastorais.htm, Zugriff am 9.6.2010 „O Povo em marcha", vom 08.04.2008 Artikel zu Wallfahrten (u.a. Romaria da Terra der CPT)
Salvador-Bahia	nein	http://www.arquidiocesesalvador.org.br/arquidiocese/, Zugriff am 19.08.2011
Sobral-Ceará	ja	http://cebscearan1.blogspot.com/2010/01/diocese-de-sobral-paroquia-de-santa.html, Zugriff am 08.06.2010 „Diocese de Sobral-Paroquia de Santa Q[u]iteria Realiza Missões Populares", vom 22.01.2010
Paulo Afonso-Bahia	-	Keine Homepage
Juazeiro-Bahia	nein	http://www.diocesejuazeiro.org/p/pastorais-e-movimentos.html, Zugriff am 09.01.2012

Anhang 10 Publikationen zu Canudos in der Zeitschrift der CPT und weitere Publikationen

n.	Ausgabe	Artikel
1	Ano III, n. 74, Januar 1988, 9.	„Em Canudos os ‚sertanejos' estavam armados"
2	Ano XVII, n. 104 September 1992, 7.	„Centenário de Canudos"
3	Ano XVIII, n. 109 März 1993, 7.	„Viver a fé e as práticas religiosas do povo da terra IVBelo Monte/Canudos: Terra para todos" Von: Marcos Rodrigues da Silva
4	Ano XVIII, n. 115 September 1993, 5.	Ankündigung der Wallfahrt zum 100jährigen Jubiläum (der Gründung) von Canudos, 23.-24.10.1993 in Canudos-BA
5	Ano XVIII, n. 115 September 1993, 7.	Canudos Von: Pedro Tierra
6	Ano XVIII, n. 116, Oktober 1993, 3.	Centenário de Canudos Von: CPT-Regional, Bahia/Sergipe
7	Ano XVIII, n. 116, Oktober 1993, 3.	Canudos – 100 anos depois: grilagens e sofrimentos novos Von: Koordination des 100jährigen Gründungsjubiläums
8	Ano XX, n. 147 Oktober 1997, 1.	Titelblatt: Um Brasil chamado Canudos
9	Ano XX, n. 147 Oktober 1997, 8-9.	Um Brasil chamado Canudos Von: Ruben Siqueira
10	Ano XX, n. 147 Oktober 1997, 7.	Fui a Canudos Von: Roberto Malvezzi
11	Ano XXIII, n. 172 Juli-Sept. 2003, 16.	Conselheiro, Monte Santo, missão da terra Von: Roberto Malvezzi

Weitere Publikationen der CPT zum Thema Canudos

n.	Ausgabe	Artikel
12	Handzettel zur 9. Nationalversammlung der CPT 03.-07.08.1993	Centenário de Canudos
13	Handzettel der CPT 1993	Manifesto de Canudos: „Libertar a terra – produzir a vida"

Anhang 11 Eigene Untersuchung im Archiv der Erzdiözese Salvador-Bahia

Eigenhändige Abschrift des Briefes von: Conego Manoel dos Santos Pereira an den: Governador do arcebispado da Bahia (Erzbischof von Bahia), vom 29.November 1884, Villa do Campo Formosa
(Archiv: Kasten 1884 Correspondência 378)

Villa do Campo Formosa   29 de novembro de 1884

Ex.mo. e Rev.mo Senhor

Cabe me levar ao contecimento de V.co Rev.mo q´nesta Freg.a distante sete leguas pouco muito ou, menos no lugar denominado Lamarão se acha um indivíduo por nome Antonio intitulado Conselheiro trajando habito sacerdotal, e ahi a prelessto de trabalhar em uma casa de oração q´u habitantes do lugar estão erigindo tem plantado grande superstição no povo a tal ponto de dizerem os mesmos habitantes q´não há força humana q´o faça retirar. Fiz ver q´elle não o devia continuar não só por q´eu não podia dar lhe faculdade por q bt elle não o me havia apresentado documento algum, como também por q´tinha lido mas informações a seo respeito e não o obstante ter elle dicto q´retirava-se continua a instancia do povo a fazer practicar toda noite. Não sabe Vossa Excelencia Rev.mo o grande mal q´fazem estes individuos a nossa Santa Religião, q´de baixo da capa da hypocrezia querem passar a vida sem trabalho. São innumeros os q´andão vagabundos, se não o houver em paradiso sobre taes individuos jamais os Parochos sem grande difficuldades puderão Comprir os sem deveres.

Deus guarda a Vossa ca Ex. Rev.ma

Illustríssimo e Ex.mo e Rev.mo Senhor Dr.
Conego Manoel dos Santos Pereira
Dignissimo Governador do Arcebispado da Bahia

Zum Autor

Harald Stuntebeck wurde 1964 in Wiesbaden geboren, ist verheiratet und Vater einer Tochter. Seine Frau Rejane ist Brasilianerin und stammt aus dem Bundesstaat Ceará im Nordosten Brasiliens. Harald Stuntebeck ist Diplomingenieur der Elektrotechnik und arbeitete zunächst einige Jahre in diesem Beruf, bevor er das Studium der katholischen Theologie aufnahm. Das Studium absolvierte er an der Philosophisch Theologischen Hochschule St. Georgen in Frankfurt am Main, sowie an den theologischen Hochschulen „Instituto Theológico e Pastoral" und „Instituto de Ciências Religiosas" (Heute Faculdade católica de Fortaleza) in der Stadt Fortaleza-Ceará in Brasilien.

Er arbeitet als Pastoralreferent in der Diözese Limburg als Seelsorger mit dem Schwerpunkt in der Gemeinde St. Pius in Frankfurt/Main. Zuvor war er in den Gemeinden St. Ignatius in Frankfurt/Main und St. Barbara in Niederlahnstein, sowie als Referatsleiter für Gemeinden anderer Muttersprache auf Diözesanebene tätig. Harald Stuntebeck lebte mehrere Jahre in Brasilien, zunächst in Campo Grande-Mato Grosso do Sul und später in Fortaleza-Ceará. Angeregt durch den Roman „Der Krieg am Ende der Welt" von Mario Vargas Llosa begann er über die Bewegung von Canudos und den Sertão zu forschen. Durch Studienreisen in den Sertão im brasilianischen Nordosten lernte er dessen Bevölkerung, Religiosität und Kultur kennen.

Mit dieser Dissertationsschrift wurde er 2013 an der Philosophisch Theologischen Hochschule St. Georgen in Frankfurt/Main promoviert.